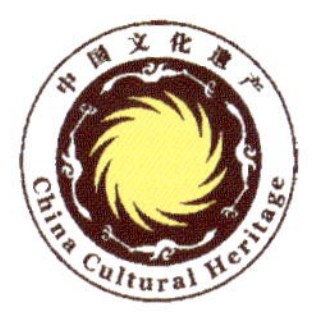

南水北调中线一期工程文物保护项目
湖北省考古发掘报告集
第 4 号

湖北南水北调工程考古报告集
（第四卷）

湖 北 省 文 物 局
湖 北 省 移 民 局
南水北调中线水源有限责任公司

编 著

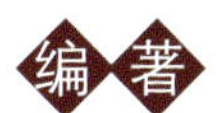

科 学 出 版 社
北 京

内 容 简 介

本书共收录南水北调中线一期工程湖北丹江口库区田野考古发掘简报15篇，论文1篇。丹江口库区是长江、黄河流域古代文化相互交流、碰撞、融合的重要过渡地带，考古发掘表明，这里保存着从旧石器时代、新石器时代、夏商周直到宋元明清的各时代文化遗存。

本书作为湖北丹江口库区第四部考古报告集，将为该地区古代历史文化的研究起到积极的推动作用。

本书可供考古学、历史学研究者，以及大专院校相关专业的师生和考古爱好者阅读、参考。

图书在版编目（CIP）数据

湖北南水北调工程考古报告集. 第4卷/湖北省文物局，湖北省移民局，南水北调中线水源有限责任公司编著. —北京：科学出版社，2014. 8

（南水北调中线一期工程文物保护项目. 湖北省考古发掘报告集；第4号）

ISBN 978-7-03-041679-7

Ⅰ. ①湖…　Ⅱ. ①湖…　②湖…③南…　Ⅲ. ①南水北调-水利工程-考古发掘-发掘报告-湖北省　Ⅳ. ①K872.630.5

中国版本图书馆CIP数据核字（2014）第196658号

责任编辑：王光明 / 责任校对：蒋　萍

责任印制：钱玉芬 / 封面设计：陈　敬

科学出版社 出版

北京东黄城根北街16号

邮政编码：100717

http：//www.sciencep.com

中国科学院印刷厂 印刷

科学出版社发行　各地新华书店经销

*

2014年8月第　一　版　开本：889×1194　1/16

2014年8月第一次印刷　印张：23 3/4　插页：21

字数：750 000

定价：268.00元

（如有印装质量问题，我社负责调换）

Collections of Reports on the Cultural Relics Conservation in the South-to-North Water Diversion Project
Hubei No. 4

Collections of Reports on the Archaeological Excavation in the South-to-North Water Diversion Project, Hubei
Ⅳ

Cultural Heritage Bureau of Hubei Province
Resettlement Bureau of Hubei Province
Mid-route Source of South-to-North Water Transfer Corp. Ltd

Science Press
Beijing

南水北调中线一期工程文物保护项目

湖北省编辑委员会

南水北调中线一期工程文物保护项目

湖北省考古发掘报告集第4号

《湖北南水北调工程考古报告集（第四卷）》

主　编　黎朝斌

副主编　王风竹　周国平

编　委　黎朝斌　邢　光　王风竹　汤强松

方　勤　孟华平　周国平　闫向东

编　务　杜　杰　张　君

目　　录

丹江口龙口旧石器遗址发掘报告

吉林大学边疆考古研究中心

一、前　　言

丹江口库区龙口旧石器遗址行政区划属于湖北省丹江口市习家店镇龙口村，属于南水北调中线工程丹江口库区的淹没区，是汉水流域一处同时具有旧石器早期和晚期文化层的重要遗址。

1994年冬，中国科学院古脊椎动物与古人类研究所野外考察队受长江水利委员会委托，在当地文物部门的配合下，对南水北调先期工程丹江口水库淹没区进行了一次全面的史前考古和古生物化石考察，龙口遗址即在这次考察中被发现。2010年4月，吉林大学边疆考古研究中心在湖北省文物局南水北调办公室的协助下对该遗址进行了发掘，发掘面积达675平方米，出土数量可观的石器①。

二、地质地貌及地层堆积

龙口旧石器遗址隶属湖北省丹江口市习家店镇龙口村，属于南水北调中线工程的淹没区范围。东南距丹江口市约30千米，南至武当山约20千米，西距十堰市约60千米。该遗址位于汉江左岸的Ⅲ级基座阶地前缘，海拔为157米（图一）。遗址保存尚可，地层明确，存在一定的侵蚀现象。水位上涨时遗址表面在水位以下，在地表布满漂浮物及水生垃圾。

2010年春，吉林大学边疆考古研究中心对该遗址进行了发掘。以东经32°39′44″，北纬116°12′0″为西南基点，布5米×5米探方27个，发掘面积675平方米。

汉水最初形成于第三纪后期，而第四纪则是河流发育的主要时期，构造运动和河流侵蚀作用使其两岸发育有多级河流阶地。汉江中游两岸分布有两级夷平面、四个河流阶地等六个层状地貌。其中Ⅰ、Ⅱ级阶地已被丹江口水库淹没。Ⅲ级阶地为侵蚀阶地，阶地面上见零星砾石。该阶地分布广泛，在龙口遗址表现为基座阶地。基座为震旦系变质岩系，其上分布有厚度大于5米的砂砾石层，砾石磨圆较好，分选较差，砾石直径多在3~5厘米，最大可达20厘米；砾石层主要由坚硬的石英、石英岩、石英砂岩、角岩、花岗斑岩、花岗细晶岩和少量的安山玢岩、闪长玢岩等组成（图二）。

---

① 本文石器的概念相当于石制品，传统意义上的石器则称为工具。

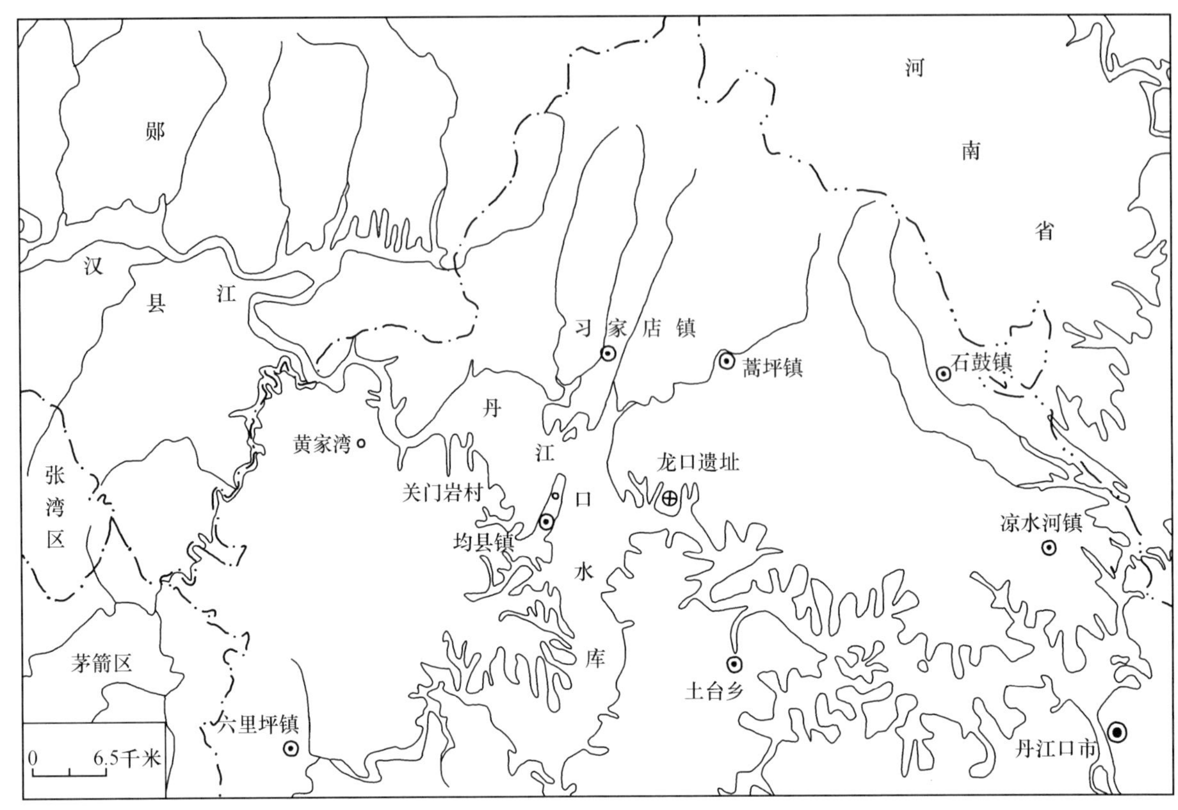

图一　龙口遗址地理位置示意图

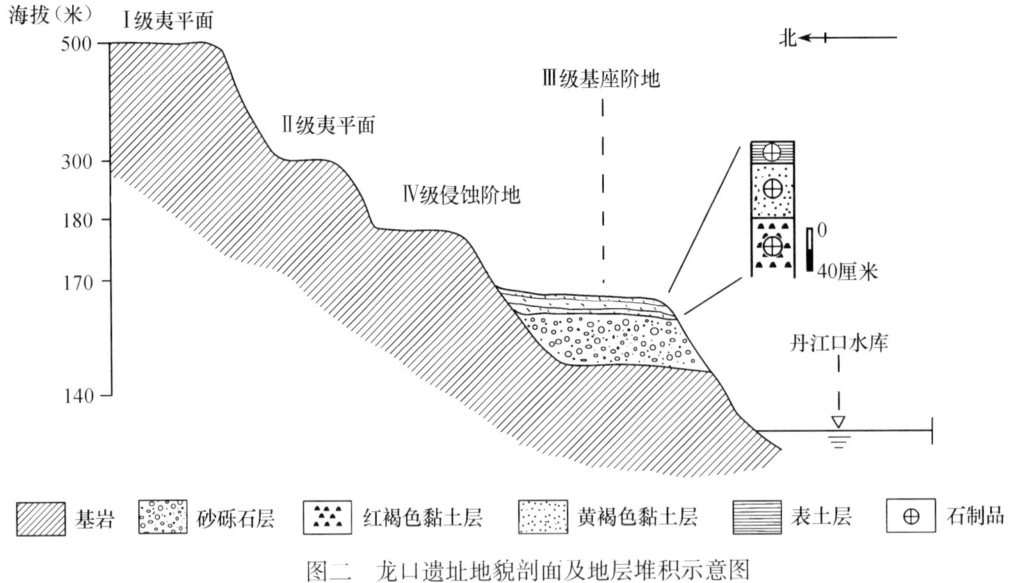

图二　龙口遗址地貌剖面及地层堆积示意图

龙口遗址地层堆积较简单，上文化层直接叠压在下文化层之上，存在明显的年代先后关系，介绍如下：

第1层：表土层，厚5~10厘米，黑褐色土，土质较疏松，含少量扰动石器，夹杂有杂草根茎及水生垃圾。遍布全区，自然堆积而成。

第2层：上文化层，厚0~45厘米，黄褐色黏土，质地较致密。旧石器时代晚期文化层，出有大量石器。呈坡状堆积，包含石器、大量直径达5~6厘米的圆滑的料姜石和直径达2厘米的铁锰结核，分选极不均匀。有一定程度的流水侵蚀，局部缺失。

第3层：下文化层，红褐色黏土，质地致密。旧石器时代早期文化层，出土少量石器。呈坡状堆积，包含有石器、少量直径达5~6厘米的圆滑的料姜石和细小的铁锰颗粒，分选极不均匀。保存较好，遍布全区。平均发掘达50厘米后，未再见石器出土，故停止发掘。

龙口遗址地层清晰，根据土质土色及包含物将遗址分为上、下两个文化层，分别为第2、3层。上文化层分布在黄褐色黏土层中，地质时代为晚更新世晚期，考古时代为旧石器时代晚期。下文化层分布在红褐色黏土层中，地质年代为中更新世，考古时代为旧石器时代早期。

三、遗　　物

本次发掘共出土石器256件，采集品17件。其中第1层出土10件，第2层出土203件，第3层出土43件。包括石核、石片、断块及二、三类工具。

1. 采集与第1层石器举例

10DLC：8，锤击石片，原料为石英，质地细腻，颜色呈白色。形状近三角形。长29.11、宽21.95、厚7.73毫米，重6.2克。台面为自然台面，台面长1.88、台面宽7.64毫米，石片角63.17°，背缘角56.68°。石片背面可见一处剥片形成的阴痕，腹面平坦，打击点、放射线清晰可见。整体较为薄锐。

10DLC：9，砍砸器。以石英为原料，略呈三角形。截面呈椭圆形。长84.53、宽77.64、厚36.97毫米，重259.2克。以石片为毛坯，利用石片右缘经复向修理，形成一直刃。刃长66.32毫米，刃角为74.68°。单层修疤，疤痕大小不一，加工深度为30.96毫米。背面保留大量砾石面，背腹两面均向外弧。

10DLC：4，薄刃斧。以角岩为原料，整体近椭圆形，截面为半圆形。长117.59、宽88.3、厚46.35毫米，重493.3克。以大石片为毛坯，直接使用，形成大小不一的不连续疤痕，组成一凹刃，刃长为60.81毫米，刃角为72.68°。毛坯一面为平坦的劈裂面，另一面为略凸的砾石面。

10DLT0307①：2，雕刻器。原料为石英，整体形状近三角，截面为矩形。长16.84、宽12.39、厚5.33毫米，重1.1克。在石片的远端分别向左右两侧斜向进行打片，形成一屋脊形刃口，手握处也稍经修理，刃角为73.5°。为两层修疤，疤痕连续。腹面较平坦，背面微凸。

2. 第2层石器

发掘出土石器203件，包括石核、石片、断块及二、三类工具。原料种类包括安山岩、角岩、流纹岩、片麻岩、千枚岩、石灰岩、石英、石英砂岩、石英岩及细晶闪长岩10种，其中石英占绝大多数，其他原料数量均较少。

石核　11件。

单台面　均以石英为原料，选取体积较小的砾石，进行了一、两次剥片。保留大量砾石面。石核利用率较低，已进入废弃阶段。长分别为64.33、48.86毫米，宽48.18、24.79毫米，厚37.5、19.69毫米，重164.5、35.5克。10DLT0207②：4，整体形状近椭圆形。长48.86、宽24.79、厚19.69毫米，重35.5克。以较小的扁平砾石为毛坯，可见两处剥片，一处较为成功，自然台面，最大台面角64.83°，台面长48.39、宽26.57毫米，剥取的石片长大于宽。保留大量砾石面（图三，2）。

双台面　石英3件，石灰岩及千枚岩各1件。其中4件以已形成的工作面为台面转向或两面剥片，1件从两端对向剥片。均保留有一半以上砾石面。长55.77~200毫米，平均112.37毫米；宽66.28~130毫米，平均95.51毫米；厚49.49~160毫米，平均89.68毫米；重389.2~6350克，平均1864.52克。10DLT0206②：43，原料为石灰岩，质地细腻。整体形状近矩形，截面近矩形。长55.77、宽94.5、厚104.58毫米，重790克。主台面为自然台面，可见两次剥片，以此工作面为

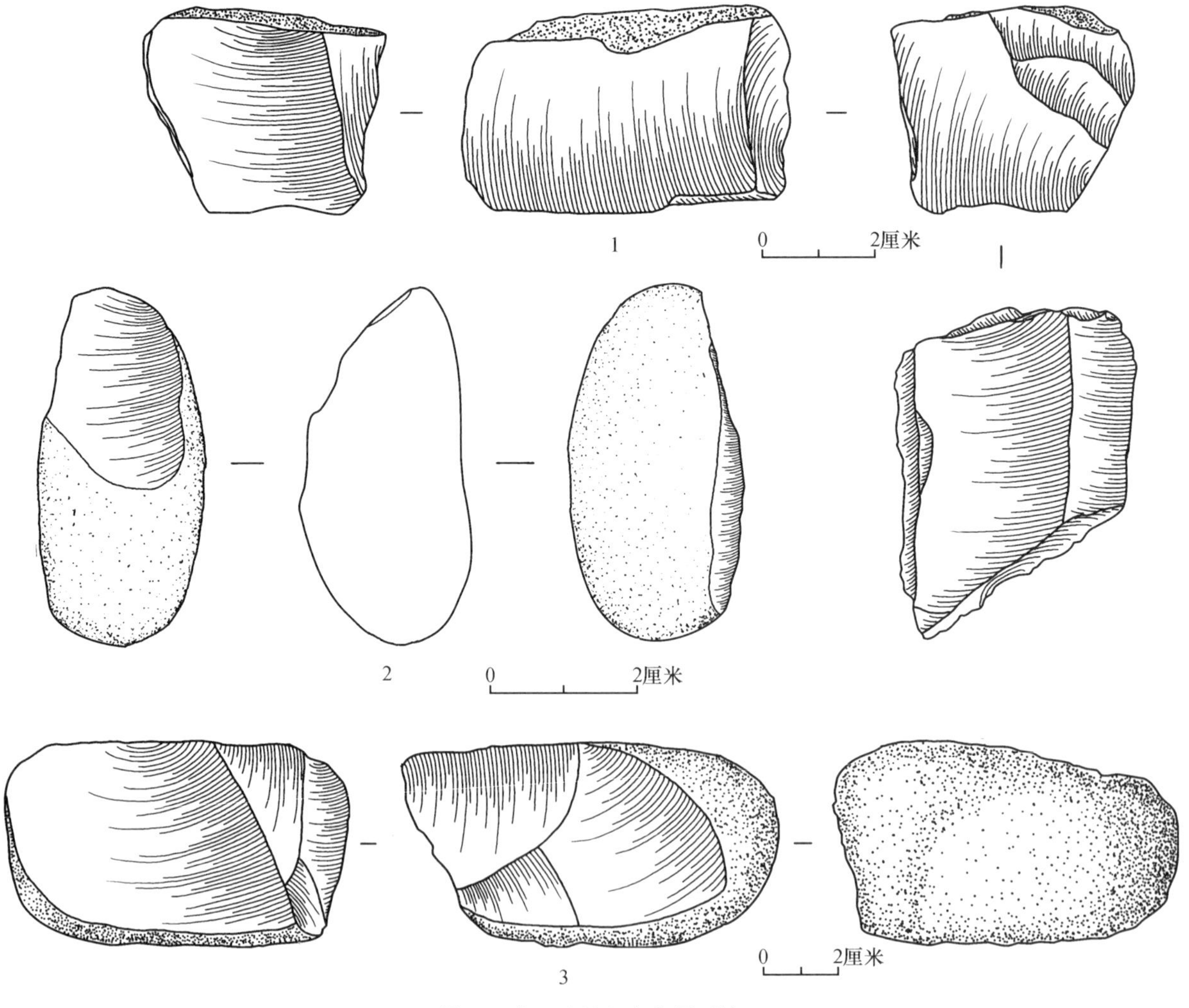

图三　龙口遗址上文化层石核

1. 多台面石核（10DLT0102②：2）　2. 单台面石核（10DLT0207②：4）　3. 双台面石核（10DLT0206②：43）

台面，转向另有两次剥片。台面角75.34°，台面长100.4、宽88.74毫米。表面附着有大量钙质结核（图三，3）。

多台面　具有三个或三个以上台面，均以石英为原料。可见多次剥片，因质地原因，剥片多有断裂，仅1件保留有30%砾石面，其余几件仅有少量或无砾石面。石核利用率较高。长37.76~84.3毫米，平均61.13毫米；宽33.07~97.76毫米，平均56.44毫米；厚29.4~59.84毫米，平均43.61毫米；重85.6~524.2克，平均214.28克。10DLT0102②：2，颜色呈灰白色，节理较发育。截面为矩形。长37.76、宽45.1、厚59.84毫米，重157.7克。可见九处剥片，剥片留下的阴痕较为平坦。最大台面角124.68°，主台面长35.16、宽43.81毫米，剥取的石片长大于宽，剥片成功率较高。保留少量砾石面（图三，1）。

石片　13件。

完整石片　10DLT0206②：15，以石英为原料，整体形状呈三角形，截面近三角形。长34.29、宽19.77、厚10.45毫米，重10.45克。自然台面，台面长为10.07、宽18.83毫米，台面角为80.1°。远端较薄锐。背面有一倒“Y”形脊。腹面较平坦，打击点集中（图四，2）。

断片　10DLT0206②：5，形状近矩形。长16.4、宽15.9、厚5.64毫米，重1克。背面可见剥片留下的阴痕，石片右侧为节理面，腹面平坦（图四，1）。10DLT0206②：4，节理较发育，颜色为浅黄色。形状近三角形，截面为矩形。长31.26、宽37.3、厚19.08毫米，重14.2克。背面凸出，保留较多节理面，腹面稍向内凹（图四，4）。

二类工具　6件。

10DLT0204②：12，近半圆形，截面近矩形，整体较薄锐。剥片后不经修理，将较锋利的石片右缘作为刃缘直接使用，在背面形成较小的崩疤。该刃较平直，刃长37.7毫米，刃角为

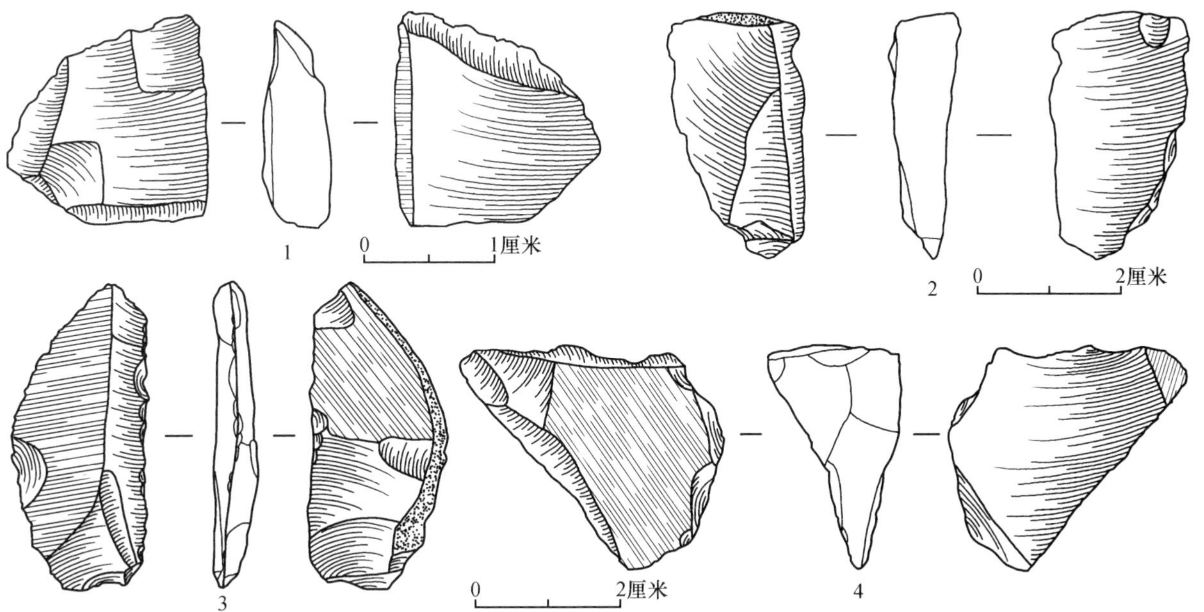

图四　龙口遗址上文化层石片及二类工具

1. 中段断片（10DLT0206②：5）　2. 完整石片（10DLT0206②：15）　3. 直刃刮削器（10DLT0204②：12）
4. 远端断片（10DLT0206②：4）

50.34°。两面均保留有节理面，左侧有少量砾石面（图四，3）。10DLT0206②：33，整体形状呈舌形。长36.29、宽32.27、厚9.86毫米，重10.7克。以石片为毛坯，将较薄锐的石片远端作为使用刃缘，形成一凸刃。刃长26.05毫米，刃角为42.5°，在背面形成细小的崩疤，疤痕大小不一且不连续（图五，2）。10DLT0309②：3，截面近三角形。长36.67、宽25.25、厚15.5毫米，重10.7克。将较薄锐的石片左缘作为使用刃缘，形成一凹刃。在背面形成细小的使用崩疤。刃长27.97毫米，刃角为54.5°，背面为剥片形成的阴痕，腹面微凸，打击点、放射线明显（图五，1）。

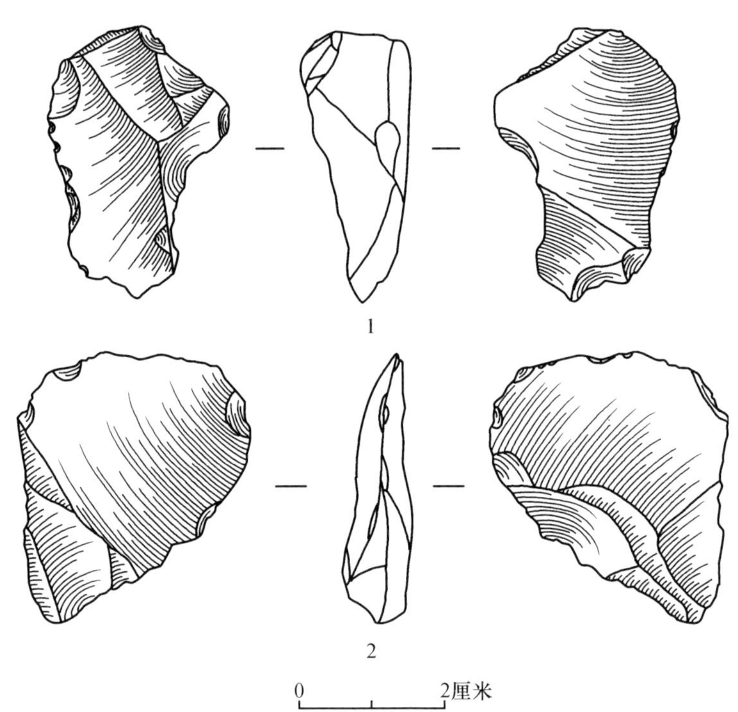

图五　龙口遗址上文化层二类工具

1. 凹刃刮削器（10DLT0309②：3）　2. 凸刃刮削器（10DLT0206②：33）

三类工具　42件。

原料类型多样，石英占绝大多数，其次为细晶闪长岩、角岩及石英岩。加工方式以复向加工为主，正向加工次之，少量反向加工。以片状毛坯为主，个别为砾石毛坯。按照器型可分为砍砸器、刮削器、尖状器、雕刻器、矛头五型。

砍砸器　10DLT0106②：14，以角岩为原料，整体呈半圆形，截面近椭圆形，有节理。长153.2、宽78.92、厚43.57毫米，重539.7克。以砾石为毛坯，经正向加工形成一直刃，刃长141.64毫米，刃角为82.83°。多层修疤，疤痕连续，但大小深浅不一，修理较精致，刃缘上有使用形成的小疤。背腹两面均向外弧。手握处较厚。保留大量砾石面。石器上黏有钙质沉积（图六，1）。10DLT0202②：4，以千枚岩为原料，整体形状呈扇形，截面近矩形，有节理。长106.21、宽90.45、厚54.01毫米，重620克。砾石毛坯，正向加工，在砾石一端形成一凸刃，刃长136.38毫米，刃角80.5°。三层修理疤痕，疤痕层叠连续，均较浅平，加工深度为72.83

毫米。另一面保留砾石面，较平坦。刃缘两面均有因使用形成的小疤。器身黏有大量钙质沉积（图六，2）。

刮削器 10DLT0107②：28，以石英为原料，节理较发育，整体呈三角形，截面为椭圆形。长29.84、宽36.75、厚11.04毫米，重13.5克。片状毛坯复向加工而成。石片右缘经锤击修理，形成一直刃，刃长为34.56毫米，刃角71.17°。三层修疤，疤痕浅平，大小较相近。腹面打击点突出，刃缘部分可见连续修疤。背面微凸，保留大量砾石面（图七，7）。10DLT0204②：7，以石英为原料，整体形状近三角形，截面近矩形。长28.56、宽16.63、厚8.01毫米，重3.5克。以石片为毛坯，远端经复向加工，形成一直刃，刃长为14.25毫米，刃角为52.1°。两层疤痕，疤痕连续，排列紧密，大小不一（图七，1）。10DLT0204②：9，以石英为原料，整体呈扇形，截面为三角形。长25.52、宽25.38、厚9.47毫米，重6.7克。片状毛坯反向加工而成。石片左缘经锤击修理，形成一凸刃，刃长24.31毫米，刃角为59.17°。单层修疤，疤痕浅平，大小相近，排列紧密。背面微凸，有一脊横贯器身，多为节理面，保留少量砾石

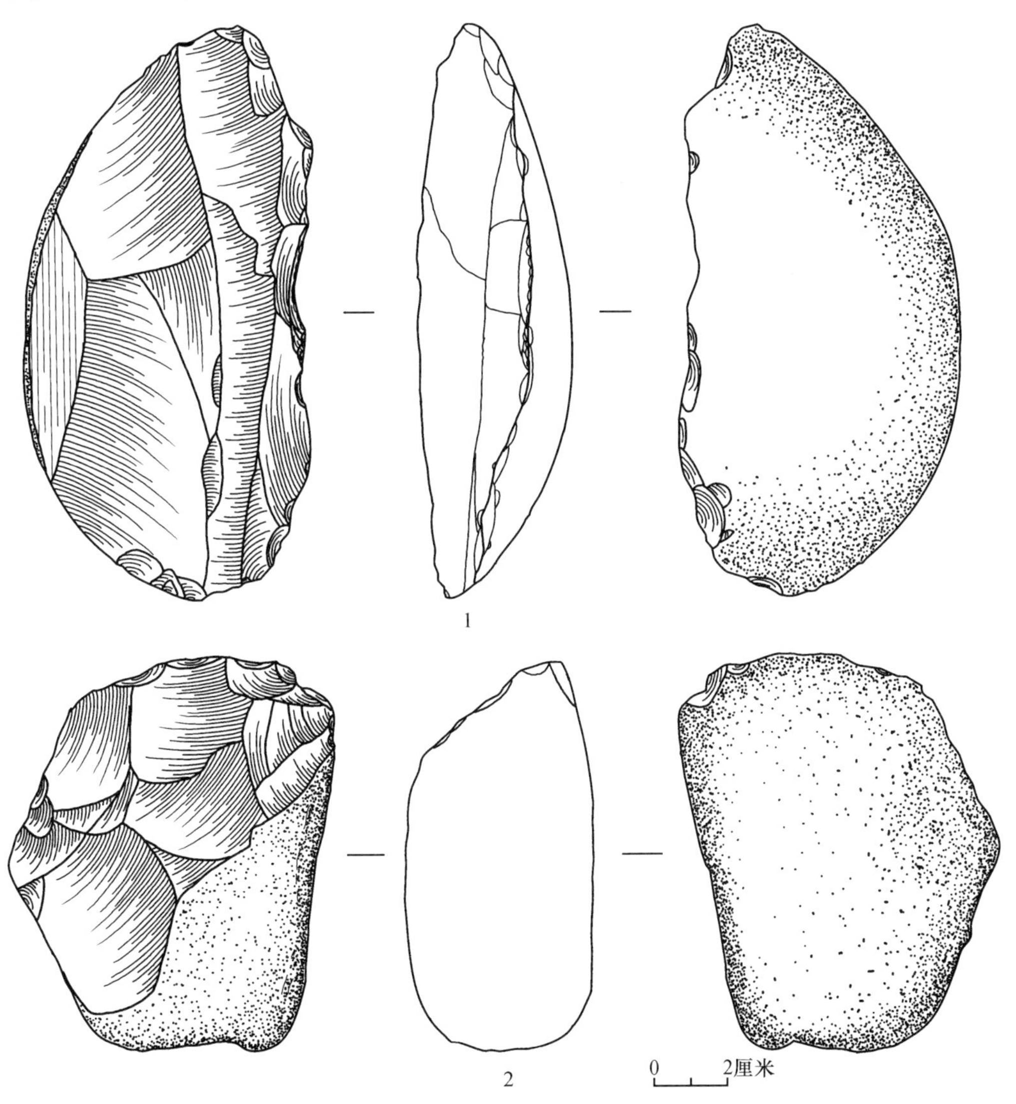

图六 龙口遗址上文化层三类工具

1. 直刃砍砸器（10DLT0106②：14） 2. 凸刃砍砸器（10DLT0202②：4）

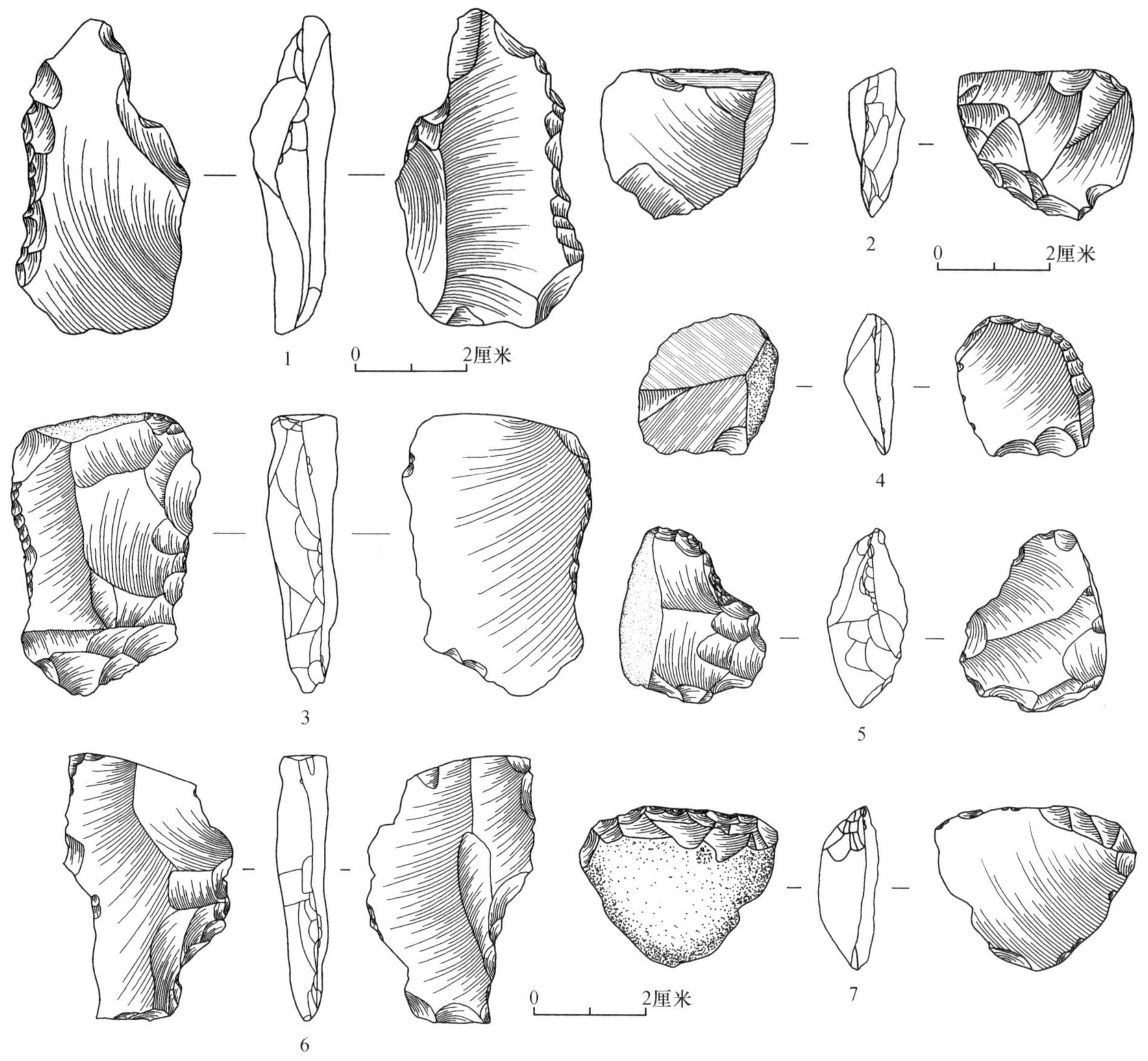

图七　龙口遗址上文化层三类工具

1、7. 单直刃刮削器（10DLT0204②：7、10DLT0107②：28）　2. 直凸刃刮削器（10DLT0107②：21）　3. 直凹刃刮削器（10DLT0202②：2）　4. 单凸刃刮削器（10DLT0204②：9）　5. 单凹刃刮削器（10DLT0206②：17）　6. 双凹刃刮削器（10DLT0101②：3）

面，腹面较平坦（图七，4）。10DLT0206②：17，整体近三角形，截面近椭圆。长33.04、宽27.16、厚15.63毫米，重12.2克。石片右缘经锤击修理，形成一凹刃，刃长为24.56毫米，刃角为82°。三层修疤，疤痕连续密集，大小相近，加工精致（图七，5）。10DLT0107②：21，以石英为原料，整体形状呈扇形，截面近矩形。长13.63、宽16.08、厚5.26毫米，重1.1克。石片右缘正向加工形成一凸刃，加工长度为13.8毫米，三层修疤，疤痕层叠连续，大小不一。石片左缘有使用形成的疤痕，形成一直刃，刃长为12.47毫米。单层疤痕，细小连续。两刃刃角分别为54.17°、74.5°。保留部分节理面（图七，2）。10DLT0202②：2，截面近矩形。长51.03、宽35.19、厚14.56毫米，重25.9克。石片较薄锐的两侧缘经锤击修理，形成一直刃及一凹刃，刃长分别为38.5、37.72毫米，刃角为51.17°、39°。左侧两面均为单层修疤，疤痕连续浅平，大小相近。右侧经正向加工，疤痕连续，大小深浅不一，可见因使用形成的小疤。背面有一纵脊，腹面平坦（图七，3）。10DLT0101②：3，以石英为原料，节理较为发育，横截面近菱形。长48.94、宽32.3、厚10.39毫米，重18.7克。石片的两侧边复向加工，形成两凹刃，刃长分别为38.95、42.37毫米，刃角分别为60.5°、54.34°。刃缘不规整，双层修疤，疤痕浅平，大小不一。背面微凸，中间有一纵脊（图七，6）。

尖状器 10DLT0206②：1，整体形状近三角形，截面三角形。长51.49、宽23.89、厚10.1毫米，重9.1克。以较薄锐石片为毛坯，左右两侧经复向加工，在远端相交形成一尖刃，两刃加工长度分别为27.27、13毫米，两侧刃角为35.34°、34.17°，尖刃角为45°。单层修疤，疤痕规整连续，大小相近。背面微凸，有一纵脊。腹面较为平坦，修疤较规整。仅台面处保留少量砾石面（图八，4）。10DLT0106②：17，以石英为原料，整体为长三角形，截面三角形。长62.32、宽38.88、厚23.56毫米，重59.9克。片状毛坯，石片左缘及远端经锤击修理，相交形成一尖刃，加工长度分别为20.52、27.13毫米，刃角为 52.3°。复向加工形成两层修疤，疤痕连续，大小深浅不一。背面有一纵脊，延伸至尖刃处，腹面微弧。器身上附着有钙质沉积（图八，3）。10DLT0106②：20，以石英为原料，整体形状近三角形，截面近椭圆形。长62.32、宽38.88、厚23.56毫米，重59.9克。块状毛坯，两侧刃缘经复向加工形成尖刃，左、右两侧加工长度分别为54.26、56.68毫米，尖刃角为71.68°。两层修疤，疤痕连续，大小相近。背面微凸，保留有部分砾石面，背面的修疤多大而长，腹面较为平坦，修疤较规整（图八，7）。10DLT0211②：3，原料为细晶闪长岩，整体形状近五边形。长66.37、宽57.21、厚6.8毫米，重25.5克。经锤击修理，复向加工在石片的近端左侧及右侧远端形成两个尖刃，尖刃角分别为88.34°、94.5°，疤痕大小不一，形成尖刃的侧边较平直。两面均较平坦。器身整体薄锐，适宜把握（图八，6）。

雕刻器 10DLT0106②：31，器身整体形状近梯形。长39.03、宽28.7、厚19.34毫米，重21.6克。侧边经锤击修理，经三层修疤，由左上方斜向下打片，在劈裂面形成一较深的长疤，再由右上方斜向打击，组成一屋脊形刃口。左侧刃加工长度为73.57毫米，右侧刃加工长度为8.67毫米，刃角108.68° 。器身背面有一纵脊，右半部分保留砾石面。腹面较平坦（图八，1）。10DLT0206②：41，器身整体形状近矩形，截面呈矩形。长28.7、宽14.29、厚5.85毫米，重4.3克。两边较平直，近平行，由右上方及右下角分别向两边打片，形成两个屋脊形刃口。其上有因使用而形成的细小疤痕。两个刃角分别为89.68°、95.68°。器身两面均为节理面且极为平坦，左侧保留少量砾石面（图八，2）。

矛头 10DLT0206②：35，以石英为原料，节理较为发育,整体呈柳叶形，横截面呈椭圆形。长57.99、宽29.17、厚12.87毫米，重20.3克。片状毛坯，复向加工，于远端形成一尖刃，尖刃角为54.83° ，因使用磨损而较圆钝。两层疤痕，均较浅平，排列紧密，大小不一。两侧中部经打击形成凹缺，应为方便缠绕而进行的修理。尾端为方便装柄而稍经修整。背面布满疤痕，微凸。腹面较为平坦。两面均经修理，仅近端保留少量节理面（图八，5）。

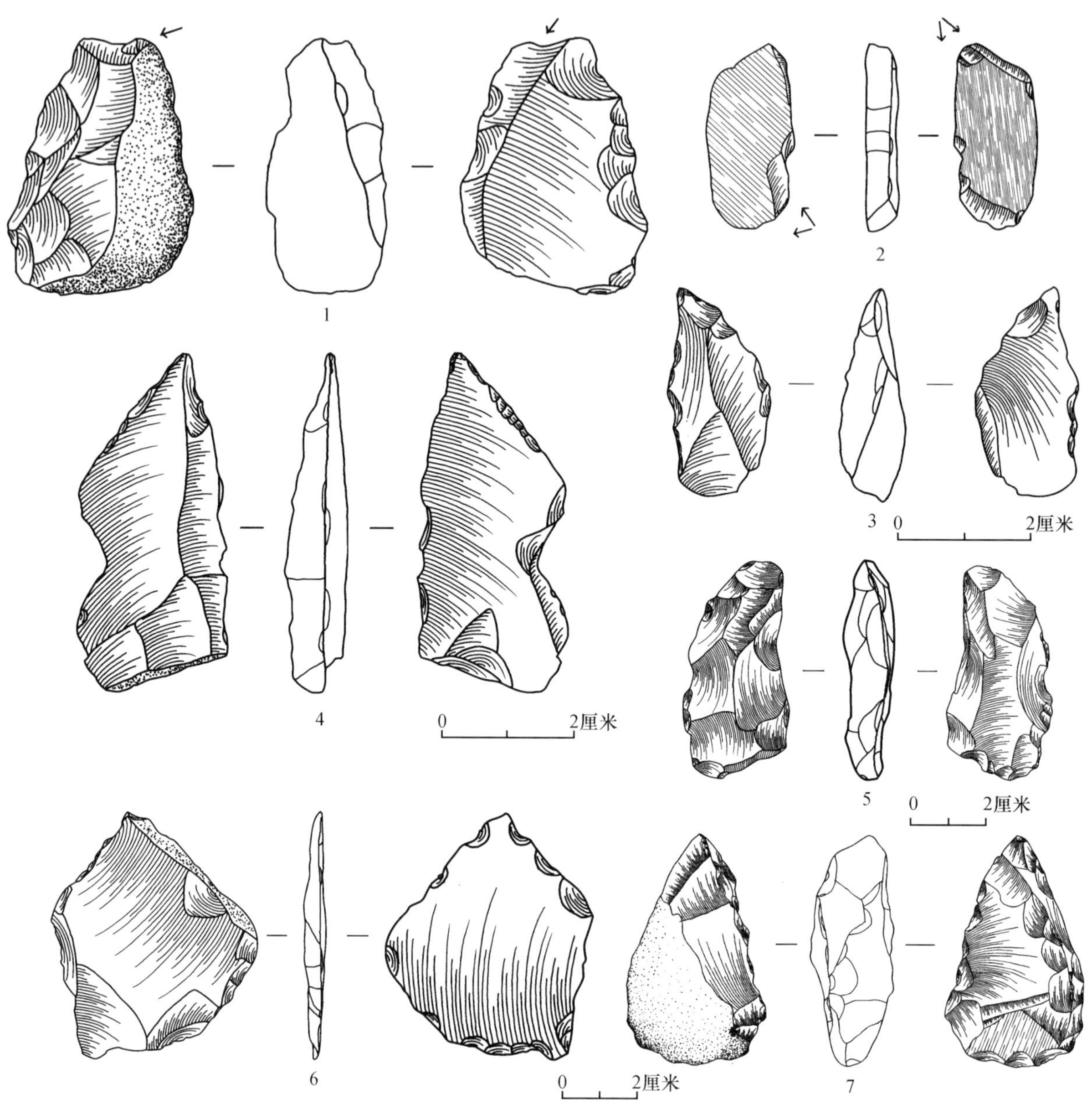

图八　龙口遗址上文化层三类工具

1. 单刃雕刻器（10DLT0106②：31）　2. 双刃雕刻器（10DLT0206②：41）　3. 直凸刃尖状器（10DLT0106②：17）　4. 双直刃尖状器（10DLT0206②：1）　5. 矛头（10DLT0206②：35）　6. 双尖尖状器（10DLT0211②：3）　7. 双凸刃尖状器（10DLT0106②：20）

3. 第3层石器

本层共发现石器43件，类型包括石核、石片、断块及二、三类工具。石器原料多样，共9种，其中以石英为主，其次为角岩和石英砂岩，还有少量流纹岩、片麻岩、千枚岩、石灰岩、石英岩及细晶闪长岩。

石核　2件。

10DLT0311③：1，单工作面，原料为石英岩，节理较发育。整体形状近方形。长113.73、宽94.6、厚95.45毫米，重1400克。以较浑圆的砾石为毛坯，有多次剥片痕迹，但仅有一处较为成功，自然台面，台面角75.83°，台面长54.93、宽83.11毫米，台面角较小，还可继续进行剥片（图九，1）。10DLT0308③：3，双工作面，以石英为原料，截面近矩形。器身较薄，有一定程度的风化磨蚀，光泽较暗淡。长46.67、宽58.25、厚22.42毫米，重62.3克。打制台面，台面长宽分别为21.21、36.58毫米，台面角为110.34°，可见一处完整剥片，占据石器整个一面。剥片长宽分别为44.8、59.63毫米，有一定程度的节理。另一工作面有多次剥片，但多数不成功（图九，2）。

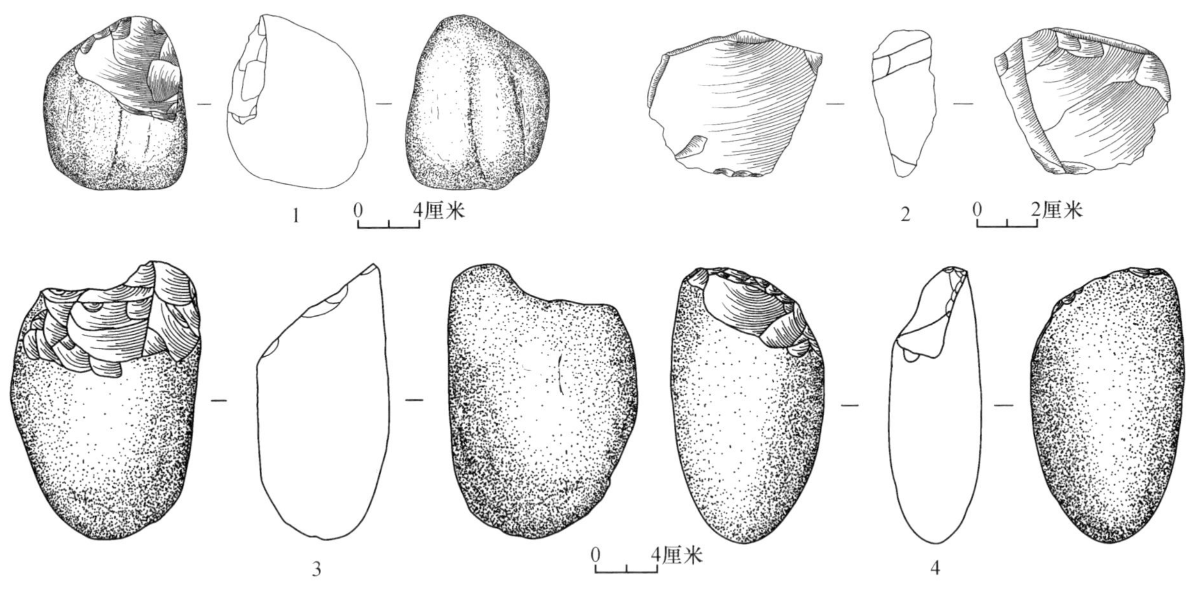

图九　龙口遗址下文化层石核及三类工具

1、2. 石核（10DLT0311③：1、10DLT0308③：3）　3. 凹刃砍砸器（10DLT0208③：1）　4. 凸刃砍砸器（10DLT0201③：3）

石片　3件。

10DLT0201③：6，原料为石英。形状近矩形，截面为三角形。长29.27、宽15.37、厚8.13毫米，重1.9克。台面为自然台面，台面长3.25、宽9.77毫米，石片角92.5°，背缘角97.68°。石片背面有一条斜脊，可见剥片留下的阴痕。腹面平坦，可见打击点。左侧边较厚，右侧边薄锐（图一〇，5）。10DLT0202③：1，为远端断片。原料为石英，形状呈扇形，截面为矩形。长27.07、宽27.5、厚12.69毫米，重10.3克。石片背面可见一处剥片形成的阴痕，两侧缘呈弧形（图一〇，3）。

二类工具　2件。

10DLT0205③：1，以角岩为原料，整体形状呈梯形。长35.91、宽32.93、厚6.59毫米，重7.9克。以完整石片为毛坯，将较薄锐锋利的右缘作为使用刃缘，与刃缘相对的把握处较为厚钝。刃长15毫米，刃角为31°，使用疤痕多形成于石片背面，疤痕细小，大小不一且不连续。腹面平坦，可见三处因使用崩裂形成的小疤（图一〇，2）。

三类工具　5件。原料均不相同，分别为角岩、片麻岩、千枚岩、石英岩及石英砂岩。根据器型可分为砍砸器、手斧、刮削器及尖状器。

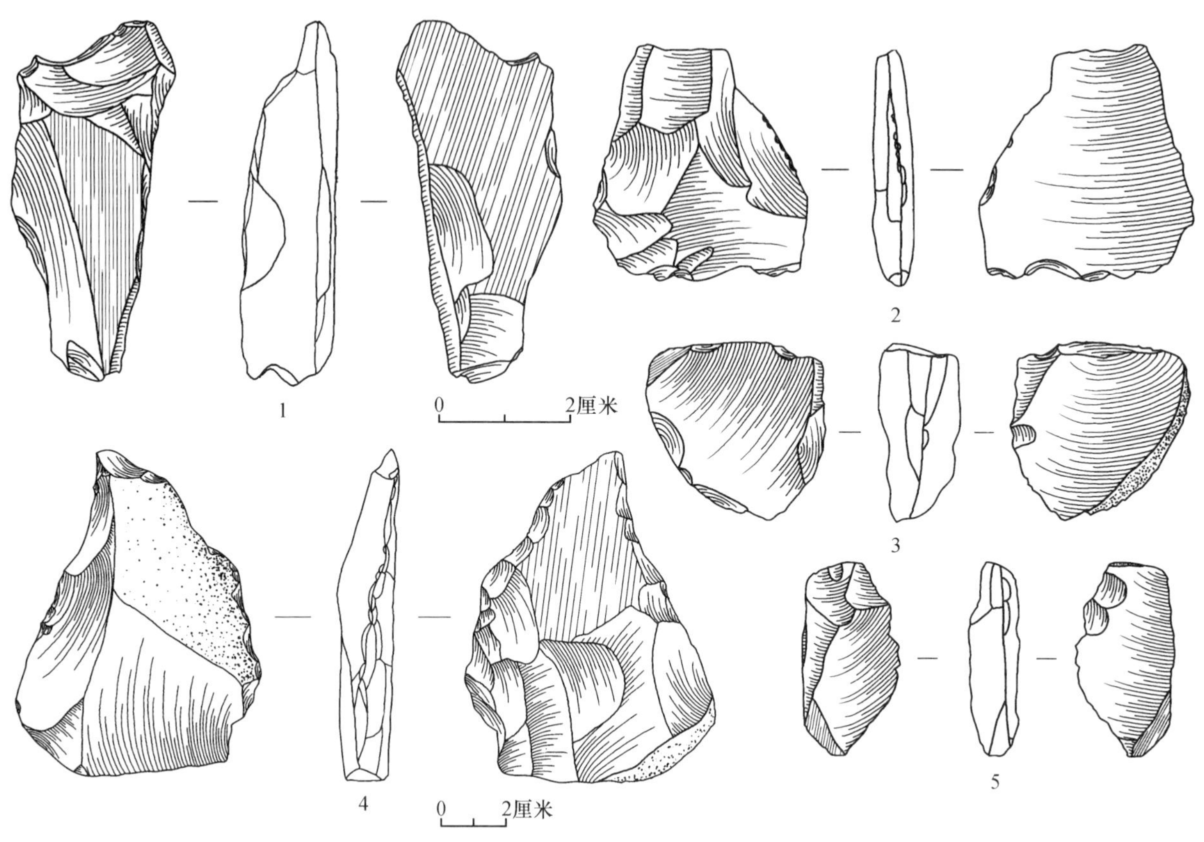

图一〇　龙口遗址下文化层工具及石片

1. 三类刮削器（10DLT0109③：3）　2. 二类刮削器（10DLT0205③：1）　3. 远端断片（10DLT0202③：1）
4. 尖状器（10DLT0201③：1）　5. 完整石片（10DLT0201③：6）

砍砸器　10DLT0201③：3，以石英砂岩为原料，长179.05、宽102.78、厚63.2毫米，重1320克。砾石经锤击修理形成一凸刃，刃长103.46毫米，刃角为75.5°，三层修疤，第一层疤痕较大、较深，其上的修理疤痕连续，大小深浅不一。加工深度为48.02毫米（图九，4）。10DLT0208③：1，以石英岩为原料。长180.6、宽126.06、厚89.19毫米，重2700克。经多层修理，形成一凹刃，疤痕层叠连续，大小不一，刃长155.7毫米，刃角为85.5°。可见使用形成的小疤（图九，3）。

手斧　10DLT0201③：11，以千枚岩为原料，整体近三角形，截面近椭圆形。长100.24、宽77.62、厚20.8毫米，重151.8克。以扁平砾石为毛坯，两侧复向加工由两个直刃组成一舌形尖，尖角为74°，两侧加工长度分别为120.09、101.79毫米。一面经多层修理，疤痕层叠，排列紧密，较浅平；另一面加工简单，左侧有一较深剥片，在石器中部形成一纵脊，边缘稍经修整。手握处保留有砾石面，较平坦。原料质地细腻，硬度较低（图一一）。

刮削器　10DLT0109③：3，单凹刃刮削器，以片麻岩为原料，节理较发育，整体近三角形，截面为三角形。长54.68、宽25.94、厚15.29毫米，重22.1克。块状毛坯正向加工而成。利用毛坯较薄锐一边正向加工，形成一凹刃，刃长为23.11毫米，刃角为53.5°。两层修疤，疤痕浅平，大小较相近且连续。一面微凸，另一面为平坦的节理面（图一〇，1）。

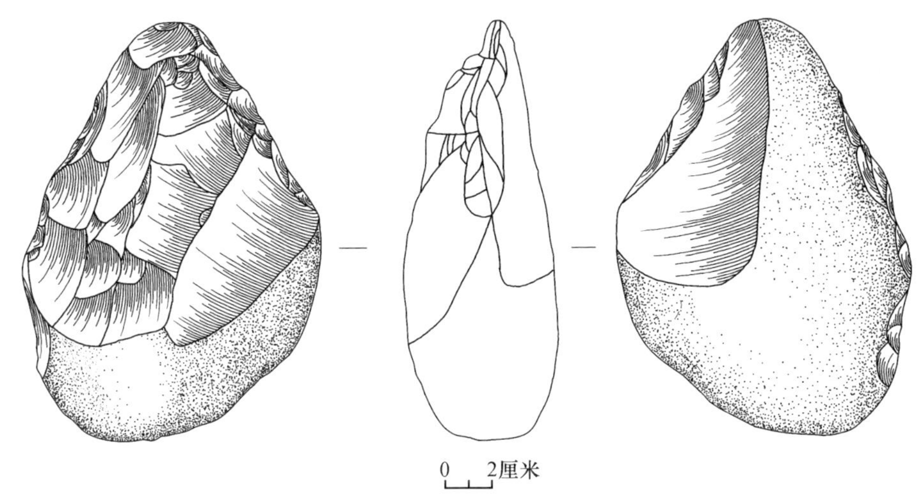

图一一 龙口遗址下文化层出土手斧（10DLT0201③：11）

尖状器 10DLT0201③：1，以角岩为原料，整体形状近三角形，截面近三角形。长100.24、宽77.62、厚20.8毫米，重151.8克。片状毛坯，两边缘经复向加工相交形成一尖刃，加工长度分别为77.75、85.22毫米，尖角为70.68°。两层修疤，疤痕连续。背面微凸，保留有部分砾石面，有一条纵脊延伸至尖刃处，腹面较为平坦，修疤较规整（图一〇，4）。

四、结 语

从遗址发现的石器分布情况来看，上文化层有较集中的分布区域，可能在此人类活动频率较高，但未见遗迹等；下文化层石器分布也有较集中区域，未见遗迹现象。

遗址发现的石器类型多样，断块占有绝对优势，可能与主要原料石英的物理特性有关。古代人类可能在遗址上进行石器加工。

综合以上情况可知，遗址应为一处旧石器时代人类的宿营地和活动场所，因其处于Ⅲ级阶地的前缘的长岗上，下部有砾石层，取水、获取石料都较方便，所以人类在此处的活动较为频繁，延续的时间也较长，而且可能还在这里进行简单的石器加工、采集和狩猎活动。

汉水河谷以丹江口为界分为两大段，丹江口以上它与秦岭东西褶皱带平行，丹江口以下则和西北—东南方向的荆山与大洪山的褶皱和大断层线一致[1]。

汉水流域旧石器遗址多集中在中上游地区，已发现百余处遗址及地点②，出土大量石器。目前发现的旧石器遗物及技术，具有两种鲜明的不同风格，一种是以小型工具（刮削器、尖状器）为代表的石片石器工业，一种是以重型工具（砍砸器、手斧、手镐）为典型器物的砾石石器工业[2]。而且石片石器工业和砾石石器工业的遗址在文化面貌上都表现出了各自高度的相似性。二者的发展都是有迹可循的。

② 本部分的讨论是建立在汉水中上游目前所发表的石器基础上，遂仅发现有化石的地点及遗址未讨论。

石片石器工业分布范围相对较小，发现的石器也较少，发现较多的洞穴遗址。

旷野遗址多属于汉水上游地区，发现石片石器工业的有：陕西境内的关庙—中岭[3]，腰市盆地二级阶地[4]及新近发表的商洛市王涧、山阳鹃岭[5]，河南镇平县八里庙[6]，丹江口库区石鼓张家营[7]，石鼓村附近毛家洼[8]、跑马岭[9]，1994年丹江口库区调查发现的旧石器时代晚期遗址[10~12]及经过发掘的杜店Ⅰ区[13]。中游地区仅在房县兔子洼三级阶地前缘[14]一处发现有石片石器工业。

洞穴遗址在汉水上游有郧西白龙洞[15, 16]、黄龙洞[17]，河南南召小空山[18, 19]。汉水中游有神农架犀牛洞[20]及房县樟脑洞[21]。从发表的材料来看，石片石器工业遗址多位于汉水中上游Ⅱ级阶地，多发现于黄褐色土中，也有个别时代稍早的遗址分布于红色土中。

龙口遗址位于Ⅲ级阶地，可分为上下两个文化层。上文化层应属于本地区的石片石器工业。

砾石石器工业分布范围较广，遍布汉水中上游，已发现的遗址、地点较多。

位于汉水上游地区陕西省境内的主要有：南郑梁山[22~26]，关庙遗址Ⅲ级阶地[3]，勉县温泉、胡家渡、杨家湾、赤土岭、城固县陈丁村、地河坝村，洋县八龙、杨家庄、金水等地[27]，安康白家梁、江北火车站[28]，腰市盆地Ⅲ级阶地的屈梁[4]。河南省发现的砾石工业多位于南阳盆地，主要有：西峡县赵营、莲花寺岗、冢岗、土门、小沟岭、西沟岗、龙头湾、大沟口、凤山、龙湾、南寺、火沟、杨岗、五眼泉及镇平县八里庙、柳泉铺北叶湾南岗、柳泉铺北石羊岗[6, 29, 30]，西峡小洞[31]。丹江口库区发现的砾石工业遗址众多，主要有：郧县曲远河口[32, 33]，郧县伏龙观[34]，郧县韩家洲Ⅱ号地点、大树垭和五峰天河口[35]，郧县三浪滩[36]，郧县梅铺猿人[15]，丹江口连沟[37]，丹江口明家山[38]，十堰市鸳鸯寺、殷家岩、蛤蟆沟[39]，1994年丹江口库区调查发现的52处旧石器地点中早期的红石坎Ⅰ、何家湾Ⅱ等及中期曲远河Ⅱ级阶地、韩家洲、刘湾、肖沟、余嘴、刘家沟及河南淅川县的宋湾、贾湾和台子山[10~12]，其中北泰山庙[40, 41]、双树[42]、彭家河[43]、杜店Ⅱ区[13]、黄家湾[44]等遗址已经正式经过发掘，2009年还新发现了蔡家渡砖厂、冯家洼、常家院[45]。

汉水中游地区的砾石工业主要集中在襄阳及房县地区，襄阳山湾[46]，金鸡嘴、军营坡、龚家洲[47]，房县兔子洼、莲花湾[14]。龙口遗址下文化层属于汉水中上游砾石石器工业范畴。

龙口遗址是一处旧石器早期和晚期遗存并存的重要遗址。

与龙口遗址位于同一阶地[48]的郧县人遗址据古地磁测年表明其年代为距今87万~83万年[49]，龙口遗址上文化层所属红褐色黏土及钙质结核等包含物均与郧县人遗址相似，推测年代应与其相当；同属汉水流域的房县樟脑洞遗址经^{14}C测年，确定其年代为距今13490 ± 150年，龙口遗址上文化层与樟脑洞遗址文化面貌相似，推测其年代应与此相当。

龙口遗址所属的汉水流域处于我国南北方的过渡地带，三面环山导致寒冷气流受阻，加之地势较低，形成了小范围的气候，动植物资源以及水产资源较为丰富，非常适合古人类生存和繁衍。特殊的地理位置使其成为我国旧石器文化南北主工业的交替地带，是研究早期人类迁徙、扩散和文化交流的敏感地区。为配合南水北调工程，调查发现了大量的旧石器遗址和地点，发掘工作逐渐展开，出土了大量的石器，为汉水流域旧石器研究提供了丰富的实物资料。龙口遗址即为一处重要的旧石器遗址。

龙口遗址分为上下两个文化层，上文化层直接叠压在下文化层之上，分别包含旧石器时代晚期及早期遗存。尤其是大量的晚期遗物，为本地区晚期文化研究提供了重要资料。

执　笔：方　启　陈全家　王　欢

参考文献

［1］沈玉昌. 汉水河谷的地貌及其发育史［J］. 地理学报，1956，4：292~323.

［2］王幼平. 汉水上游地区旧石器文化的探讨［J］. 文物研究，1991，7：88~94.

［3］王社江，李厚志. 安康关庙旧石器地点［J］. 考古与文物，1992，4：110.

［4］王社江，胡松梅. 丹江上游腰市盆地的旧石器［J］. 考古与文物，2000，4：36~42.

［5］王社江，刘顺民. 东秦岭山地商洛市和山阳县新发现的两处旧石器地点［J］. 考古与文物，2011，1：24~28.

［6］裴树文，宋定国. 西峡旧石器考古调查简报［J］. 人类学学报，2006，4：323~331.

［7］李天元，高波，陈刚毅. 丹江口市石鼓后山坡旧石器地点调查简报［J］. 江汉考古，1987，4：1~6.

［8］李天元. 丹江口市石鼓村旧石器地点调查［J］. 东南文化，1991，1：183~190.

［9］祝恒富. 湖北丹江口市毛家洼旧石器遗址调查［J］. 华夏考古，2007，1：3~19.

［10］李超荣. 丹江水库区发现的旧石器［J］. 中国历史博物馆馆刊，1998，1：4~11.

［11］黄学诗，郑绍华，李超荣，等. 丹江库区脊椎动物化石和旧石器的发现与意义［J］. 古脊椎动物学报，1996，3：228~233.

［12］李超荣，冯兴无，李浩. 1994年丹江口库区调查发现的石制品研究［J］. 人类学学报，2009，4：337~354.

［13］贺存定. 丹江库区杜店旧石器遗址的石器研究［D］. 长春：吉林大学文学院，2009.

［14］周国兴. 湖北房县古人类活动遗迹的初步调查报告［J］. 考古与文物，1982，3：1~3.

［15］冯小波. 湖北省旧石器时代文化初论［A］. 史前研究［C］. 西安：三秦出版社，2002，64~90.

［16］武仙竹，裴树文，吴秀杰，等. 湖北郧西白龙洞古人类遗址初步研究［J］. 人类学学报，2009，1：1~15.

［17］武仙竹. 郧西人——黄龙洞遗址发掘报告［M］. 北京：科学出版社，2006.

［18］张维华. 南召县小空山发现旧石器时代文化［J］. 中原文物，1982，1：35~40.

［19］小空山联合发掘队. 1987年河南南召小空山旧石器遗址发掘报告［J］. 华夏考古，1988，4：1~15.

［20］武仙竹. 神农架犀牛洞旧石器时代遗址发掘报告［J］. 人类学学报，1998，2：42~52.

［21］黄万波，徐晓风. 湖北房县樟脑洞旧石器时代遗址发掘报告［J］. 人类学学报，1987，4：298~305.

［22］阎嘉祺. 陕西汉中地区梁山龙岗首次发现旧石器［J］. 考古与文物，1980，4：1~5.

［23］阎嘉祺. 陕西汉中地区梁山旧石器的再调查［J］. 考古与文物，1981，2：1~4.

［24］黄慰文，祁国琴. 梁山旧石器遗址的初步观察［J］. 人类学学报，1987，3：236~244.

［25］鲁娜，黄慰文，尹申平，侯亚梅. 梁山遗址旧石器材料的再研究［J］. 人类学学报，2006，2：143~152.

［26］陕西省考古研究所汉水考古队. 陕西南郑龙岗寺发现的旧石器［J］. 考古与文物，1985，6：1~5.

［27］汤英俊，宗冠福，雷遇鲁. 汉水上游旧石器的新发现［J］. 人类学学报，1987，1：55~60.

［28］ 陈恩志. 中国化石古人类和旧石器文化考古发现与研究（1901~1990）·西北地区卷［M］. 西安：陕西科学技术出版社，1992：452~461.
［29］ 张维华. 河南省新发现的旧石器和人类化石［J］. 中原文物，1986，2：1~15.
［30］ 裴树文，宋定国. 西峡旧石器调查散记［J］. 化石，2006，4：37~38.
［31］ 李占扬，柴中庆. 河南西峡小洞发现旧石器［J］. 中原文物，1991，2：116.
［32］ 李天元. 湖北郧县曲远河口化石地点调查与试掘［J］. 江汉考古，1991，2：1~14.
［33］ 李炎贤，计宏祥，等. 郧县人遗址发现的石制品［J］. 人类学学报，1998，2：15~41.
［34］ 武仙竹，周兴明，王运辅. 湖北郧县伏龙观旧石器时代遗址调查简报［J］. 人类学学报，2008，1：33~37.
［35］ 湖北省十堰市博物馆. 湖北郧县两处旧石器地点调查［J］. 南方文物，2003，3：1~5.
［36］ 湖北省十堰市博物馆. 郧县三浪滩遗址调查简报［J］. 江汉考古，1999，3：1~6.
［37］ 祝恒富. 湖北丹江口市连沟旧石器遗址调查［J］. 华夏考古，2005，1：3~22.
［38］ 祝恒富. 湖北十堰发现2件手斧［J］. 人类学学报，1999，1：74~76.
［39］ 祝恒富. 湖北十堰发现3件大型尖状器［J］. 人类学学报，2001，4：314~315.
［40］ 祝恒富. 湖北旧石器文化初步研究［J］. 华夏考古，2002，3：3~22.
［41］ 周振宇，王春雪，高星. 丹江口北泰山庙旧石器遗址发掘简报［J］. 人类学学报，2009，3：246~261.
［42］ 李超荣，许勇，张双权，等. 丹江口库区的旧石器文化——记双树旧石器遗址的发掘［J］. 化石，2007，2：46~48.
［43］ 裴树文，关莹，高星. 丹江口库区彭家河旧石器遗址发掘简报［J］. 人类学学报，2008，2：95~110.
［44］ 方启，陈全家，高霄旭. 黄家湾旧石器遗址发掘简报［J］. 考古与文物，2011，1：29~35.
［45］ 李超荣. 湖北丹江口新发现旧石器时代早期地点［J］. 人类学学报，2009，4：433.
［46］ 李天元. 襄阳山湾发现的几件打制石器［J］. 江汉考古，1983，1：39~42.
［47］ 襄阳县文物管理处. 襄阳三处旧石器时代遗址调查［J］. 江汉考古，1999，4：1~6.
［48］ 李启东，王正华. 丹江口发现34处旧石器时代遗址［N］. 湖北日报，2004-11-5.
［49］ 阎桂林. 湖北“郧县人”化石地层的磁性地层学初步研究［J］. 地球科学，1993，2：221~226.

丹江口北泰山庙2号旧石器遗址发掘报告

吉林大学边疆考古研究中心

一、前　　言

丹江口库区位于汉江流域的中游，由汉江主流及其支流丹江交汇而成。库区北面为伏牛山，西部为秦岭山地，南面为武当山脉，东部为南阳盆地，是南水北调中线工程的起点。

1994年冬，中国科学院古脊椎动物与古人类研究所的野外考察队应长江水利委员会的委托，组建了南水北调水利工程库区文物考古队，与当地的文化部门相互配合，对丹江口水库的淹没区进行了全面的史无前例的古人类、古脊椎动物和旧石器时代的考古调查，北泰山庙2号遗址即发现于这次调查。北泰山庙2号旧石器遗址隶属湖北省丹江口市均县镇关门岩村，属于南水北调中线工程的淹没区范围。东南距离丹江口市约30千米，南距武当山县约20千米，西距十堰市约60千米。其地理坐标为北纬32°40′53″，东经110°09′09″，海拔166米。遗址地表的保存状况不理想，存在严重的河水侵蚀现象，可能在洪水期处于水位以下，河水淹没的范围有大量水生垃圾存在。

2010年3~5月，吉林大学边疆考古研究中心为配合南水北调前期中线工程的建设，对该遗址进行了正式的发掘，以西南为基点，布方20个，规格5米×5米，发掘面积500平方米（图一）。出土石器达150件。

二、地质地貌与地层堆积

汉水最早形成于第三纪后期，第四纪为其发育的最主要时期，因为构造运动和河流侵蚀作用造成河流的两岸发育多级河流阶地。在汉江中游的两岸分布着两级夷平面、四个河流阶地等六个层状地貌。其中，Ⅰ、Ⅱ级阶地已被丹江口水库所淹没，Ⅳ级为基座阶地，阶地上面分布有零星的砾石，该阶地分布很广泛，在均县镇则极其发育。北泰山庙2号遗址正是位于此处的Ⅲ级基座阶地上。

北泰山庙2号旧石器遗址的Ⅲ级基座阶地上部是约5米厚的砂砾石层，下部是很厚的黏土层（未见底）。黏土层的上部为晚更新世时期的含铁锰颗粒黄色黏土层，该层出土有少量的石制品。黏土层下部为富含铁锰结核蒜瓣状红褐色的黏土层，该层出土大量的大型石制品与砾石。Ⅲ级基座阶地在均县镇小唐渡口表现为白垩纪红层的砂岩、砂质泥岩和砂砾岩层。

北泰山庙2号旧石器遗址的地层堆积较简单，存在明显的年代早晚关系，自上而下可分为3层（图二）。

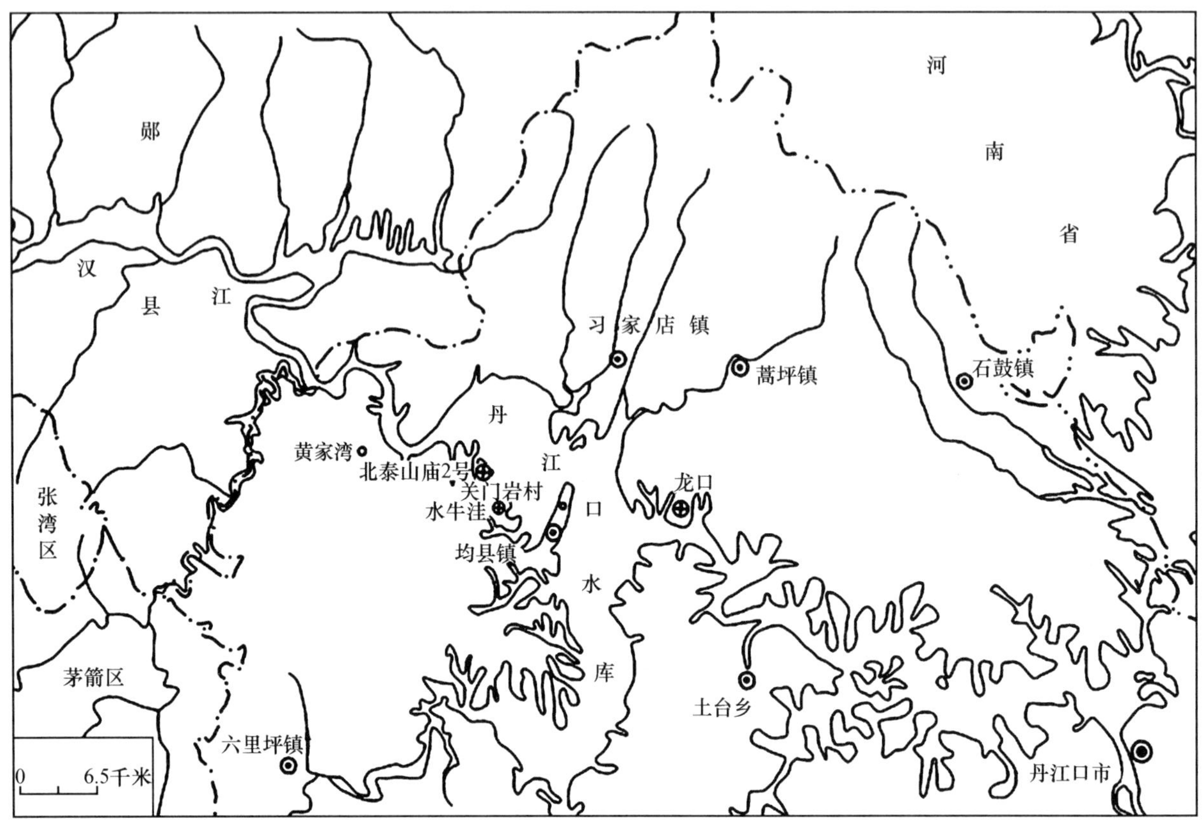

图一　北泰山庙2号遗址地理位置示意图

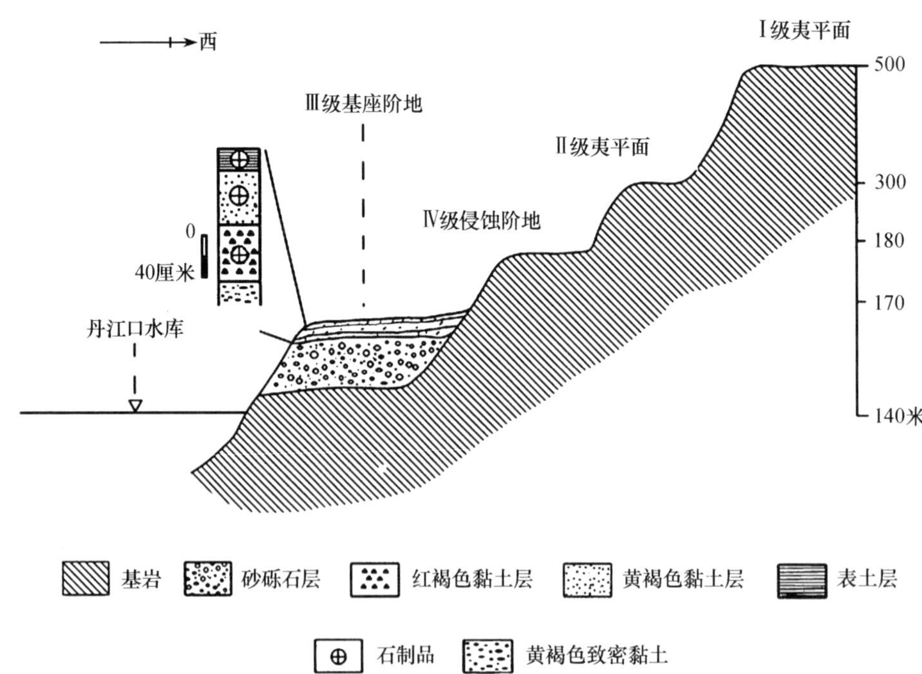

图二　北泰山庙2号遗址地貌剖面及地层堆积示意图

第1层：厚5~10厘米，黑褐色土，植物根系很发达，土质疏松，包含大量的扰动石器，夹杂有杂草根茎和水生垃圾，遍布全区。为近现代耕土层，是自然堆积和现代人类活动共同形成。

第2层：厚20~40厘米，黄褐色黏土，旧石器时代晚期文化层，出土少量石器。质地较为致密，呈坡状堆积，包含物为石器、大量直径达2~5厘米圆滑的料姜石、较小铁锰颗粒和铁锰薄衣，且分选不均匀。

第3层：厚30~50厘米，红褐色黏土，旧石器时代早期文化层，出土少量石器。质地较致密坚硬。呈坡状堆积，包含有石器、少量直径达5~6厘米的圆滑的料姜石和直径约达2厘米的铁锰颗粒，且分选不均匀。

北泰山庙2号遗址地层清楚，根据土质土色、年代关系及文化遗存的包含物将遗址分为上、下两个文化层，分别为第2、3层。上文化层为含铁锰颗粒的黄褐色黏土，地质年代为晚更新世晚期，考古年代为旧石器时代晚期；下文化层为红褐色黏土，地质年代为中更新世，考古年代为旧石器时代早期[1]。

三、遗　　物

此遗址考古发掘共发现石器159件，其中包含出土石器150件，采集石器9件。第1层出土81件，第2层出土21件，第3层出土48件。包括石核、石片、断块及二、三类工具。

1. 采集石器举例

标本10DBC：2，尖刃器，以石英为原料，节理较为发育，颜色呈白色。以石块为毛坯，器身形状不规则，截面呈三角形。经正向加工，经两层修疤，疤痕连续，较规则。加工深度10.09、左刃加工长度27.95、右刃加工长度14.41毫米，左侧刃角62.34°，右侧刃角66.83°，尖角60.5°。使用锤击法修理，器身背面微凸，有两条纵脊，腹面为平坦的节理面。

标本10DBC：5，单台面石核，原料为石英岩，颜色为黑褐色，破裂面可见明显的石英颗粒，以较为扁平的砾石为毛坯，通过多层修整形成适宜剥片的台面，台面为预制台面，台面长49.14、台面宽59.28毫米，可见五处较为成功的剥片，最大台面角88.34°，最小台面角68.5°。

标本10DBC：7，单台面石核，原料为石英，节理较为发育，颜色灰黄。利用块状砾石作为毛坯，通过锤击修理形成台面，台面为打制台面，台面长67.32、台面宽62.32毫米，最大台面角85.17°。可见两处较为成功的剥片，石片长宽相近。

2. 第1层石器举例

标本10DBT0908①：5，单台面石核，原料为石英，节理极为发育，以砾石作为毛坯，先通过剥片获取一个较好的台面。利用打制台面进行剥片，可见一处剥片形成的片疤，台面长72.64、台面宽79.5毫米，台面角98.68°。由于石料自身的节理，剥片难度相对较大，极易产生折断等现象。

标本10DBT0908①：1，双台面石核，原料为石英岩，有两个经打制形成的台面，利用这两个台面进行剥片，其中一个台面剥片极为成功，台面长50.66、台面宽79.13毫米，最大台面角103.34°，最小台面角78.36°，此台面剥去的石片均长大于宽。另一台面也有经过打制修理，但由于角度问题，无法进行适当的剥片，可见多处剥片尝试失败留下的崩疤。

标本10DBT0707①：4，锤击石片，原料为石英，节理较为发育。形状近矩形，截面呈椭圆形，台面为素台面，台面长11.73、台面宽35.29毫米，石片角78.34°，背缘角83.4°。石片背面为砾石面，腹面略呈弧形，边缘角薄锐但形状不规则，打击点清晰可见。

标本10DBT1010①：3，刮削器，以石英为原料，以石片作为加工毛坯，器身整体形状呈舌形，截面呈椭圆形，正向加工，刃口位于石片右缘，刃角84.68°，刃缘内凹，加工长度64.75毫米。器身正面、背面均较平坦，背面保留有部分砾石面，使用锤击法修理，经三层修疤，疤痕大小不一，较不规则。

标本10DBT0605①：6，尖刃器，以石英为原料，质地较细腻，颜色呈白色。以石块为毛坯，器身形状呈舌形，截面呈椭圆形。经正向加工，两层修疤，疤痕连续，较规则。加工深度4.89毫米，由两个凸刃形成一夹角，左刃加工长度33.66、右刃加工长度33毫米，尖角122.5°。使用锤击法修理，器身背面微凸，腹面内凹。

3. 第2层石器

本文化层发掘出土石器21件，类型包括石核、石片、断块及二、三类工具。原料种类包括石英、石英岩、石英砂岩、角岩和片麻岩五种。

石核　3件。

单台面石核　2件。标本10DBT0706②：1，原料为石英。个体较大。形状近球形。长67.61、宽78.89、厚43.34毫米，重283.8克，台面角82.3°~96.2°。以砾石断块作为毛坯，利用较为适宜的平面进行剥片，台面为自然台面，台面长13.52、台面宽49.59毫米。可见一处较大的成功剥片，表面还分布有多处较小的片疤。遭受一定程度的风化磨蚀（图三，1）。标本10DBT1008②：4，原料为石英砂岩。个体较小。形状近三角形，砾石面呈土黄色，断面呈灰白色，含有少量石英颗粒，并有层理结构。长123.34、宽110.47、厚88.72毫米，重1370克，台面角87.2°~89.3°。利用砾石平坦且角度较好的一面作为台面进行剥片，台面长123.05、台面宽101.42毫米，可见一大一小两处因剥片而形成的阴痕，剥取的石片均长大于宽。原料本身极易剥取石片，加工者选取的角度也非常适于剥片，该石核仍具有剥片的理想角度，应为使用阶段的石核（图三，2）。

双台面石核　1件。标本10DBT0706②：3，原料为石英。个体较大。形状近半圆，截面呈半圆形。长100.42、宽110.47、厚84.31毫米，重910克，台面角104.42°。以砾石为毛坯。仅可见一个台面，台面长66.2、台面宽78.5毫米。原料自身解理发育，采用转向法剥片，可见三处较为成功的剥片，剥取的石片均长大于宽。剥片面积占一半，可见石核的利用率较高（图三，3）。

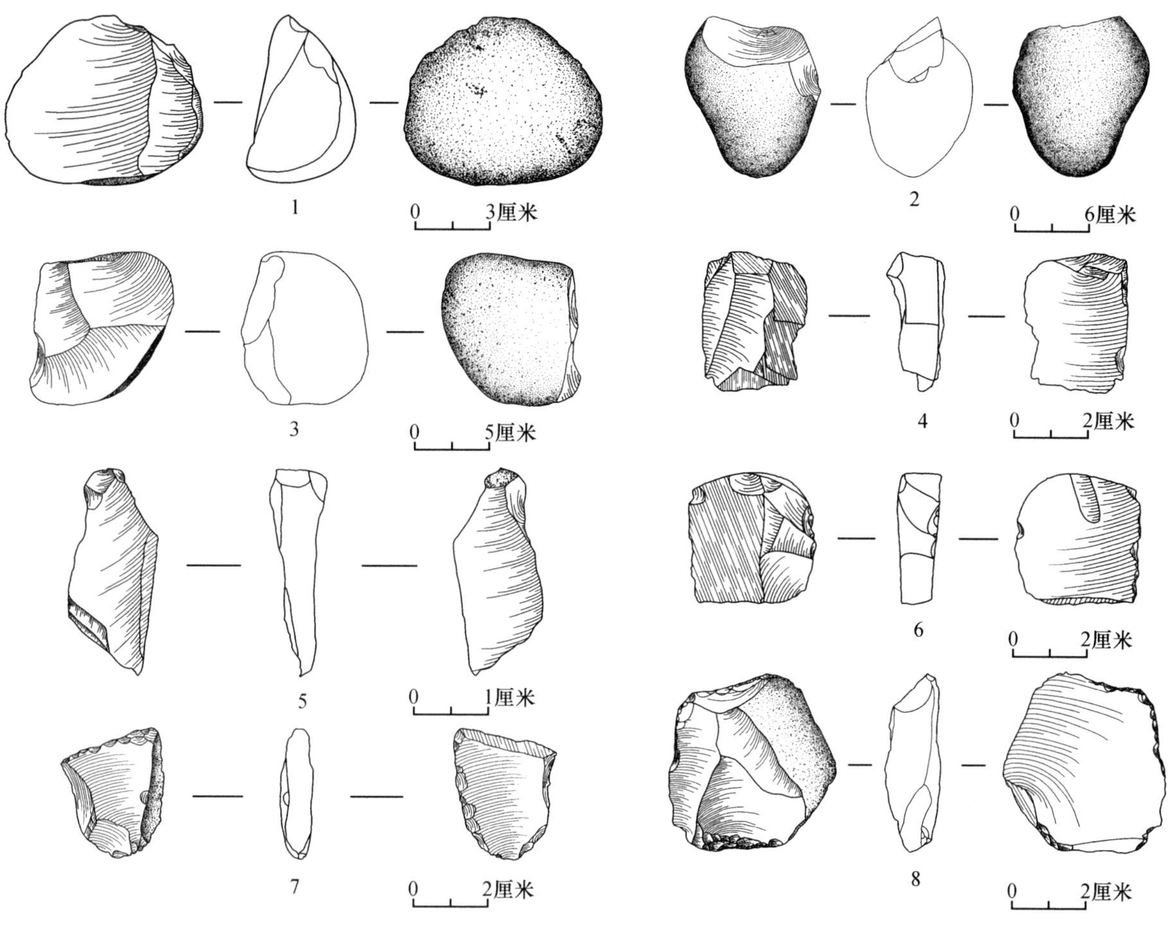

图三　第2层石器

1、2. 单台面石核（10DBT0706②：1、10DBT1008②：4）　3. 双台面石核（10DBT0706②：3）　4、5. 石片（10DBT0907②：1、10DBT1008②：1）　6. 二类工具（10DBT0806②：1）　7、8. 刮削器（10DBT0607②：1、10DBT0806②：2）

石片　4件。

标本10DBT0907②：1，颜色呈白色。形状近矩形。长37.47、宽30.4、厚17.56毫米，重19.9克，石片角94.2°。台面为素台面，台面长15.69、台面宽25.63毫米，石片角94.2°，背缘角106.3°。石片背面较凸，左侧有两条纵脊，可见两处剥片留下的阴痕；右侧解理较为发育，因解理产生许多断面。腹面平坦，打击点集中，放射线、锥疤清晰可见。石片两侧边一直一凹，远端较为薄锐（图三，4）。标本10DBT1008②：1，形状近平行四边形，截面呈三角形。长24.78、宽11.63、厚7.3毫米，重1.8克，石片角86.50°。台面为自然台面，台面长6.99、宽3.55毫米，石片角86.50°，背缘角82.1°。石片背面有因同向剥片形成的一片较大的疤痕，周围分布较小的剥片疤。劈裂面较平坦，打击点集中，半锥体突出，不见放射线及同心波。边缘锋利，质地细腻（图三，5）。

断块　11件。

二类工具刮削器　1件。占本层石器总数的4.76%。

标本10DBT0806②：1，原料为石英。形状较小。整体近方形，截面近菱形。长35.58、宽

34.79、厚12.26毫米，重19.6克。以锤击石片近端为毛坯，石片左右缘薄锐锋利，将较直的左侧作为刃部直接使用，长度为29.15毫米，刃角为38.5°。使用形成的崩疤主要位于石片腹面，疤痕小而密集。背面解理面与两个疤痕形成一纵脊。腹面微弧，打击点分散，放射线、同心波隐约可见（图三，6）。

三类工具　2件。均为尖刃刮削器。

标本10DBT0607②：1，整体形状呈舌形，长35.38、宽28.67、厚9.25毫米，重10.25克。片状毛坯。石片远端及右侧经锤击修理，错向加工，分别形成一凹边和一直边，刃长分别为24.22、27.87毫米，两刃相交形成一尖刃，尖刃角为89.34°，修疤较小且连续，排列紧密，较为规整。刃部有使用后留下的微小崩疤。两面均较平坦，远端因解理而折断。背面保留一条狭长的砾石面，劈裂面打击点集中，不见放射线和同心波（图三，7）。标本10DBT0806②：2，整体形状近正五边形，截面为梯形。长49.47、宽46.13、厚16.12毫米，重46.6克。片状毛坯。选择石片远端及右缘薄锐处，采用复向法锤击修理，修理长度分别为34.33、24.9毫米，两边在右侧相交形成一尖刃，尖刃角为94.5°。修疤分两层，连续且排列紧密。刃角因使用稍残，可见使用痕迹留下的崩疤。背面一半留有剥片的疤痕，另一半保留原始砾石面。劈裂面打击点集中，放射线清晰可见（图三，8）。

4. 第3层石器

本文化层发掘出土石器48件，类型包括石核、石片、断块及二、三类工具。原料种类包括石英、石英岩、石英砂岩、角岩、流纹岩、千枚岩和细晶闪长岩七种。

石核　4件。均为锤击石核。

单台面石核　2件。标本10DBT0809③：5，原料为石英砂岩，大型石器。长94.89、宽127.95、厚92.08毫米，重1240克。风化磨蚀较为严重，毛坯为浑圆砾石，内部解理发育。台面长56.18、台面宽81.11毫米，最大台面角120.95°。锤击法剥取的石片多长大于宽，剥片疤有八片。剥片面积占石核总面积的一半，石核利用率很高，达到不能再利用而废弃（图四，1）。

双台面石核　2件。标本10DBT0607③：1，原料为石英，节理较为发育，颜色呈白色。长59.6、宽58.67、厚30.64毫米，重116.3克。以扁平砾石为毛坯，采用锤击法剥片。台面长30.33、台面宽40.04毫米，最大台面角86.2°。两侧各可见一处较为成功的剥片，边缘留有较小的剥片疤，但多不能用。石核剥片面积较大，利用率较高，只有边缘还保留自然砾石面（图四，2）。

石片　2件。

纵向断片　1件。标本10DBT0909③：2，为纵向断片的左侧。颜色呈白色。形状近三角形，截面近矩形。残长23.39、残宽28.13、残厚6.5毫米，残重5克。为自然台面，台面长7.28、台面宽27.31毫米，石片角87.5°，背缘角90.17°。石片背面平坦，有剥片留下的大小疤痕。劈裂面平坦，打击点集中，放射线清晰可见，可见隐约的同心波（图四，3）。

横向断片　1件。标本10DBT0910③：1，为横向断片的近端。颜色呈白色。形状近梯形，截

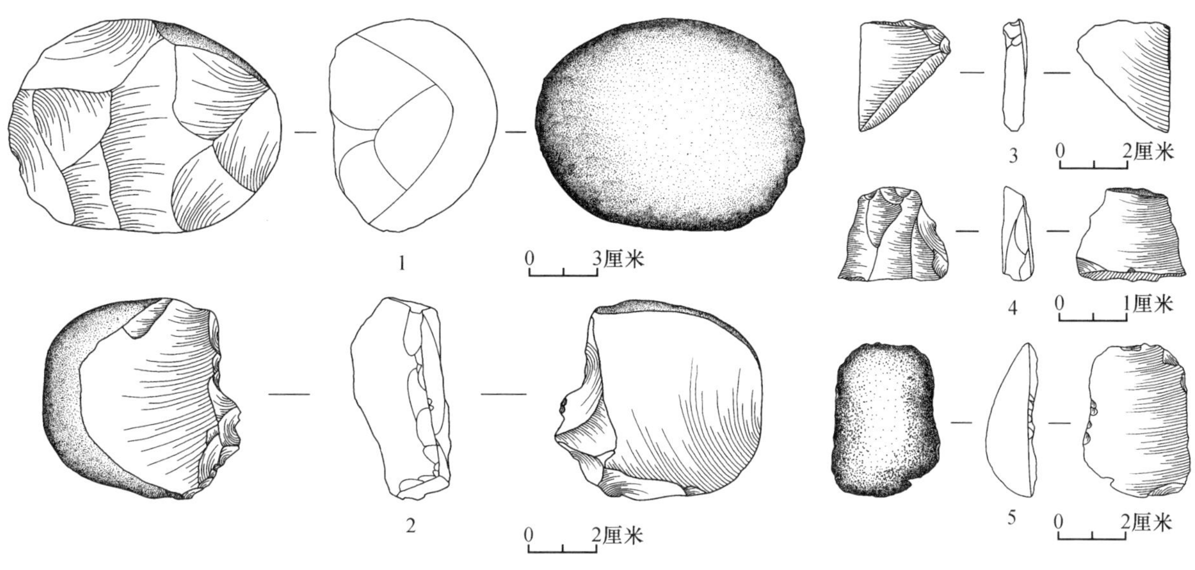

图四 第3层石核和石片

1. 单台面石核（10DBT0809③：5） 2. 双台面石核（10DBT0607③：1） 3. 纵向断片（10DBT0909③：2）
4. 横向断片（10DBT0910③：1） 5. 二类工具刮削器（10DBT0808③：1）

面呈梯形。残长13.99、残宽16.75、残厚5.43毫米，残重1.4克。为自然台面，台面长5.62、台面宽17.29毫米，石片角90.17°，背缘角91.5°。石片背面有两条纵脊，可见三处剥片形成的较大疤痕及周围分布的小疤。腹面平坦，打击点集中，放射线清晰可见，侧边形态较直（图四，4）。

断块 27件。占本层石器总数的56.25%。原料以石英为主（N=25，92.6%），石英砂岩、细晶闪长岩次之。

二类工具刮削器 1件。

标本10DBT0808③：1，以石英为原料。整体呈矩形，截面近三角形。长45.85、宽33.11、厚16.46毫米，重26.9克。以石片为毛坯，将较薄锐、锋利的石片右缘作为刃缘直接使用，形成一凹刃。刃长24.56毫米，刃角为53.17°，刃部有使用后留下的小疤。背面为突起的砾石面。劈裂面较为平坦，打击点清晰，不见放射线、同心波（图四，5）。

三类工具 14件。占本层石器总数的29.16%。原料类型多样，石英占绝大多数，占42.86%，其次为石英岩、角岩、石英砂岩、千枚岩、流纹岩。加工方式以复向加工为主，占64.29%，部分采用正向加工和反向加工。以片状、砾石毛坯为主，各占43.86%，块状毛坯次之。

刮削器 8件。标本10DBT0808③：5，以石英为原料，颜色呈白色。整体呈扇形，截面呈三角形。长39.29、宽39.81、厚20.46毫米，重37.5克。以石片近端为毛坯，将石片较薄右缘复向加工，形成一直刃，刃长为34.95毫米，刃角为62.18°。两层修疤，第一层较大，起到打薄石器的作用；第二层疤痕连续，排列紧密，使刃部变得薄锐锋利。把握部位未经修理。背面左侧保留砾石面，与右侧疤痕形成一纵脊。腹面微凸，打击点集中，隐约可见放射线，不见同心波（图五，1）。标本10DBT1009③：2，以石英为原料。整体近椭圆形，截面为半圆形。长64.32、宽50.42、厚27.32毫米，重107.9克。片状毛坯。选择石片的侧边和远端修理成刃。由于背面光滑，采用反向锤击法加工，形成一凸刃。刃长为56.25毫米，刃角为69.83°。两层修疤，第一层较大且不连续，起到打薄石器刃部的作用；第二层修疤较小且连续密集，刃部变得薄锐锋利。把握部位未经修理。背面微凸为自然砾石面。劈裂面平坦，仅见打击点（图五，2）。标本10DBT0806③：3，以石英为原料。整体近三角形，截面呈三角形。长41.89、宽28.83、厚21.13毫米，重23.4克。块状毛坯。由较平坦的解理面向背面进行锤击修理，形成两个直刃，与背面的一脊相交形成一三棱的尖刃，稍残，尖刃角为60.5°。把握部位未经修理。背面因石料质地原因，凹凸不平，保留少量砾石面。劈裂面为解理面，边缘有少量疤痕（图五，3）。

雕刻器　1件。标本10DBT0708③：3，以石英为原料。整体形状近矩形。长55.61、宽47.31、厚19.48毫米，重62.6克。以石片为加工毛坯，选择石片的远端，经过复向加工形成凿形刃口，刃缘的两侧边一直一凹，利用两侧边的夹角，由右上方斜向打下一剥片，形成典型的雕刻器刃口，其上有因使用而形成的细小疤痕。右侧刃加工长度为22.12、左侧刃加工长度为40.77毫米，刃缘角82.34°。器身正面、背面均较平坦，保留有部分砾石面，使用锤击法加工，经两层修疤，疤痕大小不一，较不规则。把握部位稍加修理，便于把握（图五，4）。

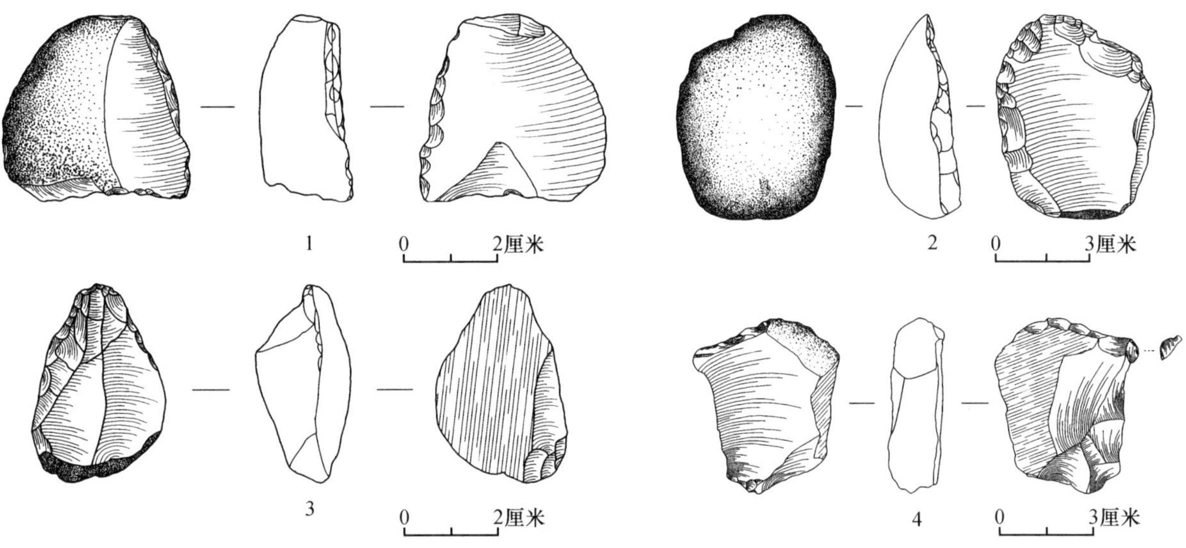

图五　第3层三类工具

1~3. 刮削器（10DBT0808③：5、10DBT1009③：2、10DBT0806③：3）　4. 雕刻器（10DBT0708③：3）

砍砸器　1件。标本10DBT0605③：1，以石英岩为原料。整体形状近半圆形。长119.13、宽107.36、厚41.54毫米，重568.3克。选择扁圆的砾石为毛坯。在较薄的一侧修理成刃，刃部修疤大小不一，疤痕连续，使刃部变的薄锐、锋利。其余部分保留自然砾石面。器身圆钝，便于把握（图六，1）。

手镐　1件。标本10DBT0708③：2，以角岩为原料。整体形状近三角形，截面为椭圆形。长160.8、宽90.2、厚70.45毫米，重1170克。以椭圆形的厚重砾石为毛坯，两侧采用复向进行锤击修理，形成一尖刃，尖刃薄锐、锋利，加工长度分别为65.22、102.03毫米，尖刃角为69.34°。一面对向进行多层修理，疤痕大小不一，连续密集；另一面只在一侧进行修理，修疤

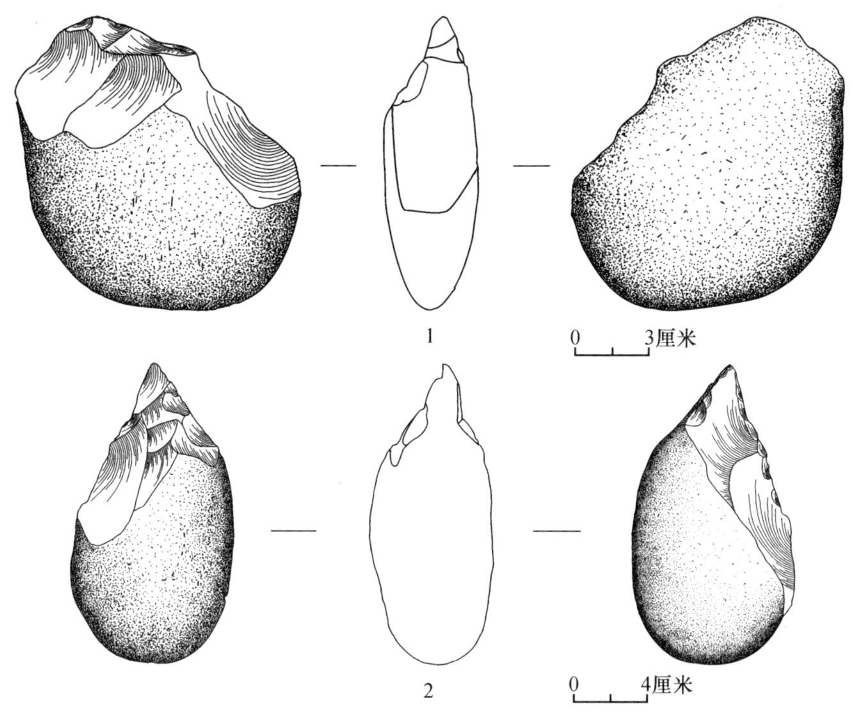

图六　第3层三类工具

1. 砍砸器（10DBT0605③：1）　2. 手镐（10DBT0708③：2）

分两层。因石料本身解理发育，形成层叠的疤痕，疤痕连续。手握处保留自然的砾石面，上黏有钙质结核（图六，2）。

手斧　3件。标本10DBT0506③：1，以流纹岩为原料，呈淡黄色，含有灰色斑状晶体。截面近菱形。长163.87、宽95.17、厚50.47毫米，重660克。以长条形砾石为毛坯，两侧复向加工形成两直边，组成一舌形尖刃，两侧边修理长度分别为151.9、132.09毫米，尖刃角为61.34°。多层修疤，疤痕多大而浅平，石器中部保留一部分解理面。手握处保留部分砾石面。锤击修理，打制精美（图七，1）。标本10DBT0708③：1，以角岩为原料。整体近三角形，截面呈半圆形。长210.8、宽90、厚75毫米，重1230克。以长条形的砾石为毛坯。两侧经过复向加工两条直刃形成一长尖，两侧的加工长度分别为114.99、136.7毫米，尖角为60°。因原料本身解理较为发育，形成了层叠疤痕。手握处背面保留砾石面，腹面为平坦的解理面。尖部较锋利，推测石器还未经使用（图七，2）。标本10DBT0907③：3，以千枚岩为原料。整体形状呈三角形。长154.8、宽87.54、厚41.34毫米，重562克。片状毛坯。加工方式为复向加工，通体修疤，两侧较为对称，形成尖部的两刃分别为一条凸刃和一条直刃，左刃加工长度为160、右刃加工长度为136.09毫米，左侧刃角69°，右侧刃角74.5°，尖刃角104.17°。两层修疤，疤痕大小不一，部分疤痕超过器身一半，仅根部保留有少量砾石面。风化磨蚀较严重（图七，3）。

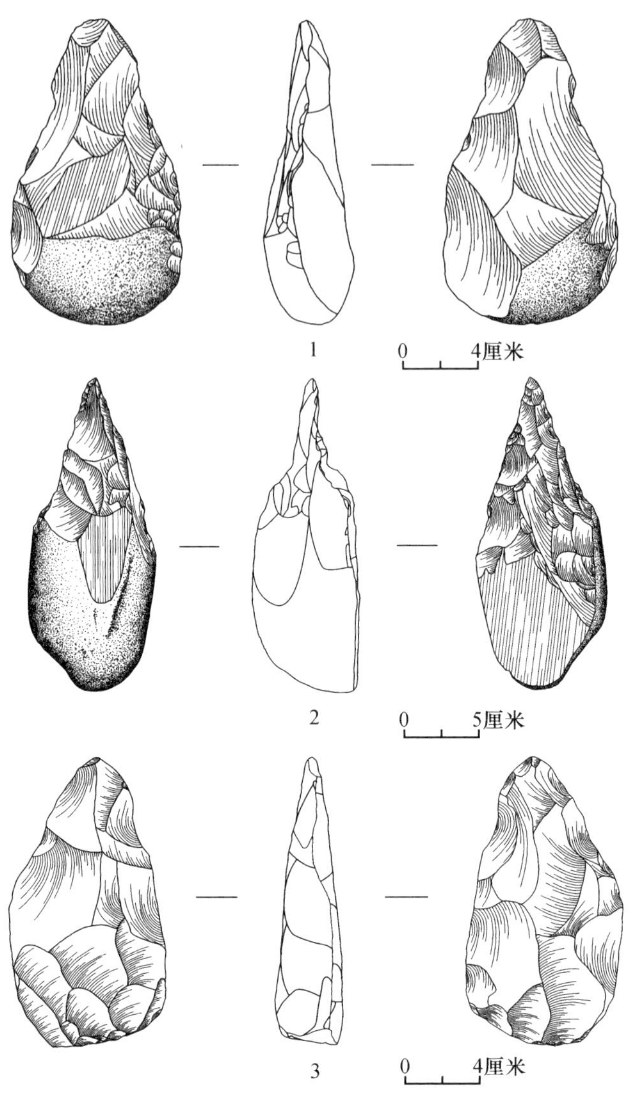

图七　第3层的手斧

1. 10DBT0506③：1　2. 10DBT0708③：1　3. 10DBT0907③：3

四、结　　语

汉江（又称汉水），古时曾叫沔水，汉江全长约1532千米，以长度而言可称长江第一大支流。汉水河谷以丹江口为界分为两大段，丹江口以上它与秦岭东西褶皱带平行，丹江口以下则和西北—东南方向的荆山与大洪山的褶皱和大断层线一致[2]。

汉水流域目前发现的旧石器遗物和工业类型，具有两种鲜明的风格，一种是以小型工具（刮削器、尖状器）为代表的石片石器工业类型，另一种是以重型工具（砍砸器、手斧、手镐）为代表的砾石石器工业类型[3]。洞穴遗址分布在汉水上游的有郧西的黄龙洞[4]、白龙洞[5，6]及河南南召的小空山[7，8]。汉水中游的有神农架犀牛洞[9]和房县樟脑洞[10]。旷野遗址大多位于汉水的上游地区，现已发现的石片石器工业有：陕西境内的腰市盆地二级阶地[11]、关庙—中岭[12]及近来发表的商洛市王涧、山阴鹃岭[13]，丹江口库区的张家营[14]，石鼓村的毛家洼[15]、跑马岭[16]，河南省镇平县的八里庙[17]，1994年在丹江口库区调查时发现旧石器时代的晚期遗址[18~20]及经过发掘的杜店Ⅰ区遗址[21]。长江中游地区仅见房县的兔子洼三级阶地前缘[22]发现一处石片石器工业。砾石石器工业的分布范围相对较大，遍及汉水中上游。现已发现的遗址、地点如下：位于汉水上游陕西省境内的主要有：南郑梁山[23~27]，关庙遗址Ⅲ级阶地[12]，城固县的地河坝村、陈丁村，洋县的金水、八龙、杨家庄等[28]，勉县的温泉、赤土岭、杨家岭、胡家渡，安康的白家梁、江北火车站[29]，腰市盆地Ⅲ级阶地的屈梁[11]。河南省境内的砾石工业多位于南阳盆地，主要有：西峡县的赵营、凤山、土门、冢岗、南寺、龙湾、火沟、杨岗、小沟岭、龙头湾、西沟岗、五眼泉、大沟口、莲花寺岗和镇平县的八里庙、西峡小洞[30]、柳泉铺北叶湾南岗、柳泉铺北石羊岗[17, 31, 32]。丹江口库区的砾石工业较多，主要有：郧县伏龙观[33]、曲远河口[34, 35]、大树垭、明家山[36]、三浪滩[37]、五峰天河口[38]、梅铺猿人[5]、韩家洲Ⅱ号地点、丹江口连沟[39]，十堰市的殷家岩、鸳鸯寺、蛤蟆沟[40]。1994年丹江库区调查发现的52处旧石器地点中早期的有红石坎Ⅰ、何家湾Ⅱ等，中期的有肖沟、刘湾、余嘴、韩家洲、刘家沟、曲远河Ⅱ级阶地，位于河南境内淅川县的贾湾、宋湾和台子山[18~20]，其中北泰山庙[41]、杜店Ⅱ区[21]、双树[42]、黄家湾[43]、彭家河[44]等遗址已经正式发掘。2009年还发现了蔡家渡砖厂、常家院、冯家洼[45]。汉水中游的主要集中在襄阳、房县地区，其中有襄汾的山湾[46]、军营坡、金鸡嘴、龚家洲[47]，房县的莲花湾、兔子洼[22]。

与如上遗址比较，本遗址上文化层是汉水流域石片石器工业的典型代表之一。下文化层是汉水流域砾石石器工业的典型代表之一。北泰山庙2号旧石器遗址是一处旧石器早期、晚期并存的遗址。该遗址与郧县人[48]遗址位于相同阶地，且下文化层所属的红褐色黏土和钙质结核等包含物也与郧县人遗址相类似，古地磁测年表明郧县人遗址的年代为距今87万~83万年[18]，因而，推测该遗址的下文化层年代与其相当；其上文化层则与汉水流域的房县樟脑洞遗址在文化面貌上相近，而樟脑洞遗址的测年为距今13490±150年，则该遗址的上文化层年代也应与其相当。

北泰山庙2号旧石器遗址是我国汉水流域重要的旧石器遗址之一，对研究汉水流域旧石器的产生与发展，复原古人类的生存面貌与生产方式有重要意义：

（1）北泰山庙2号旧石器遗址所处的地理位置十分独特，成为南北方文化交流的腹心地区。从而使其在文化面貌上，既保留有南方砾石工业以重型石器为主的特征，又在后续的发展中兼容北方石片工业以小型石器为主的因素。这对于研究当时人类的繁衍生息、文化交流等生活方式提供了宝贵材料。

（2）北泰山庙2号旧石器遗址出土了许多珍贵的石器材料，为汉水以至长江流域已发掘的旧石器材料提供了进一步的佐证和补充，更为以后从事旧石器研究的工作扩宽了研究的领域和方向。

（3）手斧的研究，一直以来是中国考古学界的敏感问题。北泰山庙2号旧石器遗址在此次发掘中共有4件手斧，其中，出土3件和采集1件。其打制技术、形态功能等方面不仅具有本地区手斧的特色，而且融合周边手斧的特征。所以，对于北泰山庙2号旧石器遗址手斧及周边手斧工业的系统研究，有助于进一步研究中国手斧的来源和发展，探讨中国手斧与世界其他地区的手斧的联系和区别起到借鉴和指导作用。

执　笔：方　启　陈全家　卢　悦

参考文献

［1］陈晓颖.丹江库区水牛洼旧石器遗址的石器研究与讨论［D］.长春：吉林大学文学院，2011.

［2］沈玉昌.汉水河谷的地貌及其发育史［J］.地理学报，1956，4：292~323.

［3］王幼平.汉水上游地区旧石器文化的探讨［J］.文物研究，1991，7：88~94.

［4］武仙竹.郧西人——黄龙洞遗址发掘报告［M］.北京：科学出版社，2006.

［5］冯小波.湖北省旧石器时代文化初论［A］.史前研究［C］.西安：三秦出版社，2002：64~90.

［6］武仙竹，裴树文，吴秀杰.湖北郧西白龙洞古人类遗址初步研究［J］.人类学学报，2009，1：1~15.

［7］张维华.南召县小空山发现旧石器时代文化［J］.中原文物，1982，1：35~40.

［8］小空山联合发掘队.1987年河南南召小空山旧石器遗址发掘报告［J］.华夏考古，1988，4：1~15.

［9］武仙竹.神农架犀牛洞旧石器时代遗址发掘报告［J］.人类学学报，1998，2：42~52.

［10］黄万波，徐晓风.湖北房县樟脑洞旧石器时代遗址发掘报告［J］.人类学学报，1987，4：298~305.

［11］王社江，胡松梅.丹江上游腰市盆地的旧石器［J］.考古与文物，2000，4：36~42.

［12］王社江，李厚志.安康关庙旧石器地点［J］.考古与文物，1992，4：1~10.

［13］王社江，刘顺民.东秦岭山地商洛市和山阳县新发现的两处旧石器地点［J］.考古与文物，2001，1：24~28.

［14］李天元，高波，陈刚毅.丹江口市石鼓后山坡旧石器地点调查简报［J］.江汉考古，1987，4：1~6.

［15］李天元.丹江口市石鼓村旧石器地点调查［J］.东南文化，1991，1：183~190.

［16］祝恒富.湖北丹江口市毛家洼旧石器遗址调查［J］.华夏考古，2007，1：3~19.

［17］裴树文，宋定国.西峡旧石器考古调查简报［J］.人类学学报，2006，4：323~331.

［18］李超荣.丹江水库区发现的旧石器［J］.中国历史博物馆馆刊，1998，1：4~11.

［19］黄雪诗，郑绍华，李超荣，等.丹江库区脊椎动物化石和旧石器的发现与意义［J］.古脊椎动物学报，1996，3：228~233.

［20］李超荣，冯兴无，李浩.1994年丹江口库区调查发现的石制品研究［J］.人类学学报，2009，4：337~354.

［21］贺存定.丹江库区杜店旧石器遗址的石器研究［D］.长春：吉林大学文学院，2009.

［22］周国兴.湖北房县古人类活动遗迹的初步调查报告［J］.考古与文物，1982，3：1~3.

［23］阎嘉祺.陕西汉中地区梁山岗首次发现旧石器［J］.考古与文物，1980，4：1~5.

［24］阎嘉祺.陕西汉中地区梁山岗旧石器的再调查［J］.考古与文物，1981，2：1~4.

［25］黄慰文，祁国琴.梁山旧石器遗址的初步观察［J］.人类学学报，1987，3：236~244.

［26］鲁娜，黄慰文，尹申平，侯亚梅.梁山遗址旧石器材料的再研究［J］.人类学学报，2006，2：143~152.

［27］陕西省考古研究所汉水考古队.陕西南郑龙岗发现的旧石器［J］.考古与文物，1985，6：1~5.

[28] 汤英俊，宗冠福，雷遇鲁. 汉水上游旧石器的新发现［J］. 人类学学报，1987，1：55~60.

[29] 陈恩志. 中国化石古人类和旧石器文化考古发现与研究（1901~1990）· 西北地区卷［M］. 西安：陕西科学技术出版社，1992：452~461.

[30] 李占扬，柴中庆. 河南西峡小洞发现旧石器［J］. 中原文物，1991，2：116.

[31] 张维华. 河南省新发现的旧石器和人类化石［J］. 中原文物，1986，2：1~15.

[32] 裴树文，宋定国. 西峡旧石器调查散记［J］. 化石，2006，4：37~38.

[33] 武仙竹，周兴明，王运辅. 湖北郧县伏龙观旧石器时代遗址发掘简报［J］. 人类学学报，2008，1：33~37.

[34] 李天元. 湖北郧县曲远河口化石地点调查与发掘［J］. 江汉考古，1991，2：1~14.

[35] 李炎贤，计宏祥等. 郧县人遗址发现的石制品［J］. 人类学学报，1998，2：15~41.

[36] 祝恒富. 湖北十堰发现2件手斧［J］. 人类学学报，1999，1：74~76.

[37] 湖北省十堰市博物馆. 郧县三浪滩遗址调查简报［J］. 江汉考古，1999，3：1~6.

[38] 湖北省十堰市博物馆. 湖北郧县旧石器地点调查［J］. 南方文物，2003，3：1~5.

[39] 祝恒富. 湖北丹江口市连沟旧石器遗址调查［J］. 华夏考古，2005，1：3~22.

[40] 祝恒富. 湖北十堰发现3件大型尖状器［J］. 人类学学报，2001，4：314~315.

[41] 祝恒富. 湖北旧石器文化初步研究［J］. 华夏考古，2002，3：3~22.

[42] 李超荣，许勇，张双权等. 丹江口库区的旧石器文化——记双树旧石器遗址的发掘［J］. 化石，2007，2：46~48.

[43] 方启，陈全家，高霄旭. 黄家湾旧石器遗址发掘简报［J］. 考古与文物，2011，1：29~35.

[44] 裴树文，关莹，高星. 丹江口库区彭家河旧石器遗址发掘简报［J］. 人类学学报，2008，2：95~110.

[45] 李超荣. 湖北丹江口新发现旧石器时代早期地点［J］. 人类学学报，2009，4：433.

[46] 李天元. 襄阳山湾发现的几件打制石器［J］. 江汉考古，1983，1：39~42.

[47] 襄阳文物管理处. 襄阳三处旧石器时代遗址调查［J］. 江汉考古，1999，4：1~6.

[48] 阎桂林. 湖北"郧县人"化石地层的磁性地层学初步研究［J］. 地球科学，1993，2：221~226.

丹江口玉皇庙遗址发掘简报

荆州博物馆

一、遗址概况与发掘经过

玉皇庙遗址位于丹江口市土台乡戈余沟村（现为七里沟村），戈余沟（小河名）进入丹江口水库入口处，属南水北调中线工程淹没区。遗址中心位置的地理坐标为东经111°09′59″、北纬32°33′50″，实测海拔为132~137米，是一个南北走向的不规则椭圆形小岛，南北长约150~230米，东西宽约80~100米，经2008年5月底实测，其总面积为2万7千余平方米，东距丹江口市32.07千米，西南距武当山镇10.1千米（图一；图版一，1）。

玉皇庙岛四面临水，因受丹江口库区蓄水影响，该岛每年约有7个多月被水淹没，只有4月底到8月间才露出水面。水落水涨，导致岛上一片荒凉。岛的北部多为淤沙，中南部则长满杂草。岛上原有明代寺庙建筑玉皇庙，遗址因此而得名。玉皇庙毁于20世纪60年代初期，现岛上

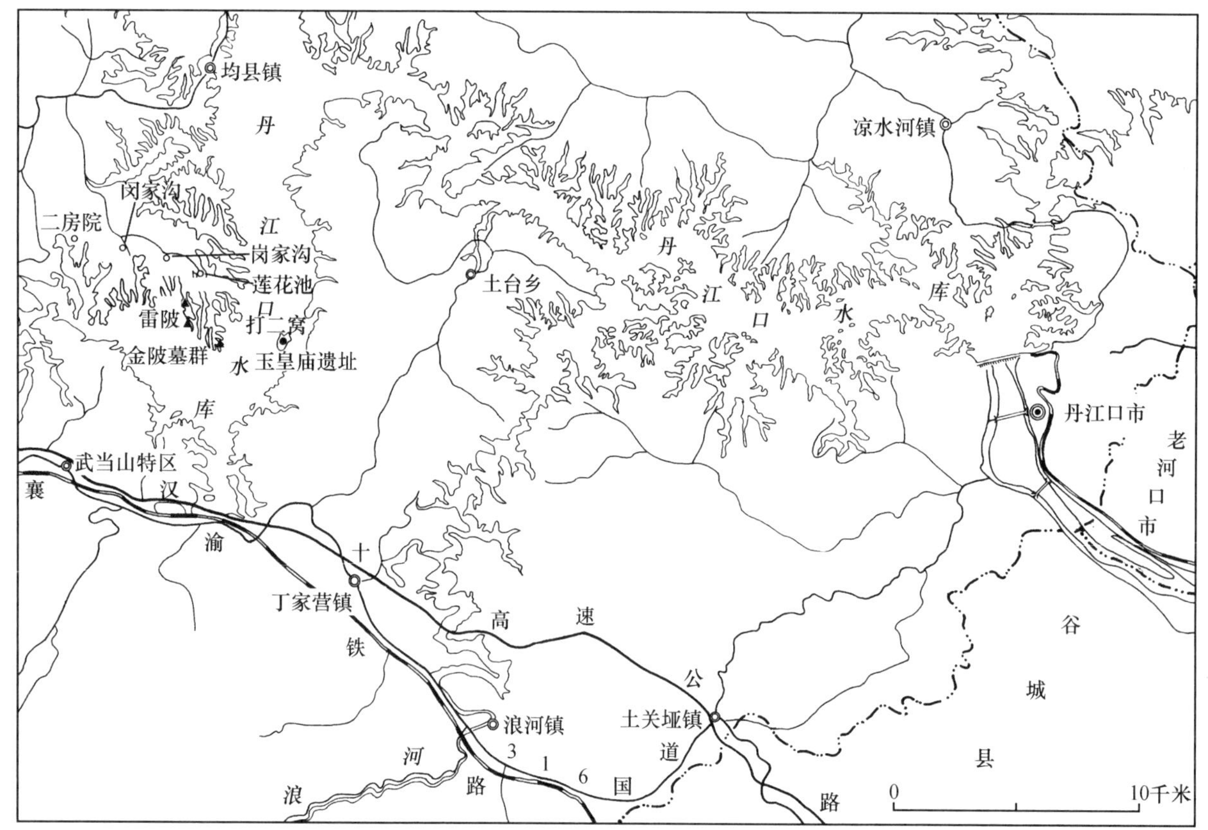

图一　玉皇庙遗址地理位置示意图

残留有玉皇庙庙址和大量的残砖断瓦。1998年，湖北省文物考古研究所在遗址的北部和西南部发掘汉晋时期墓葬7座；21世纪初期，丹江口市博物馆对遗址进行了一次全面调查，采集到大量的新石器时代文化遗物，主要有仰韶、屈家岭、石家河（乱石滩）文化遗存，并有大量西周遗存。现在，由于长期受库水冲刷和淹没，遗址已被严重损毁，早期调查厚2米左右的文化堆积，现在大部分已不到1米，且多数遗迹也已暴露在外。

受省文物局南水北调办公室委托，荆州博物馆实施对玉皇庙遗址的考古发掘工作。计划发掘面积3000平方米、钻探面积1000平方米。接到发掘任务后，我们分两次对该遗址进行了考古勘探和发掘。因丹江口库区水位较高，遗址大部分时间都被淹没，所以只能选择水位较低的时候进行发掘。

第一次发掘于2008年5月27日进场，5月28日即开始工作，后因库区水位上涨，遗址被全部淹没，发掘工作于8月19日被迫停止，第一次田野发掘结束，实际发掘面积1625平方米。第二次发掘于2011年4月9日开始，7月10日结束，实际发掘面积1825平方米。玉皇庙遗址实际发掘面积为3450平方米。

参加玉皇庙遗址田野发掘和室内整理的工作人员主要有张万高、王家正、肖友红、崔仁义、汪立鸣、刘中义、肖恭蒂、肖玉军、谢章伟、罗丛梅、刘祖梅、钟琴山、黄成家等。

二、发掘方法与探方分布

田野工作从钻探开始。因为田野发掘的重点是遗址，协议书中规定的钻探面积仅为1000平方米，按理只需选点钻探即可，但是，初步钻探之后均不理想，原来认为有文化层的地方仅20~30厘米即见生土，所以决定还是布钻探大方进行普探，以便选择文化堆积较厚和有墓葬的地方布方发掘。

钻探方以西南角为基点，采取正北向布方。全岛共布钻探大方9个，其中，50米×50米8个，50米×25米1个，面积共21250平方米（全岛面积27170平方米）。钻探方编号：ZT1~ZT9。本次钻探采取6米×6米布孔钻探，重点部位加梅花点或加密探孔。

部分探孔显示，0~10厘米为灰黄泛黑土层，10~30厘米为灰黄土层，有明显的淤积情形。少数探方10~30厘米可见灰黑土夹红烧土点，最深探孔0~130厘米，之后为黄生土（较浅的生土为黑色）。一般而言，文化层均较薄，包含物主要有红烧土，有少量夹砂红陶片。

经钻探得知，全岛约10000平方米具有文化层或文化遗迹（主要为灰坑、墓葬、房址），其中可以明确的墓葬有37座。遗址文化层大多被库水冲刷而损毁严重，所知文化层一般较薄，但存有较多灰坑等遗迹。西部、北部和中部偏北均有较多土坑墓和少数砖室墓。

遗址总基点定在中部偏北的玉皇庙旧址之上。

田野发掘采取全站仪测量、象限法布方，正北向，全坐标法。探方编号亦采用全坐标法，如TN1E1、TN1W1等，所布探方将覆盖整个遗址，在岛上任何一点发掘，均可准确的读出其所在的探方号。探方规格统一为5米×5米（图二）。

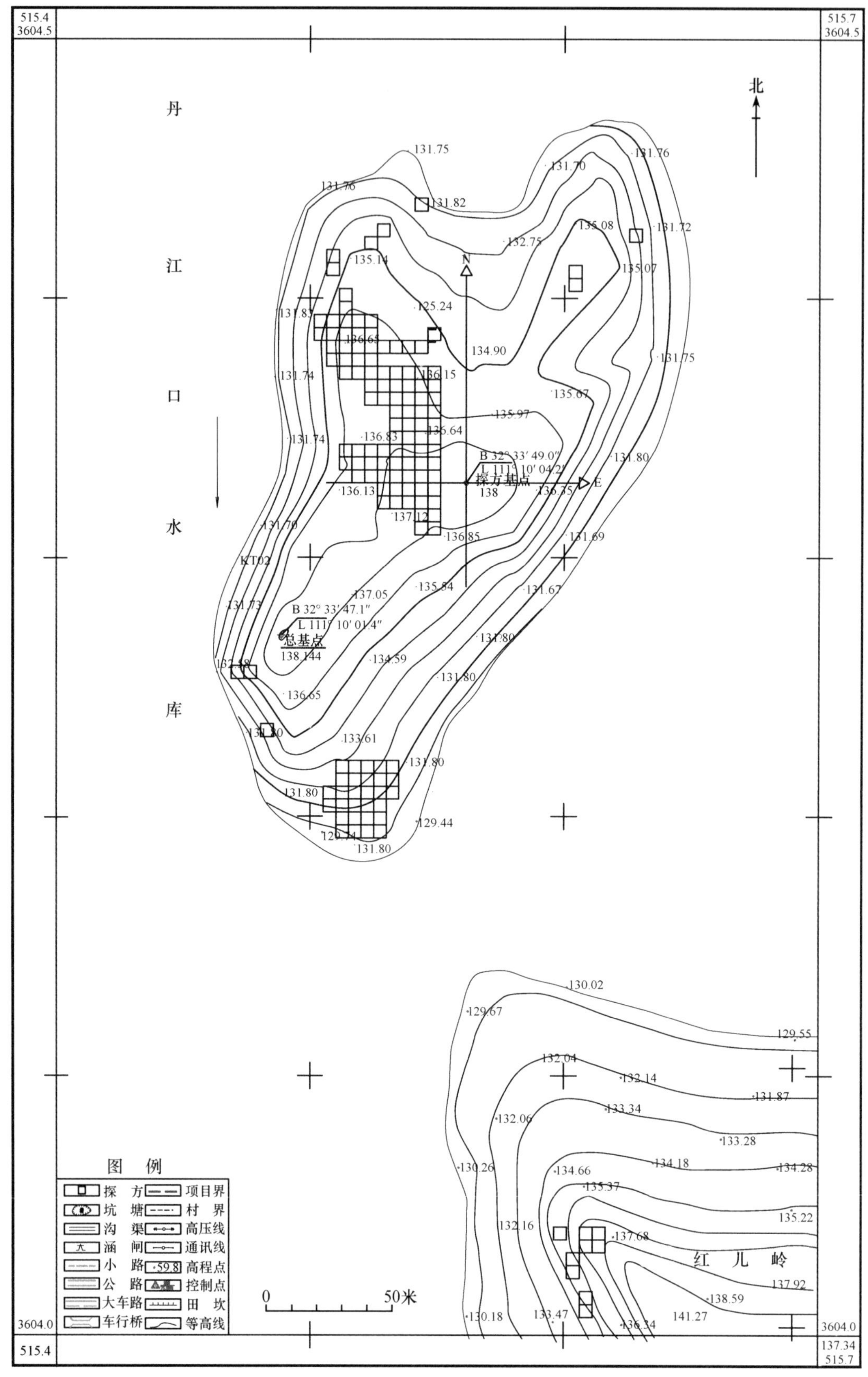

图二　玉皇庙遗址地形及探方分布图

由于遗址面积较大，文化堆积和遗迹现象比较分散，所以将整个遗址按象限法分为东北区、东南区、西北区、西南区四个区进行发掘。东北区布方3个，探方编号为TN20E9、TN21E9、TN24E13。探方距离基点较远，主要是为了发掘墓葬。东南区布方9个，编号为TS78E9、TS78E11、TS78E12、TS79E11、TS79E12、TS80E10、TS81E10、TS83E11、TS84E11。西北区布方102个，编号为TN1W3、TN15W12、TN23W8等，探方相当集中，绝大部分探方均连成一片（图版一，2）。西南区布方45个，编号为TS1W3、TS4W3、TS10W19、TS23W16、TS25W11、TS28W10等，探方主要分两片分布，每片相当集中（图版二，1）。所有探方均依据钻探结果，选择文化堆积较厚、有墓葬等遗迹的部位布设。

田野发掘严格按照国家文物局颁发的《田野考古操作规程》进行操作，由上至下、由晚及早逐层发掘。

灰坑、房址等遗迹单位的填土或堆积发掘时均进行筛选并取浮选土样和样本。部分墓葬填土中的包含物亦取有样本。

田野发掘记录系统较传统方法而言有所变化，如灰坑记录，即把灰坑本身和坑内堆积分作不同单位分别记录，并且，灰坑内堆积中的各层亦分别单独记录。由于玉皇庙为一孤岛，地势较低，遗址常年被库水浸泡，土壤下挖2米即出现塌方，一般深3米左右的小墓至少要扩方一级，深6米左右含水量很大，墓葬则需扩方3~4级，还要经常排水，给发掘工作带来很大困难。所以，整个田野工作均具有抢救性发掘性质。

1998年，湖北省文物考古研究所在玉皇庙遗址的北部和西南部发掘汉晋时期墓葬7座，资料见《江汉考古》2001年第1期。

21世纪初期，丹江口市博物馆对玉皇庙遗址进行了一次全面调查[1]，采集到大量的新石器时代文化遗物，主要有仰韶、屈家岭、石家河（乱石滩）文化遗存，并有少量西周遗物[2]。无论是以往的工作还是现在的发掘，都说明玉皇庙遗址不仅是新石器至西周时期一处重要的居住遗址，而且还是汉晋时期的一处重要墓地，只是因库水长期冲刷而遭受严重破坏。尽管破坏严重，但是，田野发掘中还是发现了较多文化堆积和墓葬、房址、灰坑、窑址等遗迹。本简报则将整个玉皇庙分为墓葬和地层堆积与文化遗存（遗址）两部分进行报道。

三、墓　葬

玉皇庙遗址共发掘墓葬37座，其中，土坑墓29座，砖室墓8座。墓葬时代，除一座墓（M1）无随葬品、时代不明外，其余墓葬主要为西汉、东汉、宋、明、清五个时期。

（一）西汉墓

西汉墓共20座，主要分布在西北区、东南区，西南区和东北区只有零散分布（图七）。墓葬开口，绝大部分位于第1层下，仅2墓位于第2层下。具有打破关系的墓葬有二组，即M10和M6，M10打破M6；M32和M37，M32打破M37。根据现在的地理形势判断，这批墓葬均位于山顶和山腰，当时应属于高地势、低水位，所以，所有墓葬均保存较差。墓葬方向以西北向居多。随葬器物以陶器为主，有少量铜器和铁器。陶器组合主要为鼎、盒、壶、罐、釜、甑。

1. 墓葬形制

所有西汉墓均为土坑竖穴木椁木棺墓，除M6为“凸”字形，带斜坡墓道外，余均为长方形。葬具均腐朽无存，少数墓葬残留棺椁痕迹。根据棺椁痕迹判断，可分一棺一椁墓和单棺墓两类。

（1）一棺一椁墓

共6座（M5、M6、M31、M34、M35、M37）。以M5、M34、M37为例说明。

M5　位于遗址的西北区，所属探方分别为TN11W9、TN12W9、TN11W10、TN12W10，位于第1层下，打破生土（①—M5→生土），其上覆盖一层10厘米左右的淤积土层。因墓坑南部有一个椭圆形盗洞，故先清理盗洞，然后清理填土。由于墓葬太深，所以发掘之前即进行了扩方，墓口四周均外扩1.5米，分三级台阶外扩，每级宽0.5、深1.2~1.5米。

因库水水位过高，玉皇庙岛长时间浸泡在水中，故墓壁极易滑塌，加上时遇暴雨，所以发掘过程中共出现5次塌方。

墓坑为土坑竖穴，平面呈长方形。墓坑开口长5.1、宽3.75米，坑底长4、宽2.7米，深6.4米。距开口2米处（坑内一周）有一宽30厘米的二层台，坑壁略斜，较光滑，坑底较平。坑内填土呈灰黄色花土，土质坚硬，含有少量的早期陶片、红烧土块及碎石块。坑底部积有大量的炭，厚10~150厘米，中间薄，周围厚。葬具及人骨架均腐朽无存，依稀可辨棺椁痕迹，应为一棺一椁（图三）。

墓葬方向18°。

随葬器物共11件，即陶鼎2件，陶壶2件，陶瓮1件，铜釜甑1件，铜鍪1件、陶平底罐1件、铜镜2件、铜饰件1件，均置于墓坑内的北端（应为头厢）。 器物组合为鼎、罐、壶、瓮、甑、鍪（图四）。

M34　位于TS81E10的东北部，层位关系为①—M34→生土。

墓葬形制为土坑竖穴一棺一椁，墓口呈长方形，长3.4、宽2.1米，距地表深0.05~0.15米，墓底长1.25、宽1.9、深0.4~1.4米。坑壁受挤压后变形较大，壁面凹凸不平，能自然脱离。填土为黄、褐、黑色黏土混合成的花土，较硬，呈块状。未经夯筑，无盗洞的迹象。

墓葬方向78° 。

葬具为一棺一椁，已腐烂，仅存迹象，可分成足箱、边箱、棺室，随葬品置于足箱、边箱内。人骨架腐烂无存（图五）。

随葬器物共15件，陶鼎2件、陶釜1件、陶壶2件、陶釜甑1件、陶盒2件、陶盆1件、陶甑1件、陶瓮2件、陶小罐1件、铜勺1件、铜印章1件（图六）。

M37　位于TS78E13、 TS78E13、TS79E13、TS79E12、TS78E11等探方内，西距M31约10米，西南距M34约15米，层位关系为①—M32→M37→生土，被M32打破。

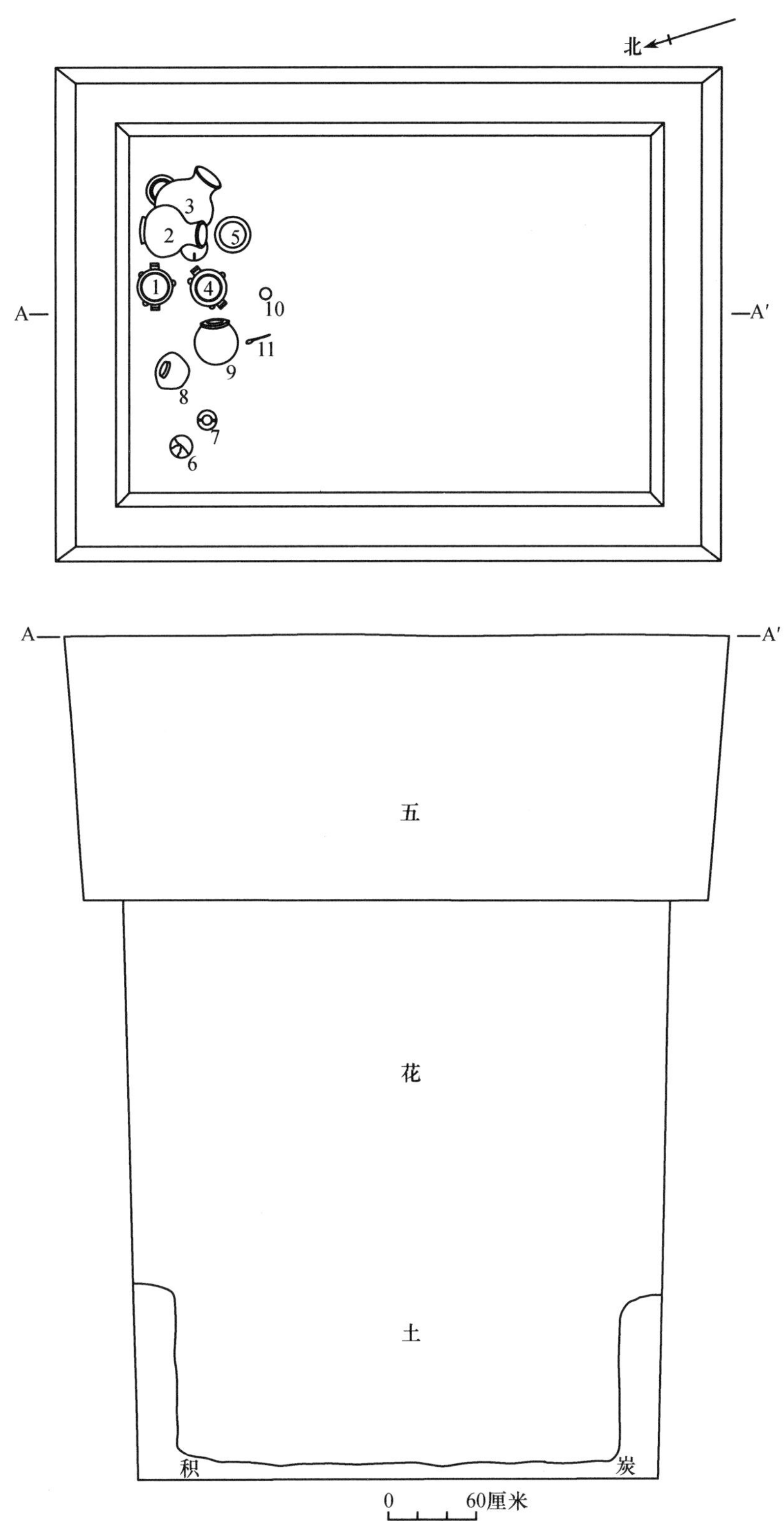

图三　M5平、剖面图

1、4. 陶鼎　2、3. 陶壶　5. 铜釜甑　6、10. 铜镜　7. 铜鍪　8. 陶平底罐　9. 陶瓮　11. 铜饰件

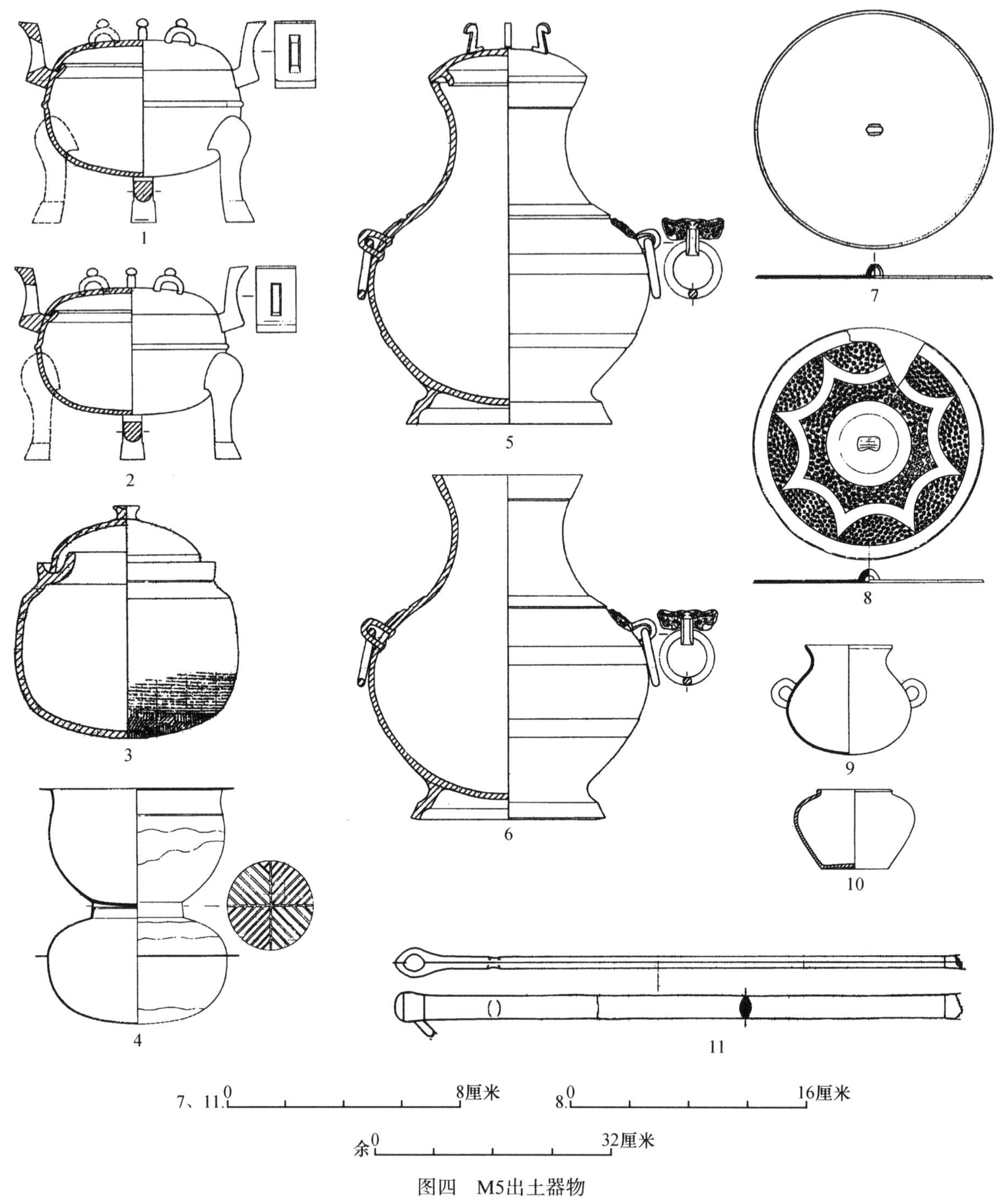

图四　M5出土器物

1、2. 陶鼎（M5：1、M5：4）　3. 陶瓮（M5：9）　4. 铜釜甑（M5：5）　5、6. 陶壶（M5：2、M5：3）　7、8. 铜镜（M5：6、M5：10）　9. 铜鍪（M5：7）　10. 陶平底罐（M5：8）　11. 铜饰件（M5：11）

墓葬形制为长方形土坑竖穴木棺墓，东端有生土二层台。墓口呈长方形，长6.9、宽4.2米，墓底长4、宽2.5、深4米。

墓葬方向265°。

墓内填土为灰褐夹黄褐黏土（五花土），墓口下70厘米质地致密（可能夯打过）。下部质

图五 M34平、剖面图

1、11. 陶壶 2. 陶釜 3. 陶釜甑 4、5. 陶盒 6、10. 陶鼎 7. 陶小罐 8. 铜勺 9. 陶甑 12、13. 陶瓮 14. 陶盆 15. 铜印章

地较致密。包含物有角砾、河砾石、零星红烧土颗粒、泥质红陶、灰陶片等。

葬具为一棺，棺长230、宽84厘米，放置于底部偏南，呈长方形，已腐烂，仅残留棺痕。棺底下铺有3~5厘米厚的碎木炭和草木灰烬，人骨架下可见零星朱砂。

人骨架位于棺中央，一次葬，仰身直肢，头西足东，由于腐烂较严重，只隐约可见骨架残骸，未能采集其标本，年龄、性别不详（图七；图版二，2）。

随葬器物共18件，即陶鼎1件、陶平底罐2件、陶盆2件、陶瓮5件、陶甑1件、铜勺1件（残碎）、铁鼎1件、铁瓮1件、铁剑1件、铜弩机1件、铁弩机部件1件、铁伞弓帽1件。随葬器物主要放置于头端偏北和足端偏北部位，主要为陶器，有少数铜器和铁器。另外，填土中出土陶盂1件（图八）。

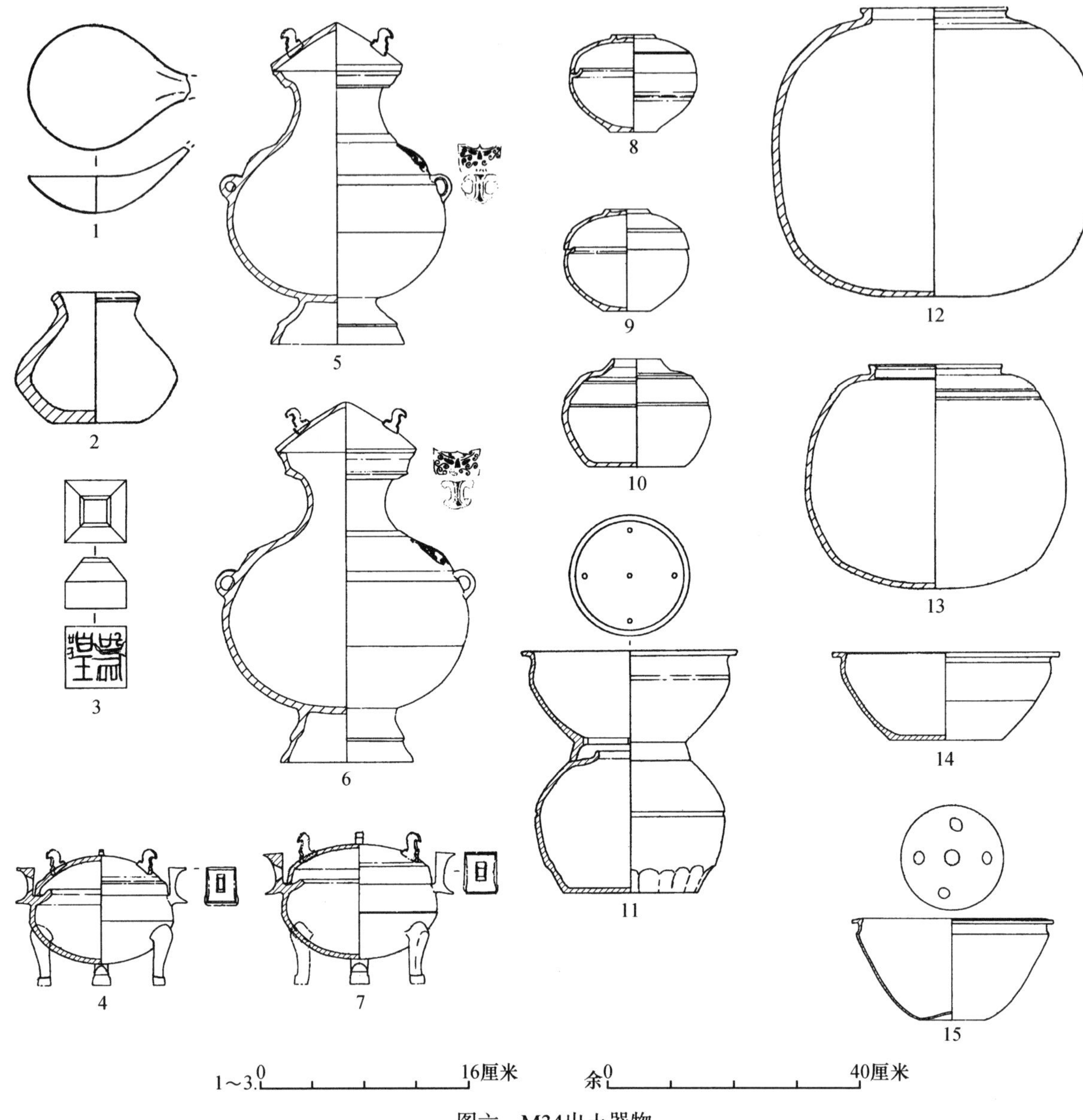

图六　M34出土器物

1. 铜勺（M34：8）　2. 陶小罐（M34：7）　3. 铜印章（M34：15）　4、7. 陶鼎（M34：6、M34：10）　5、6. 陶壶（M34：1、M34：11）　8、9. 陶盒（M34：4、M34：5）　10. 陶釜（M34：2）　11. 陶釜甑（M34：3）　12、13. 陶瓮（M34：13、M34：12）　14. 陶盆（M34：14）　15. 陶甑（M34：9）

M37与同一层位的M31、M32、M33、M34、M35均相距不远，且出土器物组合和有关信息基本相同，应为同一时期的家族墓葬。

（2）单棺墓

共14座（M2、M3、M4、M7、M8、M9、M10、M11、M12、M15、M23、M32、M33、M36）。以M8为例说明。

M8位于TN21W11内东北角，层位关系为①—M8→生土，为裸露的残墓，是在对玉皇庙遗址进行全面勘探时所发现。

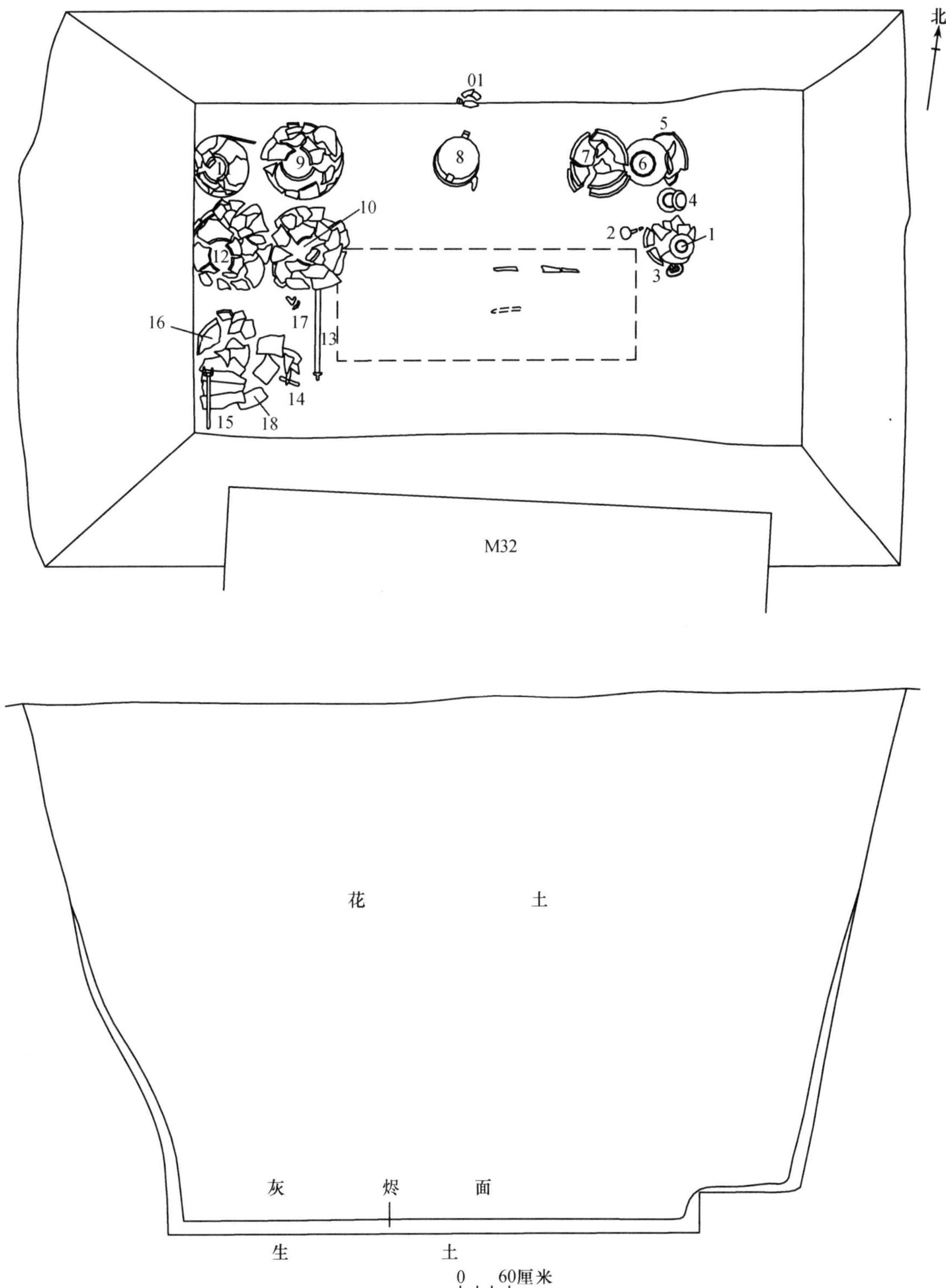

图七 M37平、剖面图

01. 陶盂 1、4. 陶平底罐 2. 铜勺 3. 陶鼎 5、7. 陶盆 6. 铁瓮 8. 铁鼎 9~12、16. 陶瓮 13. 铁剑 14. 铜弩机 15. 铁弩机部件 17. 铁伞弓帽 18. 陶甑

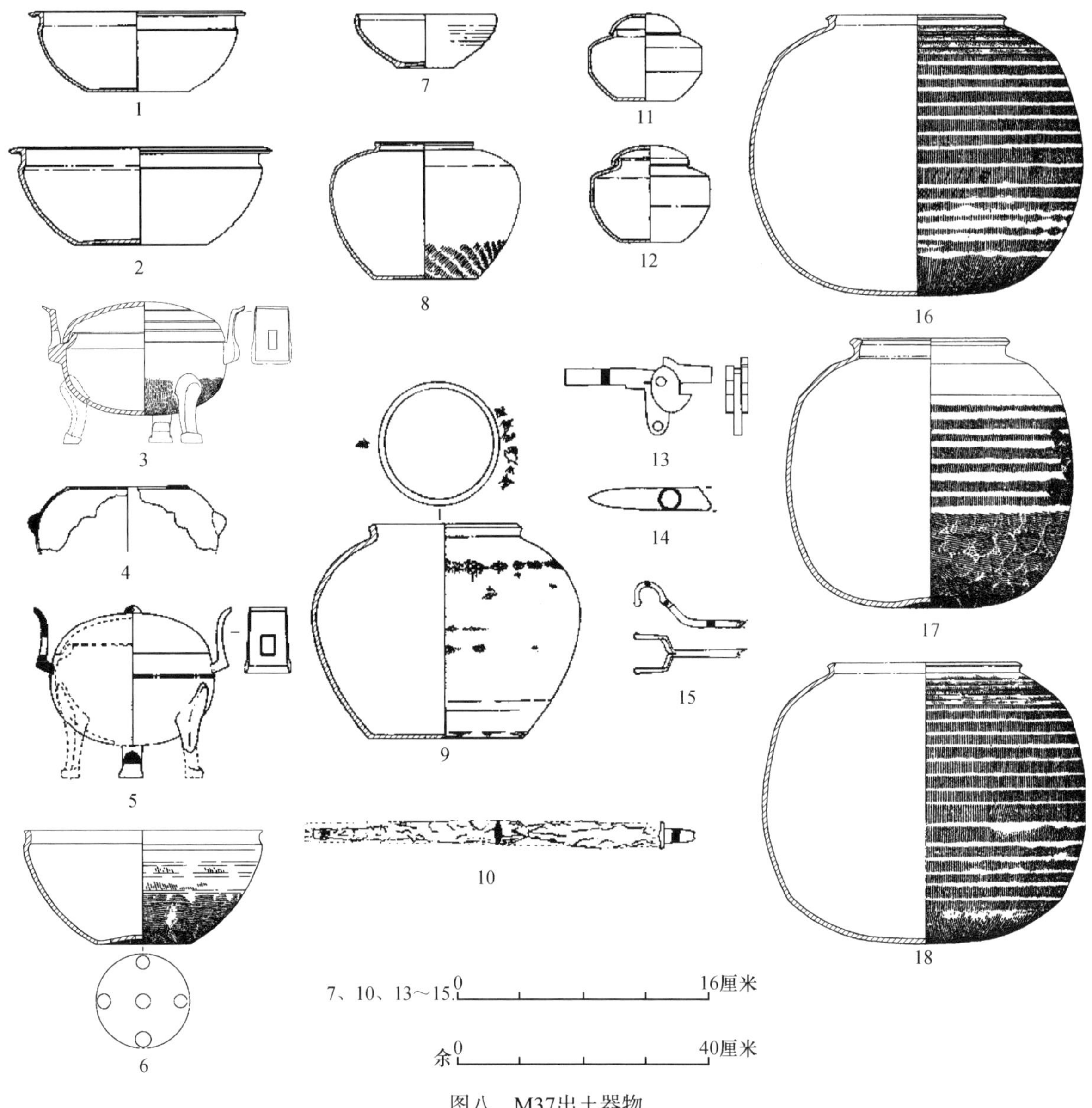

图八　M37出土器物

1、2. 陶盆（M37：5、M37：7）　3. 陶鼎（M37：3）　4. 铁瓮（M37：6）　5. 铁鼎（M37：8）　6. 陶甑（M37：18）　7. 陶盂（M37：01）　8、9、16~18. 陶瓮（M37：9、M37：11、M37：16、M37：10、M37：12）　10. 铁剑（M37：13）　11、12. 陶平底罐（M37：1、M37：4）　13. 铜弩机（M37：14）　14. 铁伞弓帽（M37：17）　15. 铁弩机部件（M37：15）

墓坑形制为土坑竖穴墓，平面呈长方形。墓坑开口与坑底长宽相等，长3.2、宽2米，深1.2~1.4米。坑壁陡直，较粗糙，坑底较平。坑内填土呈灰黄色花土，土质坚硬，含有少量的早期陶片、红烧土块及碎石块。方向为275° 。未见棺椁与人骨（图九）。

随葬品共10件：陶釜1件、陶甑1件、陶小罐1件、陶鼎2件、陶鍪1件、陶盒2件、陶壶2件。均置于墓坑内的西端（图一〇）。

2. 随葬器物

西汉墓共出土器物172件，其中，陶器145件，铜器12件，铁器7件，玉器1件，石器7件

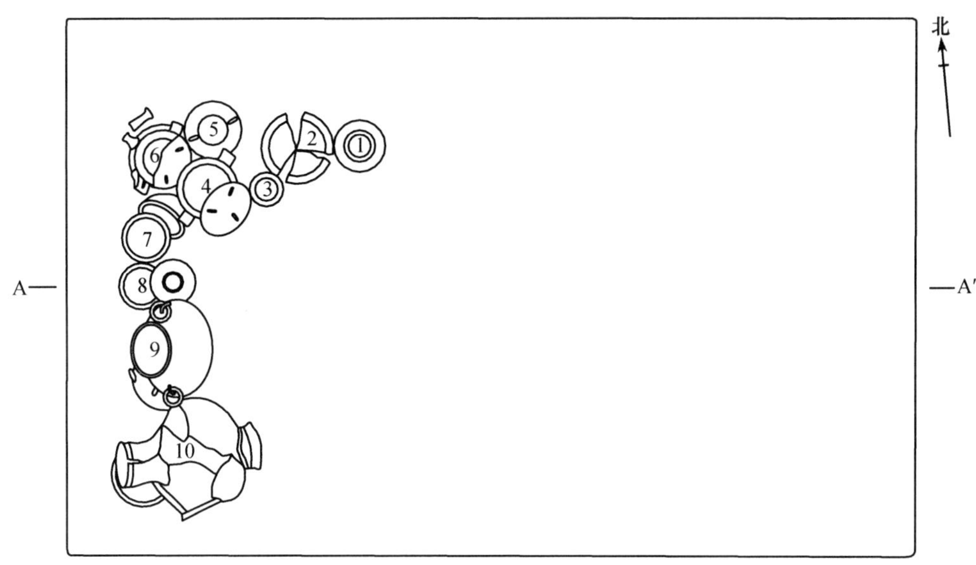

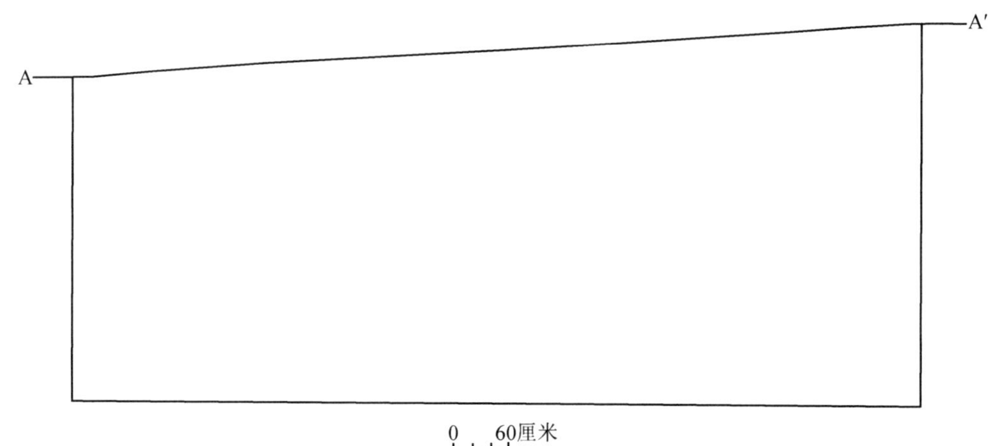

图九　M8平、剖面图

1. 陶釜　2. 陶甑　3. 陶小罐　4、6. 陶鼎　5. 陶鍪　7、8. 陶盒　9、10. 陶壶

（M6填土内）。

陶鼎　22件，其中，2件残碎，形制不清。泥质灰陶，少数器表施黑衣。根据腹、足的不同，分为六型。

A型　3件。高蹄足，深腹，圜底。泥质灰陶，子口承盖，方附耳较直，圜底。标本M8：4，腹部饰凸弦纹一道。通高24.2、口径18.4、腹径22厘米（图一一，1）。

B型　9件。矮蹄足，浅腹，圜底。敛口承盖，方附耳。标本M7：4，泥质灰陶，半圆形实蹄足，中腹饰凸棱纹一道。通高23.4、口径21.6、腹径24.6厘米（图一一，3）。标本M37：3，泥质灰陶，外施黑衣，方附耳微外撇，下腹及底部饰竖向绳纹。通高23.6、口径24.4、腹径28.4厘米（图一一，2）。

C型　3件。粗矮蹄足，圆扁腹，圜底。标本M3：4，夹砂灰陶，半圆实足，方附耳有耳座。通高25.2、口径20.8、28厘米（图一一，4）。

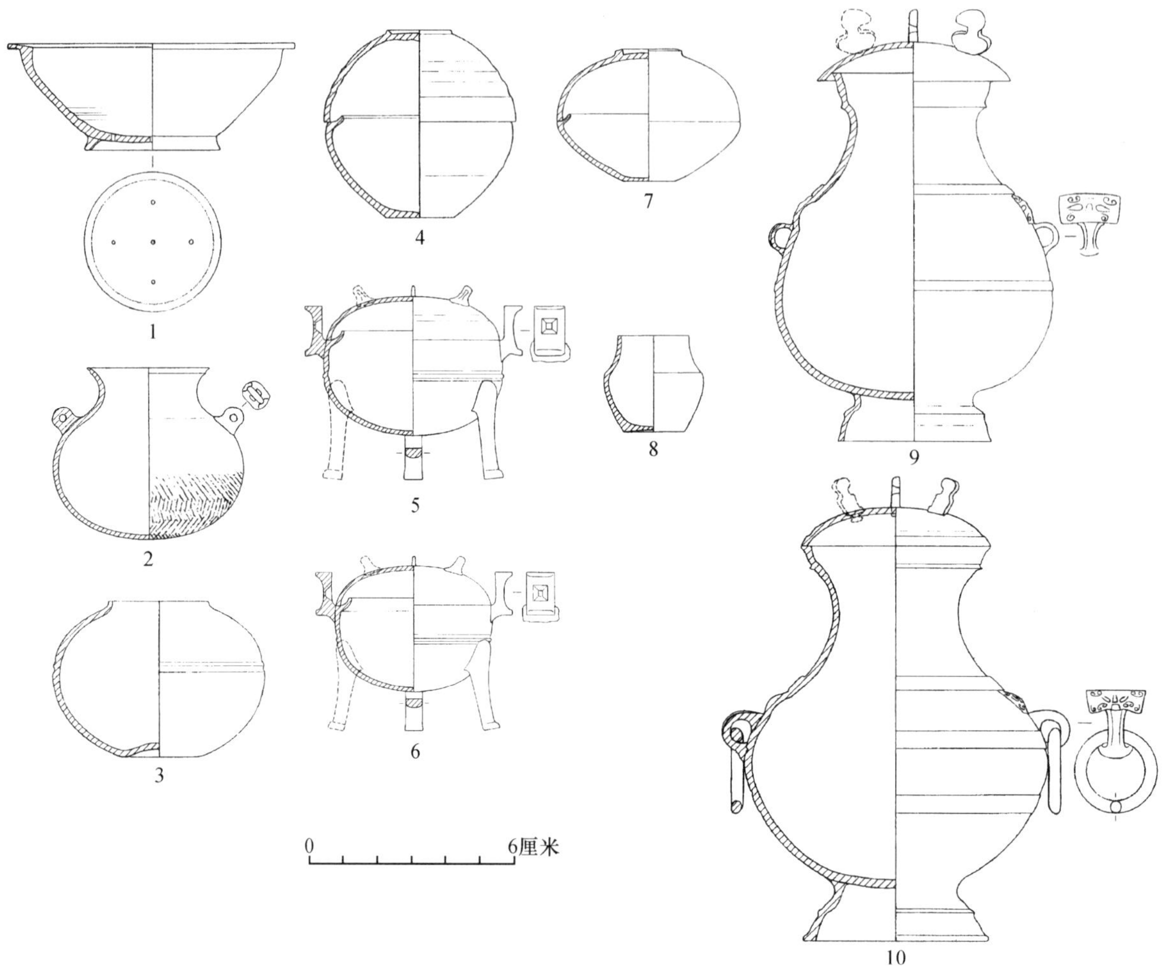

图一〇　M8出土器物

1. 陶甑（M8∶2）　2. 陶鍪（M8∶5）　3. 陶釜（M8∶1）　4、7. 陶盒（M8∶7、M8∶8）　5、6. 陶鼎（M8∶6、M8∶4）　8. 陶小罐（M8∶3）　9、10. 陶壶（M8∶10、M8∶9）

D型　2件。粗矮蹄足，弧扁腹，圜底。标本M4∶2，泥质灰陶，敛口承盖，附耳外撇。通高21.6、口径24、腹径26.4厘米（图一一，5）。

E型　2件。粗肥矮蹄足，半圆腹，圜底。标本M5∶4，泥质灰陶，器表磨光施黑衣，方附耳外撇。通高27.4、口径22、腹径32厘米（图一一，6；图版四，3）。

F型　1件。粗肥蹄足，浅折腹，平底。标本M33∶8，泥质灰陶，敛口，方附耳外撇。通高17.6、口径15.6、腹径21.2厘米（图一一，7）。

陶盒　20件，其中，1件残碎。泥质灰陶。由器身和器盖作子母口扣合而成。根据腹部的不同，可分三型。

A型　3件。子口内敛，深腹，平底或平底微内凹。标本M7∶2，平底微内凹。通高19.2、口径16.8、腹径20.4、底径6.8厘米（图一二，1）。

B型　13件。子口承盖，扁腹，平底或平底内凹。标本M33∶1，器腹饰数道凹弦纹。通高15.8、口径17.2、腹径19.8、底径7.2厘米（图一二，3）。标本M35∶5，平底内凹。通高15.4、口径19.2、腹径21.7、底径15厘米（图一二，2）。

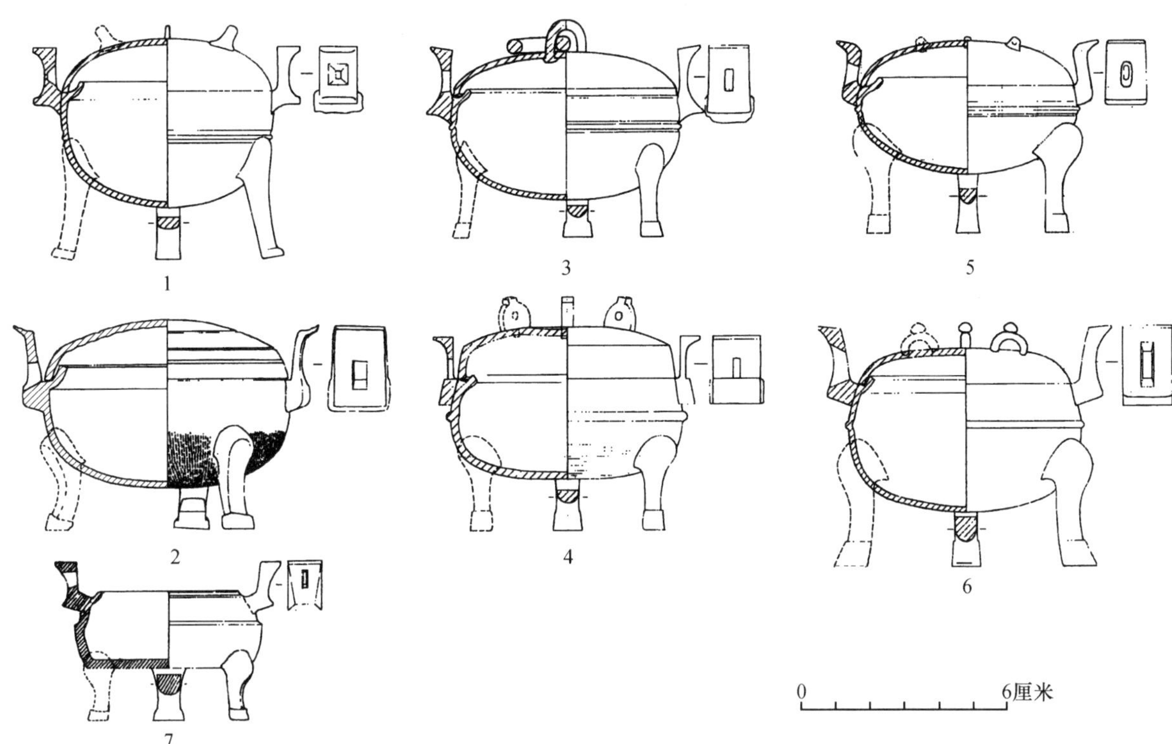

图一一 西汉墓出土陶鼎

1. A型（M8：4） 2、3. B型（M37：3、M7：4） 4. C型（M3：4） 5. D型（M4：2） 6. E型（M5：4） 7. F型（M33：8）

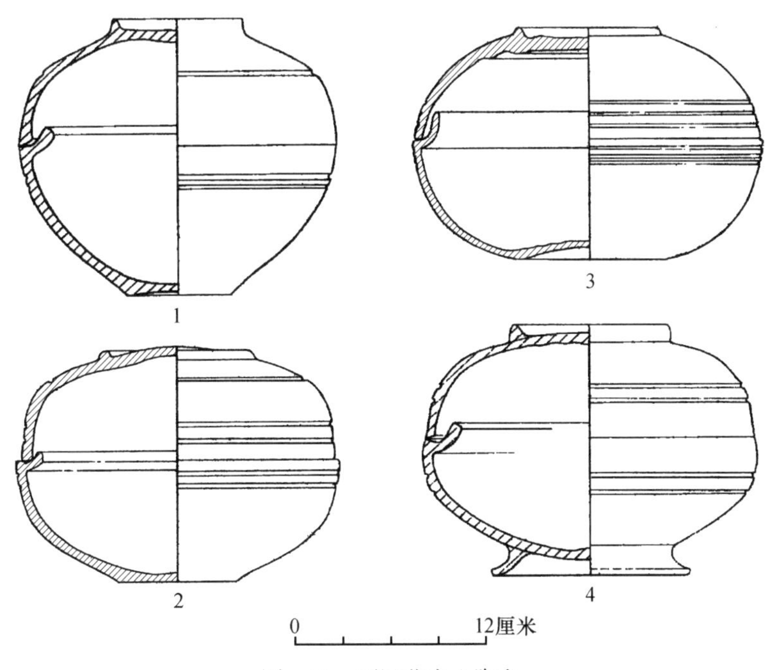

图一二 西汉墓出土陶盒

1. A型（M7：2） 2、3. B型（M35：5、M33：1） 4. C型（M3：1）

C型　3件。子口内敛，扁腹，圜底，底部有喇叭形圈足。标本M3：1，盖与身腹部各饰两道凹弦纹。通高16.8、口径16.4、腹径20.4厘米（图一二，4；图版四，5）。

陶壶　22件，其中，3件残碎，形制不清。泥质灰陶，少数器表施黑衣。根据口、腹形态的差异，可分为四型。

A型　9件。深盘口，长颈，深圆腹。标本M8：9，泥质灰陶。敞口承盖，弧颈较长，圆鼓腹，圜底，圈足外撇。腹部饰两个对称的衔环铺首，铺首纹饰复杂，为饕餮形兽面。通高45.8、口径18.8、腹径30.4厘米（图一三，1）。标本M7：7，泥质灰陶。敞口承盖，盖隆起，盖上饰三个对称的鸟形纽。折肩，鼓腹，腹部饰两个对称的衔环铺首。通高43.4、口径17.3、腹径29.6厘米（图一三，2）。

B型　6件。盘口稍浅，短束颈，扁圆腹，圜底，高圈足。标本M11：5，泥质灰陶。溜肩，扁腹，腹部饰两个对称的衔环铺首，铺首纹饰简单，作简化兽首状。通高40.4、口径19.2、腹径31.4厘米（图一三，3）。标本M33：10，泥质灰陶。短束颈，扁腹。通高40、口径20、腹径38厘米（图一三，4）。

C型　2件。深盘口，粗颈，溜肩，深垂腹，圜底，高圈足。标本M8：10，上腹部饰两个对称的衔环铺首。通高43.6、口径16.4、腹径28.4厘米（图一三，5）。

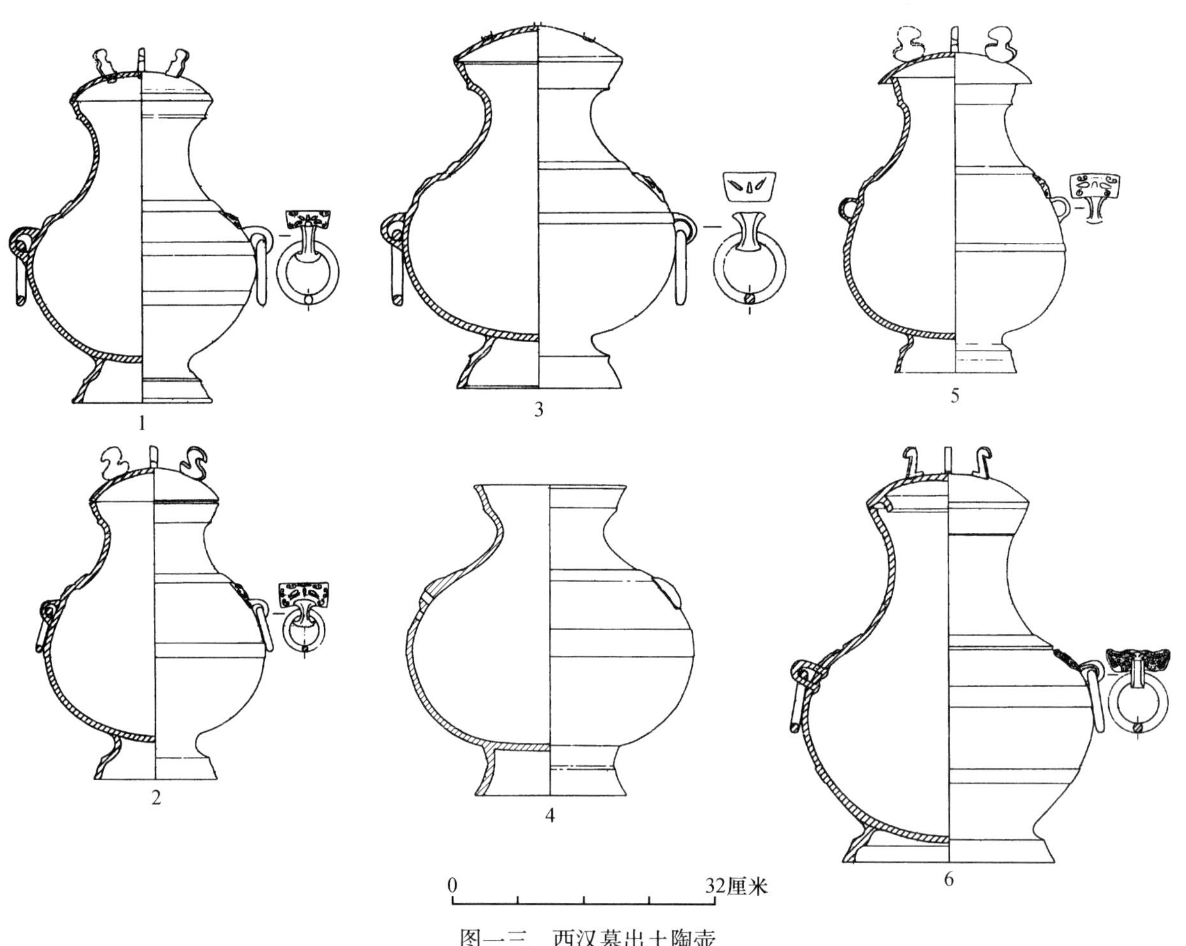

图一三　西汉墓出土陶壶

1、2. A型（M8：9、M7：7）　3、4. B型（M11：5、M33：10）　5. C型（M8：10）　6. D型（M5：2）

D型 2件。盘状口，颈较直，广肩，圆腹，圜底，矮圈足。标本M5：2，腹部饰两个对称的衔环铺首。通高51.4、口径20.2、腹径36.8厘米（图一三，6；图版五，1）。

陶瓮 17件，其中，5件残碎，形制不清。泥质灰陶，个别夹褐砂。根据肩、腹及底部形态的不同，可分三型。

A型 6件。圜底瓮。泥质灰陶。矮领，直口，圆唇或尖圆唇，深腹，弧肩，圜底或圜底内凹。中腹一般饰5~19道分段式竖绳纹，下腹饰拍印绳纹，少数为素面。标本M37：16，圜底，腹部饰19道分段式竖绳纹。通高42、口径27.2、腹径50厘米（图一四，1）。标本M37：10，圜底内凹，弧肩微折。通高41、口径22.8、腹径42厘米（图一四，2）

B型 5件。平底瓮。泥质灰陶。广肩或圆肩，腹稍浅，下腹饰斜绳纹。标本M37：9，泥质灰陶，器表施黑衣，矮直领，方唇，大平底。通高33.4、口径25、腹径47.6厘米（图一四，3）。标本M37：11，泥质灰陶，外施黑衣，腹部饰短绳纹，大平底。肩部刻划文字6字："□侯相国丞□"。通高33.2、口径22、腹径42厘米（图一四，5）。

C型 1件。子口承盖。泥质灰陶。敛口，圆唇，垂腹，圜底，下腹饰拍印绳纹。标本M5：9，通高31、口径24、腹径31厘米（图一四，4；图版五，2）。

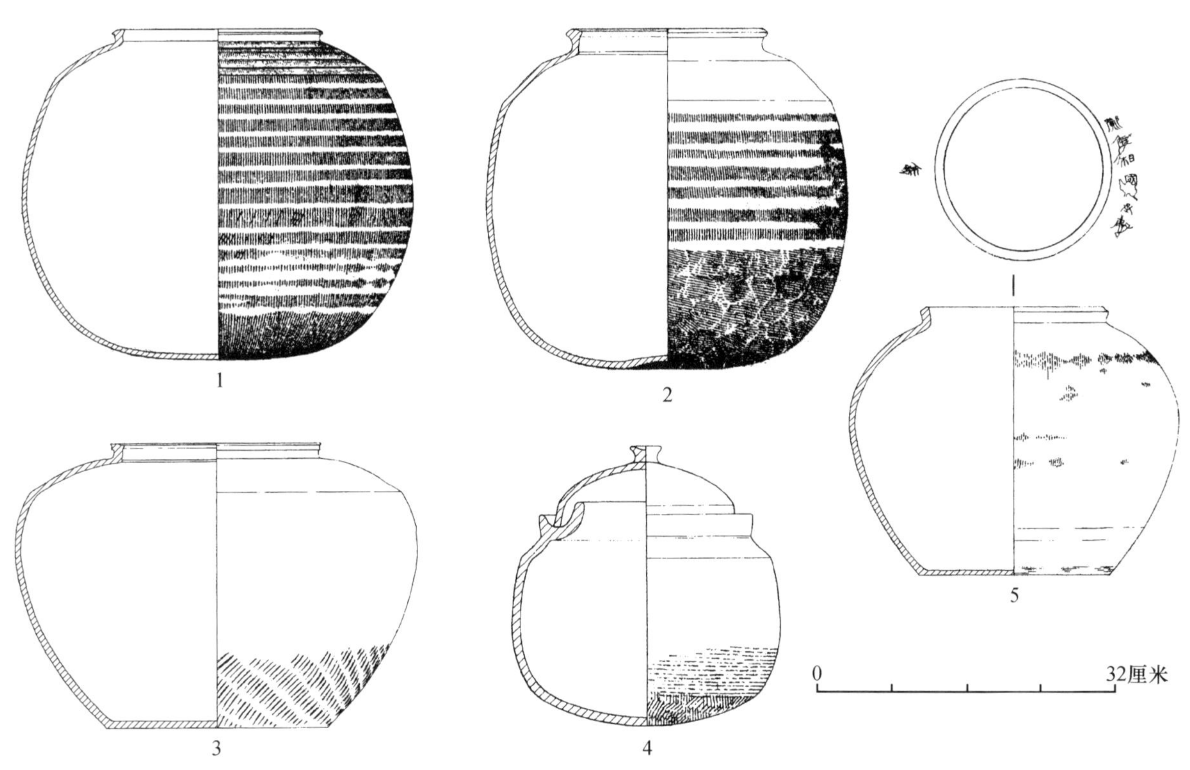

图一四 西汉墓出土陶瓮

1、2. A型（M37：16、M37：10） 3、5. B型（M37：9、M37：11） 4. C型（M5：9）

陶双耳罐 6件。多泥质灰陶，少数泥质褐陶。短颈，溜肩，鼓腹，腹部均有两个对称的环形耳，圜底内凹。标本M33：01，侈口，方唇，肩部有两个牛鼻耳，腹部饰分段绳纹。通高32.4、口径15.6、腹径29.6厘米（图一五，1）。标本M31：2，泥质褐陶，侈口，方唇，口部变形，耳作牛鼻形。通高26.3、口径20.4、腹径28.6厘米（图一五，2）。

陶平底罐 5件。泥质灰陶。平底。根据肩、腹的不同，可分二型。

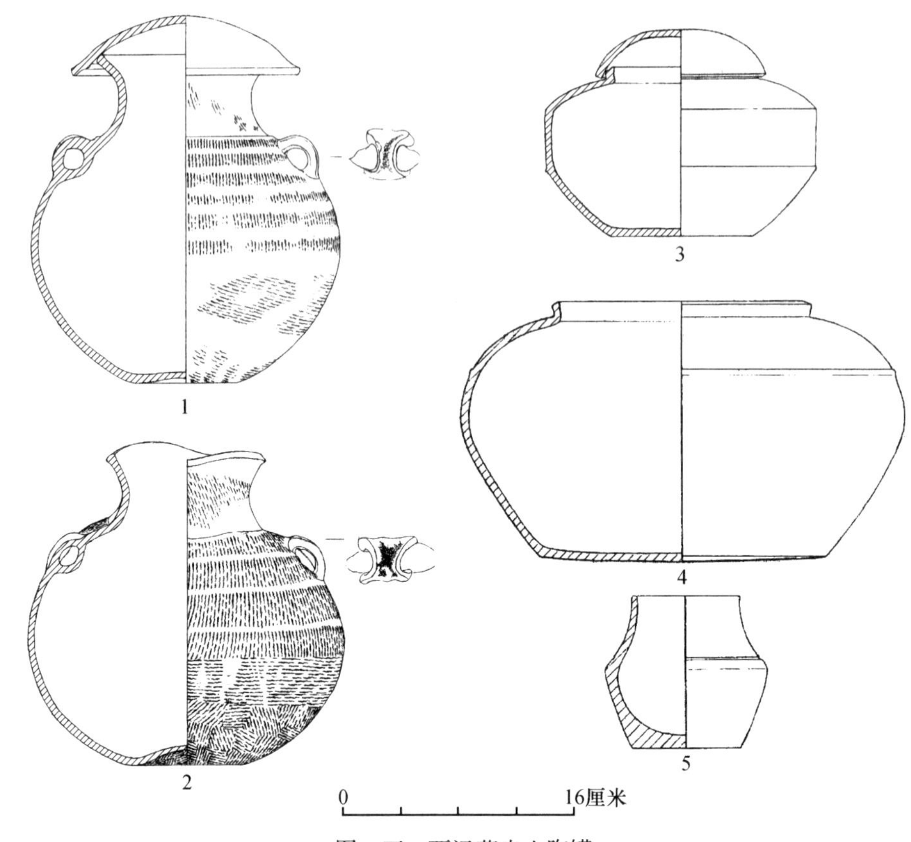

图一五　西汉墓出土陶罐

1、2. 双耳罐（M33：01、M31：2）　3. A型平底罐（M37：1）　4. B型平底罐（M10：3）　5. 小罐（M7：1）

A型　3件。直领，尖唇，广折肩，折腹。标本M37：1，矮领承盖，器表施黑衣。通高14.6、口径10.8、腹径19.4、底径10厘米（图一五，3）。

B型　2件。矮领，圆唇，广肩，弧腹，大平底。标本M10：3，无盖。通高18.4、口径18、腹径31.6、底径20.4厘米（图一五，4）。

陶小罐　7件。标本M7：1，直口，高领，折肩，斜直腹，平底（图一五，5）。

陶釜甑　4件。泥质灰陶。均由一釜一甑组合而成。标本M36：6，釜作子口，圆唇，鼓腹，圜底；甑为平折沿，方唇，深腹，平底，矮圈足，底部有5个穿孔，内底中部刻划方框纹，周围刻划放射纹。通高28.4厘米（图一六，1）。标本M34：3，釜作矮领，深腹，平底；甑为折沿，斜弧腹，平底，高圈足，底部有5个穿孔。通高30厘米（图一六，3）。

陶釜　11件，其中，2件残碎。大部分为泥质灰陶，少数为泥质褐陶。根据腹、底的不同，可分为二型。

A型　7件。直口，广肩，腹较深，平底内凹。标本M15：1，泥质褐陶。肩部有两个对称的半圆形环纽，并饰铺首，中腹起扉棱一周。通高17.8、口径11.2、腹径29.2厘米（图一六，4）。

B型　2件。矮领，广折肩，浅腹，圜底。标本M35：7，泥质灰陶。敛口，圆唇。通高11.8、口径10.8、腹径23.6厘米（图一六，6）。

陶甑　14件，其中，2件残碎。泥质灰陶。形制主要有圜底和平底圈足两种，故可分二型。

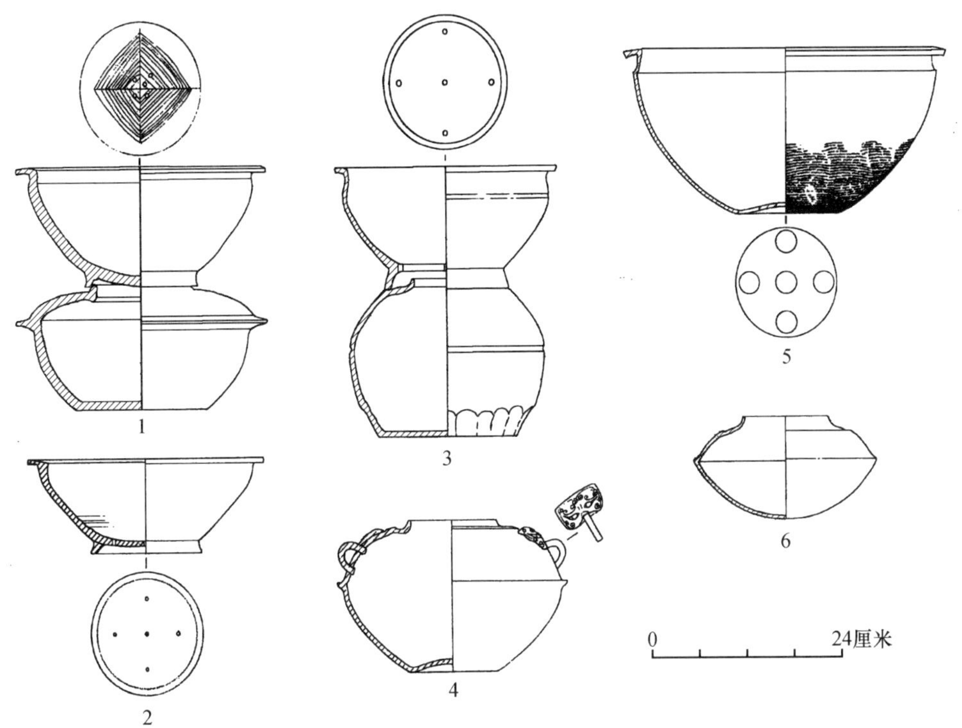

图一六 西汉墓出土陶釜、甑

1、3. 釜甑（M36：6、M34：3） 2. A型甑（M8：2） 4. A型釜（M15：1） 5. B型甑（M36：12） 6. B型釜（M35：7）

A型 8件。敞口，平折沿，斜直浅腹，平底，矮圈足。标本M8：2，底部有5个穿孔。通高10.8、口径29.6、圈足径14厘米（图一六，2）。

B型 4件。直口，平折沿，短颈，深弧腹，圜底。标本M36：12，下腹及底部饰拍印绳纹。通高19、口径40.8、底径12.8厘米（图一六，5）。

陶盆 5件。泥质灰陶。敞口，平折沿，方唇，折腹，平底。标本M31：7，通高13.2、口径36、腹径23.6、底径16.4厘米（图一七，4）。

陶盂 2件。泥质灰陶。敛口，尖圆唇，弧壁内收，平底内凹。标本M37：01，上腹有数道拉坯痕迹。通高6.4、口径16.6、底径8.8厘米（图一七，2）。

陶鍪 6件。多为夹砂灰陶。敞口，卷沿，圆唇或尖圆唇，束颈，溜肩，鼓腹，圜底，肩部有两个对称圜耳。标本M10：1，夹砂灰陶，下腹饰横绳纹。通高17.8、口径14.8、腹径20.8厘米（图一七，3）。

陶器盖 1件。标本M31：8，泥质灰陶。盖口微敛，盖面隆起，顶部作管状形抓手。通高9、口径22.4厘米（图一七，1）。

铜印章 1件。标本M34：15，印面为正方形，握手部分为梯形棱台。印文2字。高1.3、边长1.6厘米（图一八，1）。

铜带钩 1件。标本M3：3，平面呈琵琶形，钩部呈鸭嘴形。通长7.3厘米（图一八，2；图版五，4）。

铜弩机 2件。标本M37：14，通长11.8、厚1.9厘米（图一八，3）。

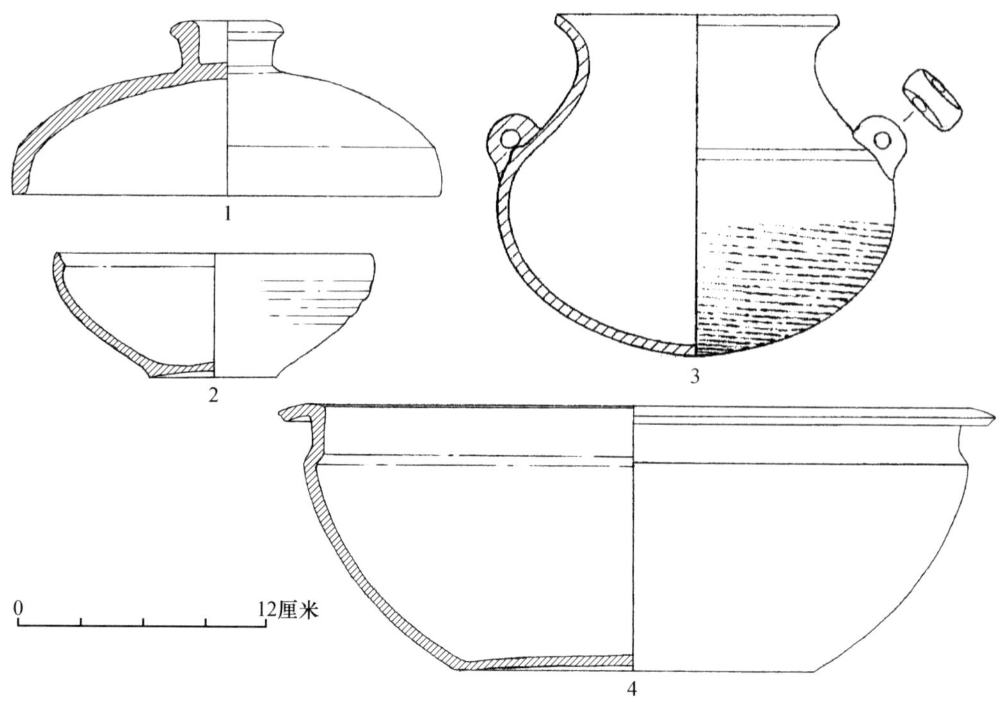

图一七　西汉墓出土陶器

1. 器盖（M31：8）　2. 盂（M37：01）　3. 鍪（M10：1）　4. 盆（M31：7）

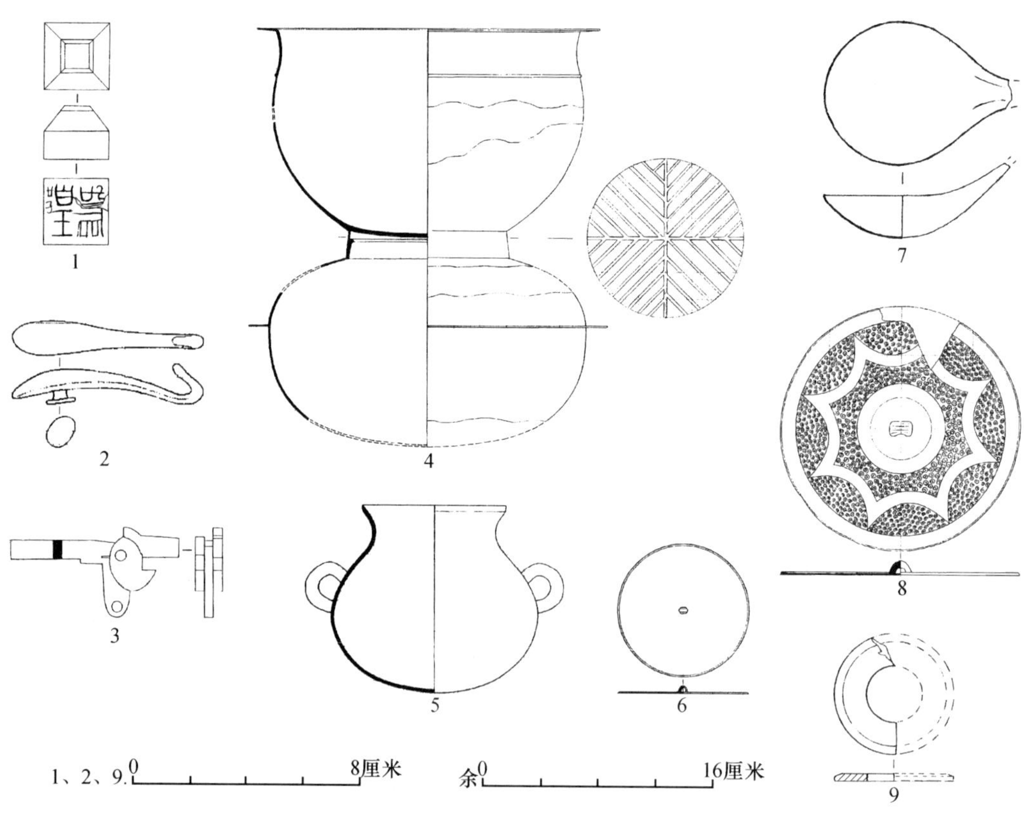

图一八　西汉墓出土铜、玉器

1. 铜印章（M34：15）　2. 铜带钩（M3：3）　3. 铜弩机（M37：14）　4. 铜釜甑（M5：5）　5. 铜鍪（M5：7）　6、8. 铜镜（M5：10、M5：6）　7. 铜勺（M34：8）　9. 玉璧（M32：1）

铜釜甑　1件。标本M5：5，已残。釜作子口，圆唇，广肩，鼓腹，圜底，腹部起宽扉棱一周；甑为平折沿，深弧腹，平底，底部镂空成规整的长条形（气孔），高圈足。通高31、甑口径26、釜口径11.8厘米（图一八，4）。

铜鍪　1件。标本M5：7，已残。敞口，尖唇，束颈，溜肩，弧腹，圜底。通高12.2、口径9.6、腹径13.8厘米（图一八，5）。

铜勺　2件。均残。标本M34：8，柄残，仅存勺部。平面呈椭圆形，勺面较宽。残长11.6、勺面宽10厘米（图一八，7）。

铜镜　2件。均残，锈蚀严重。标本M5：10，圆形，素面，镜面平直，背面有三弦半环形纽。直径8.8、厚0.1厘米（图一八，6）。标本M5：6，连弧纹镜，圆形，镜面平，边缘稍厚。背面地纹为谷纹，主题纹饰为连弧纹，半圆形环纽。直径16.8、镜边缘厚0.2厘米（图一八，8）。

玉璧　1件。标本M32：1，已残破。灰白色，圆形。直径4.8、好径2.2厘米（图一八，9）。

铁瓮　1件。标本M37：6，残甚，仅存口沿和肩部。铸制。敛口，方唇，圆肩，肩部有两个对称的半圆纽。残高11.6、口径22、肩径33厘米（图一九，1）。

铁伞弓帽　1件。残，圆锥形，中空。标本M37：17，残长5、直径0.9厘米（图一九，2）。

铁弩机部件　1件。标本M37：15，已残断。平面呈有柄两齿叉形，齿断面为圆形，柄断面为方形。残长25.6厘米（图一九，3）。

铁剑　1件。标本M37：13，已残断，锈蚀严重。剑身较长，有柄，菱形铜格。残长73.6厘米（图一九，4）。

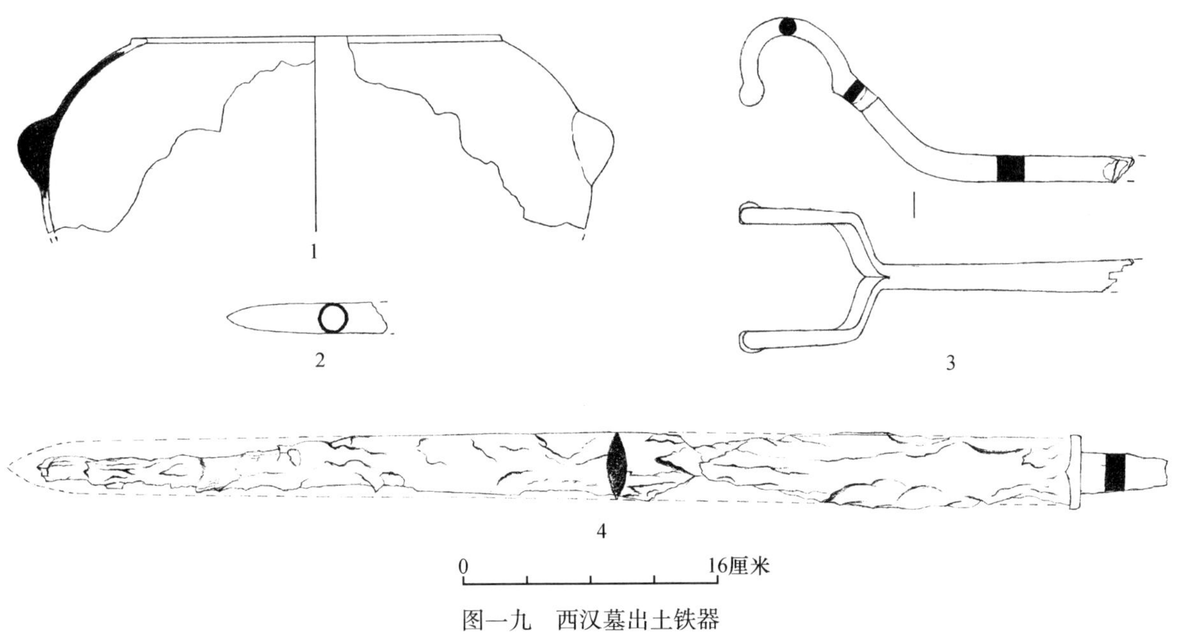

图一九　西汉墓出土铁器

1. 瓮（M37：6）　2. 伞弓帽（M37：17）　3. 弩机部件（M37：15）　4. 剑（M37：13）

由于2件陶钫、1件陶盘，铜器钱币、饰件，铁器鼎、残片，石器等残碎，或锈蚀严重，在此不叙述。

（二）东汉墓

东汉墓葬共2座（M13、M14），均位于遗址的西北区，且均为较大型砖室墓，由墓室、甬道和排水沟组成，但破坏严重，保存较差。两座东汉墓共出土器物24件。

M13位于TN13W8、TN13W9、TN14W8、TN14W9、TN14W7、TN14W6、TN14W5、TN14W4内。墓坑所在位置地面暴露出散乱的砖块，在清除这8个探方的第1层灰黄泛黑土（淤沙）层后，墓道、甬道、墓室、排水沟全部暴露。

墓道、甬道、墓室与排水沟平面呈“中”字形，墓道、甬道在西部，墓室居中，排水沟在东部。方向242°。

墓道：平面呈长方形，两壁陡直，底面设台阶。墓道长440、宽134厘米，西端平面呈刀把形。底面设七级台阶，宽32~64、高10~42厘米。南北两壁接近封门砖处凿洞，相互对称。洞开口略呈三角形，底平，两侧壁向上内收交汇，内壁呈弧线向外至墓道坑壁。内填五花土。

甬道：西段在墓道中，东端在土坑中。平面呈长方形。东端残。底铺砖一层，砖砌两壁，顶部呈拱形。长146、宽120、高160厘米。顶部西段另有铺砖，高于甬道拱顶，内积土。

墓室：顶残，平面呈长方形。砖砌墓室于土坑中。底铺砖一层，西接甬道铺地砖，北、东、南周边抵土坑壁。砖墙底部抵土坑壁。室内空间东西长290、南北宽198、残高176厘米。室内充满积土。

排水沟：东西走向，平面略呈弧线。西端与墓室相接，居于墓室东壁中部，东端延伸到丹江口水库中。沟内底部砖砌排水管道，其上填土。排水沟现长20、宽0.6~0.9米。西端距开口深170、东端距开口深125厘米。东端开口低于西端开口83厘米。沟底平，两壁由上至下逐步内收。

砖砌管道，西端置于墓室铺地砖下。底面两砖并列横铺三层，其上三砖侧置，分别位于底面铺砖的边缘和中部。三砖之上，再横铺两砖。侧置的三砖之间构成流水槽，注入墓室之外的管道中。墓室之外的管道流水面低于墓室铺地砖的流水面12厘米。墓室之外的管道铺地砖与墓室铺地砖下的地层砖相接。墓室之外的管道横铺砖一层，其上两砖并列直砌两层。直砌两砖的间隙构成流水槽，其上再横铺两层盖砖。

墓室内，铺地砖以东西为轴线构成“人”字形。两侧墙与东端墙的下部分三顺或四顺一丁砌筑，壁中部构成三角形，直砌，向上卷拱。甬道内铺地砖与墓室内铺地砖连为一体。两墙均为三顺一丁砌筑，增加了一层丁砖。墓葬用砖以秦古砖为主，几何纹砖较少，钱纹砖4块。

葬具与人骨架无存，仅见牙齿（图二〇）。

随葬器物8件，分布散乱。陶器已残破，陶片散失；铜钗在墓室和甬道中出现，铜镜亦如此。因此，该墓应为被盗扰乱所致。共清理出铜镜2件（残）、铜钗2件、铜簪2件、陶罐2件（图二一）。

铜镜　2件。铸制，圆形。标本M13：7，正面微凸，背面中部作半圆纽，纽上一圆形穿孔，饰两圈斜线间四乳四虺纹，素平缘。直径10.8、厚0.6厘米（图二一，8）。标本M13：3，仅存局部。正面微凸，背面饰波折、锯齿、斜线纹。复原直径9.8、厚0.7厘米（图二一，5）。

铜钗　2件。均残缺，一端呈尖状，另一端扁状，截面圆形。标本M13：1，残长6.9、直径0.3厘

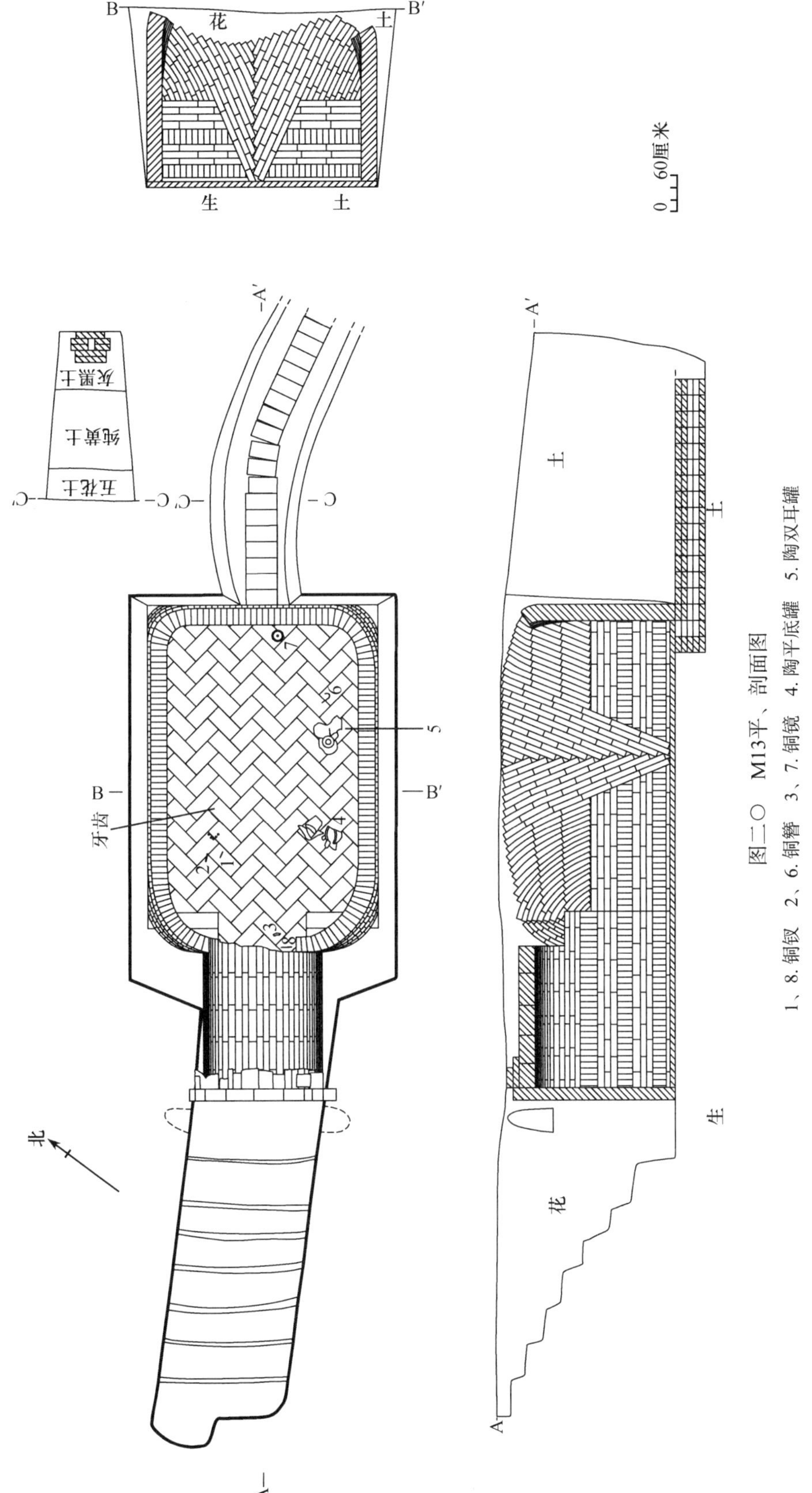

图二〇 M13平、剖面图

1、8. 铜钗 2、6. 铜簪 3、7. 铜镜 4. 陶平底罐 5. 陶双耳罐

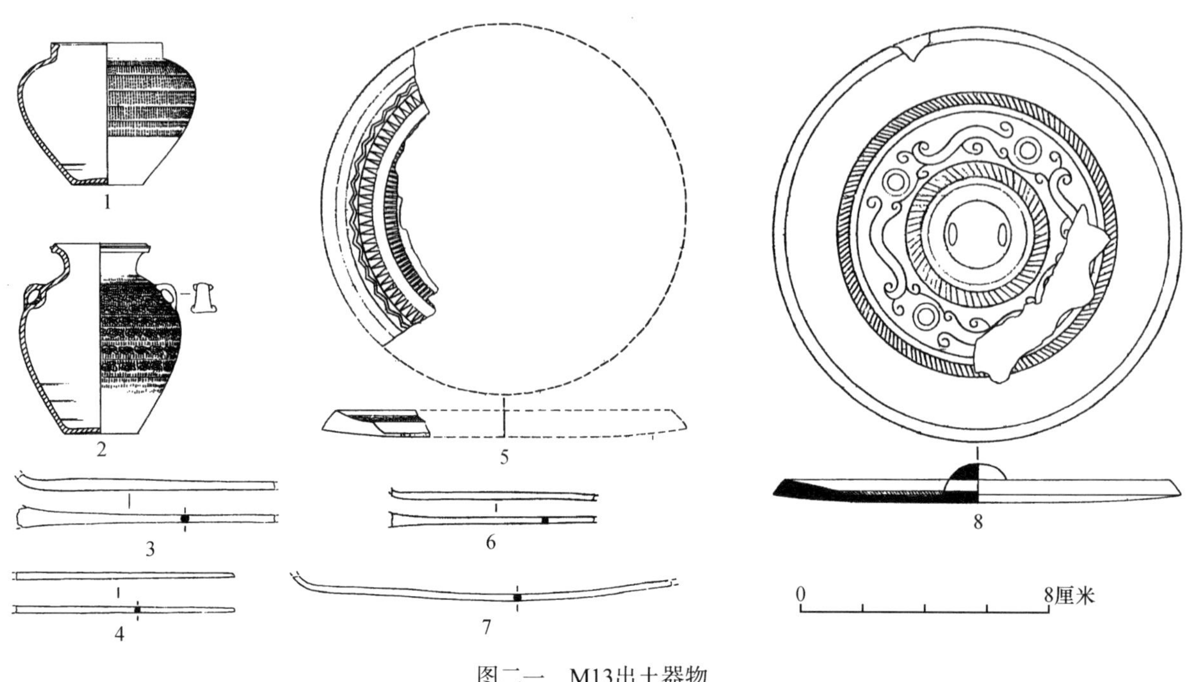

图二一　M13出土器物

1. 陶平底罐（M13：4）　2. 陶双耳罐（M13：5）　3、6. 铜钗（M13：1、M13：8）　4、7. 铜簪（M13：2、M13：6）　5、8. 铜镜（M13：3、M13：7）

米（图二一，3）。标本M13：8，残长7.9、直径0.3厘米（图二一，6）。

铜簪　2件。均残，一端呈尖状，截面圆形。标本M13：2，残长5.8、直径0.25厘米（图二一，4）。标本M13：6，残长10.1、直径0.25厘米（图二一，7）。

陶罐　2件。均为泥质灰色硬陶，一为双耳罐，一为平底罐。双耳罐（M13：5），短束颈，圆肩，深腹，平底。肩部有两个对称的桥形环纽，腹部饰分段绳纹。通高25.6、口径13.6、腹径22厘米（图二一，2；图版五，3）。平底罐（M13：4），直领斜，方唇，圆广肩，弧腹，平底。肩与腹部饰分段绳纹。通高 20、口径16、腹径25.6、底径10厘米（图二一，1）。

M14　位于TN15W9、TN15W10、TN15W11、TN15W12、TN16W9、TN16W10、TN16W11、TN16W12内。开口于第1层下，打破生土（①—M14→生土），淤沙层下即为墓葬开口，淤沙厚约10厘米。所属探方内除了M14以外周围全是生土。

M14为砖室墓，由墓室、甬道、墓道、排水沟四部分组成，平面呈“凸”字形。方向252°。

墓室：土坑平面呈长方形。开口长3.85、宽3.8米，坑残深2.37米，开口与坑底相等。坑壁陡直，较粗糙，坑底近平。砖室砌于土坑中，底部呈长方形，券顶呈椭圆形，顶残。其北部因早期被盗而被破坏。内空东西长3.2、南北宽3.32米，底部铺有地砖，呈“人”字形，其北部已被破坏。砖室内东北角和西南角各有一盗洞，均已到墓底。

甬道：位于墓室西部（墓道内），与墓室相连。券顶已残，仅存两边的壁砖，残高0.46、内空长2.55、宽1.42米。底部低于墓室，未见地砖。其东部砌有一条（三层）砖墙将甬道和墓室分开。甬道西端设有一墓门，顶呈弧形。门前设有封门砖，砌呈半圆形，低于墓门。

墓道：位于墓室西端，平面呈长方形。长13.8、宽1.72~1.94、深0.12~2.1米。墓道口有二级台阶，呈缓坡状。填土呈灰黑色，土质坚硬，含有大量的早期陶片、红烧土块及碎石块。

排水沟：位于墓道内南端，呈东西走向。东起甬道内，西向墓道外延伸。其底部铺有一横二竖二横五层砖，二竖中间相距8厘米，以便排水。

未见棺椁与人骨（图二二）。

随葬器物，共20件，均为铜器，铜耳杯、铜铃、铜马、铜器盖、铜扣饰各1件，铜扣5件，铜钱4枚，铜钗6件（图二三）。

M14的随葬品绝大多数残破、锈蚀严重，保存很差，只有铜马保存较好。

铜马　1件。标本M14：7，作站立状，昂首卷尾，体形健硕，形象生动。高8.9、长9.3、腹宽2.6厘米（图二三，3；图版四，4）。

铜耳杯　1件。标本M14：1，残缺，椭圆形，新月耳，敞口，弧壁，平底。残长3.7、宽4.4、高1.7厘米（图二三，1）。

铜钗　6件。均已残缺，U形，一端呈尖状。标本M14：4，残长15、直径0.3厘米（图二三，5）。标本M14：2，残长8、直径0.2厘米（图二三，4）。标本M14：5，残长8.9、直径0.3厘米（图二三，6）。标本M14：13，残长9.3、直径0.3厘米（图二三，7）。标本M14：12，残长6.5、直径0.25厘米（图二三，8）。标本M14：6，残长5.5、直径0.25厘米（图二三，9）。

铜扣饰　1件。标本M14：10，近长方形，两长边近边缘处各饰一排乳钉，中部饰龙纹，呈待发状。长6.1、宽1.9、厚0.15厘米（图二三，10）。

铜扣　5件。半球状，中空，近底边处斜直外撇。标本M14：9-1、标本M14：9-2，直径1.3、高0.7厘米（图二三，11、13）。标本M14：9-3，直径2.3、高1.2厘米（图二三，14）。标本M14：9-4、标本M14：9-5，直径2.5、高1.2厘米（图二三，12、15）。

铜铃　1件。标本M14：14，略残，葫芦形，柄上一圆形穿孔，身中空，三角形开口，内置一圆形碰珠。残高1.9、直径1.5厘米（图二三，16）。

M14和M13从墓葬的方向、形制及随葬品来看，可能为夫妻异穴合葬墓。

（三）宋墓

宋代墓葬共6座，分别为M16、M25、M27、M28、M29、M30，其中，M29和M30为长方形竖穴土坑墓，余为砖室墓。

1. 墓葬形制

宋墓多分布在遗址的西南区，埋葬较浅，保存较差。以M27为例报道。

M27　位于TS25W8的西北部，开口于第1层下，打破M30和第2、3两个文化层（①—M27→M30→②—③—生土）。墓葬方向216°。

墓葬形制为土坑竖穴砖室墓，墓口呈长方形，长1.65、宽1.16、深0.54米。直壁，平底，壁

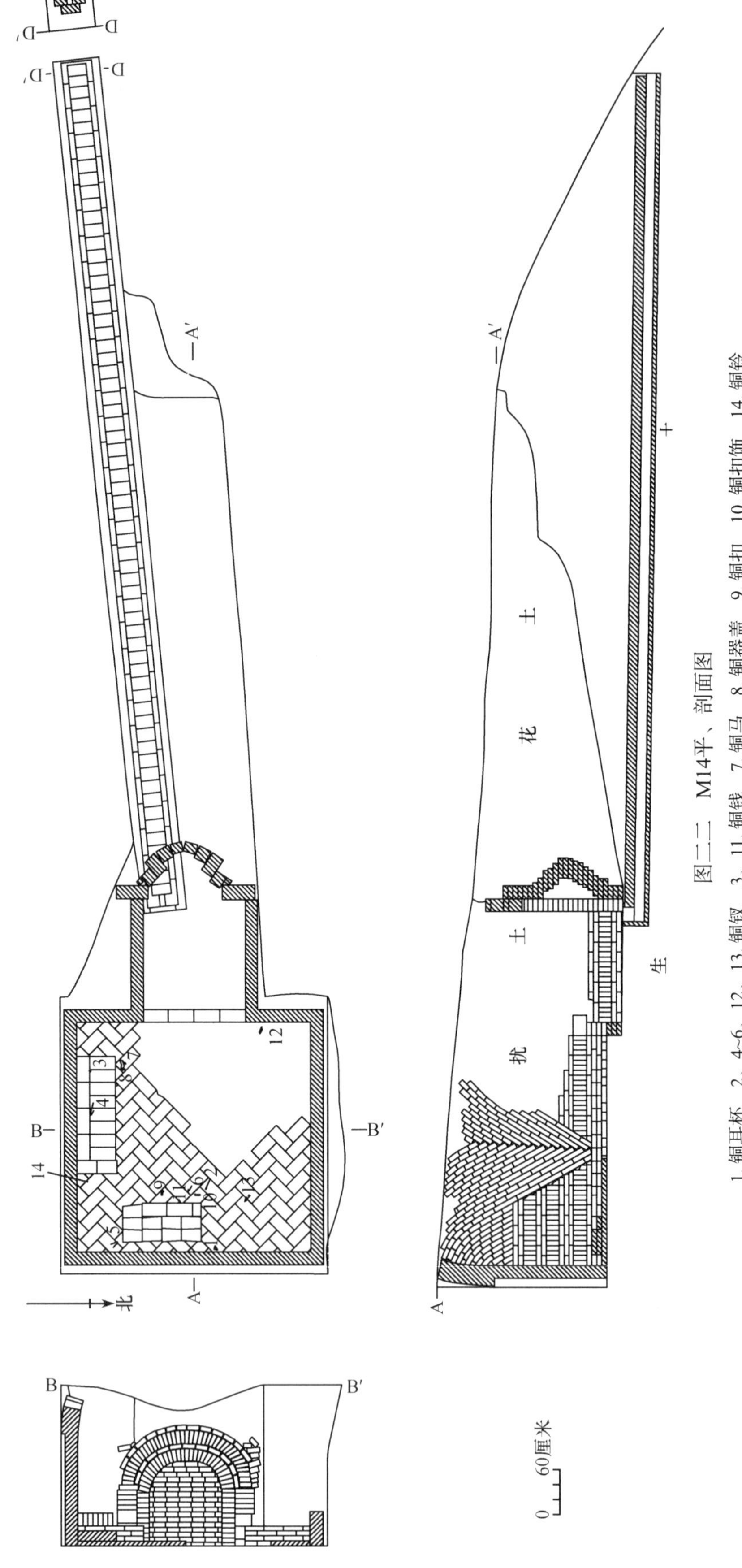

图二二　M14平、剖面图

1. 铜耳杯　2、4~6、12、13. 铜钗　3、11. 铜钱　7. 铜马　8. 铜器盖　9. 铜扣　10. 铜扣饰　14. 铜铃

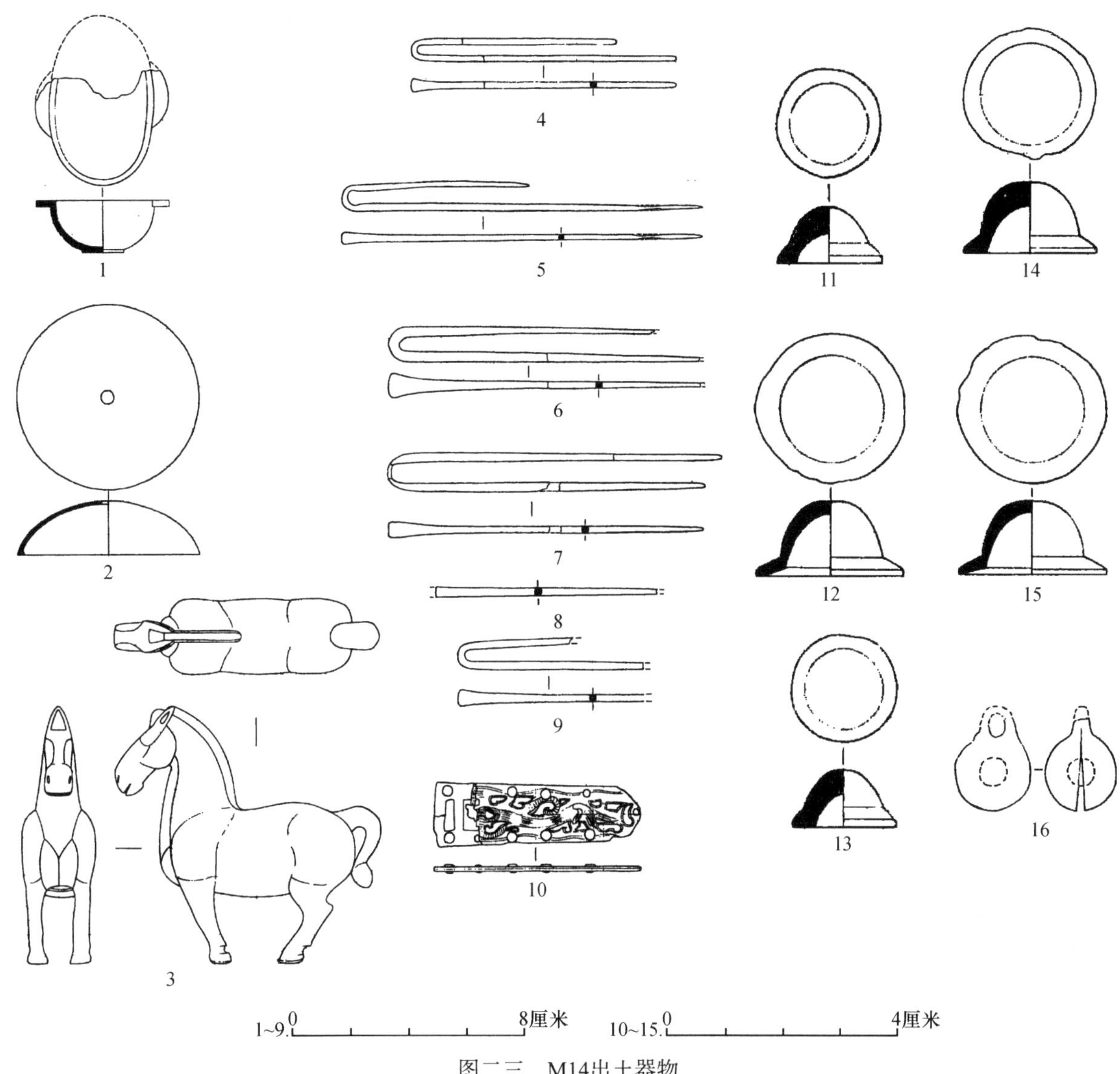

图二三　M14出土器物

1. 铜耳杯（M14：1）　2. 铜器盖（M14：8）　3. 铜马（M14：7）　4~9. 铜钗（M14：2、M14：4、M14：5、M14：13、M14：12、M14：6）　10. 铜扣饰（M14：10）　11~15. 铜扣（M14：9-1、M14：9-4、M14：9-2、M14：9-3、M14：9-5）　16. 铜铃（M14：14）

面光滑，能自然脱离，未见加工痕迹。填土为灰黄夹黑斑黏土混合成的花土，疏松呈块状。被扰动。

砖室的顶部被毁无存，四墙用长34、宽17、厚5厘米的灰陶砖呈纵向错缝叠砌，上部向内收敛。内室长98、宽62、残高50厘米。平铺地砖（图二四）。

葬具为一陶罐，置于墓室中部，罐内盛有骨灰。由此可知，墓主人是经火化后，将骨灰装入陶罐埋葬的。

陶罐由盖、身、座组成，整体作塔形。泥质灰陶。器盖呈喇叭形，曲弧壁，顶捏成尖四棱状。盖面中上部与中下部各饰一周堆纹，上部与下部饰竖行篦纹，中部篦划几何纹。器身口微侈，窄平沿，尖圆唇，颈壁近直，溜肩，弧壁近直，平底微内凹。中下部作两个相连的拱形

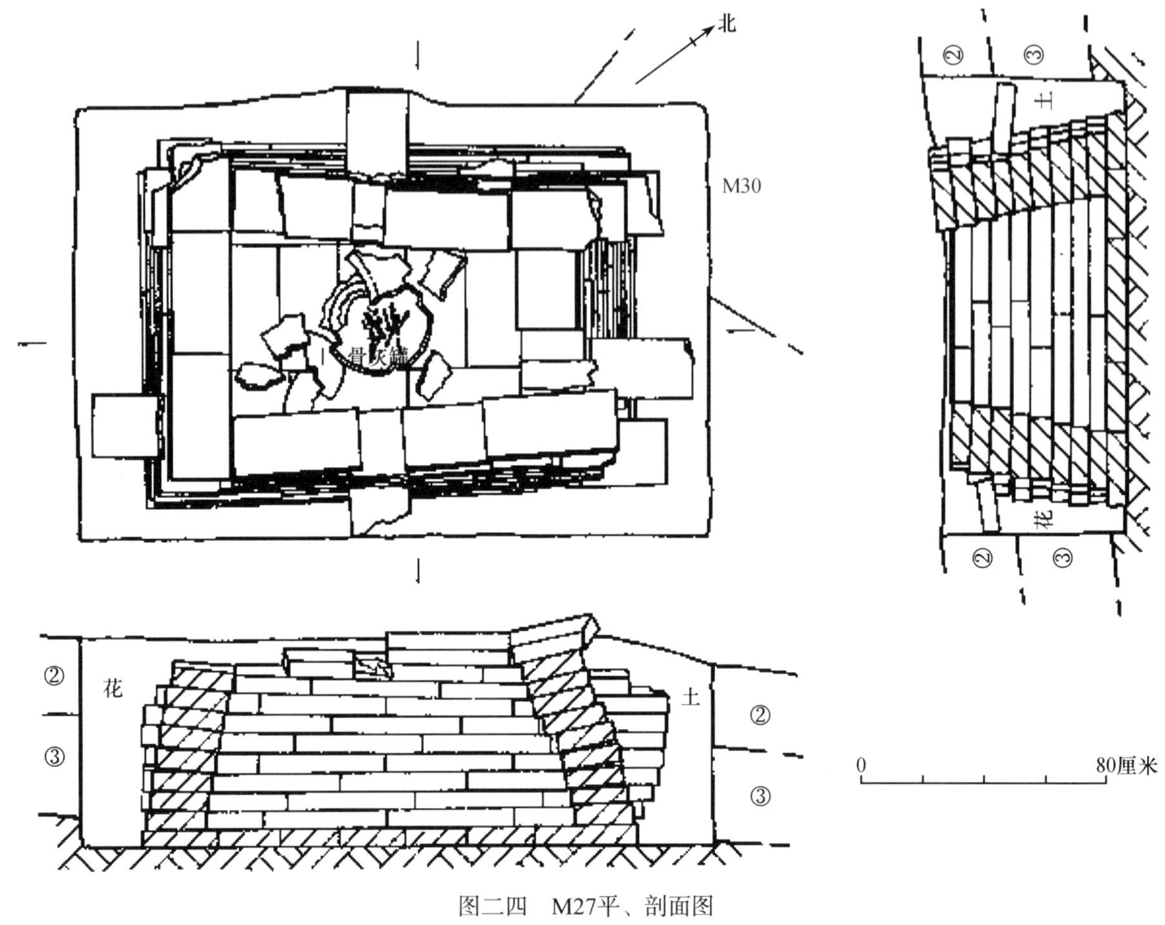

图二四　M27平、剖面图

门。门两侧饰篦纹，其下部饰锯齿状篦纹。两侧壁与背面随意划有篦纹。最大径位于上腹部。通高39.5、盖径30、器身口径19.6、腹径24.4、底径19.6、高23、座口径31.6、底径30、高10.6厘米（图二五）。

2. 随葬器物

6座宋墓共出土随葬器物3件。

釉陶罐　2件。标本M29：1，灰胎硬陶，器表施青绿色釉。直领，直口，深弧腹，圜底，矮圈足。肩部饰两对称桥形系耳，上腹饰数道划纹。高10、口径11.6、腹径12.8、足径6.8厘米（图二六，2）。标本M16：1，褐红陶，酱黄釉。直口，平折沿，溜肩，鼓腹，平底。高13.2、口径12.4、腹径15.4、底径8.8厘米（图二六，1）。

铜钗　1件。标本M29：2，残断。锈蚀呈丝状，截面呈圆形。残长3.6、直径0.1厘米（图二六，3）。

（四）明墓

明代墓葬共2座，墓号为M19、M26，均为砖室墓，随葬品较少，主要为瓷器和釉陶器。

图二五　M27出土陶罐（葬具M27∶1）

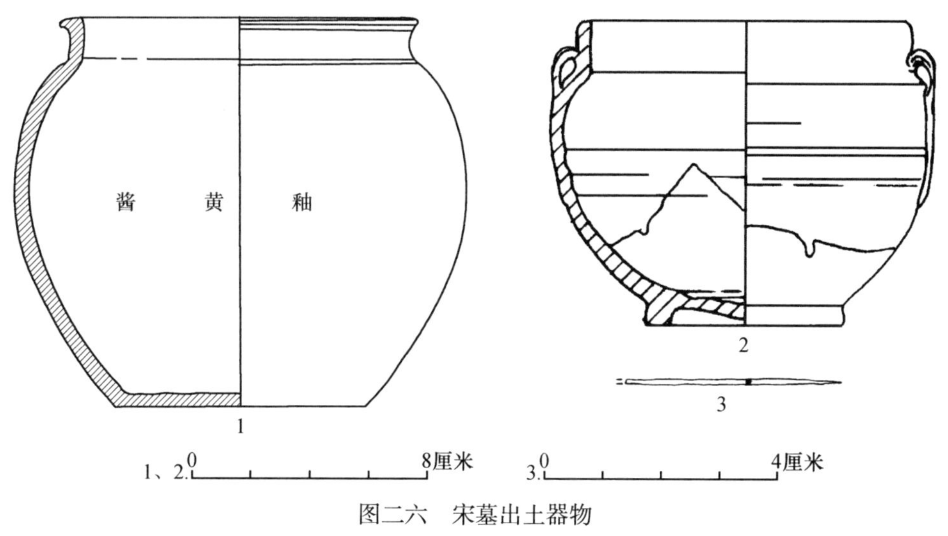

图二六　宋墓出土器物

1、2. 陶罐（M16∶1、M29∶1）　3. 铜钗（M29∶2）

1. 墓葬形制

玉皇庙遗址中的明代墓葬不仅数量少，而且埋葬较浅，保存较差。以M19为例报道。

M19　位于TN11W3、TN11W4、TN10W3 、TN10W4内，开口于第1层下，打破第2、3两层（①—M19→②—③）。墓葬方向为101° 。

墓口呈“凸”字形，通长7.04米。墓室长方形，长4.5、宽4、深2.25~2.54米。墓壁斜直，壁面凹凸不平，能自然脱离，局部稍加修整，未见工具痕迹。

墓道设在墓室东端的中部。长方形，长2.5~2.9、宽2.5米，下端口深平墓底，斜坡状。墓道中部有一道东西向生土埂。

墓内填土为黑褐色与少许灰色黏土混合成的花土，疏松，块状，无夯筑和扰动的现象。填土中包含有碎砖块、布纹瓦片、石灰颗粒、夹砂红陶、灰陶碎片等。

竖穴砖室墓，分南北两室，北室编号为甲（M19-甲），南室编号为乙（M19-乙），保存较好。船篷券顶，分上、下两层券顶砖，呈纵向用石灰糯米浆垫缝错缝砌筑。砖的规格长32、宽16、厚8厘米，异形砖长32、宽16、厚6~8厘米。两砖室均呈长方形，M19-甲长312、宽128厘米，M19-乙长310、宽126~130厘米。两侧墓壁与中间隔墙分内外层错缝叠砌，在两侧墓壁近西端处各设一龛（侧龛），M19-甲高42、宽38、深28厘米；M19-乙高42、宽32、深26厘米。头端墓壁单层横向错缝叠砌。两室头端墓壁的中部分上下各设两龛（头龛）。M19-甲，上龛缺损，复原尺寸为高42、宽46、深16厘米；下龛高38、宽40、深30厘米。M19-乙，上龛高42、宽42、深16厘米；下龛高38、宽36、深30厘米。中间隔墙近封门处设一门道，两室相通。门高72、宽30厘米。另筑封门墙，呈半圆形，与墓室的墙砖未作咬合。地砖平铺，棺底之下未作铺垫。铺地砖规格有两种，即长32、宽16、厚6厘米与长32、宽16、厚5厘米（图二七；图版三，1）。

M19-甲、M19-乙均为单棺，已腐烂，存留数枚铁棺钉，其结构形状不清。骨架仅残存肢骨和头骨痕迹，头西足东，仰身直肢。从肢骨的粗壮与细小来判断，甲为男性，乙为女性。

M19为夫妻同穴合葬墓。

随葬品较少，M19-甲8件：瓷碗2件、铜钱3枚（残）、铁盆1件（残）、釉陶灯1件、铁饰片1件（残碎）（图二八）。M19-乙8件：瓷碗2件、釉陶罐 2件、 银钩1件（残）、铜钱2枚（残）、釉陶灯1件（图二九）。

该墓的墓道底部有一道很矮的生土埂，变成甲乙两道。此现象在刮削墓口平面时观其花土的成分、颜色一致，在解剖墓道时也未见到相互打破的迹象。因而两者有无先后关系，或同时下葬存在疑虑。观其墓室的结构为一次性建成，该墓道分成两条显得太狭窄，不便于下葬，由此可见，同时下葬或迁葬的可能性较大。

2. 随葬器物

两座明墓共出土随葬器物件18件，有瓷器、釉陶器、铜器、铁器等。

瓷碗　6件。白瓷、影青、青釉各2件。标本M19-甲：1-1，白瓷。敞口，弧壁，平底，圈足。碗内上部饰红色方格纹，近底部饰三周红色线条，碗外部用红色和金色绘树木、花草、云朵及人物图案。通高7.3、口径15.2、圈足径6.4厘米（图三〇，1）。标本M19-乙：1-1，影青瓷，碗内外均施影青釉。素面。形制为敞口，弧壁内收，平底，圈足微外撇。通高8.7、口径14.1、圈足径5.8厘米（图三〇，2）。标本M26：1-1，青釉瓷，灰白胎。敞口，圆唇，弧壁下

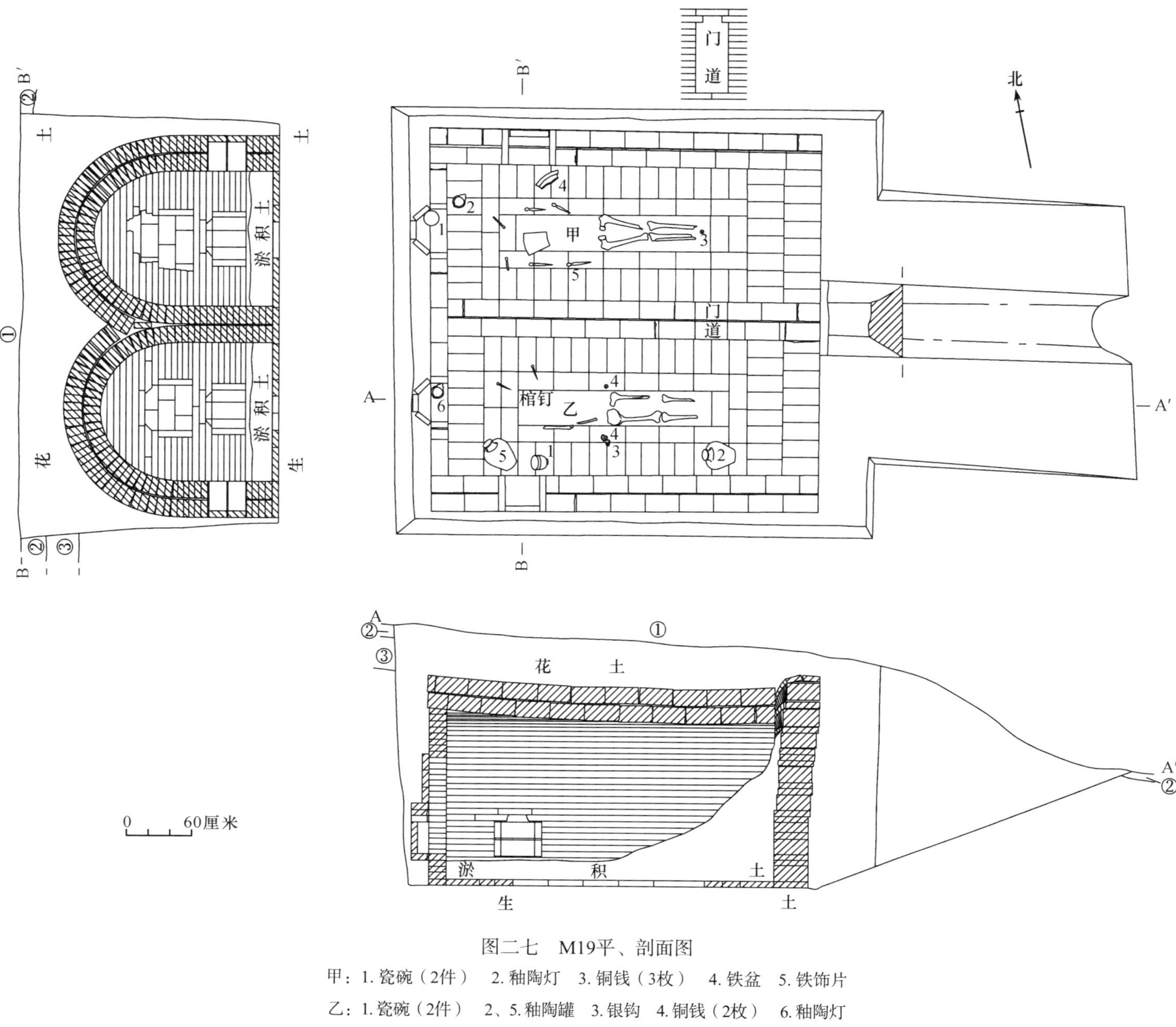

图二七 M19平、剖面图

甲：1. 瓷碗（2件） 2. 釉陶灯 3. 铜钱（3枚） 4. 铁盆 5. 铁饰片

乙：1. 瓷碗（2件） 2、5. 釉陶罐 3. 银钩 4. 铜钱（2枚） 6. 釉陶灯

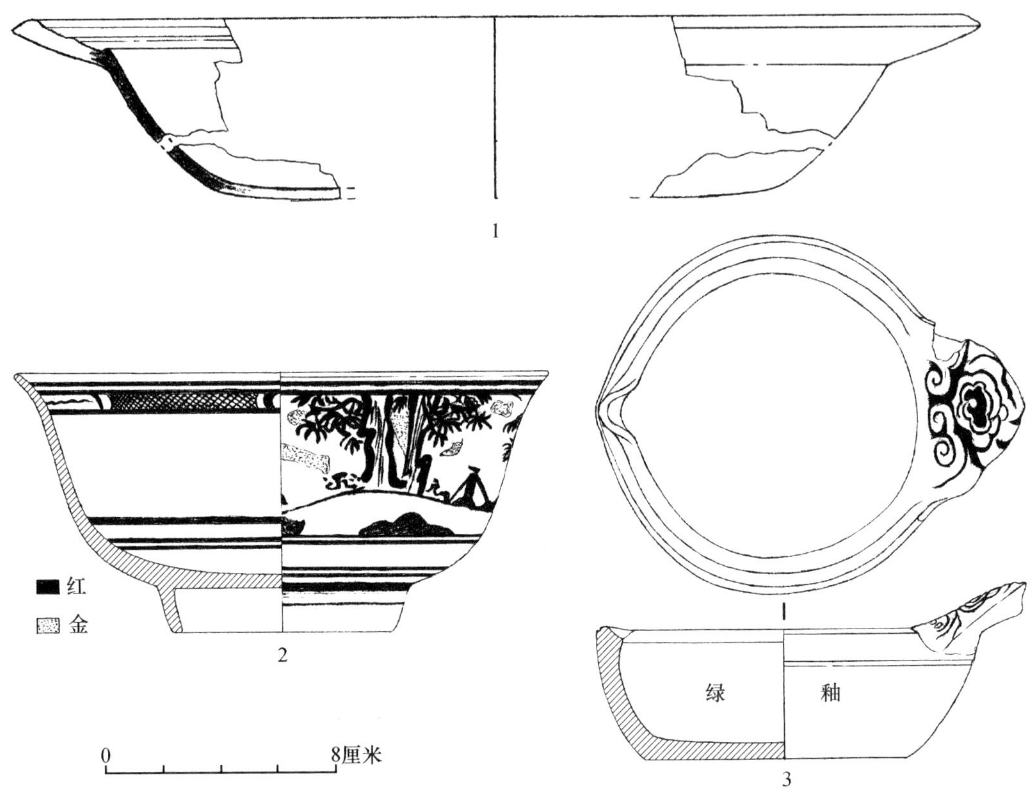

图二八　M19-甲出土器物

1. 铁盆（M19-甲：4）　2. 瓷碗（M19-甲：1-1）　3. 釉陶灯（M19-甲：2）

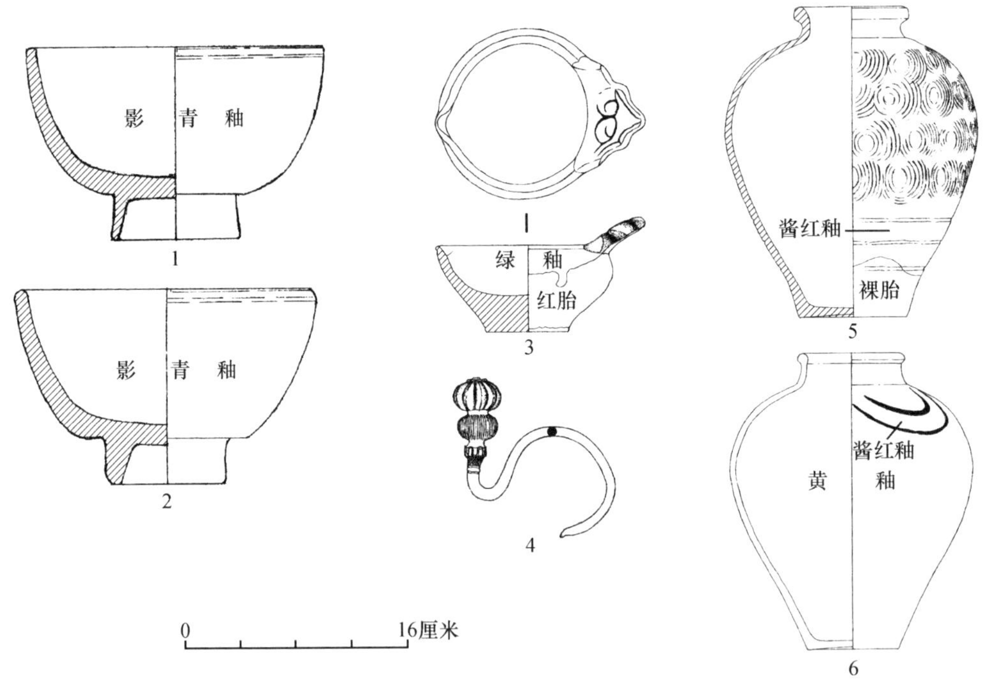

图二九　M19-乙出土器物

1、2. 瓷碗（M19-乙：1-1、M19-乙：1-2）　3. 釉陶灯（M19-乙：6）　4. 银钩（M19-乙：3）

5、6. 釉陶罐（M19-乙：5、M19-乙：2）

收，平底，矮圈足，器底内外裸胎无釉。通高6.1、口径16.4、圈足径5.4厘米（图三〇，5）。

釉陶罐　3件。标本M19-乙：2，硬陶，器表施黄釉。直领，圆唇，圆肩，深腹，平底微内凹。通高31、口径11.2、腹径23.2、底径9.4厘米（图三〇，6）。标本M26：2，硬陶，红褐胎，器表施酱褐釉。敛口，圆唇，溜肩，长鼓腹，平底。肩部有三个桥形系耳。通高19.8、口径7、腹径15、底径7厘米（图三〇，4）。

釉陶灯　2件。均出自M19。标本M19-甲：2，硬陶，褐红胎，外施绿色釉。口微敛，平面呈圆形，弧壁，平底，灯前端作一半圆形流，尾部有短柄，柄面刻划牡丹花图案。通高6.9、口径10.6、底径8厘米（图三〇，7）。

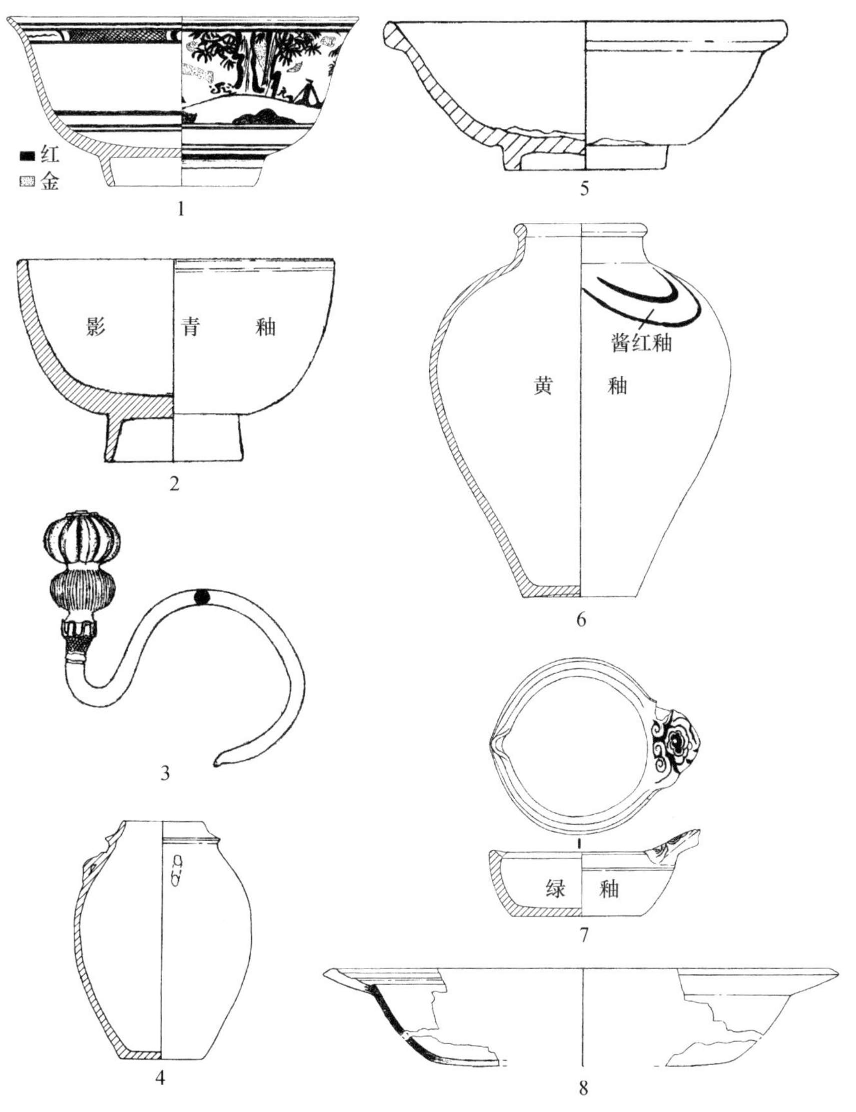

图三〇　明墓出土器物

1、2、5. 瓷碗（M19-甲：1-1、M19-乙：1-1、M26：1-1）　3. 银钩（M19-乙：3）
4、6. 釉陶罐（M26：2、M19-乙：2）　7. 陶釉灯（M19-甲：2）　8. 铁盆（M19-甲：4）

铜钱　5枚。方穿圜钱，均出自M19，锈蚀严重。M19-甲所出3枚钱铭尚可辨认，分别为"天禧通宝"、"景德元宝"、"绍圣元宝"，均为宋代年号。

铁盆　1件。标本M19-甲：4，锈蚀残缺严重。形制为仰折沿，方唇，弧壁，平底。通高8、口径44、底径25厘米（图三〇，8）。

银钩　1件。标本M19-乙：3，残断。钩部较大，柄部作灯笼形（图三〇，3）。

（五）清墓

清代墓葬共6座，分别为M17、M18、M20、M21、M22、M24。墓葬形制均为长方形土坑竖穴单棺，多以布瓦和单砖为枕。墓坑一般长2~2.3、宽0.8~1、深0.8~0.9米。除M22出土3枚"嘉庆通宝"、M21出土3枚铜扣外，余皆无随葬器物。

四、文化堆积与遗存

（一）地层与遗迹概述

1. 地层

遗址中大部分探方存在文化堆积，以西南区最为深厚。西北区因地势较高，受库水冲刷破坏严重，文化堆积多被冲毁，仅少数探方残存地层和部分遗迹如灰坑、房址等。西南区因地势较低，受库水冲刷程度较轻，故文化堆积保存较好，层次清楚。

遗址文化堆积总体分为三层。

第1层：表土层，多淤积土，部分探方为耕种土层，土色灰黄，土质疏松，包含物有陶片、石块、贝壳、瓷片等，厚5~60厘米，属近现代地层。

第2层：土色为灰黄色夹褐色斑点，土质疏松，包含物有绳纹陶片、石器、罐口沿、鬲足、豆柄等，多泥质灰陶和褐陶，有少数夹砂陶片。西北区、西南区大部分探方均有分布。距地表深5~105、厚6~50厘米，为西周文化层。

第3层：灰黑色土层，土质疏松，包含物主要有篮纹和细绳纹陶片、鼎足、罐口沿、杯、石器、纺轮等，多泥质灰陶，有夹砂灰陶和红陶。西南区各探方均有分布。距地表深10~155、厚15~65厘米，为新石器时代文化层。

文化堆积最深厚的探方是TS28W7，第1层厚40~60厘米；第2层距地表深80~105、厚25~50厘米；第3层距地表深115~155、厚35~65厘米。

遗址文化堆积多呈坡状，东部较厚，西部较薄，只有西南区的第3层为西部较厚。现以西北区的TN10W4东壁和西南区的TS24W7南壁剖面为例说明。

（1）TN10W4东壁

第1层：表土厚5~15厘米，灰黄泛黑黏土，较疏松。

第2层：深5~15、厚0~40厘米。灰黄黏土，疏松，呈块状。

第3层：深10~35、厚0~35厘米。灰黑色黏土，坚硬致密，呈块状。北端被M19打破（图三一）。

（2）TS24W8南壁

第1层：表土厚10~20厘米，灰黄色沙泥黏土，较疏松。

第2层：深20~50、厚10~35厘米。灰黄色黏土泛白，较致密，呈块状。

第3层：深55~115、厚35~60厘米。灰黑色黏土，致密，呈块状（图三二）。

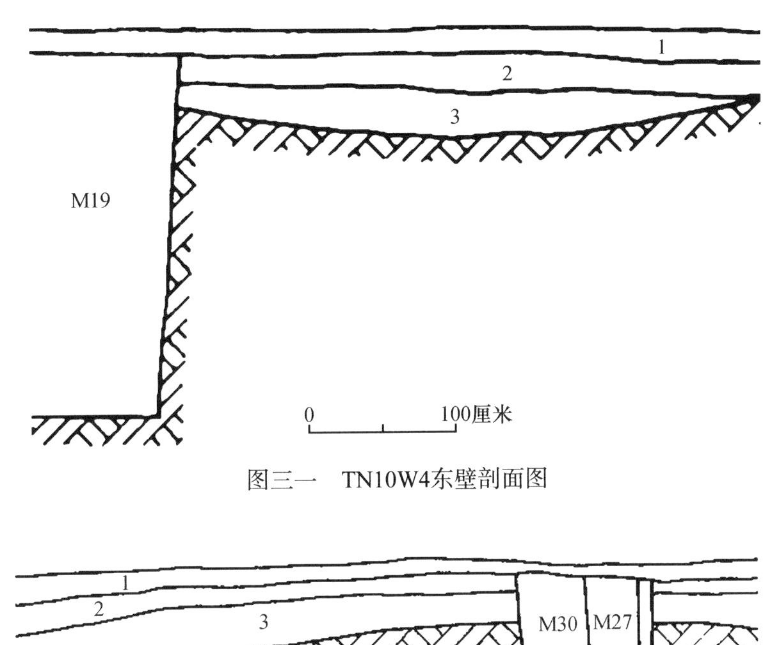

图三一　TN10W4东壁剖面图

图三二　TS24W8南壁剖面图

2. 遗迹

玉皇庙遗址共发掘房址、灰坑、灰沟、窑、灶、瓮棺葬等遗迹53个（不包括墓葬）。这些遗迹大多保存不好，灰坑、房址等仅存底部（图三三、图三四）。

（1）房址

1座，编号F1。

F1　位于TN11W7、TN11W8、TN12W7、TN12W8、TN10W7、TN10W8六个探方内，其中以TN11W7、TN11W8为主体。开口于第1层下，打破生土（①—F1→生土）。

F1平面为圆形，直径5.8~5.5米。房址内中南部有两个较大的现代扰坑。房址主要存有环形基槽、柱洞和室内堆积（图三五；图版三，2）。

基槽为环形，环绕房址一周。基槽宽25~30、深24~30厘米。基槽内填土呈灰黑色，较致密。填土中含较多石块和陶片，纹饰主要有篮纹。陶片多泥质灰陶，也有夹砂红陶和灰陶。纹饰多为篮纹。在房址的东北角，有一条紧挨圆形基槽的直沟向北伸出。直沟长260、宽40~44、深南头38~44厘米。沟内的土质土色、包含物大体与环形基槽相同。

在环型槽内外，共有柱洞11个（D1~D11）。柱洞有圆形和椭圆形两种，填土以灰褐和灰黑色居多，少数为灰黄色，一般夹有红烧土点，较紧密，未见包含物。最小的柱洞为D1，直径14~16、深20厘米；最大的柱洞为D4，直径34~48、深30厘米。

室内堆积自上至下可分三层。第1层，厚19~30厘米，土色灰黑，土质较紧密，包含物石块、陶片；第2层，厚12~14厘米，土色灰黄，土质致密，夹有较多红烧土块，包含物有石器和鼎、罐、瓮残片等（图三六）；第3层，厚32厘米，土色灰黄，土质致密、纯净，无文化遗物。

F1的构筑顺序应为先垫土筑基，然后立柱筑墙。发掘揭示的第1层应为倒塌堆积，第2层应为居住层面，第3层为垫土层，即房址的基础部分。

出土的遗物主要有陶器残片、石器。

石锛　标本F1②：2，平面近梯形，弧顶，中刃。高7.2、宽4.2、背厚3厘米（图三六，2）。

陶瓮口沿　标本F1②：3，泥质灰陶。口微侈，圆唇，颈壁微内缩。口径26、残高6.6厘米（图三六，1）。标本F1②：5，夹砂灰陶。仰折沿，方唇，溜肩。饰篮纹。口径24、残高4.8厘米（图三六，5）。

陶罐口沿　标本F1②：7，夹砂红褐陶。口微敛，领近直。口径20、残高4.8厘米（图三六，4）。

陶鼎足　标本F1②：13，夹砂红褐陶。残缺，扁锥状。残高6厘米（图三六，3）。

根据F1的建筑形式和出土的遗物判断，属新石器时代晚期。

（2）灰坑

38个（H1~H38），均保存较差。分布范围主要在西北区和西南区，开口层位第1~3层均有，以第1和3层居多。形状主要有圆形、椭圆形、不规则椭圆形、不规则长方形、曲尺形等。以H4~H9为例报道。

H4~H9均位于TN18W10中北部和TN19W10中南部，均开口于第1层下，具有相互打破关系（图三七），其相互关系为：

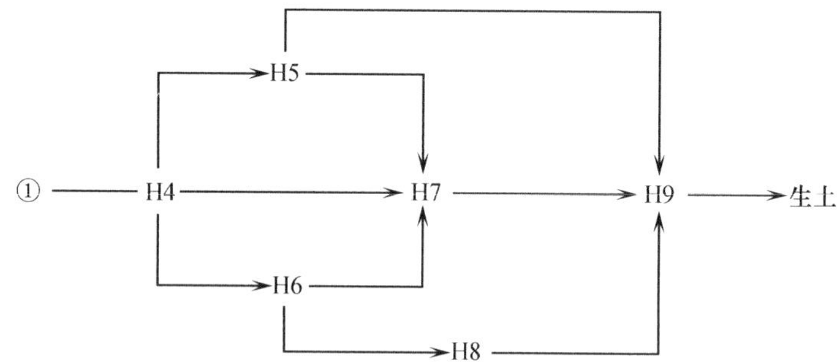

H4　打破H5、H6、H7、H9。平面呈椭圆形，开口于第1层下，最长240、最宽160、深40厘米，坑壁呈斜坡状，较粗糙，呈锅底状，底部近平。

坑内堆积仅一层（H4①），夹有10%左右的草木灰、1%左右的炭点和红烧土块以及2%左

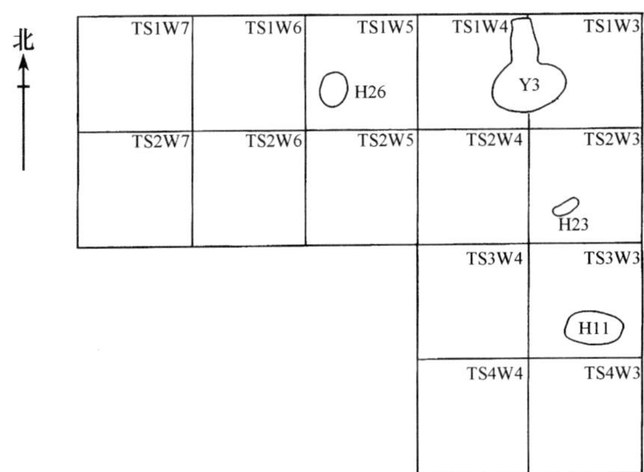

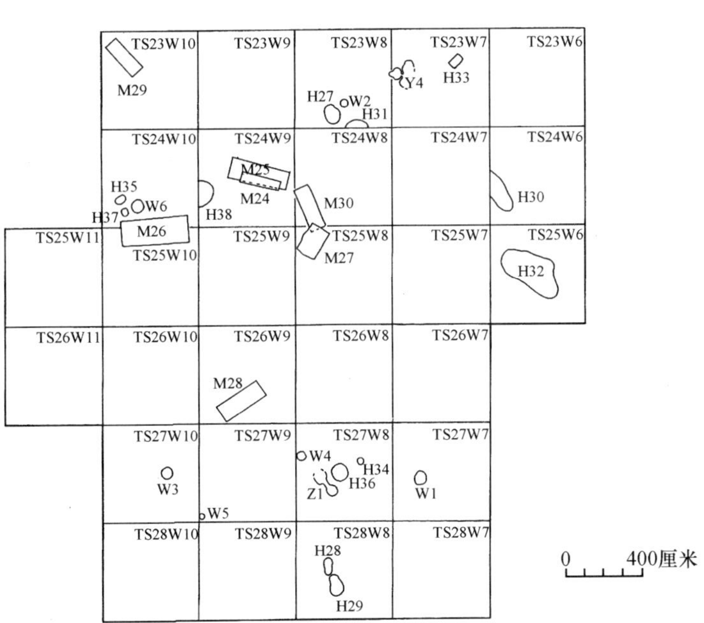

图三四 玉皇庙遗址西南区遗迹分布图

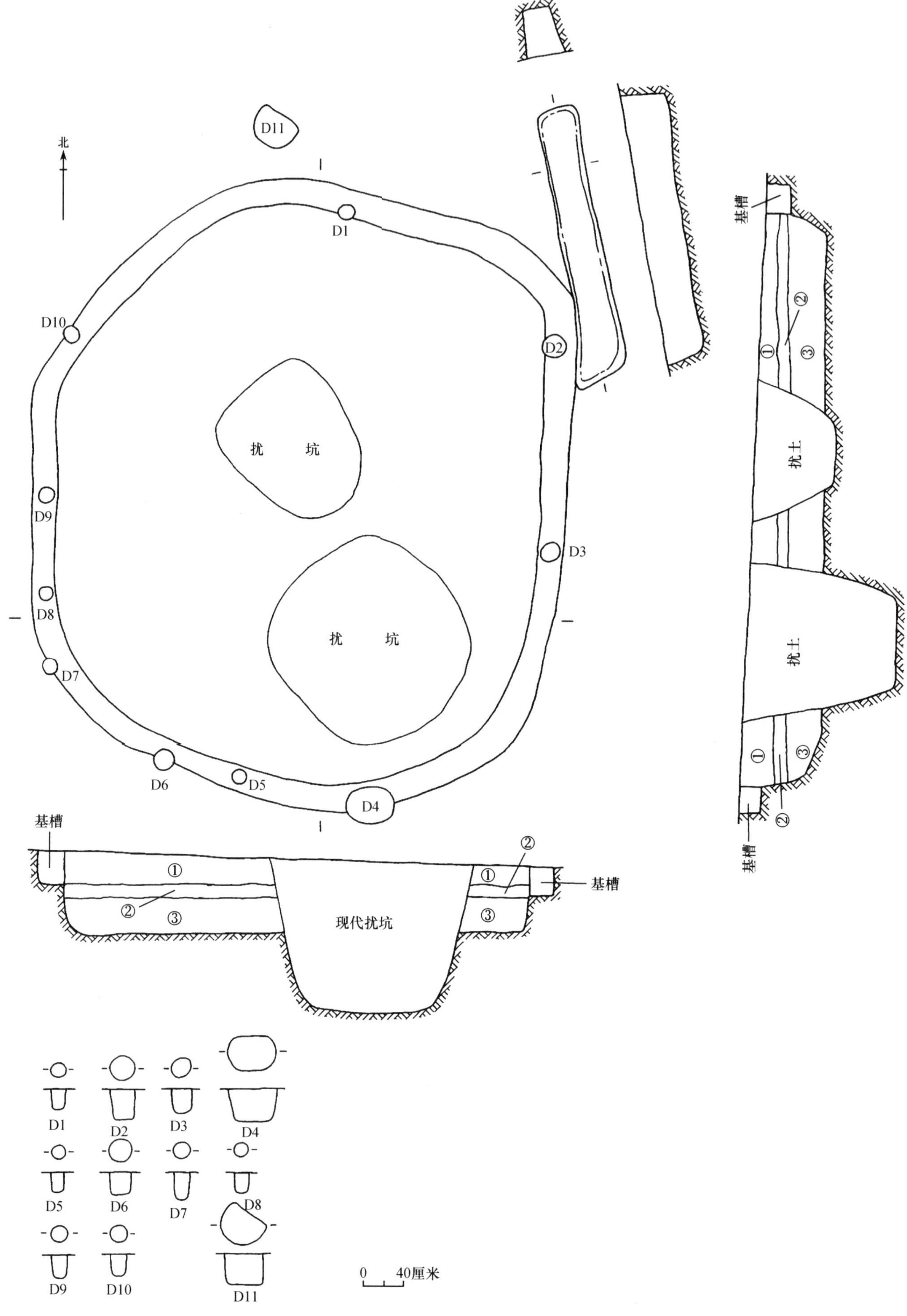

北
D11
D1
D10
D2
扰　坑
D9
D3
D8
扰　坑
D7
D6
D5
D4
基槽
①
②
③
现代扰坑
①
②
③
基槽
基槽
②
①
③
扰土
扰土
①
③
②
基槽
D1
D2
D3
D4
D5
D6
D7
D8
D9
D10
D11
0　40厘米

图三五　F1平、剖面图

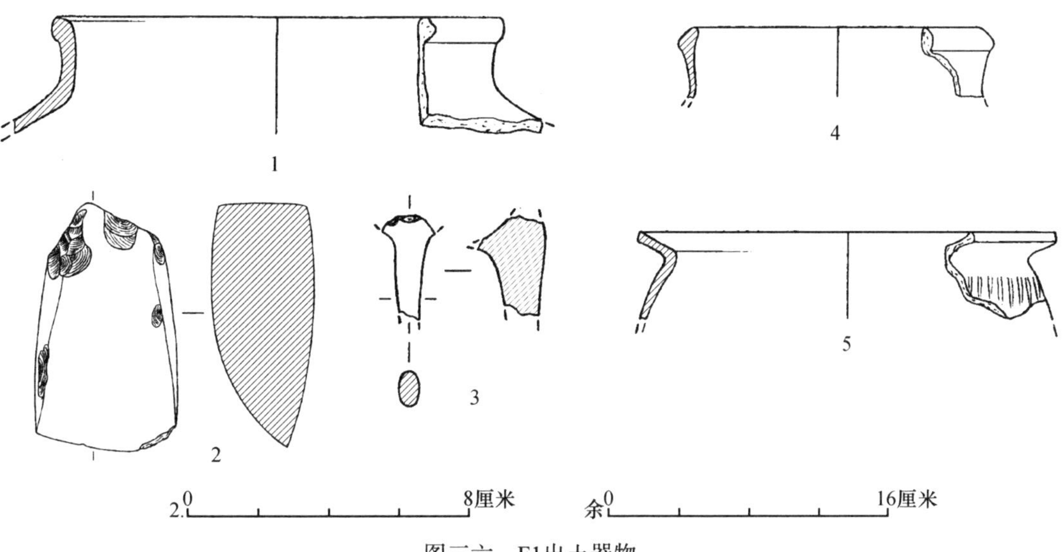

图三六 F1出土器物

1、5. 陶瓮口沿（F1②：3、F1②：4） 2. 石锛（F1②：2） 3. 陶鼎足（F1②：13） 4. 陶罐口沿（F1②：7）

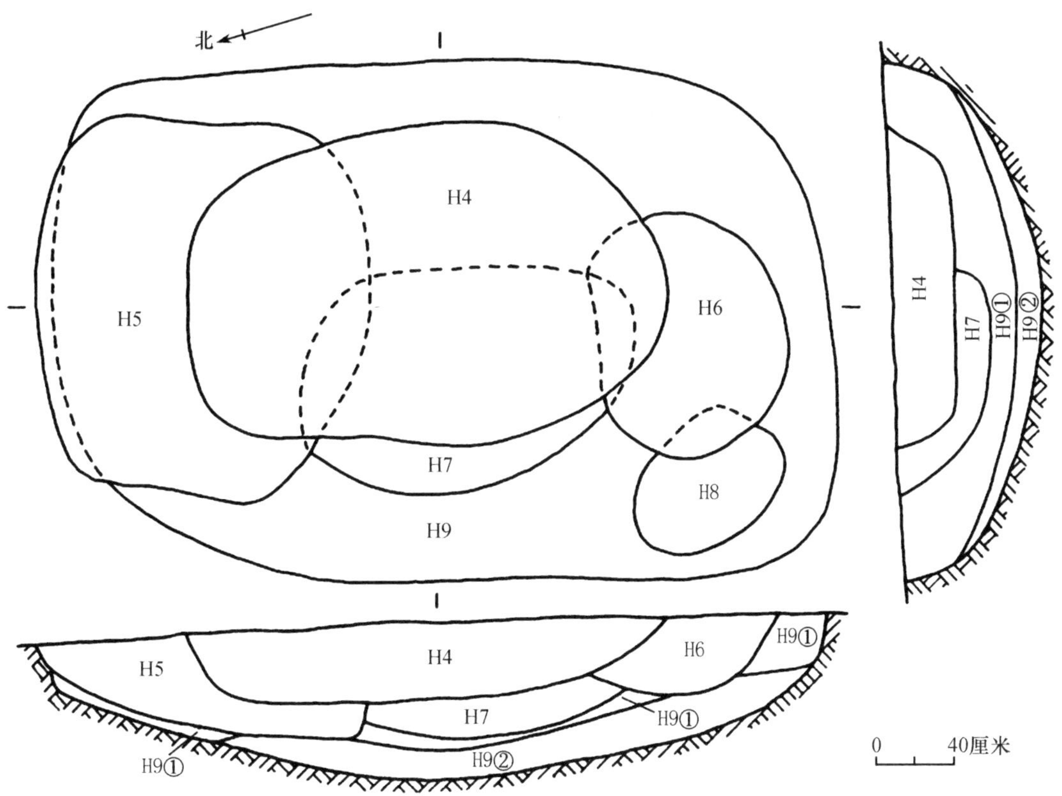

图三七 H4、H5、H6、H7、H8、H9平、剖面图

右的石块，土色灰黑，土质较疏松。包含物鬲、甗、罍、罐、盂、豆等器物残片和石制品。陶片以夹砂灰陶和红褐陶为主，也有较多泥质灰陶。纹饰主要为绳纹（图三八）。

H5　打破H7、H9，同时被H4打破。平面呈不规则圆形，开口于第1层下，最长184、最宽164、深44厘米。坑壁呈斜坡状，较粗糙，底为锅底状。

坑内堆积仅一层（H5①），夹有10%左右的草木灰、1%左右的炭点和红烧土块、碎石块，同时还夹有少量灰黄色小沙粒。土色灰黑，土质较疏松。包含物有鬲、甗、罍、罐、盂、豆等器物残片。陶片以泥质灰陶和夹砂灰陶为主，有夹砂红陶和红褐陶。纹饰主要为绳纹（图三九）。

H6　打破H7、H8、H9，同时被H4打破。平面呈不规则圆形，开口于第1层下，最长120、最宽96、深40厘米，坑壁呈斜坡状，较粗糙，底呈锅底状。

坑内堆积仅一层（H6①），夹有草木灰、炭点和红烧土块、石块，土色灰黑，土质较疏松。包含物主要有鼎足、鼎口沿、罐口沿等。陶片以泥质灰陶为主，另有夹砂灰陶、夹砂红陶和红褐陶。主要纹饰有细绳纹、篮纹、附加堆纹（图四〇）。

H7　打破H9，同时被H4、H5、H6打破。平面呈不规则圆形（北部残缺），开口于第1层下，最长144、最宽84、深50厘米。坑壁呈斜坡状，较粗糙，底为锅底状。

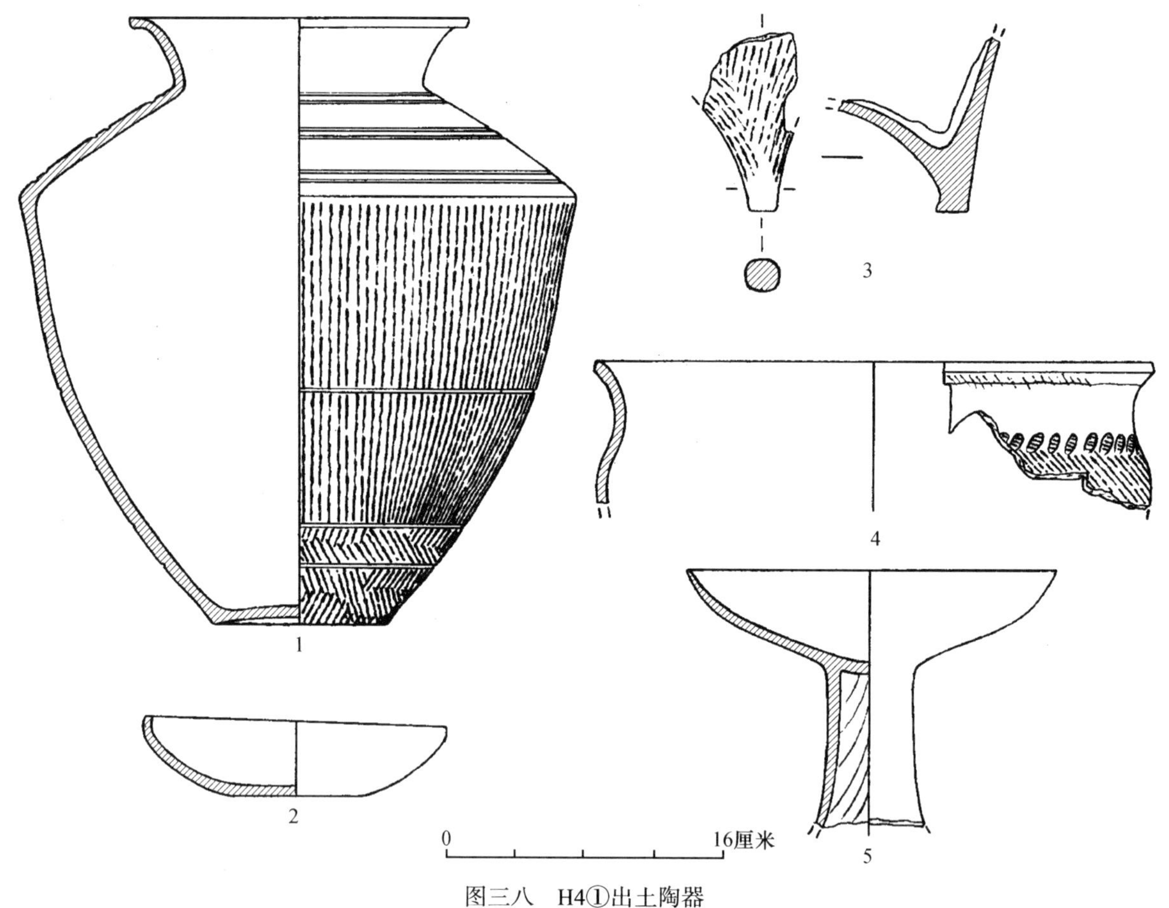

图三八　H4①出土陶器

1. 罍（H4①：2）　2. 盂（H4①：3）　3. 鬲足（H4①：22）　4. 盆口沿（H4①：5）　5. 豆盘（H4①：4）

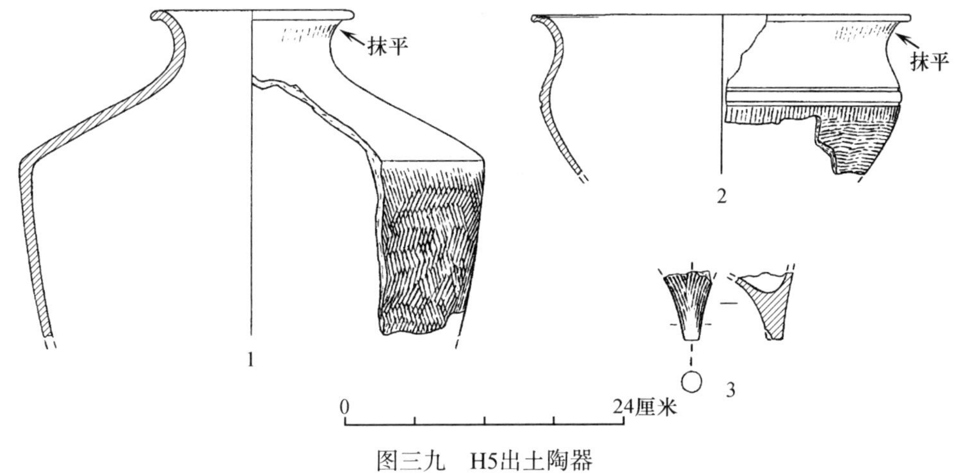

图三九 H5出土陶器

1. 罍（H5①：7） 2. 盆口沿（H5①：8） 3. 鬲足（H5①：6）

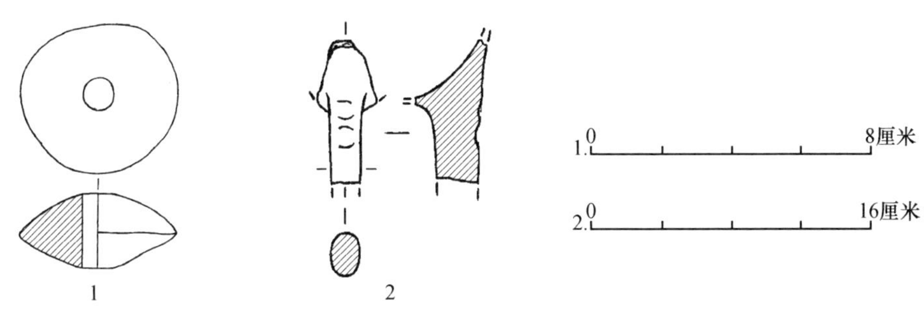

图四〇 H6①出土陶器

1. 纺轮（H6①：1） 2. 鼎足（H6①：5）

坑内堆积仅一层（H7①）。夹有1%左右的红烧土块和石块。土色灰黄，土质致密。包含物主要有罐口沿等陶器残片。陶片以夹砂褐陶、泥质灰陶为主。纹饰只见篮纹（图四一）。

H8 打破H9，同时被H6打破。平面呈不规则圆形，开口于第1层下，最长82、最宽58、深34厘米。坑壁呈斜坡状，较粗糙，坑底呈锅底状。

坑内堆积仅一层（H8①），夹有10%左右的草木灰、炭点和红烧土块。土色灰黑，土质较疏松，呈窝状堆积。包含的文化遗物仅有数片夹砂褐陶和泥质灰陶片。纹饰可见篮纹。

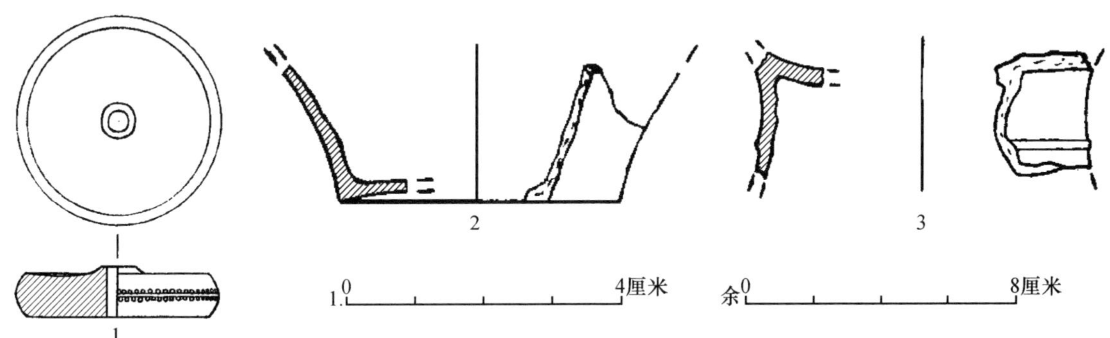

图四一 H7①出土陶器

1. 纺轮（H7①：1） 2. 罐底（H7①：4） 3. 豆圈足（H7①：3）

H9　被H4、H5、H6、H7、H8打破。平面呈椭圆形，开口于第1层下，最长396、最宽254、深76厘米。坑壁呈斜坡状，较粗糙，底呈锅底状。

坑内堆积共二层。H9①，夹有1%左右的红烧土块、0.5%左右的石块，土色灰黄，土质较致密。包含物有夹砂褐陶、夹砂灰陶、泥质灰陶陶片，可辨器形有缸、罐等，纹饰有篮纹、方格纹、细绳纹。H9②，夹有10%左右的草木灰、1%左右的炭点和红烧土块、1%左右的石块，土色灰黑，土质较疏松。包含物有夹砂褐陶、夹砂灰陶、泥质灰陶器物残片，纹饰有篮纹、方格纹、细绳纹（图四二；图版三，3）等。

H4~H9所出遗物的时代为西周至新石器时期。各灰坑时代，H4、 H5：西周，H6、H7、H8、H9：新石器时期。

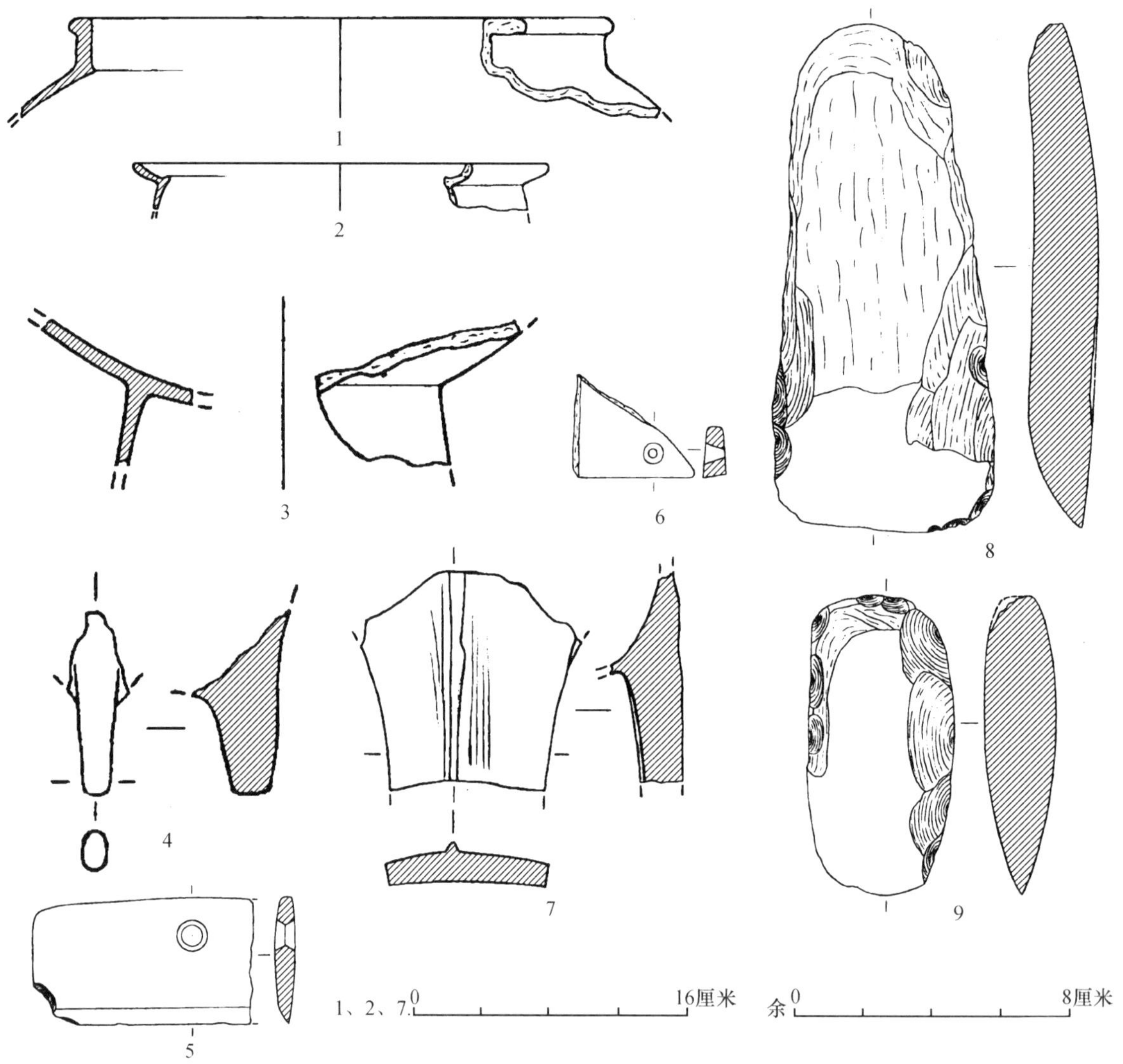

图四二　H9出土器物

1. 陶瓮口沿（H9②：6）　2. 陶鼎口沿（H9①：5）　3. 陶豆圈足（H9②：7）　4. 陶鼎足（H9①：7）　5. 石刀（H9①：2）　6. 骨器（H9①：3）　7. 陶扁足（H9①：7）　8. 石斧（H9②：4）　9. 石凿（H9②：1）

（3）窑

4座（Y1~Y4）。主要分布于西南区，有方形、圆形、不规则扁圆形，均保存较差。以Y4为例说明。

Y4　位于TS23W7西部中偏北。位于第3层下（③—Y4→生土）。呈不规则扁圆形。残存窑壁、火门、火膛、烟道及工作台面。残高40、窑身长78、宽46厘米，窑底为圆弧形（图四三）。

窑壁：烧结成红烧土，质地坚硬。厚8~10厘米。

火门：东向，长方形，外表烧结。残高14、宽20、厚20厘米。

火膛：火膛位于窑室底部，锅底形。长96、宽52厘米。

烟囱：1个，位于窑室背后（西边），圆形。直径10厘米。

工作台面：位于火门之前，椭圆形。长170、宽50、残深20厘米。

火道及窑箅垮塌无存。

窑内堆积为灰褐色土，夹杂红烧土块，较疏松。包含物有泥质碎陶片。

Y1位于第3层下，应为新石器时期的遗迹。

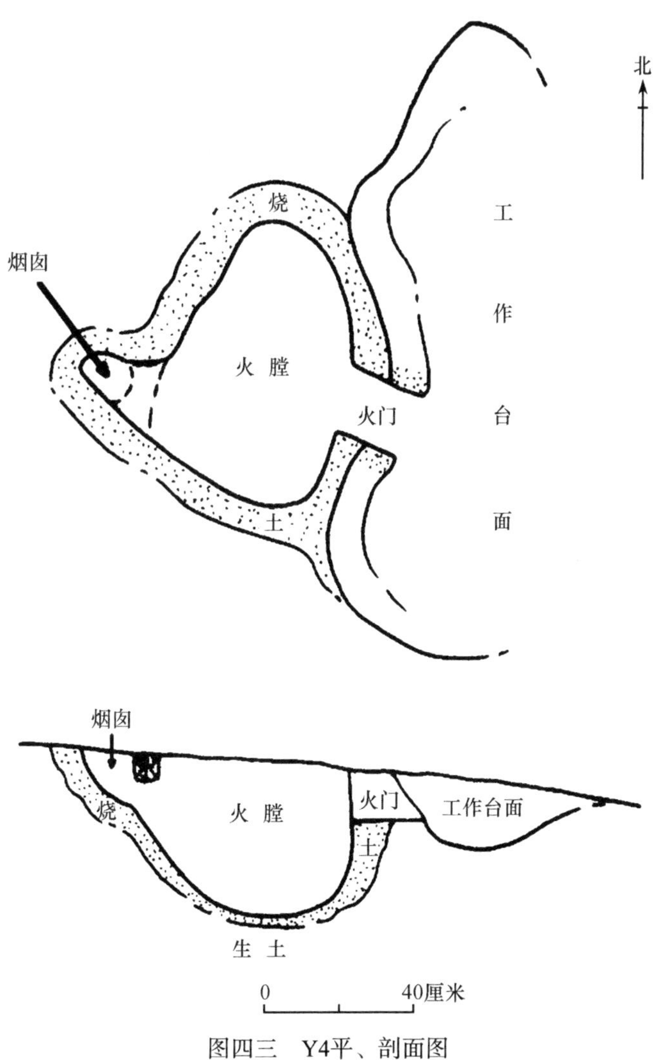

图四三　Y4平、剖面图

（4）灶

1座，编号Z1。

Z1　位于TS27W8，开口于第2层下（②—Z1→③）。由灶身、火膛、火门三部分组成，就地挖建（图四四）。

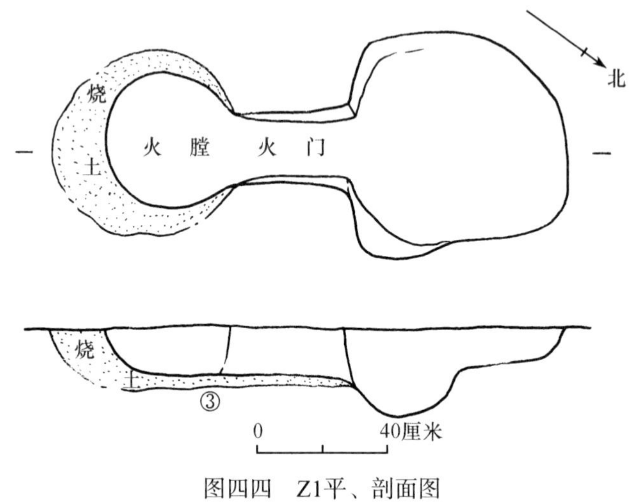

图四四　Z1平、剖面图

灶身：平面呈椭圆形，底部较平，灶壁为斜坡状，烧结呈褐红色，壁面坚硬。通长156、残高14、灶壁厚5~16厘米。

火膛：位于灶内底部，呈圆形，烧结成红烧土块。直径40、高14厘米。

火门：西北向，平面呈长条形，较深长，外部烧结、坚硬。残高14、宽22、深34厘米。

火门前有工作台面，下挖而成，作不规则圆形。直径68厘米。

灶内堆积为灰黑色土，含大量草木灰，无文化遗物。因开口于第2层下，推测其时代应不晚于西周时期。

（5）瓮棺

6个（W1~W6），主要分布于西南区。W6位于第1层下，W1、W2、W5位于第2层下，W3、W4位于第3层下。均残，只有W3和W4尚存底部，其余仅存残片。以W3和W4为例报道。

W3　位于TS27W10，开口于第3层下（③—W3）。圆形土坑，坑口已破坏。填土灰黑相杂。坑壁斜弧，坑底作锅底状。坑口直径48、残深30厘米。坑内置一陶瓮以为葬具，已残。人骨无存（图四五）。

陶瓮（W3：1），夹砂褐陶。仅存底部，平底。器表近底部饰附加堆纹（图四七，1）。

W4　位于TS27W8，开口于第3层下（③—W4）。圆形土坑，坑口已破坏。填土灰黑，较致密。坑壁斜弧，坑底作锅底状。坑口直径50、残深39厘米。坑内置一陶瓮以为葬具，瓮已残。人骨无存（图四六）。

陶瓮（W4：1），夹砂红褐陶，有黑衣。残存底部，圜底。器表饰篮纹（图四七，2）。

（6）灰沟

3条（G1~G3），均位于第1层下。长214~434、宽34~50、深26~42厘米。沟内填土为灰褐和灰黑色，较致密、纯净，无文化遗物，时代不明。

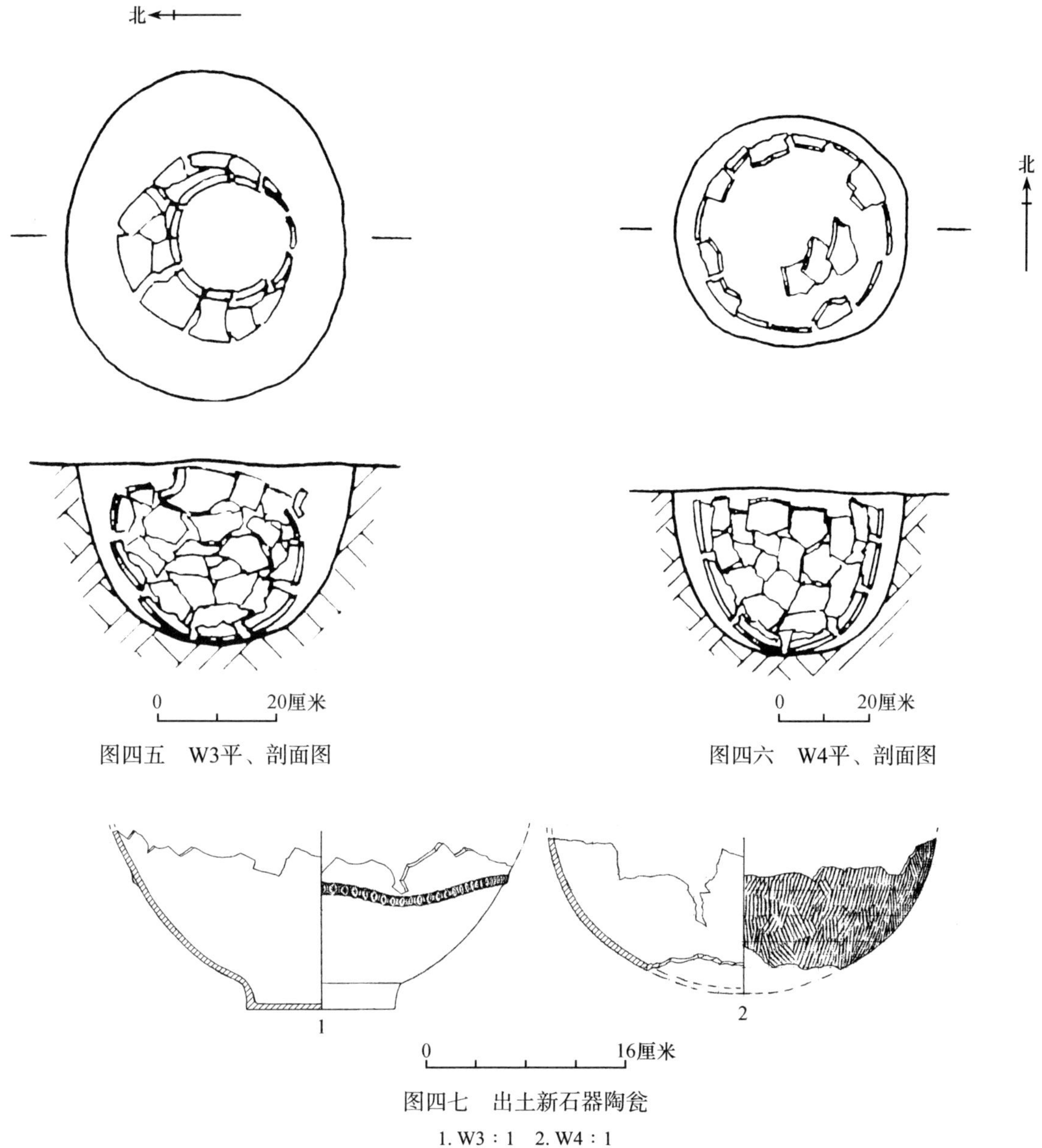

图四五　W3平、剖面图

图四六　W4平、剖面图

图四七　出土新石器陶瓮
1. W3∶1　2. W4∶1

（二）文化遗物

玉皇庙遗址出土的文化遗物主要为陶器和石器，有极少数骨器。可复原的小件陶器 30件，已选择的陶器标本（口沿、器足等）563件，石器及石制品104件，器物和标本总数为697件。完整器和可复原器物少，但陶片较多，因此，挑选的标本也较多。文化遗物的时代主要为西周和新石器时代。

1. 西周时期遗物

玉皇庙遗址第2层为西周文化层。出土物主要有陶器和石器两类。

（1）陶器

陶质主要有夹砂陶和泥质陶两大类，有少量夹炭陶。陶色以灰、灰褐陶为主，红陶较少。纹饰以中、粗绳纹为主，有少量弦纹、按窝纹和附加堆纹。多为轮制。种类有鬲、盂、罐、豆、罍、碗、纺轮等，大都残甚。

鬲　无完整器，仅见口沿和足，多夹砂灰陶和夹砂褐陶。标本H4①：15，口沿。夹砂褐陶。卷沿，方唇，束颈，溜肩。颈部饰抹平竖绳纹，肩部饰横向中绳纹。复原口径24、残高6.8厘米（图四八，6）。标本H3①：6，鬲足。夹砂灰褐陶。矮柱状，浅足窝，足跟平，向内微凸。表面饰中绳纹（图四八，2）。

盂　多为残片，完整或可复原器很少。均为泥质陶，多灰陶，少数为灰褐陶。标本TS27W8②：1，较完整。泥质灰陶。平折沿，方唇，短直颈，折肩，弧腹，平底内凹。通高12.4、口径16、腹径16.8、底径8.4厘米（图四八，3）。

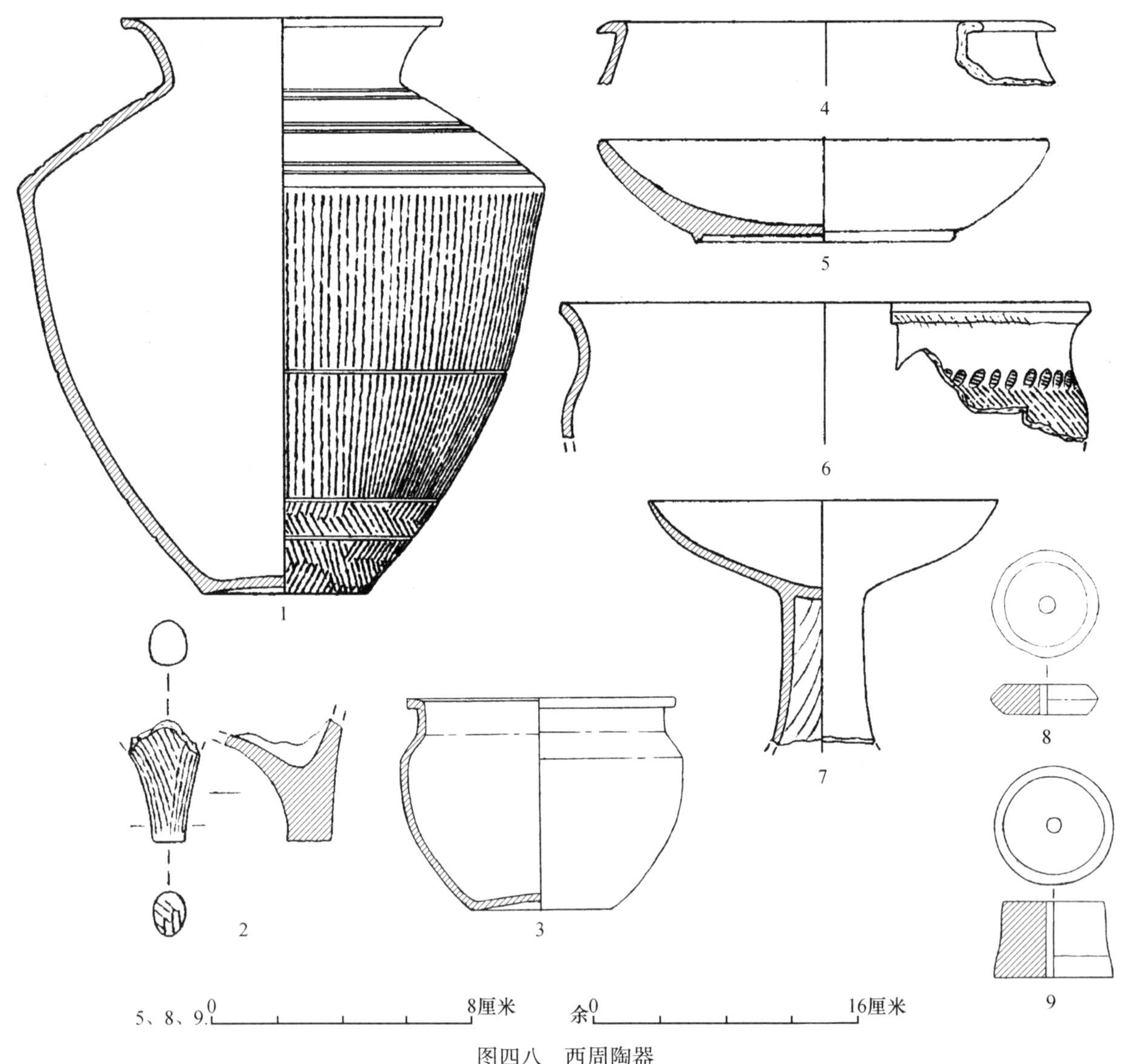

图四八　西周陶器

1. 罍（H4①：2）　2. 鬲足（H3①：6）　3. 罐（TS27W8②：1）　4. 罐口沿（H3①：5）　5. 碗（TS24W7②：3）　6. 鬲口沿（H4①：15）　7. 豆盘（H4①：4）　8、9. 纺轮（TN2W3②：1、H1①：1）

罐　均残。以夹砂灰褐陶和夹砂褐陶居多。标本H3①：5，仅存口沿。夹砂褐陶。折沿，尖唇，颈壁斜直。素面。复原口径27、残高2.8厘米（图四八，4）。

豆　或存豆柄，或存豆盘，均残。多泥质灰陶，少数夹砂灰褐陶。标本H4①：4，夹砂灰褐陶。盘较浅，敞口，尖圆唇，细柄较高，中空。残高12.8、盘口径18.8厘米（图四八，7）。

罍　数量较少，多为残片，少数可复原。有夹砂褐陶和夹砂灰褐陶两种，腹部多饰绳纹。形制均为敞口，短颈，折肩。标本H4①：2，复原完整。敞口，卷沿，圆唇，短束颈，折广肩，深腹，平底微内凹。肩部和腹部饰六道凹弦纹，上腹和中腹饰滚压竖向中绳纹，下腹近底部饰拍印交错绳纹。通高34、口径19.6、肩径32、底径10厘米（图四八，1；图版四，2）。

碗　出土较少，多残破，均为泥质灰陶。标本TS24W7②：3，残。泥质灰陶，形体小，厚胎。敞口，尖圆唇，弧壁，浅腹，矮圈足。素面。复原口径10、底径5.6、通高2.2厘米（图四八，5）。

纺轮　数量较多，大多保存完好，多泥质灰陶，夹砂红陶次之。标本H1①：1，夹砂红褐陶。平面圆形，立体呈圆台状，较厚，中间一圆形穿孔。素面。直径3.4、厚2.5厘米（图四八，9）。标本TN2W3②：1，泥质褐陶。平面呈圆形，中部外凸，中间一圆形穿孔。直径3.1、厚0.9厘米（图四八，8）。

（2）石器

出土较少，多残缺。石质多为粉砂岩。种类有斧、锛、凿等。

斧　标本TS24W7②：1，磨制。平面呈梯形，顶端圆弧，一侧有修理疤。中刃，刃部有缺痕，应为使用痕迹。通长9.3、宽6.7、背厚1、刃厚0.2厘米（图四九，1）。

锛　标本TS27W9②：1，磨制。近长方形，顶端圆弧，单面刃。通长10.2、宽3.6、背厚1.3、刃厚0.1厘米（图四九，2）。

凿　标本TS24W7②：2，磨制。上宽下窄，顶端及两侧有明显的打击痕。单面刃。通长8.9、宽2.7~4.3、背厚0.8、刃厚0.1厘米（图四九，3）。

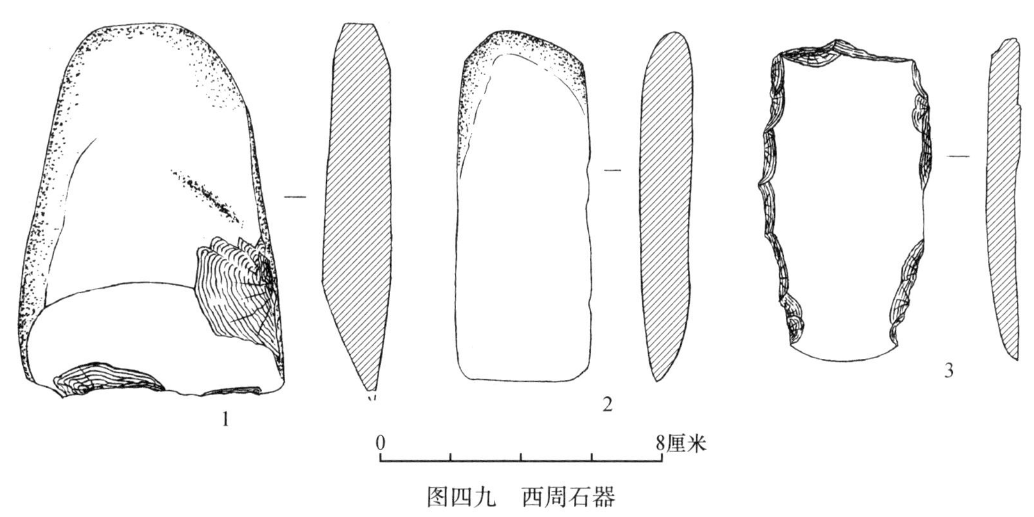

图四九　西周石器

1. 斧（TS24W7②：1）　2. 锛（TS27W9②：1）　3. 凿（TS24W7②：2）

2. 新石器时代遗物

玉皇庙遗址第3层为新石器时代文化层。出土物主要有陶器和石器两类，另有极少数骨器。

（1）陶器

陶质主要有夹砂陶和泥质陶两大类，有少量夹炭陶。陶色有灰、灰褐、褐红和红陶。纹饰多篮纹、弦纹、按窝纹、附加堆纹，另有细绳纹。制法以轮制为主，器足多手制。种类有鼎、罐、杯、托盘、鬶、擂钵、纺轮等，大都残甚，容器多口沿、器足，很少复原器。

鼎　无完整器，仅见口沿和足，多夹砂灰褐陶和夹砂红陶。标本TS25W7③：9，鼎口沿。夹砂灰陶。敞口，仰折沿，圆唇，折腹。素面。残高6、复原口径16厘米（图五〇，3）。标本TS23W7③：1，鼎足。夹砂红陶。宽扁足，横断面作凹槽形。素面。残高11.6、宽8.6厘米（图五〇，10）。标本TS25W7③：3，鼎足。夹砂灰褐陶。截锥形，上部侧面有指压按窝。残高13

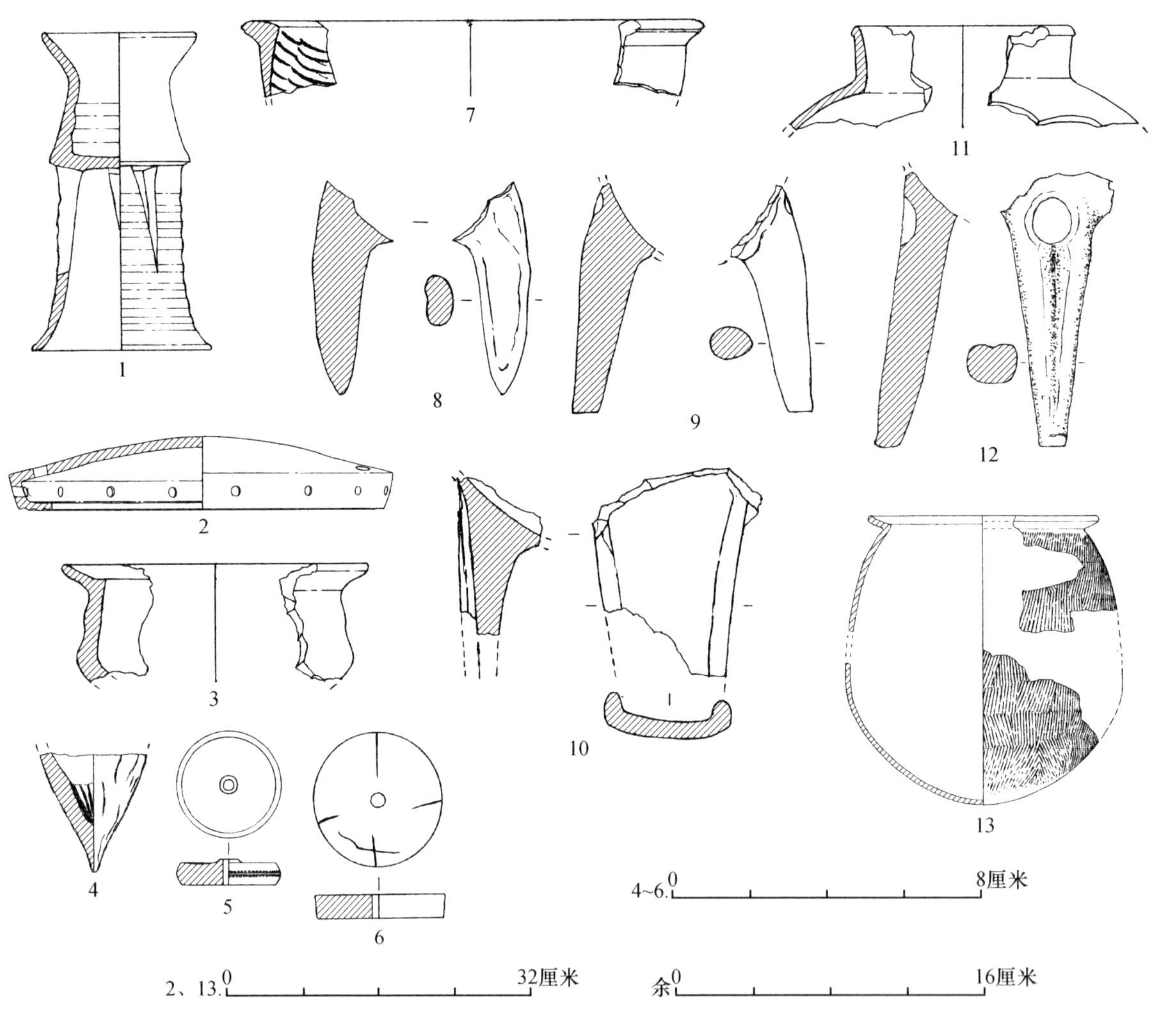

图五〇　新石器时代陶器

1. 圈足杯（H12：1）　2. 托盘（TS27W10③：17）　3. 鼎口沿（TS25W7③：9）　4. 鬶足（TN10W4③：2）　5、6. 纺轮（H7①：1、TS23W6③：2）　7. 擂钵口沿（TS23W10③：2）　8~10、12. 鼎足（TS27W10③：15、TS25W7③：3、TS23W7③：1、TS1W3③：1）　11. 罐口沿（TS23W9③：4）　13. 陶罐（TS27W8③：8）

厘米（图五〇，9）。标本TS27W10③：15，夹砂红陶。扁圆锥状，足端尖。素面。残高11.4厘米（图五〇，8）。标本TS1W3③：1，鼎足。夹砂灰陶。截锥状，足根部有一圆形按窝，足面中间微内凹，足尖外勾。残高13.4厘米（图五〇，12）。

罐　无完整器，仅见口沿和器底。多泥质陶，有夹砂陶。标本TS23W9③：4，泥质灰陶，器表施黄衣，但大部分脱落。口微侈，卷沿，尖唇，高领，广肩。素面。残高5.4、复原口径12厘米（图五〇，11）。标本TS27W8③：8，可复原。夹砂灰黑陶。敞口，折沿，溜肩，深弧腹，圜底，整器略呈橄榄形。复原通高31、口径25、腹径29厘米（图五〇，13）。

杯　有侈口筒形杯和高圈足杯两种。多泥质灰陶，有泥质红陶。标本H12：1，高圈足杯，复原器。泥质红褐陶。敞口，尖圆唇，束腰，平底，高圈足。杯内壁留有数道拉坯弦痕。圈足外撇，外壁有多道凸弦纹，上部有三个三角形镂空。通高17、口径9.5、圈足径9.8厘米（图五〇，1）。

托盘　仅1件。标本TS27W10③：17，出土时破成数片，修复完整。夹砂红陶。平面为圆形，顶部作弧形隆起，盘壁斜直，盘口向内平折。盘顶近边缘处有三个非对称性圆形穿孔，盘壁四周作17个间距大致相等的小圆孔。直径44、高8.6厘米（图五〇，2；图版四，1）。

鬶　出土较少，均残，仅存器片和足。标本TN10W4③：2，鬶足。泥质红陶。尖锥状，深款足。残高3厘米（图五〇，4）。

擂钵　出土较少，均残。标本TS23W10③：2，仅存口沿。泥质灰陶。敞口，折沿，尖圆唇。内壁有较深的刻槽。残高4.4、复原口径28厘米（图五〇，7）。

纺轮　出土较多，保存较好，均为泥质陶，有灰、红、黑三色。标本H7①：1，磨光黑陶。平面呈圆形，正面中部微凸，中间有一穿孔，圆形，两面对钻。周边中部饰两道篦点纹。直径2.9、厚0.7厘米（图五〇，5）。标本TS23W6③：2，泥质灰陶。平面呈圆形，中间有一圆形穿孔。直径3.8、厚0.7厘米（图五〇，6）。

（2）石器

出土较多，多残缺。种类有斧、锛、刀、杵、砧板等。石质一般为砂岩和粉砂岩。

斧　标本TS24W9③：3，磨制。略呈梯形。顶微弧，有重复打击痕。中刃，刃两角残缺。通长11.2、宽6.5、背厚3、刃厚0.1厘米（图五一，1）。

锛　标本TS1W5③：3，磨制。梯形。弧顶，顶端及两侧有明显的打击痕。单面刃，刃部一侧残缺。通长6.5、宽5.9、背厚2.2、刃厚0.1厘米（图五一，2）。

刀　标本TS25W6③：9，粉砂岩，磨制。平面略呈长方形，刀面上部有打击痕，刀刃一角残缺，背部有一圆形穿孔。通长8.1、宽3.6、背厚0.4、刃厚0.1厘米（图五一，3）。标本TS23W6③：3，粉砂岩，磨制。长方形，弧刃，一角稍残。刀背上部有一圆形穿孔。通长8.3、宽4.6、背厚0.5、刃厚0.1厘米（图五一，4）。

镞　出土较少，仅2件。粉砂岩。标本H22：6，磨制。正视呈锥状，断面为三棱形，有脊，两侧刃较锋利，有细小缺口。通长6.2、宽3、厚0.7厘米（图五一，6）。

砧板　出土较多，大多残破。均为自然石块，很少修理。标本TS27W7③：9，圆形，板面中部微凹，布满细碎的使用痕迹。直径12~13.2、边缘厚2厘米（图五一，7）。

石杵　标本TS26W9③：9，圆柱状，上粗下细，上部残断，有多处打击痕。残长19厘米（图五一，8）。

（3）骨器

仅1件。标本H9①：3，残断，呈直角三角形，两面磨光，其上有一圆形穿孔。残长3.6厘米（图五一，5）。

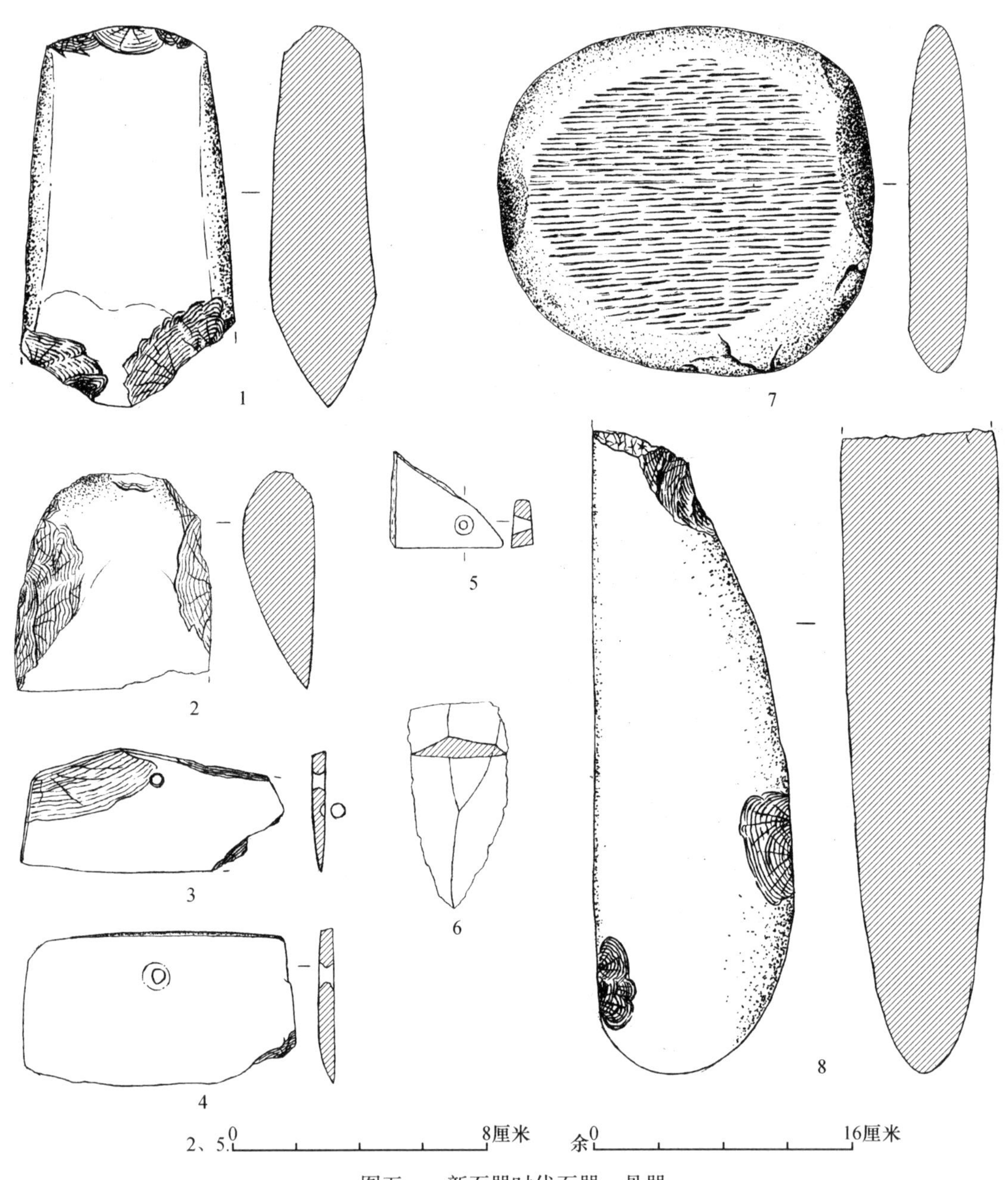

图五一　新石器时代石器、骨器

1. 石斧（TS24W9③：3）　2. 石锛（TS1W5③：3）　3、4. 石刀（TS25W6③：9、TS23W6③：3）　5. 骨器（H9①：3）　6. 石镞（H22：6）　7. 石砧板（TS27W7③：9）　8. 石杵（TS26W9③：9）

五、结　语

通过对玉皇庙遗址的初步整理，我们对这个遗址形成了几点基本判断和认识。

（1）玉皇庙遗址文化堆积的时代主要为西周和新石器时期。

属于新石器时代的遗存比较丰富，部分出土物所反映的主体文化风格和特点应属于石家河文化，如按窝纹柱状或锥状红褐陶鼎足、细绳纹灰褐陶罐形鼎、灰陶高柄杯等。玉皇庙与东北面的乱石滩、西北面的彭家院均相去不远且互为犄角，又处于同一文化地理范围之内，所以，其文化面貌具有一定的共性或相同性则是必然的。玉皇庙遗址中的新石器时代遗存除石家河文化遗存外，还可见到屈家岭文化的遗物，如高圈足杯等，但数量很少（以前的调查还发现过仰韶文化的遗物，但本次发掘没有见到），应属个别现象。

遗址中西周时期的遗存也比较丰富，遗迹主要有Z1和一批灰坑。出土物中的疙瘩状足中绳纹灰陶分裆鬲、灰陶或灰褐陶小乳钉折肩矮领平底罐、灰陶有领折肩盂、夹砂褐陶折肩罍等乃是该地或临近区域常见的西周时期器类。此时期的灰坑中还常出石斧、石锛等石质生产工具。这些现象表明，玉皇庙是西周时期一处重要的居住和生活场所。并且，这些现象是否与楚国早期都城丹阳有关，很值得研究。玉皇庙的西周遗存与稍北一点的郧县辽瓦店子商周遗存也应具有一定联系。

（2）玉皇庙岛是汉晋时期当地居民的一处重要墓地。

发掘表明，岛上不见西周和东周时期的墓葬，说明两周时期这里是一处人们居住和生活的场地。至两汉和西晋时期，这里已经无人居住，变成了一处坟园墓地。

岛上西汉、东汉和西晋三个历史时期均存在着中心墓葬。所谓中心墓葬即为规模较大、规格较高的墓葬。该遗址中，西汉时期的中心墓葬有M5和M6，其中的M5墓坑内有大量积炭；东汉时期的中心墓葬有M13和M14，不仅有超长的甬道，而且有宽大的墓室。西晋时期的中心墓葬则有1998年发掘的98M2。98M2规模巨大，有中室、后室、左室和右室，属特大型砖室墓。这些中心墓葬的主人生前应为官秩二千石左右的刺史或郡守。

一般而言，1~2个中心墓葬往往是一个家族墓地的代表。由此可见，玉皇庙岛乃是汉晋时期的多个家族墓地。

（3）98M4等墓曾出土大批铭刻“元康九年七月廿六日”的纪年砖[3]，为该墓和同时期墓葬的年代判定提供了重要依据。中国历史上使用“元康”为年号的皇帝有两位，即西汉晚期的宣帝和西晋惠帝。西汉宣帝的“元康”年号仅使用了四年即告结束，显然与该墓纪年不符。所以，98M4之砖铭“元康”乃是西晋惠帝的年号。西晋惠帝元康九年即公元299年。

综上所述，玉皇庙应是一处比较重要的遗址。该遗址的发掘，对研究鄂西北地区新石器文化特别是石家河文化晚期的文化风格、文化类别以及文化拓展具有积极意义，对研究该地区西周时期的文化融合与发展和早期楚文化的形成、楚丹阳地望等学术问题具有积极意义。玉皇庙岛汉晋墓葬的发掘，对研究和判断鄂西地区汉晋时期墓葬的期别和年代也具有积极作用。

绘图：王家正　肖友红　王　刚
修复：刘祖梅
执笔：张万高　王家正

注　释

[1] 丹江口市博物馆：《湖北丹江口市玉皇庙遗址调查简报》，《华夏考古》2003年第2期。

[2] 国家文物局：《中国文物地图集·湖北分册（下）》，西安地图出版社，2002年，第289页。该书将玉皇庙遗址定为新石器时代，遗址面积3万平方米，文化堆积厚2米左右，采集物中有仰韶、屈家岭、石家河三种文化的遗物。

[3] 湖北省文物考古研究所、十堰市博物馆、丹江口市博物馆：《丹江口市玉皇庙汉晋墓发掘简报》，《江汉考古》2001年第1期。

附表一 玉皇庙墓葬登记表

（单位：厘米）

墓号	形状	方向	开口层位	开口尺寸	结构	葬具	葬式	随葬品	时代	备注
M1	圆角长方形	270°	②下	170×70–28	土坑竖穴			无	不明	
M2	长方形	192°	①下	150×190–80	土坑竖穴	单棺		陶壶1、陶鼎1、陶双耳罐1、陶釜1、陶盂1、陶甑1	西汉	残
M3	长方形	200°	①下	216×160–70	土坑竖穴	单棺		陶盒2、铜带钩1、陶鼎2、陶釜1、陶甑1、陶壶2	西汉	
M4	长方形	186°	①下	240×164–70	土坑竖穴	单棺		陶甑1、陶鼎1、陶釜1、陶鍪1、陶盒1、陶壶1	西汉	
M5	长方形	18°	①下	510×375–640	土坑竖穴	一棺一椁		陶鼎2、陶壶2、陶瓮1、铜釜甑1、铜镜2、铜鍪1、陶平底罐1、铜饰件1	西汉	
M6	凸字形	18°	①下	940×400–600	土坑竖穴	一棺一椁		填土出土石凿1、石斧6，随葬陶双耳罐1	西汉	被M10打破
M7	长方形	278°	①下	240×150–86	土坑竖穴	单棺		陶小罐1、陶盒2、陶鼎1、陶甑1、陶釜1、陶壶2	西汉	
M8	长方形	275°	①下	320×200–140	土坑竖穴	单棺		陶釜1、陶甑1、陶小罐1、陶鼎2、陶鍪1、陶盒2、陶壶2	西汉	
M9	长方形	20°	①下	286×180–44	土坑竖穴	单棺		陶双耳罐1、陶鍪1	西汉	
M10	长方形	192°	①下	196×158–86	土坑竖穴	单棺		陶鍪2、陶盒1、陶平底罐1	西汉	打破M6
M11	长方形	296°	①下	270×192–28	土坑竖穴	单棺		陶盒1、陶盘口壶2、陶小罐2、陶釜2、陶甑1、陶鼎1	西汉	
M12	长方形	290°	①下	200×162–30	土坑竖穴	单棺		陶钫（残碎）2	西汉	
M15	长方形	270°	①下	186×120–20	土坑竖穴	单棺		陶釜1、陶甑1、陶鼎1、陶盒1	西汉	
M23	长方形	198°	①下	250×150–145	土坑竖穴	单棺		陶双耳罐（残）1、陶鍪1	西汉	
M31	长方形	86°	①下	390×230–220	土坑竖穴	一棺一椁		铜弩机1、陶双耳罐1、陶盒2、陶瓮2、陶盘口壶2、陶盆1、器盖1、陶鼎2、陶釜甑2	西汉	
M32	长方形	272°	①下	370×248–20	土坑竖穴	单棺		玉璧（残）1、陶瓮（残）2	西汉	打破M37
M33	长方形	79°	①下	300×180–175	土坑竖穴	单棺		填土出土陶双耳罐1，随葬陶盒2、陶壶2、陶平底罐1、陶盘1、陶釜1、陶鼎2、陶盆1、陶甑3、陶瓮1、铜钱1	西汉	
M34	长方形	78°	①下	340×210–140	土坑竖穴	一棺一椁		陶壶2、陶盒2、陶鼎2、陶釜甑1、陶瓮2、陶小罐1、铜勺1、陶盆1、铜印章1、陶釜1、陶甑1	西汉	
M35	长方形	79°	①下	390×280–290	土坑竖穴	一棺一椁		陶瓮2、陶甑1、陶鼎2、陶盒2、陶釜1、陶壶2、陶小罐2	西汉	

续表

墓号	形状	方向	开口层位	开口尺寸	结构	葬具	葬式	随葬品	时代	备注
M36	长方形	80°	①下	400×268–260	土坑竖穴	单棺		陶盒2、陶瓮2、陶鼎2、陶釜甑1、铁残片2、陶壶2、陶甑1	西汉	
M37	长方形	265°	①下	690×420–400	土坑竖穴	一棺一椁	仰身直肢	随葬陶平底罐2、铜勺1、陶鼎1、陶盆2、铁瓮1、陶瓮5、铁鼎1、铁剑1、铜弩机1、铁弩机部件1、铁伞弓帽1、陶甑1，填土出土陶盂1	西汉	
M13	“中”字形	242°	①下	850×270–180	砖室			铜钗2、铜镜2、陶平底罐1、陶双耳罐1、铜簪2	东汉	
M14	“凸”字形	252°	①下	1765×380–237	砖室			铜耳杯1、铜钗6、铜钱4、铜马1、铜器盖1、铜扣饰1、铜扣5、铜铃1	东汉	
M16	长方形	170°	①下	186×120–20	砖室			釉陶罐1	宋	
M25	长方形	284°	①下	290×128–75	砖室			无	宋	被M24打破
M27	长方形	216°	①下	165×116–54	砖室	塔形罐		无	宋	打破M30
M28	长方形	230°	①下	250×96–105	砖室			无	宋	
M29	长方形	142°	①下	206×74–30	土坑竖穴			釉陶罐1、铜钗1	宋	
M30	长方形	336°	①下	200×80–70	土坑竖穴			无	宋	被M27打破
M19	“凸”字形	101°	①下	704×400–254	砖室			甲：瓷碗2、釉陶灯1、铜钱3、铁盆1、铁饰片1（残） 乙：瓷碗2、釉陶罐2、银钩1、铜钱2、釉陶灯1	明	合葬墓
M26	长方形	261°	①下	350×140–50	土坑竖穴			瓷碗2、釉陶罐1	明	
M17	长方形	270°	①下	240×76–80	土坑竖穴	单棺	仰身直肢	无	清	
M18	长方形	280°	①下	230×74–57	土坑竖穴	单棺	仰身直肢	无	清	
M20	长方形	275°	①下	242×88–92	土坑竖穴	单棺	仰身直肢	无	清	
M21	长方形	285°	①下	226×64–36	土坑竖穴	单棺	仰身直肢	铜扣3	清	
M22	长方形	282°	①下	220×80–60	土坑竖穴	单棺	仰身直肢	铜钱3	清	
M24	长方形	282°	①下	200×60–60	土坑竖穴	单棺	仰身直肢	无	清	打破M30

附表二 玉皇庙遗址遗迹登记表 （单位：厘米）

遗迹编号	开口形状	开口尺寸	开口层位	备注
H1	椭圆形	366×260–38	①下	
H2	不规则圆形	140–24	①下	
H3	椭圆形	152×100–44	①下	
H4	椭圆形	240×160–40	①下	H4打破H5、H6、H7、H9
H5	不规则圆形	184×164–44	①下	H5打破H7、H9
H6	不规则圆形	120×96–40	①下	H6打破H7、H8、H9
H7	不规则圆形	144×84–50	①下	H7打破H9
H8	不规则圆形	82×58–34	①下	H8打破H9
H9	椭圆形	396×254–76	①下	H9被H4、H5、H6、H7、H8打破
H10	不规则椭圆形	160×60–10	①下	
H11	不规则椭圆形	230×144–52	①下	
H12	椭圆形	190×126–120	①下	
H13	椭圆形	150×140–20	①下	
H14	椭圆形	90×52–26	①下	
H15	不规则椭圆形	274×190–28	②下	
H16	椭圆形	280×160–52	①下	
H17	椭圆形	180×96–32	①下	
H18	不规则长方形	436×100–30	①下	
H19	椭圆形	318×234–56	①下	
H20	不规则方形	98×88–30	①下	
H21	曲直形	350×150–35	②下	
H22	圆形	190×190–70	①下	
H23	扁圆形	110×60–20	②下	
H24	椭圆形	64×60–20	②下	
H25	圆形	60–64	①下	
H26	圆形	160×140–80	①下	
H27	椭圆形	102×72–18	②下	
H28	不规则长方形	84×40–10	③下	
H29	椭圆形	108×80–20	③下	
H30	椭圆形	204×112–80	③下	

续表

遗迹编号	开口形状	开口尺寸	开口层位	备注
H31	椭圆形	120 × 70–30	①下	
H32	椭圆形	332 × 166–40	③下	
H33	不规则长方形	80 × 40–18	③下	
H34	圆形	54 × 56–40	③下	
H35	不规则圆形	60 × 47–28	③下	
H36	不规则圆形	90 × 83–16	③下	
H37	圆形	34 × 34–20	③下	
H38	圆形	130 × 130–24	③下	
Y1	长方形	212 × 153–44	②下	Y1打破G2
Y2	圆形	148 × 148–78	①下	
Y3	长方形	180 × 76–50	①下	
Y4	不规则扁圆形	78 × 46–40	③下	
W1	扁圆形	70–30	②下	
W2	扁圆形	48–28	②下	
W3	圆形	48–30	③下	
W4	圆形	50–39	③下	
W5	圆形	48–40	②下	
W6	圆形	52–36	①下	
Z1	圆形	156–14	②下	
F1	圆形	580 × 550	①下	
G1	长条形	214 × 32–42	①下	
G2	长条形	750 × 40–26	①下	G2被Y1打破
G3	长条形	434 × 50–34	①下	

丹江口金陵墓群2010年发掘报告

荆州博物馆

一、地理位置及环境

金陵墓群位于丹江口市均县镇，丹江口水库由北向南再向西拐弯的三角处，现隶属丹江口市水产局金陵养殖场。墓地东距丹江口市约35千米，北距均县镇约10千米，西南距武当山镇约8千米，地理位置为东经111°08′30″，北纬32°33′05″（图一）。

墓地东、西、南三面临水，西部和南部为丹江口水库，东部为河汉，名濠家沟，宽约120米，由北向南分隔成三个大鱼塘。河汉东有一南北走向的较高山冈，山冈以东约1千米为丹江口水库，紧邻墓地北部有一道南北走向的岗地，岗地最高海拔175米，岗地以北为岗、冲相间

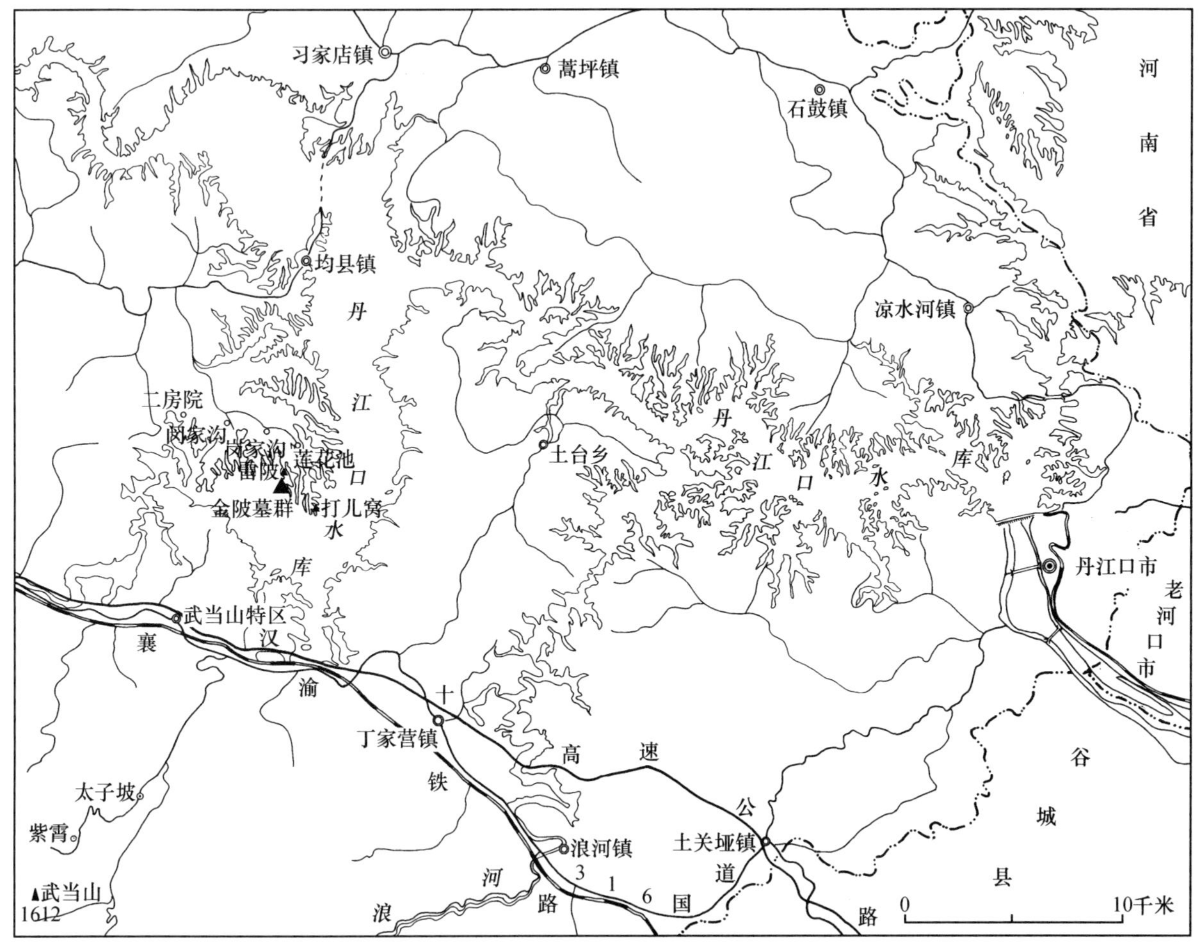

图一　金陵墓群位置示意图

的低矮山区。

墓地位于丹江口水库北岸，海拔在133～142米，枯水季节高出周围水面3~8米，北部地势较高，南部略低。整个墓地由若干个自然台地组成，台地之间为低洼地，坡度平缓（图二）。

二、工作经过及方法

为配合南水北调工程考古工作，2006年10月~2007年1月，荆州博物馆对金陂墓群进行了第一次发掘，发掘墓葬79座：M1甲、M1乙、M2~M32、M50~M55、M58~M96。2008年5月21日～8月21日，荆州博物馆对金陂墓群进行了第二次发掘，发掘墓葬54座：M56、M57、M97~132、M141、M147、M149~M153、M157~165。2009年5月15日～9月5日，荆州博物馆对金陂墓群进行了第三次发掘，发掘墓葬87座：M33～M49、M166、M167、M170～M237。2010年5月4日，荆州博物馆开始对金陂墓群第四次发掘工作，这次发掘领队刘德银，参加发掘工作的人员有刘德银、李亮、刘中义、刘宏昊、田亚洲、张建。2010年7月23日库区水位上涨，工地被淹没，被迫停工。待库区水位下降后，我们于2011年2月23日重新开始发掘，发掘工作于2011年4月4日结束，前后工作时间120余天。

2010年度工作任务是发掘面积2000平方米。在前几次的发掘中，我们为了弄清整个A区的墓葬分布，已经对金陂墓群A区进行了全面勘探。在完成了金陂墓群2010年度的发掘任务后，为了弄清金陂墓群B区的墓葬分布情况，在南水北调办没有下达勘探任务的情况下，于2011年3月27日开始勘探工作，截至3月30日，历时4天，完成了BZT3、BZT5，共勘探面积约5000平方米，发现不同时期的墓葬7座。

勘探方法采取普探与重点勘探相结合，即以每个勘探探方为单位，布成2米×2米的探孔网，且在中间加梅花孔进行普探，发现墓葬等遗迹后再加孔卡边，进行重点勘探。同时，现场绘制1∶100钻探探方探孔分布和发现的遗迹平面图，填写钻探记录探孔表和钻探日记。

墓葬发掘采用探方法发掘。

金陂墓群的发掘探方采用分区布方法，探方编号与前三次发掘相同，采取分区统一编号（图三；图版六，1）。

布方原则：发掘探方和勘探探方相结合，根据勘探资料，凡是勘探出墓葬的探方均布方发掘，每个发掘探方布方面积10米×10米，根据墓葬大小或在探方中的位置确定具体发掘面积。

共布发掘探方34个，以10米×10米为主，共31个探方：AT05-2、AT06-1、AT06-2、AT0601、AT0603、AT07-1、AT07-2、AT0701~AT0704、AT0801~AT0804、AT0901~AT0904、AT1004、AT1102~AT1104、AT1203、AT1204、AT1303、AT1304、AT1501、AT1502、AT1701、AT1702，10米×5米探方1个：AT05-1，5米×5米探方2个：AT0808、AT1803，发掘总面积3200平方米，发掘不同时期的古墓葬36座、窑址1座、灰坑4个。

三、地层堆积与遗迹分布

（一）地层堆积

这次发掘主要是在A区5号台地上进行，5号台地上面地势较平，西北靠河汊，为陡坡，南和东面为缓坡，因此，地层堆积比较简单，大部分探方从上至下仅有一层灰褐色或黄褐色表土（耕土），表土一般厚0.1~0.3米，土质较软黏，包含物很少，表土下即为黑色生土。墓葬均开口在表土下，打破生土。

下面以AT05-2、AT06-2、AT0701、AT0601、AT1501、AT1502地层堆积为例加以说明。

1. AT05-2（东壁）

AT05-2位于金陂墓群A区5号台地南部，北邻AT06-2，东邻AT05-1，南部和西部为坡地。地层堆积仅为一层，即第1层，厚0.15~0.2米，土质较疏松，包含大量植物根系及少量碎砖块，属现代耕土层。第1层下即为黑色生土。

第1层下叠压M145（图四）。

2. AT06-2（东壁）

AT06-2位于金陂墓群A区5号台地西南部，北邻AT07-2，东邻AT06-1，南邻AT05-2，西部为靠近水库缓坡。地层堆积仅为一层，即第1层，灰褐色黏土，厚0.15~0.2米。包含大量植物根系及少量碎砖块，属现代耕土层。第1层下即为黑色生土。

第1层下叠压M249、M145（图四）。

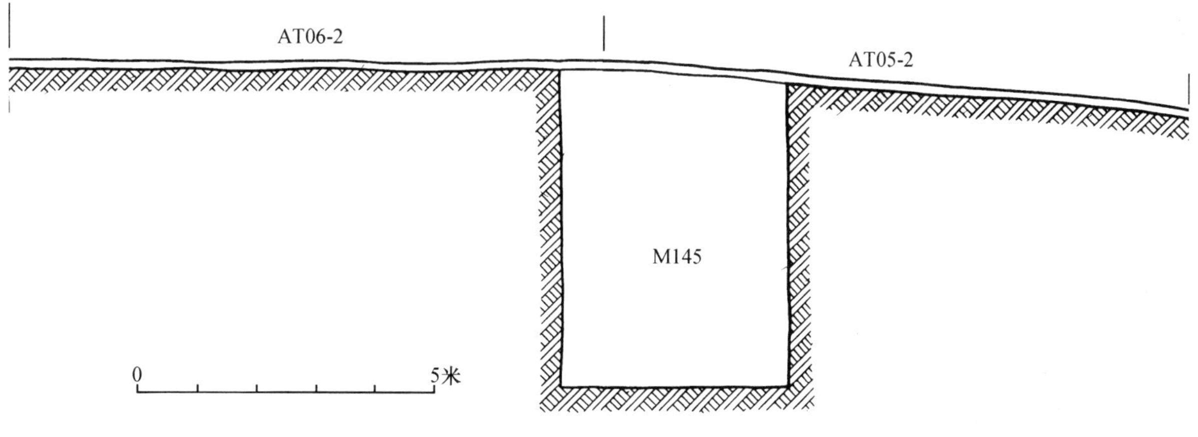

图四　AT05-2、AT06-2东壁剖面图

3. AT0701（东壁）

AT0701位于金陂墓群A区5号台地西南部，北邻AT0801，东邻AT0702，南邻AT0601，西邻AT07-1。地层堆积仅为一层，即第1层，灰褐色黏土，厚0.15~0.2米，包含大量植物根系及少量碎砖块，属现代耕土层。第1层下即为黑色生土。

第1层下叠压M137、M138（图五）。

4. AT0601（东壁）

AT0601位于金陂墓群A区5号台地南部，北邻AT0701，东部和南部为坡地，西邻AT06-1。地层堆积仅为一层，即第1层，灰褐色黏土，厚0.15~0.2米，包含大量植物根系及少量碎砖块，属现代耕土层。第1层下即为黑色生土。

第1层下叠压M135、M139（图五）。

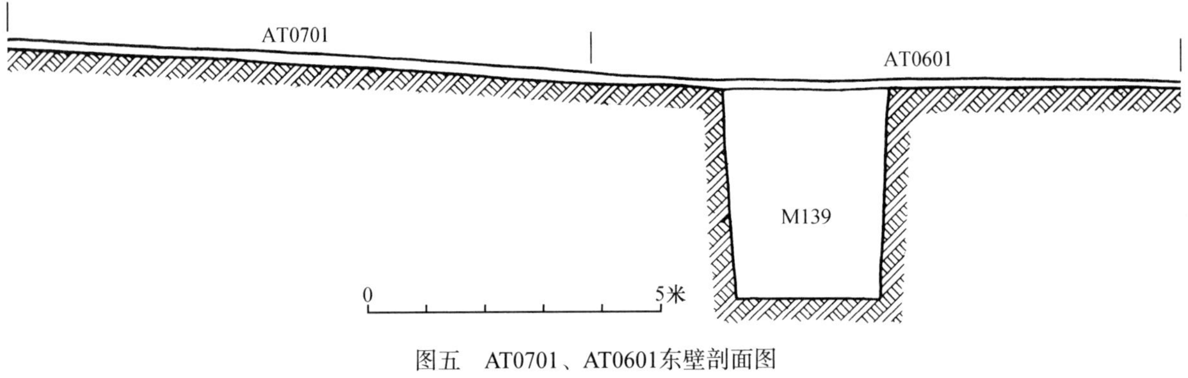

图五　AT0701、AT0601东壁剖面图

5. AT1501（北壁）

AT1501位于金陂墓群A区5号台地北部，北邻AT1601，东邻AT1502，西部和南部为缓坡陡坎地势，临近丹江口水库。第1层下即为黑色生土。地层堆积仅为一层，即第1层，灰褐色黏土，厚0.1~0.15米，包含大量植物根系及少量碎砖块，属现代耕土层。第1层下即为黑色生土。

第1层下叠压 M168、M238、M239、M247、M253、M244（图六）。

6. AT1502（北壁）

AT1502位于金陂墓群A区5号台地北部，北邻AT1602，东邻AT1501，西部为靠近丹江口水库的缓坡。地层堆积仅为一层，即第1层，灰褐色黏土，厚0.1~0.15米，包含大量植物根系及少量碎砖块，属现代耕土层。第1层下即为黑色生土（图六）。

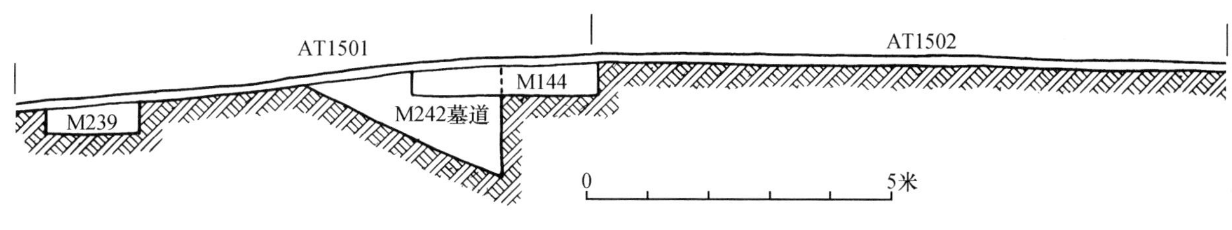

图六 AT1501、AT1502北壁剖面图

（二）遗迹分布

共发掘墓葬36座（M133~M140、M142~M146、M148、M154~M156、M168、M169、M238~M254）、灰坑4个（H1、H2、HG1、HG2）、窑址1座（Y1）。墓葬都分布在金陂墓群的西部，紧邻丹江口水库A区5号台地上，灰坑主要分布在5号台地中部，窑址分布在5号台地南部（图七；图版六，2）。

四、墓　　葬

发掘墓葬36座：M133~M140、M142~M146、M148、M154~M156、M168、M169、M238~M254。竖穴土坑墓29座，砖室墓7座（M133、M154~M156、M169、M242、M253）。按其时代分为东周、西汉、唐、宋、明、清六个时期。

（一）东周墓

共发掘13座东周墓：M135~M140、M142、M143、M145、M146、M148、M249、M250。这些东周墓比较集中地分布在金陂墓群A区5号台地南部。

1. 墓葬形制

均为竖穴土坑墓，开口于第1层下，打破生土。墓口长2.3~4.74、宽1.43~3.14米，墓坑口大底小，四壁陡直不光滑，底部较平。墓坑填土为灰黄褐色花土，较疏松，无包含物。人骨、葬具保存极差。

M135　位于AT0601内，方向190°。墓口长2.7、宽1.96~2、距地表深0.15米，墓底长2.51、宽1.64~1.73米，墓坑深4.25米。人骨一具，腐朽严重，保留的部分都为碎片状，仰身直肢式。葬具腐朽严重，仅剩痕迹，棺痕长2、宽1.15米。出土随葬器物10件：陶鼎2件、陶敦2件、陶壶2件、陶豆2件、陶盘1件、陶匜1件（图八；图版七，1）。

M136　位于AT0801内，方向192°。墓口长2.7、宽1.7~1.8、距地表深0.2米，墓底长2.45、宽1.5~1.6米，墓坑深1.54米。人骨及葬具腐朽无存。出土随葬器物6件：陶鼎2件、陶敦1件、陶壶2件、陶豆1件（图九）。

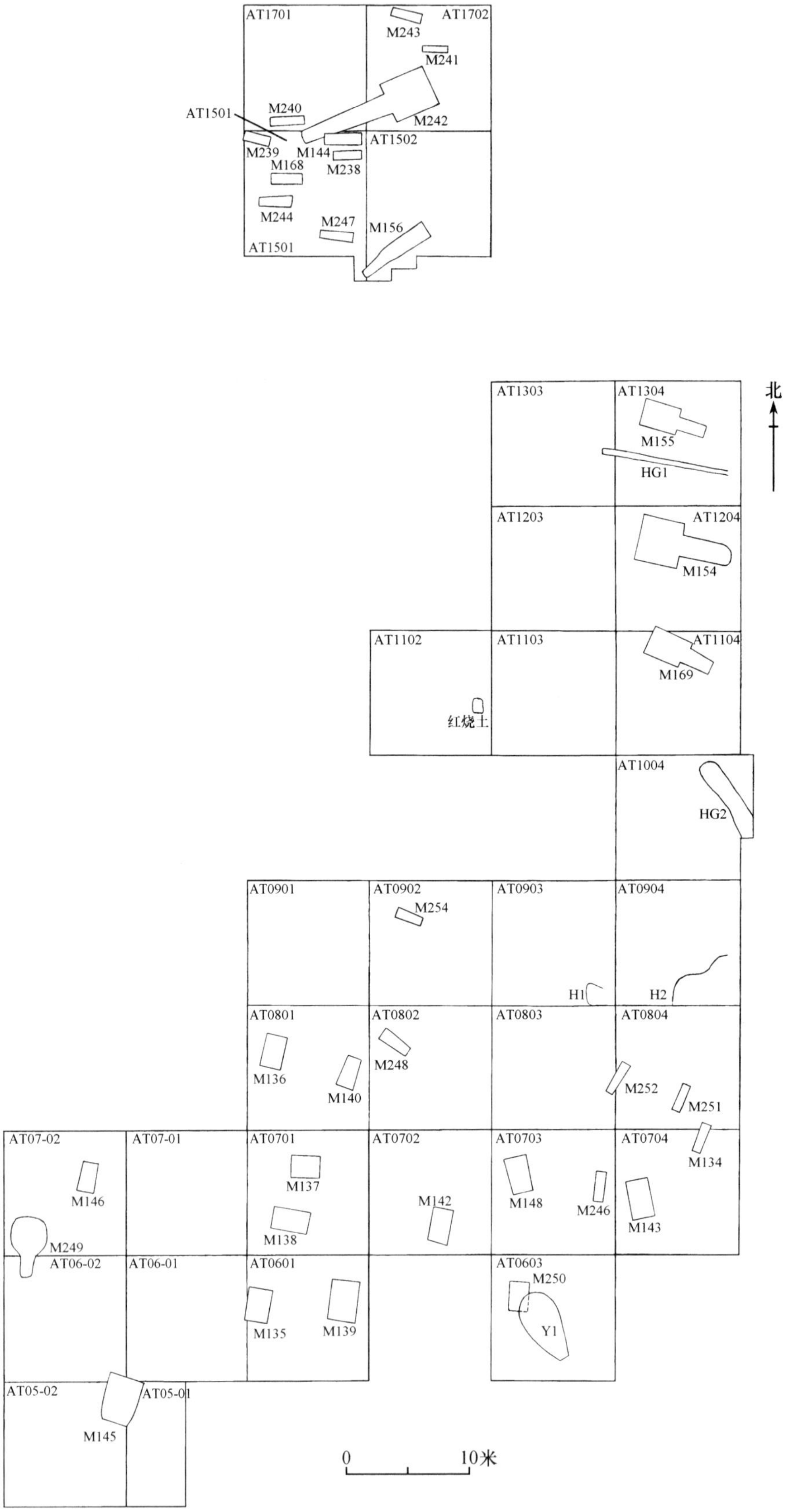

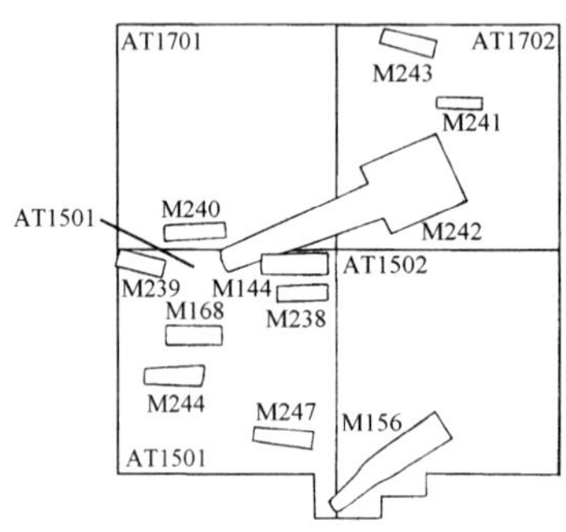

图七　金陂墓群2010~2011年度发掘墓葬分布图

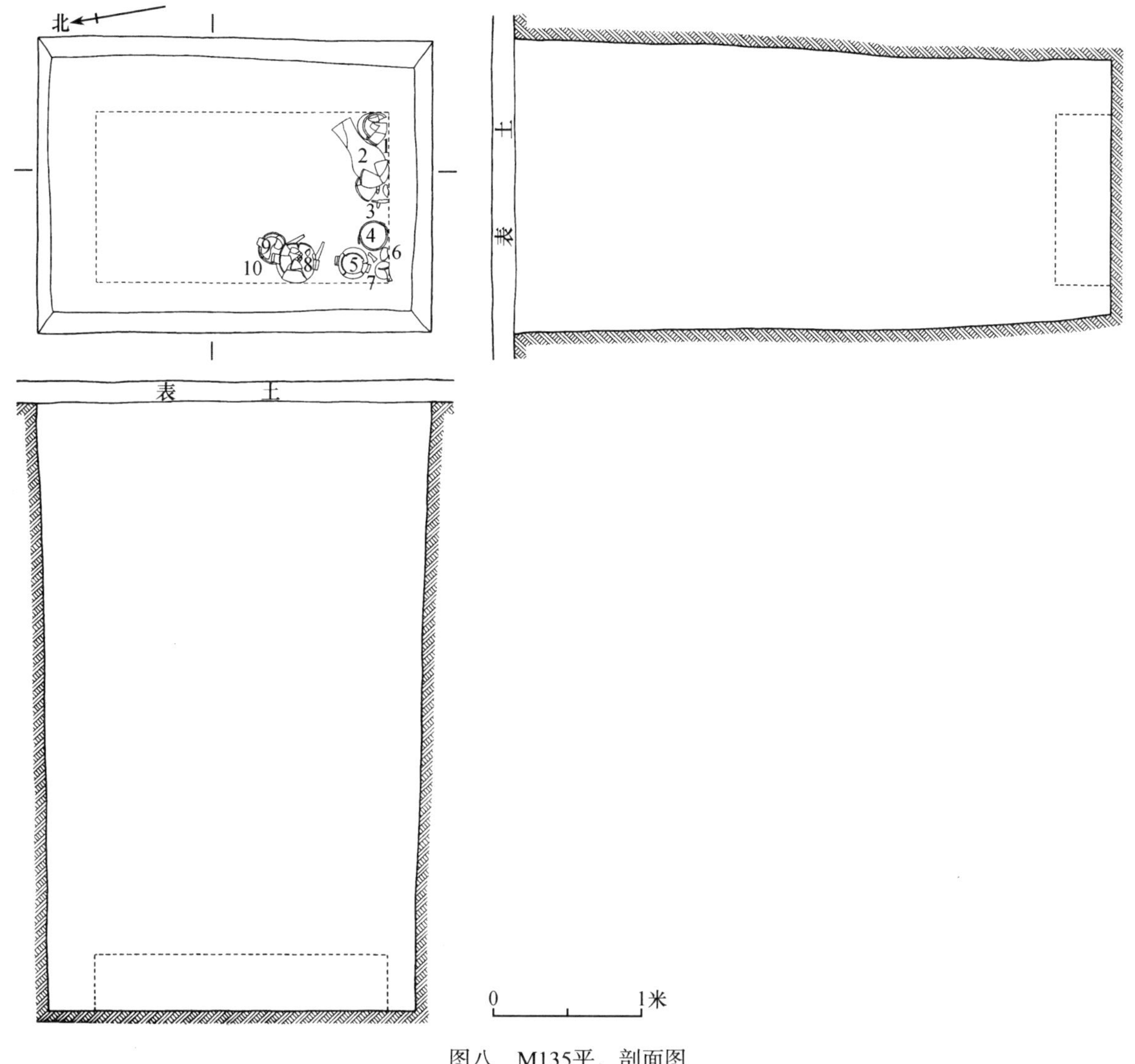

图八　M135平、剖面图

1、2. 陶壶　3、4. 陶敦　5、8. 陶鼎　6、7. 陶豆　9. 陶匜　10. 陶盘

M140　位于AT0801内，方向188°。墓口长2.54、宽1.22~1.56、距地表深0.13米，墓底长2.42、宽1.16~1.5米，墓坑深1.41米。人骨及葬具腐朽无存。出土随葬器物3件：陶鬲1件、陶罐2件（图一〇）。

M142　位于AT0702内，方向189°。墓口长2.8、宽1.7、距地表深0.15米，墓底长2.71、宽1.58~1.61米，墓坑深3.38米。人骨腐朽无存。葬具已腐朽，仅剩痕迹，棺痕长2.38、宽1.16、高0.36米。出土随葬器物10件：陶鼎2件、陶敦2件、陶壶2件、陶豆2件、陶盘1件、陶匜1件。器物均分布于头部（北端）东侧（图一一；图版七，2）。

M145　位于AT05-2内，方向193°。墓口长3.7、宽2~2.75、距地表深0.13米，墓底长3、宽1.7~1.74米，墓坑深5.28米。距墓口深0.5米处，四周有宽0.55米的生土二层台。人骨1具，腐烂严重见痕迹，存留几颗牙齿。单棺已腐，仅存痕迹。棺痕长2.7、宽1.18~1.29、高0.42米。出土随葬器物12件：陶鼎2件、陶敦2件、陶壶2件、陶豆2件、陶罐1件、陶盘1件、铜戈1件、铁剑

图九　M136平、剖面图
1、3. 陶壶　2. 陶豆　4、5. 陶鼎　6. 陶敦

（铜柄）1件。器物都分布于头部（南端）（图一二；图版七，3）。

M249　位于AT07-2内，方向278°。墓口呈“凸”字形，长4.74（含墓道）、宽3.14、距地表深0.1米，墓底长2.33、宽1.53、墓坑深2.3米。由墓口向下1.3~1.5米，墓坑内三边都有生土二层台。在墓坑南部设有一带台阶的墓道，呈梯形，上口长1.57、宽1.16、深0.1米，底坡长2.38、下端宽1.25、深1.55米。有三道不规整的梯坎。人骨及葬具已腐无存。出土随葬器物8件：陶鼎2件、陶壶1件、陶豆2件、陶盘1件、陶匜1件、铜剑1件（图一三；图版七，4）。

2. 随葬器物

东周墓出土器物共113件，除了2件铜器和1件铁器外，其余皆为陶器。

（1）陶器

共110件。器类有鼎、敦、壶、豆、鬲、罐、盘、匜。

鼎　24件。鼎盖上多饰三钮，鼎身子口承盖，折肩，长方形立耳，弧腹，圜底，柱足或兽

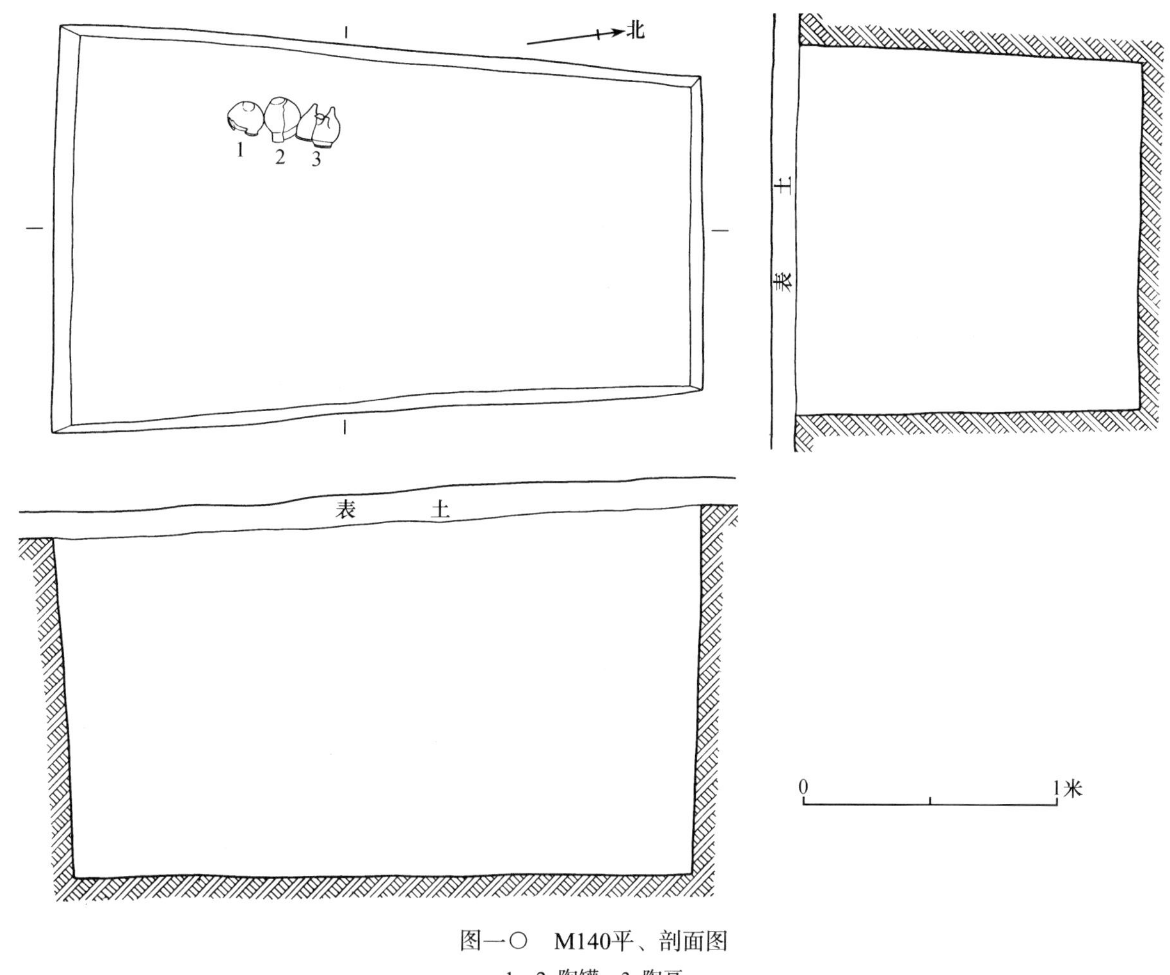

图一〇 M140平、剖面图
1、2. 陶罐 3. 陶鬲

足。M135：5，夹砂灰陶。盖顶平，中心饰一扁凸钮，边饰三个锥形钮。子母口，子口承盖，折肩，弧腹，圜底。长方形立耳略外撇，未雕耳眼。三柱状足上粗下细，略外撇。器表施黑衣。鼎腹中部饰一周凸棱。口径17、通高23.2厘米（图一四，1；图版一一，3）。M136：4，夹砂红褐陶。盖顶近平，饰一周凸棱纹。子口承盖，折肩，长方形立耳外撇，弧腹，圜底，三柱足外撇略削刮。器表施黑衣。鼎腹饰滚压绳纹，器底饰拍印绳纹。口径13.2、通高16厘米（图一四，2；图版一一，4）。M137：7，夹砂红褐陶。盖顶近平，中心饰一扁凸钮，边饰三个锥形钮。子口承盖，折肩，弧腹，圜底。长方形立耳略外撇，三兽足外撇。器表施黑衣。盖面饰两周同心圆凹弦纹。中腹饰一周凸棱，器底饰拍印绳纹。口径17.2、通高22.6厘米（图一四，3；图版一一，5）。M139：6，夹砂灰褐陶。盖面隆起顶近平，上饰三个扁凸钮。子口承盖，折肩，耳残，弧腹，圜底，三柱足上粗下细。器表施黑衣。中腹饰两周凹弦纹。口径15.2、通高18.4厘米（图一四，4；图版一一，6）。M142：9，夹砂灰褐陶。盖面隆起，上饰三个锥形钮和三道凹弦纹。子口承盖，折肩，长方形立耳略外撇。弧腹，圜底，三兽足外撇。器表施黑衣。中腹饰一道凹弦纹。口径13.6、通高17.6厘米（图一四，5；图版一二，1）。M250：2，夹砂灰陶。盖面隆起，上饰三个锥形钮。子口承盖，折肩，长方形立耳外撇，浅

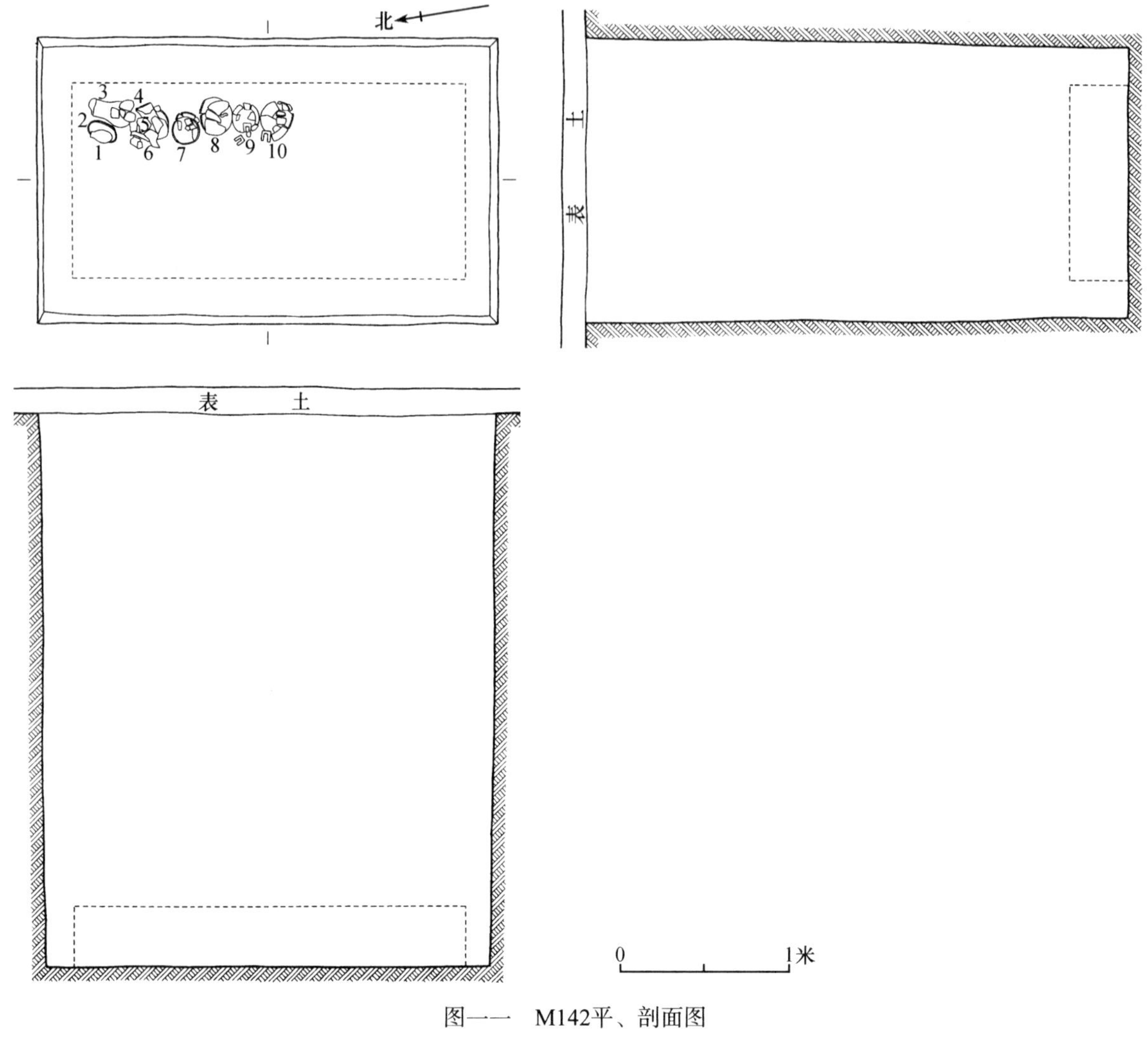

图一一　M142平、剖面图

1. 陶匜　2. 陶盘　3、6. 陶壶　4、5. 陶豆　7、8. 陶敦　9、10. 陶鼎

弧腹，圜底，三兽足经刮削棱角分明。中腹饰两道凹弦纹。口径20.4、通高21厘米（图一四，6；图版一二，2）。

敦　21件。盖身形制相同，口微敛，弧腹，圜底，“S”形钮足。M135：3，夹砂灰陶。器表施黑衣。口径24.5、通高25厘米（图一五，1；图版一〇，2）。M136：6，夹砂红褐陶。器表施黑衣。口部饰滚压绳纹。口径12.8、通高18厘米（图一五，2；图版一〇，3）。M137：5，夹砂红褐陶。器表施黑衣。口径17、通高20.8厘米（图一五，3；图版一〇，4）。M139：3，夹砂红褐陶。器表施黑衣。口径16、通高20.4厘米（图一五，4；图版一〇，5）。M142：8，夹砂红褐陶。扁球形。器表施黑衣。腹部饰一道凹弦纹。口径18、通高18.2厘米（图一五，5；图版一〇，6）。M145：5，夹砂红褐陶。器表施黑衣。中腹部饰一道凹弦纹。口径16、通高22厘米（图一五，7；图版一一，1）。M250：11，夹砂灰陶。扁球形。素面。口径18.8、通高23厘米（图一五，6；图版一一，2）。

壶　23件。侈口，平沿，束颈。M135：1，泥质灰褐陶。盖顶平，饰三个锥形钮，溜肩，

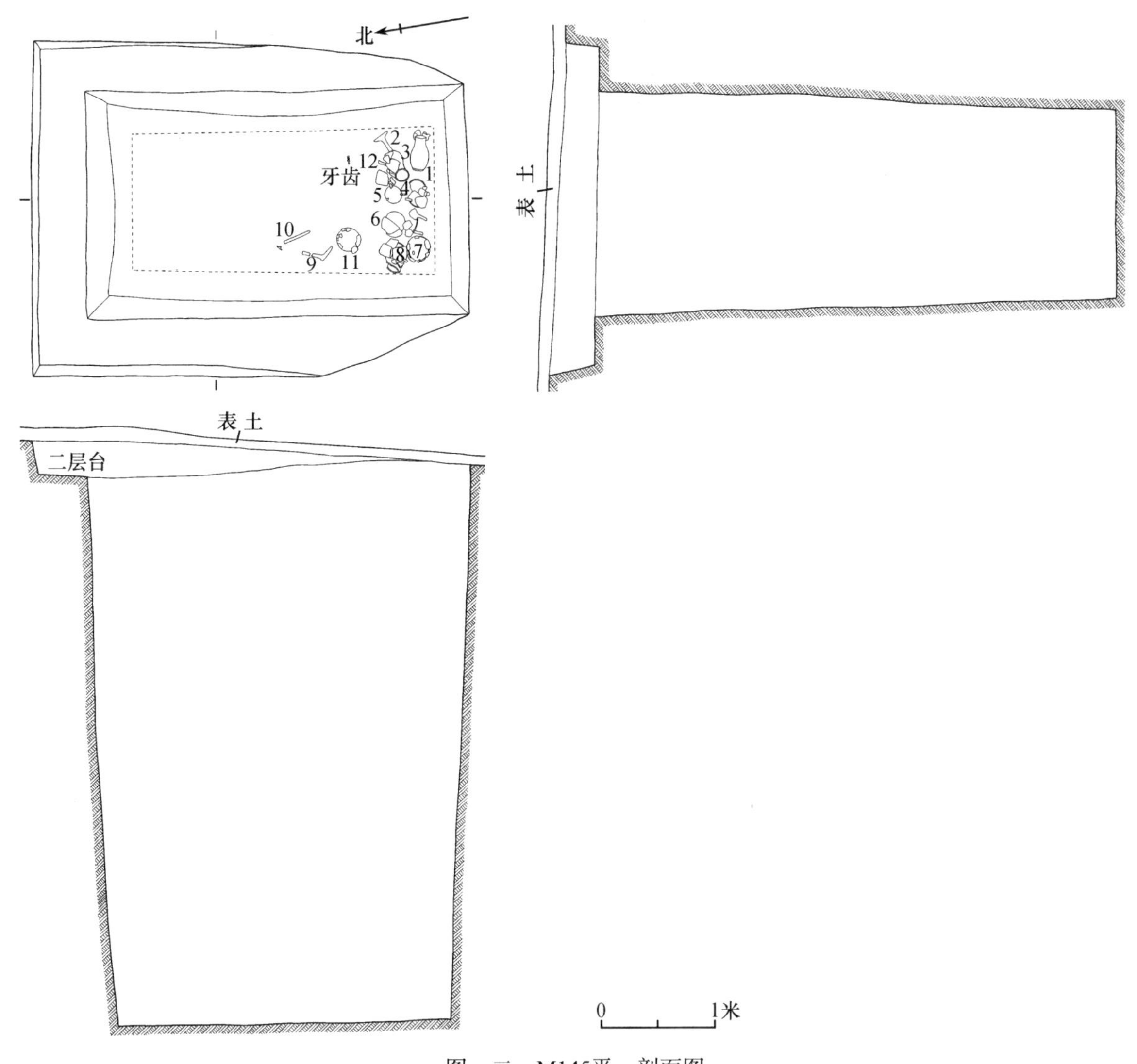

图一二　M145平、剖面图

1、3. 陶壶　2、12. 陶豆　4、5. 陶敦　6、7. 陶鼎　8. 陶罐　9. 铜戈　10. 铁剑　11. 陶盘

鼓腹，圜底，圈足。器表施黑衣。口径13.8、圈足11.6、腹径19.6、通高 38.6厘米（图一六，1；图版九，1）。M135：2，泥质灰褐陶。盖顶平，饰三个锥形钮，溜肩，鼓腹，圜底，圈足外撇。器表施黑衣。口径13.2、圈足12.4、腹径19.2、通高39.6厘米（图一六，2；图版九，2）。M136：3，泥质红褐陶。盖顶平，上饰三个锥形钮，折肩，弧腹，圈足残。器表施黑衣。肩部饰滚压绳纹。口径10.2、高21厘米（图一六，7；图版九，3）。M137：1，夹砂红褐陶。盖面隆起，上饰三个锥形钮，下作子口，溜肩，深弧腹，平底略内凹。肩部饰一周凹弦纹。口径11.6、底径9.6、通高24厘米（图一六，6；图版九，4）。M139：2，夹砂灰陶。溜肩，深弧腹，平底内凹。器表施黑衣。口、颈、肩、腹共饰五组十道凹弦纹。口径10、底径6.4、腹径16、高22.6厘米（图一六，5；图版九，5）。M142：3，夹砂红褐陶。盖面隆起，上饰三个锥形钮和三道凹弦纹，溜肩，弧腹，圈足。器表施黑衣。口、颈、腹各饰两道凹弦纹，肩部饰一道凹弦纹。口径11.2、通高26.2厘米（图一六，4；图版九，6）。M148：2，夹砂红

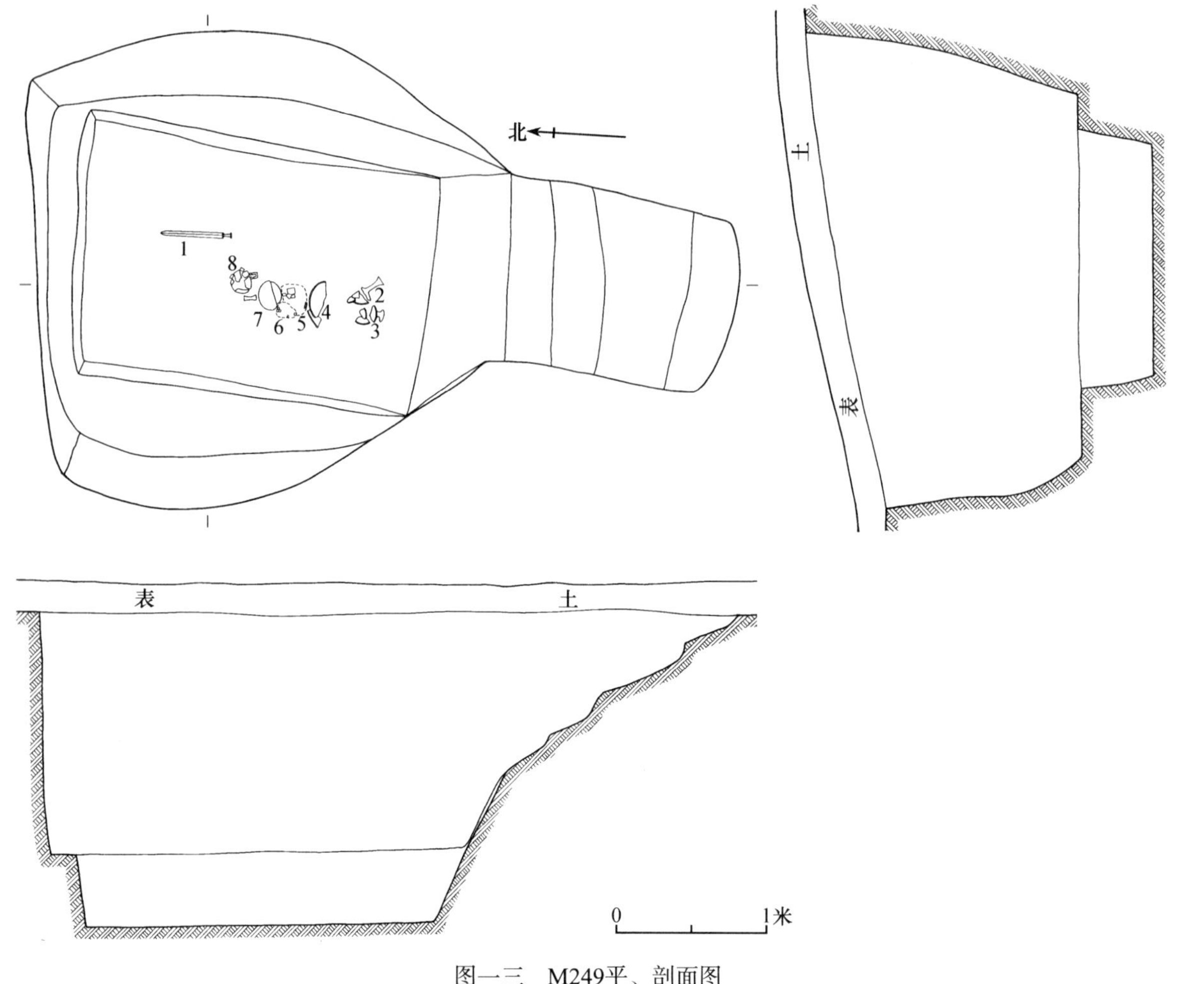

图一三　M249平、剖面图

1. 铜剑　2、3. 陶豆　4. 陶盘　5. 陶壶　6. 陶匜　7、8. 陶鼎

褐陶。溜肩，鼓腹，圈足。器表施黑衣。口、肩部饰两道凹弦纹。口径10.4、足径10.4、高29.2厘米（图一六，3；图版一〇，1）。

豆　21件。口微敛，浅弧腹，细长柄，喇叭形足。M135：7，泥质灰陶。器表施黑衣。口径12.6、底径9.2、高7.9厘米（图一七，1；图版一二，3）。M136：2，泥质灰陶。素面。口径13.6、底径7.8、高16厘米（图一七，2；图版一二，4）。M138：3，泥质灰褐陶。器表施黑衣。口径14、底径10、通高17.6厘米（图一七，3；图版一二，5）。M139：7，泥质灰陶。器表施黑衣。口径14.8、底径39.8、高14.8厘米（图一七，4；图版一二，6）。M145：12，泥质红褐陶。器表施黑衣。口径13.6、底径9.6、高17.4厘米（图一七，6；图版一三，1）。M249：3，泥质灰陶。素面。口径12.4、底径6.8、高14.1厘米（图一七，5；图版一三，2）。

鬲　1件。M140：3，夹砂红褐陶。卷沿，折肩，弧腹，袋足。器表施黑衣。腹部饰滚压绳纹。口径15.2、高12.4厘米（图一八，5；图版一四，1）。

罐　4件。M140：1，夹砂灰褐陶。折沿，矮颈，溜肩，弧腹，平底内凹。器表施黑衣。下腹和底部饰拍印绳纹。口径14、高9.6厘米（图一八，4；图版一三，3）。M140：2，夹砂

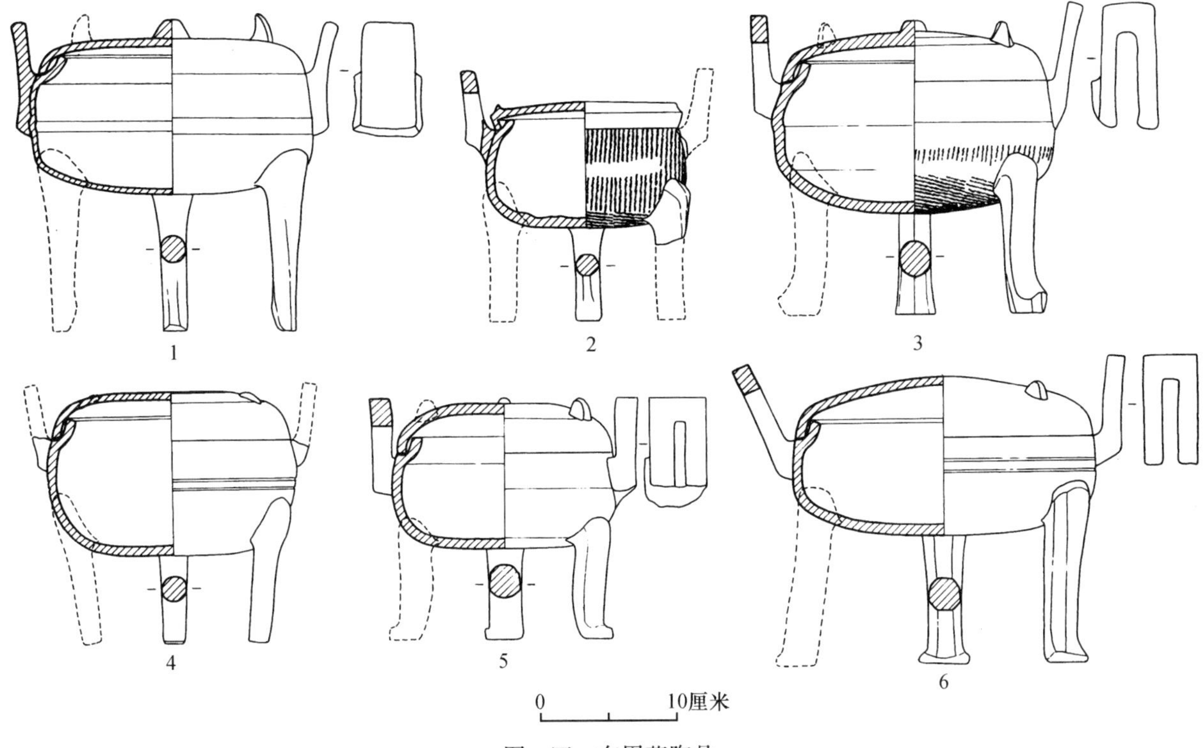

图一四　东周墓陶鼎

1. M135：5　2. M136：4　3. M137：7　4. M139：6　5. M142：9　6. M250：2

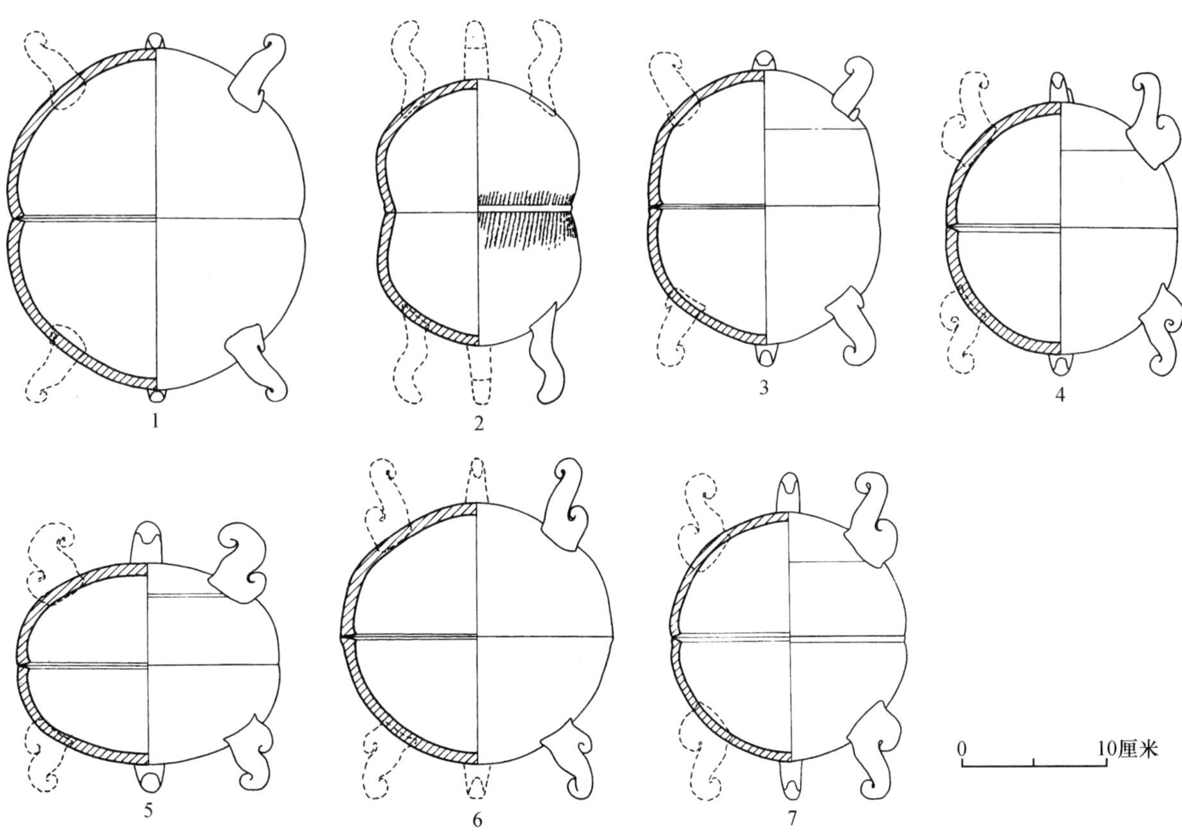

图一五　东周墓陶敦

1. M135：3　2. M136：6　3. M137：5　4. M139：3　5. M142：8　6. M250：11　7. M145：5

图一六　东周墓陶壶

1. M135：1　2. M135：2　3. M148：2　4. M142：3　5. M139：2　6. M137：1　7. M136：3

灰褐陶。侈口，束颈，溜肩，深弧腹，平底。器表施黑衣。肩部饰四道凹弦纹。口径12、底径6.4、高15.8厘米（图一八，1；图版一三，4）。M145：8，泥质灰陶。侈口，折沿，矮颈，折肩，深弧腹，平底内凹。肩部饰六道凹弦纹，下腹和底部饰拍印绳纹。口径13.4、腹径19.2、高20厘米（图一八，2；图版一三，5）。M250：8，泥质灰褐陶。卷沿，矮颈，溜肩，弧腹，平底内凹。肩部饰四道凹弦纹，下腹饰拍印绳纹。口径12.6、高15厘米（图一八，3；图版一三，6）。

盘　9件。敞口，折沿。M135：10，夹砂灰陶。方唇，浅腹较直，平底。盘内有轮制痕迹。口径16、高2.2厘米（图一九，1；图版一四，2）。M137：9，夹砂灰褐陶。尖唇，浅斜

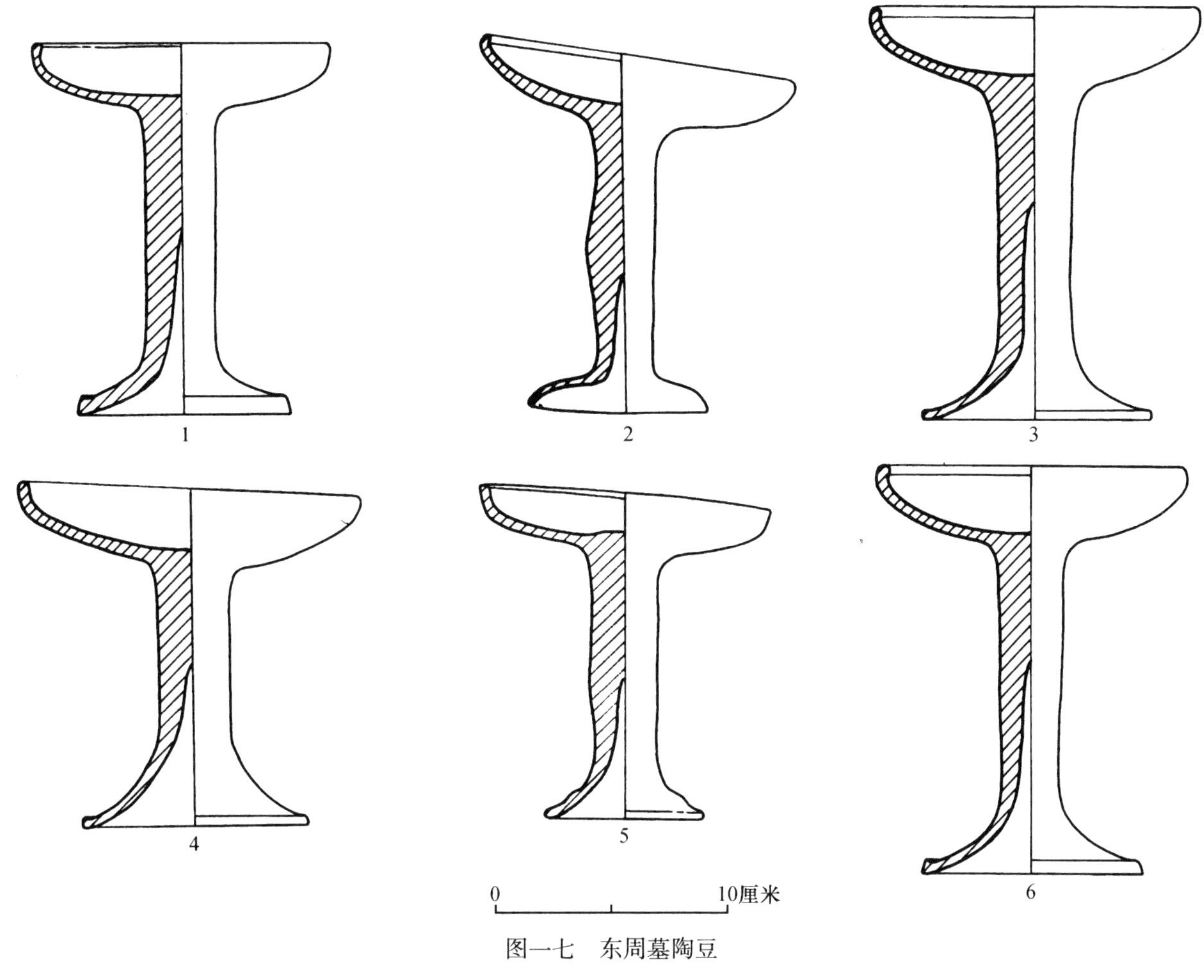

图一七　东周墓陶豆

1. M135：7　2. M136：2　3. M138：3　4. M139：7　5. M249：3　6. M145：12

腹，平底略内凹。盘底有轮制痕迹。器表施黑衣。口径15.2、高2.4厘米（图一九，2；图版一四，3）。M142：2，泥质灰陶。浅弧腹，平底。口径20、高3.8厘米（图一九，3；图版一四，4）。M148：10，夹砂灰陶。浅弧腹，平底。口径18、通高4厘米（图一九，4；图版一四，5）。M250：4，夹砂灰褐陶。斜弧腹，平底。口径20.8、高4厘米（图一九，5；图版一四，6）。

匜　7件。圜底。M135：9，夹砂灰陶。圆形，敞口，长方形凸流，浅弧腹。口径12.3、高4厘米（图一九，6；图版一五，1）。M137：8，夹砂红褐陶。椭圆形匜身，长方形凸流，口微敛，弧腹。器表施黑衣。口径14.2、高4.4厘米（图一九，7；图版一五，2）。M142：1，泥质红褐陶。圆形，长方形凸流。口微敛，弧腹。口径13.2、高3.8厘米（图一九，8；图版一五，3）。

（2）铜器

共2件。出土于M145和M249。

戈　1件。M145：9，援较长，援上有脊，长胡四穿，直内上有一穿。素面。长23厘米（图二〇，3；图版一五，5）。

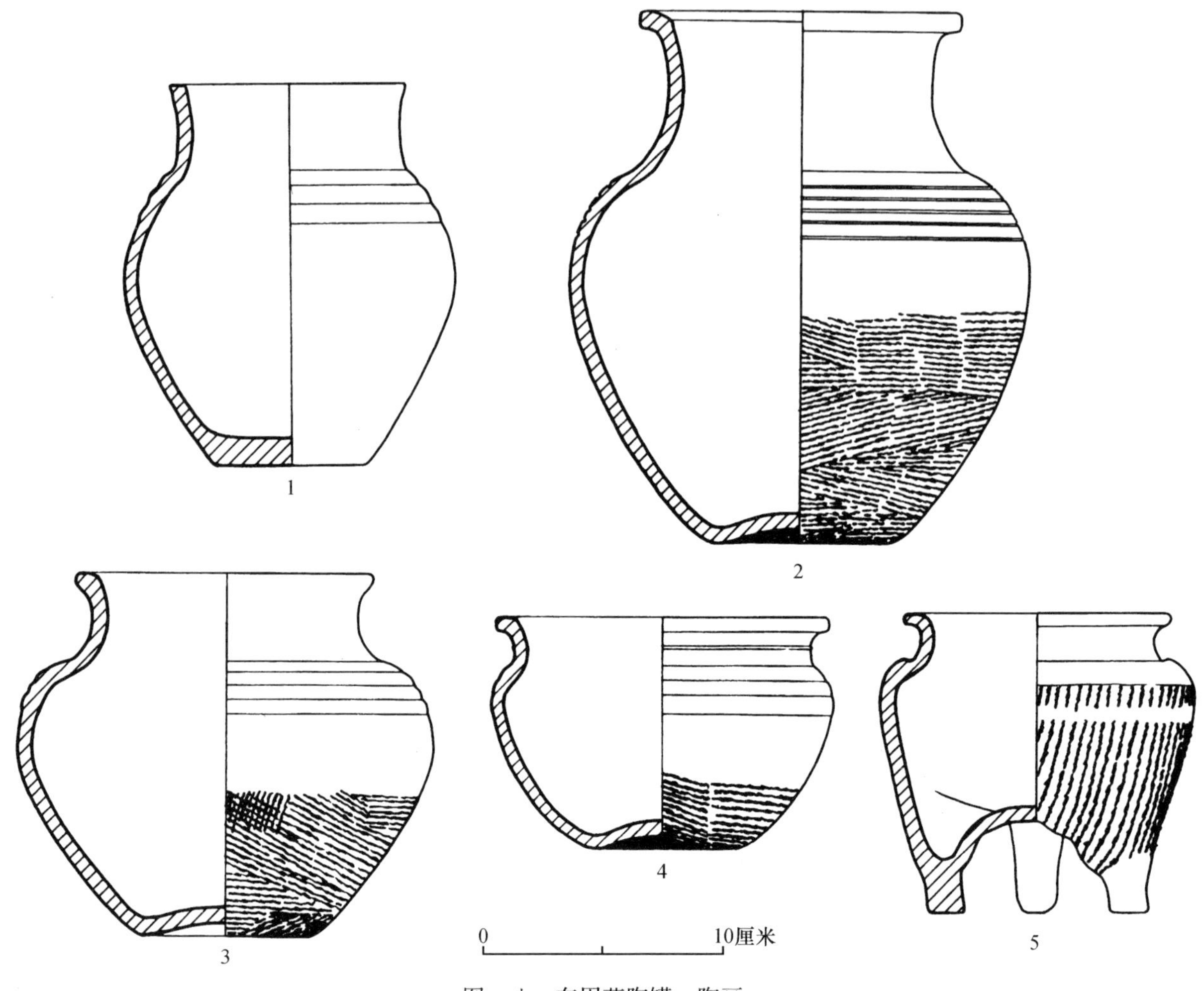

图一八　东周墓陶罐、陶鬲

1~4. 罐（M140：2、M145：8、M250：8、M140：1）　5. 鬲（M140：3）

剑　1件。M249：1，圆首，圆茎内空，菱形格，剑身中脊起棱。素面。长50.8厘米（图二〇，1；图版一五，4）。

（3）铁器

1件。出土于M145号墓。

剑　M145：10，铜首、茎。铁剑身，腐蚀严重。圆首，实心圆茎。素面。复原长24.8厘米（图二〇，2；图版一五，6）。

（二）西汉墓

共发掘5座西汉墓：M154~M156、M169、M242。其中 M154、M155、M169这3座墓葬间隔距离均为7米，墓葬方向及砖室结构基本一致，应为家族墓。

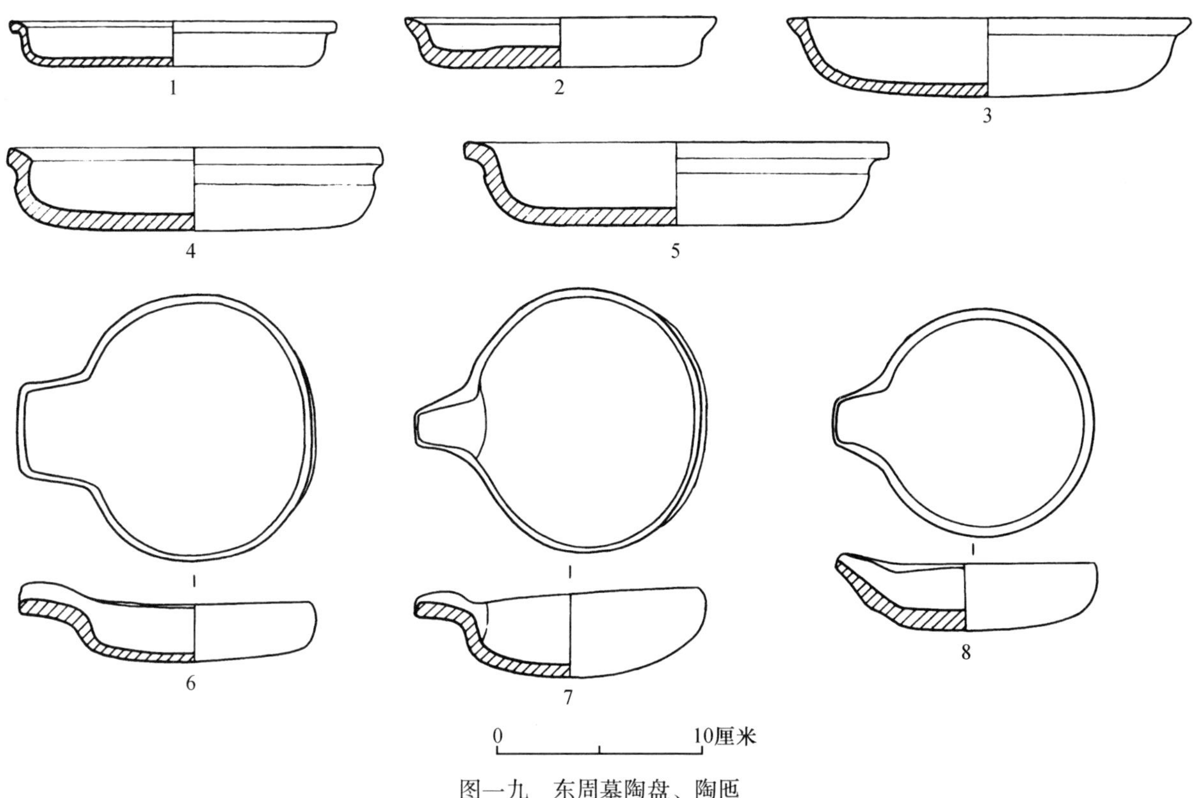

图一九　东周墓陶盘、陶匜

1~5. 盘（M135：10、M137：9、M142：2、M148：10、M250：4）　6~8. 匜（M135：9、M137：8、M142：1）

1. 墓葬形制

均为带墓道的土坑砖室墓，开口于第1层下，打破生土。墓口长3.25~5.88、宽1.66~3.6米。墓坑填土为灰白夹黄褐色花土。人骨及葬具腐朽无存。

M154　位于AT1204内，方向120°。墓口长7.55（含墓道）、宽1.66~3.66、距地表深0.15米。由前室、后室和墓道组成，扰毁严重。前室长2.1、宽1.8、残高0.68米，残留部分墙砖，地砖保存较完整。墙砖为“两横一丁”砌成，横砖为单砖错缝平砌，丁砖为半砌直立。地砖为单砖平铺“人”字纹一层。前室与墓道之间保留有部分封门砖，封门砖为斜丁砌成。后室长2.96、宽2.92、残高0.84米，后室的墙砖和地砖与前室砌法结构一致，不同的是在后室的西墙、南墙、北墙中间用单砖侧砌成倒“人”字形，其中西墙和南墙保存得较好，北墙仅剩底层。在砖室的东侧中部设一长方形的斜坡墓道，墓道长1.67、宽1.6、深0.53米，底坡长1.7、下端宽1.42、深0.12米。砖室用砖整砖长36~38、宽16~18、厚6~8厘米，砖面有细绳纹，砖侧有粗“菱”形纹（图二一）。

M156　位于AT1502内，方向244°。墓口长6.7、宽1.06~1.66、距地表深0.15米，墓底长6.64、宽1.06~1.54米，墓坑深1.7米。由砖室与墓道组成。砖室长4.1、宽1.06~1.66、深1.7米，其顶部、墙砖、地砖均遭扰毁，无存。砖室与墓道之间残存部分封门砖，砌法为单砖错缝平砌，封门砖下存留少量铺地砖，铺地砖为“人”字形平铺一层。在砖室的西侧中部设有一斜坡墓道，呈长方形，墓道长2.16、宽1.06、下端宽0.88、深1.37、底坡长2.6米。墓葬用砖整

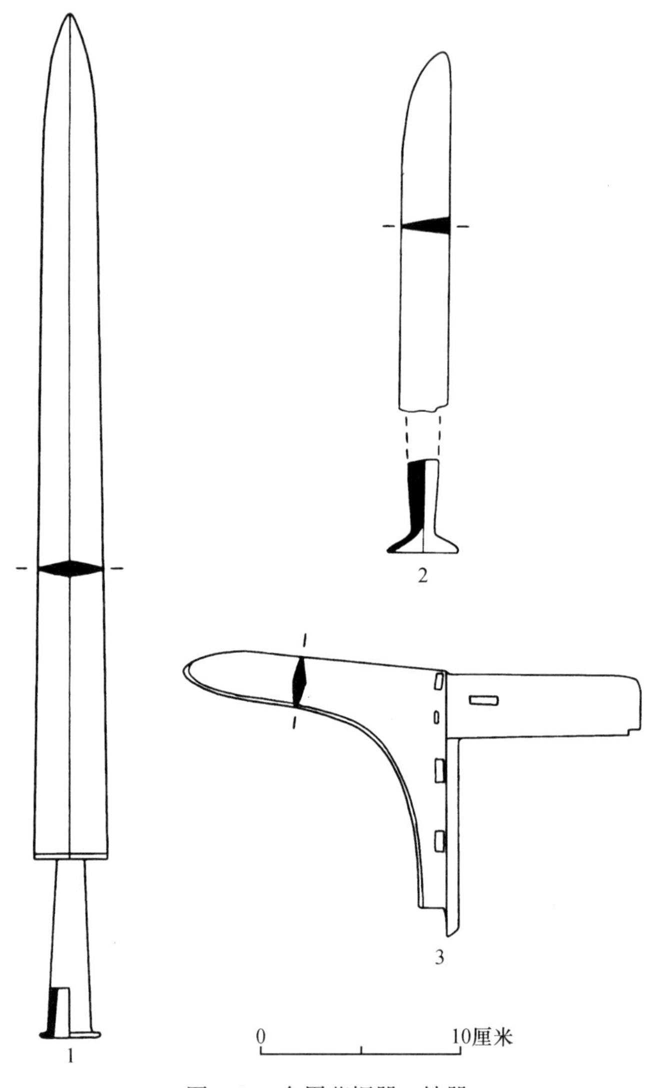

图二〇　东周墓铜器、铁器

1. 铜剑（M249：1）　2. 铁剑（M145：10）　3. 铜戈（M145：9）

砖长36、宽16~18厘米，砖侧有细菱形纹。在墓坑的东端出土6枚钱文为“五铢”的铜钱（图二二）。

M242　位于AT1702内，方向245°。早期被盗毁，在砖室中部可见盗洞痕迹。墓口长11.06米（含墓道）、距地表深0.45米，墓坑深3.5米。墓坑西壁中部设一斜坡墓道，平面呈长方形，东端宽，西端窄，长5.75、宽1.04~1.8、底坡长6.2、下端宽0.84~1.55、墓道最深处距地表2.95米，墓道底比墓坑底高0.4米。砖室平面近似正方形，顶部无存，分前室和后室。前室呈长方形，位于砖室西边，长1.91、宽1.46、高1.61米，前室墙砖由“两横一丁”的砌法砌成，上部则用楔形砖起券，券顶残剩少部分。前室与墓道之间有封门砖。封门砖底部为单砖错缝平砌的二层，往上则为梯形砖逐层向外砌成凸出状。上部有两层券顶。主室平面呈正方形，扰毁严重，仅剩墙砖，长3.3、深3.5米，主室的三面墙砖中部外弧，并在中间都用单砖斜砌成倒“人”字形的装饰。其余部分与前室相似，也是采用“两横一丁”的方式砌筑。砖室的铺地砖

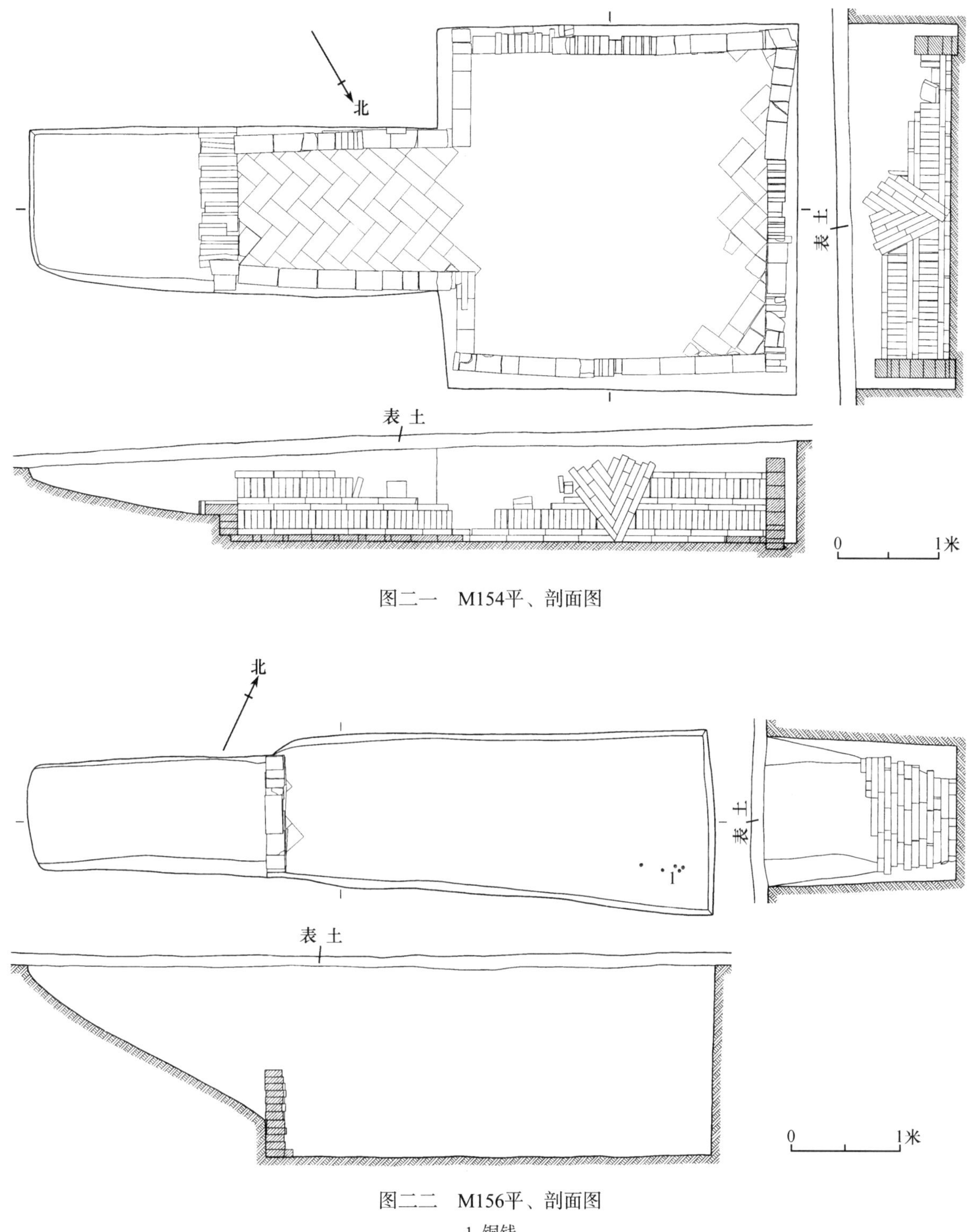

图二一　M154平、剖面图

图二二　M156平、剖面图
1. 铜钱

都是用单砖平铺一层“人”字纹砖。整砖长32~36、宽14~16、厚7厘米。封门砖所用的梯形砖较短一些，梯形砖长27、厚4~5厘米。该墓上部有一近似圆形封土堆，封土顶部稍隆起，四周较平缓，土色为灰白色，较疏松。在墓葬的东侧出土8枚钱文为“大泉五十”和“五铢”的铜钱（图二三；图版八）。

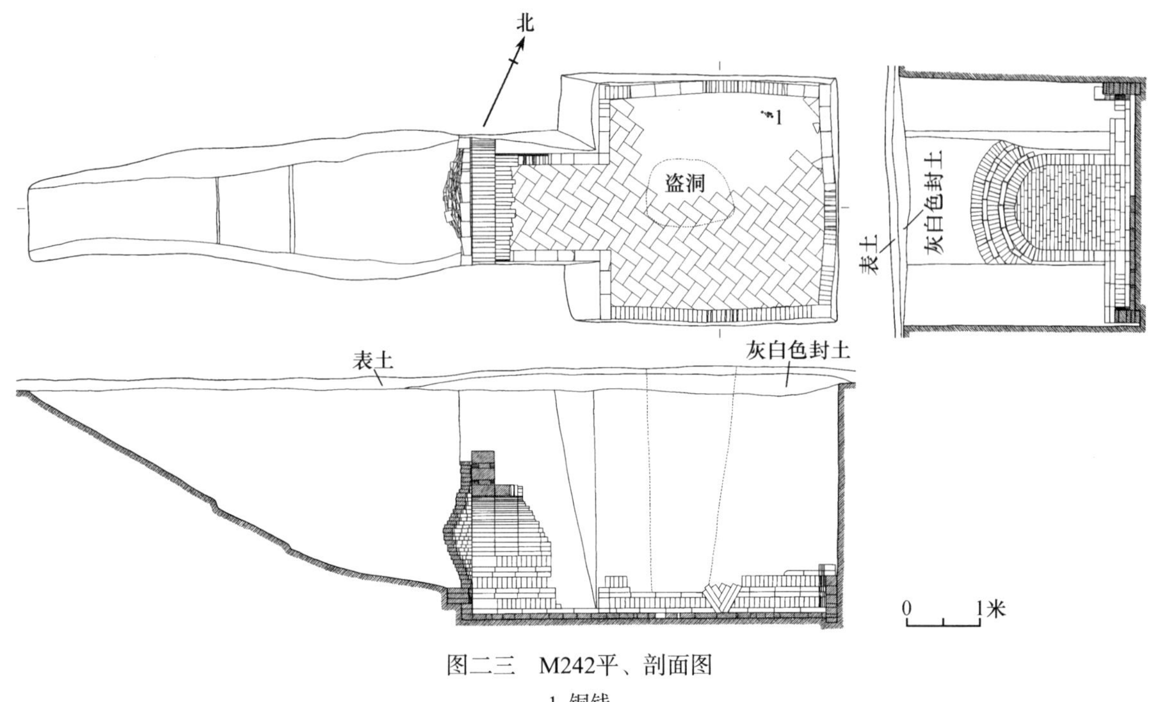

图二三　M242平、剖面图
1. 铜钱

2. 随葬器物

砖室墓保存较差，均遭不同程度的扰毁，仅在M156和M242两座墓中出土铜钱14枚。M156出土6枚，M242出土8枚。钱文有“五铢”和“大泉五十”。

五铢　12枚。M156：1-1，方孔圆钱。正面钱文为小篆书的“五铢”，背面平素。直径2.5、孔径0.9、厚0.1厘米（图二四，1）。

大泉五十　2枚。M242：1-2，方孔圆钱。正面钱文为“大泉五十”，背面光素。直径2.7、孔径0.8、厚0.2厘米（图二四，2）。

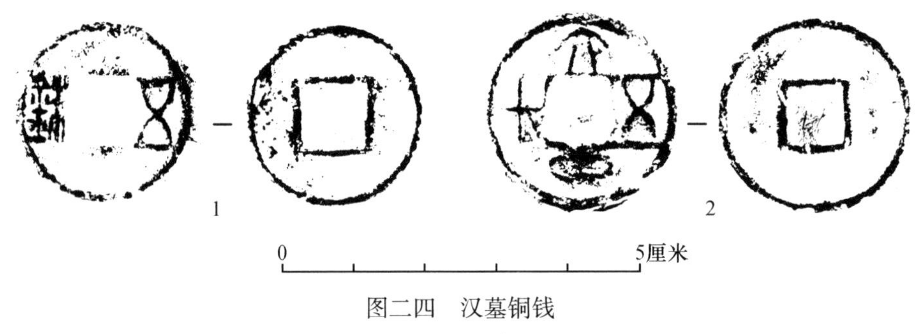

图二四　汉墓铜钱
1. 五铢（M156：1-1）　2. 大泉五十（M242：1-2）

（三）唐墓

发掘1座唐墓：M133。

1. 墓葬形制

M133 位于AT0808内，开口于第1层下，打破生土。该墓为窄长形的砖棺墓，方向18°。墓口长2.55、宽0.9~1.04、距地表深0.51米，墓底长2.55、宽0.9~1.04米，墓坑深0.3米。墓坑填土为黄褐色花土，较疏松，无包含物。单棺，采用灰砖错缝平砌，残存部分墙砖，顶部及地砖无存，砖室南部被河水冲毁仅存痕迹。砖室长2.3、宽0.75~0.96米。整砖长36、宽16、厚4厘米。出土随葬器物：铜钱（2枚）、铜饰件1件（图二五）。

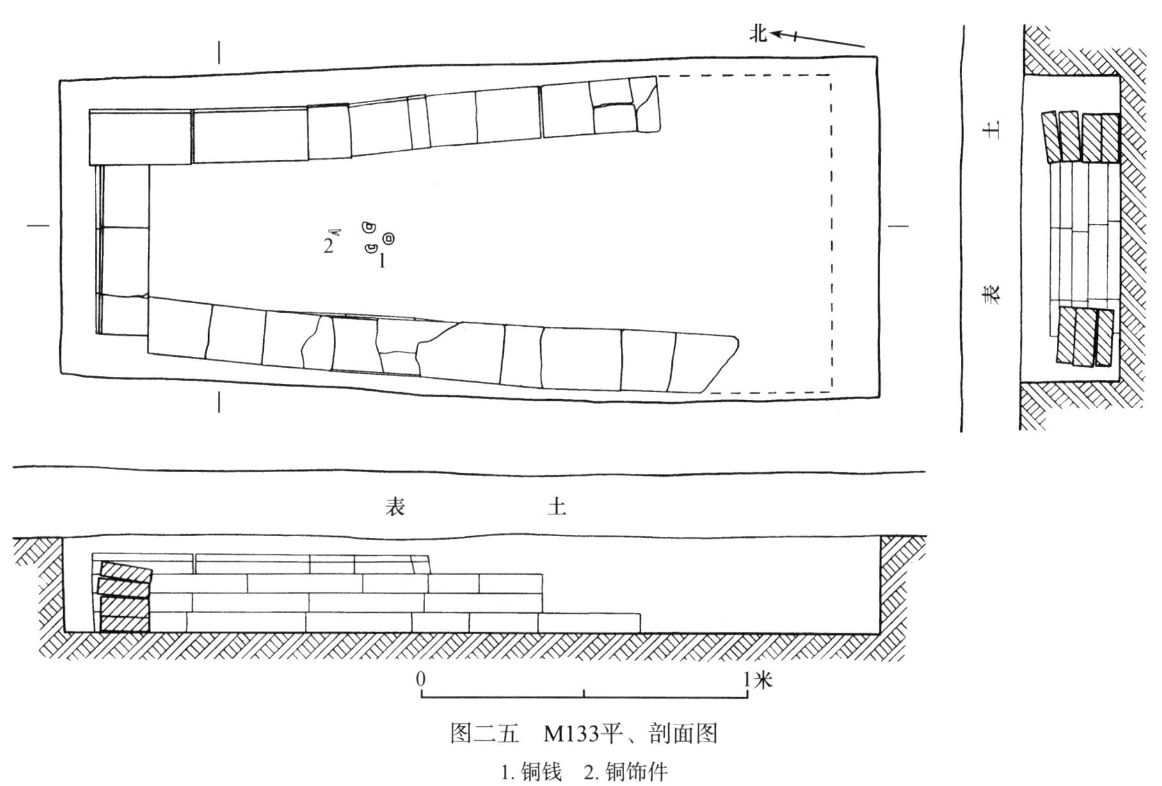

图二五 M133平、剖面图
1. 铜钱 2. 铜饰件

2. 随葬器物

出土2枚铜钱和1件铜饰件。

开元通宝 2枚。方孔圆钱。M133：1-1，正面楷书钱文“开元通宝”，背面平素。直径2.4、孔径0.6、厚0.1厘米。M133：1-2，正面楷书钱文“开元通宝”，背面平素。残（图二六，1）。

铜饰件 1件。M133：2，两端窄，中间宽处有两道凸棱。残断。长0.81、宽1厘米（图二六，2）。

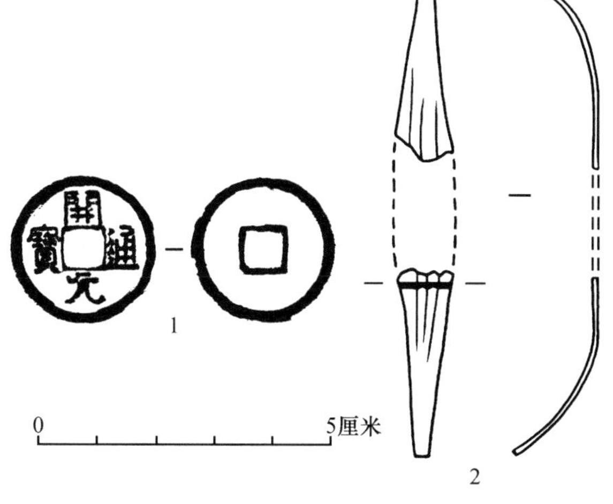

图二六 唐墓出土器物
1. 开元通宝（M133：1-1） 2. 铜饰件（M133：2）

（四）宋墓

发掘1座宋墓：M253。

1. 墓葬形制

M253　位于AT15-1内，其位置处于紧邻水库的河坡上，大部分被河水冲毁，残存东部砖室。该墓为长方形单室砖室墓，方向99°。墓口裸露在外，长3.4、宽2~2.1、墓坑残深0.58米。砖室残长2.1、宽1.9米。顶砖无存，残存部分墙砖及地砖。东墙墙砖由单砖错缝平砌，上部向内收，北墙和南墙结构一致，由2块并列的“横丁”和6块“直丁”相结合砌成装饰。铺地砖为一行横和一行直的单砖平铺一层。整砖长30、宽15、厚5厘米。墓坑填土为黄白夹黄色花土，较疏松，包含少量碎砖块。人骨腐朽无存。出土随葬器物有：陶碟1件，釉陶罐1件，铁钱5枚，都放置于砖室内部（图二七）。

2. 随葬器物

宋墓共出土陶器1件，釉陶器1件，器形较小，保存比较完整。铁钱5枚，锈蚀严重，钱文

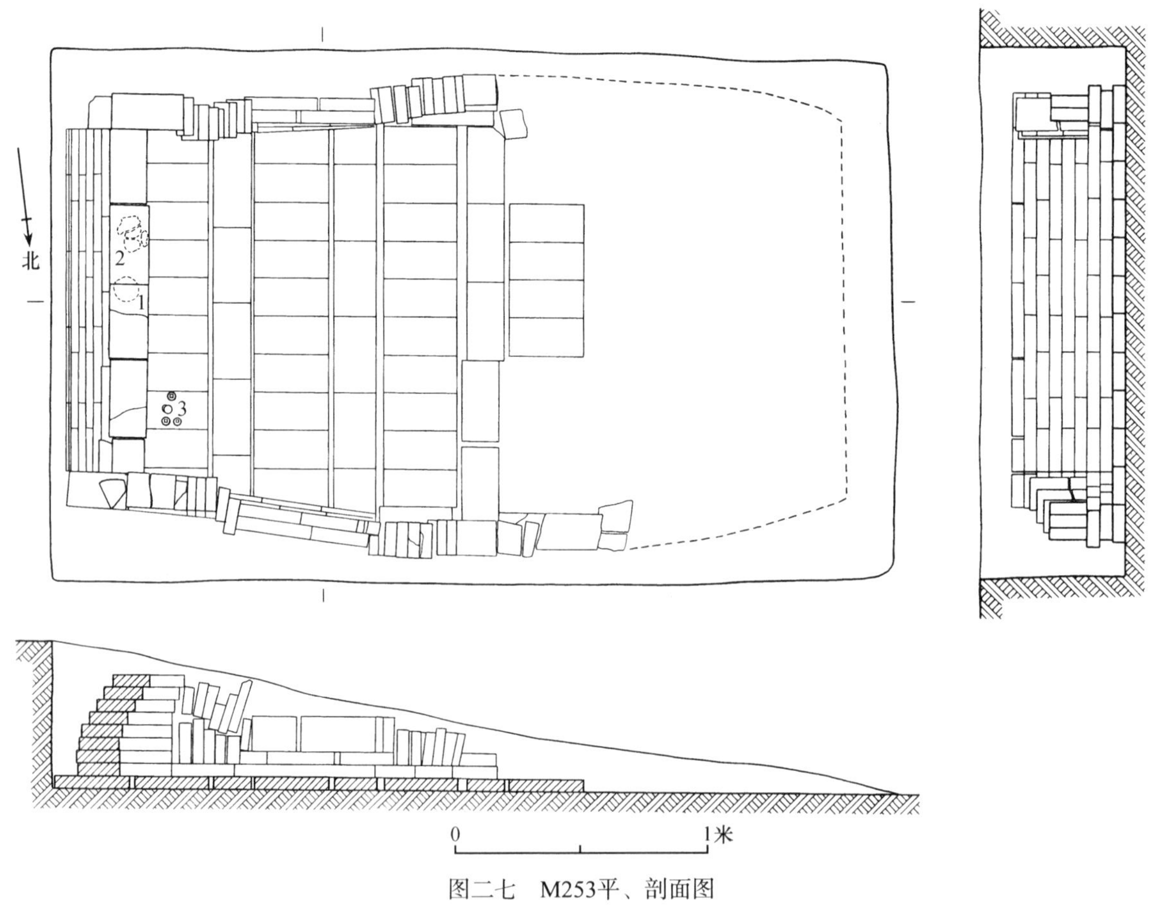

图二七　M253平、剖面图

1. 陶碟　2. 釉陶罐　3. 铁钱

不清楚。

陶碟　1件。M253：1，泥质灰褐陶。口微敛，浅弧腹，平底。器表施黑衣。口径9.6、高3.5厘米（图二八，2）。

釉陶罐　1件。M253：2，红胎。敛口，矮颈，弧腹，圈足。器身施酱色釉。肩上饰一对牛鼻耳，上腹饰两道凹弦纹。口径9、11.2厘米（图二八，1）。

铁钱　5枚。M253：3，锈蚀严重，钱文不清。直径2.8、厚0.2厘米。

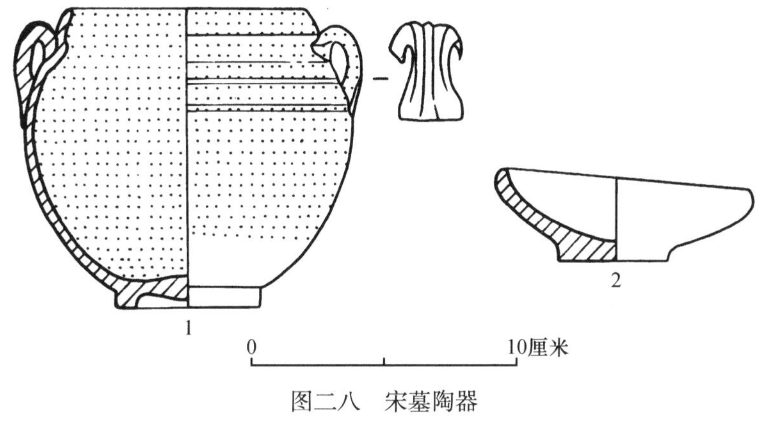

图二八　宋墓陶器

1. 釉陶罐（M253：2）　2. 陶碟（M253：1）

（五）明墓

发掘2座明墓：M245和M254。

1. 墓葬形制

均为竖穴土坑墓，保存较差，开口于第1层下，打破生土。墓坑四壁陡直不光滑，底部较平。墓坑填土为黄褐色花土，较疏松，无包含物。人骨及葬具均已腐朽。墓坑头端有壁龛，壁龛内随葬瓷碗和陶罐。

M245　位于AT1803内，方向192°。墓口长2.6、宽0.89~0.97、墓底长2.6、宽0.89~0.97米，墓坑深0.38米。墓坑南壁中部设一头龛，宽0.21、高0.15米。人骨腐朽无存，头部以板瓦作枕。出土的随葬器物有：陶罐1件，瓷碗2件，铜钱22枚（皆为“圣宋元宝”）（图二九）。

M254　位于AT0902内，方向334°。墓口长2.19、宽0.7~0.82、距地表深0.15米，墓底长2.1、宽0.76~0.66米，墓坑深0.45米。出土的随葬器物有：陶罐1件，瓷碗2件（图三〇）。

2. 随葬器物

明墓出土随葬器物有陶器、瓷器、铜钱。

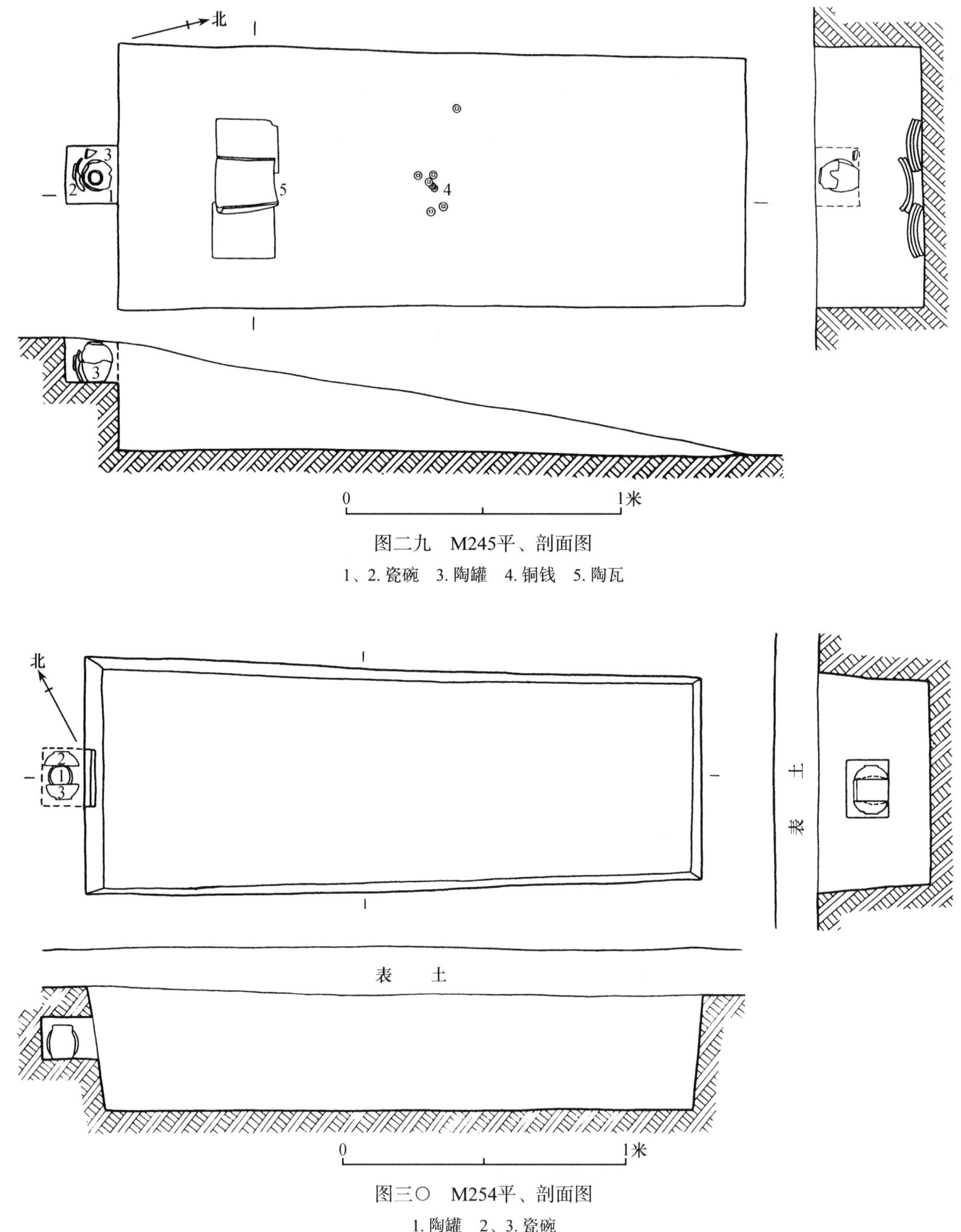

图二九　M245平、剖面图

1、2. 瓷碗　3. 陶罐　4. 铜钱　5. 陶瓦

图三〇　M254平、剖面图

1. 陶罐　2、3. 瓷碗

（1）陶器

罐　2件。M245：3，红胎。侈口，圆唇，溜肩，深弧腹，平底内凹。器身施半釉。中腹饰两道凹弦纹，下腹饰一道凹弦纹。口径7.2、底径9.8、高12.8厘米（图三一，3）。M254：1，泥质灰陶。口微敛，方唇，深直腹，平底略内凹。素面。口径8、底径9.6、高12.6

厘米（图三一，6）。

（2）瓷器

碗　4件。M245：1，灰白胎。侈口，斜弧腹，圈足。青花釉色泛青。碗底中部绘兰花纹，外壁绘四灵芝纹。直径14.2、圈足5.2、高6厘米（图三一，1）。M245：2，灰白胎。侈口，斜弧腹，圈足。青花釉色泛青。碗底中部绘兰花纹，外壁满绘水草纹。口径14.5、圈足6、高6厘米（图三一，2）。M254：2，灰白胎。侈口，斜弧腹，圈足。口沿内外侧各有两道圈线，内底有两道圈线，底心绘一羽人作飞翔状。外壁绘两大两小四只仙鹤，两只作飞翔状，两只作奔跑状，绘法勾勒和晕染结合。下腹有一道圈线。釉色白中泛青，底无釉。青花色暗淡，局部有铁锈斑。口径13.2、圈足5、高5.4厘米（图三一，4）。M254：3，灰白胎。侈口，斜弧腹，圈足。口沿内外侧各有两道圈线，内底有两道圈线，底心绘一羽人作飞翔状，外壁绘

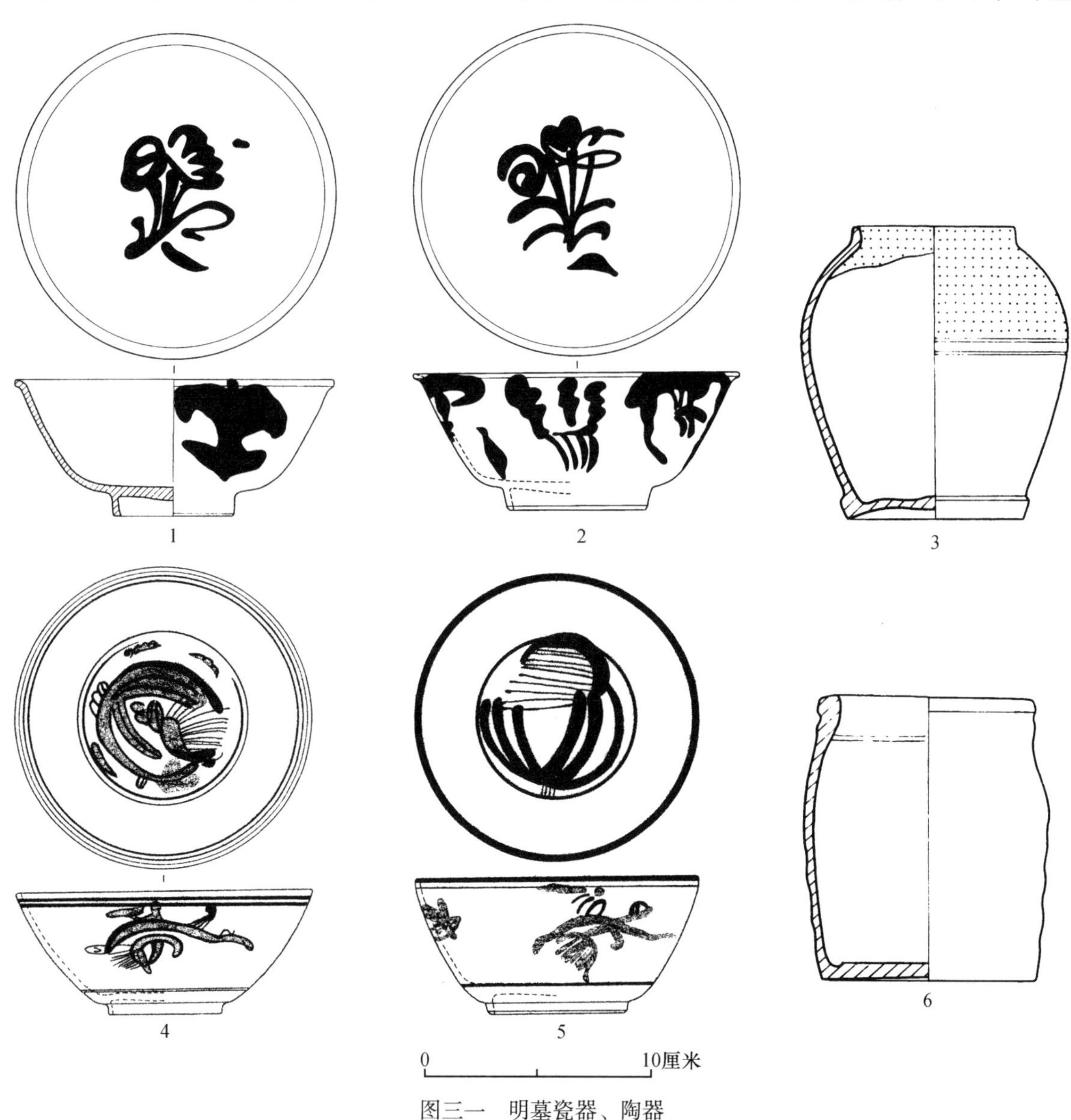

图三一　明墓瓷器、陶器

1、2、4、5. 瓷碗（M245：1、M245：2、M254：2、M254：3）　3、6. 陶罐（M245：3、M254：1）

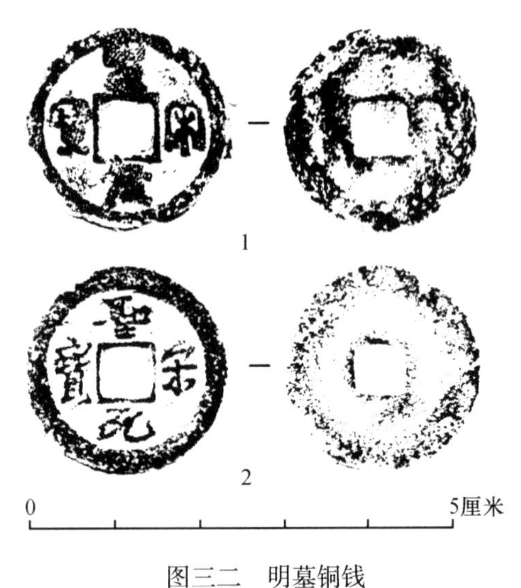

图三二 明墓铜钱
1、2. 圣宋元宝（M245：4-1、M245：4-2）

两大两小四只仙鹤，两只作飞翔状，两只作奔跑状，绘法勾勒和晕染相结合。下腹有一道圈线。釉色白中泛青，底无釉。青花色暗淡，局部有铁锈斑。口径12.6、圈足5.8、高6厘米（图三一，5）。

（3）铜钱

圣宋元宝 22枚。22枚铜钱皆为“圣宋元宝”，钱文以“篆书”和“行书”两种书体书写。铜钱大小基本一致，直径2.1~2.3、孔径0.5~0.6、厚0.1厘米。M245：4-1，方孔圆钱。正面篆书钱文旋读“圣宋元宝”，背光素。直径2.3、孔径0.6、厚0.1厘米（图三二，1）。M245：4-2，方孔圆钱。正面行书钱文旋读“圣宋元宝”。直径2.3、孔径0.5、厚0.1厘米（图三二，2）。

（六）清墓

共发掘清墓14座：M134、M144、M168、M238~M241、M243、M244、M246~M248、M251、M252，主要分布在A区5号台地的北部，临近丹江口水库。

1. 墓葬形制

均为长方形竖穴土坑墓，开口于第1层下，打破生土。墓口长2.1~2.66、宽0.55~1.05米，墓坑口大底小，四壁斜直不光滑，底部较平。墓坑填土为黄褐色花土，较疏松，无包含物。

M168 位于AT1501内，方向93°。墓口长2.65、宽0.88~0.94、距地表深0.15~0.2米，墓底长2.45、宽0.81~0.87米，墓坑深0.79~0.84米。人骨1具，肢骨保存较好，脊椎骨散为几截，头骨破碎，残存牙齿。头向朝东，仰身直肢式，面向上。单棺。整棺头端宽足端窄，由盖板、墙板、档板和底板组成。棺盖板长2.3米，由3块棺木拼接而成。棺墙板2块，长2.2、2.12米，棺档板宽0.38、0.3米，厚0.1、0.12米，棺底板长2.06米，整棺高0.55米。墙板、档板、盖板由子母扣相接。墓口西端有3块灰砖。出土的随葬器物有铜钱5枚，有“嘉庆通宝”和“乾隆通宝”两种（图三三）。

M243 位于AT1702内，方向98°。墓口长2.49、宽0.73~0.98、距地表深0.1米，墓底长2.42、宽0.66~0.94米，墓坑深0.45米。人骨1具，仅存部分肢骨，仰身直肢式，面向上，头朝东。单棺已腐，头部和足部有黄泥砖，共4块。棺底有草木灰，草木灰范围长1.87、宽0.38~0.46、厚0.05米。出土的随葬器物：陶钵1件，银戒指1对，铜钱2枚，有“康熙通宝”和“乾隆通宝”（图三四）。

M252 位于AT0803内，方向25°。墓口长2.66、宽0.6~0.8、距地表深0.16米，墓底长

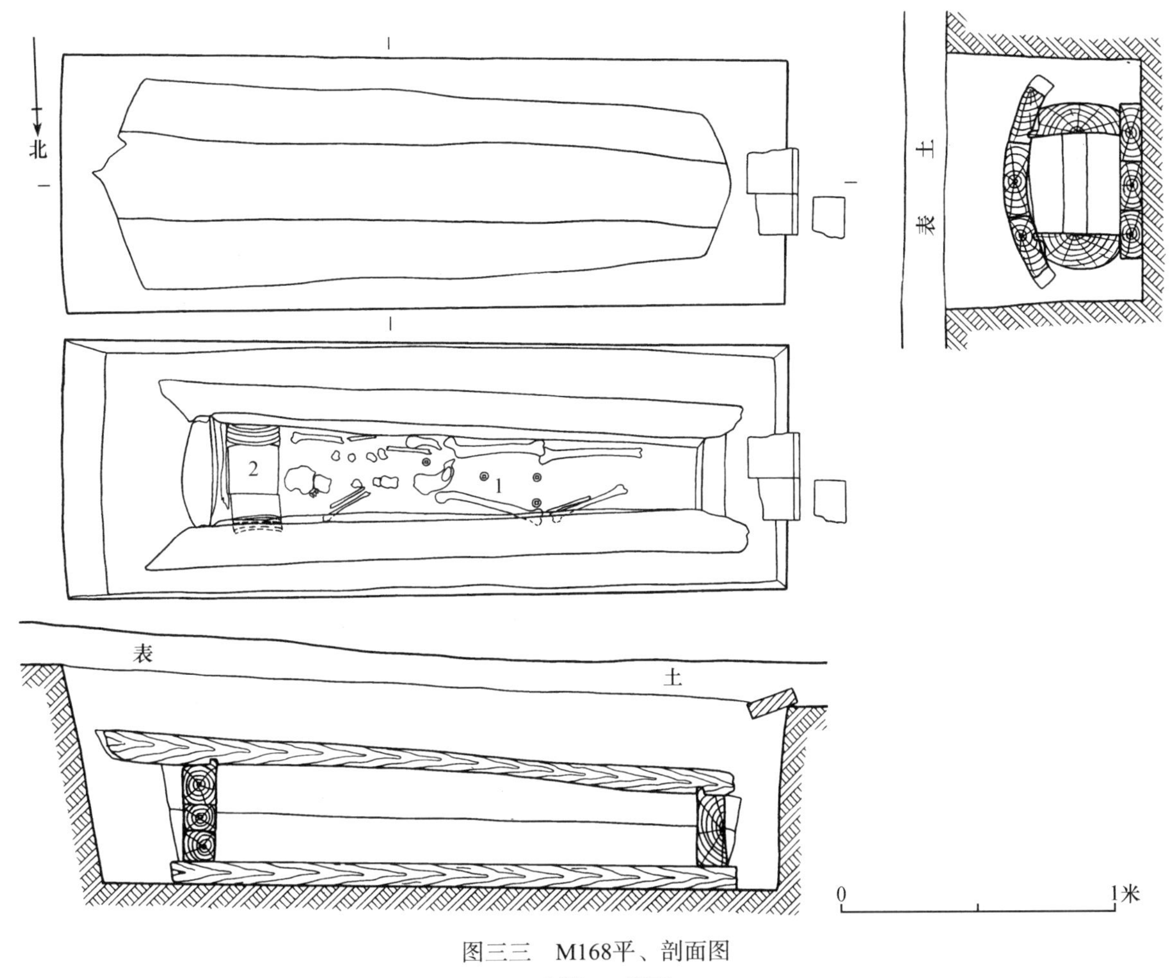

图三三　M168平、剖面图
1. 铜钱　2. 陶瓦

2.52、宽0.54~0.76米，墓坑深0.48米。人骨1具，腐朽严重，残存部分肢骨，仰身直肢式，面向上，头朝北。单棺，腐朽严重，仅存少许棺底板及墙板，棺木长2.06、宽0.35~0.58、高0.32米。底部有厚0.02米的草木灰，四周有少量石灰，头部下方有板瓦作枕。出土的随葬器物：铜钱4枚，有“康熙通宝”和“乾隆通宝”（图三五）。

2. 随葬器物

清墓出土随葬器物有陶器、银器、铜器和铜钱。

（1）陶器

钵　4件。M144：1，泥质灰陶。口微敛，圆唇，弧腹，平底内凹。器表施黑衣。颈部饰一道凸棱纹。口径20、底径14、高9厘米（图三六，1）。M243：1，泥质灰陶。口微敛，圆唇，斜弧腹，平底略内凹。口径21.2、底径12.6、高8.4厘米（图三六，2）。M248：2，口微敛，圆唇，斜弧腹，平底。口径19.6、底径11.4、高8厘米（图三六，3）。M251：1，泥质灰陶。敛口，圆唇，斜弧腹，平底略内凹。素面，器身有轮制痕迹。口

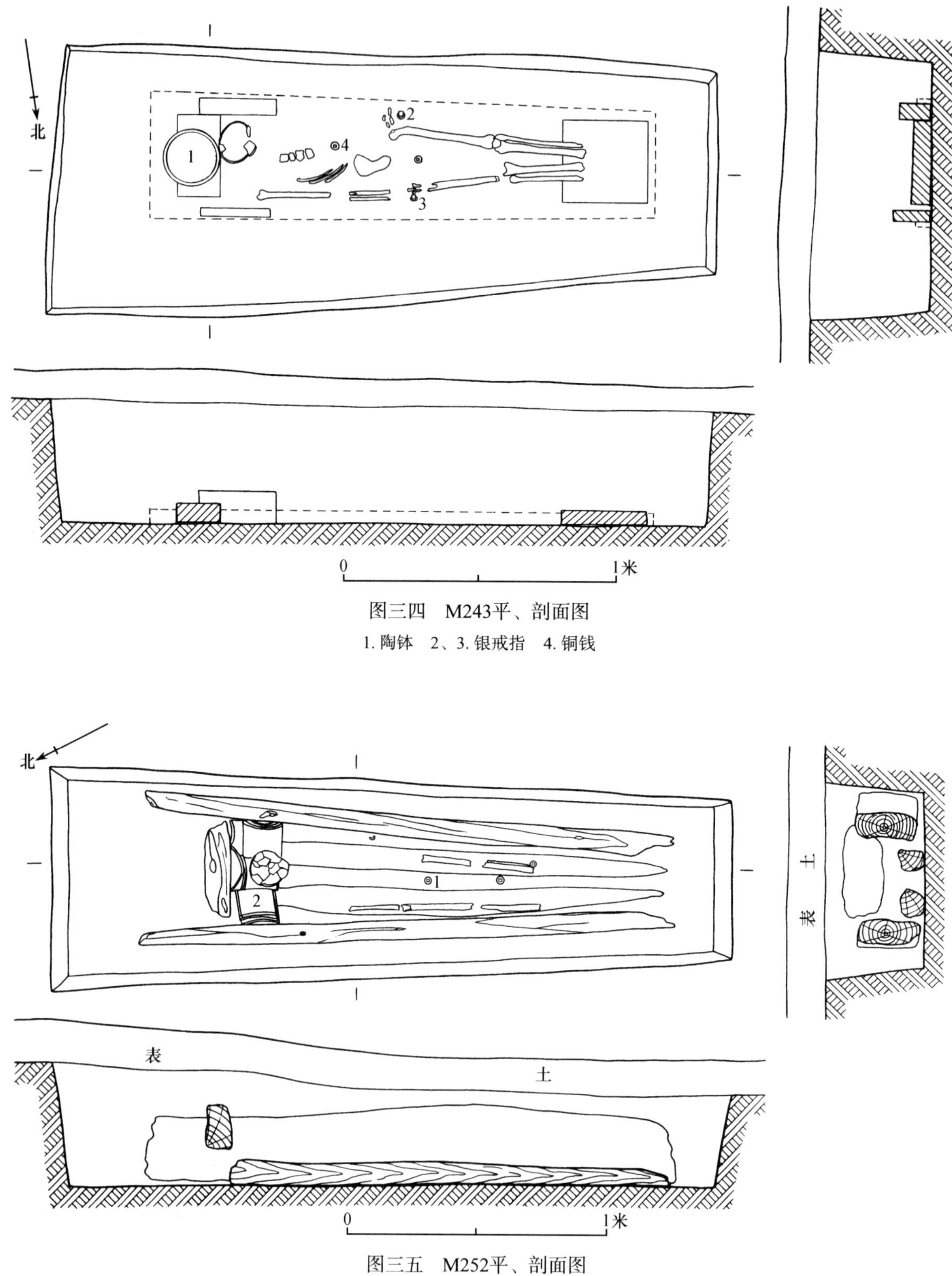

图三四　M243平、剖面图

1. 陶钵　2、3. 银戒指　4. 铜钱

图三五　M252平、剖面图

1. 铜钱　2. 陶瓦

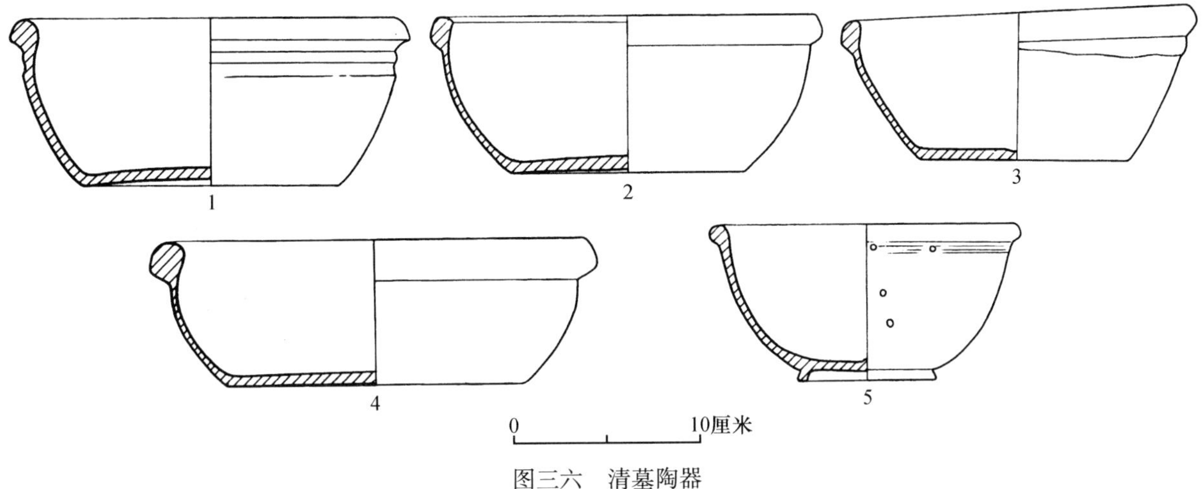

图三六　清墓陶器

1~4. 钵（M144：1、M243：1、M248：2、M251：1）　5. 碗（M241：1）

径24.2、底径16.2、高7.8厘米（图三六，4）。

碗　1件。M241：1，泥质红褐陶。卷沿，圆唇，弧腹，圈足。碗身有修补打孔痕迹。口径17.2、圈足7.6、高8.4厘米（图三六，5）。

（2）银器

簪　1件。M144：2，桥形。一端卷曲成鋬。素面。长7.2、宽1.2厘米（图三七，3）。

戒指　2件。条状环形，戒面饰双凤纹。M243：2，长7.5厘米（图三七，1）。M243：3，长8.9厘米（图三七，2）。

（3）铜器

饰件　1件。M244：1，帽顶饰。球形。长5.4厘米（图三七，4）。

扣　2枚。M240：2，球形，一大一小。素面（图三七，5）。

（4）铜钱

共28枚。

顺治通宝　2枚。方孔圆钱。正面楷书钱文直读“顺治通宝”，背面满文。M251：2，直径2.6、孔径0.5、厚0.1厘米（图三八，1）。M252：1-3，残断。

康熙通宝　4枚。出土于M252和M243。方孔圆钱。正面楷书钱文直读“康熙通宝”，背面满文。M252：1-1，直径2.6、孔径0.4、厚0.1厘米（图三八，2）。M243：4-1，直径2.5、孔径0.5、厚0.1厘米（图三八，3）。

乾隆通宝　12枚。分别出土于M134、M144、M168、M238、M240、M243、M247、M248。方孔圆钱。正面楷书直读“乾隆通宝”，背面满文。M134：1-2，直径2.4、孔径0.6、厚0.1厘米。M144：3-1，直径2.1、孔径0.6、厚0.1厘米（图三八，5）。M168：1-1，直径2.3、孔径0.5、厚0.1厘米（图三八，4）。M238：1-1，直径2.4、孔径0.4、厚0.1厘米。M243：4-2，直径2.6、孔径0.4、厚0.1厘米（图三八，6）。M248：1，直径2.5、孔径0.5、厚0.1厘米（图三八，7）。

嘉庆通宝　4枚。分别出土于M168、M240、M244、M247。方孔圆钱。M240：1-2，直

径2.3、孔径0.4、厚0.1厘米（图三八，8）。M244：2-1，直径2.3、孔径0.5、厚0.1厘米。M247：1-2，直径2.5、孔径0.4、厚0.1厘米。

道光通宝　1枚。M134：1-1，方孔圆钱。直径2.4、孔径0.5、厚0.1厘米（图三八，9）。

另有5枚铜钱腐蚀严重，钱文不清。

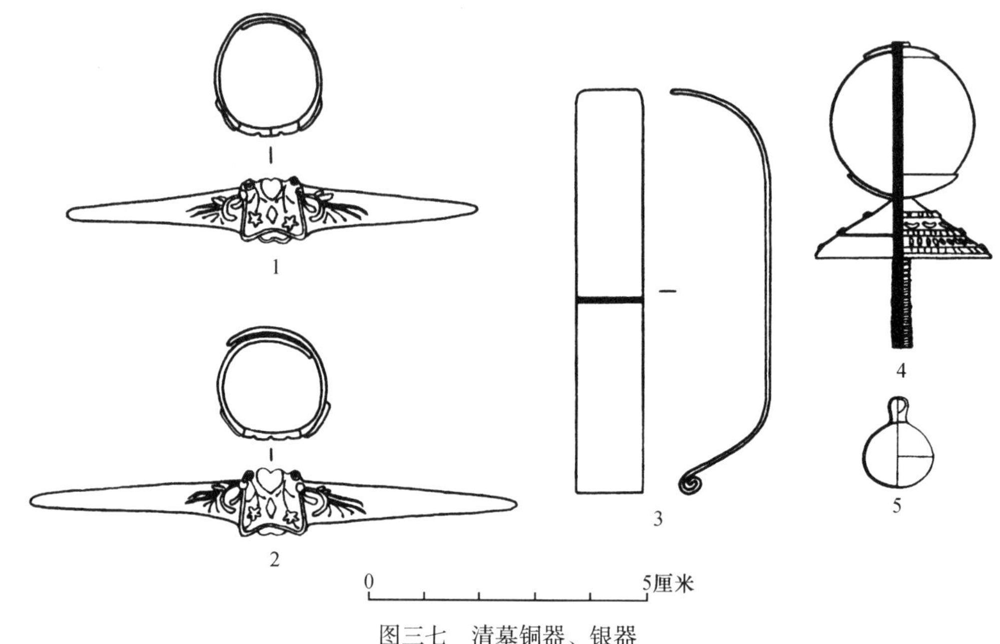

图三七　清墓铜器、银器

1、2. 银戒指（M243：2、M243：3）　3. 银簪（M144：2）　4. 铜饰件（M244：1）　5. 铜扣（M240：2）

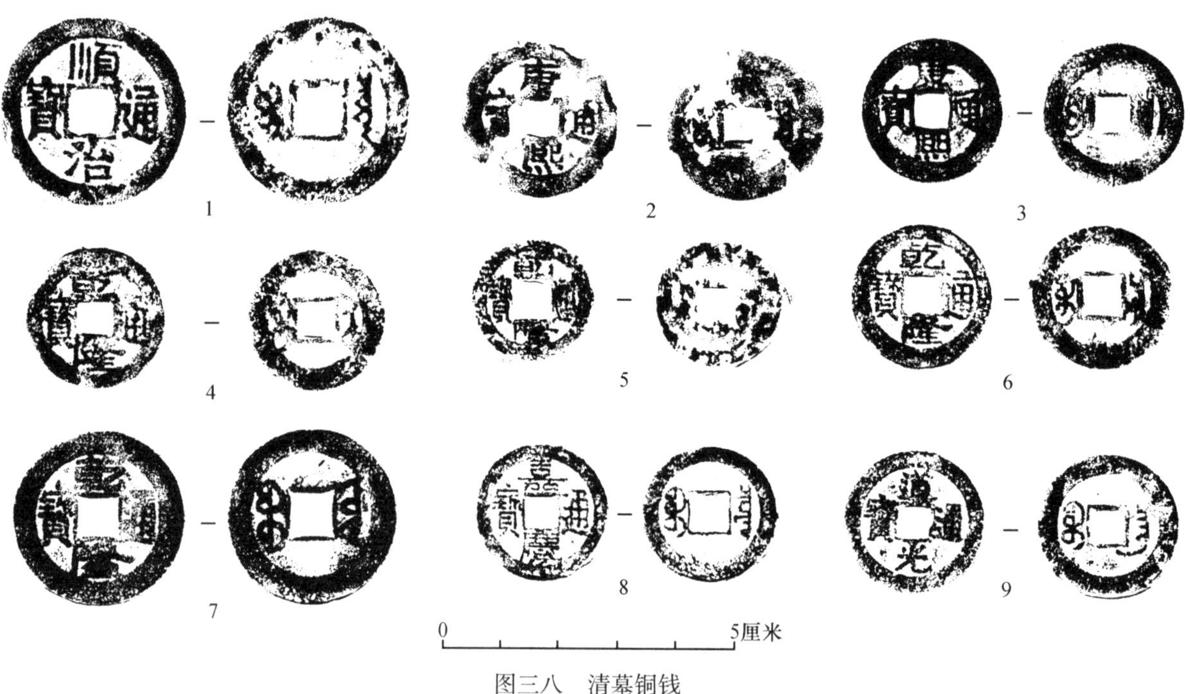

图三八　清墓铜钱

1. 顺治通宝（M251：2）　2、3. 康熙通宝（M252：1-1、M243：4-1）　4~7. 乾隆通宝（M168：1-1、M144：3-1、M243：4-2、M248：1）　8. 嘉庆通宝（M240：1-2）　9. 道光通宝（M134：1-1）

五、灰　　坑

发掘灰坑4个：H1 、H2、 HG1、HG2。均分布在5号台地中部。

H1　位于金陂墓地A区5号台地的AT0903内，开口于第1层下，打破生土。该灰坑口部平面呈长方形圆角状，剖面为锅底形，口部长2.4、宽1.7、坑深0.8米。填土为灰白夹黄斑的花土，较疏松，填土内有少量的釉陶及红陶片。灰坑从上往下仅一层，即灰白夹黄斑的花土层。推测其时代不早于东汉（图三九）。

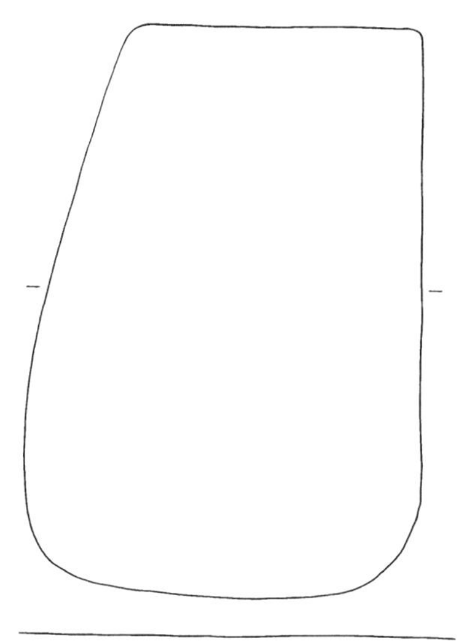

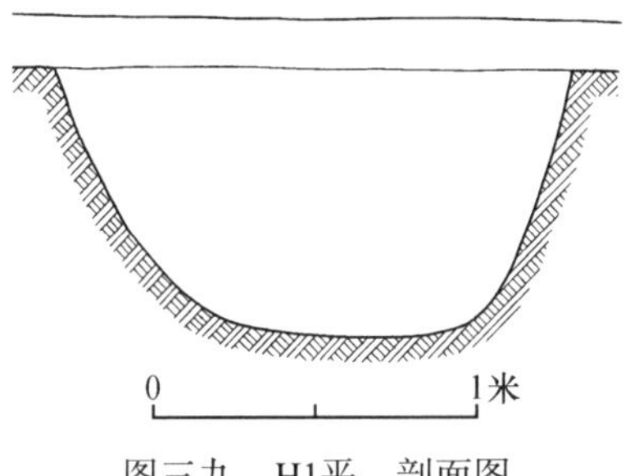

图三九　H1平、剖面图

六、窑　　址

发掘明代窑址1座：Y1。

Y1　位于金陂墓地A区5号台地的AT0603内，开口于第1层下，打破M249，打破生土。窑址平面呈椭圆形，方向152°。开口长4.47、宽0.7~3.28、距地表0.1米，底部长4.43、宽0.6~2.61、深0.85米。Y1由烟道、窑床、火膛、门道四部分组成。烟道有三个，都在Y1北部，由东至西排列，烟道与窑壁直立贯通，烟道口为正方形。烟道高0.7~1.05米。窑床平坦，窑床和窑壁用泥抹成，经过多次烧烤非常坚硬，呈板结状，青灰色。窑壁垂直不光滑，窑壁厚0.03~0.2米。窑床东壁用砖砌成，由于后期破坏严重，仅存少许砖。火膛两侧均用砖砌成，保存较差，有5~9层。火膛底部残留少量草木灰、炭屑和烧土粒。门道是Y1保存最差的部分，仅存痕迹。窑址四周有一周烧土，烟道周围最厚，达到0.5米，烧土最薄处0.03米。填土为灰黄色，土质较疏松，填土中有少许残砖。在窑床中部出土几块碎瓦片（图四〇）。

七、结　　语

金陂墓群分布有东周至明清时期的古墓葬，墓地面积大，墓葬分布密集，延续时间长，是整个丹江口库区少有的。对它的科学发掘，必将为研究丹江流域各历史时期的社会发展状况等提供重要的资料。

1. 墓葬特点

2010年度共发掘古墓葬36座，其中东周墓13座，西汉墓5座，唐、宋墓各1座，明墓2座，

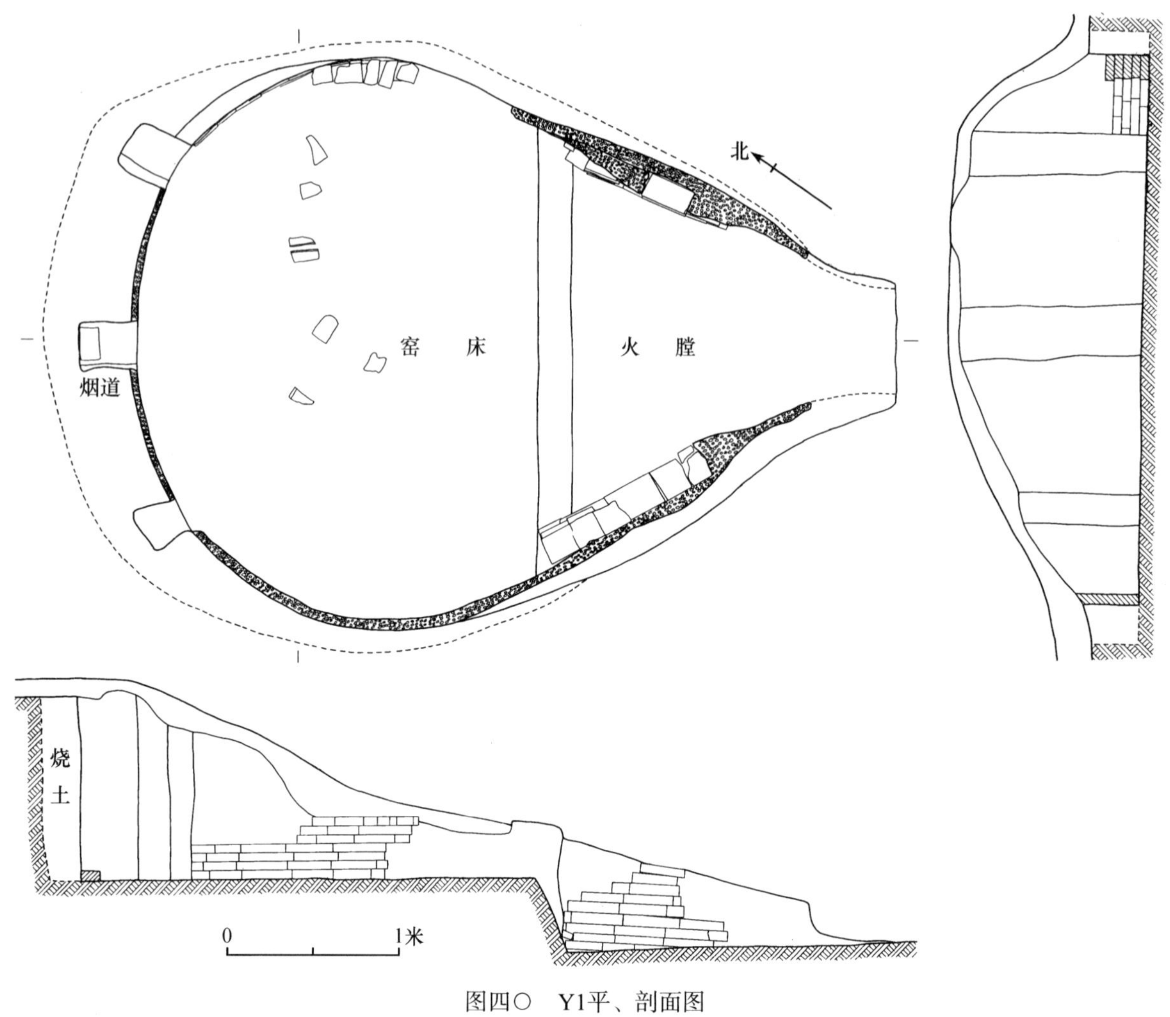

图四〇 Y1平、剖面图

清墓14座，进一步充实了金陂墓群的墓葬资料。

东周墓均为长方形竖穴土坑墓，头向皆朝南，墓坑口大底小，四壁斜直，底部较平。棺椁均腐，部分可见棺椁痕迹。有的墓葬残存骨痕，葬式为仰身直肢。随葬器物均有两套陶鼎、敦、壶、豆，为战国时期楚墓典型器物组合。根据墓葬形制及随葬器物等特征，推测墓葬的年代为战国早、中期。

西汉墓皆为土坑砖室墓，分带短甬道的“凸”字形单室墓和带斜坡墓道的长方形单室墓两类，保存较差。砖墙采取单砖平砌的方法砌筑，在中部有倒“人”字形装饰。铺地砖为“人”字形。从墓葬形制和墓砖纹饰来看，时代应为西汉晚期。

唐、宋墓葬扰乱严重，保存极差。

明、清墓为小型竖穴土坑墓，墓坑平面有长方形和梯形两种。葬具均为单棺，一般在棺底铺草木灰。葬式为仰身直肢，头枕陶钵或陶瓦。明墓设有头龛，龛内放置2件青花瓷碗和1件釉陶罐。清墓一般只随葬1件陶钵和数枚铜钱。

2. 新的收获

此次还发掘了4个灰坑和1座窑址，更加丰富了金陂墓群的文化内涵。

灰坑地层堆积简单，填土一般为较疏松的灰白夹黄斑的花土，包含有少量的陶片及碎砖块。由于出土的遗物较少，没有突出的特点，推测时代不早于东汉。

发掘明代窑址1座，虽遭毁坏，但仍保存有烟道、窑床、火膛、门道四部分，使用痕迹较明显，窑址内出土部分陶瓦，该窑址属于烧制砖瓦的民窑遗址。

摄　影：金　陵
绘　图：刘宏昊
修　复：刘冬梅
执　笔：刘德银　李　亮

丹江口温坪墓群发掘简报

陕西省考古研究院

温坪墓群位于湖北省丹江口库区石鼓镇温坪村1~9组，西距郧丹公路约12千米，北与河南省淅川县仓房镇相接，东为丹江口水库，南是武当山余脉的长岭山。沿水库由西向东分别为白营、程营、张营等自然组，地理坐标东经111°29′，北纬32°45′，海拔148~170米（图一）。

1994年10月，丹江口市博物馆在文物调查中发现此墓群，认为其分布范围大，墓群暴露的情况丰富，同时又因为此墓群所在位置靠近淅川下寺，具有很重要的学术研究价值。2008年4

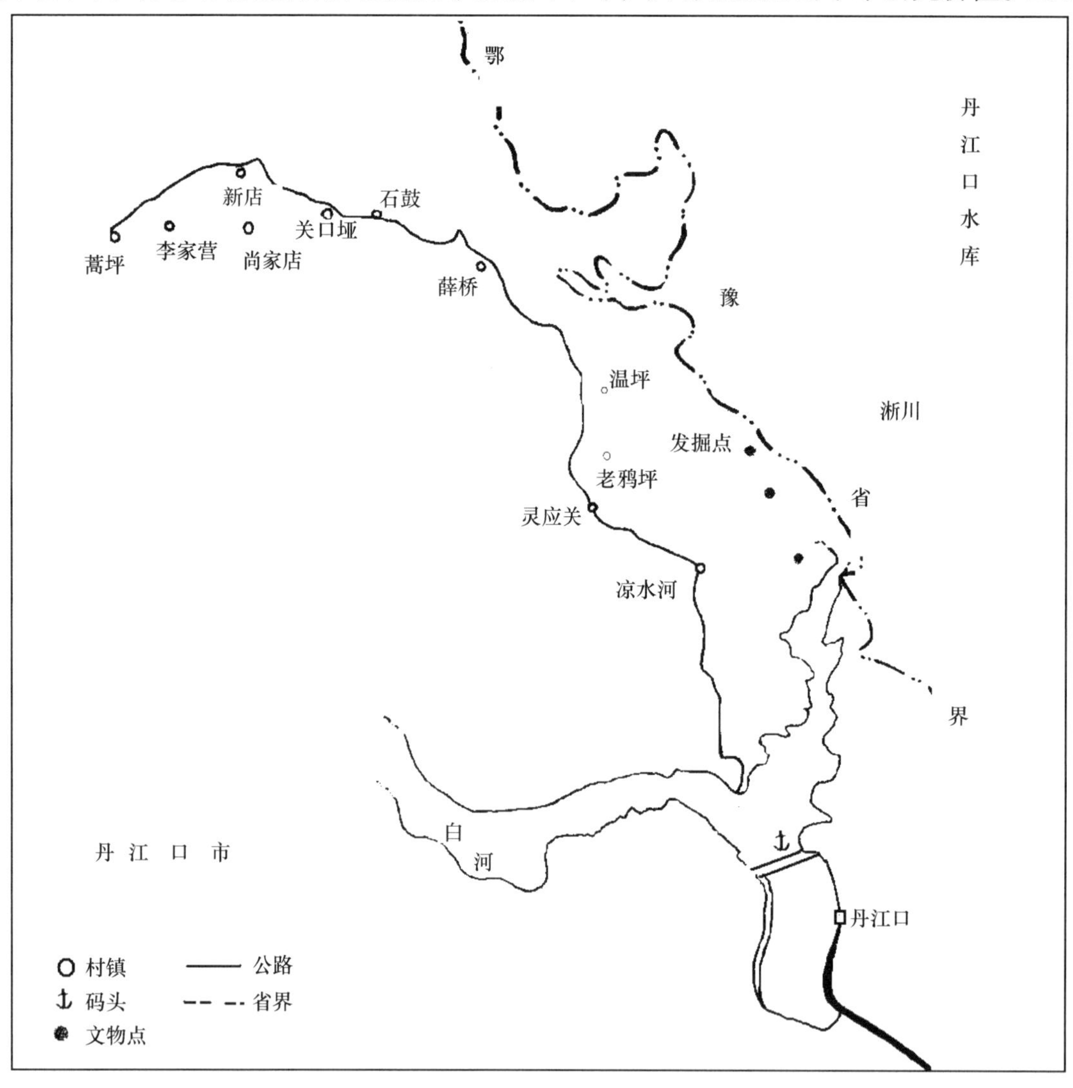

图一　温坪墓群地理位置示意图

月，陕西省考古研究院承担了此墓群的考古任务，发掘墓葬41座。现将工作情况简报如下：

一、发掘概况

此次发掘遗迹有墓葬、灰坑、建筑墙基、墓茔建筑设施等（图二；图版一六，1）。

发掘墓葬41座，均位于海拔147米以上的缓坡地带，基本呈东南—西北向或南—北向排列，包括土圹墓30座、砖室墓10座、石室墓1座，其中38座单人墓，3座合葬墓。墓葬均开口耕土层下，距地表深不过30厘米，墓自深不超过200厘米，墓圹平面为长方形或梯形。土圹墓的葬具多为木质单棺，平面梯形，棺狭窄，长220、宽50~70厘米，有的可见棺板外侧的仿竹节状红漆木条装饰。1座墓葬为双重木棺葬具。砖室墓构筑方法是土圹内以长条砖垒砌四壁、券顶，其中头端长出侧壁，侧壁中部内束，底拱形错缝铺砖，足端窄，多有仿木假门。墓室内未见葬具痕迹。石室墓因上层破坏严重，只存石铺墓底，不能判定其上部的结构和构筑材料。葬

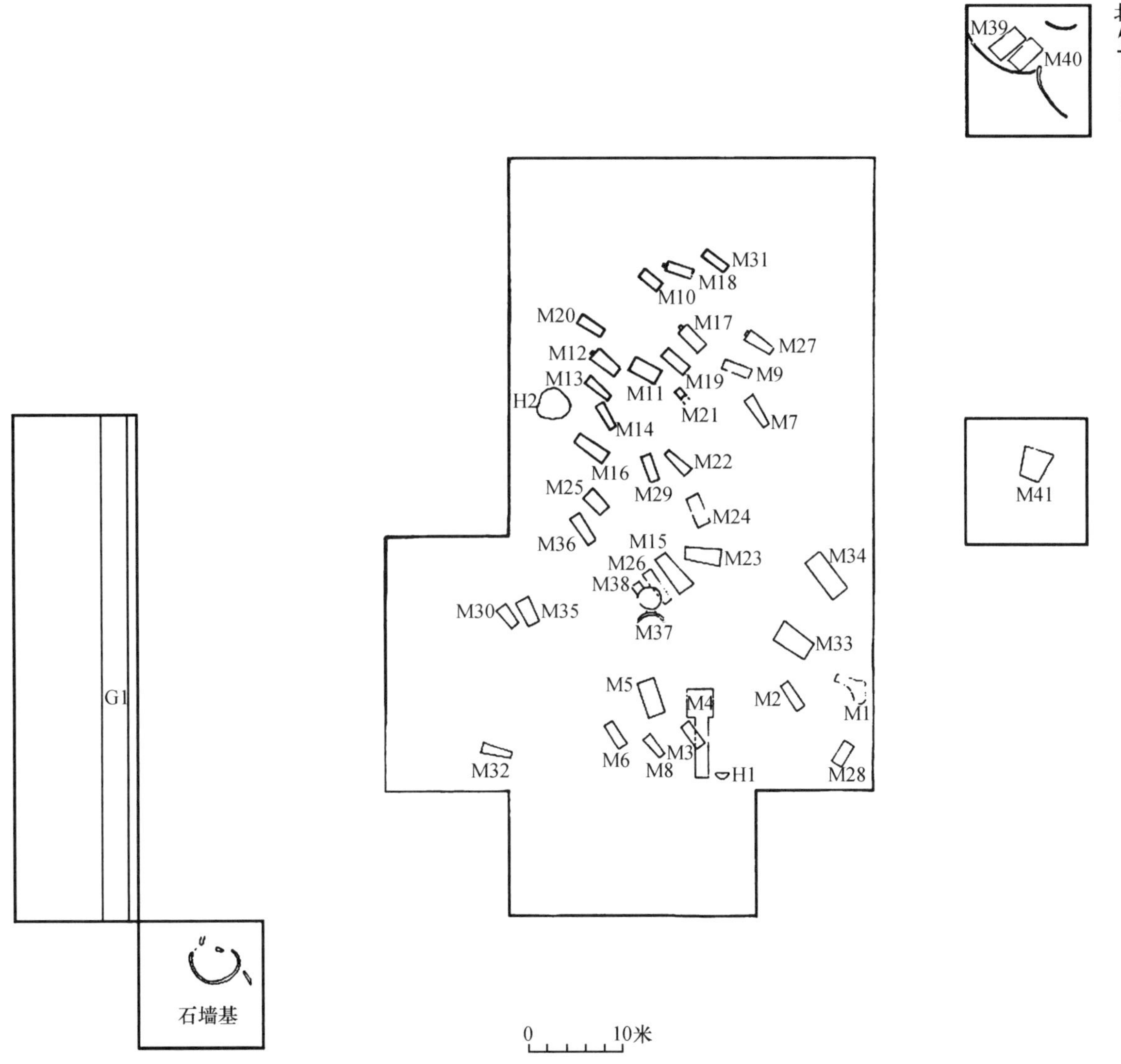

图二　发掘总平面图（遗迹编号前两位数省略）

式常见仰身直肢，因骨骸保存较差，年龄、性别鉴定困难。发现一处墓主头部位置有红色织物残迹。墓葬以宋、明代为主，另有清代墓葬3座。

墓茔设施遗迹主要有3处，均位于发掘区的东北角T1807内，其中一条“墓帘”位于两座墓葬的东南部，将墓葬圈定起来，直线长度375厘米。第二条位于东侧，西端与前述连接，弧形北部有黑色草木灰状物质的堆积，直线长度280厘米。第三条位于探方东北部，仍为弧线形，内弧中的堆积呈黑色粉末状，杂有泥质灰陶残碗1件及物质焚烧的灰烬，直线长度为250厘米。墓帘残高均为8厘米左右。只有第一条即西南部的墓帘内发掘两座砖室墓葬，第二条和第三条墓帘内未发现任何形式的墓穴，推其原因，应是该区域未按当初计划使用，在埋葬了两座墓葬后被废弃。

建筑墙基2处，位于发掘区的西南角。其中一处从墙基上看应为单间建筑，坐西北，面东南，面阔250、进深残385厘米。现残存三面墙基，均宽100、残高20厘米左右。由残砖、石混合垒砌，砌法为错缝平砌。后墙西南侧有残墙一道，砌法双排砖、石错缝平铺，墙体中空，淤积有大量的红烧土和烟炱。房屋内的堆积为红烧土、烟炱、数量较多的酱色粗瓷片、灰陶残片以及零星青花瓷片。时代应不早于清代。

2座灰坑分别位于发掘的南部和西北部。其中，H1为半圆形土圹式，口大底小，斜壁。南部有一圆角长方形小坑。上口距地表22、长150、宽124厘米。长方形小坑长38、宽32、距地表深42厘米。堆积未分层，包含物较少。主要包括青花瓷片、白瓷片、红烧土、残砖块、石块等。从所在位置推测与墓葬关系密切，或属于墓葬的祭祀遗存。H2平面近椭圆形，边壁不十分规整，平底。上口直径258~340、下口直径242~330、坑深距地表135厘米。坑内包含物较多。可辨器形有青花瓷碟、碗、杯、盏以及陶盆、陶缸、陶瓮、陶灯等，还有少量的红陶罐、印纹红陶、板瓦等。其时代应晚于发掘区墓葬，与周围墓葬无大的关系。但与发掘区内所见的晚期石墙遗迹有紧密的联系。

二、墓例介绍

M1001　“L”形土圹竖穴式，方向300°，墓壁有坍塌。长约244、宽约82、深130厘米。距离墓底30厘米处有头龛，进深16、高20、宽24厘米。墓道位于墓室东南，呈长方形竖穴土圹式，长90、宽88、深130厘米。墓道的南端有立向砖，残留9块，摆放成一定寓意的图案，因扰，图案不完整，应该与宗教活动有关。葬具为一棺，已朽存痕，棺长186、宽50~66、残高38、板厚6厘米。墓主仰身直肢，头向西北，保存较差，似男性，从牙齿判断其年龄为50岁左右。随葬品包括铜钱8枚、铜簪1件、釉陶罐1件，以及瓷器残片（图三）。

M1004　“凸”字形砖室墓，方向175°，斜坡墓道在南部。墓室圆角长方形，口部长344、宽257、深244米。墓道斜坡残长400、宽110、深20~160厘米。在斜坡墓道与墓室之间有甬道，斜长162、宽150、深180~282厘米。墓葬早期被扰，墓底四壁底部残留铺地青砖。地砖铺法两种，一是近西壁下用整砖南北纵向前后顺铺，一是近南壁下东西横铺。出土18枚北宋铜

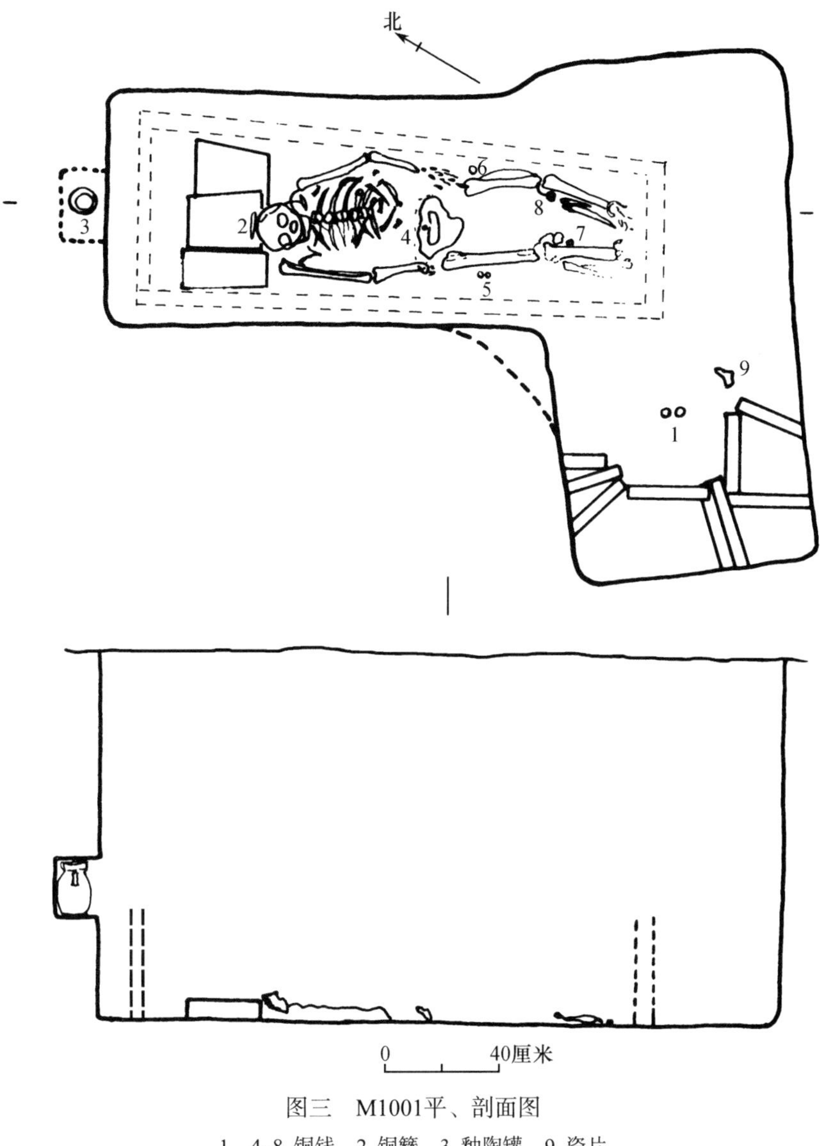

图三　M1001平、剖面图

1、4~8. 铜钱　2. 铜簪　3. 釉陶罐　9. 瓷片

钱，钱文有“嘉祐通宝”、“熙宁元宝”、“天圣元宝”、“元丰通宝”、“政和通宝”等；瓷炉残片、瓷碟残片各1件，填土中另有石器3件（残）、陶饼1件（图四）。

M1026　梯形砖室墓，方向310°。长方形竖穴土圹内青砖砌筑四壁，上部券顶已塌陷，填土内夹杂大量顶部坍塌砖块。总长300、宽120~122、深126~140厘米。砖室平面近船形，西、北壁保存较完整，南壁被M1037打破。砖壁残高60厘米。墓壁砌法为纵向平铺稍错缝，东部封门交错叠砌，西壁砖仿木门，有门楣、门框、门扇、门槛等结构。墓底中高侧低，砖铺地，用横向、纵向长条形砖不规律平铺。砖有33×16–5、33×15–5、34×16–5厘米等规格，墓室内未发现木质葬具，根据砖室的形状，或可称为“砖棺墓”。墓主骨架腐朽严重，仅存部分下肢骨，似头向东南。M1026的东北部为M1023，二者间距较近，方向一致，都为砖室墓，并且砖室墓的构筑方式一致，时代应相差不远，二者具有一定的亲缘关系（图五；图版一六，2）。

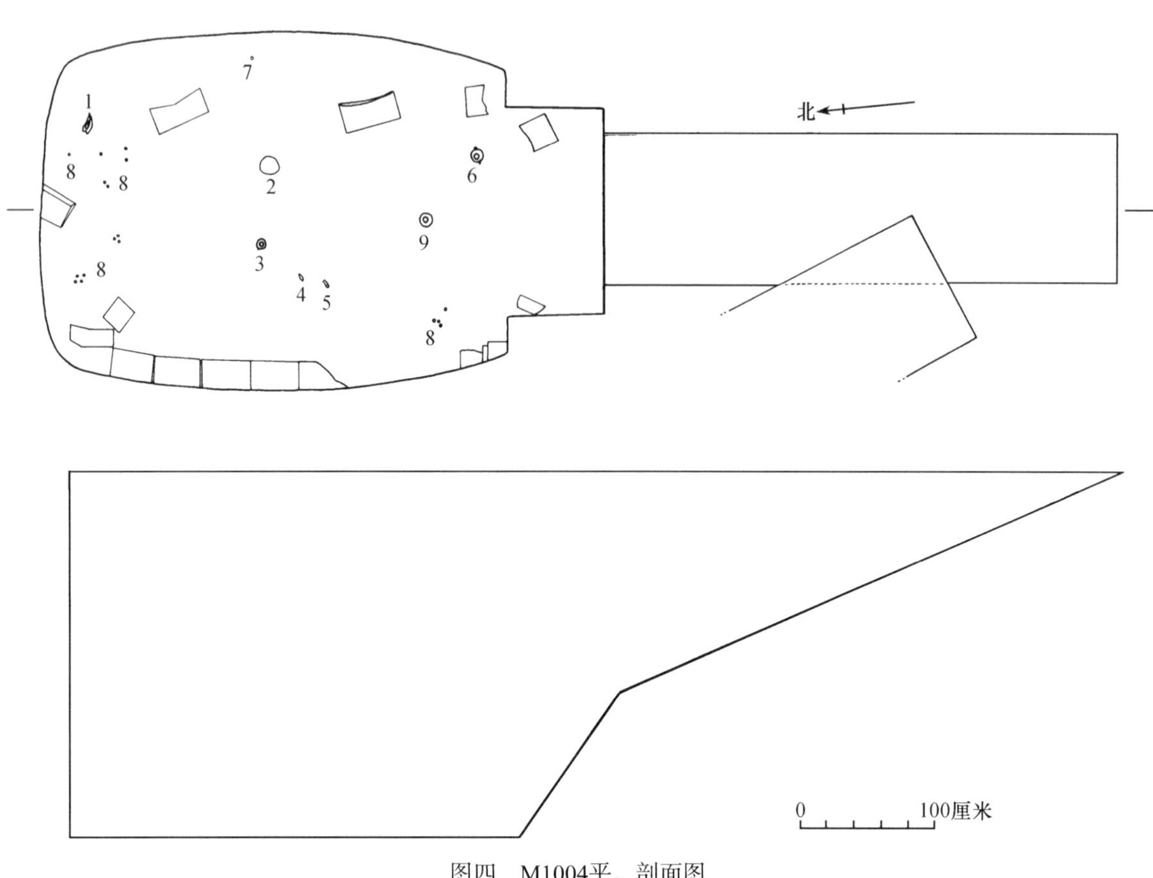

图四　M1004平、剖面图

1. 瓷片　2. 陶饼　3. 瓷碟　4. 石斧　5. 石凿　6. 瓷罐　7、8. 铜钱　9. 石臼

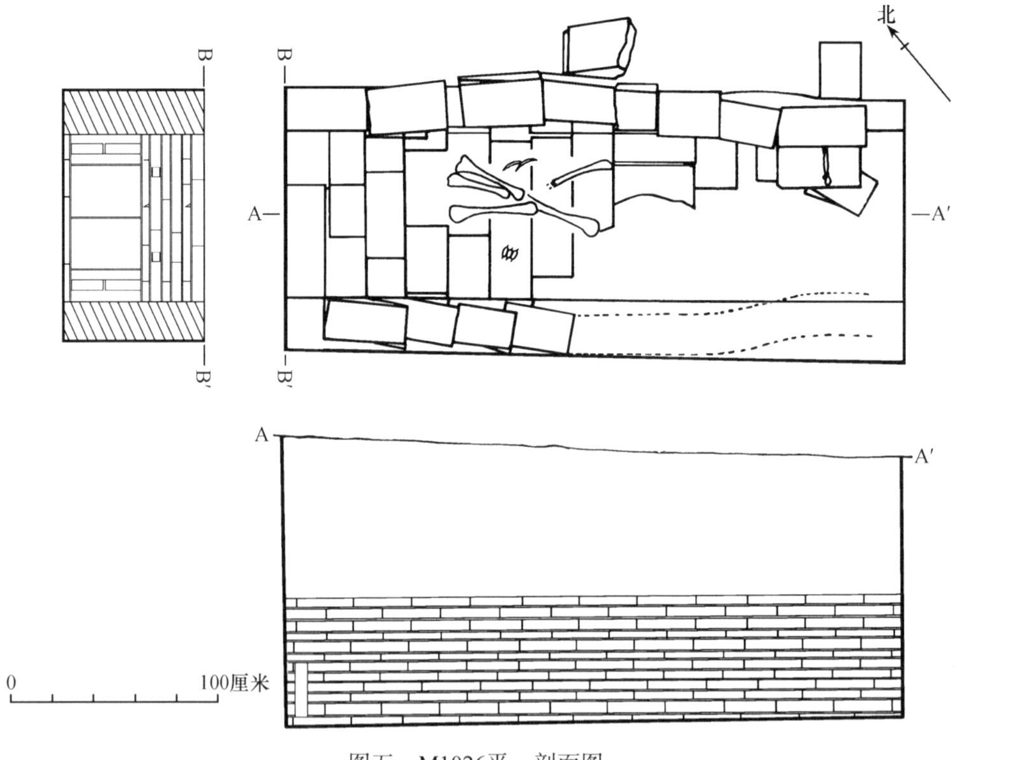

图五　M1026平、剖面图

M1037 墓向177°，椭圆形砖室墓，由墓室、墓道、甬道三部分组成。外层紫褐色石粒与深褐色土混合封土。斜坡墓道在南，残长约200、内宽80、深距地表32~320厘米，坡度22° 。甬道券顶，长70、内宽80、顶高140厘米。甬道外侧砖封门，立砖横放8层，至顶有2层错缝平铺。墓室倭角方形，穹隆顶，长260、宽250厘米，砖墙高150厘米处起券，券顶高224厘米。墓壁单层砖砌，砌法自墓底逐次为：错缝平铺10层，共高150厘米；继之为突出的砖角做出的菱角牙子一层，高6厘米；再向上为两顺一丁共三层垒砌，高26厘米；接上仍为菱角牙子一周，最后为两顺一丁、顺铺错缝至顶。两层菱角牙子的距离为26厘米。墓砖规格基本一致，长33、宽16、厚6厘米。墓底错缝“人”字形砖铺地。地表甬道与墓室之间有弧形砖墙，直线长度为175、残高24厘米，砖砌方法为错缝内弧向平砌。砖与砖之间有白灰做黏合剂。墓室内二棺并列南北放置在中部，葬具已朽无存，只见棺钉。骨骸腐朽，散乱，头向、葬式不详。M1037打破M1038、M1026，而且墓葬形制、埋葬风格也与这些墓葬迥异，说明其时代不仅晚于被打破墓葬，同时文化内涵也不相同，应是不同时代、不同人类族群的文化遗留。随葬品有瓷罐1件、瓷碗1件、铜眉夹1件、铜钱60余枚（图六；图版一七，1、2）。

M1033 近方形竖穴土圹式，方向300°。墓室长235、宽160~175、深110厘米。墓壁较规整。葬具为南北并列的二棺，南棺平面近梯形，通长215、西北端宽80、东南端宽70、棺板厚

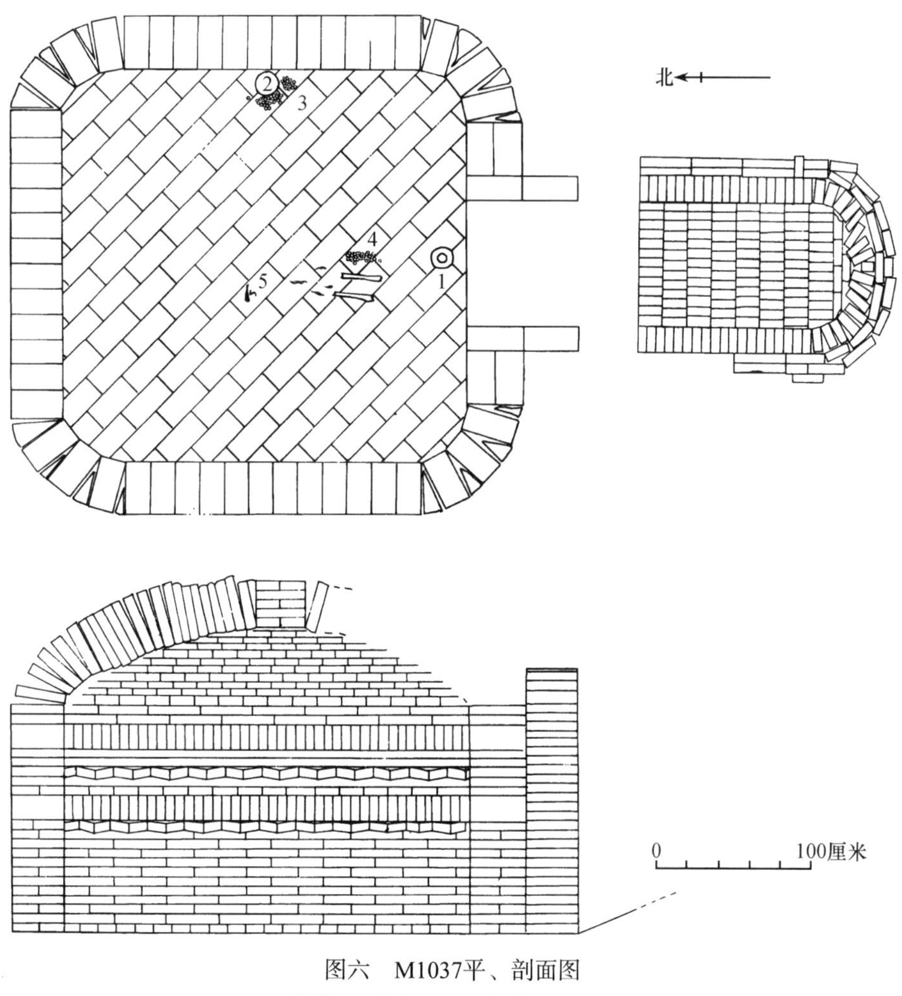

图六 M1037平、剖面图

1. 瓷罐 2. 瓷碗 3、4. 铜钱 5. 铜眉夹

3、残高26厘米，南、北两侧板头端长出挡板4厘米，顶端形状为方形，脚端与挡板平齐，四周有铁棺钉，共计14枚；北棺形状与南棺相同，通长210、西北端宽80、东南端宽70、内棺板厚3、高26厘米，南、北两长侧头端出头，长出头端挡板6厘米。脚端与挡板平齐，四周有铁棺钉，共计14枚。两棺内各有人骨架一具，均为仰身直肢葬式。南棺墓主头骨与下颌骨移位，面向不详，头枕瓦，双手放置于体侧，左腿胫、腓骨向南与右腿胫腓骨靠近。脚端棺内砖4块，左腿胫骨外侧有一覆瓦，盆骨右侧有一铁器（残），吸颅骨下有铜钱2枚，棺底有黑灰色棺灰。北棺墓主头原枕在2块覆瓦之间，现已移位，双手放于体侧，左腿胫腓骨向南靠近右腿，在脚踝部二脚相交，左脚交叠于右脚之上（图七）。

M1034　梯形竖穴土圹，方向320°。长350、宽150~170、深170厘米。墓室填土分三层，第一层为红褐色夹黄色土粒的五花黏土，土质较硬，未夯打；第二层下距坑口60厘米，为木炭层，厚约5~10厘米；第三层自外棺顶部之上有厚约20厘米的石灰加沙混合土。外棺四周填塞石

图七　M1033平、剖面图

1、3. 铜钱　2. 铁器（残）

灰加沙的混合土，平夯成层形成二层台，台面东宽30、西宽28、南宽35、北宽35、高48厘米。内棺四周沙石灰填塞。下部有厚5~34厘米的木炭和5厘米的沙石灰一层。双重木棺放置于墓室中部，外棺呈梯形，通长290、西北端宽112、东南端宽92、高104、侧板厚4、头端挡板厚6厘米，外棺南、北两侧板首端长出挡板13厘米，形状近半弧形；尾端长出侧挡板10厘米，形状方形，长8厘米；内棺形状与外棺相同，通长254、首端宽86、尾端宽56、板厚4、高50厘米，内棺南、北侧板长出头挡板13厘米，脚挡板长出侧板各10厘米。棺内墓主的骨架很凌乱，头向西北，多处骨骼移位，应为迁（入）葬墓。随葬品有银耳环1副、墓志砖1块、铜钱7枚。此墓与西南部的M1033墓向一致，但墓室内铺沙石、木炭的做法为此次发掘所仅见，或有墓主地位的差别（图八；图版一七，3、4）。

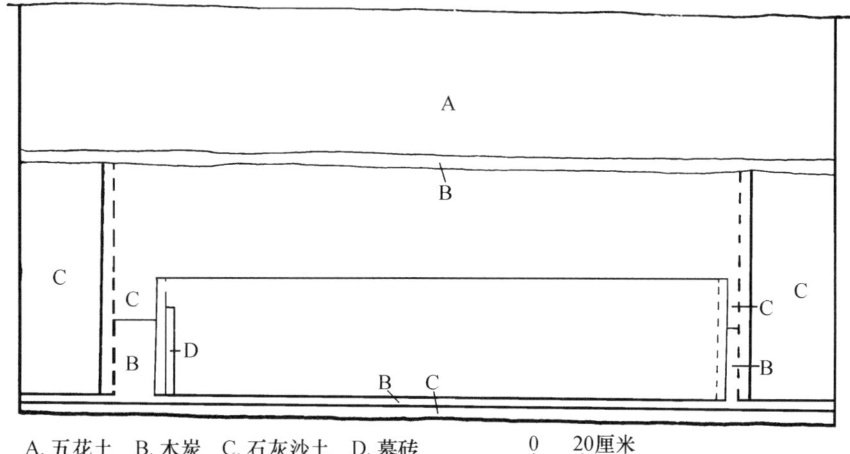

A. 五花土　B. 木炭　C. 石灰沙土　D. 墓砖　0　20厘米

图八　M1034平、剖面图

1、2. 银耳环　3~5. 铜钱　6. 墓志砖

三、随　葬　品

共计约203件（组）。主要有金属器174件（组）、瓷器16件、陶器3件、釉陶器3件、墓志砖3件、石器4件，另有银质及铁质器物少量。

1. 瓷器

主要器形有罐、杯、碟、碗等，共16件。

碗　7件，包括4件青花瓷、3件青瓷。分二型。

A型　1件。腹圆。M1014：2，残，仅余器腹以下部分。腹圆下垂，圈足较高，胎厚。内外施釉不到底，釉蛋青色。胎灰，质细腻。残高5.6、底径6.3厘米（图九，1）。

B型　6件。腹斜壁。按照腹斜程度，分二式。

Ⅰ式　3件。大侈口，腹斜壁急收。M1037：2，内外壁均施淡青色釉，釉层稀薄不到底，胎质粗糙呈红褐色。通高7.4、口径19.3、底径6.6厘米（图九，2；图版一八，5）。M1001：9，仅余腹以下部分。残高4.7、底径5.6厘米（图九，3）。M1006：3，青花瓷，胎白，釉厚莹润略显蓝色。器表绘点状花纹和草叶纹。底有"福"字草书。通高5.4、口径13.3、底径5.4厘米（图九，4）。

Ⅱ式　3件。侈口，腹壁微斜并下垂内收，圈足较矮。均为青花瓷。H1002：2，内壁底有兰花图案，外壁主要是"T"形和"π"形图案，器底部有菱形花押。通高7.2、口径14.8、底径6.2厘米（图九，5；图版一八，1）。H1002：3，外壁错位布局花草，内壁底有兰花图案。通高7.4、口径15.2、底径6.5厘米（图九，6）。

碟　青花瓷碟多见，惜无法修复，另有M1004扰土出土1件。M1004：3，釉青白、薄，胎白质坚。大侈口，圆唇，浅腹，高圈足。通高3.4、口径14.4、底径5.6、足高6厘米（图九，7）。

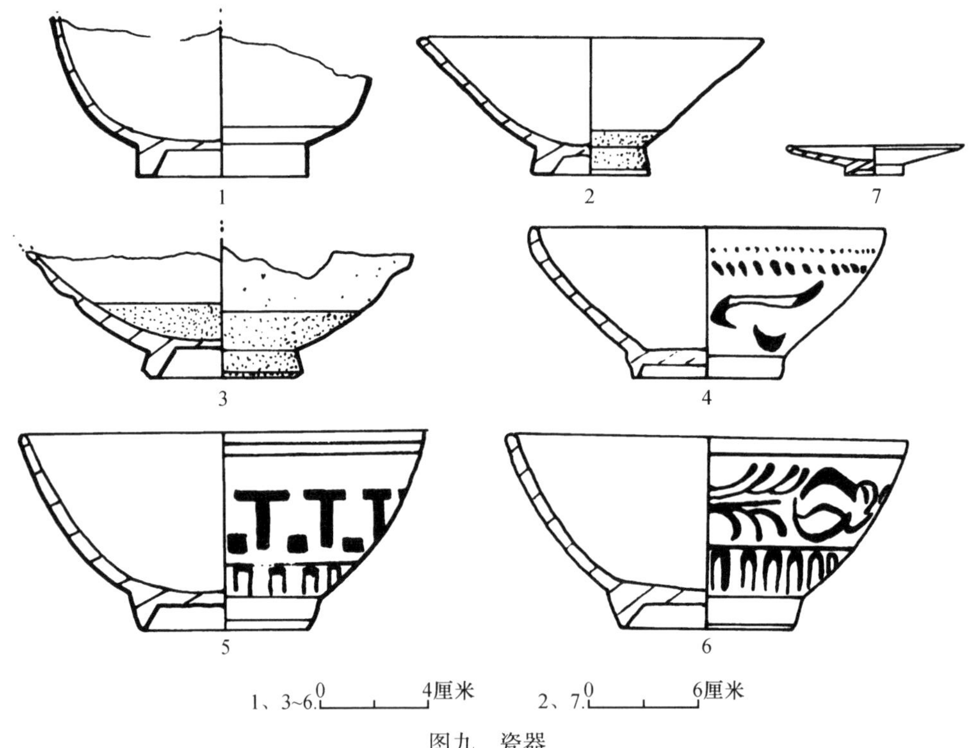

图九　瓷器

1. A型碗（M1014：2）　2~4. B型Ⅰ式碗（M1037：2、M1001：9、M1006：3）　5、6. B型Ⅱ式碗（H1002：2、H1002：3）　7. 碟（M1004：3）

罐　7件。按照器耳的数量，分二型。

A型　3件。双耳，矮圈足，体圆。3件。分二式。

Ⅰ式　2件。青釉。圆鼓腹。M1037：1，直口，圆唇，直颈，圈足小。造型端庄、匀称。内外施青釉，唯底露胎。釉层厚重，通体冰裂纹，局部有窑变。肩、腹部有轮制痕迹。通高11.2、口径10.1、腹径12.4、底径6.2厘米（图一〇，1；图版一八，4）。M1004：6，敞口，束颈，鼓腹近球状，青釉光亮度差，胎粗。通高12.6、口径12.5、腹径14.5、底径6.8厘米（图一〇，2）。

Ⅱ式　1件。黑色釉。M1018：5，直口，厚圆唇，直颈较长，长弧腹。内壁施薄釉，外壁仅在下腹以上部位施釉。釉色乌黑、明亮。通高12.3、口径9.5、腹径12、底径6.6厘米（图一〇，3）。

图一〇　釉陶罐、瓷罐

1、2. A型Ⅰ式瓷罐（M1037：1、M1004：6）　3. A型Ⅱ式瓷罐（M1018：5）　4. B型Ⅰ式瓷罐（M1017：1）　5、7. B型Ⅱ式瓷罐（M1006：2、M1027：1）　6. A型釉陶罐（M1012：2）　8、9. B型釉陶罐（M1011：1、M1001：3）

B型　4件。单耳，深腹，平底。黄褐色半釉。尖状流。胎粗糙，釉层薄。腹部大量轮制痕迹。有的耳部残缺，应为埋葬时有意识打破。按照腹部最大径的位置、口径与腹径的比例变化，分三式。

Ⅰ式　1件。口小，斜流，上腹圆鼓，小平底。M1017∶1，通高16.5、口径7、腹径11、底径9厘米（图一〇，4）。

Ⅱ式　2件。口稍大，直流，腹最大径下移至器体中部，大平底。M1027∶1，耳残。通高22、口径11.6、腹径16.4、底径12.2厘米（图一〇，7）。M1006∶2，通高15.2、口径9、腹径12、底径8.7厘米（图一〇，5；图版一八，3）。

Ⅲ式　1件。口大，短直流，斜腹最大径在器体底部，大平底。M1007∶2，通高13.5、口径8.1、腹径10.4、底径8厘米（图一一，2）。

杯　1件。筒状。M1013∶4，直口，圆唇，深腹微弧，平底。红胎质地粗糙。内壁施淡青色全釉，外壁施铁锈色全釉。通高13.4、口径8、腹径9.7、底径6厘米（图一一，1）。

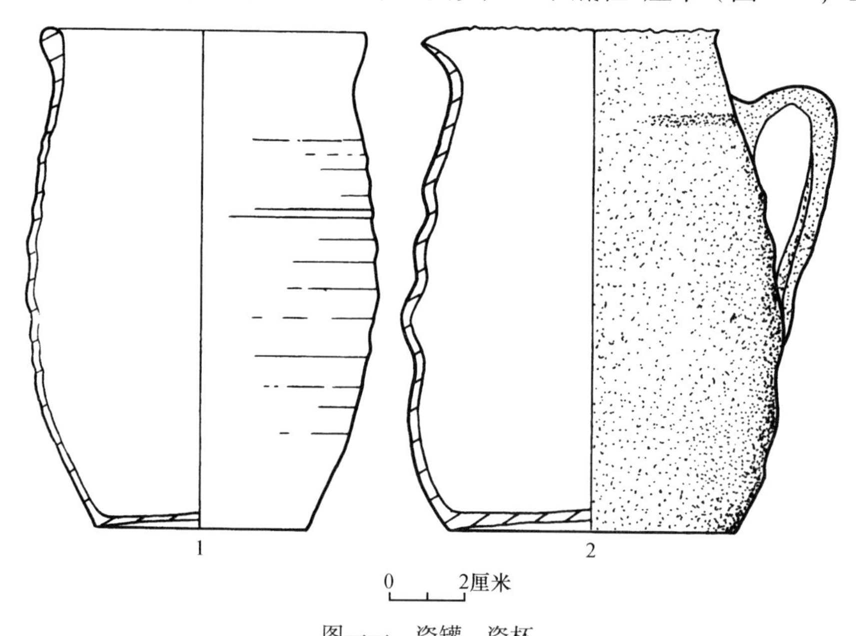

图一一　瓷罐、瓷杯

1. 杯（M1013∶4）　2. B型Ⅲ式罐（M1007∶2）

2. 陶器

包括陶瓮、罐、灯、碗以及建筑材料等。多泥质灰陶，红陶少量，陶瓮等大型器少量夹砂。多素面，少量几何印纹、弦纹等。主要出土于灰坑和建筑遗迹中。比较完整的有3件。

碗　泥质灰陶，修复1件。T1807∶1，圆唇，敞口，弧腹，圈足。陶色斑驳。腹中部有阴弦纹。口径12.4、腹径15.7、通高9.6厘米（图版一八，2）。

灯　泥质灰陶，修复1件。H1002∶4，上部残。塔状，竹节状柄，残余双层盘。底盘大，中心空与柄贯通，盘缘可见两孔。局部有烟炱。残高19.1、底盘直径16.4厘米（图一二，4）。

饼　泥质灰陶，1件。M1004∶2，形状不规则，略似椭圆形，两面中部下凹。长13.6、宽

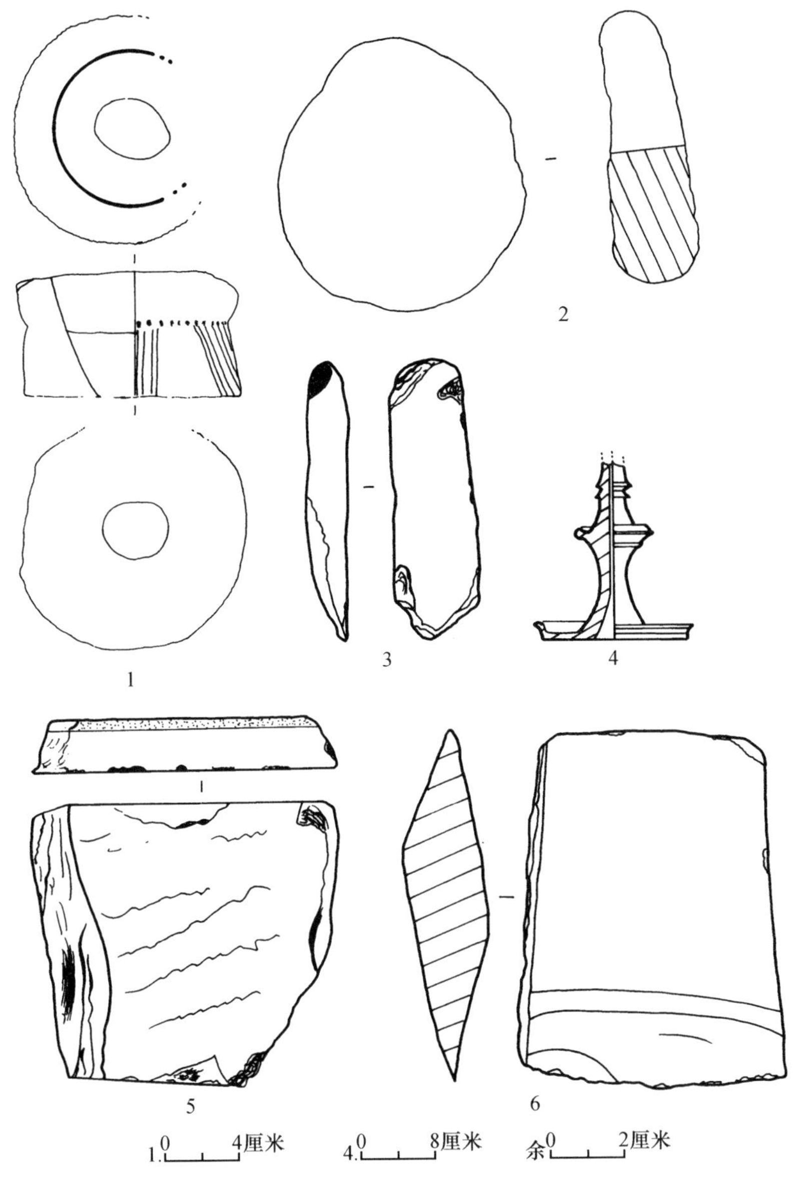

图一二　陶饼、石器、陶灯

1. 石臼（M1004：9）　2. 陶饼（M1004：2）　3. 石凿（M1004：5）　4. 陶灯（H1002：4）
5、6. 石斧（M1004：4、M1029：1）

13.4、厚4.8厘米，用途不详（图一二，2）。

3. 釉陶器

罐　共3件。按照耳部的有无，分二型。

A型　1件。无耳，平底。M1012：2，厚圆唇，近直口，束颈极短，溜肩，圆鼓腹，大平底。下腹与底交接处有突棱。内外施青色薄釉，底无釉。胎红色，可见多处轮制痕迹。通高15、口径9.2、腹径15、底径9.4厘米（图一〇，6）。

B型　2件。四耳，深腹，矮圈足。黄绿色釉，薄。M1001：3，厚圆唇，敛口，斜颈，溜肩，鼓上腹缓斜收至底，厚圈足矮。内壁施全釉，外壁釉层只及下腹以上，有气泡。胎灰白。有轮制痕迹。通高23、口径9、腹径15.8、底径9.4厘米（图一〇，9；图版一八，6）。M1011：1，通高22.2、口径8.4、腹径14.2、底径9.5厘米（图一〇，8）。

4. 石器

4件。3件为灰黑色砾石制作，1件为白色砂岩。均为磨制。

斧　2件。M1029：1，填土中出土。上部残，中段截面梯形，单面刃。刃边有崩裂痕迹。残长9.7、刃宽7.4、中部厚近2.2厘米（图一二，6）。M1004：4，平面梯形，尾部残，首部双面刃。残长8.3、宽7.7、最厚处为1.45厘米（图一二，5）。

凿　1件。M1004：5，长条形，双面刃尖。长7.7、宽2.3、厚近1厘米（图一二，3）。

臼　1件。白色砂岩。M1004：9，臼窝上小下大。外表多制作的凿痕沟槽。残高6.8、底径约12厘米（图一二，1）。

5. 金属器

共计174件（组）。

铜器　共计172件，包括铜钱、发簪、纽扣、眉夹，以铜钱占大宗。

铜钱　158枚。多为宋代年号，包括“元丰通宝”、“天禧通宝”、“祥符通宝”、“治平通宝”、“景德通宝”、“嘉祐通宝”、“淳化元宝”、“元祐通宝”、“崇宁通宝”、“崇宁重宝”、“熙宁重宝”、“皇宋通宝”、“政和通宝”、“元丰通宝”、“圣宋元宝”、“咸平元宝”、“景德元宝”、“治平元宝”、“绍平元宝”、“至和元宝”、“太平通宝”等，另有少量“开元通宝”（图一三、图一四），其中M1024：9，表面附着麻布织物，经纬线粗疏，线径粗细不均匀，平畦织造，每平方厘米线数约为15根（图版一九，1）。在M1039、M1040中还出土“康熙通宝”3枚。

发簪　5件，锥状，其中3件首部有帽。M1003：1，首部尖状帽，有小乳突，银质。体扁平，铜质。帽与体为二次套合而成。残长10.2厘米（图一五，2；图版一九，3）。M1002：1，首部勺状，尾尖，体棱状。兼有发簪和耳勺两种功用。通长9.5厘米（图一五，3）。

眉夹　1件。中间有可活动铜箍。M1037：5，通长9.4厘米（图一五，1）。

纽扣　8枚。出土于M1039、M1040骨架旁。M1039：1，水滴状，小环。直径不足1厘米（图一五，5）。

铁器　仅铁钱（？）1枚。M1013：1，锈蚀，原形不辨。直径约4.7~6厘米（图版一九，2）。

银器　仅耳环1副。M1034中出土。M1034：1，体呈“2”形，大钩、尾为葫芦形。通长近4厘米（图一五，4；图版一九，4）。

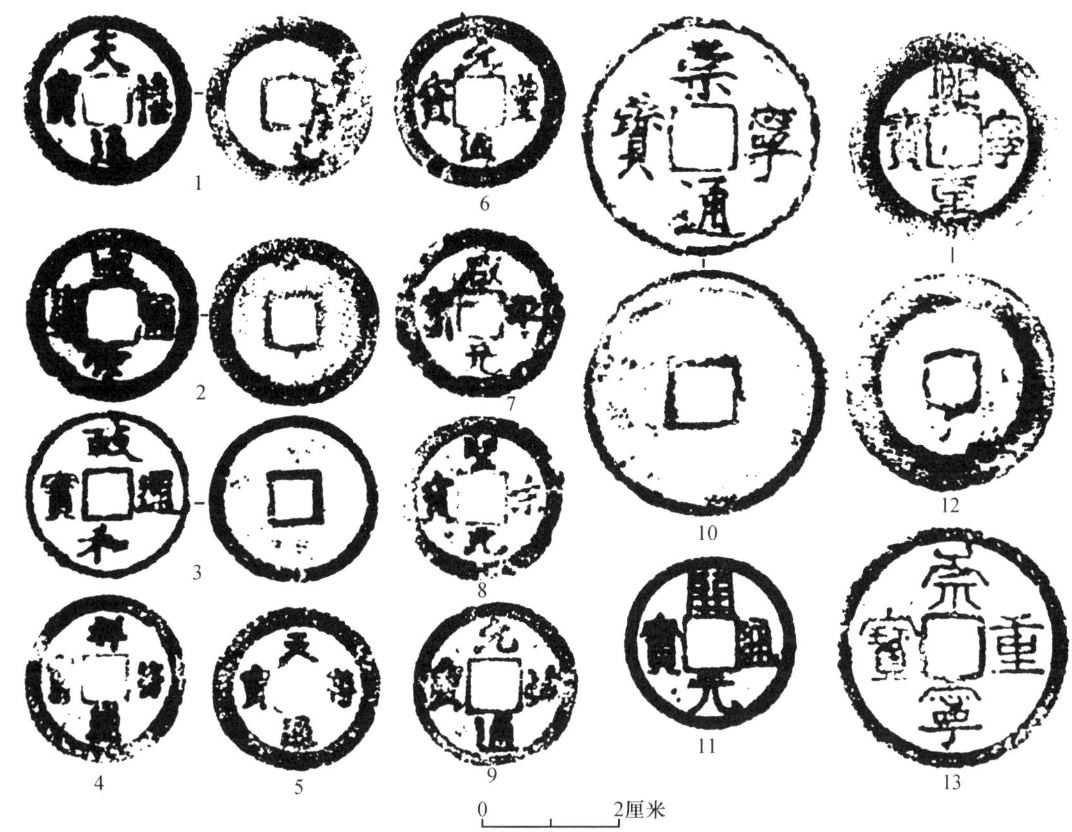

图一三　铜钱

1. 天禧通宝（M1037：4-1） 2. 皇宋通宝（M1037：4-2） 3. 政和通宝（M1037：4-3） 4. 祥符通宝（M1011：3-1） 5. 天禧通宝（M1011：4） 6. 元丰通宝（M1037：4-4） 7. 咸平元宝（M1037：4-5） 8. 圣宋元宝（M1037：4-6） 9. 元祐通宝（M1037：4-7） 10. 崇宁通宝（M1037：4-8） 11. 开元通宝（M1037：3） 12. 熙宁重宝（M1037：4-9） 13. 崇宁重宝（M1037：4-10）

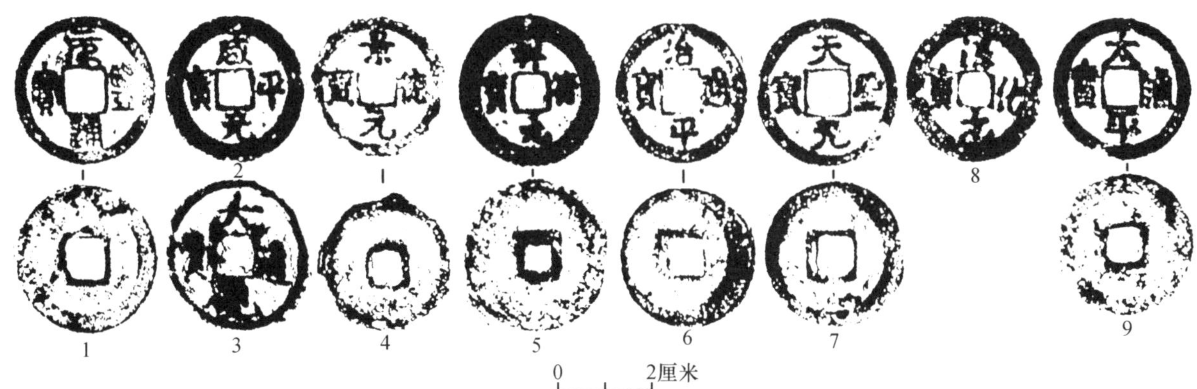

图一四　铜钱

1. 元丰通宝（M1001：1-1） 2. 咸平元宝（M1024：1） 3. 大观通宝（M1024：5-1） 4. 景德元宝（M1004：8-1） 5. 祥符元宝（M1004：8-2） 6. 治平通宝（M1004：8-3） 7. 天圣元宝（M1004：8-4） 8. 淳化通宝（M1006：1） 9. 太平通宝（M1031：2）

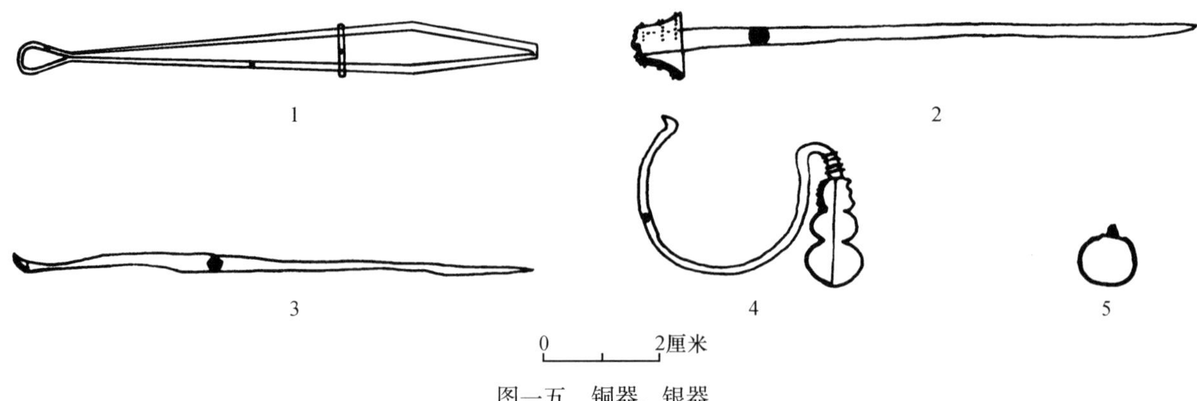

图一五　铜器、银器

1. 铜眉夹（M1037：5）　2、3. 发簪（M1003：1、M1002：1）　4. 银耳环（M1034：1）　5. 铜纽扣（M1039：1）

四、初步分析

本次发掘遗迹仅有二组打破关系，即M1037打破M1038、M1026，M1003打破M1004，除铜钱外也无明确纪年材料，因此只能根据墓形、葬俗和随葬品推断年代。

根据墓形、葬式、随葬品的情况，41座墓葬可分两期。

第一期：宋代。10座，包括M1004、M1014、M1015、M1016、M1021、M1022、M1026、M1037、M1038、M1029。葬结构类似覆船形，墓室西壁垒造仿木假门、墓室内不用葬具以及封门砖“人”字形斜插等特点，均类似老河口王冲M2、M10、武汉江夏区段岭庙M1等墓葬[1]，应为北宋时期。M1004出土双耳罐类似襄樊磨基山宋墓[2]，双横系，青白灰胎。M1014棺底两端各用3块残砖南北纵向支垫，类似材料见于武汉江夏区段岭庙M1，唯本墓葬规格更小，属于宋墓中的棺枕设施。M1029被毁严重，仅存墓底和少量石砌墓壁，应是一座宋代石室墓的残留。另据M1037出土斗笠式青瓷碗同武汉卓刀泉M154、云梦王家山M9：5，其中卓刀泉M154为南宋时期，综合该墓打破M1026等墓葬的层位关系，将其定为稍晚的南宋时期。

第二期：明代。25座，包括M1001、M1002、M1003、M1005、M1006、M1007、M1008、M1009、M1010、M1011、M1012、M1013、M1017、M1018、M1019、M1027、M1030、M1031、M1033、M1034、M1035、M1024、M1032、M1036、M1028。通过器物类型对比可知，M1012出土的釉陶无耳罐、M1006青花瓷碗同云梦义堂火龙堂M2、京山县青布洼墓地M4[3]等一致；单耳罐主要特点是酱褐釉色、粗砂胎质、腹部大量凸弦纹，类似器物见于报道的有武汉市江夏区流芳岭M3[4]、随州市何家店干堰洼M1-1[5]等处，被称为“单把带流罐”或“单耳带流罐”，属于明代中晚期器物。M1034虽葬俗与上述各墓稍有区别，但其使用方形墓志砖的规范同M1030，又与宜昌务渡河明代墓砖规格同[6]，墓室以三合土和木炭分层夯打回填的作风也为湖北地区明代墓葬常见。M1028未见骨骼和葬具，墓壁以长条形砖平铺垒砌，砖与砖之间有白灰、石子混合物质作为黏合材料，墓砖较M1026之大、厚，为明代遗物。又根据单耳罐器形的演变，可知此次发掘的明代墓葬有早晚之别，例如M1017早于M1027、M1006早于M1007，但限于材料的缺乏，目前还不能进一步划分。

第三期：清代。3座，包括M1039、M1040、M1041 。M1039和M1040同出“康熙通宝”钱币和水滴状纽扣，属于一处清代夫妇并穴合葬。

M1023、M1025、M1020计3座墓葬根据墓型属明代。

温坪墓群是一处较大的公共墓地，使用时代自北宋至明、清。41座墓葬中，除M1037、M1034的墓主分属不同时代身份较高或经济稍富裕者之外，其余均为普通平民，有些甚至属于贫民。

此次发掘的墓葬规格都比较小，随葬品贫瘠，一方面说明当时盛行薄葬习俗，更反映出经济发展水平较低的事实。此地在宋代属于京西南南路地区，是中原与鄂西北地区文化融合的前沿，其宋代墓葬多有仿木结构的假门或菱角牙子，应该是对北方河南地区文化传统的承接。另外，迁葬墓内放置有“镇墓”含义的大石块，也具有浓郁的北方特色。此次发掘的明代墓葬中，普遍使用宋代年号铜钱随葬，其原因虽尚难以解释，却说明仅依钱币为据判断墓葬时代有一定的局限。总之，此次发掘获得的材料无疑将有助于丹江口库区北岸宋、明时期文化面貌、经济状况的深入研究。

温坪墓群项目处于丹江支流的深处，虽距河南下寺位置较近，但地势狭窄，位置偏僻，尤其是长期的水位消长对地貌的影响极大。从地面调查情况看，除东部近河南境内有少量汉代几何纹砖外，再无时代更早的有价值遗物。通过这次考古工作尤其是大面积的钻探普查，证明墓群中不存在与淅川下寺有关的早期楚文化遗迹。通过发掘纠正了历年来多次地面调查的失误，缩小了探寻早期楚文化的范围。

发　掘：田亚岐（领队）　许卫红　陈　钢
于　希　周　斌　王永荣等
绘　图：于　希　周　斌
照　相：王志友　陈　钢
执　笔：许卫红

注　释

［1］ 老河口市博物馆：《湖北老河口市王冲宋墓清理简报》，《江汉考古》1995年第3期；武汉市博物馆、江夏文物管理所：《武汉江夏区段岭庙宋墓发掘简报》，《江汉考古》2000年第4期。

［2］ 襄樊市博物馆：《襄樊磨基山宋墓发掘简报》，《江汉考古》1985年第3期。

［3］ 湖北省文物考古研究所等：《云梦义堂火龙堂古墓葬发掘简报》，《湖北省考古报告集》，湖北省文物考古研究所编，2008年6月。

［4］ 武汉市考古研究所等：《武汉市江夏区流芳岭明墓清理简报》，《江汉考古》2000年第3期。

［5］ 随州市博物馆：《随州市何家店干堰洼宋明墓葬清理简报》，《江汉考古》2005年第3期。

［6］ 戴金刚、杜国荣：《湖北宜昌发现明代墓志》，《江汉考古》1994年第1期。

郧县后房旧石器遗址发掘简报

武汉大学历史学院

后房旧石器遗址位于湖北省十堰市郧县青曲镇王家山村，东距郧县县城约20公里，北距曲远河口郧县人遗址1.5公里（图一）。该遗址于1994年由中国科学院古脊椎动物与古人类研究所南水北调野外考察队调查时发现，并于2004年复查时确认[1~4]。2010年10~11月，武汉大学历史学院、南京大学地理与海洋科学学院、郧县博物馆联合组队对该遗址进行了抢救性发掘，揭露面积400平方米。本文是这次发掘的主要收获。

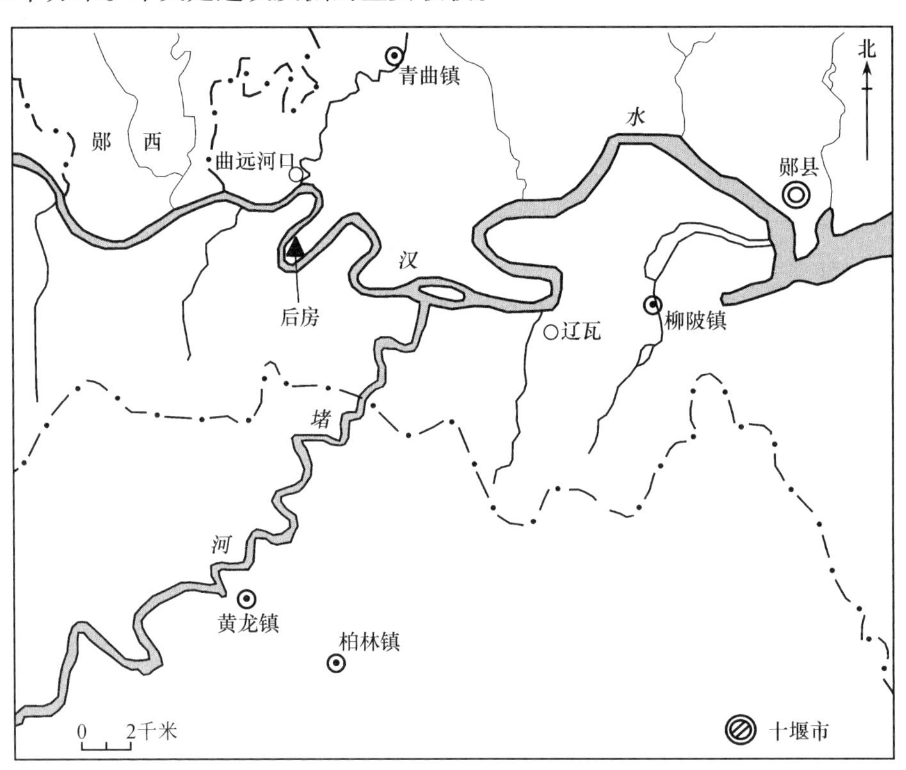

图一　后房旧石器遗址地理位置示意图

一、地貌、地层与发掘概况

后房旧石器遗址地处汉水上游，地理坐标为东经110°35′4″，北纬32°48′32″，海拔184米。

汉水发源于陕西省西南部秦岭与米仓山之间的宁强县冢山，向东南穿越秦巴山地，流经陕南，进入湖北境内。河槽蜿蜒曲折，自古以来就有“曲莫如汉”之称。遗址所处的河谷地带介于秦岭与大巴山东西褶皱带之间，在地貌上属于石泉至丹江口峡谷盆地交替段，该段基本上是一个大峡谷，但夹有四个小型盆地，从上游到下游依次是石泉盆地、安康盆地、郧县盆地和均县盆地。这些盆地面积很小，形状大致东西长南北窄，长轴与河谷的走向一致。遗址位于郧县盆地内，地质构造主要是古生代的变质岩系，在郧县附近的区域内还有第三纪的红色岩系覆盖在变质岩系之上，形成宽坦的河谷[5]。

汉水于第三纪后期开始形成，在第四纪是河流发育的主要时期，构造运动和河流侵蚀的作用使河流两岸发育了四级阶地。第一级阶地为河漫滩相堆积，已被丹江口水库淹没，原高出河床在10米左右；第二级阶地砾石层比现代河道高25米左右，在汉水两岸分布较多，阶地上披覆着厚度达2~10米的风尘堆积层，郧县县城即坐落在此级阶地上；第三级阶地海拔高出现代河床约40米，阶地较残缺，保留较少，风尘堆积层也比较薄，厚度为1~5米；第四级阶地砾石层比现代河道高50米左右，我们在该阶地发现了厚达20米的风尘黄土堆积，而且黄土—古土壤序列明显，在野外可辨认出五六层古土壤条带。遗址埋藏于汉水左岸的二级阶地。

为了找到合适的发掘区域，我们在遗址周边布设了3条探沟，经过比较细致的勘查，最后选择了石制品出露丰富、地貌清楚、地层明确的一个台地进行发掘。该台地所在区域被当地人称为后房，系原生堆积，原为缓坡地，受“坡改梯”工程的影响，地表多被改成梯田状，表面和断面暴露不少石器。发掘分两个区（A区和B区），相距52.5米（图二）。布方为正南北向，共布10米×10米探方3个，5米×5米探方4个。

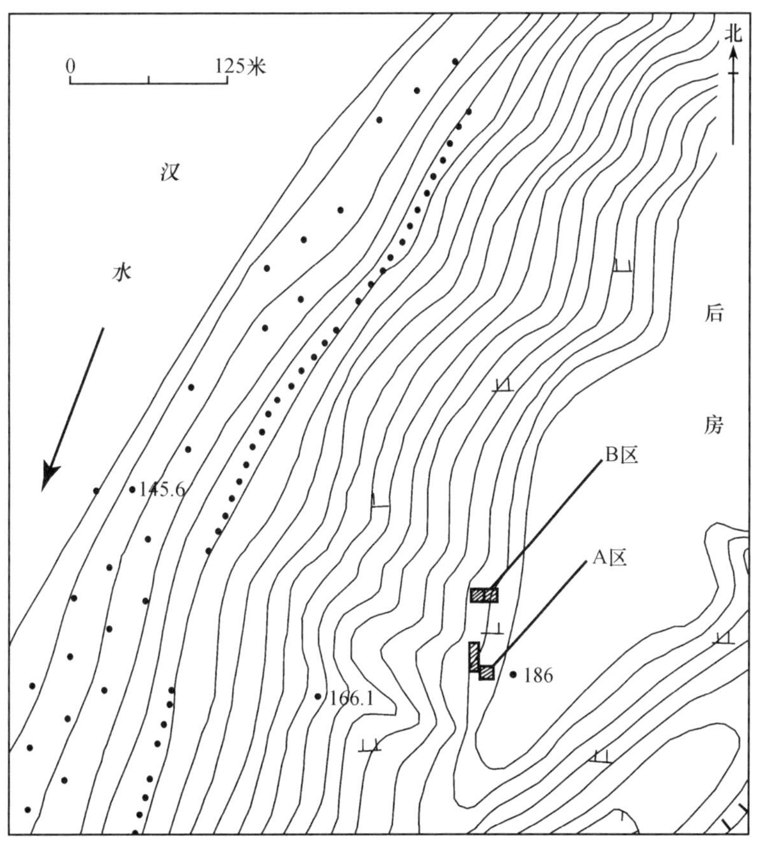

图二　遗址地形与布方位置图

受台地本身形态的影响，地层堆积呈缓坡状，东北高，西南低。由于“坡改梯”工程的破坏，表土绝大部分被取走，在探方内仅有部分残留，其下的堆积也有一定程度的损坏，在剖面上呈不连续分布。以比较完整的AT2为例，地层剖面从上至下依次为（图三）：

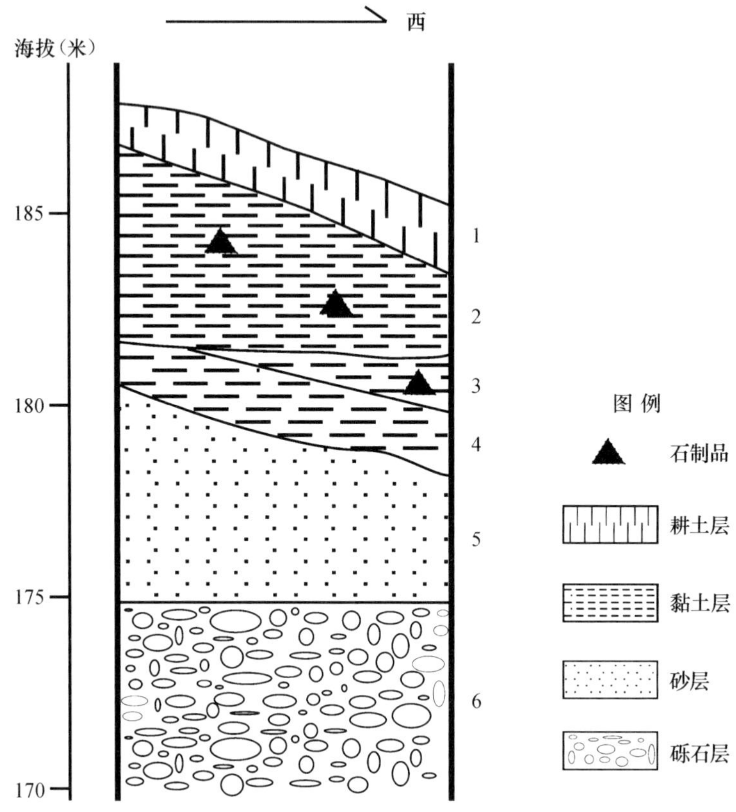

图三　后房旧石器遗址地层剖面图

（1）灰黑或灰褐色耕土层，粉砂质黏土，较疏松，局部夹零星小砾石和近现代遗物。厚0.1~0.85米。

（2）黄棕色黏土层，致密，垂直节理发育，含铁锰斑点和胶膜，见团粒结构，有虫孔和植物根孔。夹有砾石。含大量石制品。厚1.5米。

（3）青灰色黏土层，局部分布，较致密，颜色斑杂，有细网纹发育。大部分位于AT2内，少量向东延伸至AT1内。堆积西北部较厚，稍向东南倾斜，中部凹陷。含石制品。厚0.8米。

（4）深黄棕色砂质黏土层，较致密，含铁锰斑点和胶膜，见少量虫孔和根孔，与下伏地层呈过渡接触。不含石制品。厚1.4米。

（5）棕色砂质粉砂，较细，干裂后坚硬。分布非常广泛，未发掘至底部。不含石制品。厚度大于4米。

（6）砾石层，砾石磨圆度高，分选较差。成分复杂，以石英砂岩、粉砂岩、脉石英为主，砂岩、长石砂岩、安山岩、辉长岩、片麻岩、花岗岩砾石也有少量可见。砾石个体差异较大，多在3~20厘米，最大达到30厘米以上。厚度大于4米。

二、石　制　品

由于出土石制品的数量不多，且特征比较一致，所以我们将两个地层的石制品合并分析。共出土石制品162件，其中石核35件，石片38件，砾石工具5件，断块和碎屑43件，砾石备料41件（表一）。

表一　石制品的分类统计

类型	石核	石片	砾石工具			断块和碎屑	砾石备料	总计
			两面器	手镐	砍砸器			
数量	35	38	2	1	2	43	41	162
百分比（%）	21.6	23.46	1.23	0.62	1.23	26.55	25.31	100

（一）原料

全部为磨圆度较高的砾石。共有10种原料被利用，其中绝大部分是脉石英，占70%以上，其次是石英砂岩和粉砂岩，分别占9.26%和7.41%，再次是石英粉砂岩，占4.32%，长石砂岩和砂岩所占的比例稍低，为2.47%，安山岩和花岗岩的比例为1.23%，酸性片麻岩和细粒辉长岩最少，仅占0.62%。不同岩性的岩石在石制品类型中的分布显示，石核岩性几乎全部是脉石英，有33件，另有石英砂岩和粉砂岩各1件；石片大部分也是脉石英，粉砂岩、石英粉砂岩、长石砂岩和砂岩有少量比例；砾石工具主要是石英砂岩和粉砂岩；断块碎屑和砾石备料的岩性种类最多，除了前述原料以外，还有较少量的安山岩、花岗岩、酸性片麻岩、细粒辉长岩（表二）。

表二　不同岩性的岩石在石制品类型中的分布与比例

	脉石英	石英砂岩	粉砂岩	石英粉砂岩	长石砂岩	砂岩	安山岩	花岗岩	酸性片麻岩	细粒辉长岩
石核	33	1	1							
石片	32		2	2	1	1				
砾石工具		2	3							
断块碎屑	31	3	2	2	1	1	1	1	1	
砾石备料	18	9	4	3	2	2	1	1		1
小计	114	15	12	7	4	4	2	2	1	1
百分比（%）	70.37	9.26	7.41	4.32	2.47	2.47	1.23	1.23	0.62	0.62

虽然不同原料在各石制品类型中的分布存在一定程度的差异，但是就前3种利用率较高的原料而言，其在石制品类型中的分布特征是大体一致的，均是脉石英比例最高，石英砂岩和粉砂岩居次。从断块碎屑和砾石备料在石制品类型中的分布与比例来看，多数原料的分布比较一致，有几种原料在石核、石片和石器中不见，造成这种结果的原因可能与发掘中的收集方式有关。埋藏在二级阶地底部砾石层中的砾石岩性与遗址发掘所获石制品的岩性可以对比，前者完全包含了后者的种类，说明石制品原料应来源于阶地上广布的砾石层，该遗址的古人类采用的是就地取材的原料利用策略。

（二）石制品类型

1. 石核

35件，占石制品总数的21.6%。考虑到石核在剥坯过程中的位置和重要性，我们将后来加工成工具的石核（9件）与未加工成工具的石核（26件）合并描述。石核均以砾石为素材，大部分保留石皮。打制工艺为硬锤直接锤击。石核尺寸有较大差异，最大者长168、宽97、厚75毫米，重1350克，最小者长31、宽38、厚31毫米，重48克。石核多数呈方形，平均长、宽、厚分别为80、61、49毫米，重387克。台面角平均为85º。根据台面数量分为单台面石核、双台面石核和多台面石核[6]。单台面石核8件，双台面石核14件，多台面石核13件。

2010YHAT1②：28，双台面石核。岩性为脉石英，素材为砾石，近似方形。长74、宽87、厚74毫米，重629克。平均台面角为95°。石核上可见2个大的剥坯序列，第1个剥坯序列的台面为自然面，从这个台面上打下1个大的片疤，较平整；第2个剥坯序列以第1个序列的剥片面为台面，围绕该台面的圆形边缘，打下一系列石片，至少可见9个较大的片疤，其中可以估计的最大片疤长74、宽61毫米，可见的最后一个片疤长38、宽29毫米（图四）。

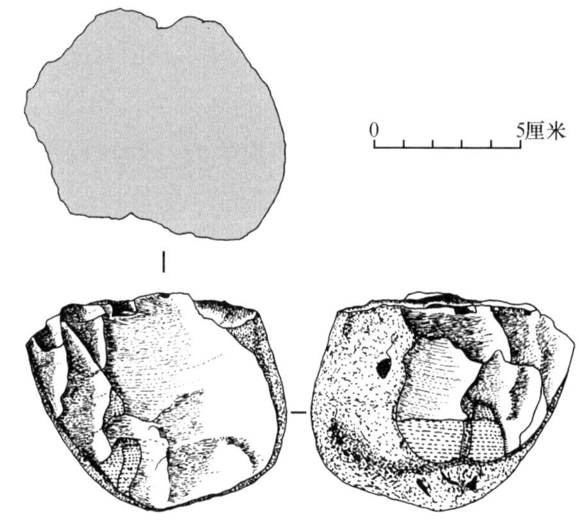

图四　后房旧石器遗址出土的石核（2010YHAT1②：28）

2. 石片

38件，占石制品总数的23.46%。考虑到所有石片都是从石核上剥坯的产品，我们将未加工成工具的石片（20件）和加工成工具的石片（18件）合并描述。按照剥片的工艺，可以分为两类。一类是硬锤直接锤击的石片，一类为砸击石片。

硬锤直接锤击石片　30件，占石片总数的79%。尺寸有一定程度的差异，长、宽、厚的变异范围分别为14~104、20~96、8~32毫米。绝大部分石片较薄，长宽比接近1，略偏向宽形石片，极少数为长形石片。绝大部分石片是自然台面，有24件，占该类石片的80%；少量石片为人工台面，即先前剥坯的片疤，有6件，占该类石片的20%。绝大部分石片的背面保留石皮，有8件石片的背面全部为石皮，占该类石片的26.55%，14件石片的背面部分为石皮，占该类石片的46.7%；另有8件石片的背面全部为剥片的片疤，占该类石片的26.55%。绝大部分石片的石片角小于120°，平均为106°。

2010YHAT1②：6，完整石片。岩性为脉石英，原石核素材为砾石，出土时棱角比较锐利。长54、宽63、厚25毫米，重97克。自然台面，背面全部为石皮。远端及左侧边的上部经加工成一个双边汇聚形的刃口，留下小面积的片疤。石片角为90°。与此相邻，经过正向加工形成一个正视轮廓呈小锯齿形的刃口，长仅1.7厘米，刃角为55°（图五，2）。

2010YHAT2②：138，非完整石片。岩性为粉砂岩，原石核素材特征不明，出土时棱角锐利。长104、宽33、厚17毫米，重59克。人工台面，为先前剥坯的片疤。石片角为130°。背面一半以上为节理面，左侧边从上至下为先前剥坯的片疤，这些片疤是从同一个台面、以大致相同的方向打击石片后留下的。在左侧边的上部经加工形成一个较短的刃口，其正视轮廓呈小锯齿形，刃角为65°（图五，3）。

2010YHAT2③：108，非完整石片。岩性为脉石英，原石核素材为砾石，均质性差，出土时棱角比较锐利。长73、宽96、厚30毫米，重226克。自然台面，石片角为100°。背面和腹面均有较多的节理面。背面可见两个先前剥坯序列的片疤，第一个剥坯序列的台面在该石片的远端位置，打击方向相反，有3个较明显的片疤，第二个序列与该石片属于同一个台面，且打击方向大致相同，留下6个片疤。左侧边经正向加工形成一个正视轮廓呈凹形的刃口，加工较深，刃角为87°。右侧边主要经正向加工形成一个吻状突出的刃口，刃角为80°。远端的右部经两面加工成一个双边汇聚形的刃口，双边相交的平面角度大于60°（图五，4）。

砸击石片　8件，占石片总数的21%。岩性多为脉石英，素材为砾石。尺寸均较小，长宽的变异范围分别为26~69、16~48毫米，平均宽15毫米。由于砸击工艺的特殊性，该类石片与石核较难区分，而且砸击过程中也会产生很多碎屑，难以判断其类别，我们将特征比较明显的该类制品全部放入石片中描述。

2010YHAT2③：151　岩性为脉石英，原石核素材特征已难以确定，节理面突出。长69、宽48、厚23毫米，重54克。台面不明显，或为点状，石片角不存在。石片呈两头尖的纺锤形，纵剖面呈两端薄的双楔形。腹面为节理面。背面大部分也为节理面，近端和远端分别有2个和1个长形片疤，延伸方向与石片中央的形态长轴一致，打击方向相对。右侧边的上部和下部被加工成了两个刃口，前者正视轮廓呈直线形，刃角为60°；后者正视轮廓呈小锯齿形，刃角为60°（图五，1）。

3. 工具

共38件。毛坯包括石片、石核、断块、砾石，其中石片的比例最高，占工具总数的47.37%，其次为石核、断块或碎屑，分别占工具总数的23.7%和15.78%，直接以砾石为毛坯的比例较低，占工具总数的13.15%（表三）。按照工具毛坯的性质和刃口上反复出现的稳定特

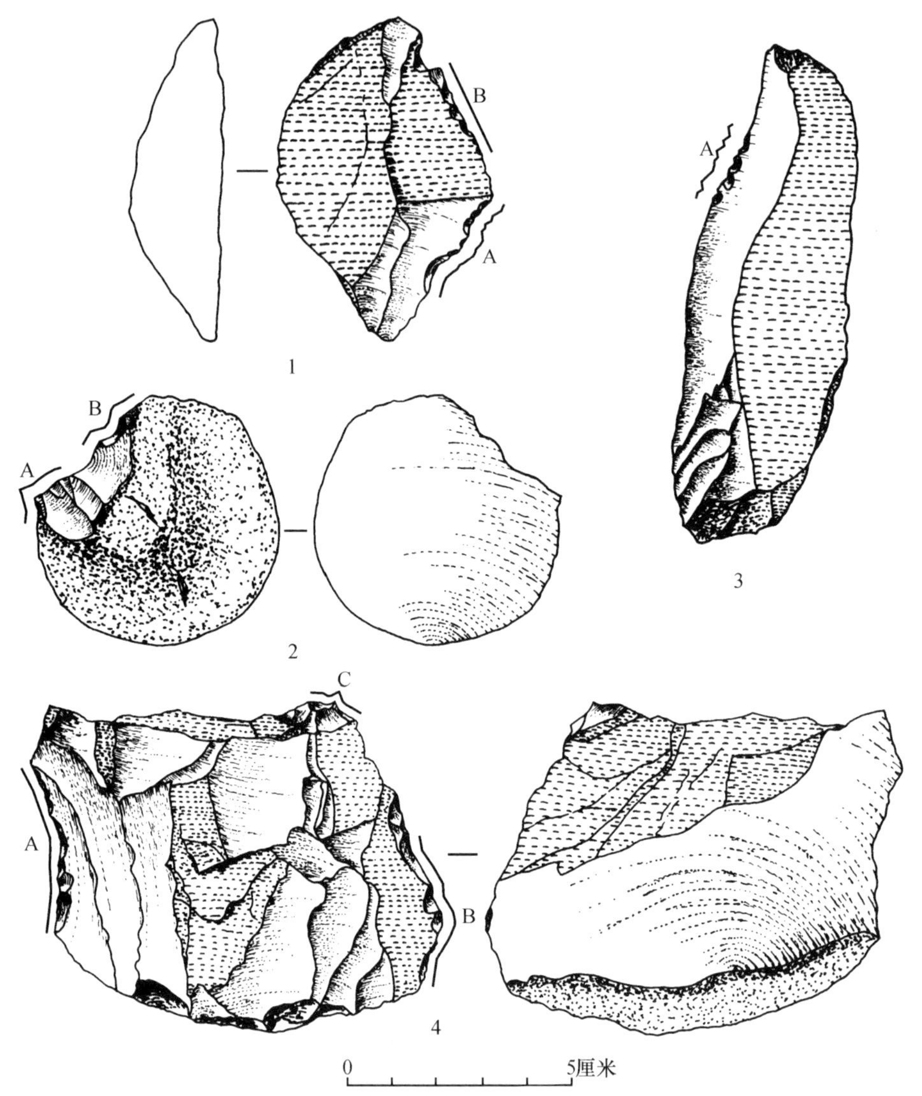

图五　后房旧石器遗址出土的石片

1. 砸击石片（2010YHAT2③：151）　2~4. 硬锤直接锤击石片（2010YHAT1②：6、2010YHAT2②：138、2010YHAT2③：108）

征，可以将工具分为两大组：一组是以石片、石核、断块和碎屑为毛坯加工成的工具；另一组是以砾石为毛坯制作而成的工具。

表三　工具毛坯的比例统计

工具	第一组			第二组	小计
毛坯类型	石片	石核	断块和碎屑	砾石	
数量	18	9	6	5	38
百分比（%）	47.37	23.7	15.78	13.15	100

（1）第一组工具

共33件。根据刃口的特征和加工方式的差异，可以将该组工具上的刃口分为两类：第一类是正视轮廓呈双边汇聚形态的刃口；第二类是正视轮廓呈单边延伸的刃口。

第一类刃口　正视轮廓由两个汇聚形的边构成，这两个边可以相交成一个平面角度大于60°的尖刃，也可以构成一个吻状突出的刃口。遗址中以后者数量较多。这一类刃口的特征存在一定的共性：

毛坯类型上，既有石片、石核，也有断块和碎屑，其中石片数量最多。

加工方法上，打制者多在同一个面上以对称或近乎对称的方式打下几个石片，结果产生两个略微凹陷的呈汇聚形的边缘，并使中间的部位更加突出。

双边相交平面角度大于60°的刃口，如2010YHAT2③：108（图五，4，刃口C）、2010YHAT1②：45（图六，1）。

2010YHAT1②：45，毛坯为碎屑，岩性为脉石英，表面有较多的节理面，原料初始特征已难以确定，出土时棱角比较锐利。长28、宽16、厚9毫米，重4克。加工位置在右上角，以近乎对称的方式打下三个小石片，产生了两个不对称的小凹陷，使中间部位更加突出，结果形成双边汇聚的形态，两边相交的平面角度大于60°。刃角为65°（图六，1）。

双边汇聚成吻状突出的刃口，如2010YHAT2③：108（图五，4，刃口B）、2010YHAT2③：114（图六，2）、2010YHAT2③：104（图六，3）。

2010YHAT2③：114，毛坯为硬锤直接锤击的完整石片。岩性为脉石英砾石，内含节理面，出土时棱角锐利。长64、宽61、厚32毫米，重151克。自然台面，石片角88°。腹面有较大的节理面，背面全部为石皮。加工位置在远端，以对称的方式打下一系列小石片，产生三个连续的凹

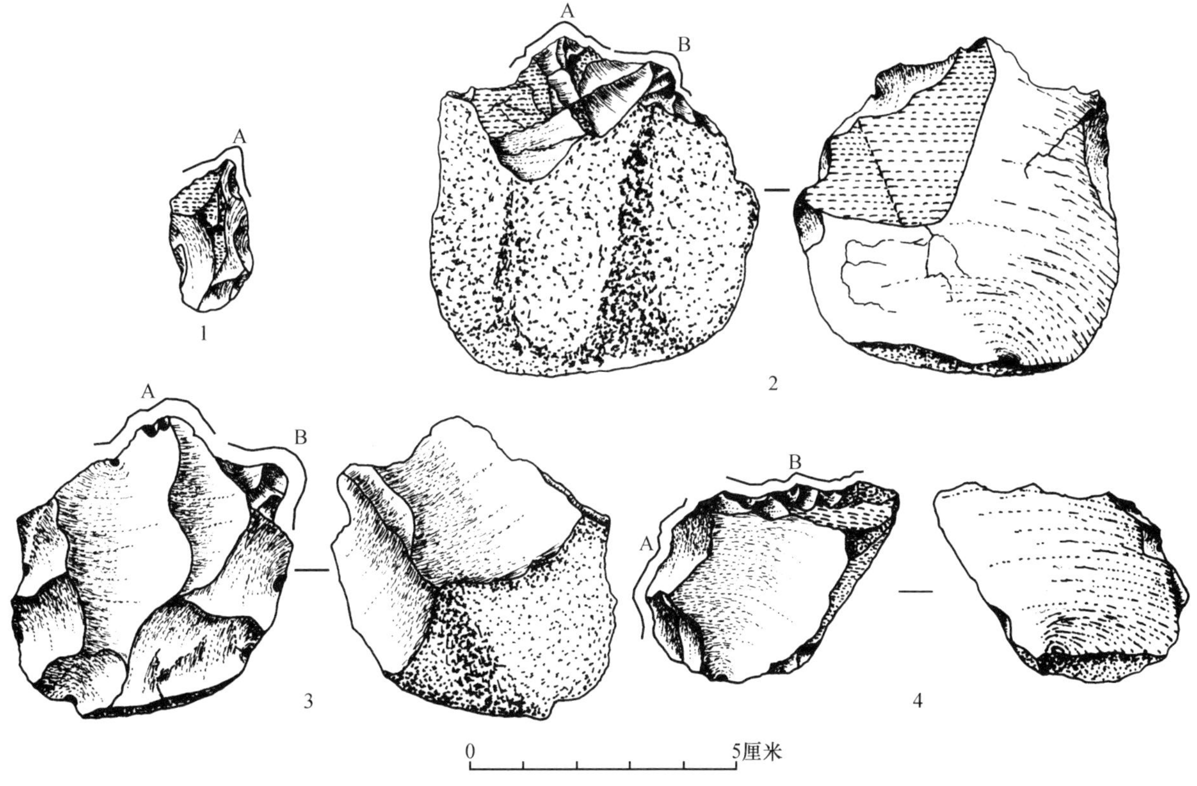

图六　后房旧石器遗址出土的工具（第一类）

1. 具汇聚形态刃口的工具（2010YHAT1②：45）　2~4. 具汇聚形态和单边延伸刃口的工具（2010YHAT2③：114、2010YHAT2③：104、2010YHAT2③：135）

陷，使中间部位形成两个相连的呈吻状突出的刃口。刃角为75º（图六，2，刃口A、B）。

2010YHAT2③：104，毛坯为石核，岩性为脉石英砾石，近似方形，出土时棱角锐利。打制工艺为硬锤直接锤击。长56、宽50、厚42毫米，重140克。平均台面角为93º。石核上可见4个剥坯序列。第1、2、3个剥坯序列的台面均为自然面，分别打下2~3个石片，第4个剥坯序列以第1个剥坯序列的石片片疤为台面，打下2个较大的石片，同时这两个石片的片疤产生了两个略微对称的凹陷，使中间部位形成了一个吻状突出的刃口。利用第4个剥坯序列和第1个剥坯序列片疤相交形成的棱脊，打制者在第1个刃口的右部以对称的方式打下了一些小的石片，使中间部位形成了第2个吻状突出的刃口。刃角平均为90º（图六，3，刃口A、B）。

第二类刃口　正视轮廓呈单边延伸，从刃口特征来看，正视轮廓多见直线形、凹形、锯齿形等形态，横视轮廓有直线形、正弦曲线等形态，刃口纵剖面的组合结构有平面—凸面组合、平面—平面组合以及凹面—凸面组合的差异，这些特征的不同组合方式使得刃口内部产生了丰富的多样性。

正视轮廓呈直线形的刃口，如2010YHAT2③：151（图五，1，刃口B）。

正视轮廓呈凹形的刃口，如2010YHAT2③：108（图五，4，刃口A）。

正视轮廓呈锯齿形的刃口，如2010YHAT2②：138（图五，3，刃口A）、2010YHAT2③：151（图五，1，刃口A）、2010YHAT2③：135（图六，4）。

2010YHAT2③：135，毛坯为硬锤直接锤击石片，岩性为脉石英，原石核素材为砾石，含少量节理面，出土时棱角锐利。长36、宽48、厚16毫米，重27克。自然台面，石片角为110º。背面可见1个大的石片留下的片疤，与所观察石片系从同一个台面、以相同的方向打下。加工位置在左侧边和远端。左侧边经交互加工，形成大的锯齿形刃口，其横视轮廓呈正弦曲线形，刃口纵剖面的结构为平面—平面的组合，刃角为78º；远端经正向加工，形成比较小而密的锯齿形刃口，其横视轮廓呈直线形，刃口纵剖面的结构为凹面—凸面的组合，刃角为68º（图六，4，刃口A、B）。

（2）第二组工具

共5件。全部以砾石为毛坯直接制作而成。

砍砸器　2件。岩性和毛坯均相同，其打制方法、制作流程比较相似，但刃口特征不同，一件具有双边汇聚形态的刃口，一件具有单边延伸的刃口。

2010YHAT2③：125，毛坯为长形的扁平砾石，岩性为石英砂岩，节理面突出，出土时棱角锐利。长200、宽139、厚68毫米，重2305克。打制工艺为硬锤直接锤击。器体左上部经过一次大的打击，由于两层节理面的存在，打击未产生理想的片疤；在右上部打击产生了3个片疤，以此为基础，经过单面加工，在最后一个片疤与节理面相交的位置产生了两个小的凹陷，使中部变得突出，成为一个汇聚形的刃口，双边相交而成的平面角度为100°，刃角为60°（图七，1）。

2010YHAT1②：16，毛坯为近似方形的扁平砾石，岩性为石英砂岩，出土时棱角锐利。长110、宽119、厚51毫米，重980克。打制工艺为硬锤直接锤击。器体的远端经过单面打击，产生4个比较大的片疤，使器体形成楔状的纵剖面。以这几个片疤为基础，经过单向加工，形成

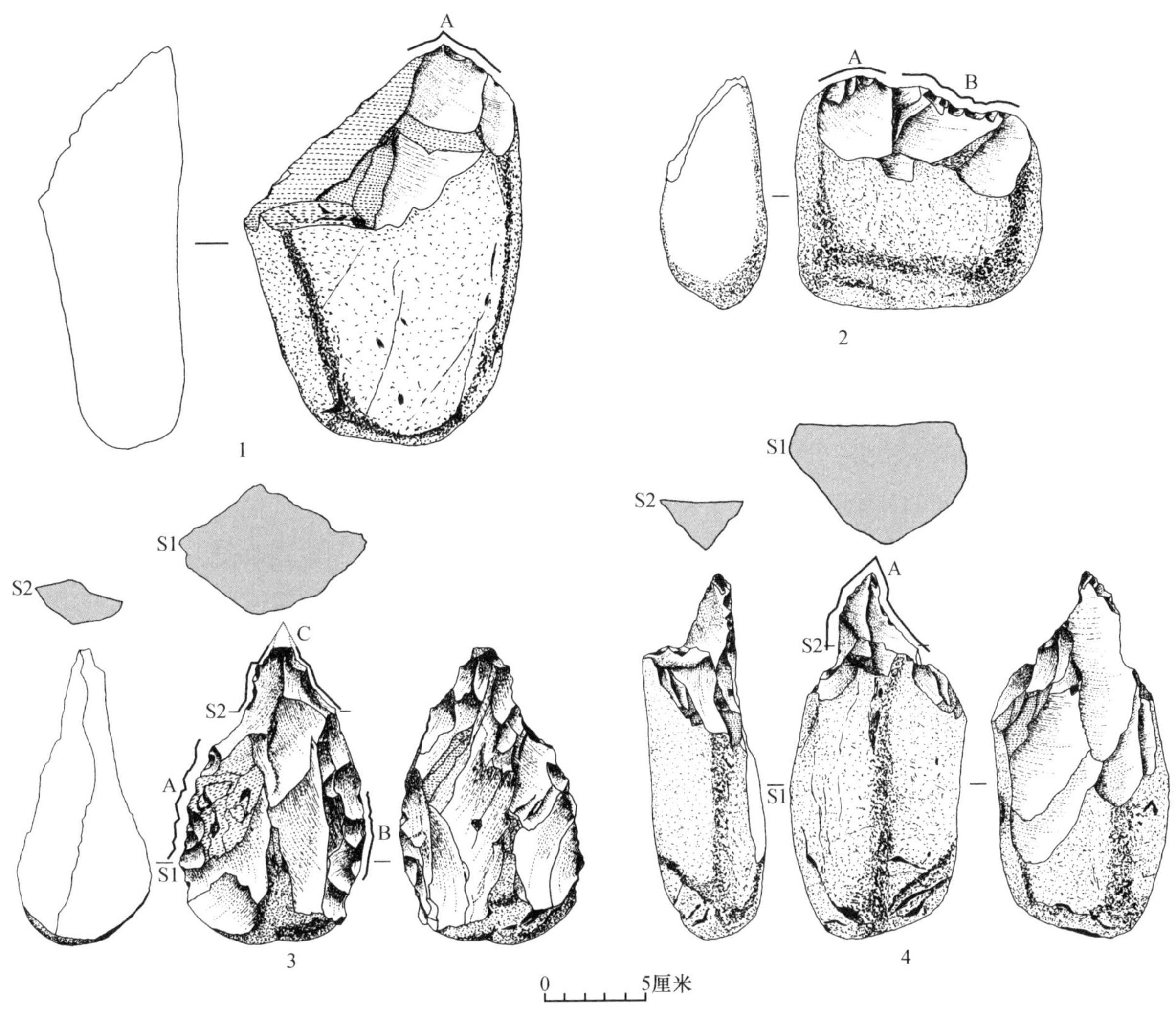

图七　后房旧石器遗址出土的工具（第二类）

1、2. 砍砸器（2010YHAT2③：125、2010YHAT1②：16）　3. 两面器（2010YHAT1②：15）

4. 手镐（2010YHAT1②：14）

两个刃口，靠左边的较短，长28毫米，正视轮廓呈凸状，横视轮廓呈直线形，刃角为85°。靠右边的较长，为60毫米，正视轮廓呈锯齿形，横视轮廓呈直线形，刃角为60°（图七，2）。

两面器　2件。岩性和毛坯均相同，其打制方法、制作流程及刃口特征也比较相似。

2010YHAT1②：15，毛坯为砾石，岩性为含细砂粉砂岩，含大面积节理面，出土时棱角锐利。长144、宽91、厚63毫米，重622克。打制工艺为硬锤直接锤击。器体中部的两个侧边经交互打击，片疤宽且深远，超过砾石的形态中轴线，结果使中部形成近似菱形的横截面。由于打击点被后来的片疤覆盖，两个面的打击先后顺序已难以确定。两侧边的中部经过交互加工，形成两个正视轮廓呈锯齿形的刃口，横视轮廓均为不规则的正弦曲线形。左侧刃口的刃角为70°~75°，右侧刃口的刃角为60°~65°。器体的尖端经过打击形成两个汇聚形的边缘，其中左边的边缘比右边凹陷更深，使双边不太对称，结果使尖端形成不规则菱形的横截面。后经过加工打下几个小的石片，目的是使尖刃变得更突出，但是后来尖刃断裂，原因不明。尖端刃角不等，左边凹陷处的刃角为75°，右边刃角接近90°，在尖刃的末端，刃角明显变小为65°左右。从器体纵剖面上看，器身两面打击，大致对称，两面相交而成的刃缘从上至下位于纵剖面的中线轴上。器体下部厚而钝，保留约10%的石皮（图七，3）。

手镐　1件。

2010YHAT1②：14，毛坯为长形砾石，岩性为粉砂岩，均质性较差，出土时棱角锐利。长177、宽87、厚54毫米，重910克。打制工艺为硬锤直接锤击。器体中下部保留70%的石皮。一面经过连续打击产生4个大的石片，打击方向与砾石形态长轴一致，片疤较长且深远，形成一个较平的面，结果使器体中部的横截面呈不规则三角形（或平—凸形）。另一面的上部经打击产生3个较大的序列，其中左右两边的打击方向略微对称，与砾石形态长轴斜交，中部的石片打击方向与砾石形态长轴一致。这3个序列的石片片疤共同构成尖端的基础。受原料均质性差的影响，这3个序列的片疤远端产生了不同程度的阶梯状翻卷，最终使远端的纵剖面显得非常陡直。刃口在尖端部位，经打击产生3个石片，形成双边汇聚的形态，同时使尖端形成三角形的横截面。双边相交形成的平面角度为70°。两个边缘后来经过浅度加工使刃缘变得更规整。由于打击方向的不对称，尖刃与砾石的形态长轴并不重合，略向右歪斜。两边缘的刃角不太一致，左边为60°~65°，右边为70°（图七，4）。

值得说明的是，如果单从某些刃口的特征上看，上述工具与第一组工具的刃口是可以对比的，比如两面器的侧边和砍砸器上的刃口与第一组工具中的第二类刃口就是相似的，说明整个遗址的石制品组合内部具有一定程度的一致性，但是它们之间的差异更突出：

从毛坯上看，第二组工具的毛坯都是砾石，与第一组工具不同。

从尺寸和重量上看，第二组工具均属于大的重型工具，虽然某些刃口与第一组工具相似或者相同，但是其尺寸和重量对于工具本身应该具有重要的意义，它们应该属于不同类型的工具，具有不同的功能和使用方式。

从形态上看，第二组工具中的每一种类型都有特定的形态，从毛坯的选择到成型的工具，其中部横截面、尖端横截面和纵剖面均呈现出不同的特征，与第一组工具不同。

从制作方法上，第二组工具从毛坯的选择到器体的打制或修整再到刃口的加工（也有些刃口不经加工就能使用），与第一组工具存在明显差异。

考虑到这些差异，我们将上述石器划归第二组工具单独进行分析和描述。

三、小结与讨论

1. 石器工业特点

（1）原料都是磨圆度高的砾石，岩性以脉石英为主，占70%以上，其次是石英砂岩和粉砂岩，分别占9.26%和7.41%，其他原料使用较少。

（2）存在对原料比较低程度的管理和选择。从原料种类在石制品类型中的分布以及工具毛坯的类型来看，石核、石片的原料几乎全部是脉石英，而砾石工具的原料是石英砂岩和粉砂岩，说明古人类在二者的生产过程中有意识地选择了不同的原料。

（3）石制品类型以石核、石片、断块碎屑为主，砾石工具数量极少，即便将砾石备料不计算在内，砾石工具的比例也相当低，仅占4%左右，两面器的比例更低，仅为1.65%，手镐仅占0.82%。

（4）工具毛坯以石片和石核为主，以砾石为毛坯直接制作而成的工具只占非常小的比例。

（5）石制品以中小型为主，大型石器数量相当少。

（6）在以石片、石核和断块碎屑为毛坯的第一类工具中，其刃口的类型以正视轮廓呈双边汇聚形态的刃口比较多见，呈单边延伸的刃口数量略少。砾石工具中呈双边汇聚形态的刃口与呈单边延伸的刃口数量大致相当。

（7）存在两种不同的石器生产概念和方法，对应于两条不同的操作链。结合原料种类在石制品类型中的分布、生产过程以及工具毛坯的类型，可以看出古人类从原料的选择开始，就将石核、石片的生产体系与砾石工具的生产体系区分了开来，二者不仅原料不同，打制概念和方法不同，而且制作成的工具类型也不同，说明古人类在石器工业生产过程中运用了两条相互独立的操作链。

（8）埋藏与遗址性质。从原料种类在石制品类型中的分布来看，有少量石片既不是遗址内石核剥坯的结果，也不是在砾石工具的生产和加工过程中产生的，它们可能是从外部直接带入遗址的。再者，遗址所发现的石片远比石核上剥坯的石片数量少，非常不成比例，可能与脉石英原料不容易产生可用的石片有关，也可能与埋藏过程有关。另外，以石英砂岩和粉砂岩为原料的砾石工具在制作过程中产生的一系列石片和碎屑与遗址所发现的相同原料的石片和碎屑非常不成比例，说明遗址所在地不是砾石工具的制作和加工场所。所以，推测遗址不是古人类固定的营地，而是他们在流动过程中的一个临时停留点或宿营地。

2. 年代推断

遗址没有发现可供定年的动物化石，也没有有机质遗物或符合要求的钙板或钙质结核，不过我们对出土石器的第2层和第3层进行了光释光（OSL）、回授光释光（TT-OSL）和环境信息样品的采集，目前测试工作正在进行当中。本文主要根据阶地的发育和对比，尝试对遗址年代做初步推断。

在后房附近的汉水河谷，目前从下至上可见四级阶地，每级阶地上均可见覆盖在基岩上厚度不等的河流相砾石层、粗砂层堆积和风尘堆积层。阶地砾石层位的海拔初步划分为：第一级160~165米，第二级170~175米，第三级190米左右（保留状况不好），第四级200米左右。曲远河口的学堂梁子位于后房遗址以北约1.5公里处，其第四纪地貌与堆积研究比较充分，可做参照。根据第四纪地貌和堆积的观察，学堂梁子位于汉水北岸的第四级阶地，阶地面相对高度约50米，变质岩系的基座面高出于江水面33~35米，基座上的河流相堆积层厚16~18米，在上部埋藏有人类头骨化石和第四纪哺乳动物化石[7]。郧县人遗址古地磁和动物化石ESR测年表明古人类活动时间在距今0.87~0.83Ma[8]或（58.1 ± 9.3）万年[9]。国家地震局地震研究所李安然教授曾经查证，曲远河河口附近水面高程为150米，埋藏郧县人遗物的第四级阶地海拔为200米。后房遗址位于第二级阶地，其堆积层下部砾石层的海拔在170米以上，出石器的堆积海拔在180~185米，所以根据对比，我们初步推断含旧石器的风尘堆积物地层年代为中更新世晚期至晚更新世初期。

3. 意义

近20年来，为配合南水北调工程建设，汉水流域发现了大量旧石器遗址或地点，到目前为止已经超过100处，其中大多经过发掘，出土了数量众多的石制品[4]，使汉水流域一跃成为古人类文化遗物富集区域之一。汉水流域地处中国南北过渡地带，其地理位置和气候条件使其成为古人类活动的重要区域，华南和华北的旧石器文化在此交汇和交流，创造出了颇具特色的文化面貌，对该地区的旧石器文化进行广泛细致的研究将有助于我们了解中国南北旧石器工业的差异、揭示该地区内部丰富的多样性。另外，中国两面器的存在、特征及与西方含两面器的旧石器文化之间的关系一直是学界关注的问题，但是由于可用的年代数据不多，加上分析方法的差异，导致学界在此问题上长期处于争论不休或各抒己见的状态。加上此前中国发现的两面器时代多在中更新世中期以前，使得我们对晚期的两面器了解很少。后房遗址地层里发现的两面器属于中更新世晚期至晚更新世初期，这为探讨中国两面器从早到晚的演化提供了新的材料，为建立比较可靠的年代框架创造了条件，对该遗址石制品更详细深入的技术分析可以揭示出两面器的特征及其在石制品组合中的地位，有望为其他遗址或地区的对比奠定基础，并由此考察东西方含两面器旧石器文化之间的关系。

附记：后房旧石器遗址的发掘得到了湖北省文物局、十堰市文物局、郧县博物馆等单位的关心和大力支持。领队余西云，参加发掘的有李英华、孙雪峰、邓海军、郁红亮、郝军宏。中国地质大学（武汉）地球科学学院岩矿系苏玉平帮助完成石料鉴定，特致谢忱。

绘　图：李英华

执　笔：李英华　孙雪峰

参考文献

［1］　李超荣，冯兴无，李浩. 1994年丹江口库区调查发现的石制品. 人类学学报，2009，4：337~354.

［2］　李超荣. 丹江水库区发现的旧石器. 中国历史博物馆馆刊，1998，1：4~12.

［3］　李超荣，许勇，张双权. 丹江口库区的旧石器文化——记双树旧石器遗址的发掘. 化石，2007，2：46~48.

［4］　李超荣，李浩，许勇，等. 丹江口库区外边沟与大土包子旧石器遗址发掘出土手斧. 化石，2011，3：66~72.

［5］　沈玉昌. 汉水河谷的地貌及其发育史. 地理学报，1956，4：295~323.

[6] 卫奇.《西侯度》石制品之浅见. 人类学学报，2000，2：85~96.

[7] 黄培华，李文森. 湖北郧县曲远河口地貌、第四纪埋藏地层和埋藏环境. 江汉考古，1995，2：83~86.

[8] 阎桂林. 湖北“郧县人”化石地层的磁性地层学初步研究. 地球科学——中国地质大学学报，1993，4：221~226.

[9] 陈铁梅，杨全，胡艳秋. 湖北“郧县人”化石地层的ESR 测年研究. 人类学学报，1996，2：114~118.

郧县刘湾遗址发掘简报

湖北省文物考古研究所

刘湾遗址位于湖北省郧县杨溪铺镇刘湾村四组，西北距郧县县城约10千米，距青龙泉遗址约3千米。遗址地处汉江左岸高台地上，中心地理坐标为：东经110°53′15.8″，北纬32°48′57.1″，海拔约160米，总面积约3万平方米（图一）。

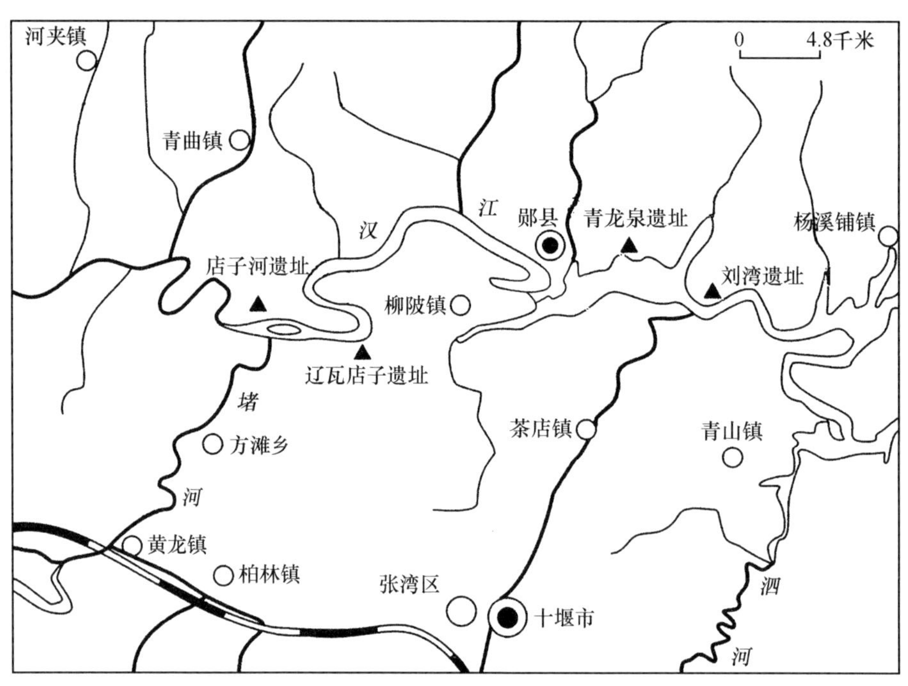

图一　刘湾遗址位置示意图

2009~2012年，湖北省文物考古研究所为配合南水北调工程丹江口库区文物保护工作，逐年对刘湾遗址进行发掘，发掘面积7650平方米（图二）。共发现聚落围沟1条、房址1座、灰坑211个、灰沟3条、灶2座、窑址2座、墓葬100座、瓮棺3座。现将发掘情况简报如下：

一、地层堆积

刘湾遗址分为3个发掘区，地层堆积分区各异，其中Ⅰ、Ⅱ区基本一致，Ⅲ区自成体系。以下进行分别介绍。

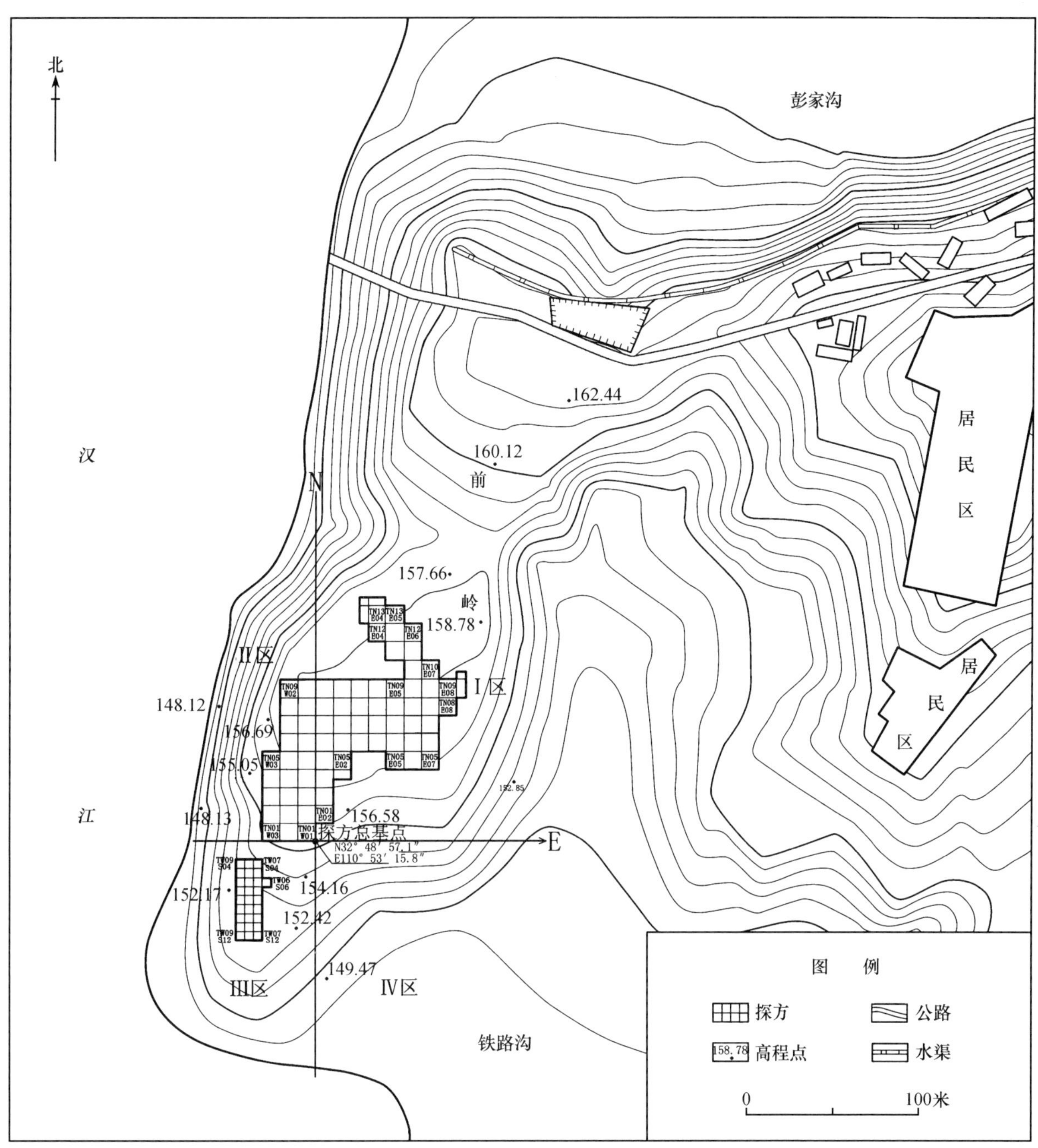

图二　刘湾遗址地形及探方分布示意图

1. Ⅰ、Ⅱ区

Ⅰ、Ⅱ区以ⅠTN07E06西壁为例，堆积层次分为5层，从上至下依次为：

第1层：耕土层，灰色黏土，结构疏松；厚10~45厘米，分布全方。本层包含较多植物根茎、近现代遗物及少量陶片。

第2层：灰褐黏土层，夹杂少量红烧土颗粒，结构较致密；深10~45、厚0~50厘米，仅在探方西部呈坡状分布。本层出土少量陶片，以泥质红陶为主，夹砂灰陶次之；纹饰以素面为主，少量绳纹、弦纹；可辨器形有罐、钵等。开口第2层下遗迹有H68、H71、H72、M17、M18和M19。

第3层：灰黑黏土层，夹杂少量红烧土颗粒，结构较致密；深25~75、厚0~30厘米，仅在探方西部呈坡状分布。本层出土少量陶片，以泥质红陶为主，夹砂灰陶次之；纹饰以素面为主，少量绳纹；可辨器形有鼎、罐、钵等。

第4层：黄褐黏土层，夹杂少量红烧土颗粒，结构较致密；深25~90、厚0~25厘米，仅在探方西部呈坡状分布。本层出土少量陶片，以泥质红陶为主，夹砂灰陶次之；纹饰以素面为主，少量绳纹；可辨器形有鼎、罐、钵、盆、锉等。

第5层：黄褐沙土，结构致密；深15~90、厚8~30厘米，分布全方。本层出少量陶片，以夹砂红陶为主，泥质红陶次之；纹饰以素面为主；陶片多破碎，未有可辨器形。

第5层下为黄色生土（图三）。

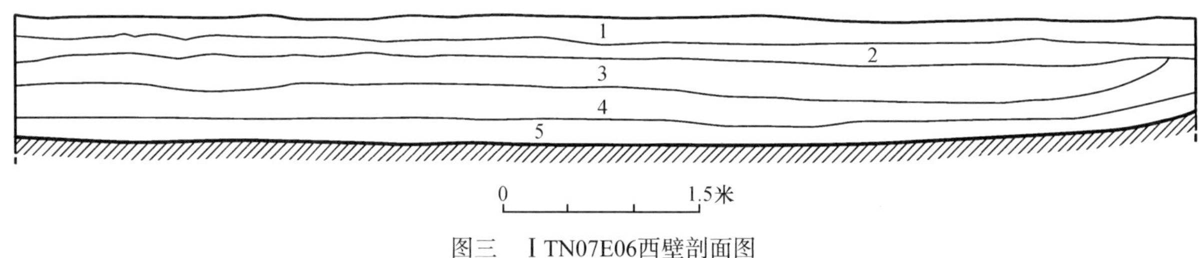

图三　Ⅰ TN07E06西壁剖面图

2. Ⅲ区

Ⅲ区以ⅢTS06W07北壁为例，堆积层次分为5层，从上至下依次为：

第1层：耕土层，灰色沙土，结构疏松；厚15~20厘米，分布全方。本层包含较多植物根茎、近现代遗物及少量陶片。

第2层：灰褐黏土层，结构致密；深15~20、厚10~20厘米，呈坡状分布在探方大部，西南不见。本层出土有晚期釉陶、青花瓷及少量陶片，应为古代及近现代人类活动扰乱层。

第3层：深灰色黏土层，结构较致密；深35~40、厚10~15厘米，呈坡状分布在探方大部，西南不见。本层出土大量陶片，以泥质红陶为主，夹砂红褐陶次之；纹饰以素面为主，篮纹次之；可辨器形有鼎、罐、钵、碗等。

第4层：黑色黏土层，夹杂大量红烧土颗粒，结构较致密；深55~60、厚0~15厘米，呈坡状分布在探方大部，西南不见。本层出土少量陶片，以泥质红陶为主，泥质灰陶次之；纹饰以素面为主；可辨器形有罐、钵等。开口第4层下遗迹有H20。

第5层：褐色黏土层，夹杂大量大小不一卵石块，结构较致密；深60~65、厚0~25厘米，呈坡状分布在探方大部，东北不见。出土少量陶片，以夹砂红陶为主，泥质红陶次之；纹饰以素面为主，绳纹、弦纹次之；可辨器形有鼎、罐、钵、盆等。开口第5层下遗迹有H21。

第5层下为红褐色生土（图四）。

据出土器物分析，刘湾遗址主体为新石器时代仰韶时期堆积，另有零星东周、东汉、宋及明清墓葬、灰坑发现，未见地层堆积。

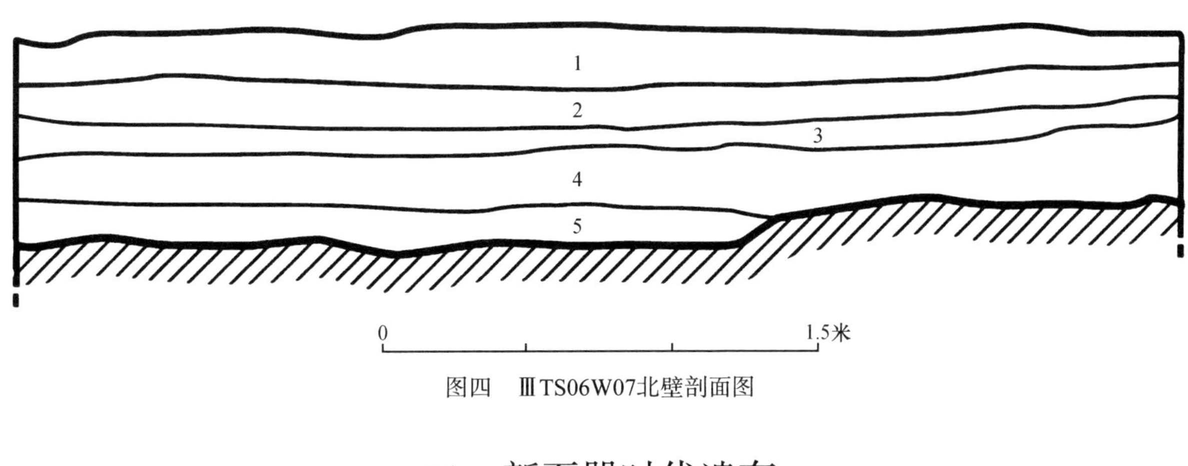

图四 ⅢTS06W07北壁剖面图

二、新石器时代遗存

刘湾遗址新石器时代遗迹丰富，遗物众多，现选择典型单位介绍如下：

（一）遗迹

1. 聚落围沟

仅发现1条。

G2 位于整个遗址中部。经勘探和发掘，确认该沟为东南—西北走向，呈环状延伸至汉江边，但未连通江水。已知长度约200、宽3.1~6.5、深1.2~1.8米，初步推测其为聚落围沟（图五）。

沟内堆积可分为2层。

第1层：灰黑黏土层，夹杂少量红烧土颗粒、草木灰等，结构较致密。深30~60、厚35~120厘米。出土陶片以泥质红陶为主，夹砂灰陶少量；纹饰以素面为主，少许弦纹和划纹等；可辨器形有鼎、罐、钵、盆、壶、尖底瓶、锉等。

第2层：褐黄黏土层，夹杂少量红烧土块、砾石等，结构较致密。深65~90、厚20~70厘米。出土陶片以泥质红陶为主，夹砂灰陶少量；纹饰以素面为主，少许划纹等；可辨器形有釜形鼎、罐、钵、盆、尖底瓶、大口尖底器等，陶胎普遍较厚重。

2. 房址

仅发现1座。

F1 位于ⅢTS04W08南部及ⅢTS05W08北部。开口于第4层下，打破生土。F1为栅栏式木构建筑，平面呈圆形，直径280~290厘米，房基宽20~35、残深5~15厘米。基槽内残存柱洞6个，屋内1个，柱洞直径14~25、残深18~30厘米。房内地面略内凹，中部放置石块12块，无焚烧痕迹，用途不明（图六）。

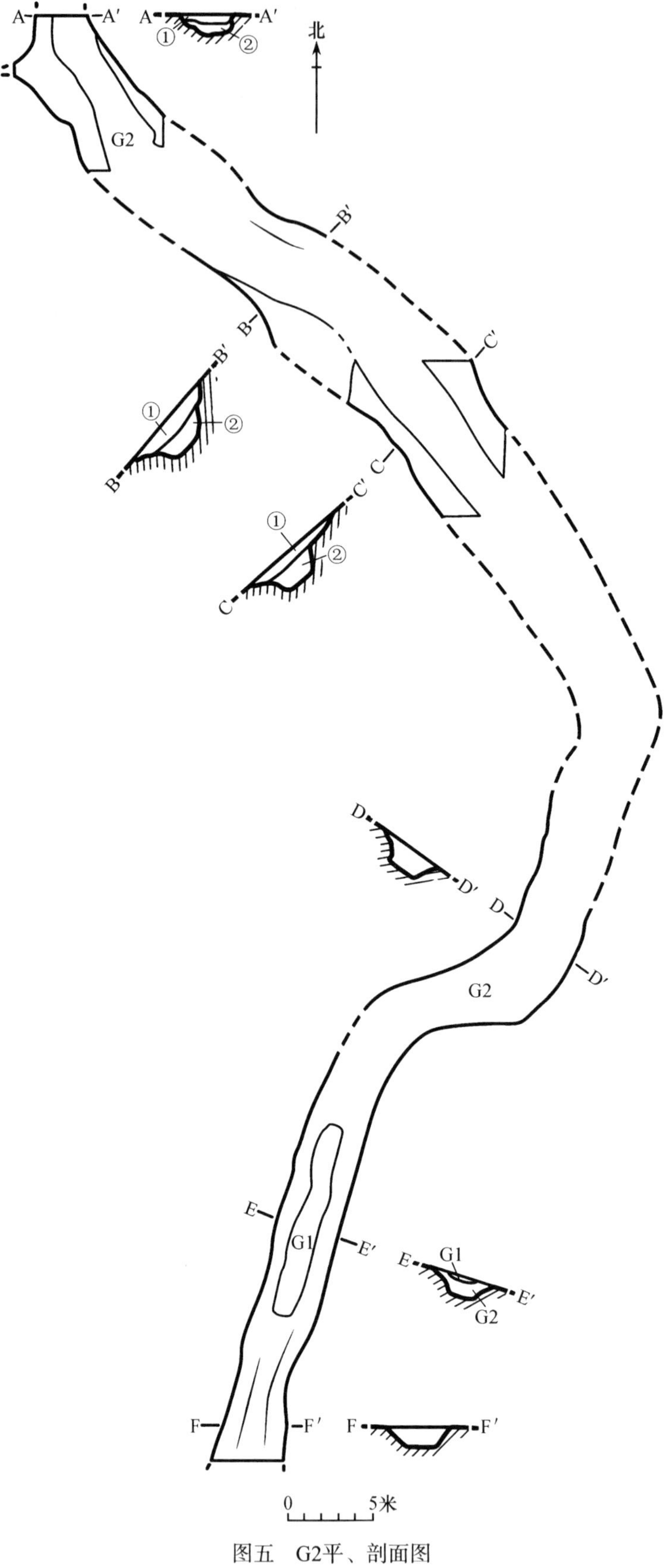

图五　G2平、剖面图

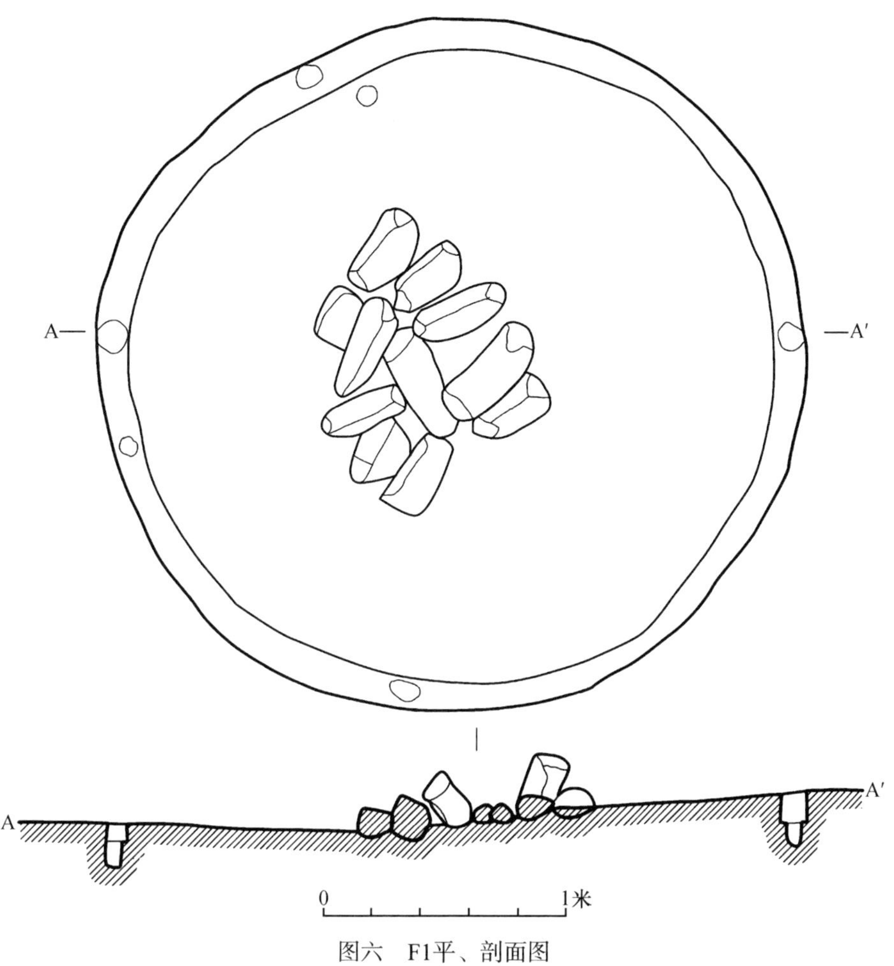

图六 F1平、剖面图

3. 窑址

仅发现1座。

Y2 位于ⅡTN07W01东北部。开口于第2层下，打破第5层和生土。由窑室及窑前工作面两部分组成。

窑室平面呈椭圆形，南北长约106、东西宽约82、残深约8厘米。方向10° 。窑壁呈灰红色，壁面抹泥，光滑，厚约4厘米；窑底为灰红色平面，平整，光滑，质坚。火门位于窑室北端，平面呈梯形，长约24、宽30~36、残深12~18厘米。窑内填土为灰褐黏土，夹杂少量红烧土颗粒及小石块，结构较疏松。出土陶片以夹砂红陶为主，夹砂灰陶次之；纹饰有篮纹、划纹等；可辨器形有鼎、罐、缸等。

窑前工作面位于窑室北部，平面呈不规则圆形，东西长约183、南北宽约142、残深约23厘米。弧壁，底近平。近火门处有一块长约78、宽约36厘米烧结面。工作面坑内填土为灰黑黏土，夹杂红烧土颗粒及石块，结构致密。出土陶片以夹砂红陶为主，夹砂褐陶次之；纹饰有绳纹等；可辨器形有鼎、罐、缸等（图七）。

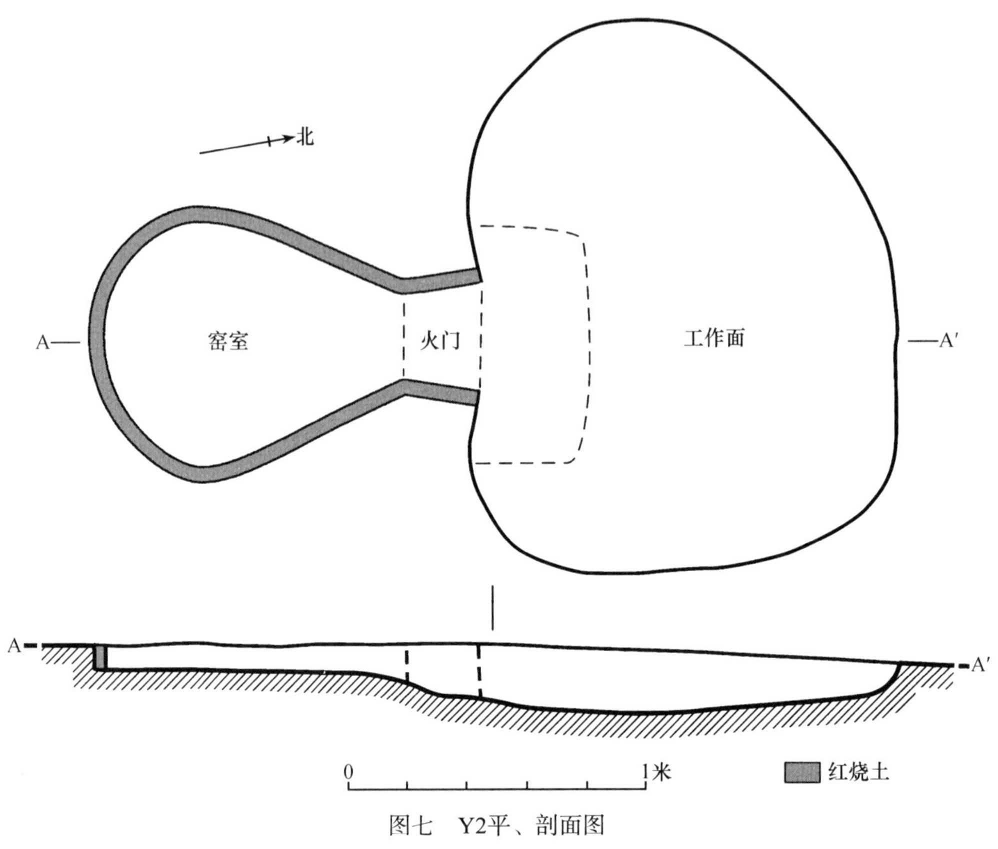

图七　Y2平、剖面图

4. 灶

发现2座。

Z1　位于ⅠTN06E03中东部。开口于第2层下，打破第3层和生土。破坏严重，仅残存灶底，平面呈圆形，直径约86厘米。方向220°。分为两个火膛，南北对列各为半圆形，中间以长约76、宽约8厘米火道相隔；火门位于西南部，灶壁烧结明显。出土残灶片若干（图八）。

Z2　位于ⅠTN06E03西北部，东南距Z1仅约4米。开口于第3层下，打破生土。破坏严重，仅残存灶底，平面呈勺形，残长约90、宽40~52厘米。方向270°。近椭圆形火膛位于东部，其西为火门及残存火道，长约60、宽约40厘米（图九）。

5. 灰沟

发现3条。平面形状有长条形和“Z”字形两种。

G1　位于ⅠTN07E05西部，部分延伸至ⅠTN06E05西北部。开口于第3层下，打破G2。平面呈长条形，长约11.35、宽1.4~1.6、深0.08~0.25米。直壁微斜，沟底由北向南倾斜，壁面及底面加工痕迹不明显。沟内填土为灰黑黏土，含有较多的红烧土块及石块，结构疏松。出土较多陶片，以夹砂红陶为主，泥质灰陶少量；纹饰大部分为素面，有少量绳纹、弦纹；可辨器形有鼎、罐、钵、盆等。另出土少量石器，仅辨石斧1件（图一〇）。

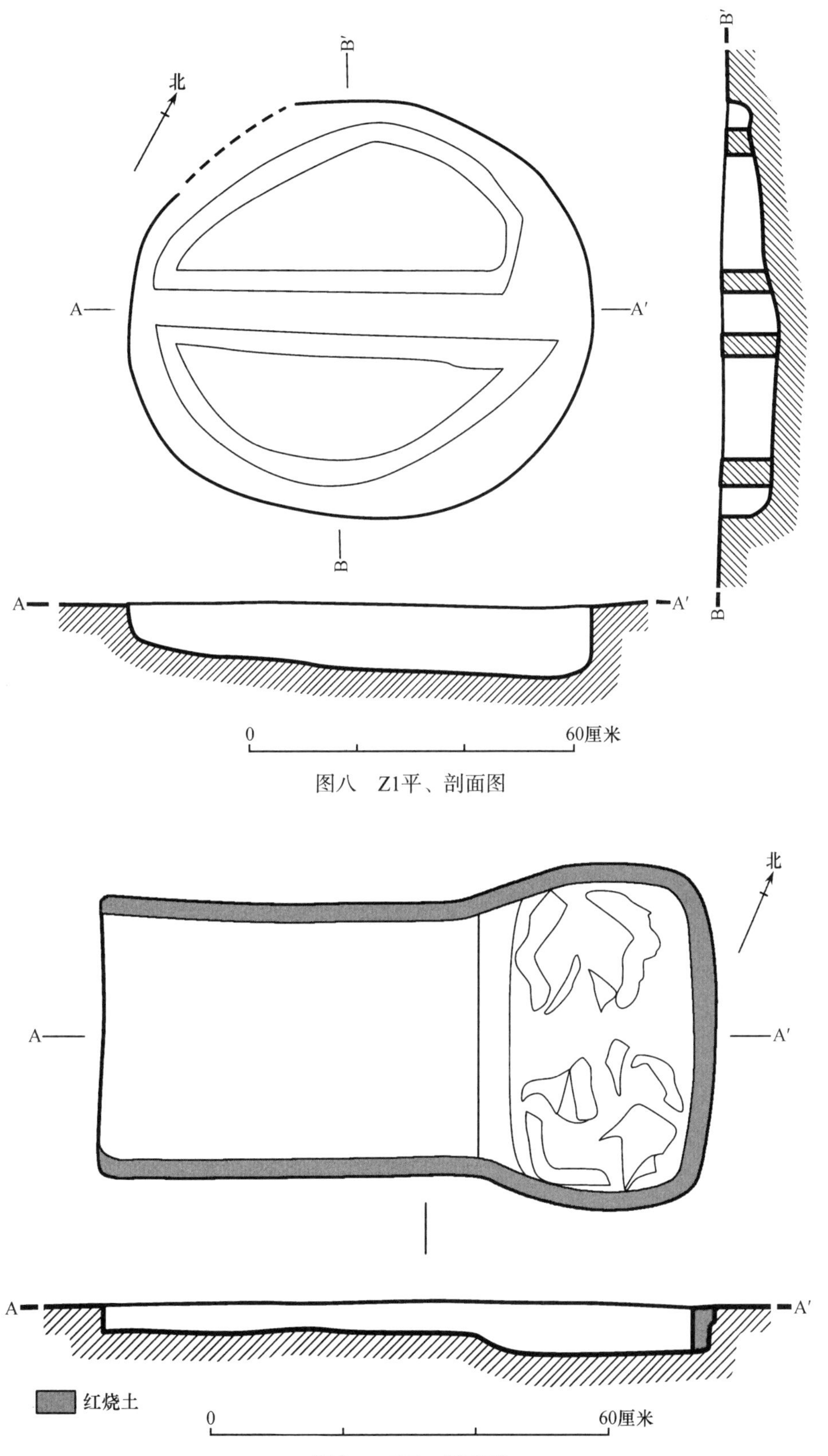

图八　Z1平、剖面图

图九　Z2平、剖面图

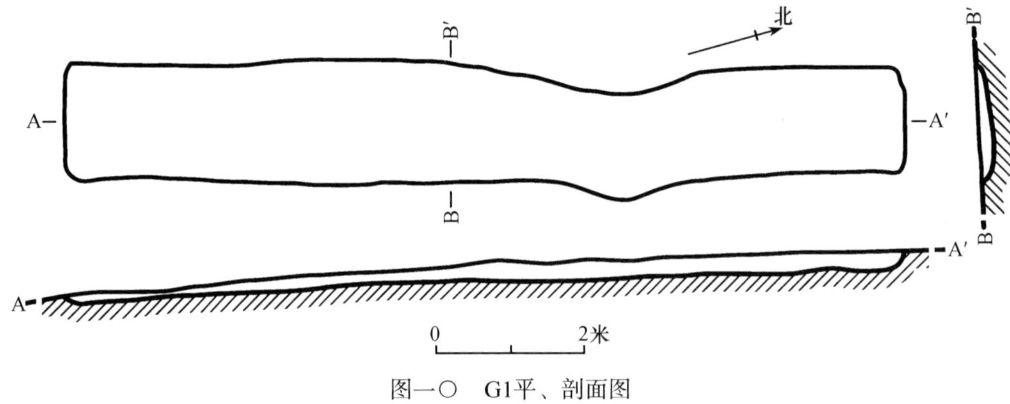

图一〇　G1平、剖面图

G3　位于ⅠTN09E05南部，向南延伸到ⅠTN08E05东北部，向西延伸进西壁内。开口于第2层下，打破第5层和生土。平面呈"Z"字形，斜壁，平底，口部宽100~200、底部宽45~110、深60~90厘米，已发掘长度约11米。沟内填土为黑褐黏土，夹杂少量卵石，结构较致密。出土陶片以泥质红陶为主，可辨器形主要有鼎、罐等（图一一）。

G4　位于第Ⅰ发掘区东北部，已发掘部分由西南向东北依次经ⅠTN09E08东南、ⅠTN09E09西北及ⅠTN10E09西部，并继续向东北延伸。开口于第2层下，打破第5层和生土。平面呈长条形，西南头端较窄，向东北渐宽，已知长度约15、宽0.4~1、深0.15~1.05米。沟口

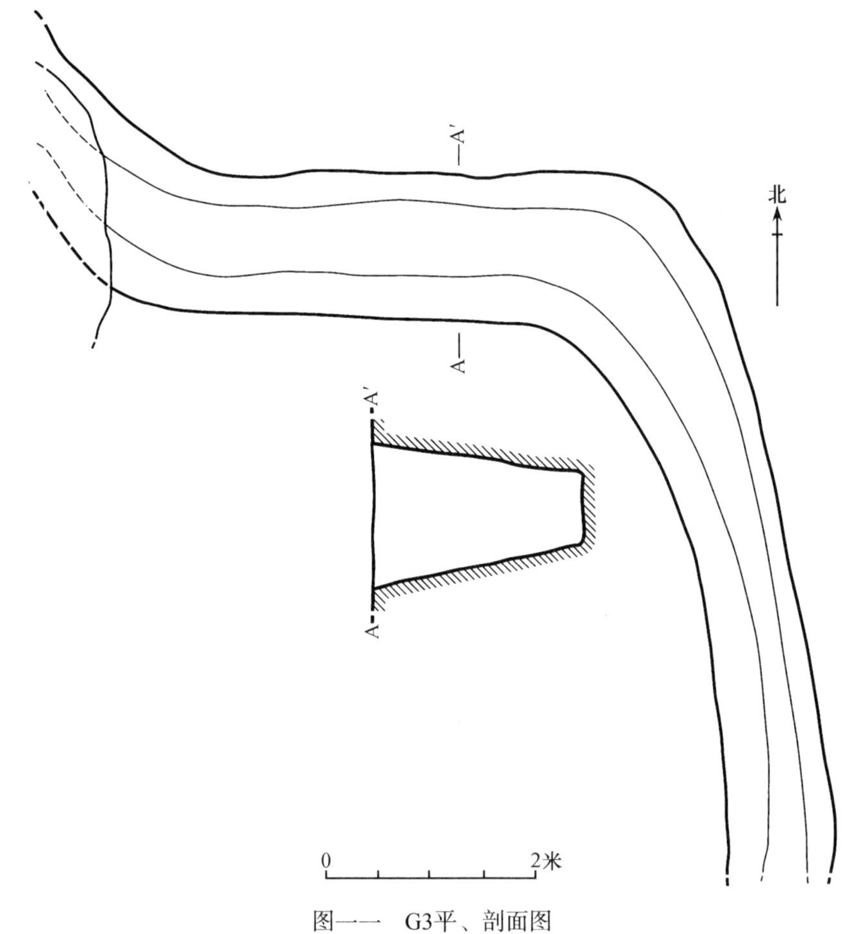

图一一　G3平、剖面图

边缘明显，沟壁较斜，由西南向东北斜度逐渐加大；沟底呈阶梯状，由西南向东北逐渐降低；底面较平，壁面及底面未见加工痕迹。沟内填土为灰黄褐黏土，夹杂较多红烧土颗粒，结构较疏松；出土陶片以泥质红陶为主，泥质灰陶次之；纹饰以素面为主，少量绳纹；可辨器形有鼎、罐、钵、碗等。另坑内出土较多石块，大部为卵石，少量有人为加工痕迹（图一二）。

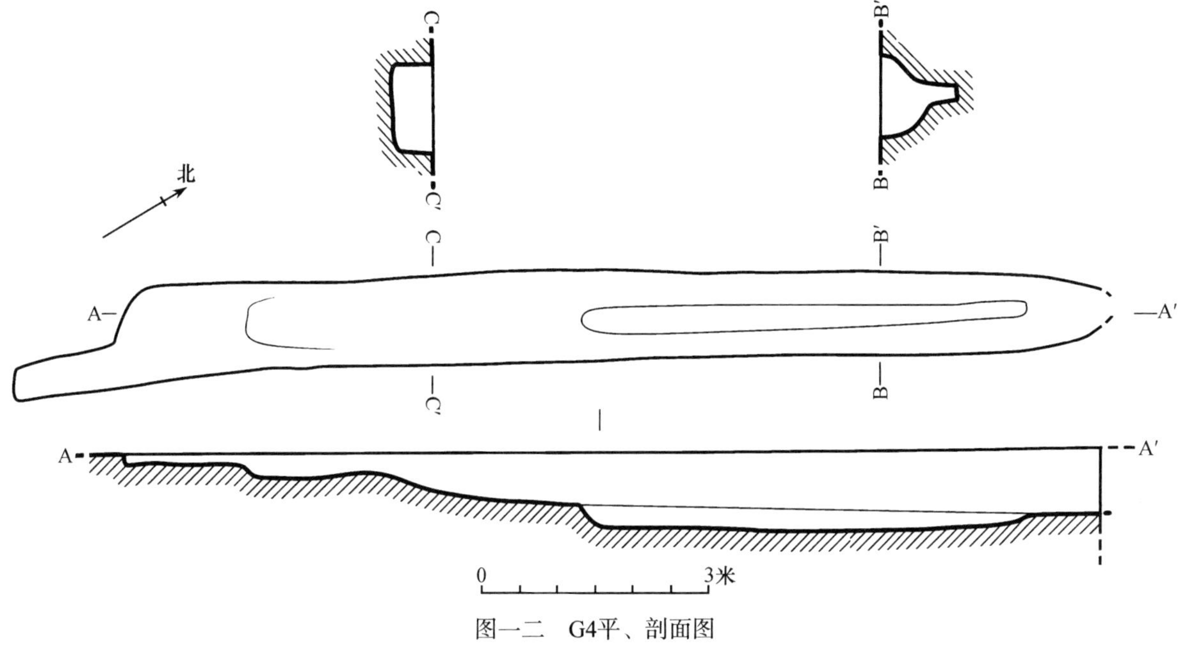

图一二　G4平、剖面图

6. 灰坑

210个。根据平面形状可分为圆形、椭圆形、长方形、方形、袋状形、不规则形等。

H211　位于ⅠTN09E08北部。开口于第5层下，北部被现代扰坑打破，打破生土。平面呈圆角长方形，残长约80、宽约114、深27~35厘米。直壁，平底，壁面及底面无加工痕迹。坑内填土为灰黑黏土，夹杂较多红烧土颗粒，结构较疏松。出土少量陶片及残石器，可辨陶器鼎、钵等，石器仅见石斧（图一三）。

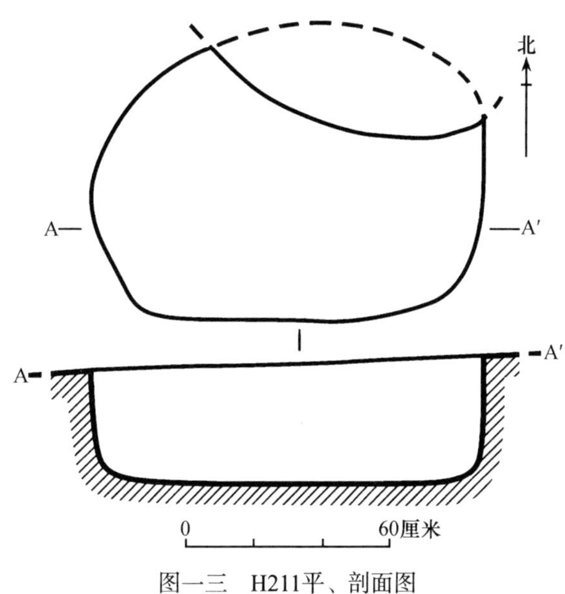

图一三　H211平、剖面图

H113　位于ⅠTN07E05西南角，部分延伸进西、南壁内。开口于第4层下，打破第5层和生土。平面呈长方形，长约100、宽约80、深约110厘米。直壁，平底，壁面有加工痕迹。坑内填土分为2层，上层为灰黄沙土，结构较疏松，包含少量陶片；下层为灰黑黏土，结构疏松，包含少量零碎陶片和较多石块（图一四）。

H118　位于ⅠTN07E05东南角，部分延伸进东隔梁、南壁内。开口于第4层下，打破第5

层和生土。平面呈圆角长方形，长约160、宽约130、深约110厘米。直壁，平底，壁面有加工痕迹。坑内填土分为3层，上层为灰褐黏土，包含红烧土块及石块，结构较致密；出土少量陶钵陶片。中层为厚约10厘米的黄色沙土层，结构疏松，无包含物。下层为灰黑黏土，包含红烧土颗粒及草木灰，结构疏松。出土陶片极少，以夹砂陶为主；纹饰以素面居多，少量绳纹（图一五）。

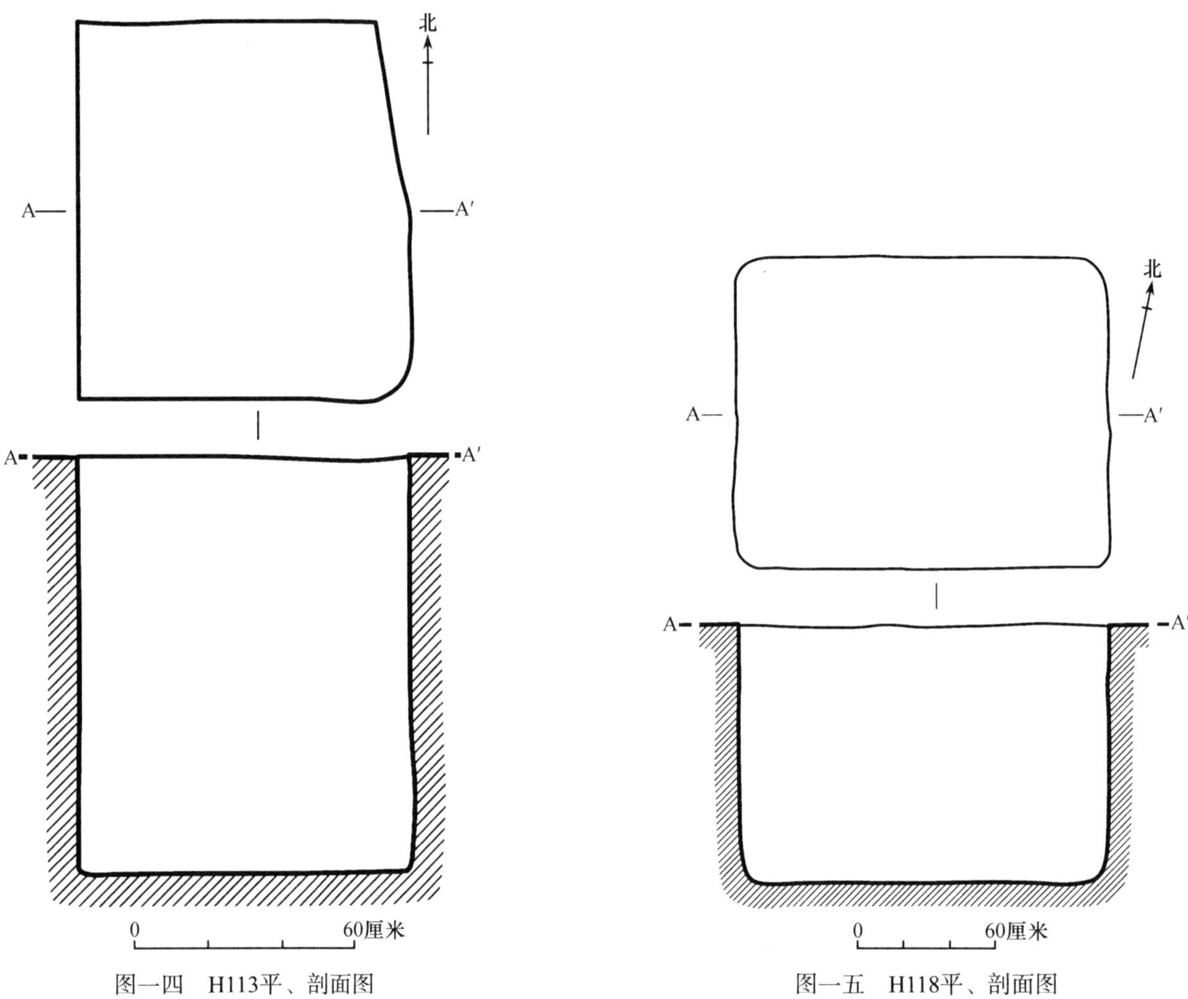

图一四　H113平、剖面图

图一五　H118平、剖面图

H42　位于ⅠTN06E05中西部。开口于第3层下，打破第4层、M16和生土。平面呈椭圆形，南北长约284、东西宽约260、深20~30厘米。坑壁西部较弧缓、东部斜直，坑底凹凸不平，壁面及底面无加工痕迹。坑内填土为灰黑黏土，夹杂少量红烧土块、草木灰和石块，结构疏松。出土陶片丰富，以泥质红陶为主，夹砂灰陶次之；纹饰以素面为主，划纹次之；出土遗物有陶鼎、罐、红顶钵、盆、假圈足碗等（图一六）。

H36　位于ⅠTN06E03中部。开口于第3层下，被H29打破，并打破H43、第5层和生土。平面呈椭圆形，东西长约294、南北宽约200、深约76厘米。弧壁，平底，壁面及底面无加工痕迹。坑内填土为灰褐黏土，结构疏松。出土陶片较丰富，以泥质红陶为主，少量夹砂褐陶；可辨器形有罐、钵等（图一七）。

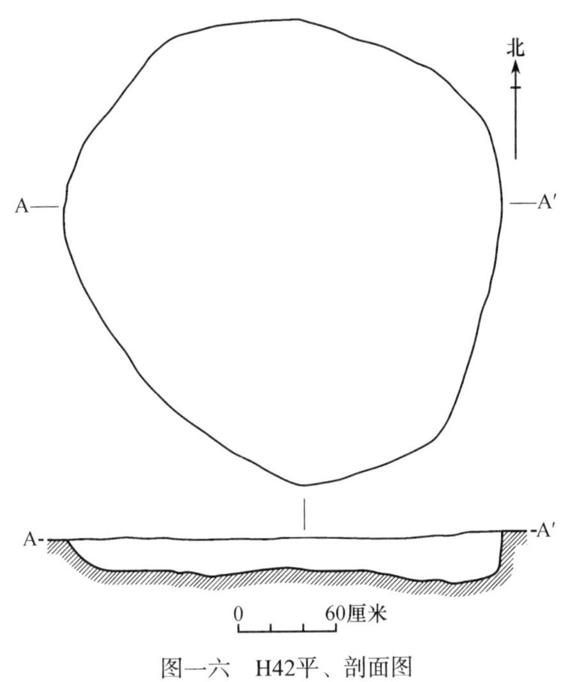

图一六　H42平、剖面图

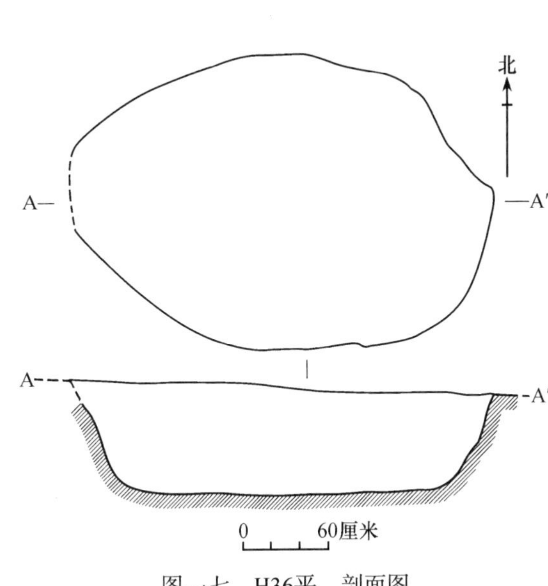

图一七　H36平、剖面图

H23　位于ⅠTN06E05西北部。开口于第2层下，打破M45、H47、第5层和生土。平面呈不规则形，东西长约250、南北宽约140、深约50厘米。直壁，坑底呈坡状，略有加工痕迹。坑内填土为灰黑黏土，夹杂较多红烧土颗粒、草木灰及石块，结构较疏松。出土少量陶片及石器，其中陶片以泥质红陶为主，纹饰绝大多数为素面，可辨器形有鼎、罐、钵等；石器有斧、锛等（图一八）。

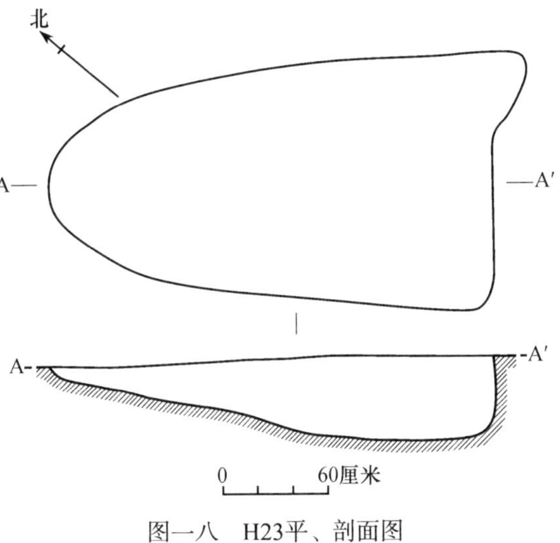

图一八　H23平、剖面图

H56　位于ⅠTN07E03南部。开口于第2层下，打破H58、第5层和生土。平面呈圆角长方形，东西长约340、南北宽约132、深约40厘米。坑壁东、西部呈坡状，南、北部较直，圜底，壁面及底面无加工痕迹。坑内填土为灰黑黏土，夹杂少量红烧土颗粒，结构较疏松。出土陶片较多，以泥质红陶为主，夹砂褐陶次之；器表多素面；可辨器形有鼎、罐、钵、盘等（图一九）。

H57　位于ⅠTN07E03西南部。开口于第2层下，打破H58、H67和生土。平面呈不规则形，南北长约510、东西宽约460、深约30厘米。弧壁，平底，壁面及底面无加工痕迹。坑内填土为灰黑黏土，结构较疏松。出土陶片较多，以泥质红陶为主，夹砂褐陶次之；器表多素面；可辨器形有罐、钵等（图二〇）。

H58　位于ⅠTN07E03西南部。开口于第2层下，被H56、H57打破，并打破第5层和生土。平面呈不规则形，东西长约150、南北宽约130、深20~66厘米。坑壁上部呈坡状，下部竖直，

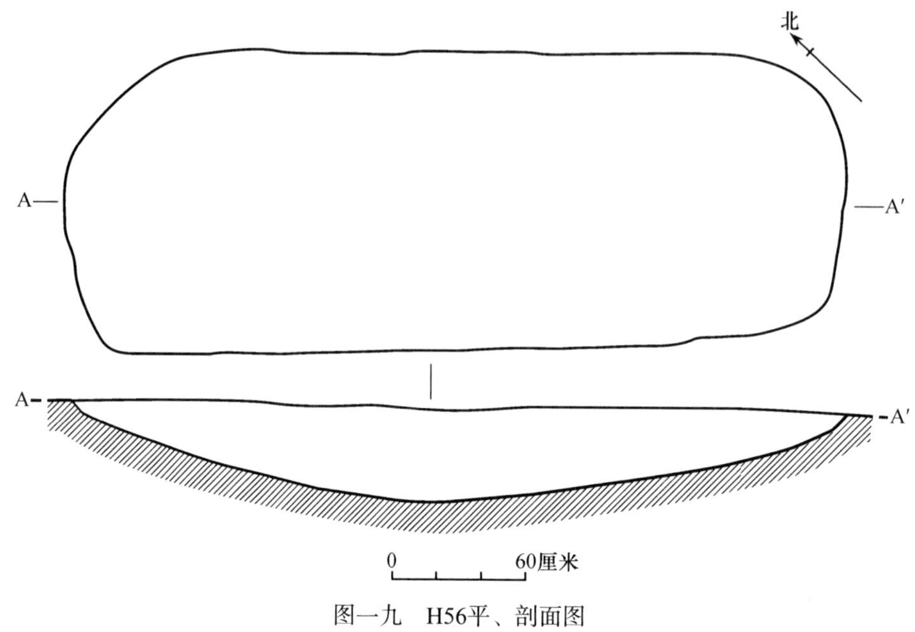

图一九　H56平、剖面图

平底，壁面及底面无加工痕迹。坑内填土为褐色黏土，结构较致密。出土陶片以泥质红陶为主，器表多素面，可辨器形有罐、钵等（图二一）。

H67　位于ⅠTN07E03东部。开口于第2层下，被H57打破，并打破第5层和生土。平面呈圆角长方形，残长约70、宽约34、深约50厘米。直壁微斜，平底，壁面及底面无加工痕迹。坑内填土为灰黑黏土，夹杂少量红烧土颗粒及小石块，结构较疏松。出土极少量陶片，难辨器形；另出土残石斧2件（图二二）。

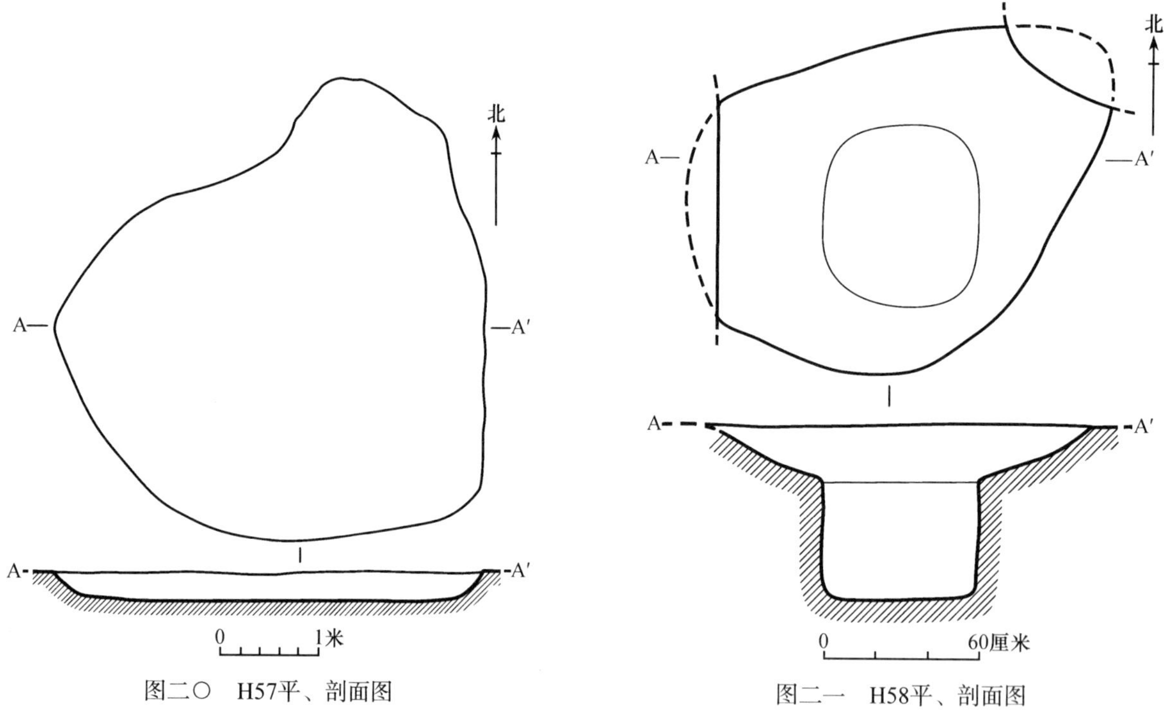

图二〇　H57平、剖面图

图二一　H58平、剖面图

H68 位于ⅠTN07E06西北部。开口于第2层下，打破第4层和生土。平面呈不规则椭圆形，上部开口较大，长约276、宽约148、深约20厘米，斜壁，无加工痕迹；下部为一圆柱形坑，直径约98、深约100厘米，直壁，平底，壁面及底面无加工痕迹。坑内填土分为上下2层，上层为黑褐黏土，夹杂少量红烧土颗粒及炭粒，结构较疏松；下层为黑色沙土，结构疏松。出土陶片以泥质红陶为主，少量夹砂红陶；可辨器形有鼎、罐、钵等（图二三）。

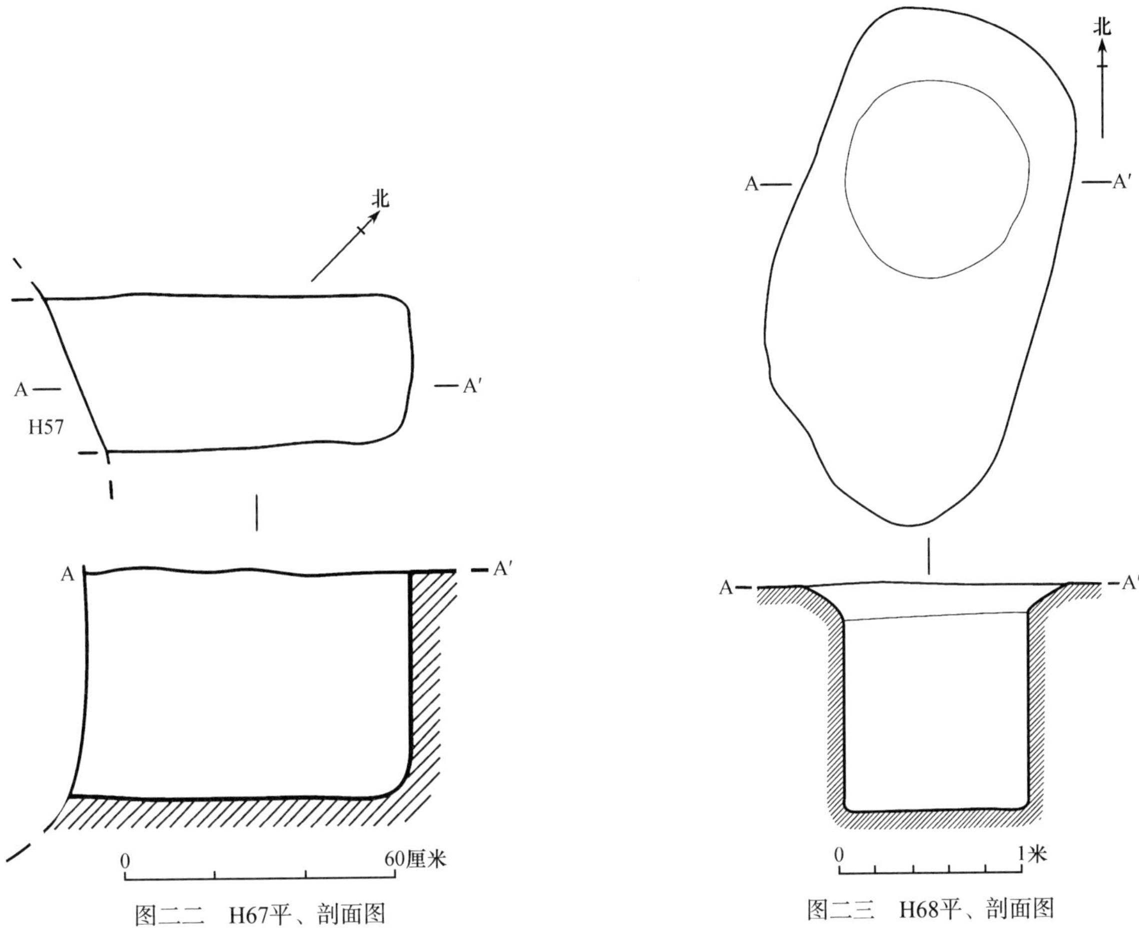

图二二 H67平、剖面图

图二三 H68平、剖面图

H72 位于ⅠTN07E06中南部。开口于第2层下，被M17、M18、M19打破，并打破第4层和生土。平面呈不规则椭圆形，东西长约360、南北宽约300、深约26厘米。弧壁，底近平，壁面及底面无加工痕迹。坑内填土为黑色黏土，夹杂较多红烧土颗粒及炭粒，结构疏松。出土陶片较多，以泥质灰陶为主，夹砂红褐陶次之，可辨器形有鼎、罐、钵、盆、锉等（图二四）。

H78 位于ⅠTN08E06东南部，部分延伸进东隔梁内。开口于第2层下，打破第5层和生土。平面呈椭圆形，南北长约300、东西宽约180、深约154厘米。斜壁，平底，壁面及底面无加工痕迹。坑内填土为黑褐黏土，包含较多红烧土颗粒及炭粒，结构较疏松。出土少量陶片，可辨器形有鼎、罐、钵、盆、锉等（图二五）。

H100 位于ⅠTN08E04东南部。开口于第2层下，打破第3层和生土。平面近椭圆形，南北长约370、东西宽约310、深约30厘米。斜壁，底近平，中部略深，壁面及底面无加工痕迹。

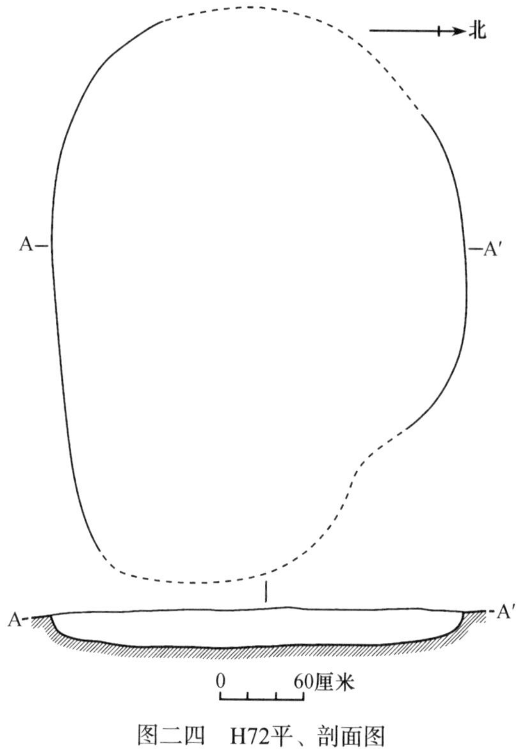

图二四　H72平、剖面图

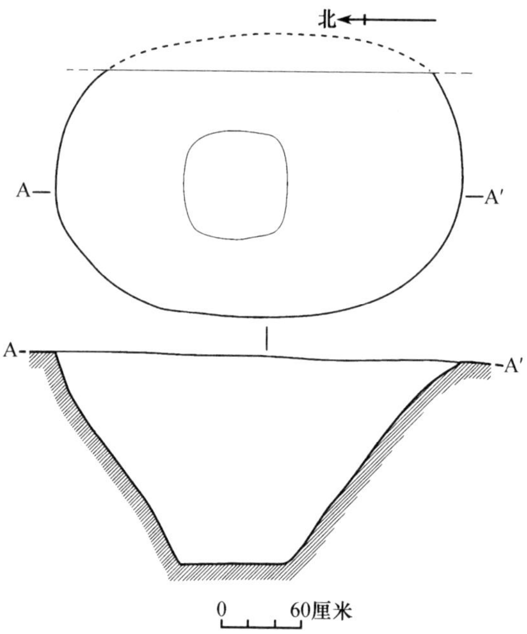

图二五　H78平、剖面图

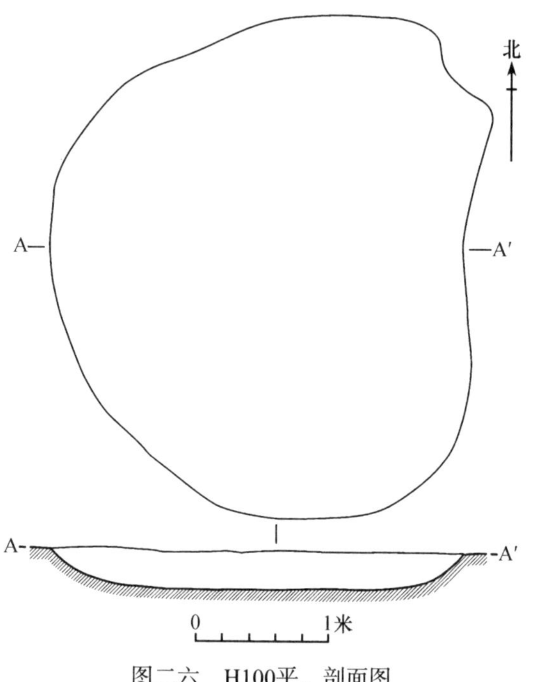

图二六　H100平、剖面图

坑内填土为灰黑黏土，夹杂少量石块和烧土块，结构较致密。出土较多陶片及少量石器。其中陶片以夹砂红陶为主，泥质灰陶少量；纹饰多为素面，少量绳纹、弦纹；可辨器形有鼎、盆等。石器仅见斧（图二六）。

H81　位于ⅠTN08E06东部。开口于第2层下，打破第5层和生土。平面呈正方形，边长约80、深约140厘米。直壁，平底，壁面及底面无加工痕迹。坑内填土分为2层，上层为灰黑黏土，夹杂较大的红烧土颗粒，结构较疏松；下层为灰黄沙土，结构疏松。坑底出土较多石块，多不成形；出土少量陶片，可辨器形有鼎、罐、钵等（图二七）。

H83　位于ⅠTN08E06西南角，向西延伸进西壁、南壁内。开口于第2层下，打破第5层和生土。平面呈不规则形，南北长约170、东西宽约160、深约126厘米。斜壁，平底，壁面及底面无加工痕迹。坑内填土分为2层，上层为灰黑黏土，夹杂较大的红烧土颗粒，结构疏松；下层为灰黄沙土，结构疏松。出土陶片较少，可辨器形有鼎、罐、钵等（图二八）。

H87　位于ⅠTN08E03东北部。开口于第2层下，被H120打破，并打破生土。平面近圆角

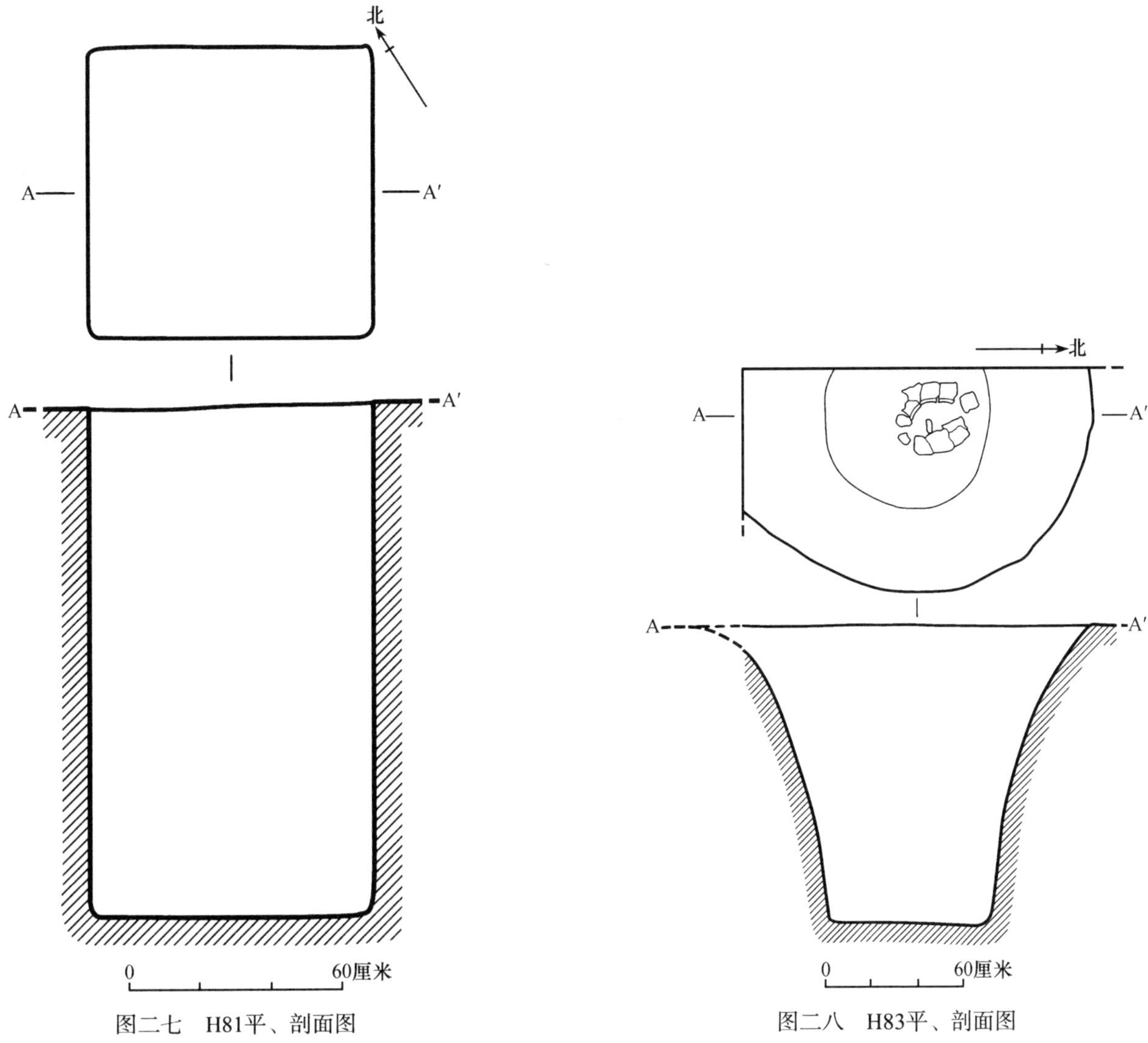

图二七　H81平、剖面图

图二八　H83平、剖面图

长方形，长约200、宽约100、深约60厘米。斜壁，平底，壁面及底面无加工痕迹。坑内填土为褐灰黏土，包含较多小石块，结构较致密。出土陶片较少，可辨器形有罐、钵等（图二九）。

H137　位于ⅡTN06W01西南部。开口于第2层下，打破第5层和生土。平面近圆角方形，长约92、宽82~92、深约24厘米。直壁，平底，壁面及底面无加工痕迹。坑内填土为黑灰土，包含大量草木灰、少量红烧土颗粒及石块等，结构疏松。出土遗物有鼎、罐、钵等器物残片，以及少许腐朽的动物骨骼（图三〇）。

H125　位于ⅡTN05W03东北部。开口于第2层下，打破生土。平面近圆角长方形，四壁略外弧。南北长约250、东西宽60~95、深48~50厘米。直壁，平底，壁面及底面加工规整。坑内填土为灰褐黏土，夹杂较多红烧土颗粒和炭粒，结构较致密。出土少量陶片，可辨器形有罐、钵等；石器有锛（图三一）。

H152　位于ⅠTN02E01中西部。开口于第2层下，打破第5层和生土。平面呈圆形，直径120~130、深75~85厘米。斜壁，平底，壁面及底面无加工痕迹。坑内填土为黑灰细沙土，夹杂

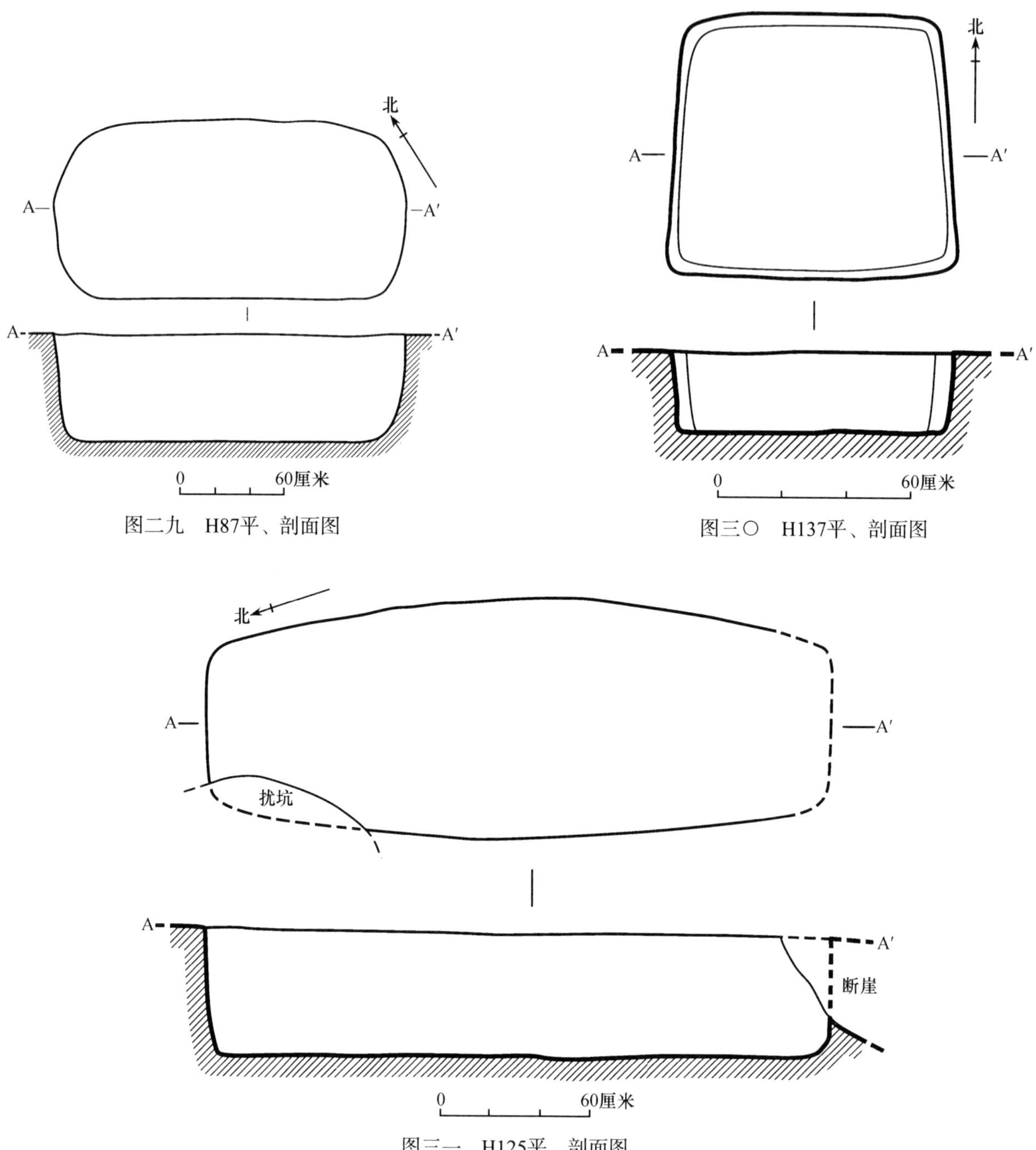

图二九　H87平、剖面图

图三〇　H137平、剖面图

图三一　H125平、剖面图

红烧土块、草木灰及石块等，结构疏松。出土少量陶片和兽骨，可辨器形有鼎、罐、钵等（图三二）。

H126　位于ⅡTN07W01东北部。开口于第2层下，打破第5层和生土。圆形袋状，坑口直径124~130、底径约190、深约96厘米。斜弧壁，平底，壁面及底面加工规整。坑内填土为灰黑黏土，夹杂红烧土颗粒、草木灰及小石块等，结构较致密。出土陶片以泥质红陶为主，泥质灰陶和夹砂灰陶次之；纹饰以素面为主，有少量绳纹，划纹；可辨器形有鼎、罐、钵等（图三三）。

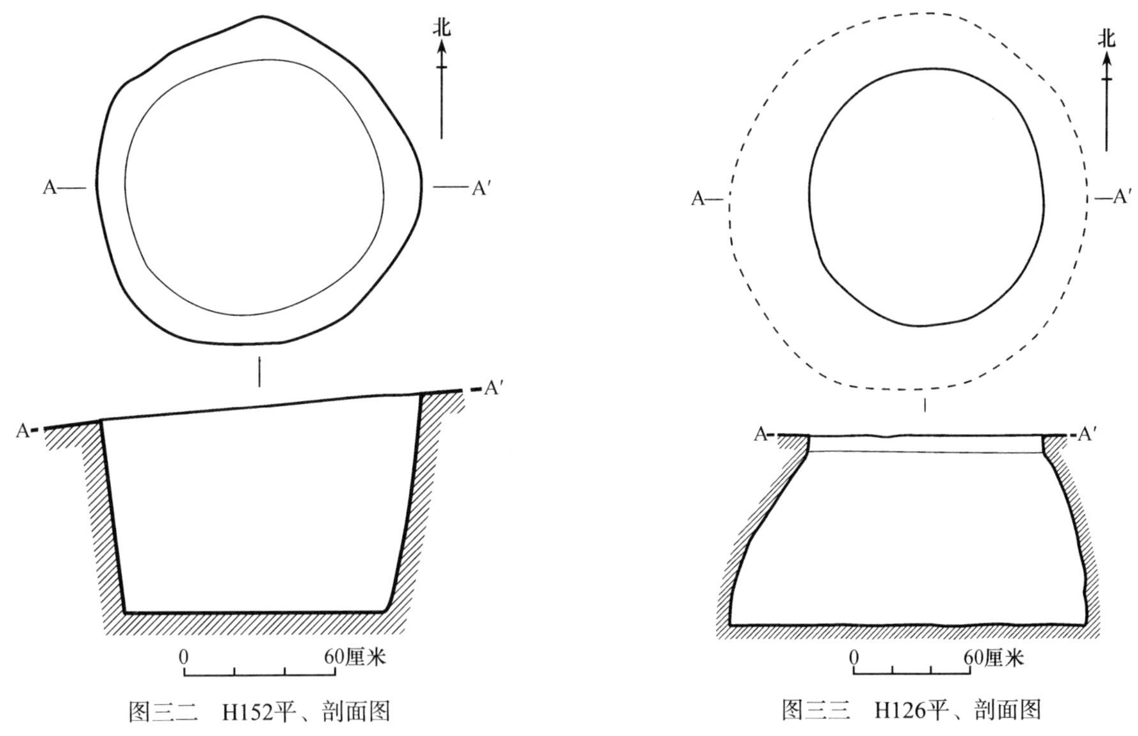

图三二　H152平、剖面图　　图三三　H126平、剖面图

H128　位于ⅡTN07W01西部，部分延伸进西壁内。开口于第2层下，打破第5层和生土。圆角方形袋状，坑壁上部内斜，下部外斜，壁面及底面加工规整。坑口边长120~126、腰部直径约109、底径约156、深约124厘米。坑内填土为灰褐黏土，包含有红烧土颗粒、草木灰、碎石块等，结构较致密。出土遗物陶器有鼎、罐、钵；石器有斧、镞等。此外，坑底发现少量动物肢骨、下颌骨及牙齿等（图三四）。

H132　位于ⅡTN07W01西南部。开口于第2层下，被M47打破，并打破第5层和生土。圆形袋状，坑口直径92、底径约210、深约150厘米。斜弧壁，平底，壁面及底面加工规整。坑内填土为灰褐黏土，包含红烧土颗粒、木炭及石块等，结构致密。出土陶片以泥质红陶为主，夹砂红陶和泥质灰陶次之；纹饰以素面为主，有少量绳纹和划纹等；可辨器形有鼎、罐、钵等（图三五）。

H196　位于ⅠTN05E06东部及ⅠTN05E07西部。开口于第2层下，被M96打破，并打破第3层和生土。平面呈不规则形，最大径约840、最短径约510厘米。直壁，底部由北向南渐低，壁面及底面无加工痕迹。坑内填土为灰黑沙土，结构较致密。出土陶片以泥质红陶为主，泥质灰陶、夹砂红陶次之；纹饰以素面为主，少量绳纹；可辨器形有鼎、钵、盆、碗、锉等。

除陶片外，H196出土大量碎石，集中分布在坑内中部，呈东北—西南走向，大多为原生砾石，少量有加工痕迹，仅极少量成形石器，初步推测此处应为石器作坊堆料场（图三六）。

H103　位于ⅠTN09E05东部。开口于第1层下，打破第5层和生土。平面近方形，坑口边长约55、坑底边长约48、深约30厘米。斜壁，平底，壁面及底面无加工痕迹。坑内填土为黑褐黏土，结构较致密。出土陶片以泥质红陶为主，可辨器形有鼎、罐等（图三七）。

H104　位于ⅠTN09E05中部。开口于第1层下，打破第5层和生土。平面近方形，坑口边长

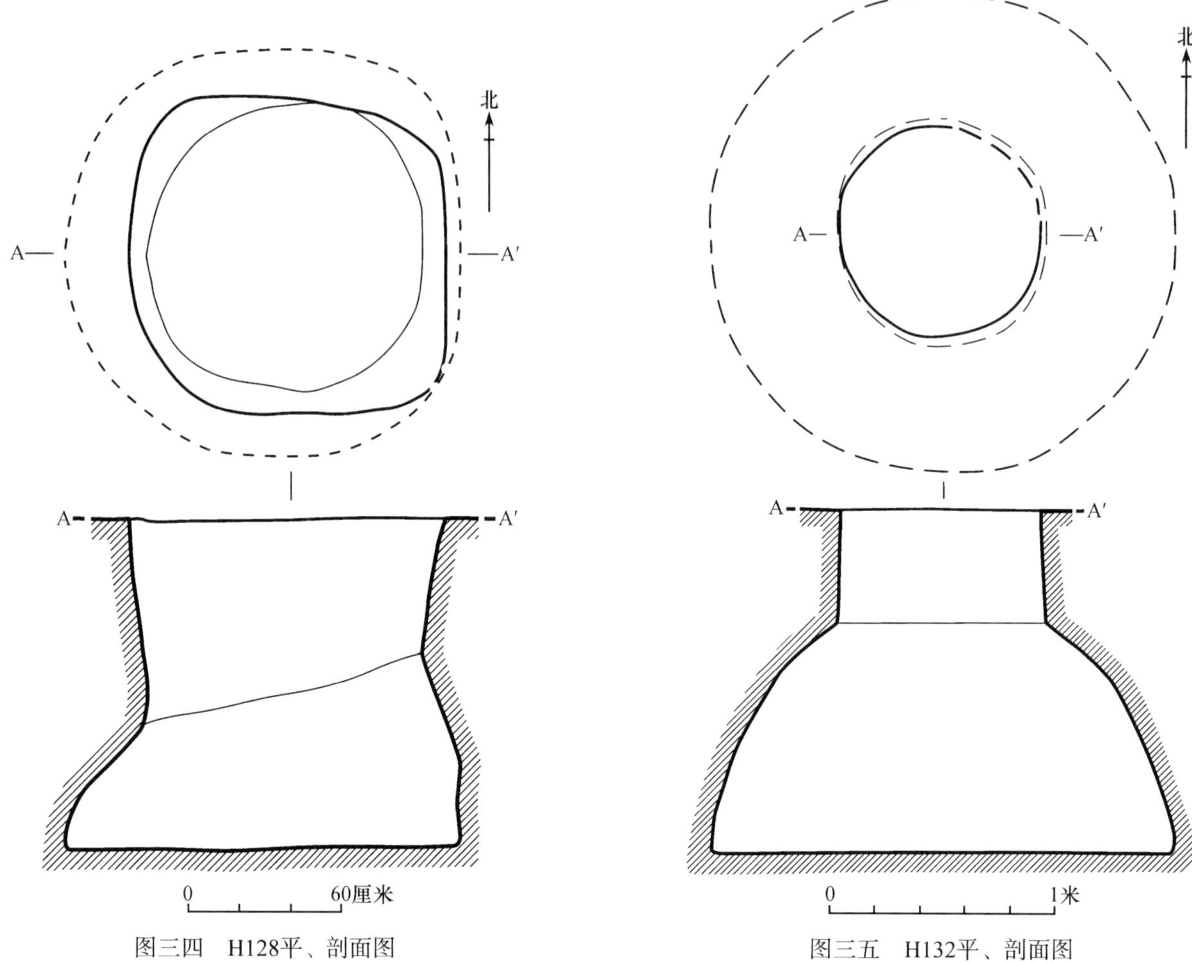

图三四　H128平、剖面图

图三五　H132平、剖面图

约100、坑底边长约90、深约50厘米。斜壁，平底，底面加工痕迹较明显。坑内填土为黑褐黏土，夹杂少量卵石，结构较致密。出土陶片以泥质红陶为主，少量夹砂红陶、泥质灰陶；纹饰以素面为主；可辨器形仅有罐（图三八）。

H147　位于ⅠTN03E01西北部，向北延伸进北隔梁内。开口于第1层下，打破生土。平面呈长方形，东西长约140、南北宽约120、深约50厘米。直壁，平底，壁面及底面加工规整。坑内填土分为2层，上层为黑色黏土，厚约20厘米，包含大量草木灰、炭粒及少量石块，结构疏松。该层出土少量陶片，多为泥质红陶，器表均为素面，可辨器形有钵等。下层为灰褐黏土，厚约30厘米，包含少量红烧土颗粒和炭粒，结构较致密。出土陶片较上层少，多为泥质红陶（图三九）。

H9　位于ⅢTS11W08中南部。开口于第2层下，打破第3层和生土。平面大体呈椭圆形，南北长约210、东西宽约184、深约24厘米。坑壁西部较直，东部呈坡状，底近平，壁面及底面无加工痕迹。坑内填土为灰黑黏土，夹杂少量红烧土颗粒及草木灰，结构较疏松。出土较多陶片，以泥质红陶为主，夹砂红陶次之；纹饰以素面为主，少量弦纹、划纹、附加堆纹等；可辨器形有罐、钵、盆、瓮、缸等（图四〇）。

H4　位于ⅢTS08W08西南部、ⅢTS08W09东部及ⅢTS09W08北部。开口于第2层下，打破

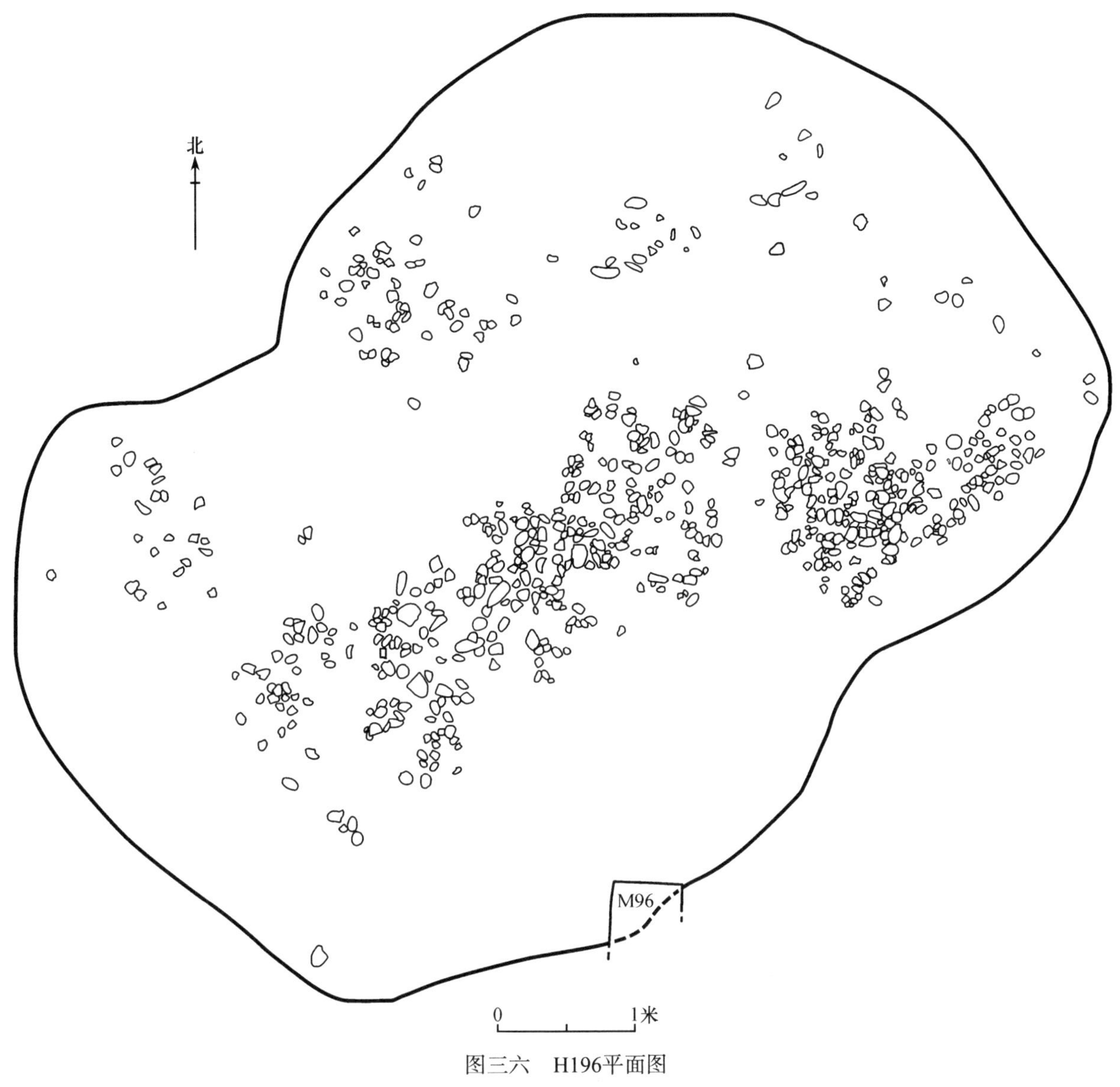

图三六 H196平面图

H13和生土。平面呈椭圆形，东西长约430、南北宽约372、深约42厘米。缓坡状坑壁，圜底，底面呈波状，壁面及底面无加工痕迹。坑内填土为灰黑黏土，夹杂少量石块、红烧土块及炭粒，结构较致密。出土陶片以夹砂灰陶为主，纹饰有绳纹、绳纹和弦纹等，可辨器形有罐、鼎足、波形钮器盖等（图四一）。

H13 位于ⅢTS08W07西部、ⅢTS08W08东部、ⅢTS09W08北部及ⅢTS09W07西北部。开口于第2层下，被H4、H12、H16、H17打破，并打破生土。平面呈不规则椭圆形，南北残长约490、深约30厘米。坑壁呈缓坡状，底近平，壁面及底面无加工痕迹。坑内填土为灰黑黏土，夹杂较多红烧土块，结构致密。出土陶片以夹砂红陶为主，纹饰以素面为主，可辨器形有罐、盆、鼎足、锉等（图四二）。

H15 位于ⅢTS04W09中南部，向南延伸至ⅢTS05W09北部。开口于第3层下，打破M2和生土。平面略呈梨形，南北长约520、东西宽约400、深8~100厘米。坑壁呈坡状，底部由北向

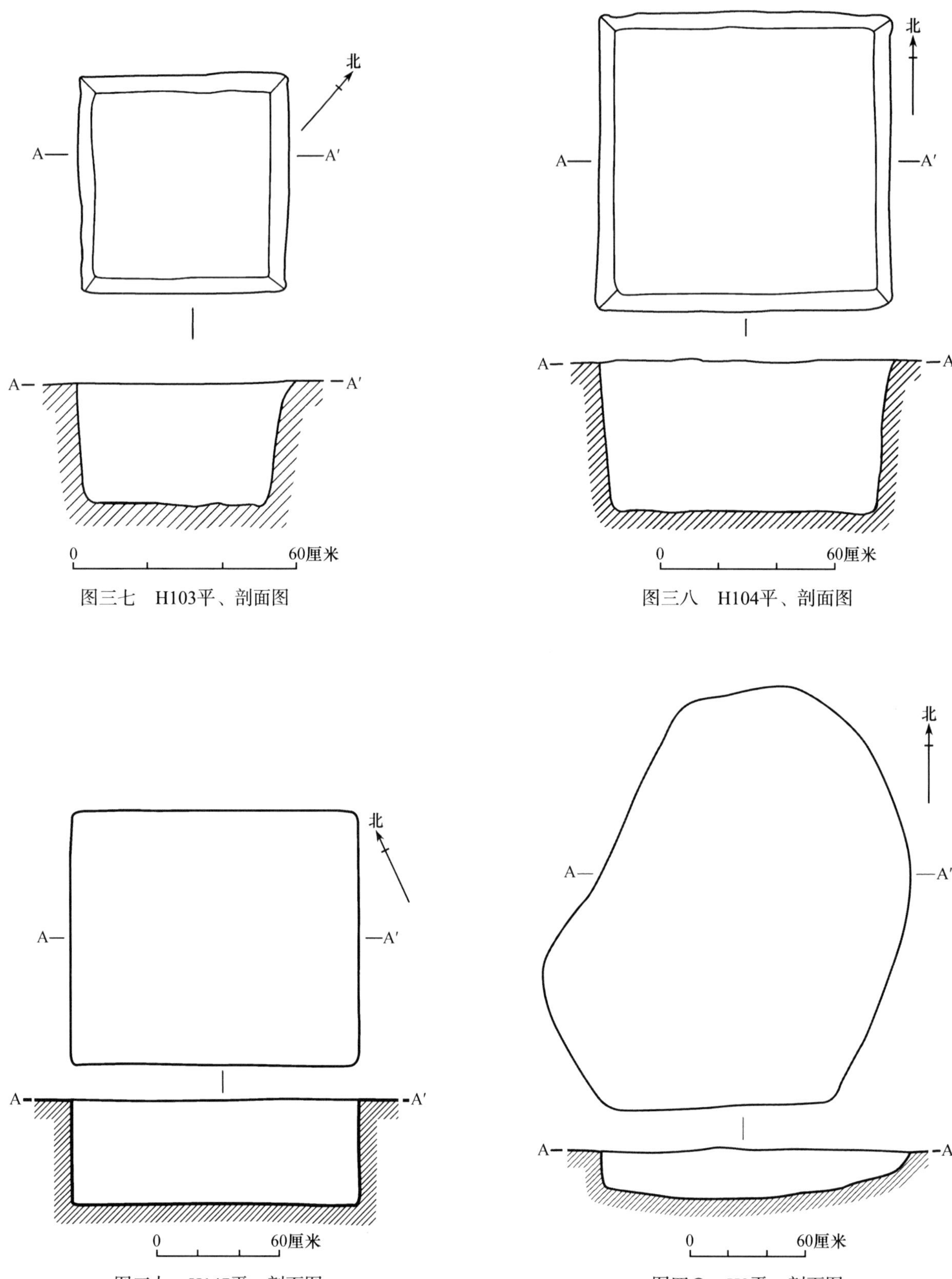

图三七　H103平、剖面图

图三八　H104平、剖面图

图三九　H147平、剖面图

图四〇　H9平、剖面图

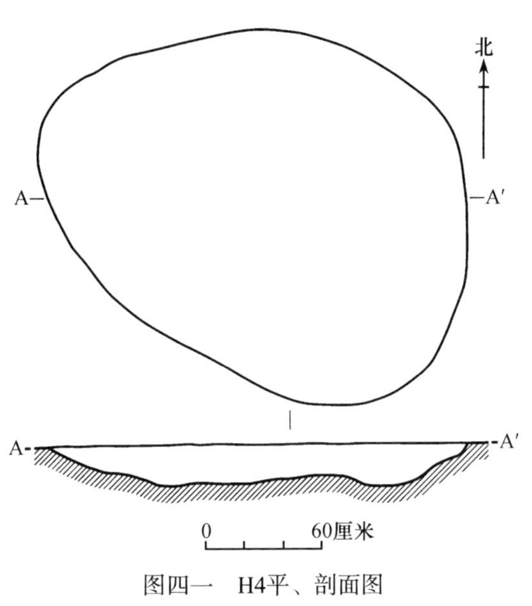

图四一　H4平、剖面图

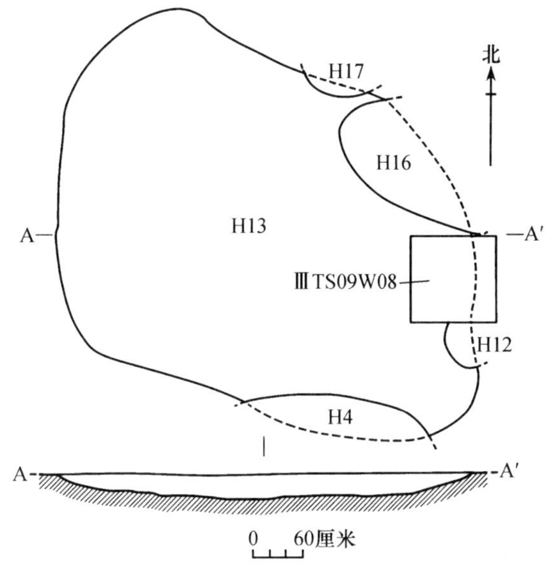

图四二　H13平、剖面图

南逐步加深呈圜底状，壁面及底面无加工痕迹。坑内填土为灰黑黏土，夹杂少量红烧土颗粒、炭粒及石块，结构较疏松。出土遗物有陶片、石器及少量兽骨，陶器可辨器形有钵、鼎、罐等，石器主要有打制石刀、石片等（图四三）。

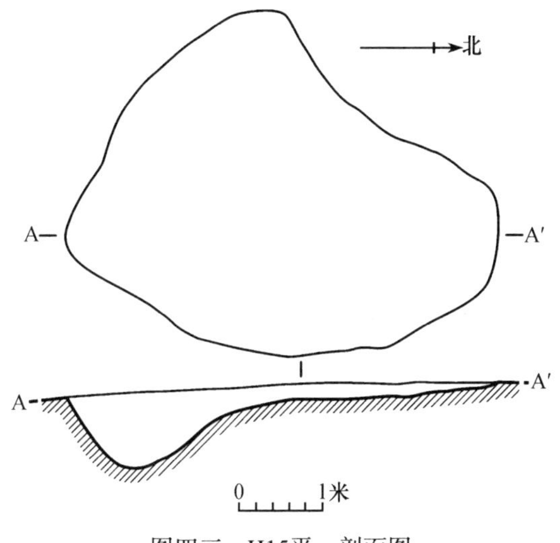

图四三　H15平、剖面图

7. 墓葬

82座。按葬式分为单人一次葬、单人二次葬及多人二次葬3种。

（1）单人一次葬

发现79座。

M22　位于ⅠTN07E05中部。开口于第4层下，打破第5层和生土。长方形土坑竖穴，长约180、宽40~46、深约14厘米。填土为灰褐色，包含少量陶片。葬式为仰身直肢，人骨保存较差，仅存头骨及部分肢骨。方向232°　。未发现葬具及随葬品（图四四）。

M23　位于ⅠTN07E01东部。开口于第2层下，打破第5层和生土。长方形土坑竖穴，长约200、宽60~70、深约10厘米。填土为灰褐色，包含少量红烧土颗粒。葬式为仰身直肢，人骨保存较差，仅见头骨及部分肢骨残痕。方向213°。未发现葬具。随葬三足壶、黑陶钵，置于肢骨左侧（图四五）。

M24　位于ⅠTN07E01中部，东距M23仅1.5米。开口于第2层下，打破第5层和生土。长方形土坑竖穴，长约210、宽74~84、深约10厘米。填土为灰褐色，包含少量红烧土颗粒。葬式为仰身直肢，人骨保存较差，残存部分肢骨。方向198°。未发现葬具。随葬3件陶钵，置于墓坑西南角（图四六）。

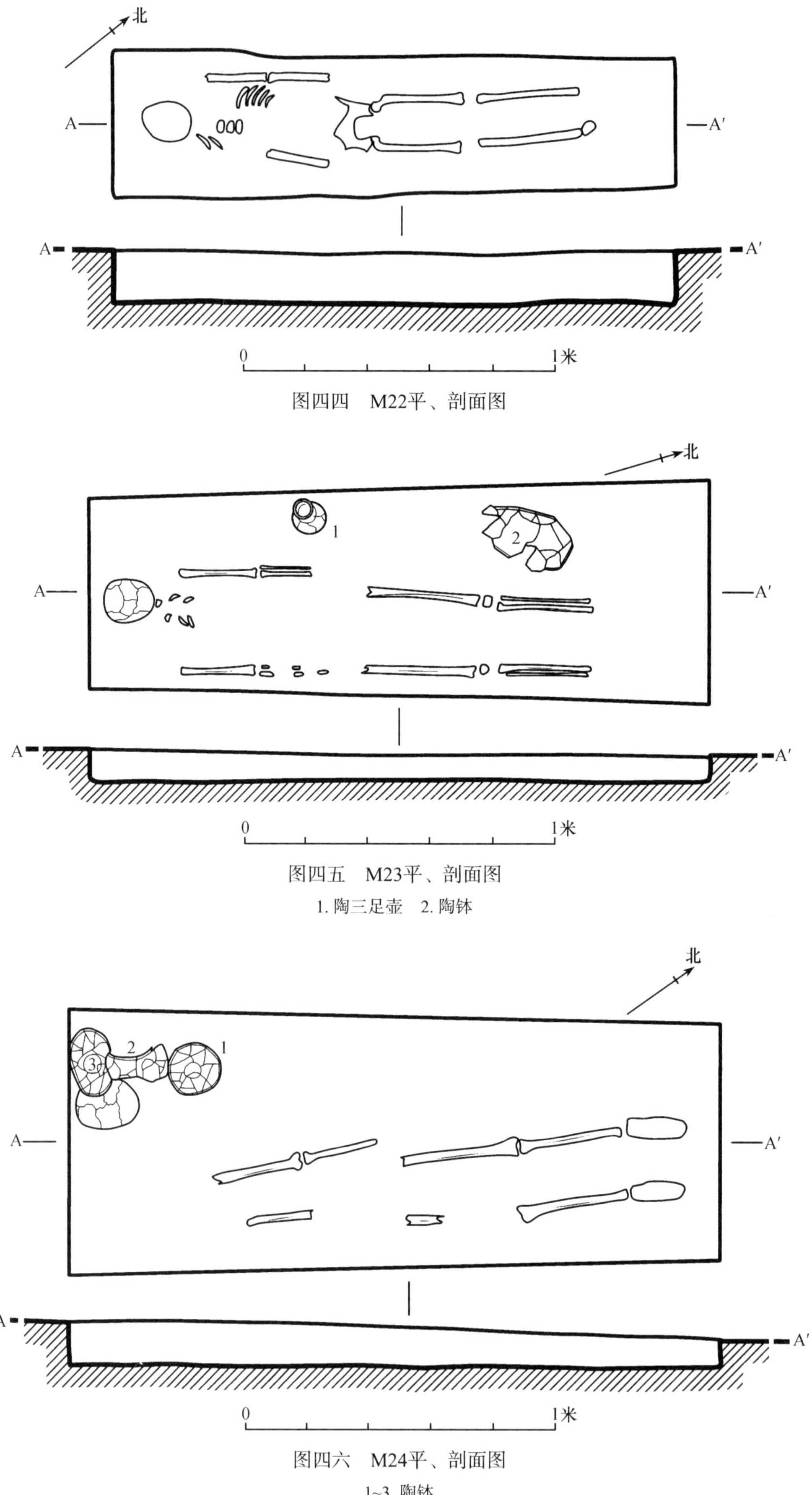

图四四　M22平、剖面图

图四五　M23平、剖面图

1. 陶三足壶　2. 陶钵

图四六　M24平、剖面图

1~3. 陶钵

M27 位于ⅠTN07E03中部。开口于第2层下，打破第5层和生土。长方形土坑竖穴，长约90、宽约50、深约10厘米。填土结构较疏松。葬式为仰身直肢，人骨保存较差，仅存头骨及零星肢骨。方向310°。根据骨架初步推测墓主应为儿童。未发现葬具及随葬品（图四七）。

M49 位于ⅡTN07W02东北部，南临M48。开口于第2层下，打破第5层和生土。长方形土坑竖穴，长约214、宽约68、深约18厘米。填土为褐色，夹杂少量红烧土颗粒，结构疏松。葬式为仰身屈肢，人骨保存较好，可见头骨及大部分肢骨。方向130°。未发现葬具。随葬水晶饰品2件、石珠1件，均置于左手腕骨处（图四八）。

M95 位于ⅠTN04E02东南部。开口于第2层下，打破第5层和生土。长方形土坑竖穴，上部已被破坏，残存墓底，残长约200、宽约48、残深约16厘米。填土为灰黑色，含有少量红烧土颗粒、碎小石块，结构较疏松。葬式为仰身直肢，人骨保存较好，可见大部分肢骨，但未见头骨，其位放置三块不规则扁石，可拼合。方向45°。未发现葬具及随葬品（图四九）。

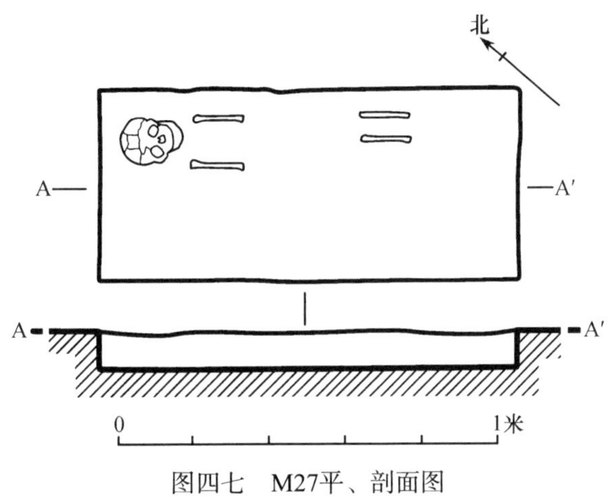

图四七 M27平、剖面图

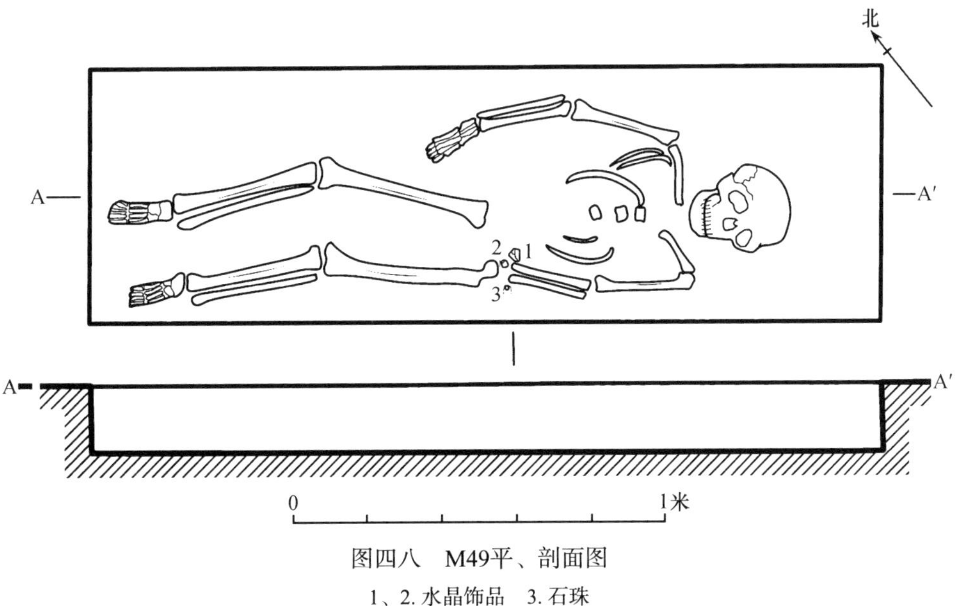

图四八 M49平、剖面图
1、2. 水晶饰品 3. 石珠

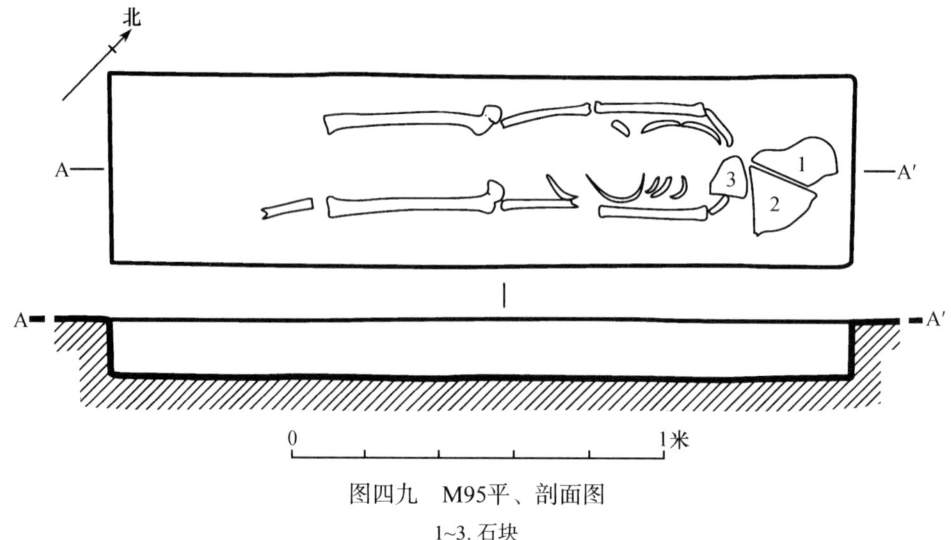

图四九　M95平、剖面图
1~3. 石块

M98　位于ⅠTN04E02东部，南邻M95。开口于第2层下，打破第5层和生土。长方形土坑竖穴，残存墓底，长约180、宽约58、残深约10厘米。填土为红褐色，结构较致密。葬式为仰身直肢，人骨保存较好，存留头骨及大部分肢骨。方向53°。未发现葬具。随葬1件青石质料石钺，置于腹部（图五〇）。

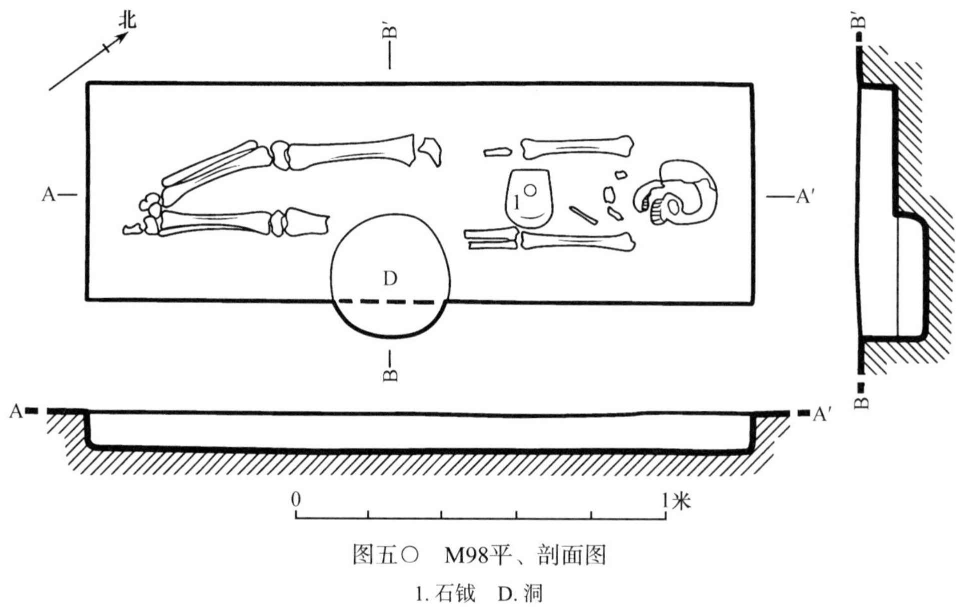

图五〇　M98平、剖面图
1. 石钺　D. 洞

M46　位于ⅡTN08W02西南部。开口于第2层下，打破第5层和生土。长方形土坑竖穴，长约156、宽44~48、深约10厘米。填土为褐色，夹杂少量红烧土颗粒，结构较疏松。葬式为仰身直肢，人骨保存较差，仅见头骨痕迹和部分肢骨。方向132°。未发现葬具。随葬2件陶钵，置于左手处（图五一）。

M2　位于ⅢTS04W09西南角，大部延伸至西壁内。开口于第4层下，被H15打破，并打破生土。长方形土坑竖穴，长约186、宽48~50、深10~15厘米。填土为灰黑色，包含红烧土块、

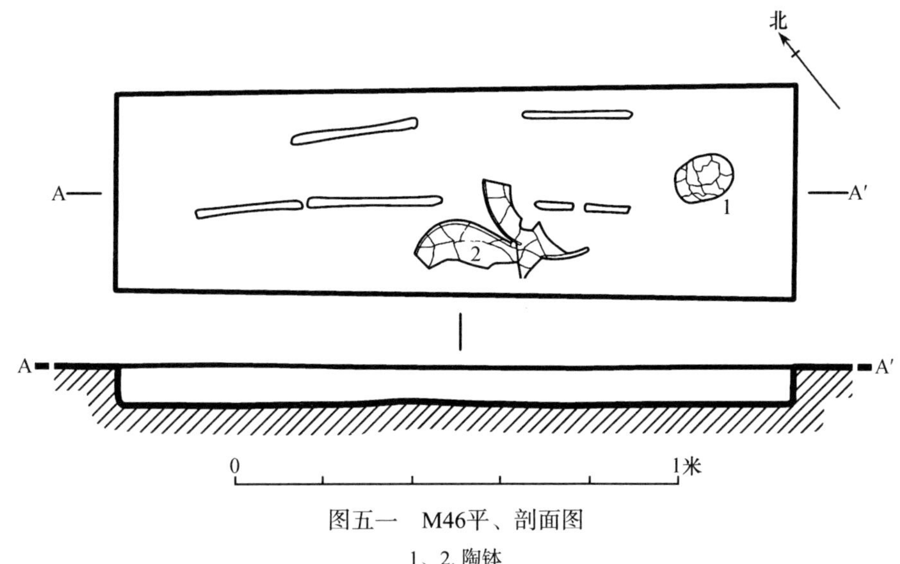

图五一 M46平、剖面图
1、2. 陶钵

石块及陶片。葬式为仰身直肢，人骨保存较差，残存头骨及部分肢骨残痕。方向24°。未发现葬具。随葬1件红陶碗，侧置于左臂处（图五二）。

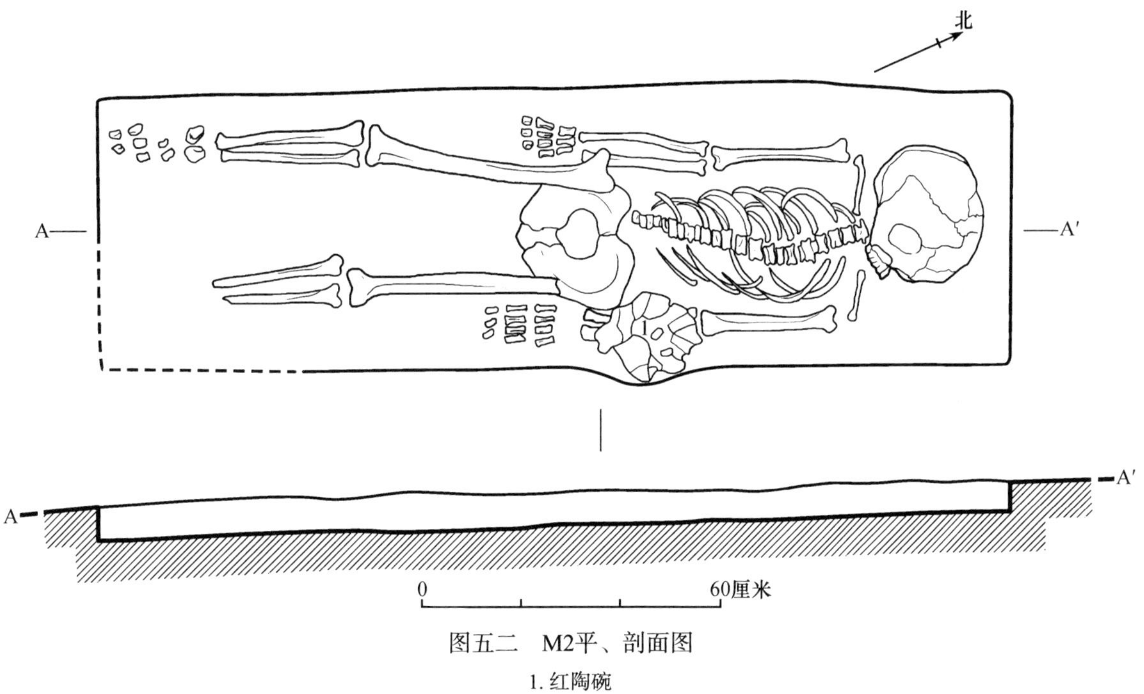

图五二 M2平、剖面图
1. 红陶碗

M4 位于ⅢTS05W08东南部。开口于第4层下，被H19打破，并打破生土。长方形土坑竖穴，长80~150、宽约50、深约14厘米。填土为青灰色，结构较致密。葬式为仰身直肢，人骨保存极差，头骨及上肢骨基本不存。方向25°。未发现葬具及随葬品（图五三）。

（2）单人二次葬

仅发现1座。

M16 位于ⅠTN06E05中部。开口于第4层下，被H42打破，并打破第5层和生土。上部破

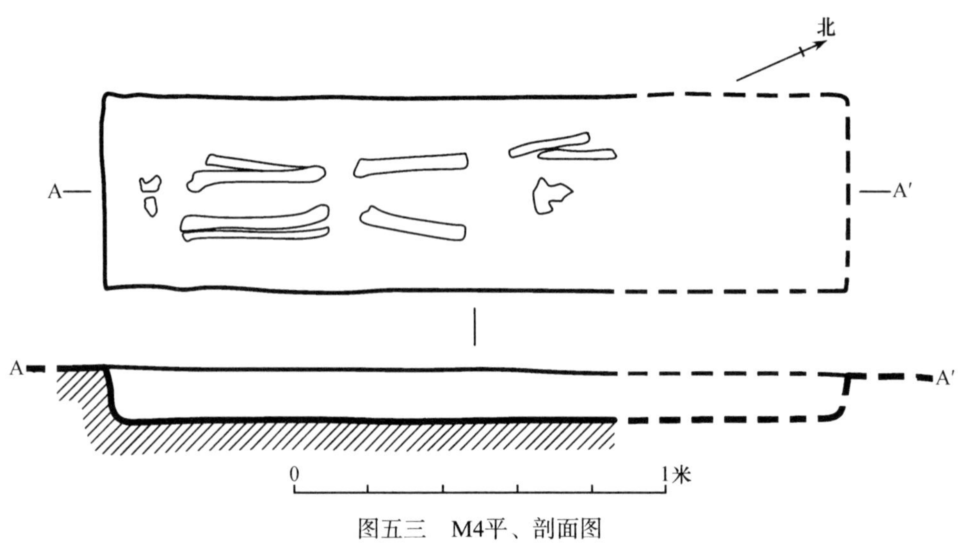

图五三　M4平、剖面图

坏严重，仅存底部，平面呈椭圆形，南北长约100、东西宽约46、残深8~14厘米。填土为黄褐色，结构较致密。人骨保存极差，仅存残碎头骨。方向0°。未发现葬具。随葬1件陶罐，置于头骨东南部（图五四）。

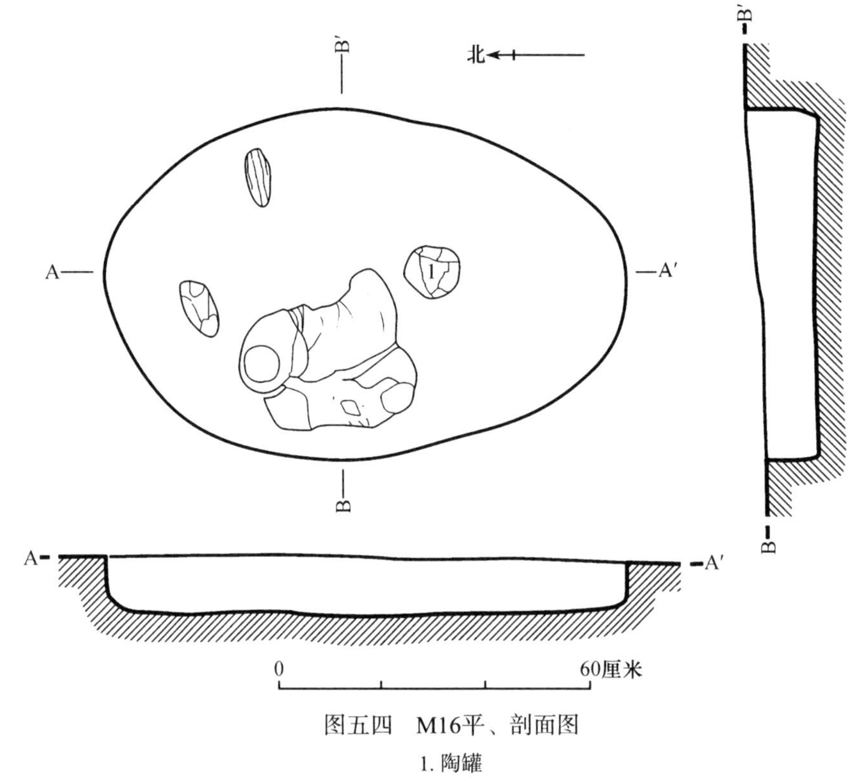

图五四　M16平、剖面图

1. 陶罐

（3）多人二次葬

发现2座。

M1　位于ⅢTS05W09西南部。开口于第2层下。平面呈椭圆形，东西长约100、南北宽约92、深5~8厘米。方向30°。填土为灰黑色，结构较疏松。人骨保存较好，可辨个体3例，东西

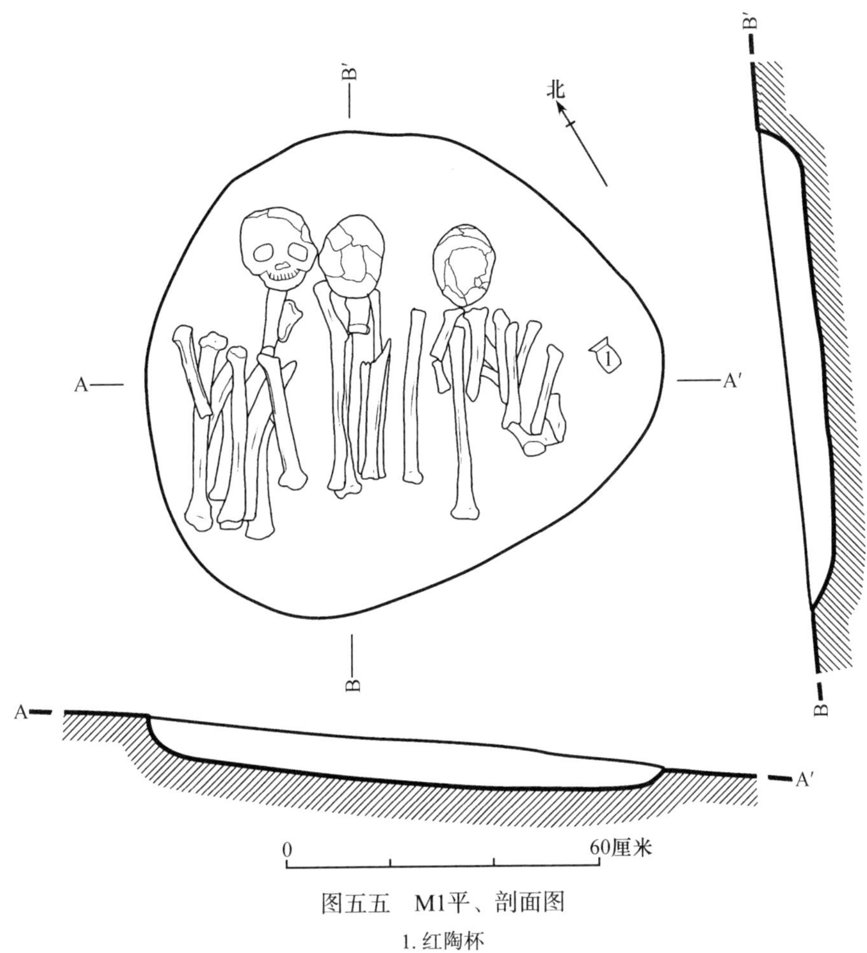

图五五 M1平、剖面图
1. 红陶杯

竖列，头向东北。未发现葬具。随葬红陶杯1件，置于墓坑东侧（图五五）。

M3 位于ⅢTS08W08、ⅢTS07W08、ⅢTS08W07及ⅢTS07W07四个探方交界处。开口于第2层下，打破生土。平面呈椭圆形，东西长约210、南北宽约176、深约10厘米。方向20°。填土为灰黑色，结构较疏松。人骨保存较好，可辨个体9例，分为3排。其中，北、中部2排8例个体东西竖列，头向东北；南部1排1例个体东西横列，头向西南。未发现葬具。随葬红陶杯5件（图五六）。

8. 瓮棺葬

发现3座。

W1 位于ⅠTN07E03东北部。开口于第2层下，打破H62和生土。土坑平面呈圆形，斜壁，平底。直径约62、深约30厘米。坑内填黑色黏土，结构疏松。葬具为瓮、钵组合。未发现人骨（图五七）。

W2 位于ⅠTN07E03东部。开口于第2层下，打破生土。土坑平面近圆形，斜壁，圜底。直径约34、残深20厘米。坑内填灰褐黏土，结构较疏松。葬具为1件陶瓮。未发现人骨（图五八）。

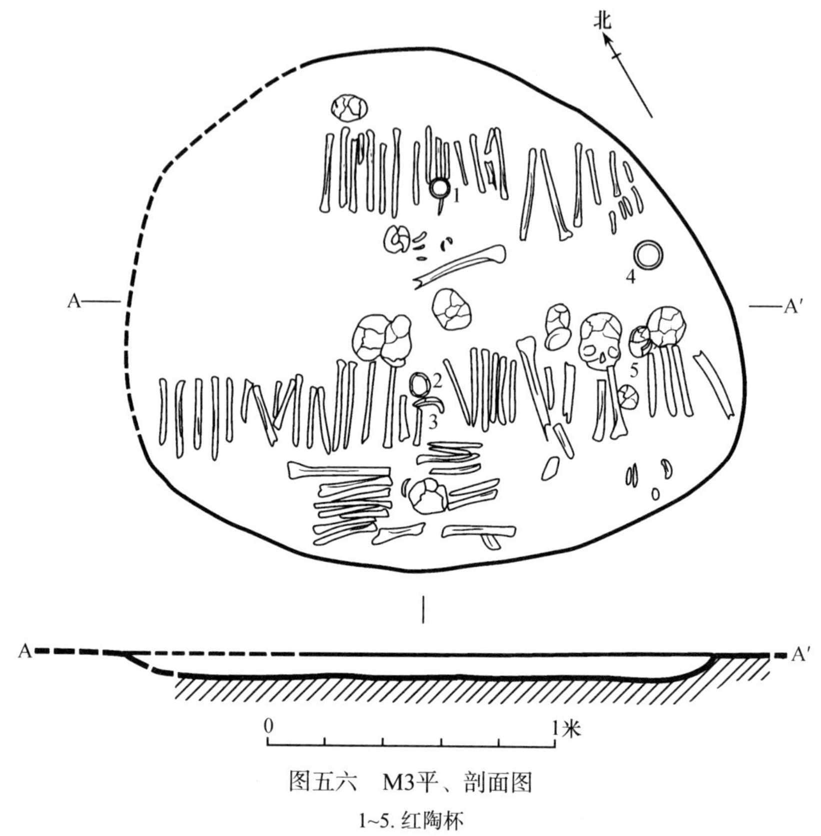

图五六　M3平、剖面图
1~5. 红陶杯

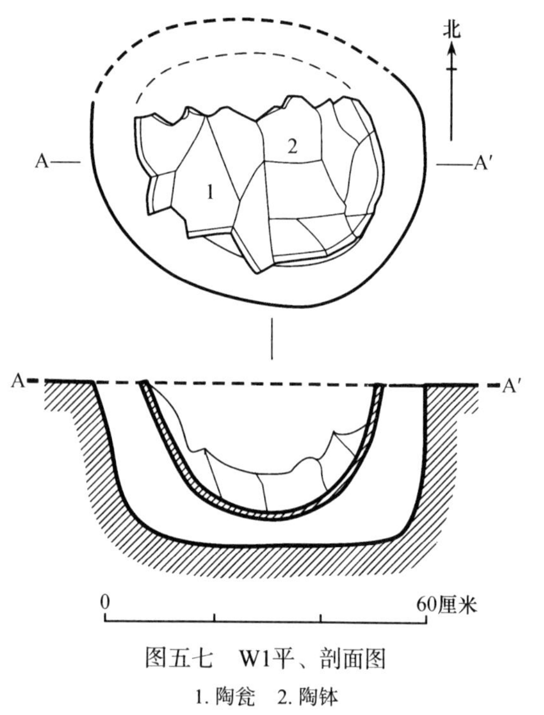

图五七　W1平、剖面图
1. 陶瓮　2. 陶钵

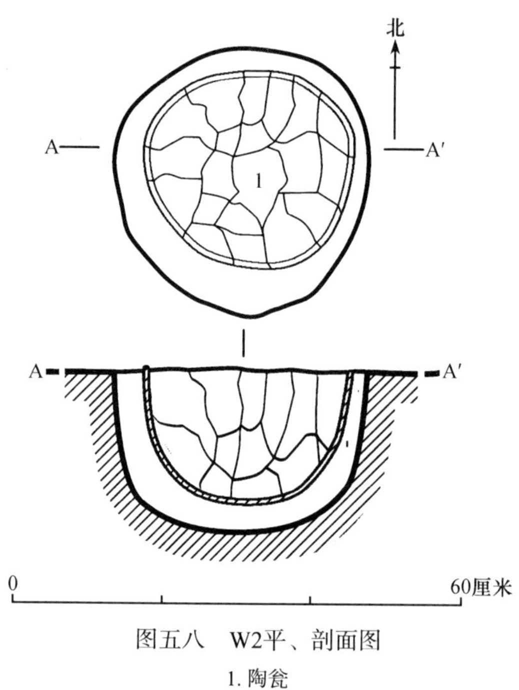

图五八　W2平、剖面图
1. 陶瓮

W3 位于ⅡTN08W02东北部，部分延伸进北隔梁内。开口于第2层下，打破第5层和生土。土坑平面呈方形，直壁，平底。边长约85、深约16厘米。坑内填土为黄色，包含少量红烧土颗粒及兽骨，结构疏松。葬具为1件陶瓮，置于土坑中部，周边堆有一圈石块。未发现人骨（图五九）。

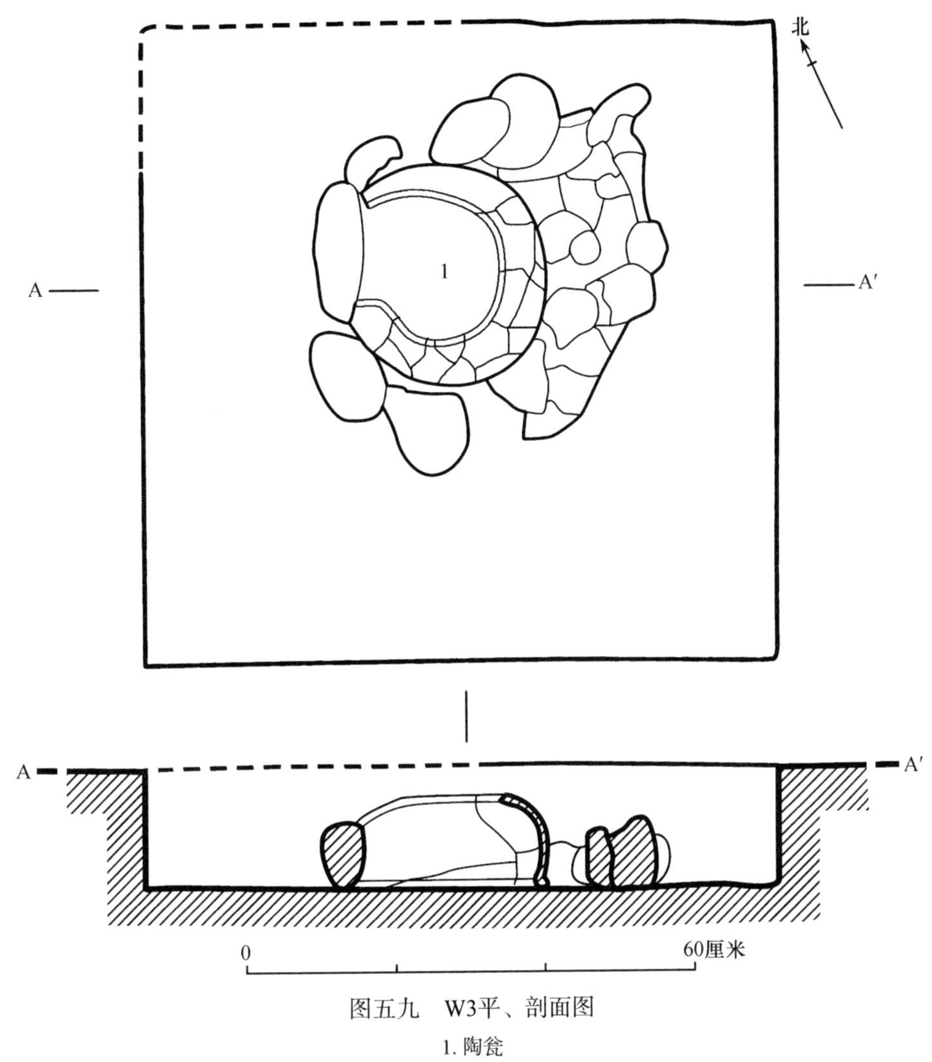

图五九 W3平、剖面图
1. 陶瓮

（二）遗物

刘湾遗址新石器时代出土遗物有石器、陶器、骨器等。陶质以泥质陶为主，夹砂陶次之。陶色以红陶为主，次为灰陶，黑陶所占比例极小。绝大多数素面，少量绳纹、划纹、弦纹及篮纹等。器类主要有鼎、罐、钵、盆、碗、杯、盘、瓮、器座、铿、器盖等。以下以鼎、罐、钵、盆、碗五大类为例，对刘湾遗址新石器时代出土陶器进行初步类型学分析。

鼎 12件。分为三型。

A型 8件。侈口，最大腹径与口径比值大于1，圜底，锥足。素面。分为二亚型。

Aa型 5件。无颈或长颈。分为三式。

Ⅰ式 1件。深腹略垂。H153：2，夹砂黄褐陶。口径24.4、残高18厘米（图六〇，3）。

Ⅱ式　3件。深腹微鼓。H162：1，夹砂红陶。口部不规整。口径20.6、腹径26.4、高33.4~34.9厘米（图六〇，1）。H82：2，夹砂红陶。口径18、腹径21.8、复原高26厘米（图六〇，6）。H178：6，夹砂红陶。口径9.6、腹径10.8、高13厘米（图六〇，11）。

Ⅲ式　1件。鼓腹稍浅。H83：6，夹砂红褐陶。口径19.2、腹径24.2、复原高26.8厘米（图六〇，5）。

Ab型　3件。短颈。分为三式。

Ⅰ式　1件。垂鼓腹较深。H209：2，夹砂红陶。口径20.6、腹径27.4、残高23.4厘米（图六〇，2）。

Ⅱ式　1件。球腹稍浅。H159：1，夹砂红褐陶。口径15.2、腹径21.2、复原高24.2厘米（图六〇，7）。

Ⅲ式　1件。浅扁鼓腹。H129：1，夹蚌红褐陶。口径16.4、腹径23.2、高25.2厘米（图六〇，8）。

B型　3件。大口，最大腹径与口径比值小于1。分为三式。

Ⅰ式　1件。深腹。H42：2，夹砂灰褐陶。口径20.4、腹径25.2、复原高27.2厘米（图六〇，4）。

Ⅱ式　1件。鼓腹稍浅。H42：1，夹砂红褐陶。口径17.6、腹径21.6、高20.4厘米（图六〇，9）。

Ⅲ式　1件。浅鼓腹。M11：1，夹砂红褐陶。口径17.2、腹径16、高25.2厘米（图六〇，10）。

C型　1件。折腹，圜底近平，捺窝锥足。腹部饰数道凹弦纹。G2②：184，夹砂红陶。口径14、腹径22、残高9.8厘米（图六〇，12）。

罐　8件。分为五型。

A型　1件。整器显瘦高，敞口，深腹，最大腹径位于器物上部，小平底。M16：1，泥质红褐陶。口径23.8、腹径24、底径9、高27.8厘米（图六一，2）。

B型　3件。敞口。分为三式。

Ⅰ式　1件。溜肩，深弧腹微鼓，最大腹径偏下。H152：1，夹砂红陶。口径26.4、腹径38、残高28.8厘米（图六一，1）。

Ⅱ式　1件。卷沿，深弧腹微鼓，最大腹径在器中。腹部饰细绳纹。ⅠTN07E02②：7，夹砂红褐陶。口径26.4、腹径29.6、残高18.8厘米（图六一，3）。

Ⅲ式　1件。卷沿，鼓腹，最大腹径偏上，平底微凹。肩上饰数道凹弦纹。ⅢTS12W07②：2，夹砂红褐陶。口径10.4、腹径12.8、底径5.6、高12厘米（图六一，8）。

C型　2件。敛口。分为二式。

Ⅰ式　1件。平沿，垂折腹。H198：1，夹砂灰陶。口径24、腹径29.6、残高15.2厘米（图六一，5）。

Ⅱ式　1件。整器显宽扁，卷沿外垂，鼓腹。G3：2，夹砂灰陶。口径22、腹径24.2、残高13厘米（图六一，6）。

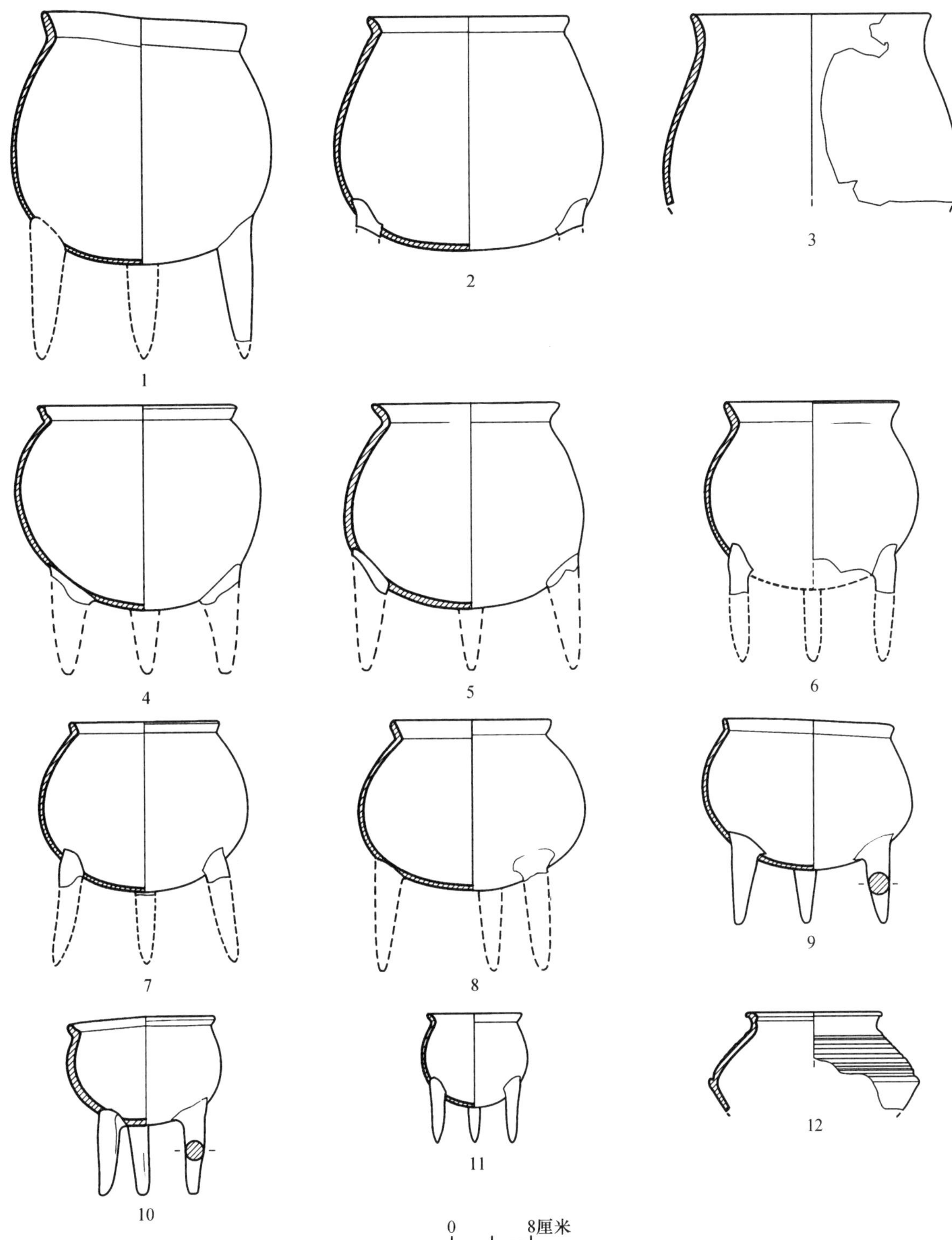

图六〇 新石器时代出土陶鼎

1、6、11. Aa型Ⅱ式（H162：1、H82：2、H178：6） 2. Ab型Ⅰ式（H209：2） 3. Aa型Ⅰ式（H153：2） 4. B型Ⅰ式（H42：2） 5. Aa型Ⅲ式（H83：6） 7. Ab型Ⅱ式（H159：1） 8. Ab型Ⅲ式（H129：1） 9. B型Ⅱ式（H42：1） 10. B型Ⅲ式（M11：1） 12. C型（G2②：184）

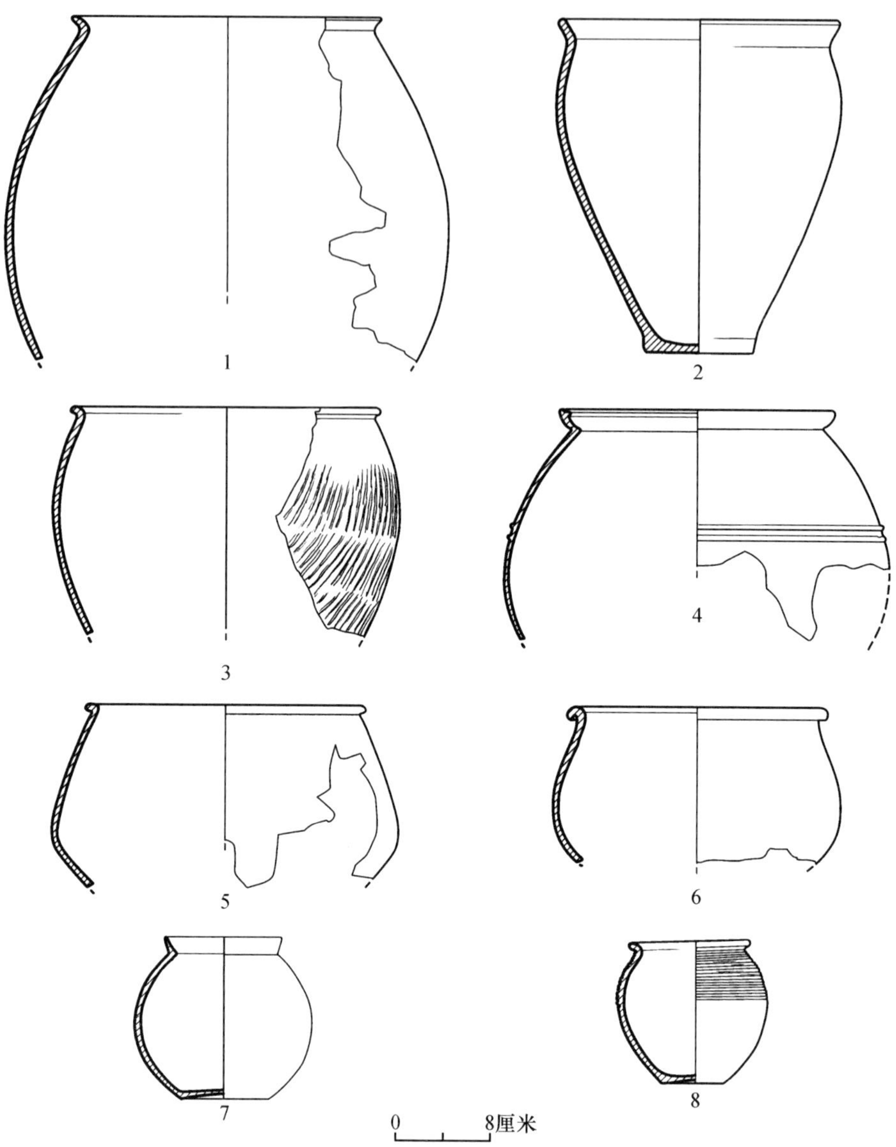

图六一　新石器时代出土陶罐

1. B型Ⅰ式（H152：1）　2. A型（M16：1）　3. B型Ⅱ式（ⅠTN07E02②：7）　4. E型（H16：3）　5. C型Ⅰ式（H198：1）　6. C型Ⅱ式（G3：2）　7. D型（H83：5）　8. B型Ⅲ式（ⅢTS12W07②：2）

D型　1件。整器略显宽扁，侈口，鼓腹，平底略凹。H83：5，泥质黑陶。口径10、腹径16、底径7.6、高13.6厘米（图六一，7）。

E型　1件。敞口，仰折凹沿，鼓腹。H16：3，夹砂灰陶。肩下饰两道凸弦纹。口径23.2、腹径32.4、残高19.2厘米（图六一，4）。

高领罐　3件。分为三型。

A型　1件。敞口，圆唇，弧领。H19：3，夹砂红胎黑皮陶。口径16.8、残高6厘米（图六二，2）。

B型　1件。侈口，圆唇，斜直领。H22：1，夹砂灰陶。领下饰两道凹弦纹。口径13.4、残高10厘米（图六二，3）。

C型　1件。侈口，方唇外侈，斜直领。H15：5，泥质灰陶。肩部饰凹弦纹加篦纹组合纹饰。口径14、残高6厘米（图六二，4）。

小口罐　2件。分为二型。

A型　1件。直口。H160：2，泥质橙黄陶。圆唇，矮领，圆肩，鼓腹。口径6.5、腹径30.8、残高23.3厘米（图六二，6）。

B型　1件。敛口。H163：1，泥质红陶。方唇，矮领，广肩。口径5.8、残高4.8厘米（图六二，1）。

筒形罐　3件。分为三式。

Ⅰ式　1件。斜直腹。H51：7，夹蚌红褐陶。口残，平底。上腹部饰交错划纹。底径12、残高12厘米（图六二，5）。

Ⅱ式　1件。直腹。Z2：1，夹砂灰陶。直口微侈，平底。腹中饰斜绳纹。口径23.6、底径20.8、高18厘米（图六二，7）。

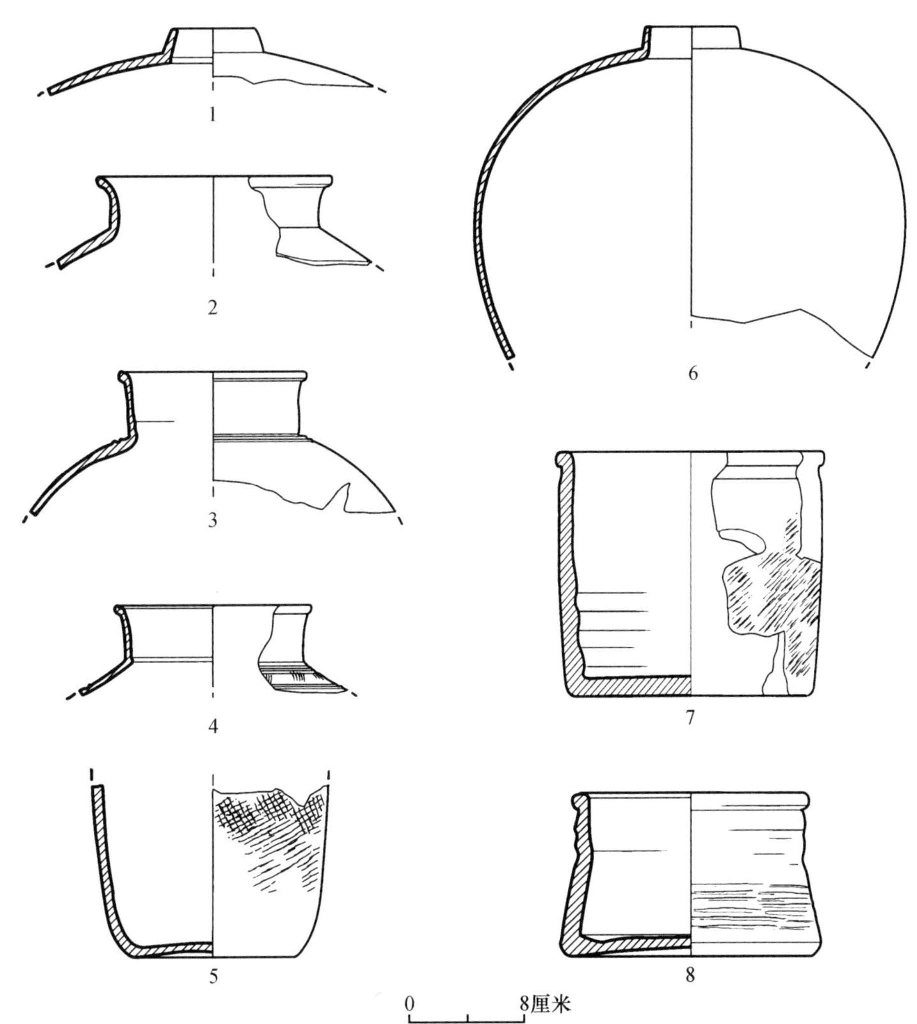

图六二　新石器时代出土陶高领罐、小口罐、筒形罐

1. B型小口罐（H163：1）　2. A型高领罐（H19：3）　3. B型高领罐（H22：1）　4. C型高领罐（H15：5）　5. Ⅰ式筒形罐（H51：7）　6. A型小口罐（H160：2）　7. Ⅱ式筒形罐（Z2：1）　8. Ⅲ式筒形罐（H50：1）

Ⅲ式　1件。整器宽扁，外折腹。H50：1，夹砂灰陶。直口，平底。下腹部饰数周浅凹弦纹。口径17、底径17.6、高11.4厘米（图六二，8）。

红陶钵　7件。均为泥质红陶。分为四型。

A型　1件。敞口，弧腹，底微凸。M68：1，薄胎。口径23、底径6、高9.4厘米（图六三，13）。

B型　3件。敞口，平底，底腹交界处有一周阴刻凹槽。分为三式。

Ⅰ式　1件。H57：6，斜弧腹较深。口沿下有一管钻穿孔。口径27.4、底径8.4、高12.6厘米（图六三，17）。

Ⅱ式　1件。M46：1，斜弧腹稍浅。口径21.2、底径8.2、高10.2厘米（图六三，19）。

Ⅲ式　1件。浅弧腹。H72：22，口径30、底径5.6、高10.4厘米（图六三，14）。

C型　1件。直口，弧腹，平底。M44：1，薄胎。口径21.2、底径6、高9厘米（图六三，4）。

D型　2件。底部微凹。分为二亚型。

Da型　1件。敞口，弧腹。ⅠTN06E04④：26，口径30.8、底径6.4、高13.2厘米（图六三，5）。

Db型　1件。敛口，弧曲腹。G2②：9，器表枣红色陶衣已大部脱落。口径23.6、腹径24、底径6.6、高18厘米（图六三，12）。

黑灰陶钵　6件。分为五型。

A型　1件。圜底。M23：1，泥质黑陶。敞口，弧腹。口径21.2、复原高8.8厘米（图六三，1）。

B型　1件。圜底近平。M43：1，泥质黑陶。敞口，弧腹，底腹交界处有一周阴刻凹槽。口径24、底径5.6、高10厘米（图六三，18）。

C型　2件。弧腹，平底。分为二亚型。

Ca型　1件。敞口。M65：1，泥质灰陶。口径20.2、底径6.4、高8.2厘米（图六三，3）。

Cb型　1件。直口微敛。M64：1，泥质黑陶，薄胎。口径17.4、底径5.6、高7.4~8.3厘米（图六三，2）。

D型　1件。敞口，弧腹，平底。M32：1，泥质黑陶。口沿下有二钻孔，底腹交界处有一周阴刻凹槽。口径24、底径5.6、高10.6厘米（图六三，16）。

E型　1件。敞口，弧腹，低假圈足。H104：5，泥质黑陶。口径25.6、底径6.4、高10厘米（图六三，10）。

红顶钵　6件。分为四型。

A型　1件。圜底，ⅠTN07E01⑤：4，泥质灰陶，薄胎。敞口，弧腹，底腹交界处阴刻一周凹槽。口径32.2、底径6.8、高11.2厘米（图六三，8）。

B型　1件。平底。H42：4，泥质灰陶。敞口，浅弧腹，底腹交界处有一周阴刻凹槽。口径26.4、底径6.4、高9.2厘米（图六三，15）。

C型　3件。平底，底面较大。分为三亚型。

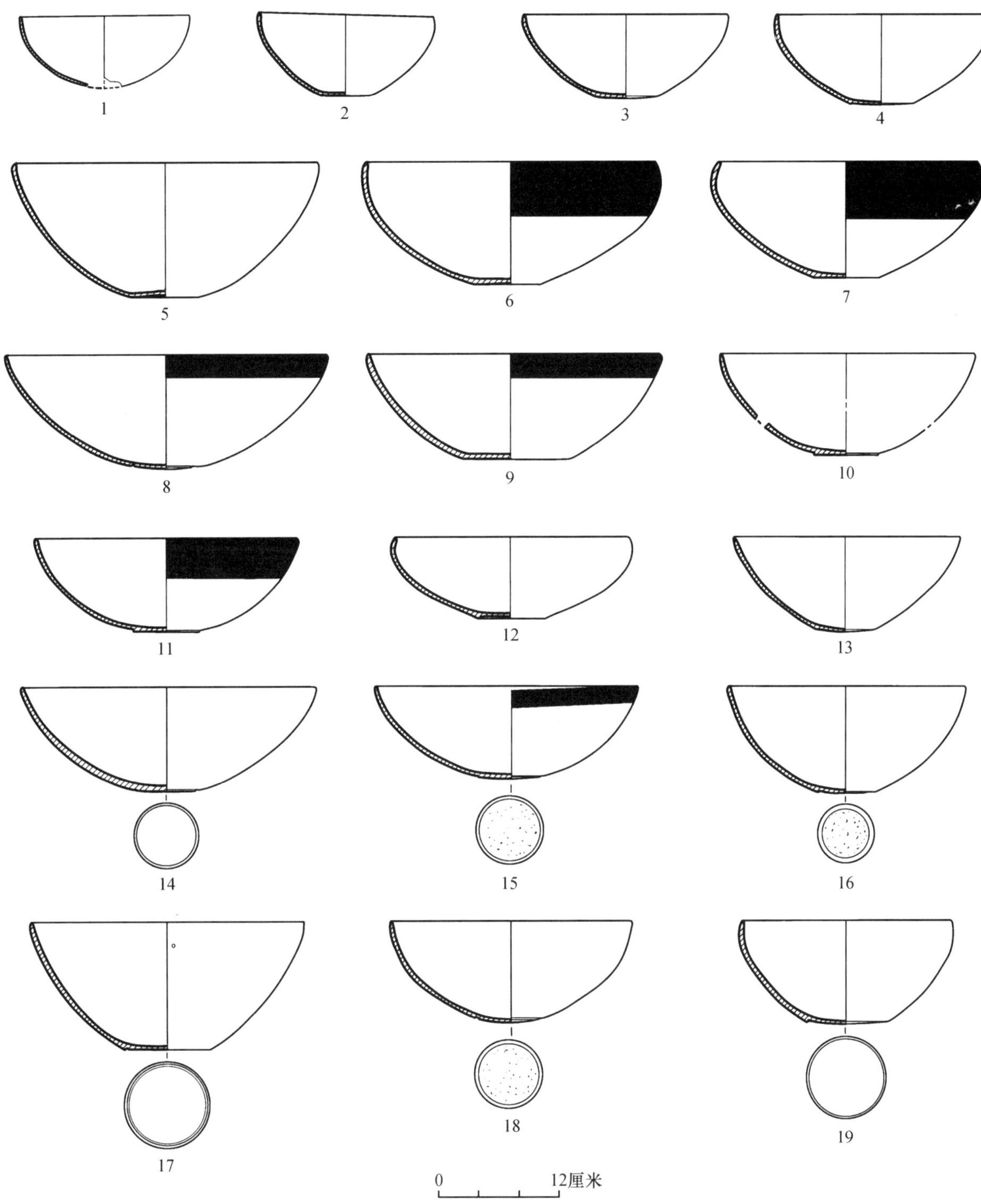

图六三　新石器时代出土陶钵

1. A型黑灰陶钵（M23：1）　2. Cb型黑灰陶钵（M64：1）　3. Ca型黑灰陶钵（M65：1）　4. C型红陶钵（M44：1）　5. Da型红陶钵（ⅠTN06E04④：26）　6. Cb型红顶钵（ⅠTN08E02③：9）　7. Cc型红顶钵（ⅠTN09E01⑤：1）　8. A型红顶钵（ⅠTN07E01⑤：4）　9. Ca型红顶钵（ⅢTS12W07②：1）　10. E型黑灰陶钵（H104：5）　11. D型红顶钵（H155：1）　12. Db型红陶钵（G2②：9）　13. A型红陶钵（M68：1）　14. B型Ⅲ式红陶钵（H72：22）　15. B型红顶钵（H42：4）　16. D型黑灰陶钵（M32：1）　17. B型Ⅰ式红陶钵（H57：6）　18. B型黑灰陶钵（M43：1）　19. B型Ⅱ式红陶钵（M46：1）

Ca型　1件。敞口。ⅢTS12W07②：1，泥质灰陶。弧腹。口径30、底径10.4、高10.5厘米（图六三，9）。

Cb型　1件。直口微敛。ⅠTN08E02③：9，泥质灰陶。弧腹。口径28.8、底径6、高12厘米（图六三，6）。

Cc型　1件。敛口。ⅠTN09E01⑤：1，泥质灰陶。弧曲腹。口径26.2、底径6.6、高11.4厘米（图六三，7）。

D型　1件。敞口，低假圈足。H155：1，泥质灰陶。弧腹。口径26.4、底径6.6、高9.2厘米（图六三，11）。

盆　10件。分为四型。

A型　6件。折沿。分为四亚型。

Aa型　1件。直口，外斜沿。ⅠTN07E04③：27，泥质灰陶。弧腹，平底。红顶。口径29.8、底径8.2、高16.2厘米（图六四，7）。

Ab型　1件。敞口，平折沿。H61：1，泥质灰陶。浅折腹，平底。口沿下施一圈红衣已脱落。口径21.2、底径3.2、高8厘米（图六四，10）。

Ac型　3件。敛口，内斜沿。分为三式。

Ⅰ式　1件。斜弧腹，最大腹径偏上，凹底。H151：5，泥质红陶。口径31.2、底径10.4、高15.6厘米（图六四，2）。

Ⅱ式　1件。弧腹，最大腹径在器中，平底。H170：1，泥质红陶。整体变形明显。口径29、底径8.8、高13.6厘米（图六四，4）。

Ⅲ式　1件。整体器形较小，弧腹，最大腹径偏下，平底。H42：9，泥质橙黄陶。口沿下有一对钻孔。口径13.2、底径6.4、高12.4厘米（图六四，8）。

Ad型　1件。弧鼓腹，最大腹径偏上。H188：1，夹砂灰褐陶，厚胎。敛口，外翻沿。上腹饰七道凹弦纹。口径40、腹径41.6、残高16厘米（图六四，1）。

B型　2件。卷沿。分为二亚型。

Ba型　1件。凹底。H142：10，夹砂灰陶，厚胎。敞口，斜弧腹。口径27.2、底径9.2、高12厘米（图六四，5）。

Bb型　1件。平底。H44：1，夹砂红褐陶，厚胎。敞口，斜弧腹，口部微斜。口径24.4、底径7.2、高11.2厘米（图六四，6）。

C型　1件。斜腹，凹底。ⅢTS04W07③：1，夹砂红陶。敞口，厚唇。口径19.6、底径12、高8厘米（图六四，9）。

D型　1件。带流盆。G3：13，泥质红陶。敛口，圆唇，斜弧腹，底残，流残。复原口径26、残高21.2厘米（图六四，3）。

碗　14件。分为四型。

A型　2件。直口，平底。分为二式。

Ⅰ式　1件。薄胎，通高口径比小于1：2。M20：1，泥质红陶。口部呈不规则椭圆形，斜弧腹。口径13.2~15、底径5.8~6.2、高9厘米（图六五，1）。

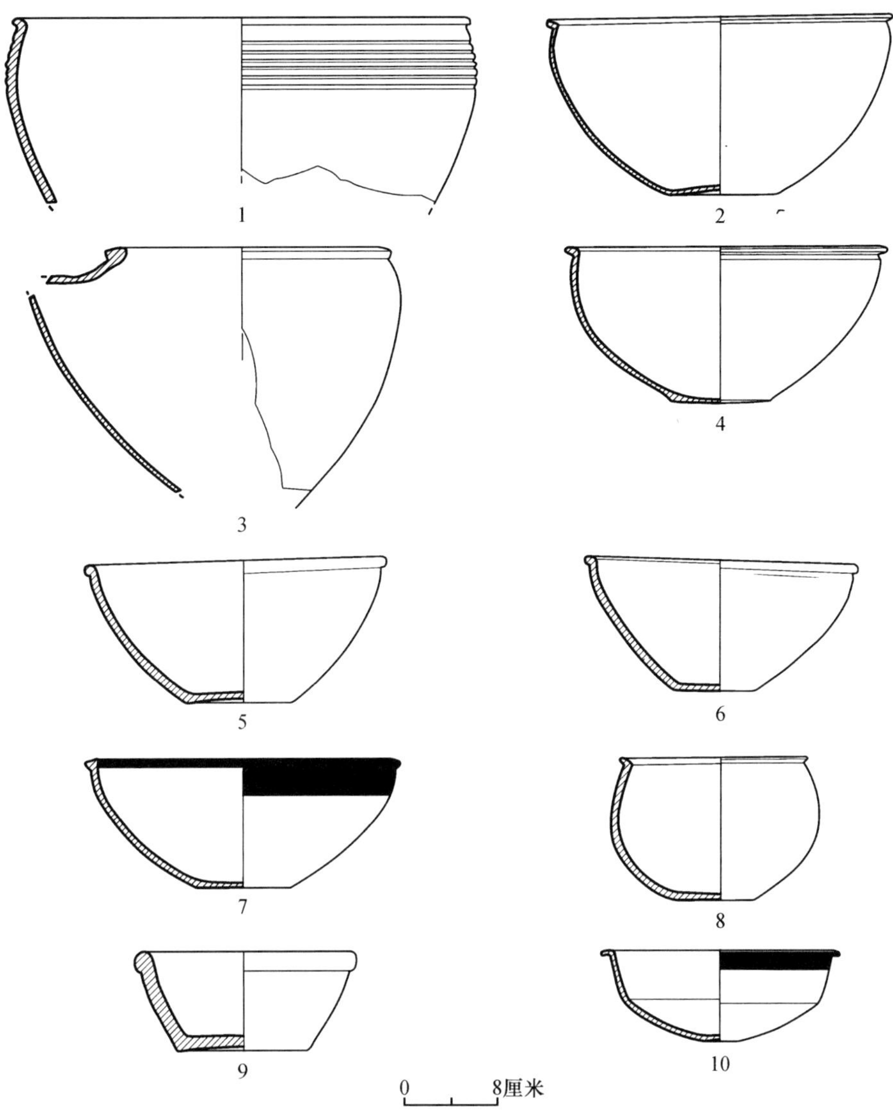

图六四 新石器时代出土陶盆

1. Ad型（H188：1） 2. Ac型Ⅰ式（H151：5） 3. D型（G3：13） 4. Ac型Ⅱ式（H170：1） 5. Ba型（H142：10） 6. Bb型（H44：1） 7. Aa型（ⅠTN07E04③：27） 8. Ac型Ⅲ式（H42：9） 9. C型（ⅢTS04W07③：1） 10. Ab型（H61：1）

Ⅱ式 1件。红顶，通高口径比等于1：2。M33：1，泥质灰陶。弧腹。口径15.6、底径7.2、复原高9.2厘米（图六五，4）。

B型 2件。直口，平底微凹。分为二式。

Ⅰ式 1件。薄胎，通高口径比小于1：2。M2：1，泥质红陶。斜弧腹。口径14.8、底径6.4、高8厘米（图六五，2）。

Ⅱ式 1件。薄胎，通高口径比大于1：2。M15：1，泥质灰白陶。口部不规整，弧腹。口径13.2、底径5.2、高6.8厘米（图六五，3）。

C型 4件。假圈足，底面近平。分为三亚型。

Ca型 1件。直口，通高口径比大于1：2.5，小于1：3。ⅢTS11W08③：1，泥质红陶。弧腹。口径28.8、底径12、高10厘米（图六五，10）。

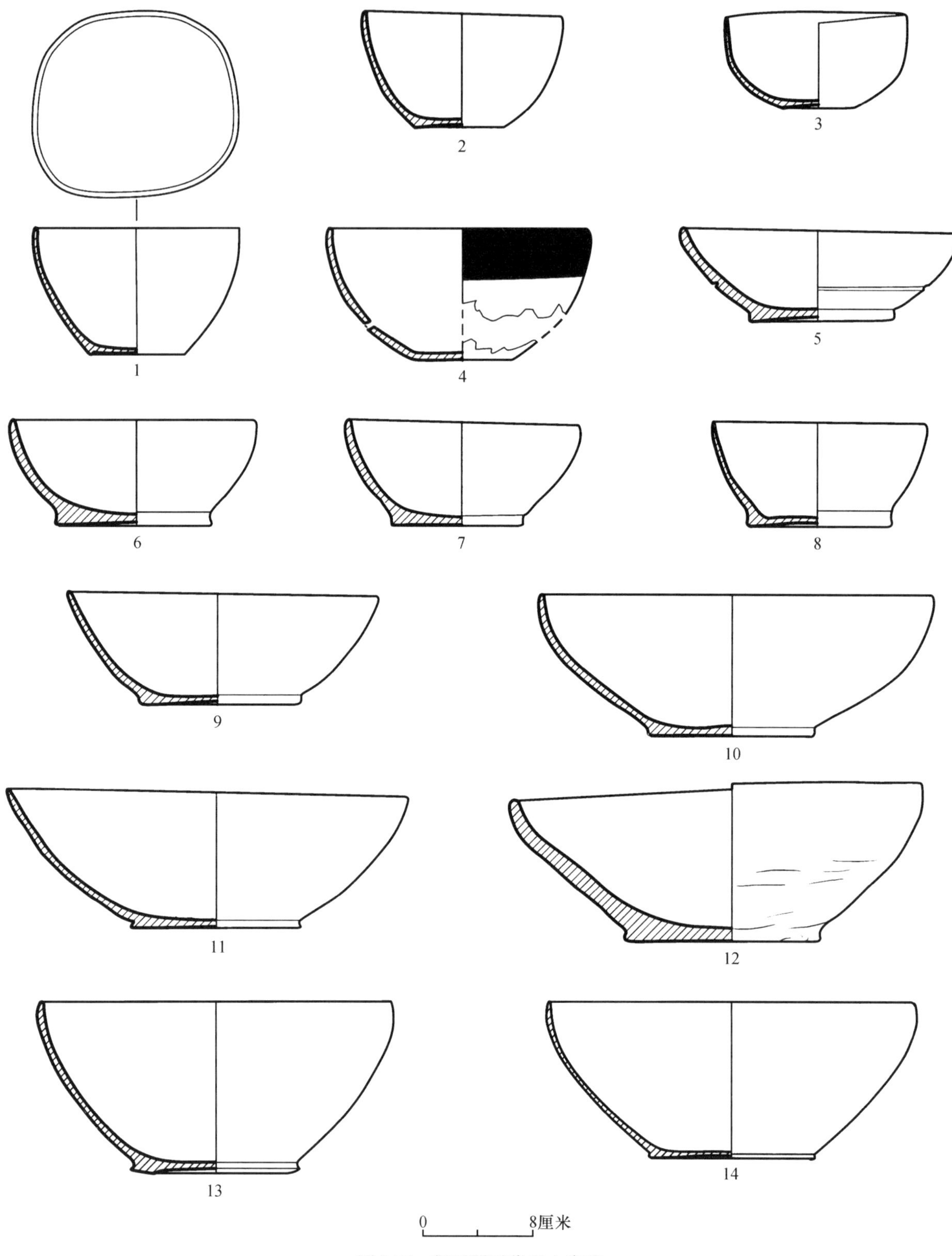

图六五　新石器时代出土陶碗

1. A型Ⅰ式（M20：1）　2. B型Ⅰ式（M2：1）　3. B型Ⅱ式（M15：1）　4. A型Ⅱ式（M33：1）　5. Dc型Ⅱ式（H42：8）　6. Db型Ⅱ式（H60：1）　7. Cb型（ⅠTN06E04④：25）　8. Db型Ⅰ式（M43：2）　9. Dc型Ⅰ式（ⅢTS11W08②：8）　10. Ca型（ⅢTS11W08③：1）　11. Cc型Ⅱ式（H42：7）　12. Cc型Ⅰ式（H42：6）　13. Ba型Ⅰ式（M66：1）　14. Da型Ⅱ式（M97：1）

Cb型　1件。侈口，通高口径比大于1∶2。ⅠTN06E04④∶25，泥质红陶。斜弧腹。口径13.2、底径9.6、高7.6厘米（图六五，7）。

Cc型　2件。敞口。分为二式。

Ⅰ式　1件。弧腹，通高口径比大于1∶2.5，小于1∶3。H42∶6，泥质红陶。整体器形不规整，底部边缘略突出。口径30、底径14.4、高11.2厘米（图六五，12）。

Ⅱ式　1件。浅弧腹，通高口径比大于1∶3。H42∶7，泥质红陶。底部边缘略突出。口径29.6、底径12.6、高9.6厘米（图六五，11）。

D型　6件。假圈足，底面略凹。分为三亚型。

Da型　2件。直口。分为二式。

Ⅰ式　1件。斜弧腹较深，通高口径比接近1∶2。M66∶1，泥质红陶。口径25.6、底径12.2、高12.2厘米（图六五，13）。

Ⅱ式　1件。斜弧腹稍浅，通高口径比大于1∶2。M97∶1，泥质红陶。口径26.6、底径12、高11.2厘米（图六五，14）。

Db型　2件。侈口。分为二式。

Ⅰ式　1件。斜腹较深，通高口径比接近1∶2。M43∶2，泥质红陶。口径16、底径10.8、高7.6厘米（图六五，8）。

Ⅱ式　2件。弧腹，通高口径比大于1∶2。H60∶1，泥质红陶。口径18.4、底径12.2、高7.6厘米（图六五，6）。

Dc型　2件。敞口。分为二式。

Ⅰ式　1件。斜弧腹，通高口径比大于1∶2.5，小于1∶3。ⅢTS11W08②∶8，泥质红陶。口径23.2、底径12、高8厘米（图六五，9）。

Ⅱ式　1件。浅弧腹，通高口径比大于1∶3。H42∶8，泥质红陶。底部边缘略突出。中部偏下饰一道凹弦纹。口径20.4、底径10.8、高6.8厘米（图六五，5）。

三、东周时期遗存

发现1个灰坑、6座墓葬。

1. 灰坑

H17　位于ⅢTS08W07南部，部分延伸进南壁。开口于第2层下，打破H13和生土。平面呈椭圆形，东西长约180、南北宽约148、深约30厘米。弧壁，圜底，壁面及底面无加工痕迹。坑内填土为灰黑黏土，夹杂少量红烧土颗粒及石块，结构较致密。出土陶片较少，以泥质红陶为主，夹砂灰陶次之；纹饰以素面为主，极少量绳纹。出土东周陶鬲（图六六）。

鬲口沿　1件。夹砂灰陶。敞口，卷沿，方唇，束颈，下残。颈部饰抹断绳纹。H17∶1，口径41.2、残高6.8厘米（图六八，10）。

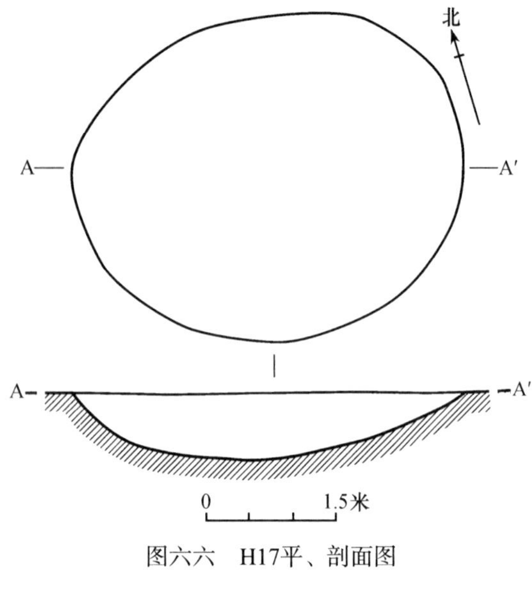

图六六　H17平、剖面图

鬲足　2件。夹砂灰陶。实心平跟柱状足，足跟略凹。足上饰绳纹。H17：2，残高9.2厘米（图六八，11）。H17：3，残高6.4厘米（图六八，5）。

2. 墓葬

M8　位于ⅠTN06E01中部。开口于第2层下，打破第5层和生土。长方形土坑竖穴，斜壁，平底，壁面及底面无加工痕迹。墓口长约252、宽约108厘米，墓底长约230、宽约92厘米，深约148厘米。填土为灰褐花土，结构较致密。人骨保存极差，仅见残痕，单人葬，葬式不详。方向2°。未发现葬具及随葬品（图六七）。

M9　位于ⅠTN06E01东北部。开口于第2层下，打破第5层和生土。长方形土坑竖穴，斜壁，平底，壁面及底面无加工痕迹。墓口长约210、宽80~100厘米，墓底长约200、宽76~90厘米，深约96厘米。填土为灰褐花土，结构较致密。人骨保存极差，仅见残痕，单人葬，葬式不详。方向358°。未发现葬具及随葬品（图六九）。填土内发现石扳指1枚（图六八，4）。

M10　位于ⅠTN06E01西北部。开口于第2层下，打破H37、第5层和生土。长方形土坑竖

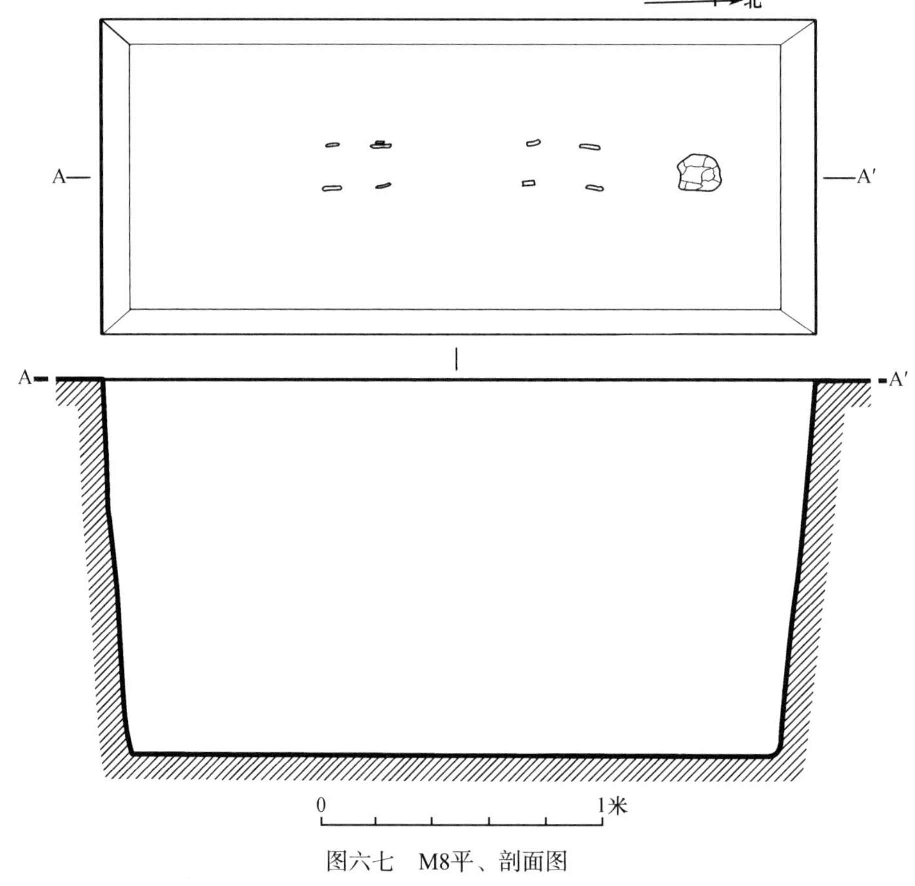

图六七　M8平、剖面图

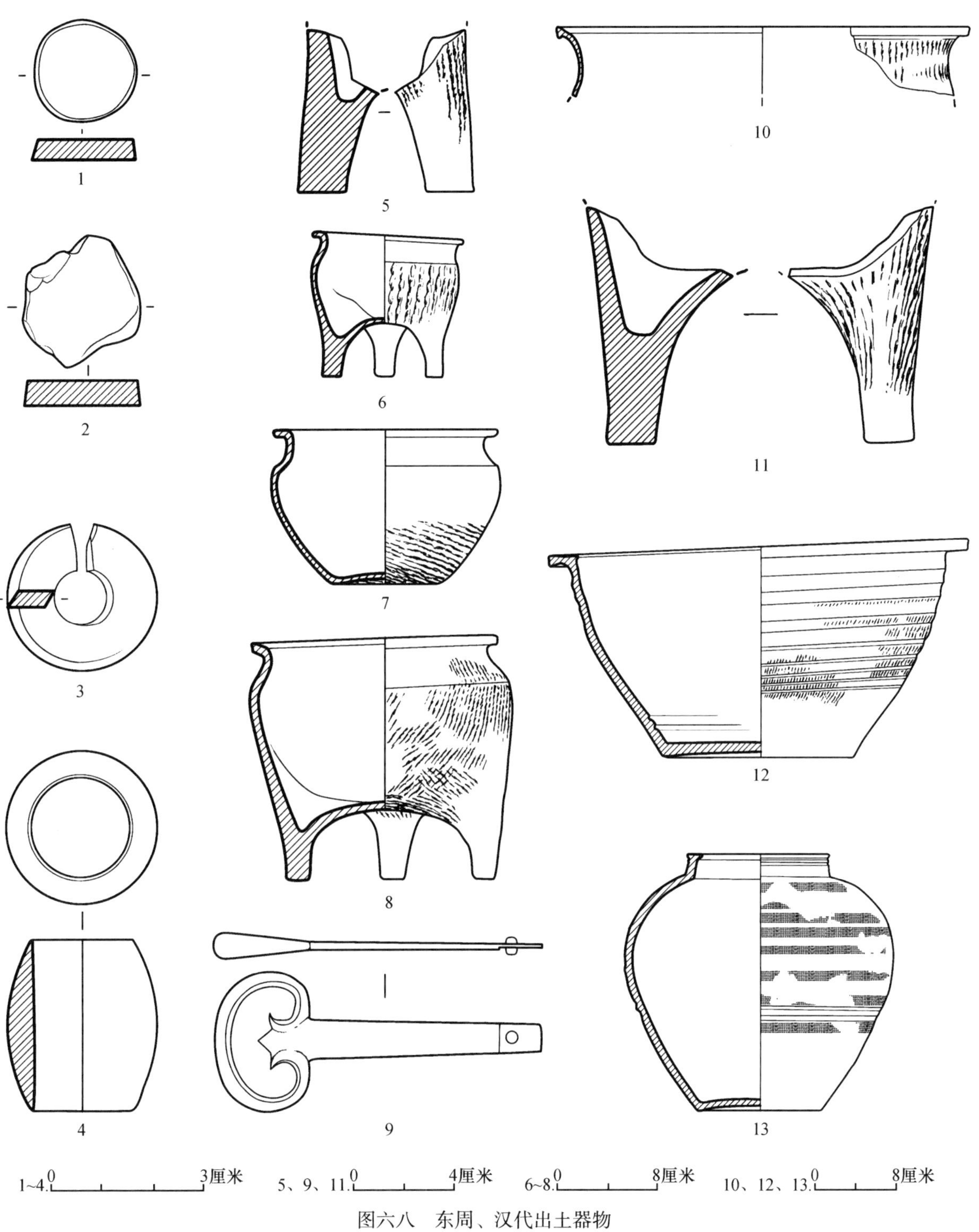

图六八 东周、汉代出土器物

1. 玉芯（M47：2） 2. 绿松石饰品（M47：1） 3. 玉玦（M10：1） 4. 石扳指（M9：01） 5、11. 陶鬲足（H17：3、H17：2） 6、8. 陶鬲（M86：1、M47：4） 7. 陶盂（M86：2） 9. 铜削刀（M42：4） 10. 陶鬲口沿（H17：1） 12. 陶盆（M42：1） 13. 陶罐（M42：2）

穴，斜壁，平底。墓口长约269、宽120~140厘米，墓底长约250、宽110~130厘米，深约110厘米。填土为灰褐花土，结构较致密。人骨保存极差，仅见残痕。方向350°。未发现葬具（图七〇）。随葬1件玉玦，置于墓主头部右侧（图六八，3）。

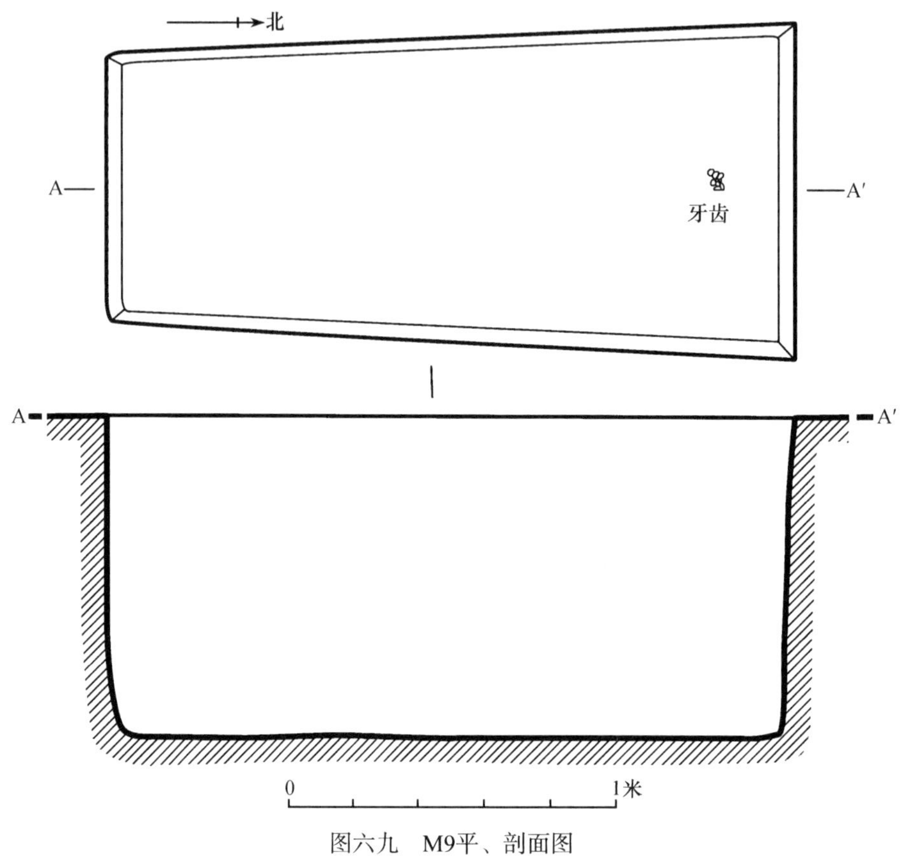

图六九　M9平、剖面图

M47　位于ⅡTN07W01中部。开口于第2层下，打破H130、H131、H132、第5层和生土。长方形土坑竖穴，斜壁，平底。墓口长约280、宽116~132厘米，墓底长约234、宽102~104厘米，深约186厘米。墓坑南壁中部距墓口深约136厘米处发现一方形头龛，边长约40、高约36厘米。墓坑内填土为灰褐花土，夹杂红烧土颗粒、碎石，结构致密。葬式为仰身直肢，人骨保存较差，残存头骨及部分肢骨。头向166°。葬具为单棺，已朽，仅发现少许棺灰及朱红棺漆。墓主口、首附近随葬3件玉、石器；头龛内随葬1件陶鬲（图七一）。

绿松石饰品　1件。M47：1，未经加工，不辨器形（图六八，2）。

玉芯　1件。M47：2，圆形片状，推测为玉器钻孔剩料（图六八，1）。

石璧　1件。M47：3，滑石质，极破碎，仅存残渣。

陶鬲　1件。夹砂红褐陶。微侈口，卷沿，方唇，束颈，鼓肩，斜腹，瘪裆，平跟实足。肩、腹部饰斜绳纹。M47：4，口径19.6、高18.8厘米（图六八，8）。

M50　位于ⅡTN06W02东北部及ⅡTN07W02东南部。开口于第2层下，打破第5层和生土。长方形土坑竖穴，斜壁，平底，壁面及底面无加工痕迹。墓口长约260、宽约110厘米，墓底长约242、宽约80厘米，深145~160厘米。填土为黄花土，夹杂红烧土颗粒、碎石及陶片，结

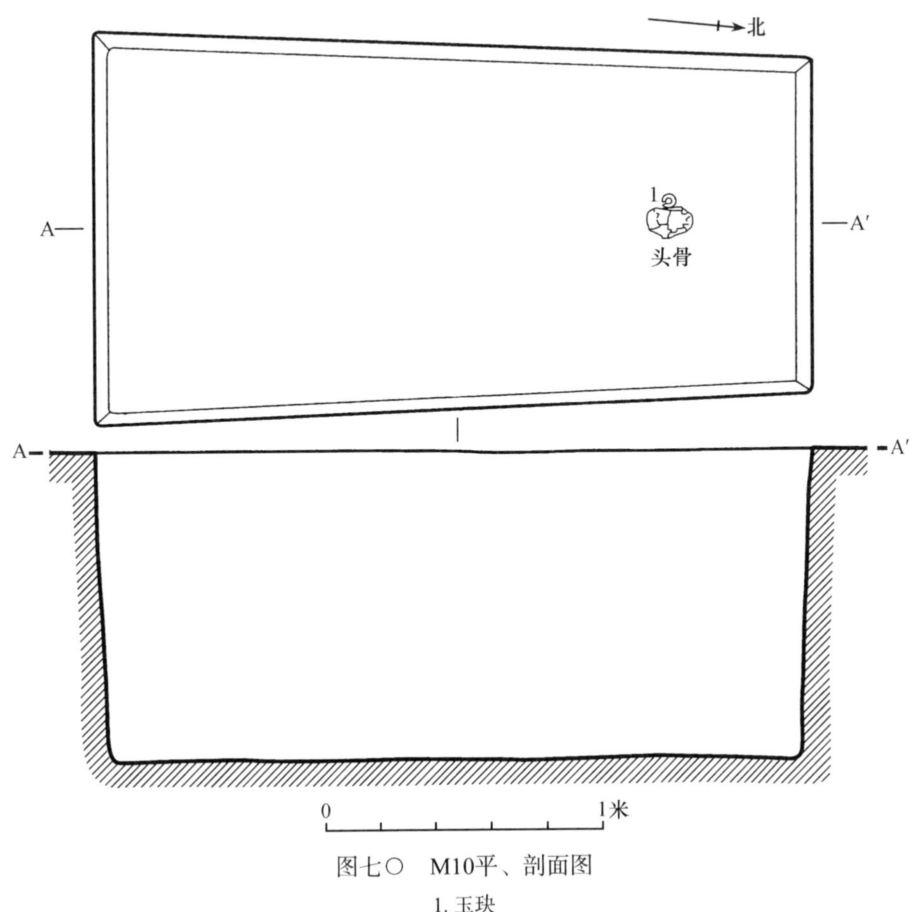

图七〇　M10平、剖面图
1. 玉玦

构较致密。葬式为仰身直肢，骨保存较差，残存头骨及部分肢骨。头向172°。葬具为单棺，已朽，仅发现少许棺灰及朱红棺漆。未发现随葬品（图七二）。

M86　位于ⅡTN05W03东南部。开口于第2层下，打破第5层和生土。长方形土坑竖穴，直壁，平底，壁面及底面加工较规整。长约250、宽约92、深约90厘米。方向168°。墓坑南壁中部距墓口深约2厘米处发现一半圆形头龛，直径约35、高约25厘米。墓坑内填土为灰黑花土，夹杂较多草木灰、木炭颗粒及红烧土颗粒，结构较疏松。未发现人骨及葬具痕迹。头龛内随葬2件陶器（图七三）。

鬲　1件。M86：1，夹砂红褐陶。微侈口，平折沿，方唇，束颈，鼓肩，弧腹，瘪裆，平跟实足。腹部饰竖绳纹。口径11.8、腹径11.6、高10.6~11.2厘米（图六八，6）。

盂　1件。M86：2，泥质黑陶。微侈口，平折沿，方唇，束颈，鼓肩，弧腹下斜收，平底内凹。下腹部至底部饰横绳纹。口径17.6、腹径18、底径8、高12厘米（图六八，7）。

四、汉代遗存

仅发现墓葬2座。

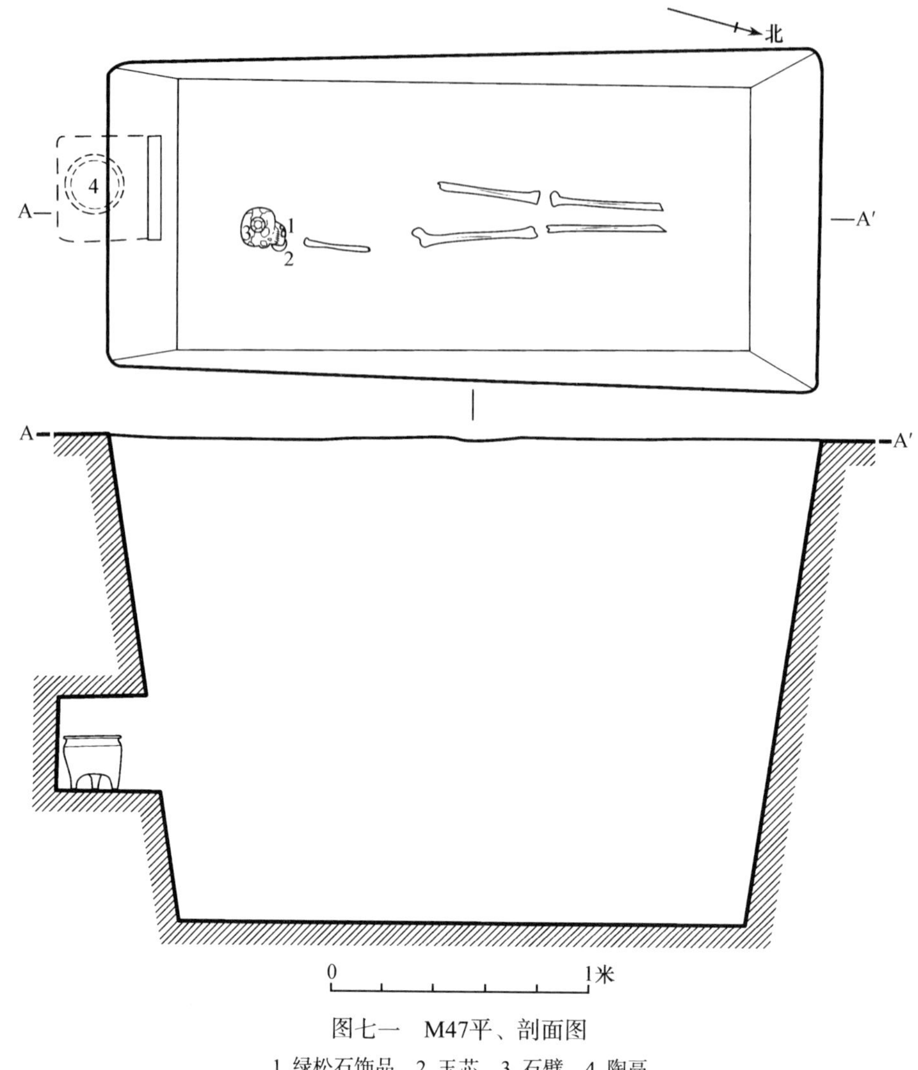

图七一　M47平、剖面图
1. 绿松石饰品　2. 玉芯　3. 石璧　4. 陶鬲

M42　位于ⅠTN08E05中部。开口于第2层下，被Y1打破，打破G2、第3、4层和生土。土坑竖穴砖室墓，方向90°。平面呈“凸”字形，东端墓道已完全损毁。由土坑和砖室两部分组成。

土坑墓室平面呈长方形，斜壁，平底，壁面及底面无加工痕迹。坑口残长约380、残宽约310厘米，坑底残长约375、残宽约296厘米，残深约60厘米。墓室以东为长方形甬道，斜壁，平底，壁面及底面无加工痕迹。口长约156、宽约150厘米，底长约156、宽约136厘米。

砖制墓室平面近长方形，四壁略有弧度，长约338、宽约254、残高约60厘米。墓室东侧甬道呈长方形，北壁长约122、南壁长约132、宽约92、残高约48厘米。

砖室的建筑方法为先在土坑内斜向错缝平铺地砖，然后在其上用单砖错缝平砌墓室，四角交互叠压。墓顶已坍塌，情况不明。封门砖为错缝平砌，尚存8层。墓砖规格不一，大多为长37、宽16、厚5厘米，长侧面饰二组菱形纹。

人骨保存较差，仅存头骨，位于墓室东南角，疑受扰动。葬式不详，仅见棺漆痕迹。残存随葬品有陶盆1件、陶罐1件、铜削刀1件、铁剑1件和五铢铜钱8枚（图七四）。

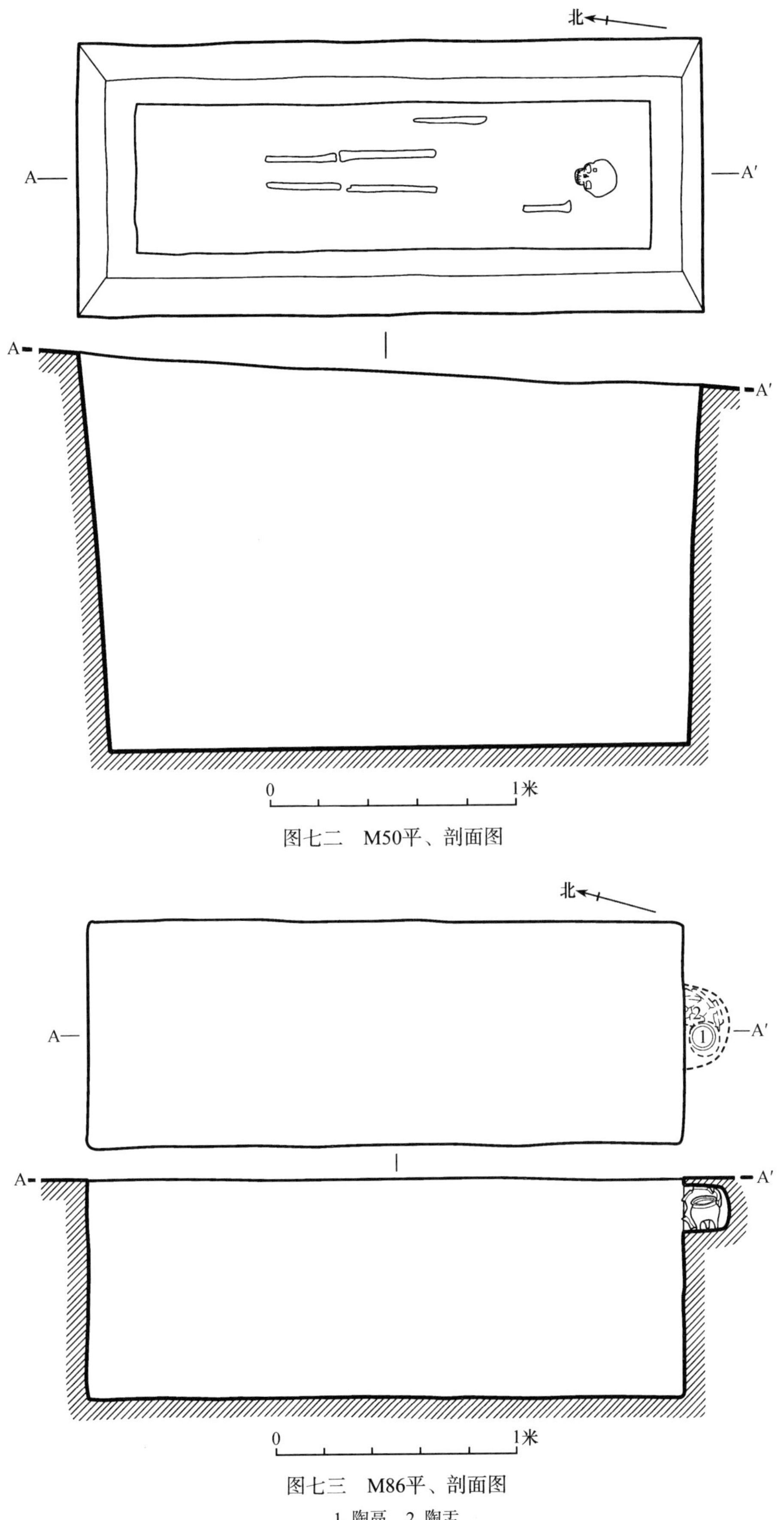

图七二　M50平、剖面图

图七三　M86平、剖面图

1. 陶鬲　2. 陶盂

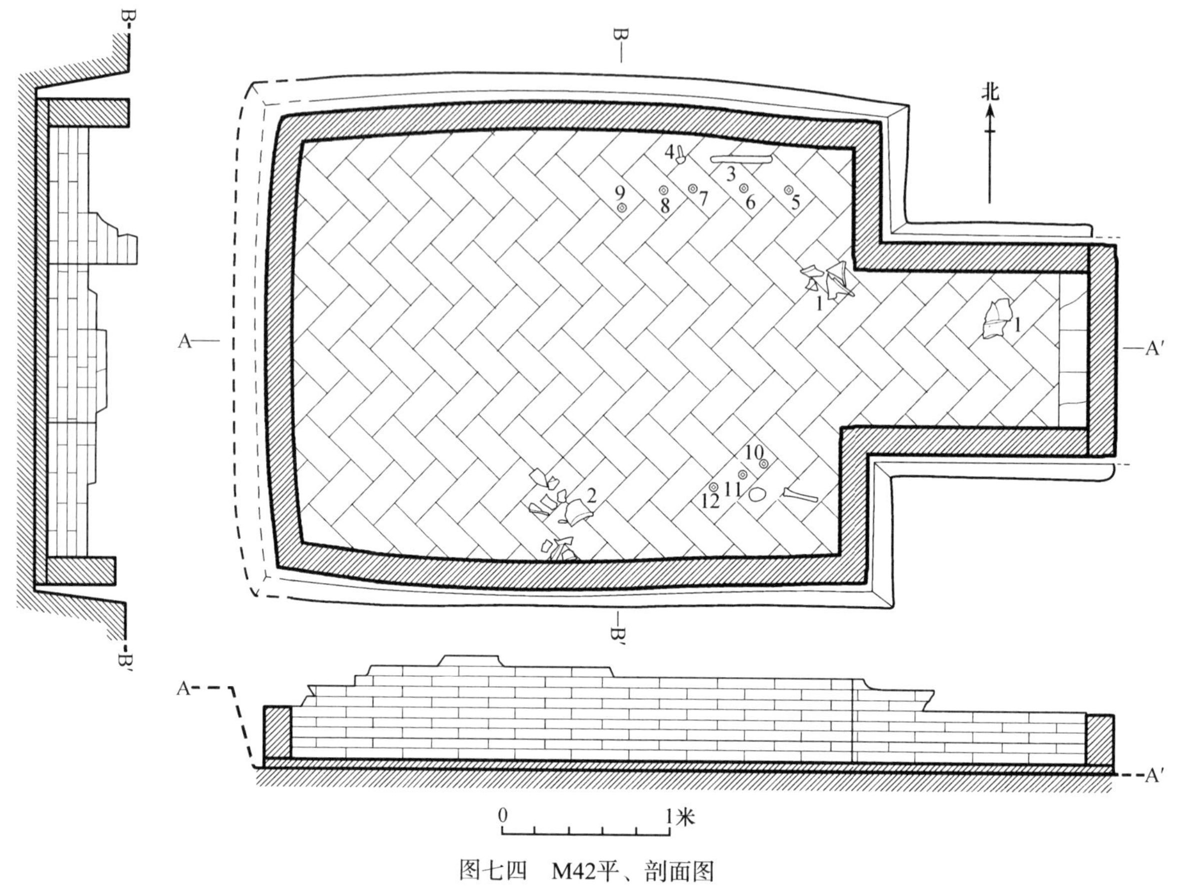

图七四　M42平、剖面图
1. 陶盆　2. 陶罐　3. 铁剑　4. 铜削刀　5~12. 五铢钱

陶盆　1件。泥质灰陶。敞口，方唇，平折沿，斜弧腹，平底略凹。器身大部饰凹弦纹，中部开始饰弦断绳纹。M42：1，口径42.2、底径19.2、高20.4厘米（图六八，12）。

陶罐　1件。泥质灰陶。直口，方唇，矮领，圆肩，鼓腹下收，平底略凹。器身大部饰布纹，中部偏下饰三道凹弦纹。M42：2，口径16.4、腹径27.6、底径12.4、高27.2厘米（图六八，13）。

铁剑　1件。长条状，剑前端残断，剑身锈蚀严重。M42：3，残长34.8、宽3.2、厚0.6厘米。

铜削刀　1件。青铜错金。刀首近椭圆环状，刀柄为扁平长条形，伸入环首端呈冠状，另一端嵌有矮铜柱，刀身残。M42：4，残长26.8、宽1~10.8、厚0.1~1厘米（图六八，9）。

铜钱　8枚。五铢钱。圆形，方孔，内廓较突出，外廓不明显。M42：5~M42：12，保存不好，锈蚀明显，尺寸不详。

M99　位于ⅢTS06W06东部。开口于第2层下，打破生土。长方形土坑竖穴砖室墓，遭破坏严重，仅存部分墓底及东、南、西部分砖墙。推测平面开口形状近长方形，无墓道。南北残长约300、东西残宽90~120、残高约20厘米，方向195°。填土为灰褐花土，包含较多红烧土颗粒及少量陶片，结构较疏松。墓室砖壁斜直，错缝顺砌，上部有起券迹象，墓底近平。墓砖多不规则，长23~25、宽13~15、厚8~10厘米。未发现人骨、葬具及随葬品（图七五）。

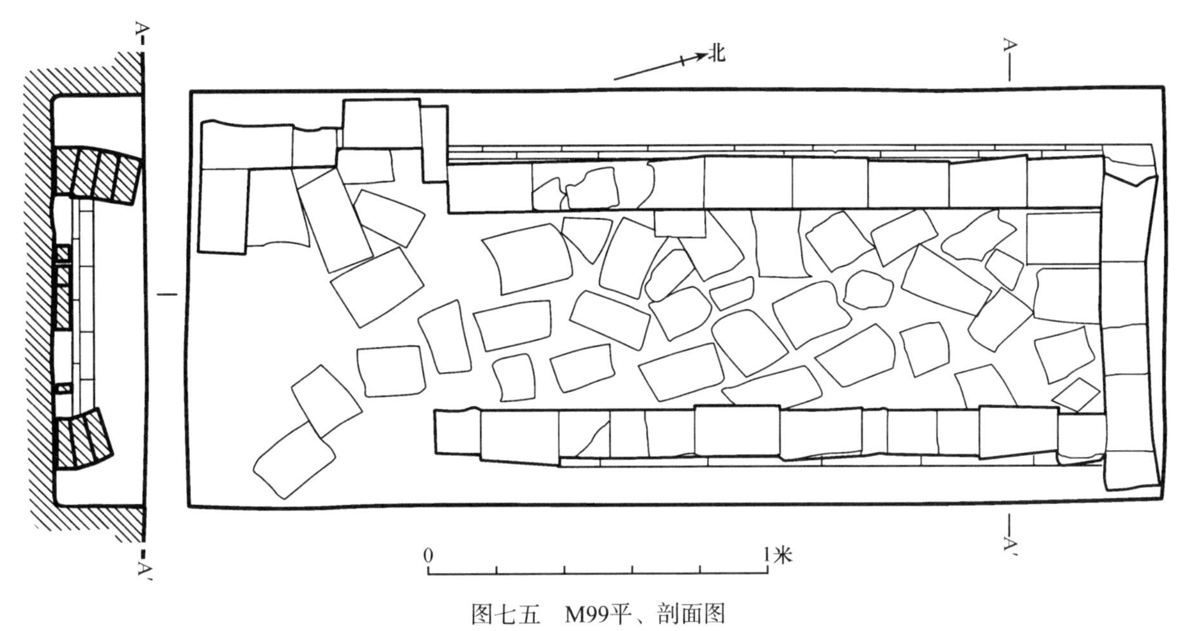

图七五 M99平、剖面图

五、宋明清时期遗存

发现窑址1座、墓葬10座。

1. 窑址

Y1 位于ⅠTN08E05西部，部分延伸至西壁内。开口于第2层下，打破M42、第3、4层和生土。由窑室及窑前工作面两部分组成（图七六）。

窑室破坏严重，残存底部。平面呈椭圆形，东西长约398、南北宽100~128厘米，方向271°。窑壁由填土高湿烘烤而成，厚6~16厘米；窑底近平，质坚。火膛位于窑室中部，近长方形，长约128、宽约84厘米。火门位于窑室西端，砖砌，平面呈长方形，长约100、宽约18、残高约20厘米。窑内堆积主要为烧土渣，包含少量碎砖、瓦块。

窑前工作面位于窑室西部，平面近长方形，东西长约180、南北宽约130、深约50厘米。坑内填土为灰褐黏土，夹杂黑斑、少量红烧土块及碎砖、瓦块，结构较疏松。

2. 墓葬

M85 位于ⅡTN01W03东北部及ⅡTN01W02西北部。开口于第2层下，打破H173、第5层和生土。长方形土坑竖穴，直壁，平底。长约320、宽60~70、深130~155厘米。墓道位于墓室西南，陡坡状，长约140厘米。砖室长约230、宽70~80厘米。墓室北壁中部距墓口深约80厘米处发现一长方形头龛，长约35、宽约14、高约40厘米。墓底中部发现一圆形腰坑，直径约35、深约10厘米。墓坑内填五花土，包含少量烧土块、石块及砖块，结构较疏松。未发现人骨和葬具，只在墓底两端发现有两条黑褐色土带，疑为垫木痕迹。腰坑内随葬陶盆1件，其内置铜钱4

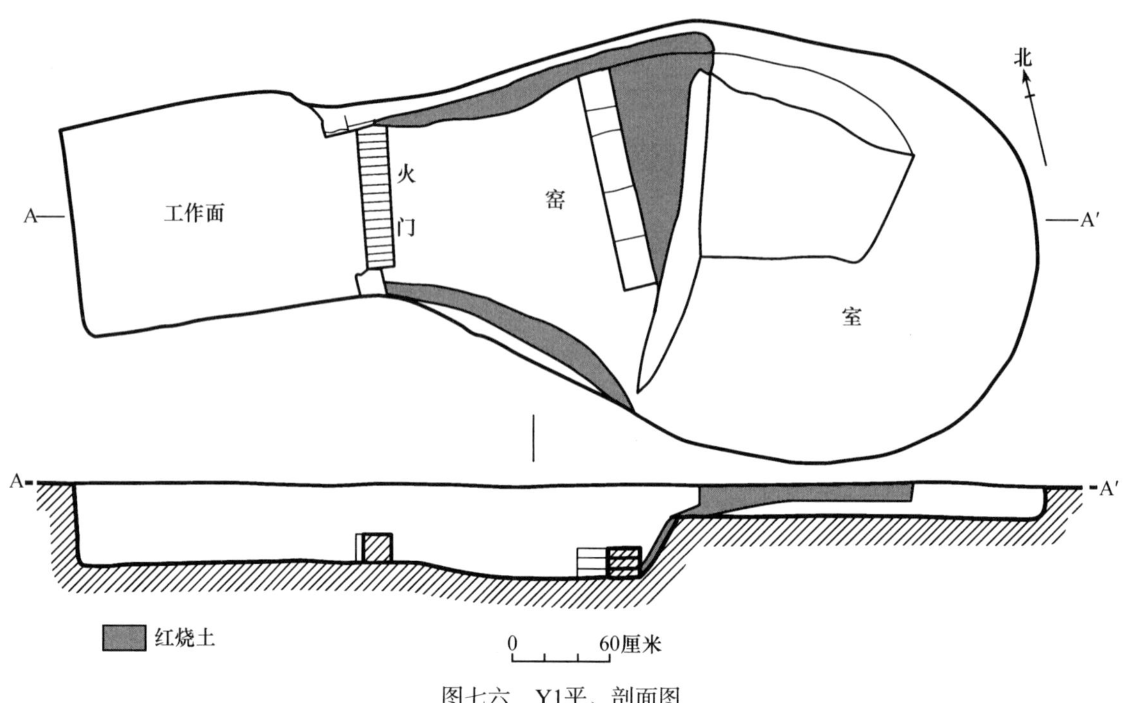

图七六　Y1平、剖面图

枚。方向230°。据墓葬形制及出土随葬品分析，M85应为宋代墓葬（图七七）。

陶盆　1件。M85：1，泥质灰陶。侈口，卷沿，圆唇，斜腹，平底微凹。素面。口径22.4、底径14.4、高8.8厘米（图七八，1）。

铜钱　4枚。M85：2~M85：5，圆形方孔钱，内、外廓均较明显。锈蚀严重，字迹难以辨认。

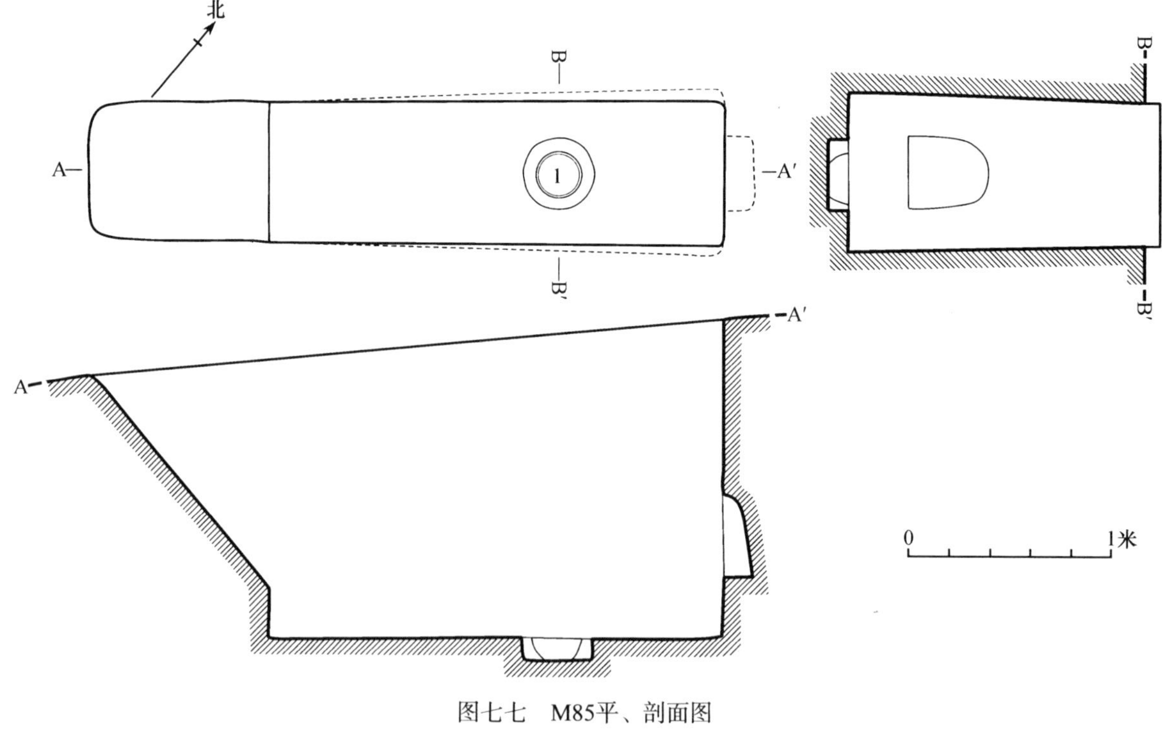

图七七　M85平、剖面图

1. 陶盆

M96　位于ⅠTN05E06东南部。开口于第2层下，打破H196、第3层和生土。长方形土坑竖穴砖室墓，破坏严重，仅存砖室墓底。残长约220、宽约104、残深约16厘米。墓坑内填土为黄褐花土，夹杂少量黑土颗粒，结构较疏松，包含陶片、瓦片及瓷片等。砖室墓底近平，错缝平砌，墓砖规格多不一致。未发现人骨、葬具及随葬品。方向7°。据墓葬形制及填土包含物推测，M96应为宋代墓葬（图七九）。

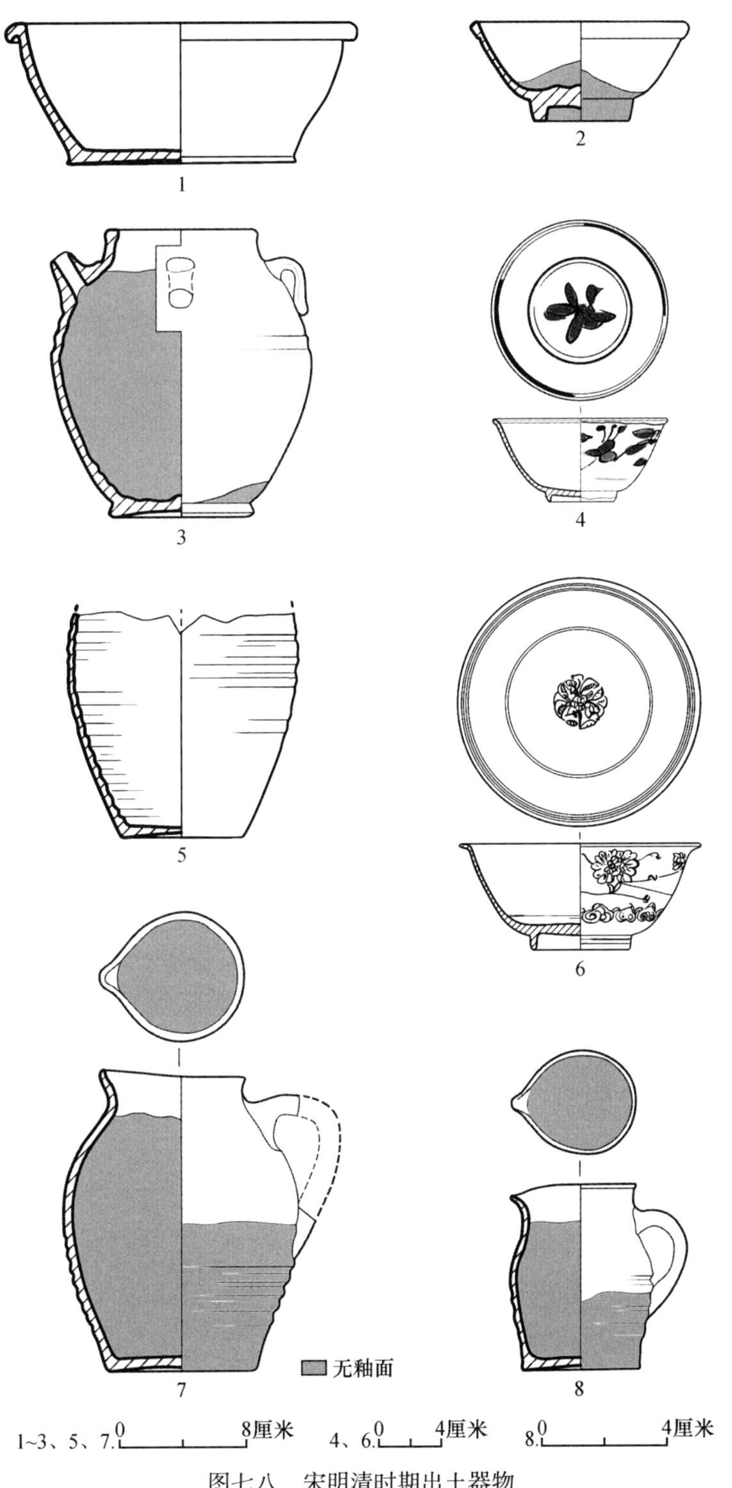

图七八　宋明清时期出土器物

1. 陶盆（M85∶1）　2、4、6. 瓷碗（M18∶2、M17∶1、M100∶2）　3、7、8. 陶壶（M100∶1、M18∶1、M17∶2）　5. 陶罐（M100∶3）

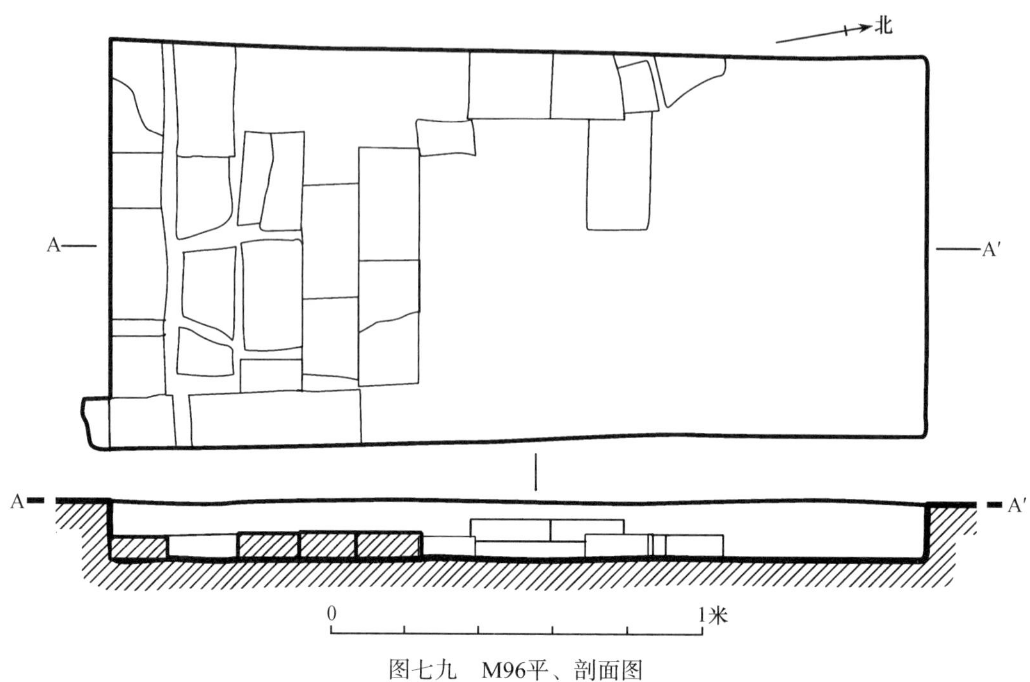

图七九　M96平、剖面图

M19　位于ⅠTN07E06中部。开口于第2层下，被M18打破，并打破第3、4层和生土。长方形土坑竖穴，直壁，平底，壁面及底面无加工痕迹。长约240、宽约110、深约70厘米。墓坑内填土为灰褐花土，结构较疏松。未发现人骨痕迹、葬具及随葬品。方向24°。据墓葬形制推测，M19应为明清时期墓葬（图八〇）。

M17　位于ⅠTN07E06西部。开口于第2层下，打破第3、4层和生土。长方形土坑竖穴，直壁，平底。长约230、宽约80、深约60厘米。墓室北壁中部距墓口深约20厘米处发现一长方形头龛，长约20、宽约12、高约20厘米。墓坑内填土为灰褐花土，结构较疏松。葬式为仰身直肢，人骨保存较好，头下枕有青灰板瓦。葬具已朽，仅发现棺钉。方向25°。墓主头部发现铜钱1枚，头龛内随葬陶壶1件，其上倒扣瓷碗1件。据墓葬形制及出土随葬品分析，M17应为清代墓葬（图八一）。

瓷碗　1件。M17：1，青花瓷。敞口，圆唇，斜腹，矮圈足。碗内底部及外壁饰花卉纹。口径11.2、底径4.2、高5.2厘米（图七八，4）。

陶壶　1件。M17：2，釉陶。尖流，束颈，鼓腹，平底微凹，近半环形器鋬。素面。口径6.4~8、腹径9.1、底径7.6、高11.6厘米（图七八，8）。

M18　位于ⅠTN07E06中部。开口于第2层下，打破M19、H71、H72、第3、4层和生土。长方形土坑竖穴，斜壁，平底。墓口长约240、宽约100厘米，墓底长约230、宽约90厘米，深约110厘米。墓坑内填土为红褐花土，结构疏松。葬式为仰身直肢，人骨保存较好，头下枕有青灰板瓦5块。葬具已朽，仅在骨架下发现棺痕。头向322°。墓室北壁中部距墓口深约50厘米处发现一长方形头龛，长约30、宽约24、高约30厘米。头龛下嵌有墓志铭1块，其上朱砂已脱落，字迹不辨；头龛内随葬陶壶1件，其上倒扣瓷碗1件。据墓葬形制及出土随葬品分析，M18应为清代墓葬（图八二）。

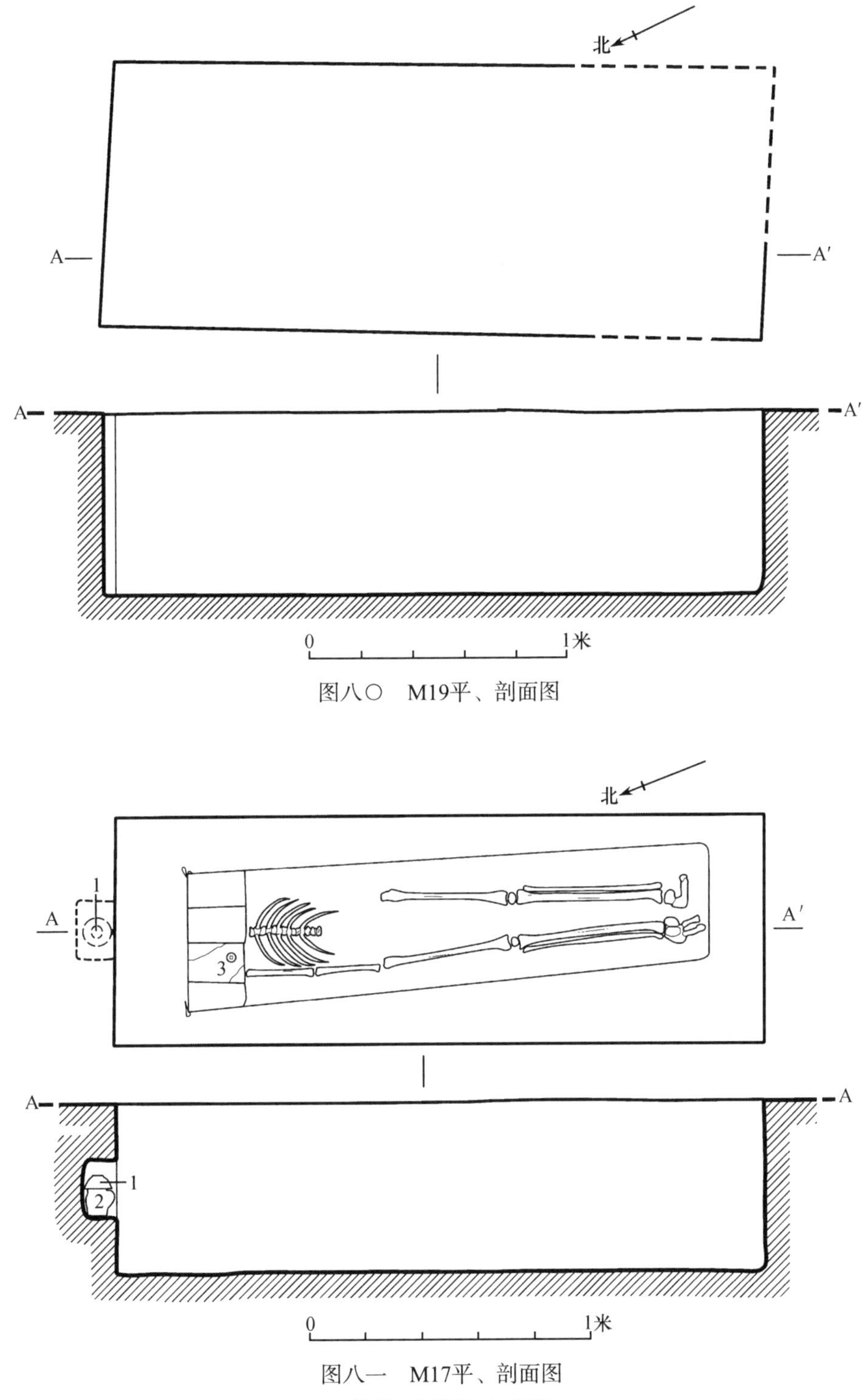

图八〇　M19平、剖面图

图八一　M17平、剖面图

1. 瓷碗　2. 陶壶　3. 铜钱

陶壶　1件。M18：1，釉陶。尖流，束颈，鼓腹，平底微凹，鋬残。素面。口径8.2~9.2、腹径15、底径9.6、高18.6~18.8厘米（图七八，7）。

瓷碗　1件。M18：2，青白瓷。敞口，厚圆唇，斜弧腹，圈足较高。素面。口径13.9、底径6.2、高6.3厘米（图七八，2）。

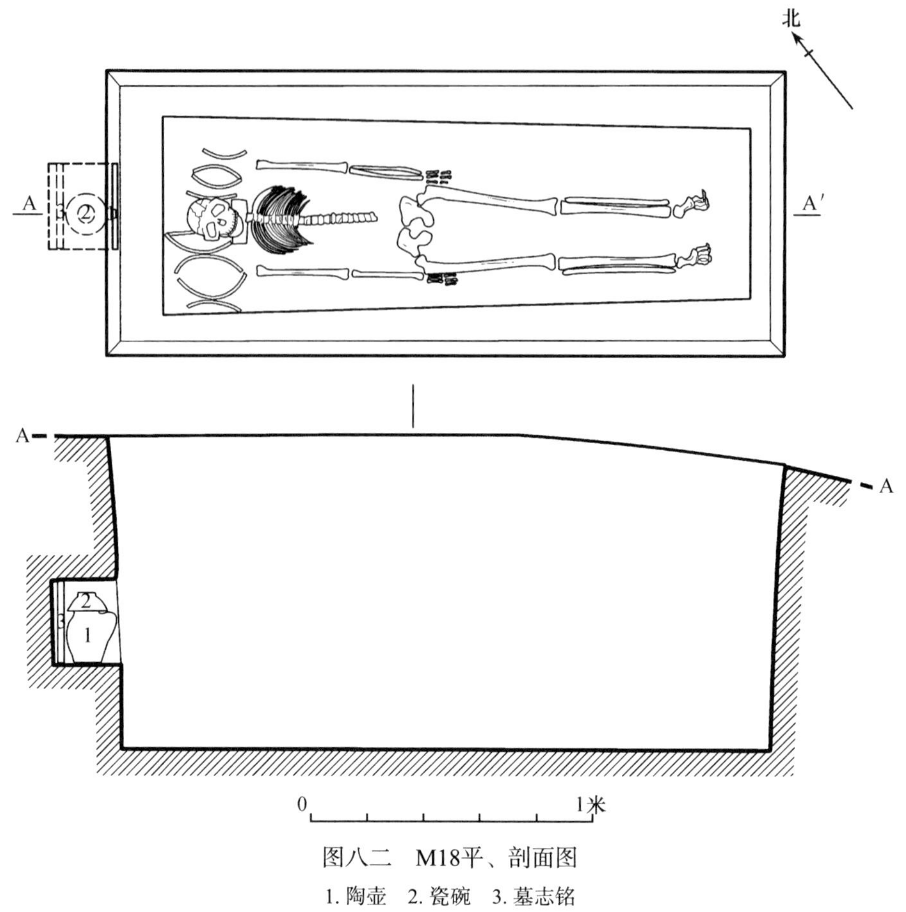

图八二　M18平、剖面图
1. 陶壶　2. 瓷碗　3. 墓志铭

M88　位于Ⅰ TN06E07东南部。开口于第2层下，打破第5层和生土。长方形土坑竖穴，直壁微斜，平底，壁面及底面无加工痕迹。长约220、宽约68、深48~54厘米。墓坑内填土为灰色花土，结构较疏松。葬式为仰身直肢，人骨保存极差，仅见头骨，头下枕青灰板瓦。葬具已朽，仅见棺钉。头向345°。未发现随葬品。据墓葬形制推测，M88应为明清时期墓葬（图八三）。

M89　位于Ⅰ TN05E07北部，部分延伸进北隔梁内。开口于第2层下，打破第5层和生土。长方形土坑竖穴，直壁微斜，平底，壁面及底面无加工痕迹。长约240、宽70~80、深约50厘米。墓坑内填五花土，杂有极少量小石块，结构较疏松，墓底铺垫一层草木灰。葬式为仰身直肢，人骨保存极差，仅见头骨，头下枕青灰板瓦。葬具应为木棺，已朽，仅见棺钉。方向345°。出土“康熙通宝”铜钱2枚。据墓葬形制及出土铜钱分析，M89应为清代墓葬（图八四）。

M87　位于Ⅰ TN05E07西北部。开口于第2层下，打破第5层和生土。长方形土坑竖穴，直壁微斜，平底，壁面及底面无加工痕迹。长约260、宽70~80、深35~38厘米。墓坑内填五花土，杂有极少量小石块，结构较疏松，墓底铺垫一层草木灰。葬式为仰身直肢，人骨保存极差，仅见头骨。葬具已朽，仅见朱红漆皮和棺钉。头向335°。出土残碎陶片和2枚“康熙通宝”铜钱。据墓葬形制及出土铜钱分析，M87应为清代墓葬（图八五）。

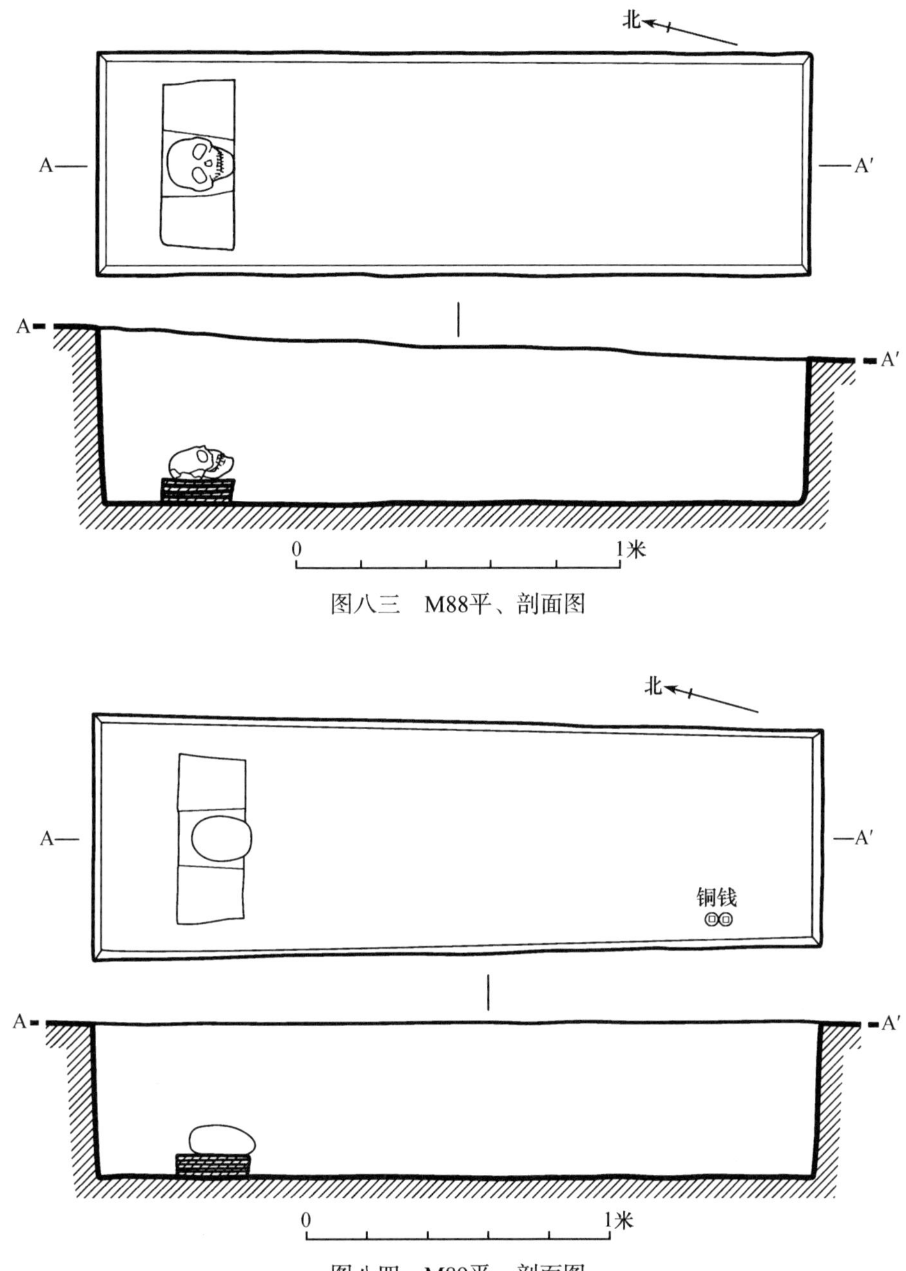

图八三　M88平、剖面图

图八四　M89平、剖面图

M90　位于ⅠTN05E07东北部，部分延伸进东隔梁。开口于第2层下，打破第5层和生土。长方形土坑竖穴，破坏严重，直壁，平底，壁面及底面无加工痕迹。残长50~140、宽约80、深约52厘米。墓坑内填土为五花土，杂有极少量小石块，结构较疏松，墓底铺垫一层草木灰。葬式为仰身直肢，人骨保存极差，仅见头骨，头下枕有灰陶瓦12块。葬具应为木棺，已朽，仅见棺钉。方向317°。未发现随葬品。据墓葬形制推测，M90应为明清时期墓葬（图八六）。

M100　位于ⅠTN10E06东部及ⅠTN10E07西部。开口于第2层下，打破G2。长方形土坑竖穴，直壁，平底。长约230、宽约90、残深约40厘米。墓室北壁中部发现一长方形头龛，长约34、宽约26、残高约20厘米。墓底中部发现一方形腰坑，边长约30、深约14厘米。墓坑内填土

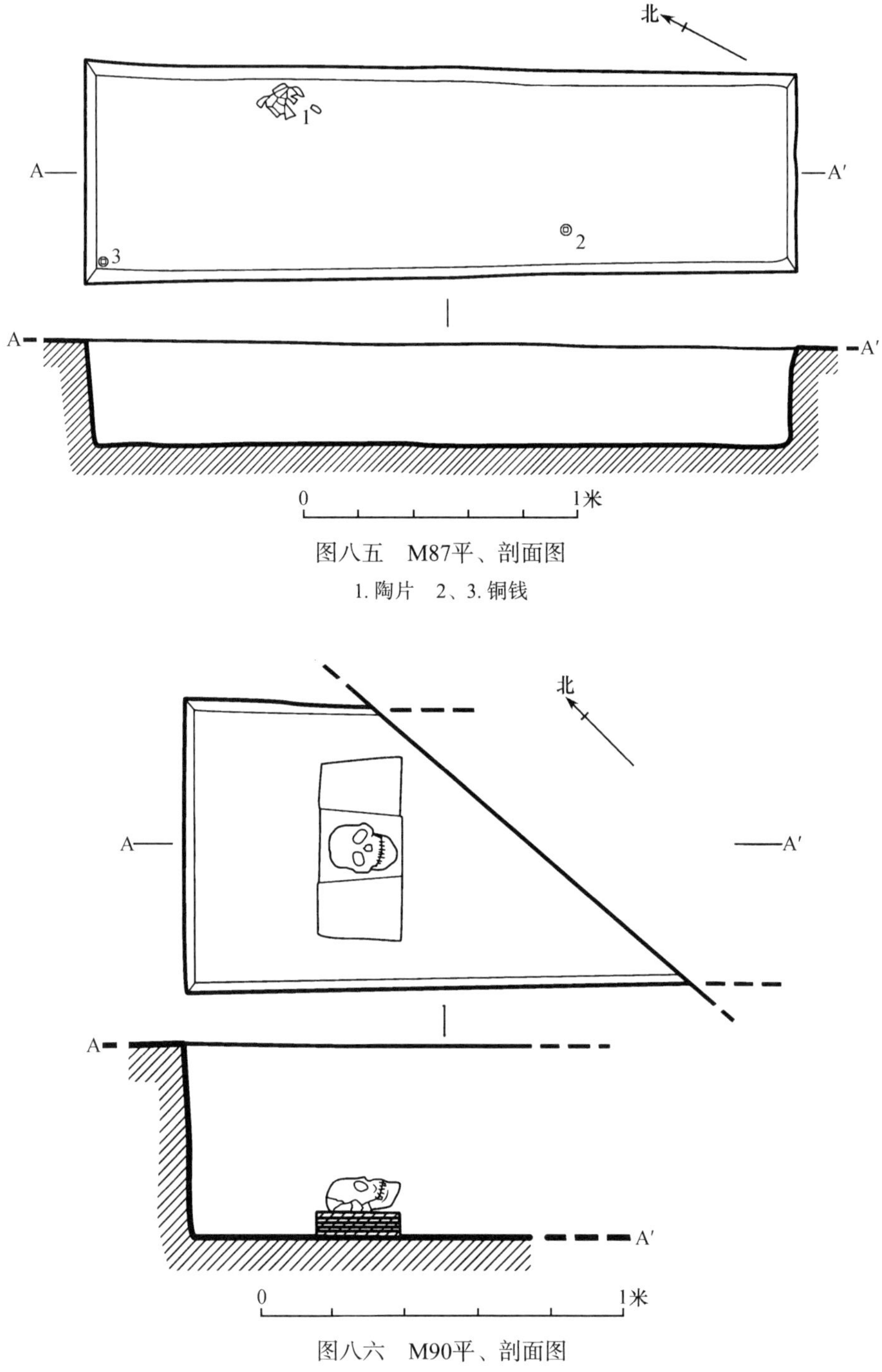

图八五　M87平、剖面图

1. 陶片　2、3. 铜钱

图八六　M90平、剖面图

为黄色花土，夹杂少量红烧土颗粒，结构疏松。未发现人骨及葬具痕迹。方向290°。随葬陶、瓷器3件，分别置于头龛、腰坑及墓室西部。据墓葬形制及出土随葬品分析，M100应为清代墓葬（图八七）。

陶壶　1件。M100：1，釉陶，下腹及底未施釉。直口，方唇，鼓腹，腹最大径中部偏上，平底内凹，贴塑三系和冲天流。素面。三系、壶流均残。口径9.6、腹径16.4、底径9.2、高18厘米（图七八，3）。

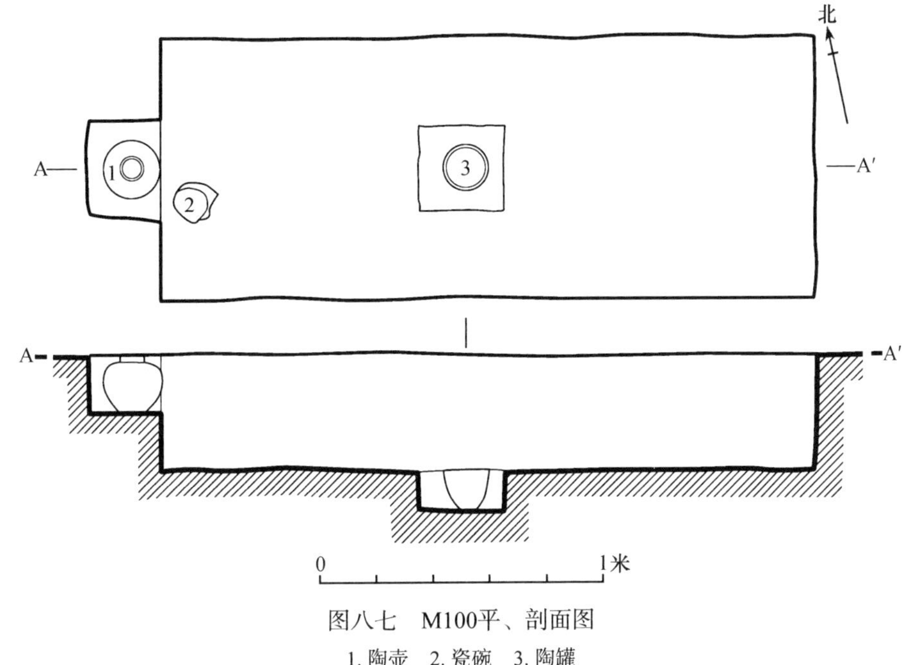

图八七 M100平、剖面图
1. 陶壶 2. 瓷碗 3. 陶罐

瓷碗 1件。M100：2，青花瓷。敞口，宽沿，方圆唇，斜腹，圈足较高。内底及腹壁饰花卉纹，圈足外壁饰两道蓝釉窄带。口径15.4、底径6.4、高6.6厘米（图七八，6）。

陶罐 1件。M100：3，夹砂红褐陶，泥条盘筑。口及上腹残，弧鼓腹，平底微凹。素面。腹径14.6、底径7.8、残高14厘米（图七八，5）。

六、结 语

刘湾遗址新石器时代遗存丰富，文化内涵较为单纯，为丹江流域早期仰韶文化内涵、聚落形态、体质人类学及古环境的深入分析提供了较为翔实的材料。

遗址新石器时代出土遗物有石器、陶器、骨器等。石器多为打制半成品，部分磨制成形，加工精细；主要器形有石斧、石锛、石凿、石铲、石磨盘等。陶器以红陶为主，灰陶次之，黑陶极少；陶质以泥质陶为主，夹砂陶次之；纹饰以素面占绝大多数，只有极少的绳纹、划纹等；器类主要有鼎、罐、钵、盆、碗、杯、盘、器座、纺轮、尖底瓶、锉等。同类遗存在豫西南、鄂西北及陕南地区多有发现，如淅川下王冈[1]、邓州八里岗[2]、均县朱家台[3]、均县乱石滩[4]、郧县胡家窝[5]、郧县店子河[6]、西乡何家湾[7]、汉阴阮家坝[8]、紫阳白马石[9]、紫阳马家营[10]等遗址。

据出土陶器初步类型学分析，刘湾遗址新石器时代遗存主体年代应为仰韶时代早期，以ⅠTN06E04和ⅠTN06E05第2~5层、H42、H83以及绝大部分墓葬为代表；少量为仰韶时代中期，以ⅢTS05W11第1层和G2为代表；极少量为仰韶时代晚期，以ⅢTS06W06和ⅢTS06W07第4层、H4、H9、H13和H20为代表。

遗址晚期遗存破坏极为严重，东周时期、汉代及宋明清时期残留遗存的发现，在一定程度上也补充了丹江流域相关时期生产、生活及丧葬习俗的研究内容。

附记：参加发掘和整理的有席奇峰、瞿磊、赵军、闻磊、廖华云、程飞、张家云、王文平、孙卫华、李菲、粟旭、顾圣明、张杰、杨红艳、马小姣

绘图：周士本　符德明　马小姣

修复：杨红艳

执笔：胡文春　闻　磊　杨　燕　廖华云

注　释

[1] 河南省文物研究所等：《淅川下王冈》，文物出版社，1989年。

[2] 樊力：《豫西南地区新石器文化的发展序列及其与邻近地区的关系》，《考古学报》2000年第2期。

[3] 中国社会科学院考古研究所长江工作队：《湖北均县朱家台遗址》，《考古学报》1989年第1期。

[4] 中国社会科学院考古研究所长江工作队：《湖北均县乱石滩遗址发掘报告》，《考古》1986年第7期。

[5] 湖北省文物局南水北调办公室等：《湖北省郧县胡家窝遗址发掘报告》，《江汉考古》2009年第3期。

[6] 武汉大学考古系等：《湖北郧县店子河遗址发掘简报》，《考古》2011年第5期。

[7] 陕西省考古研究所等：《陕南考古报告集》，三秦出版社，1994年。

[8] 陕西省考古研究所等：《陕南考古报告集》，三秦出版社，1994年。

[9] 陕西省考古研究所等：《陕南考古报告集》，三秦出版社，1994年。

[10] 陕西省考古研究所等：《陕南考古报告集》，三秦出版社，1994年。

郧县辽瓦店子遗址2007年度发掘简报

湖北省文物考古研究所

一、前　言

辽瓦店子遗址位于湖北省郧县柳陂镇辽瓦村四组，东北距离县城12千米，东南距离十堰20千米，中心地理坐标为东经110°41′49″，北纬32°47′18″，海拔153~174米，是鄂西北地区延续时间最长的一处非常重要的先秦遗址（图一），属南水北调中线工程文物保护规划的重点发掘项目。

遗址地处汉水南岸二级台地上，以注入汉江的南北向河沟为界，分为东、西二区，其中西区是遗址的主体，地势开阔平坦，文化层堆积最厚，保存最好，东区沿汉江向汉江下游呈窄长的带状分布，文化层保存较差，大部分地区文化层已经缺失。遗址西区现存面积约3万平方米，原为密集的民居，20世纪60年代已移民搬迁，现为耕地。2006~2009年，湖北省文物考古

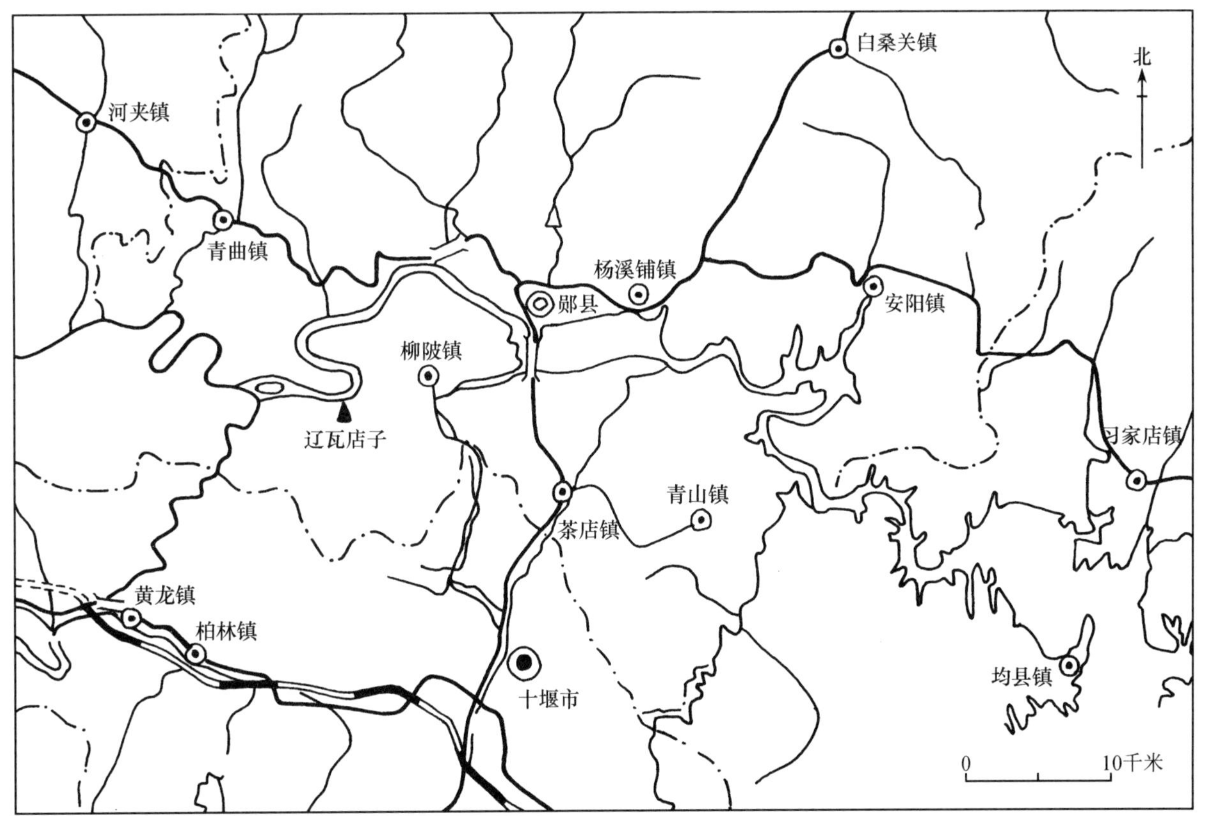

图一　遗址地理位置示意图

研究所和武汉大学考古学系连续对该遗址西区和东区进行了多次大规模发掘。其中2007年3~10月，湖北省文物考古研究所对遗址西区南部进行了发掘（图二；图版二〇，1），发掘成果被评为2007年度中国十大考古发现，并获国家文物局2007~2008年度田野考古三等奖。发掘采用象限布方法，发掘时采用四个5米×5米组成一个大方，大方内仅保留小探方关键柱，共布10米×10米大探方20个，5米×10米探方2个，共计发掘面积2100平方米，揭露出一大批新石器时代至唐宋时期的文化遗存。现将我所2007年度发掘出土的遗址西区新石器时代至二里头文化时段遗存简报如下，其他时段遗存以及东区发掘情况在正式的发掘报告中一并发表。

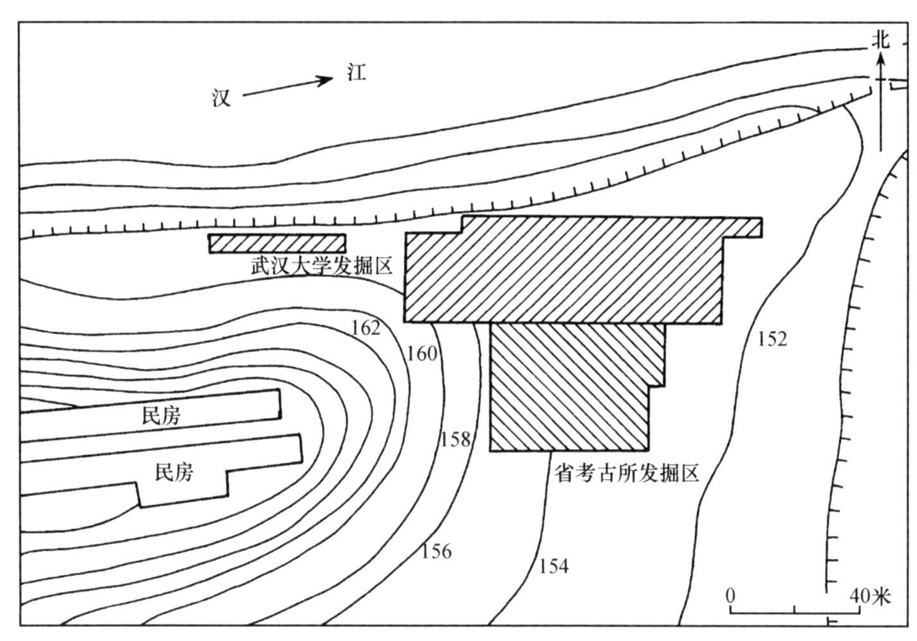

图二　遗址西区地形与发掘探方分布图

二、地层堆积

此次发掘采取统一划分地层方式，自上而下共分为13层，现以ⅠT1703、ⅠT1704、ⅠT1803、ⅠT1804为例加以说明（图三）。

第1层：灰土夹黄沙层，厚0.2~0.3米，疏松，呈粉状，包含有植物根茎。全方分布，由北向南微倾斜。为当代耕土层。

第2层：灰褐淤沙层，厚0.25~0.4米，疏松，呈粉状，无包含物。全方分布，由北向南微倾斜。为20世纪70年代淤沙堆积层。

第3层：灰褐沙土层，深0.55~0.6、厚0.03~0.45米，疏松，呈粉状，包含有近代瓦片、砖块及石块。为20世纪60年代淹没前的近现代耕土层。

第4层：红褐土层，深0.7~0.8、厚0.15~0.5米，疏松，呈颗粒状，包含有许多瓦片、砖块、石块、瓷片。全方分布，由南向北倾斜堆积，且北厚南薄。为近现代建筑废弃堆积。此层下有大量近现代房屋建筑和扰乱坑。

第5层：灰褐土层，深1~1.4、厚0.5~0.65米，疏松，呈粉状，包含有许多瓦片、瓷片、陶

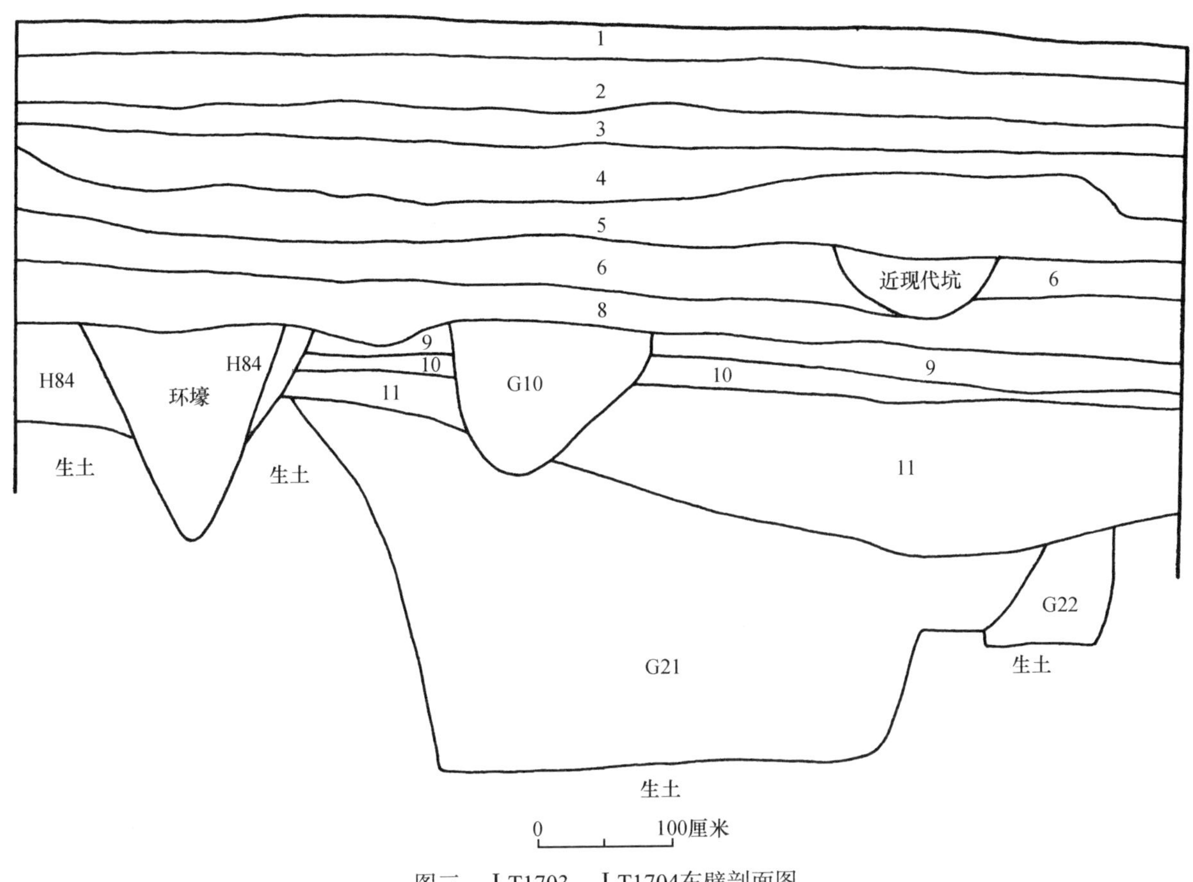

图三 ⅠT1703、ⅠT1704东壁剖面图

片（包括硬陶）。除西南角被一扰乱坑打破外，全方分布。此层为近现代房屋建筑的垫土层。

第6层：灰白色沙土层，深1.4~1.85、厚0~0.4米，疏松，呈块状，包含有零星的草木灰、瓦片、砖块和少量的瓦片。除西南角缺失，余部均有分布，且由南向北倾斜堆积。

第7层：此四探方无分布，仅西南部分探方分布，黄色土，致密，厚0~0.4米，出土遗物不多，少见唐宋时期的砖瓦。

第8层：灰黄黏土层，深1.75~1.9、厚0.45~0.55米，较致密，呈块状，夹杂红烧土颗粒，出土大量的汉代、东周陶、瓦片。全方分布。此层下有G10、G16、H51、H80、H84、H140、H141及环壕。

第9层：灰褐黏土层，深1.9~2、厚0.1~0.45米，较致密，呈块状，夹草木灰及红烧土块，出土大量陶片，以夹砂灰陶、泥质灰陶和夹砂红陶为主，纹饰以粗绳纹为最多，可辨器形有鬲、豆、罐、盆等，另有石铲、石斧等。此层下有H90、H91、H93、H125。

第10层：灰黄色沙土层，深2.4、厚0.08~0.55米，板结，夹烧土颗粒及少量陶片，可辨器形有鬲、罐、盆、豆等。

第11层：灰黄色黏土层，深2.7~2.9、厚0~1.15米，板结，夹零星红烧土颗粒及草木灰，出土有少量陶片，有磨光黑陶、泥质灰陶、红陶、夹砂灰陶等，可辨器形有罐、鼎、盘、豆、纺轮等，另有石斧、石锛等。分布于探方中部和南部，北面缺失。此层下有G21、G22。

第12层：黄褐黏土层，深2.5、厚0.1~0.15米，夹杂少量红烧土颗粒，未见陶片。分布于探方最北部。

第13层：此四探方无分布，仅分布于东北、西北小部分探方，浅灰褐，夹红烧土颗粒、草木灰，出土有少量陶片，以灰、褐陶为主，素面为主，少有饰弦纹、篮纹，可辨器形有鼎、罐、圈足盘、钵等。

其中第2层为现代汉江洪水淤沙层，第3~6层为近现代扰乱层，第7层为唐宋时期文化层，第8层为汉代文化层，第9、10层为东周文化层，第11、12、13层为新石器时代文化层。

三、遗迹与遗物

新石器时代的遗迹主要发现于西区中北部，一般位于第11、12、13层下。主要遗迹类型有灰坑、灰沟、土坑墓、瓮棺葬、陶窑等。现择要介绍如下：

1. 灰坑

共发现27个。

H180　位于ⅠT2104西北，部分位于ⅠT2004关键柱，并延伸至ⅠT2105西南角。开口于第11层下，被环壕打破，打破第12层。残存部分开口平面近直角梯形，桶状，壁较陡直，口大于底，底较平。南北残长2.2、东西残宽1.2、深0.45~0.72米。填土黄褐，较板结，夹杂草木灰、红烧土颗粒（图四）。

出土陶片较多。泥质陶占有绝对优势，约占70.6%，夹砂（蚌）陶次之，约占29.4%。泥质陶中，黑皮陶居多，次为灰陶、橙黄陶，另有少量红陶。夹砂陶中，以褐陶居多，次为灰陶、红陶。素面为主，篮纹较多，次为弦纹，另有少量的附加堆纹。可辨器形有折沿罐、高领罐、圈足盘、盆、豆、钵等，另有少量石斧、兽骨等。

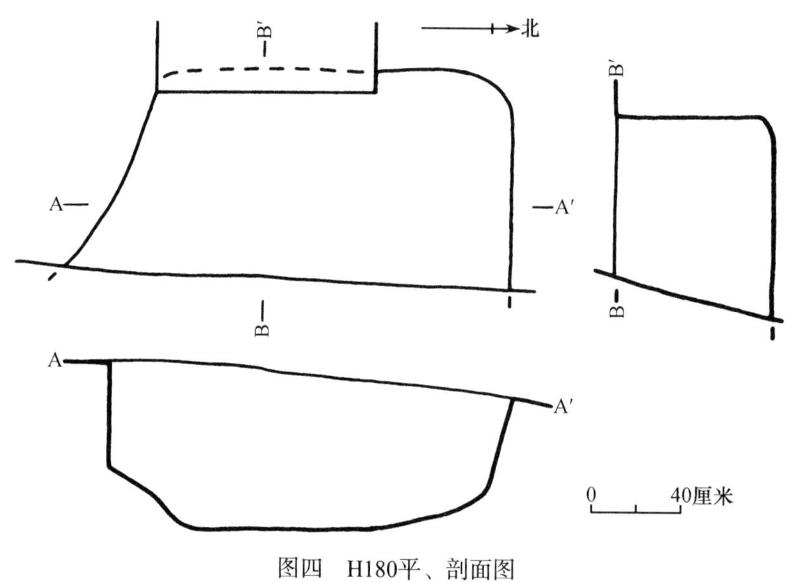

图四　H180平、剖面图

高领罐　H180：1，夹细砂褐陶。浅盘口，斜方唇，直高领，鼓肩，鼓腹。肩部饰四道凹弦纹，腹饰篮纹。口径11.2、腹径18.4、残高10厘米（图五，1）。H180：2，泥质红陶，胎略厚。浅盘口，圆唇，外斜高领，广肩。素面，器表剥落严重。口径12.8、残高8.4厘米（图五，6）。

折沿罐　H180：3，夹粗砂黄陶。宽仰折沿，斜方唇，沿内起折棱，束颈。素面。口径16.8、残高4.8厘米（图五，2）。H180：5，泥质黑皮红内胎陶，胎较厚。宽仰折沿内凹，方唇加厚内勾。素面。口径20、残高8厘米（图五，3）。

盆　H180：6，泥质灰黄陶，厚薄均匀。微敛口，圆唇外贴，斜弧腹。素面。口径26.4、残高10厘米（图五，5）。

盘圈足　H180：4，仅存圈足部分，泥质磨光黑皮陶。粗高圈足，底部外撇成台座。素面。底径15.2、残高6厘米（图五，8）。

钵　H180：8，泥质黑陶，器表磨光。侈口，斜直壁，底部以下残。素面。口径24、残高6.4厘米（图五，4）。

缸　H180：9，仅存底部，夹粗砂红褐陶，特厚胎。斜直腹，平底。腹饰宽篮纹，底部有稀疏篮纹。底径12.4、残高8.8厘米（图五，7）。

H158　位于ⅠT1604西北、ⅠT1605西南，向西延伸至ⅠT1504、ⅠT1505中。开口于第11层下，东部被环壕、南部与西部分别被H145、H119打破，打破生土。平面为不规则形，东宽

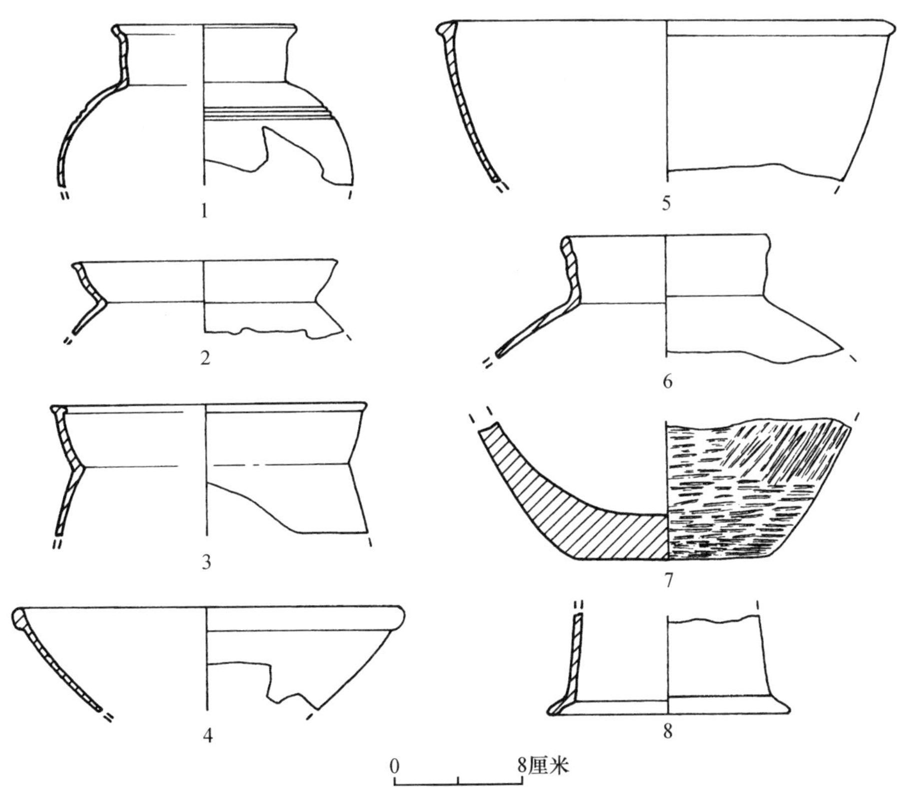

图五　H180出土的部分陶器

1、6. 高领罐（H180：1、H180：2）　2、3. 折沿罐（H180：3、H180：5）　4. 钵（H180：8）　5. 盆（H180：6）　7. 缸（H180：9）　8. 盘圈足（H180：4）

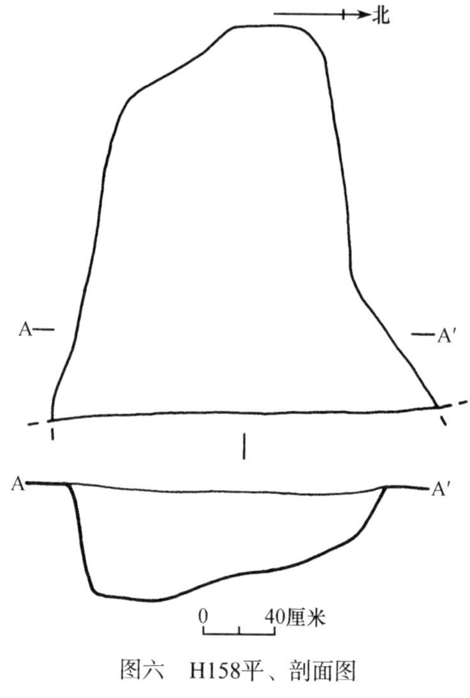

图六　H158平、剖面图

西窄，斜壁，剖面东浅西深。坑口东西残长2.6、南北宽1.1米。填土黄灰色，较硬，夹杂大量沙粒、红烧土颗粒（图六）。

出土有少量陶片。泥质陶为主，夹砂陶次之。泥质陶有灰、黑皮、红、黄陶，夹砂陶有褐、红、灰陶之分，数量均很少。纹饰方面，以素面为主，篮纹居多，另有少量的弦纹、戳印纹等。可辨器形有鼎、罐、钵、豆等。

瓮　H158：1，泥质黑陶红内胎陶，器表磨光。侈口，尖唇，直高领，广肩。肩部饰两道凹弦纹，凹弦纹之间饰网格状戳印纹。口径12.8、残高10.4厘米（图七，1）。

折沿罐　H158：2，夹砂红陶。宽仰折沿，圆唇，沿内折棱突出。腹饰宽篮纹。口径24.8、残高5.4厘米（图七，4）。H158：3，夹粗砂黑陶。宽仰折沿，尖圆唇，沿内折棱圆凸，溜肩。肩部饰宽篮纹。口径24.8、残高7.6厘米（图七，2）。

钵　H158：4　夹细砂红陶。敛口，尖圆唇，附贴沿，斜弧腹。素面。口径27.2、残高4.8厘米（图七，5）。

豆　H158：5，泥质黑陶。敞口，圆唇，浅弧腹，圜底。口径21.6、残高5.2厘米（图七，3）。

H183　位于ⅠT1706东南。开口于第12层下，南部被H98、北部被H113打破，打破H185及生土层。平面为不规则形（原应为圆形），坑壁桶状，较陡直，底较平。南北残长1.9、东西残宽1.4~1.8、深0.6~0.8米。填土褐色，含沙，较疏松，夹杂草木灰、红烧土（图八）。

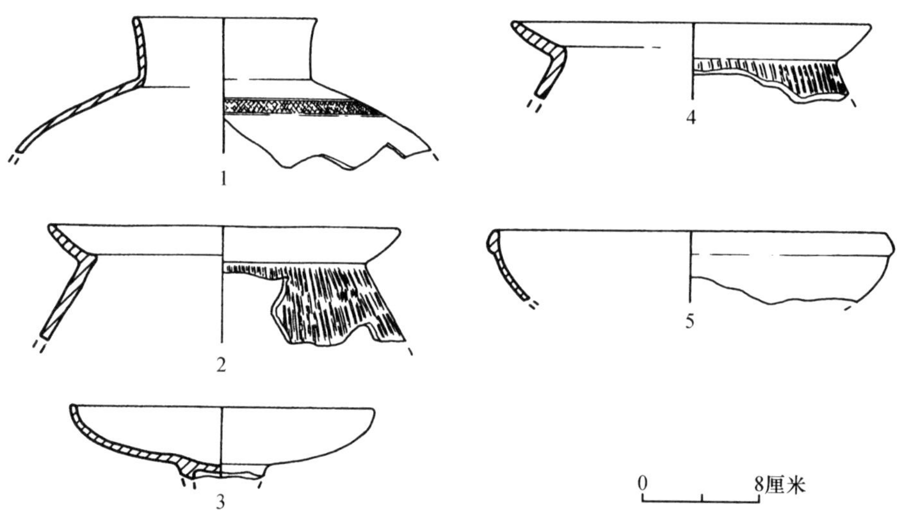

图七　H158出土的部分陶器

1. 瓮（H158：1）　2、4. 折沿罐（H158：3、H158：2）　3. 豆（H158：5）　5. 钵（H158：4）

出土有较多陶片，可辨器形有鼎、罐、盆、瓮、杯、纺轮等，另有少量石器。

折沿罐 H183：1，夹粗砂黑陶。宽仰折凹沿，厚圆唇，沿内凸棱上翘，束颈。腹上部饰一圈凹弦纹，下部饰斜向宽篮纹。口径17.6、残高6厘米（图九，4）。H183：2，夹粗砂黑陶。宽仰折凹沿，斜方唇，沿内凸棱上翘，束颈。腹饰斜向宽篮纹。口径24、残高6厘米（图九，2）。

瓮 H183：3，夹细砂黑陶，局部偏灰。直口，尖圆唇，矮直领，广肩，鼓腹。肩部饰三周凹弦纹，偏上两道弦纹间饰多圈短划纹。口径14.4、残高14厘米（图九，1）。H183：4，泥质黄陶，局部泛黑。直口，卷沿，圆唇外贴，矮直领，广肩，鼓腹，小平底。肩、腹部饰多道弦纹及短线刻划纹，下腹饰弦断篮纹。口径16、腹径48.8、底径10.4、高40厘米（图九，7；图版二二，1）。

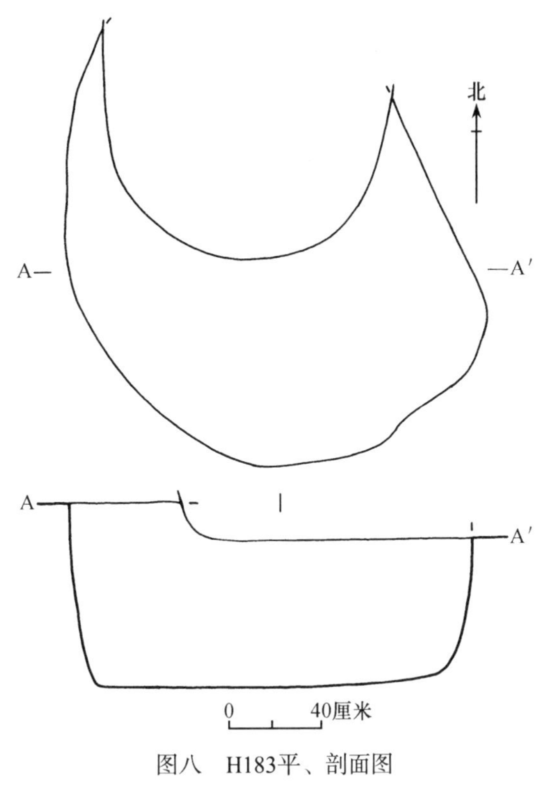

图八 H183平、剖面图

鼎 H183：5，夹粗砂红陶。宽仰折凹沿，圆唇，鼓腹，圜底，侧装足，足截面椭圆形，足外侧顶端饰两按窝。腹饰竖篮纹。口径12、腹径13.6、高12.2厘米（图九，5）。

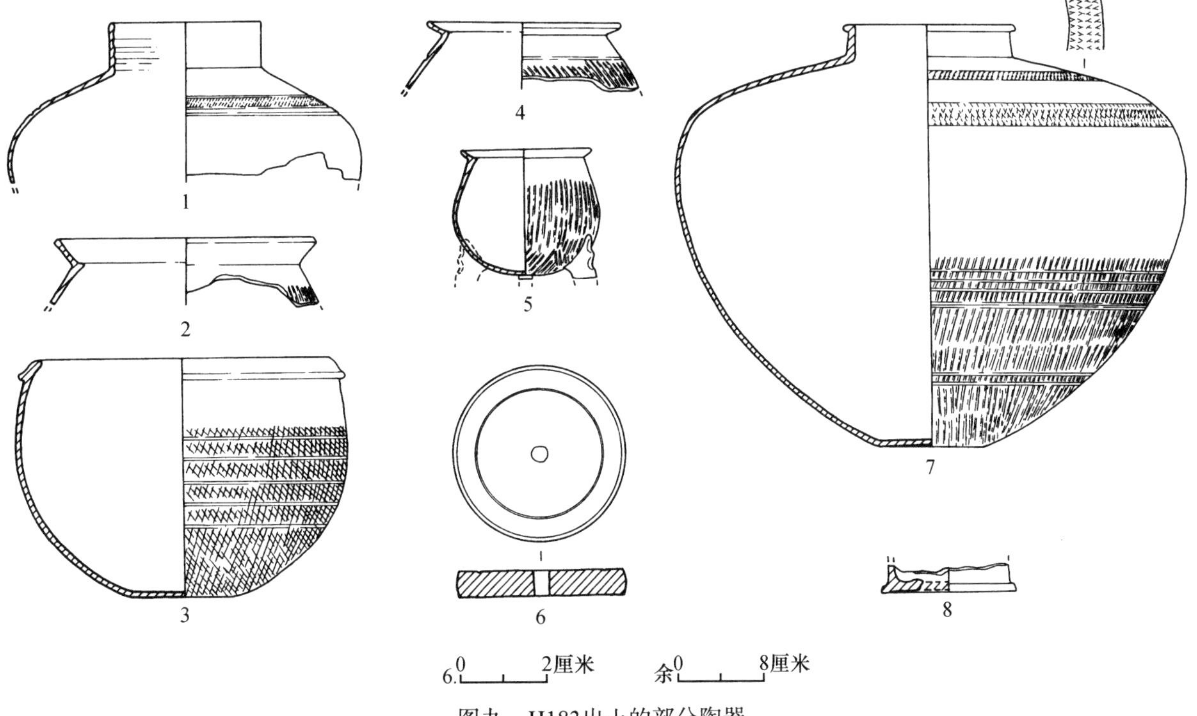

图九 H183出土的部分陶器

1、7. 瓮（H183：3、H183：4） 2、4. 折沿罐（H183：2、H183：1） 3. 盆（H183：7） 5. 鼎（H183：5） 6. 纺轮（H183：9） 8. 杯（H183：8）

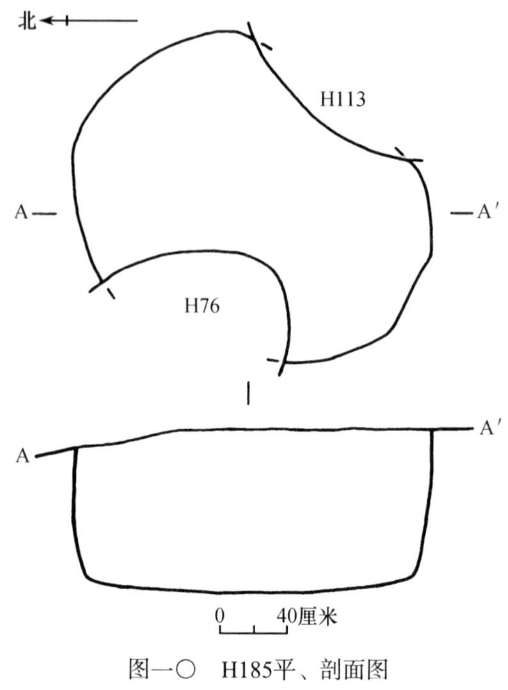

图一〇　H185平、剖面图

盆　H183：7，泥质褐陶，口沿局部成红褐色。敛口，宽外贴唇，深腹微鼓，小平底。口径27.2、腹径31.2、底径9.6、通高22厘米（图九，3；图版二二，2）。

杯　H183：8，仅存底部，泥质黑陶，薄胎。假圈足底，底部边缘突出，底内有快轮制坯产生的旋纹。底径6.4、残高1.2厘米（图九，8）。

纺轮　H183：9，夹细砂黄陶。器形规整，棱角分明。直边，两面平，中间穿孔。一面饰一圈弦纹。直径4、孔径0.4、厚0.6厘米（图九，6）。

H185　位于ⅠT1706北部。开口于第12层下，打破生土。东南侧与西北侧分别被H113与H76打破，平面为不规则形（原应为圆形），坑壁桶状，较陡直，平底。南北长2.1、东西残宽1.25~1.45、深0.8~0.94厘米。填土褐色，含沙，较紧密，夹杂较多草木灰（图一〇）。

出土有较多陶片和少量石器。陶片以夹砂陶为主，约占69%，泥质陶次之，约占31%。夹砂陶中，灰陶居多，次为褐陶，另有少量红陶。纹饰方面，篮纹为主，次为素面，另有少量弦纹。可辨器形有折沿罐、高领罐、圈足盘、纺轮等。

折沿罐　H185：1，夹细砂灰黑陶。仰折凹沿，沿内凸棱上翘，圆唇，小口，深鼓腹。上腹一道凹弦纹，凹弦纹下饰斜宽篮纹。口径13.6、腹径19.6、残高14厘米（图一一，3）。H185：2，夹粗砂灰陶，厚胎。宽仰折凹沿，厚斜方唇，溜肩。腹饰粗篮纹。口径27.2、残高7.2厘米（图一一，1）。H185：3，夹细砂灰黑陶。卷沿，尖圆唇，溜肩，鼓腹。器表凹凸不平，颈以下饰弦纹间断斜宽篮纹。口径18.4、残高9.2厘米（图一一，4）。H185：5，夹细砂黑陶，薄胎。宽仰折凹沿，沿内尖凸上翘，方唇微凹。腹饰宽而深的竖篮纹。口径14.4、残高4.8厘米（图一一，6）。H185：6，夹细砂红陶。宽仰折凹沿，方唇。素面。口径20、残高5.6厘米（图一一，5）。

高领罐　H185：4，泥质黑皮红内胎陶，器表磨光。直口，方唇外贴，直高领，广肩。肩部饰弦纹间断宽篮纹。口径12.8、残高12.4厘米（图一一，2）。

盘圈足　H185：8，泥质黑皮红内胎陶，器外壁磨光。上部残，上宽下窄，底部外折成座。近底部饰一道凸弦纹。底径32、残高4.8厘米（图一一，7）。

H187　位于ⅠT1401中部，部分叠压于北隔梁下。开口于第11层下，被H151、H174、H175打破，打破生土。平面近椭圆形，壁较陡直，平底。南北长约3.8、宽约1.6、深0.16~0.64米（图一二）。坑内填土可分两层：第1层：土色较杂，以黄色为主，夹杂少量的红褐土，另有少量的炭屑，较板结。南部堆积呈坡状，北部水平堆积，厚约36~38厘米。出土少量陶片，以夹砂陶为主，泥质陶次之。夹砂陶中，以褐陶居多，灰陶次之，另有少量红陶、黄陶、黑

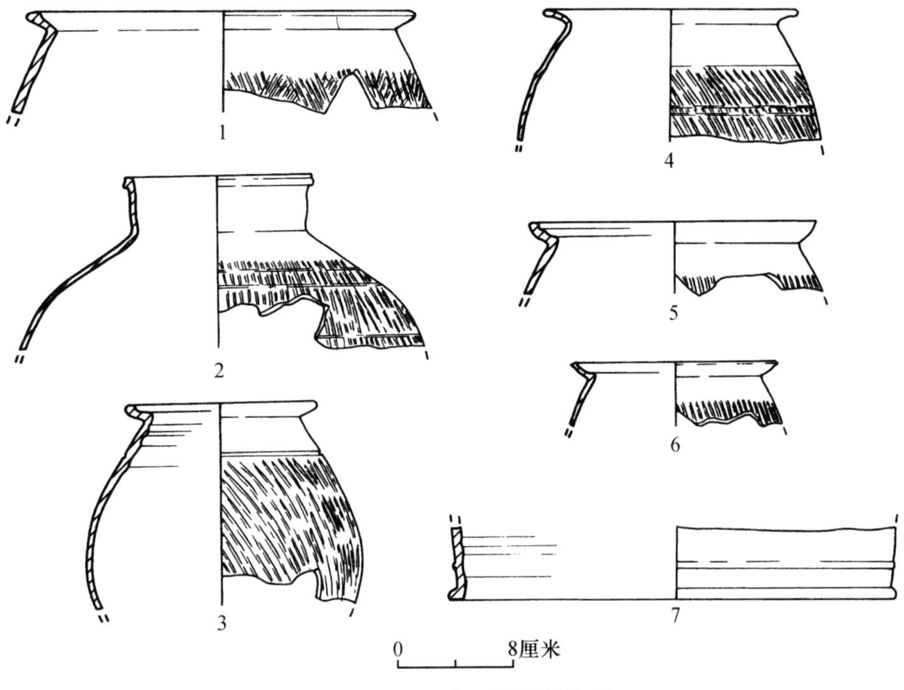

图一一 H185出土的部分陶器

1、3~6. 折沿罐（H185：2、H185：1、H185：3、H185：6、H185：5） 2. 高领罐（H185：4） 7. 盘圈足（H185：8）

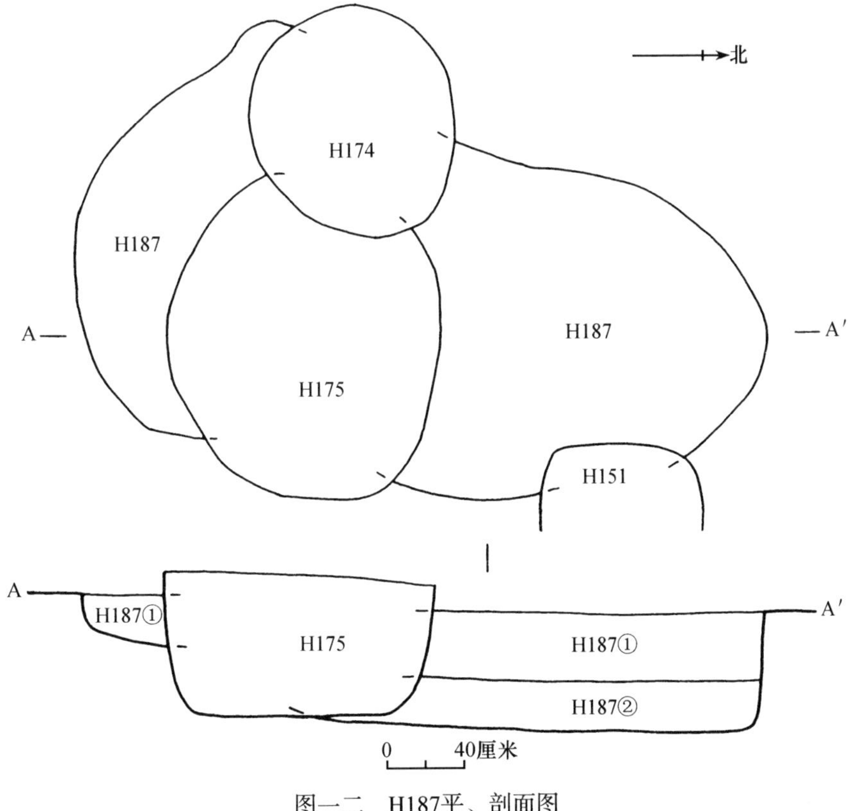

图一二 H187平、剖面图

陶。泥质陶较少，灰陶居多，另有少量的黑皮陶、黄陶等。纹饰以篮纹为主，素面次之，另有少量的弦纹、戳印纹等。可辨器形有鼎、罐、盘，另有1件石斧。第2层：青灰色，沙性，厚约26厘米。出土陶片较多，以泥质陶为主，约占67.3%，夹砂陶次之，约占32.7%。泥质陶中，黑陶居多，灰陶次之，另有少量橙黄陶、褐陶、黑皮陶。夹砂陶以红陶为主，褐陶次之，另有少量灰陶。纹饰方面，篮纹为主，素面次之，另有少量弦纹、方格纹。可辨器形有罐、斝、盆、钵、豆等，另有少量兽骨和石器。

折沿罐　H187①：1　夹细砂灰黄陶。仰折凹沿，圆唇，鼓腹。腹饰宽竖篮纹。孔径12.8、腹径17.6、残高10.4厘米（图一三，3）。H187①：2，夹粗砂红褐陶。宽仰折凹沿，沿内尖凸上翘，尖唇。腹饰宽篮纹。口径22.4、残高6.4厘米（图一三，2）。H187②：11，夹粗砂灰陶。仰折凹沿，方唇。唇面有一道弦纹，腹饰宽篮纹。口径16.8、腹径20.8、残高12厘米（图一四，1）。

缸　H187①：3，夹细砂黑陶。子母口内敛，双唇，外唇方内唇圆。颈部饰三周凹弦纹，腹部饰宽篮纹。口径23.2、残高7.2厘米（图一三，1）。

鼎足　H187①：5，夹细砂红褐陶。侧装扁圆形，上宽下窄。足根外侧上部饰一按窝。残高10.8厘米（图一三，5）。

盘圈足　H187①：6，泥质灰陶。粗矮圈足，足跟加厚外撇成座。中部饰一道较宽凸棱纹。底径28、残高7.2厘米（图一三，4）。

瓮　H1872：1，泥质黄陶。微侈口，外折沿，尖唇，矮弧领，广肩。肩部饰宽篮纹，加饰弦纹间断篮纹。口径14.4、残高7.8厘米（图一四，2）。H1872：3，泥质黑皮红内胎陶。矮斜领，广肩。肩部饰竖的宽篮纹。残高6.4厘米（图一四，8）。H1872：4，夹细砂黑陶。广肩，鼓腹，小平底。器表饰宽篮纹。腹径40.8、底径9.6、残高31.6厘米（图一四，10）。

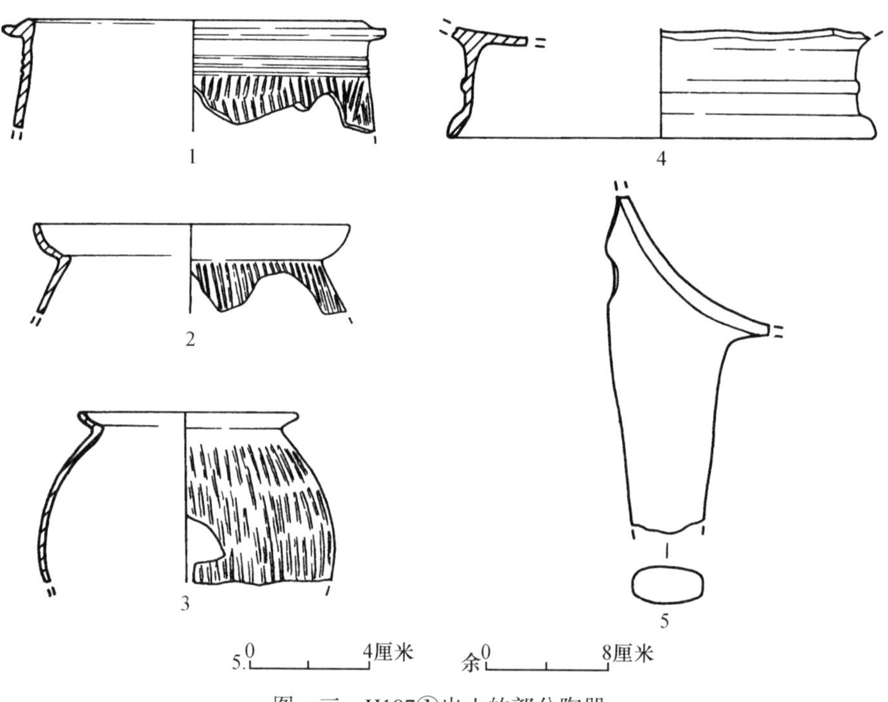

图一三　H187①出土的部分陶器

1. 缸（H187①：3）　2、3. 折沿罐（H187①：2、H187①：1）　4. 盘圈足（H187①：6）　5. 鼎足（H187①：5）

豆 H187②：7，泥质黄灰陶。敞口，方唇，浅斜壁，圜底，喇叭形高圈足，底部内折成座。圈足中部及底部有黑衣彩绘。口径25.6、足径12、通高16.8厘米（图一四，3；图版二二，4）。H187②：8，泥质黑皮红内胎陶。盘圜底，粗高圈足，下部外撇。素面。残高10厘米（图一四，6）。H187②：9，泥质黄褐陶。圜底，细高圈足上部带箍。足内壁有当圈旋纹。残高8.8厘米（图一四，7）。

盆 H187②：5，夹细砂黄陶。敞口，卷沿，尖唇，斜弧腹，内凹底。腹饰较浅宽篮纹。口径26.4、底径10.4、通高10.8厘米（图一四，5）。H187②：6，夹细砂黄陶。敞口，平沿微外卷，尖唇，斜弧腹。素面。口径24、残高6厘米（图一四，4）。

斝 H187②：2，夹砂黄褐陶。口微敛，平沿中部起棱，圆方唇，深直腹壁，圜底，三足中空，足尖外撇。口沿处附对称桥形耳。口径29.6、通高44厘米（图一四，9；图版二二，3）。

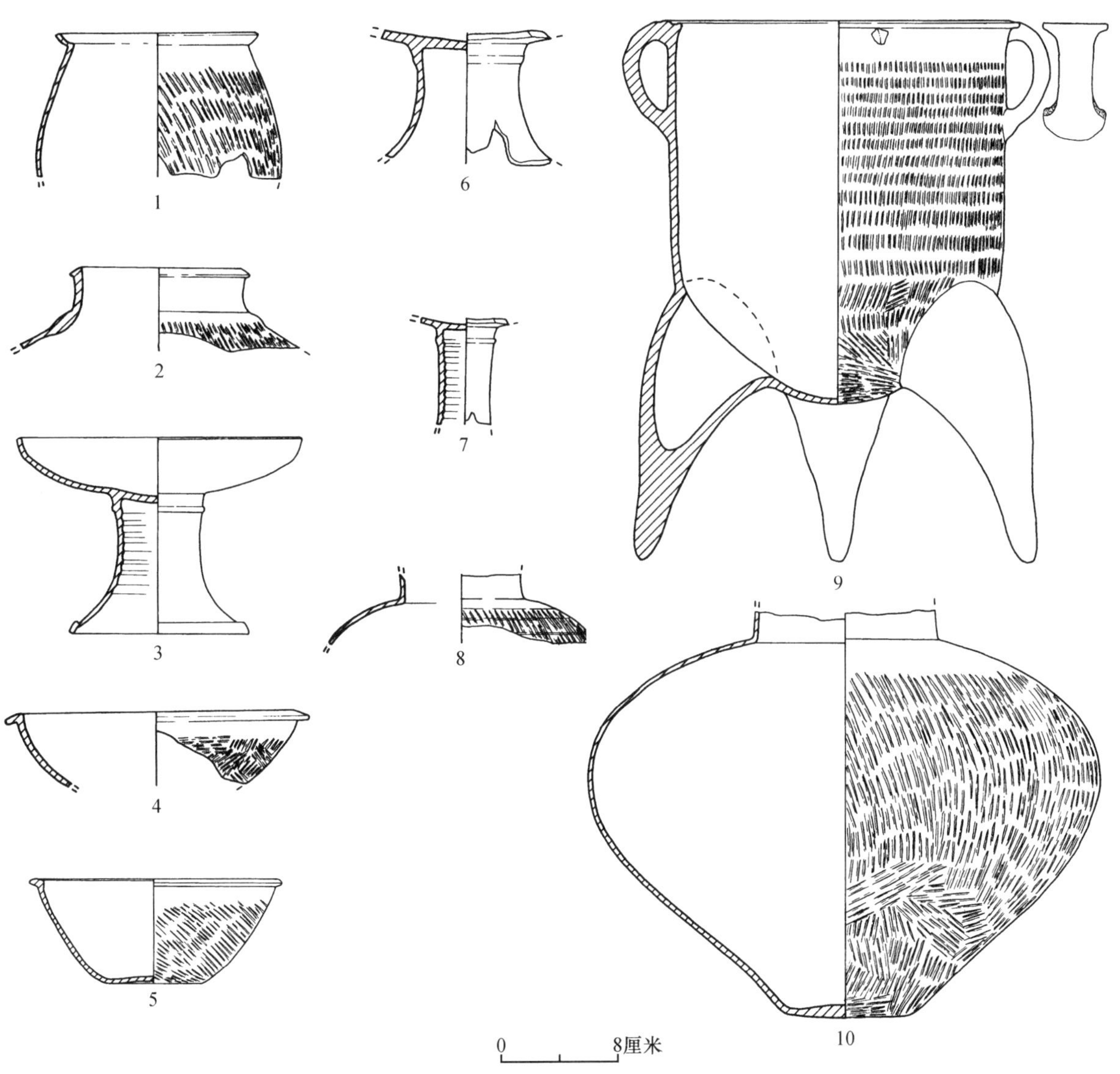

图一四 H187②出土的部分陶器

1. 罐（H187②：11） 2、8、10. 瓮（H187②：1、H187②：3、H187②：4） 3、6、7. 豆（H187②：7、H187②：8、H187②：9） 4、5. 盆（H187②：6、H187②：5） 9. 斝（H187②：2）

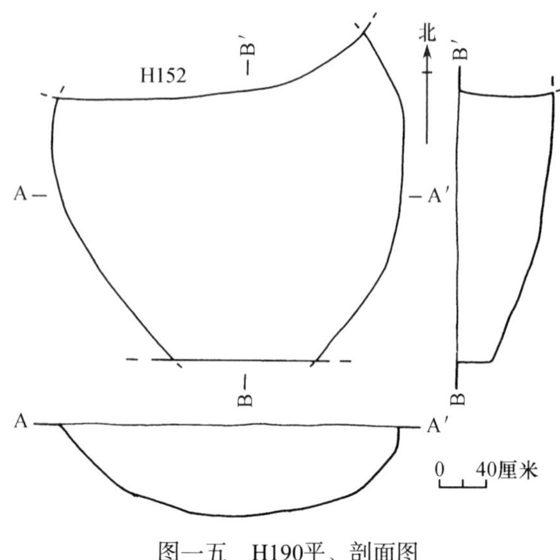

图一五　H190平、剖面图

H190　位于ⅠT1301西南，部分延伸至ⅠT1201东隔梁与ⅣT1301北隔梁下。开口于第11层下，被H152打破，打破生土。平面近半椭圆形，最长径大致南北向，剖面锅底状，弧壁，圜底。坑口推测长约4、宽约3.1、深0.83米。填土灰黑，夹杂炭屑、红烧土颗粒和沙粒（图一五）。

出土有少量陶片和1件石斧。陶片以夹砂陶为主，约占80.4%，泥质陶次之，约占13.6%。夹砂陶中，红、褐陶居多，次为灰黄陶，另有少量的黑、灰陶。泥质陶数量少，黑陶居多，次为灰、橙黄陶。可辨器形有鼎、罐、杯等。

矮领罐　H190：1，夹粗砂黄褐陶。侈口，圆唇，斜高领。肩部饰模糊篮纹。口径11.2、残高4.8厘米（图一六，1）。

折沿罐　H190：2，夹细砂红陶。敞口，卷沿，尖圆唇，束颈，溜肩。肩部饰细绳纹。口径13.6、残高5.2厘米（图一六，2）。H190：3，夹粗砂黑陶。仰折沿，圆唇，束颈，溜肩。腹饰细绳纹。口径18.4、残高6厘米（图一六，4）。H190：4，夹细砂褐陶。仰折沿微卷，尖唇，束颈。腹饰细绳纹。口径14.4、残高5.6厘米（图一六，3）。

杯　H190：5，泥质红褐陶。斜直腹，饼形底，底部外凸成座。底径6.4、残高3.6厘米（图一六，5）。

鼎足　H190：6，夹细砂红陶。扁圆，侧装，足尖残。残高6.6厘米（图一六，6）。

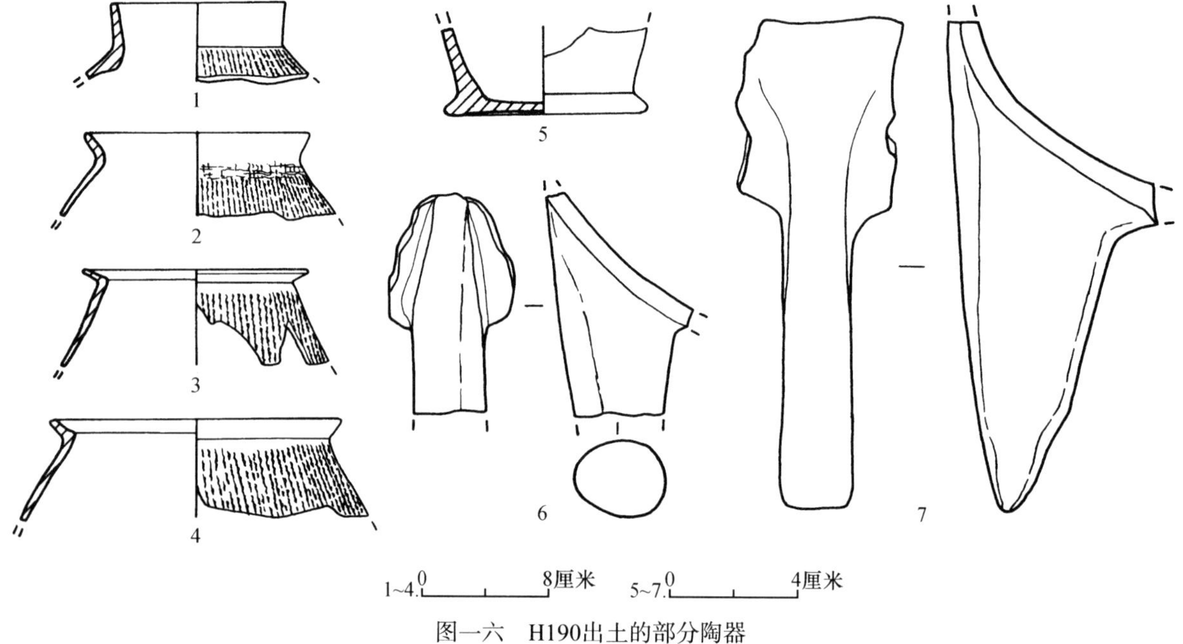

图一六　H190出土的部分陶器

1. 矮领罐（H190：1）　2~4. 折沿罐（H190：2、H190：4、H190：3）　5. 杯（H190：5）　6、7. 鼎足（H190：6、H190：7）

H190：7，夹粗砂红陶。侧装足，横截面近长方形，侧面近三角形，足跟较尖。高14.8厘米（图一六，7）。

H191　位于ⅠT2004西南。开口于第11层下，西部被G12打破，南部被G21打破，打破第12层。平面近椭圆形，最长径近东西向，剖面桶状，坑壁陡直，平底。坑口东西长约1.1、残宽约0.5、残深0.5米。填土黄褐，较板结，夹杂大量的草木灰和烧土块（图一七）。

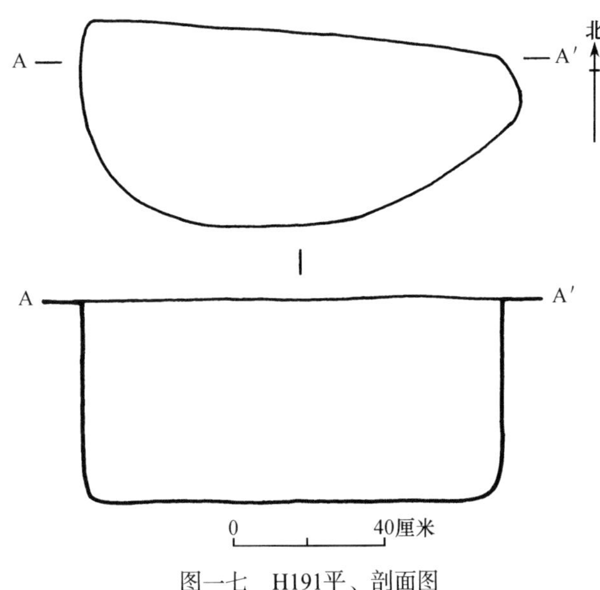

图一七　H191平、剖面图

出土有少量陶片，另有少量石器、兽骨。陶片中，夹砂陶稍多，泥质陶次之。夹砂陶中，褐陶居多，另有少量的灰、黑陶。泥质陶中，黑皮陶居多，另有少量的褐、红、灰陶。纹饰方面，以篮纹为主，次为素面、绳纹，另有少量弦纹。可辨器形有单耳罐、瓮等。

单耳罐　H191：1，夹细砂黑陶。卷沿，侈口，尖唇，矮弧领，鼓腹，口部与肩部附一宽扁桥形罐耳。器表饰粗而深的绳纹。口径11.2、腹15.2、残高12.4厘米（图一八，1）。

瓮　H191：2，泥质黑皮灰内胎陶，外表磨光。敛口，卷沿，尖唇，矮斜领，广肩。口径8、残高4.8厘米（图一八，2）。

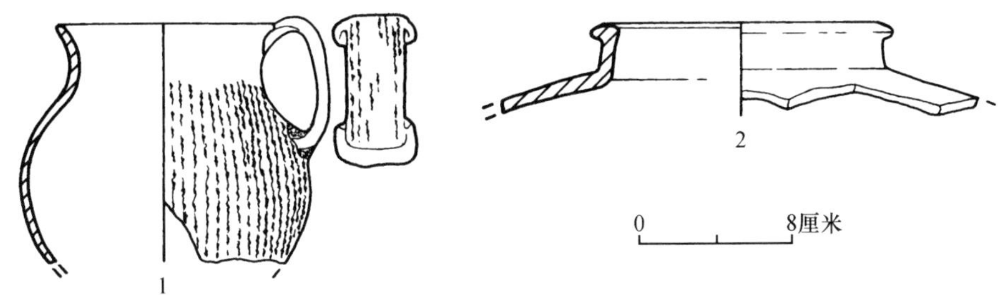

图一八　H191出土的部分陶器

1. 单耳罐（H191：1）　2. 瓮（H191：2）

2. 灰沟

共计发现2条。

G21　位于发掘区中部，平面近曲尺形，由东向西分布在Ⅰ区的T2104、T2103、T2004、T2003、T1904、T1903、T1804、T1803、T1704、T1703、T1604、T1603、T1504、T1503、T1404、T1403、T1304，在ⅠT1303、ⅠT1204两探方处折向西南，延伸至Ⅰ区的T1203、T1103、T1202、T1201、T1102、T1101、Ⅱ区的T1201、T1101、T1102。东、西两端均在发掘区外。开口于第11层下，打破G22，直至生土。已发掘部分长68、宽3.4~6.1（西南段不详）、

深1.25~2米。口大底小，横截面呈梯形，壁较陡直，部分区域近85°，局部较缓并形成二层台。填土上层比较单纯一致，灰褐土夹少量黄斑，土质较致密、板结；下层疏松，含少量烧土颗粒，接近沟边处草木灰和炭屑较多。以此可将填土分为两层（2010年再次发掘此沟时作明确划分，分属乱石滩文化与二里岗文化）。沟底包含大量大小不一且不规则的河卵石。在ⅠT1703、ⅠT1803的局部还发现含有灰黄色淤沙（图一九）。

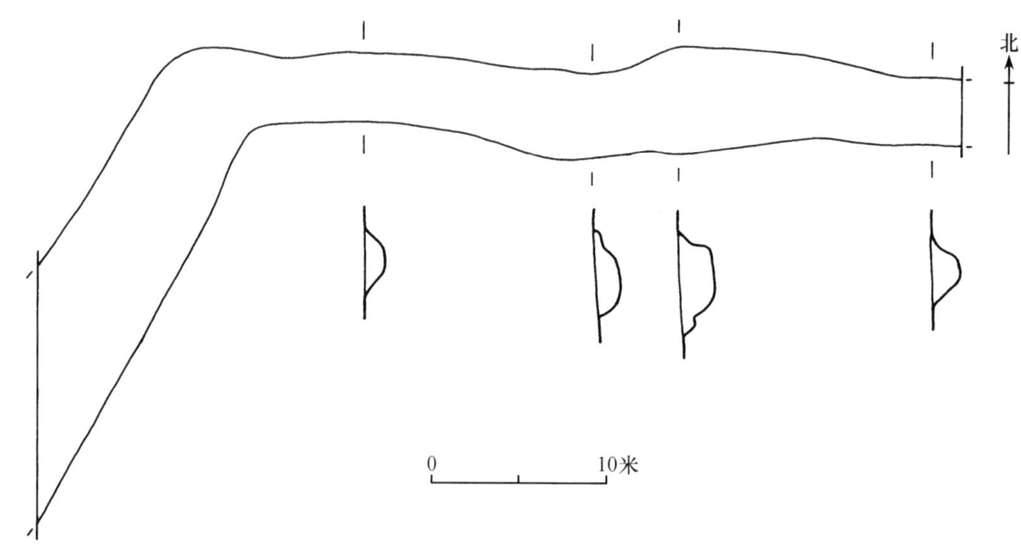

图一九　G21平、剖面图

出土了大量陶片，陶片以夹砂陶为主，约占72%，泥质陶次之，约占28%。夹砂陶以灰陶为主，次为褐、黑陶，另有少量的红、灰黄陶。泥质陶以灰陶为主，黑皮陶次之，另有少量黑、橙黄、红陶。纹饰以篮纹为主，绳纹次之，另有少量的弦纹、附加堆纹、戳印纹。早期陶器可辨器形有鼎、折沿罐、矮领罐、双耳罐、缸、瓮、盘、壶、鬶、器盖、纺轮等，石器有斧、锛、凿等。

折沿罐　G21∶2，夹细砂灰陶。特宽仰折沿，方唇，沿内尖凸上翘，鼓腹，底残。器身满饰竖篮纹。口沿有变形。口径20.8、腹径28.8、残高22厘米（图二〇，1）。G21∶9，夹粗砂褐陶。宽仰折沿微外卷，尖圆唇，束颈，溜肩。腹部饰宽的折篮纹。口沿有慢轮修整痕迹。口径17.6、残高7.6厘米（图二〇，3）。G21∶13，夹粗砂黑陶，局部暗红。宽仰折沿，沿面略凹，沿内侧凸棱上翘，圆唇，溜肩。肩部及以下饰竖向粗篮纹。口径24、残高10.8厘米（图二〇，2）。

矮领罐　G21∶1，泥质灰陶。直口，内斜方唇有凹槽，直高领，溜肩，鼓腹，上腹部为最大径，小平底微内凹。肩部饰两周凹弦纹，弦纹间饰三周斜戳印纹，中腹饰一道凹弦纹，以下饰交错篮纹。口径10.4、腹径20.8、底径8、通高18.8厘米（图二〇，4；图版二三，1）。

瓮　G21∶6，夹粗砂灰陶，火候较高，类似于硬陶质地。敞口，外贴三角形唇，矮斜颈，广肩。肩部饰竖向粗篮纹。口径15.2、残高4.8厘米（图二〇，5）。

鼎足　G21∶31，夹粗砂红陶。三角形，扁圆，侧装。足根外侧有两个按窝。残高11.4厘米（图二○，9）。

双耳罐　G21：49，泥质红陶，胎较薄，器表磨光。敞口，尖唇，喇叭形特高领，鼓腹，底内凹。耳呈弧形，宽扁。口径9.6、腹径7.8、底径5.2、通高10.4厘米（图二○，7；图版二三，2）。

壶　G21：50，泥质黑陶，薄胎，器表磨光。侈口，尖唇，斜高领，广肩，扁鼓腹，圜底。领、肩部各饰一道凹弦纹底，底部有剥落面，露出同心圆快轮制痕。口径6、腹径14.6、残高10.8厘米（图二○，6；图版二三，3）。

器盖　G21：24，泥质黑皮红内胎陶。截锥形钮，钮顶平，斜直壁，盖口沿残。顶直径1.2、残高3.4厘米（图二○，8）。

G22　位于ⅠT1903南部，部分延伸至ⅠT1803东隔梁下。开口于第11层下，被G21打破，打破生土。平面为长条形，南壁较陡直，东浅西深。开口残长5.25、残宽0.8、深0.3~1米。填土黄褐色，较致密，夹杂少许草木灰、烧土块（图二一）。

出土陶片较多，另有少量石器和骨器。陶片以夹砂陶居多，约占67%，泥质陶次之，约占33%。夹砂陶以褐陶为主，灰陶次之，另有少量红、黑陶。泥质陶以黑陶为主，灰陶次之，另有少量黑皮、灰黄陶。纹饰以篮纹为主，约占54.3%，素面次之，约占36.7%，次为弦纹，约占6.3%，另有少量戳印纹、附加堆纹等，共计约占2.7%。可辨器形有瓮、折沿罐、卷沿罐、盘、钵等。

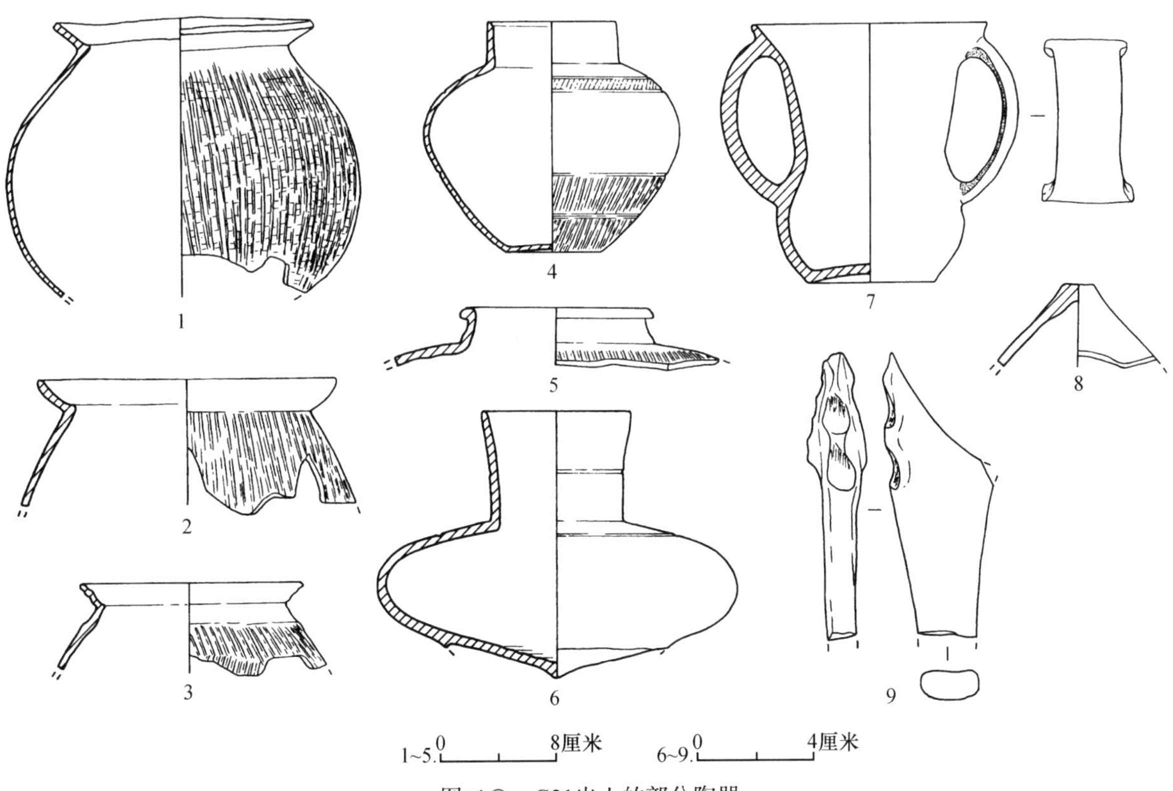

图二○　G21出土的部分陶器

1~3. 折沿罐（G21：2、G21：13、G21：9）　4. 矮领罐（G21：1）　5. 瓮（G21：6）　6. 壶（G21：50）　7. 双耳罐（G21：49）　8. 器盖（G21：24）　9. 鼎足（G21：31）

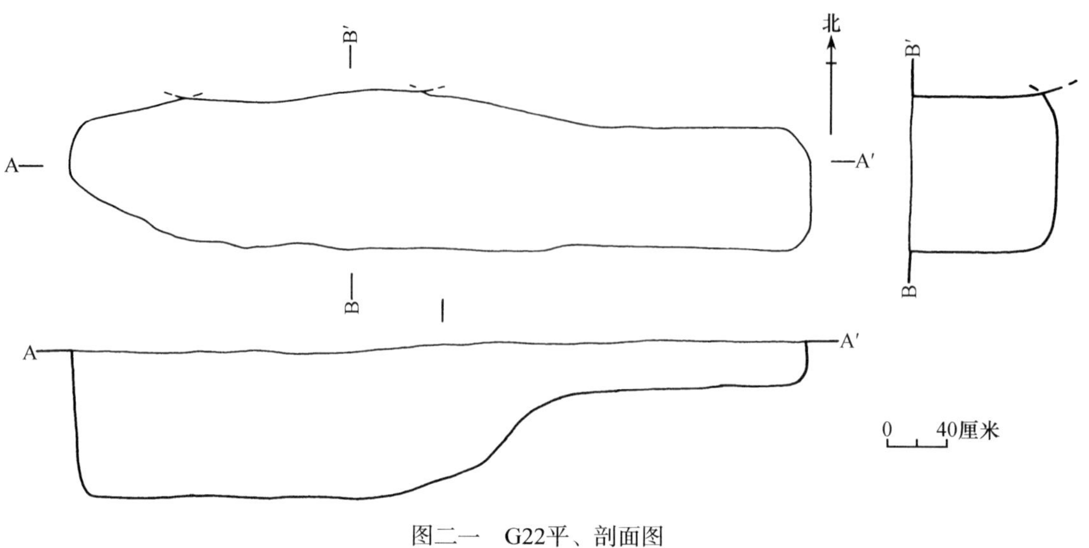

图二一　G22平、剖面图

折沿罐　G22∶3，夹细砂黄褐陶。宽仰折凹沿，沿内尖凸，方唇上有一道凹槽，溜肩。腹饰宽斜篮纹，被多道弦纹间断。口径21.6、残高11.2厘米（图二二，6）。G22∶9，泥质黑皮红内胎陶。宽仰折沿，圆唇，溜肩。肩部饰凹弦纹，弦纹间饰篮纹。口径36、残高7.2厘米（图二二，1）。G22∶5，夹粗砂黄陶。宽仰折凹沿，圆唇，溜肩，鼓腹。腹饰较粗的竖篮纹。口径18.4、残高8厘米（图二二，3）。

豆　G22∶12，泥质黑陶，内壁偏灰，外壁磨光。侈口，卷沿，尖圆唇，斜弧腹，底部下凹，圜底。口径24、残高6.8厘米（图二二，4）。

钵　G22∶16，泥质黑皮红内胎陶，器表磨光。敛口，外贴沿，尖圆唇，斜弧腹。腹饰一道凹弦纹。口径30.4、残高6.8厘米（图二二，2）。

瓮　G22∶1，泥质黑陶，磨光。敞口，圆唇，斜高领，广肩。肩部饰三周凹弦纹，最上两道弦纹间饰斜向交错的短刻划纹。快轮制陶。口径13.6、残高10.4厘米（图二二，5）。

卷沿罐　G22∶2，泥质黑陶。敛口，卷沿，尖唇，鼓腹下垂。上腹饰一周凹弦纹，下腹饰多周极细的短锥刺纹。口径16、残高16.4厘米（图二二，7）。

3. 墓葬

共计发现3座竖穴土坑墓、2座瓮棺葬。以M12为例。

M12　位于ⅠT1903南部，部分延伸至ⅠT1902北隔梁下。开口于第9层下，打破第11层。竖穴土坑墓，头向330°。四壁陡直，底平，头部略高于脚端。长2、宽0.8、深0.5米。填土灰黄土，致密，包含有零碎陶片、石块。人骨保存较好，仰身直肢，性别女，年龄45~50岁。棺痕不见。随葬陶器3件，兽骨1件，其中置于头部的有1罐、1豆，置于股骨之间的有1盘、1兽骨（图二三；图版二一，1）。

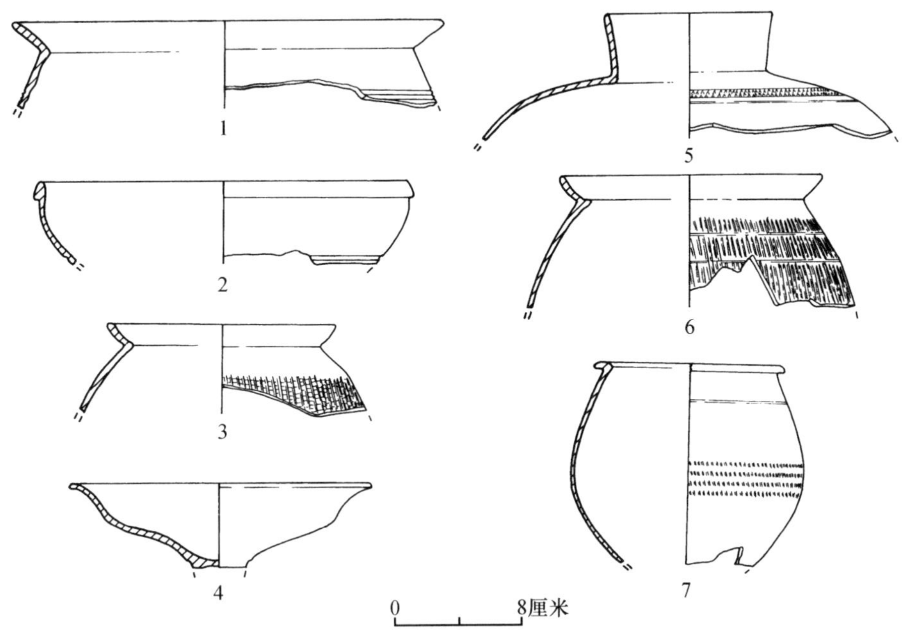

图二二　G22出土的部分陶器

1、3、6. 折沿罐（G22：9、G22：5、G22：3）　2. 钵（G22：16）　4. 豆（G22：12）　5. 瓮（G22：1）　7. 卷沿罐（G22：2）

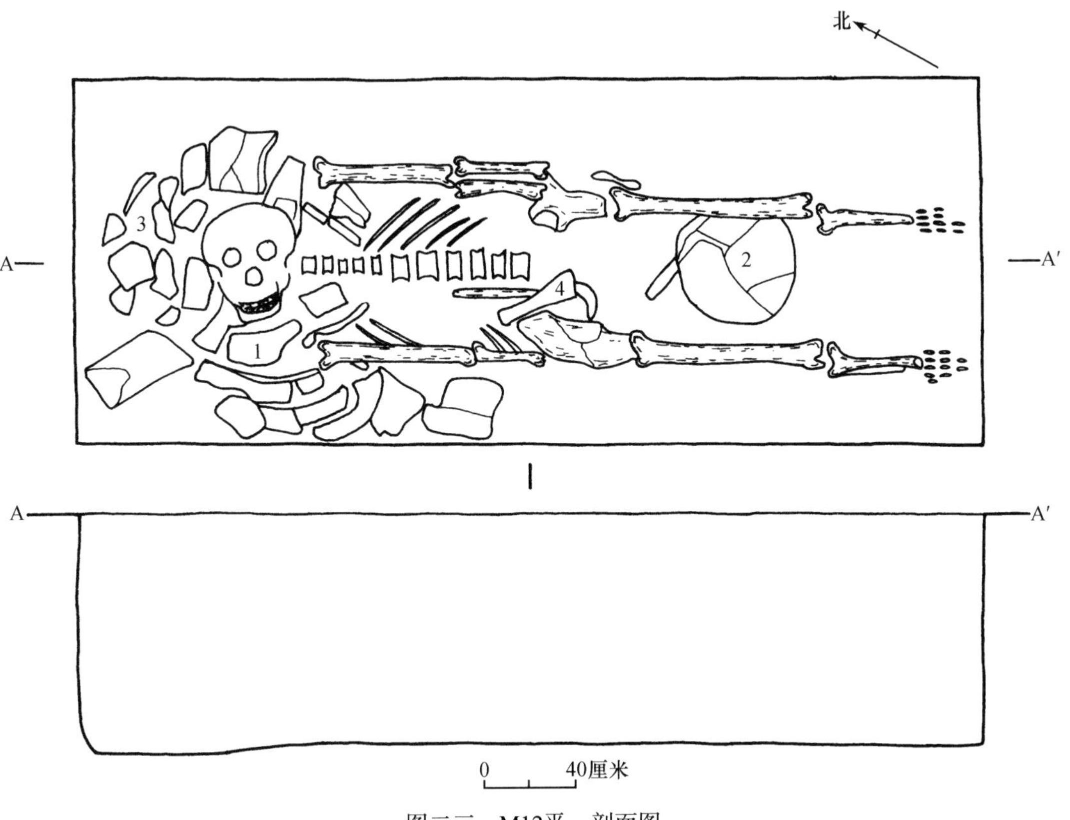

图二三　M12平、剖面图

1. 陶罐　2. 陶盘　3. 陶豆　4. 兽骨

折沿罐　M12：1，泥质黑皮红内胎陶。宽仰折沿，厚圆唇，沿面折棱突出，深鼓腹，小内凹底。器内壁较光滑，外壁饰竖向宽篮纹，中部饰一周弦纹。口径28.8、腹径36.8、底径11.2、通高32厘米（图二四，1；图版二一，2）。

圈足盘　M12：2，泥质黑皮红内胎陶。敞口，圆唇，斜弧腹，平底，粗矮圈足，足跟外撇成台座。外壁磨光，有多周弦纹。口径29.6、足径22.4、通高8.8厘米（图二四，2；图版二一，3）。

豆　M12：3，夹细砂灰黄陶。敞口，尖唇，浅斜腹，圜底，高圈足，足下部残。口径20、残高6厘米（图二四，3）。

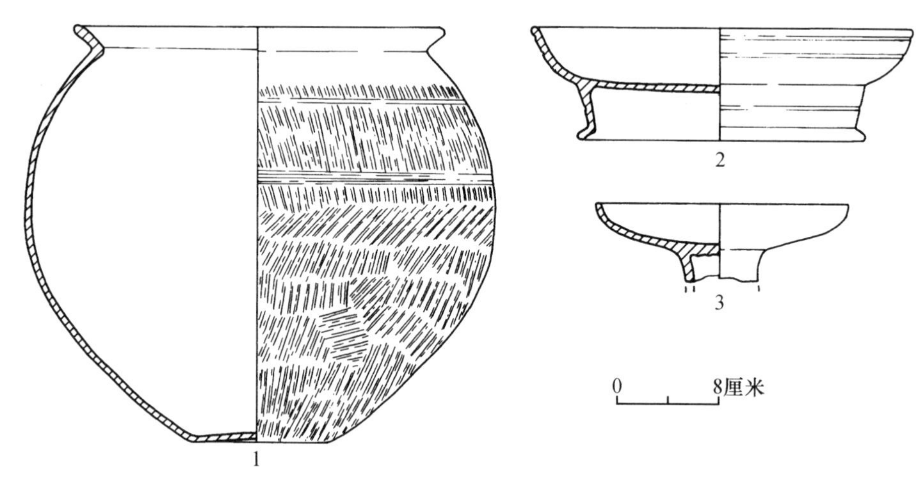

图二四　M12随葬陶器

1. 折沿罐（M12：1）　2. 圈足盘（M12：2）　3. 豆（M12：3）

4. 陶窑

共计发现1座。

Y1　位于ⅠT1405东南。开口于第11层下，被H127打破，打破第12层。平面为一不规则的椭圆形，现存口部长1.6、宽0.6~0.84米，窑底东西长1.76、南北宽0.66~1.02米，窑身残存高度为0.15~0.42米。窑壁为厚约0.03~0.05米的青灰色板结烧土面。在窑壁外侧有受热传染、硬度不大的红烧土面。虽部分被H127打破，部分坍塌，窑顶已遭破坏，但火门、火膛、火道、窑箅的形制尚能辨认（图二五；图版二〇，2）。火门位于窑室西部，被H127打破，形制结构不详。火膛位于窑室西部，部分残存，半圆形，斜壁，凹底有硬烧结面。东西长0.81、南北宽0.25米。火道位于窑室中部，窑床下部，连接火膛与窑室。中间有一道厚约0.2米的挡墙将其一分为二，大小相当，各长0.62、宽0.32~0.4、高0.18~0.23米。窑室位于火道东部。窑箅明确可辨，南北向两排各4个方向朝上的箅孔。箅孔为圆孔形，直径0.08~0.14米。在挡墙正中，有一略大的孔，或用于立柱以支撑窑顶。内填零碎烧土块，出土有零碎陶片，可辨器形为鼎足、罐口沿，另有少量兽骨。

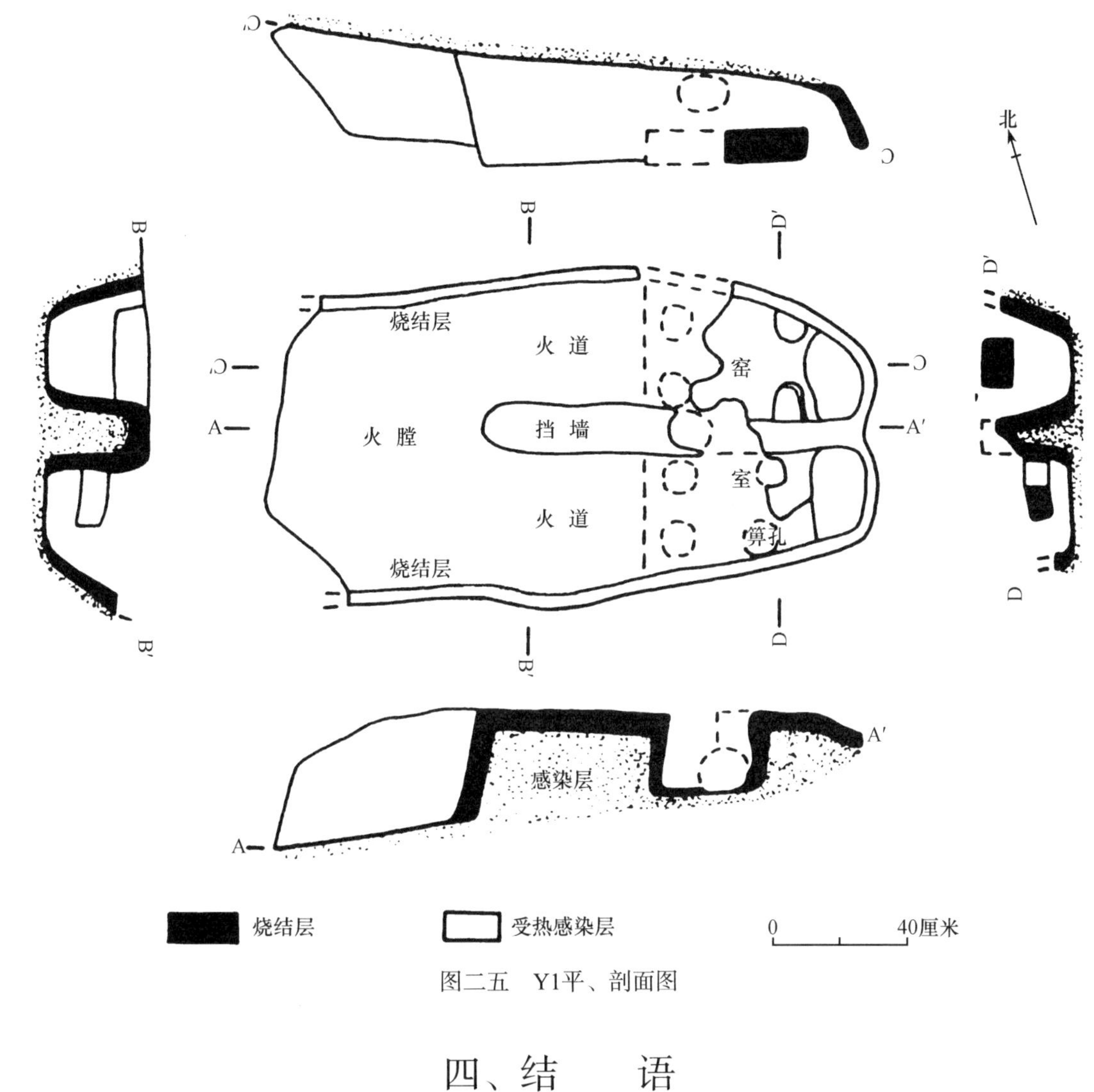

图二五 Y1平、剖面图

四、结 语

根据发掘出土的遗迹、遗物，本次发掘的新石器晚期遗存大致可以分为三期。

第一期遗存极少，遗迹仅发现一个灰坑H180。以折沿罐、高领罐、盘、盆、钵等为基本器物组合。其中盘口状溜肩高领罐与青龙遗址第三期的Ⅰ式[1]、天门邓家湾遗址的石家河文化Aa型Ⅱ式高领罐[2]大致相同，该类器物同时还发现于房县七里河[3]、随州金鸡岭石家河文化早期[4]，属石家河文化早中期的典型器物。另外，H180出土的宽仰折沿罐、厚胎饰篮纹缸也广泛见于以上各遗址，亦属石家河文化早中期的常见器物。因此，第一期遗存与青龙泉遗址三期遗存大致同时，属于石家河文化中期阶段。

第二期遗存，以H158、H183、H185、H187、G21、G22、M12为代表。此期遗存分布范围较广，遗存也最为丰富，遗迹以灰坑和灰沟为主，另有墓葬、窑等。大致以G21为界，北部遗迹、遗物比较丰富，南部出土遗迹、遗物均要少得多。推测G21以北大致是当时居民生活区，南部则属于聚落的边缘地带。出土遗物以陶器为主，另有少量石器、骨器。陶器以夹砂陶居多，大致占三分之二，泥质陶约占三分之一。夹砂陶以褐陶为主，灰、红陶次之，另有少量黄、黑陶。泥质陶以灰陶为主，黑（皮）陶次之，另有少量红、黄陶。纹饰以篮纹为主，约占一半，素面次之，另有少量凹弦纹、戳印纹、附加堆纹、绳纹等。鼎、瓮、罐、斝、大圈足盘、细柄豆、盆、钵、杯、圈足、器盖等为基本组合。同类遗存见于郧县大寺[5]、均县乱石滩[6]、淅川下王冈[7]，如G21：49双耳罐与大寺T8②：4、下王冈T8⑧：6相似，M12：1罐、M12：2盘分别与乱石滩M5：2、T3②A：13相似。显然，该期遗存与乱石滩文化属于同类型遗存，大致分布于鄂西北及豫西南地区，该类文化遗存与河南临汝煤山遗址的龙山文化联系密切，而与江汉平原的石家河晚期文化（或称后石家河文化）差异明显，对于以乱石滩、辽瓦店子为代表的该期遗存其文化分期、来源和内涵还需进一步研究。

第三期遗存，以H190、H191为代表，遗存很少，出土的遗物也不丰富，除了陶器，另有极少量石器、骨器。陶器以夹砂陶为大宗，泥质陶很少。夹砂陶中，以褐陶为主，红、灰黄陶次之，另有少量黑、灰陶。纹饰以篮纹为主，绳纹次之，素面再次之，另有少量的弦纹、方格纹。鼎、瓮、罐、盘、杯为基本器物组合。卷沿风格，绳纹占有一定比例等，明显有别于第二期。同类遗存见于淅川下王冈[8]、临汝煤山[9]等，如H191：1单耳罐、H191：2瓮分别与煤山H19：2、H62：4相似。因此，第三期遗存大体属于二里头文化早期遗存。

此次发掘的这批石家河文化、乱石滩文化、二里头文化早期阶段的遗存，是鄂西北地区新石器时代考古的一次重大收获，丰富了鄂西北地区新石器时代晚期的文化内涵。其中乱石滩文化的发现，为研究鄂西北地区乱石滩类型时空框架及其谱系提供了不可多得的资料。且与二里头文化的联系较强，又是探索早期二里头文化的时空分布及中华文明进程的重要资料。

附记：此次发掘由孟华平领队，周国平具体负责，新石器时期遗存整理先后由胡文春、刘辉负责，器物描述由刘辉、向其芳完成，线图由陈秋红、孟军涛、陈明芳描绘，器物修复由谭娇娥、朱奎完成，工地照相为周国平，室内器物照相为余乐。

执　笔：刘　辉　向其芳　陈代玉

注　释

［1］ 中国社会科学院考古研究所：《青龙泉与大寺》，科学出版社，1991年。

［2］ 石家河考古队：《邓家湾》，文物出版社，2003年。

［3］ 湖北省文物考古研究所：《房县七里河》，文物出版社，2008年。

［4］ 湖北省文物考古研究所等：《随州金鸡岭》，科学出版社，2011年。

［5］ 中国社会科学院考古研究所：《青龙泉与大寺》，科学出版社，1991年。

［6］ 中国社会科学院考古研究所长江工作队：《湖北均县乱石滩遗址发掘报告》，《考古》1986年第7期。

［7］ 河南省文物研究所等：《淅川下王冈》，文物出版社，1989年。

［8］ 河南省文物研究所等：《淅川下王冈》，文物出版社，1989年。

［9］ 中国社会科学院考古研究所河南二队：《河南临汝煤山遗址发掘报告》，《考古学报》1982年第4期。

郧县龚家村遗址发掘简报

中国人民大学北方民族考古研究所

一、地理位置与工作概况

龚家村遗址位于湖北省十堰市郧县柳陂镇辽瓦村一组，东北距郧县县城14千米，东距辽瓦店子遗址约3千米。该遗址分布在汉江南岸台地上，西为堵河口，东为沉金沟，西北为韩家沟。中心坐标为东经110°39′46″，北纬32°47′24″，海拔150.1米（图一）。

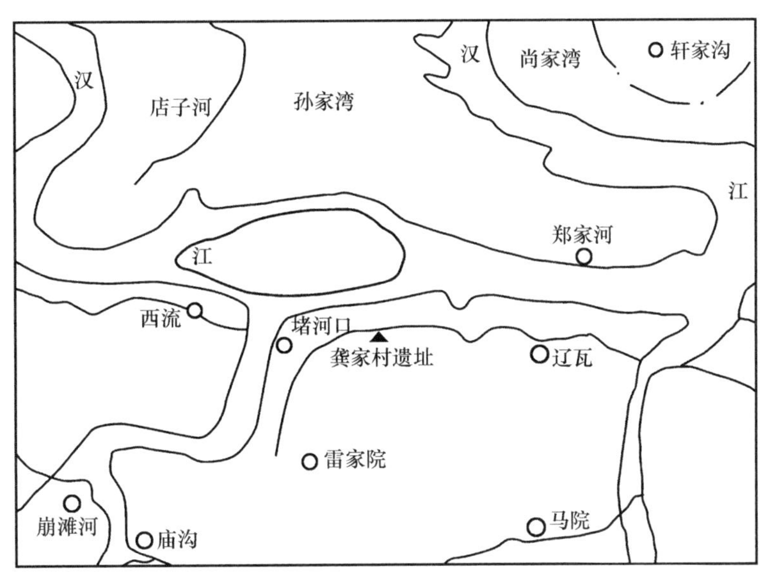

图一 龚家村遗址位置示意图

龚家村遗址南面为高山，北面为汉水。汉水由遗址北部自西向东流过，并在此处形成一较小的弯折，由于受到汉水的冲刷，遗址整体平面呈“凸”字形（图二）。

龚家村遗址最早在1958年长江流域规划办公室考古队普查时发现，之后历经3次复查，分别为1986年湖北省文物普查时进行复查，1994年湖北省文物考古研究所与郧县博物馆联合复查，2004年2月南水北调中线工程丹江口水库淹没区湖北省文物保护规划组再次复查核实。

2010年10月，为配合南水北调文物保护工作的开展，受湖北省文物局南水北调办公室的委派，中国人民大学北方民族考古研究所承担了该遗址的发掘任务（遗址编号为：2010YLG）。此

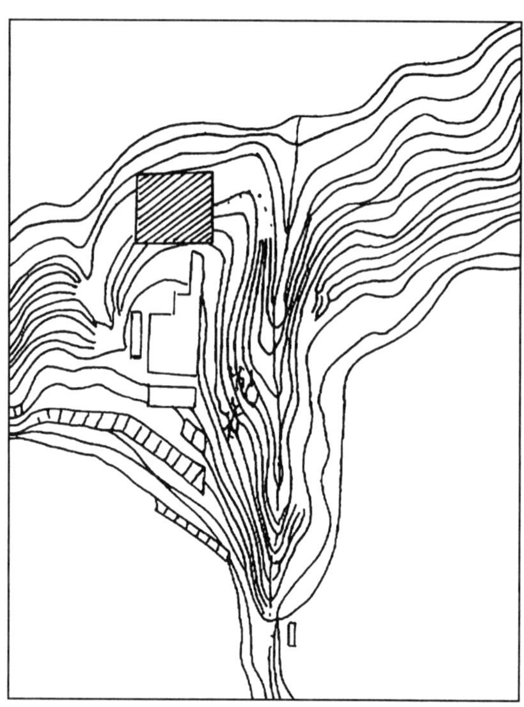

图二　龚家村遗址地形图

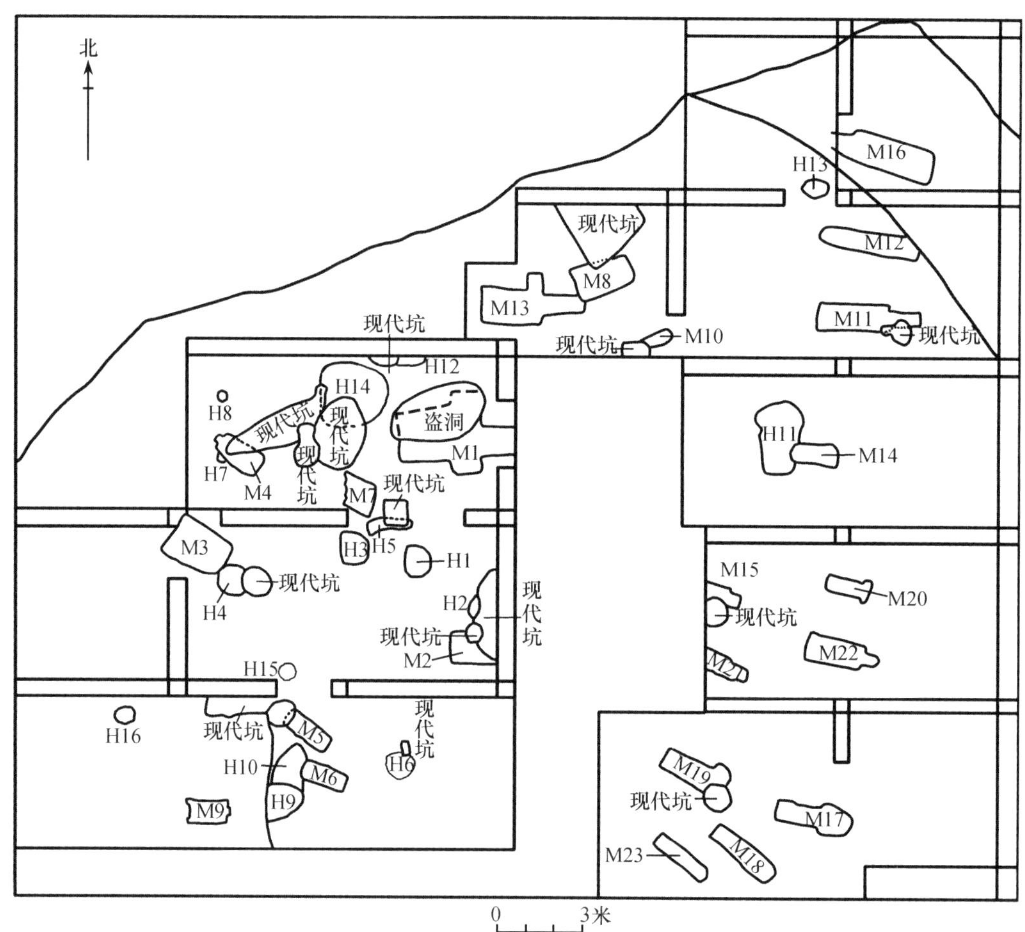

图三　龚家村遗址探方总平面图

次发掘共布10米×10米的探方19个，其中，因为T9西部与T10西部均压有遗迹，所以对其进行了扩方，实际发掘面积为1951.5平方米，遗址发掘共历时约3个月（图三）。

龚家村遗址共发掘39个遗迹单位，其中灰坑16个、墓葬23座，出土遗物较多。文化内涵较为丰富，包括新石器时代、商代、周代、东汉以及宋代的文化遗存。本简报仅选择各时代的典型遗存作简要介绍。

二、地层堆积

龚家村遗址发掘区原为橘林，并建有多处现代民房，人类活动比较频繁，所以地层多被扰乱，尤其遗址西部扰乱较为严重，有多处地层被现代建筑基址所打破。从所布探方看，中部文化堆积略厚于东、西两侧，北部文化堆积厚于南部。下面以T8的西壁为例对地层堆积进行介绍（图四）。

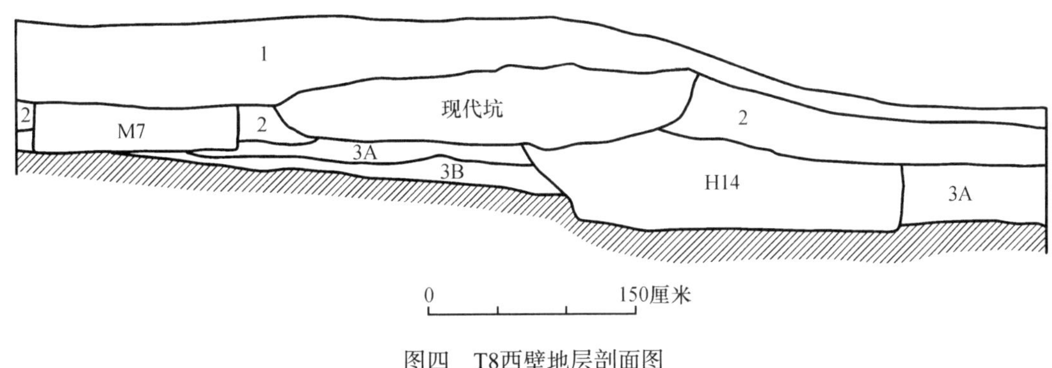

图四　T8西壁地层剖面图

第1层：近代扰乱层。灰褐色土，土质疏松，厚10~70厘米，包含有大量的河卵石与植物根茎等以及现代器物。地层南高北低，呈缓坡状，但厚度均匀，分布于整个探方内。该层下西北部叠压有现代房址，其下叠压有现代坑以及M7。

第2层：周代文化层。黑褐色土，厚20~60厘米，包含有大量石块。出土陶片多为泥质褐陶，少量红陶、黑陶以及少量的夹砂陶。纹饰主要以绳纹为主，另有一些素面、弦纹等。器形主要有鬲、罐、豆等。此外，还出土有石网坠、石斧、铜钱等。该层下叠压有H14。

第3A层：商代文化层。浅褐色土，土质较疏松，厚约15~40厘米。出土有大量的石器和陶器，以及少量的骨器。陶器多夹砂陶，少泥质陶。陶色以褐陶为主，少量红陶、灰陶和黑陶。纹饰以绳纹为大宗，分粗、细两种，另外还有素面、附加堆纹、篮纹、弦纹等。可辨器形有鬲、罐、鼎、盆等。石器大部分为网坠，此外还有石刀、石斧、石凿、磨棒等。

第3B层：新石器时期文化层。黄褐色土，土质较松软，厚约10~20厘米，北部厚于南部，出土有少量陶器和石器。陶器以褐陶为主，多饰绳纹，可辨器形有高领罐等。石器主要为石网坠。

三、文化遗存

龚家村遗址的文化内涵较为丰富，主要包括新石器时代、商代、周代以及汉代和宋代等时期的遗存。按时代分述如下：

（一）新石器时代文化遗存

1. 遗迹

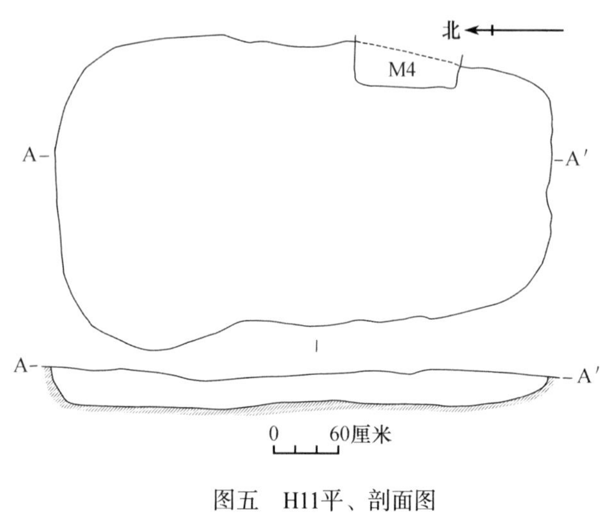

图五　H11平、剖面图

共发掘新石器时代灰坑1个，为H11。

H11　位于T12的中部，开口于第2层下，打破生土，并被M14打破。坑口平面呈不规则形，坑壁向底部内收，坑底高低不平。南北长4.3、东西宽2.66、深0.3~0.4米（图五）。填浅黑色土，土质疏松，夹杂有红烧土块和黑色炭粒，出土有较多的陶片。

2. 遗物

H11所出陶片多为夹砂褐陶，所占比例超过70%，其他为夹砂灰陶、泥质褐陶和泥质灰陶。制作工艺以手制为主，慢轮修整口沿。纹饰多为绳纹，尤以细绳纹为主，腹部及腹部以下绳纹多交错，另有少量篮纹、弦纹。器物多圜底，少平底及三足器，可辨器形有罐、鼎、瓮、纺轮等。

罐　6件。通过对罐残存部分的形态以及灰坑内出土器底情况的观察，推测此6件罐均为圜底。根据口径与最大腹径的比例，分为二型。

A型　1件。口径大于最大腹径。H11：5，夹砂褐陶。侈口，宽沿斜上仰，圆唇，束颈，腹微鼓，腹部以下残。颈部以下饰交错绳纹。手制，慢轮修整口沿。口径36、残高10厘米（图六，3；图版二四，1）。

B型　5件。口径小于最大腹径。根据颈的不同，分为二式。

Ⅰ式　3件。短颈，沿平折。H11：4，夹砂褐陶。侈口，平折沿，圆唇，短颈，溜肩，鼓腹，腹部以下残。颈部饰戳印纹，以下饰交错粗绳纹。手制，慢轮修整口沿。口径16.4、腹径22、残高12.4厘米（图六，8；图版二四，2）。H11：7，夹砂褐陶。侈口，平折沿，圆唇，短颈，溜肩，腹微鼓，腹部以下残。颈部以下饰交错细绳纹。手制，慢轮修整口沿。口径19.6、腹径25.2、残高16.7厘米（图六，6）。H11：8，夹砂褐陶，陶胎夹有植物杆茎。侈口，平折沿、沿面较窄，圆唇，短颈，腹微鼓，腹部以下残。颈部以下饰细绳纹。手制，慢轮修整口沿。口径20.6、腹径23.2、残高14厘米（图六，7）。

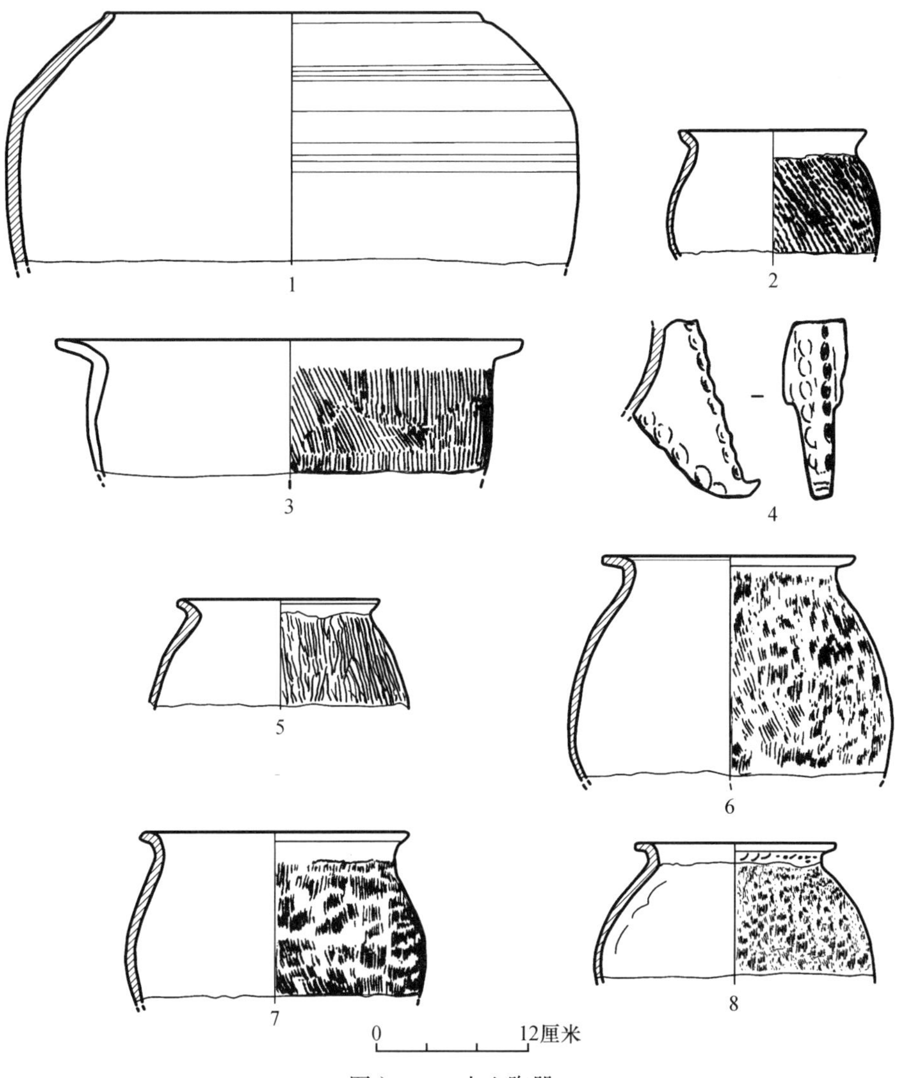

图六　H11出土陶器

1. 瓮（H11：3）　2、5. B型Ⅱ式罐（H11：10、H11：6）　3. A型罐（H11：5）　6~8. B型Ⅰ式罐（H11：7、H11：8、H11：4）　4. Ⅰ式鼎足（H11：12）

Ⅱ式　2件。沿斜上仰。H11：6，夹砂褐陶。侈口，折沿斜上仰，圆唇，溜肩，鼓腹，腹部以下部残。颈部以下饰绳纹。手制，慢轮修整口沿。口径16、腹径20、残高7.5厘米（图六，5；图版二四，3）。H11：10，夹砂褐陶。侈口，折沿斜上仰，圆唇，溜肩，鼓腹，腹部以下残。颈部以下饰斜粗绳纹。手制，慢轮修整口沿。口径14.6、腹径16.7、残高9.3厘米（图六，2）。

矮领罐　1件。H11：2，泥质红陶。口微侈，厚圆唇，矮领，鼓腹，腹下部残。腹上部饰数道凹弦纹，其下遍饰篮纹。口径13、腹径34.9、残高13.2厘米（图七，4；图版二四，4）。

瓮　2件。H11：3，泥质灰陶。敛口，圆唇，折肩，腹斜收，腹下部残。肩部及腹部均饰数道凹弦纹。口径28、腹径44.4、残高18.5厘米（图六，1）。H11：11，夹砂红陶。敛口，溜肩，鼓腹，腹部以下残。颈部饰一圈凹弦纹，腹部饰压印方格纹。残高4.2厘米（图七，6）。

鼎足　3件。根据足尖外撇程度，分为二式。

Ⅰ式　1件。足尖外撇，呈钩状。H11：12，夹砂褐陶。扁平状三角形，足尖外撇，足底略平。外侧、内侧均有按窝纹。残高6厘米（图六，4；图版二四，5）。

Ⅱ式　2件。足尖外撇，呈尖圆形。H11：13，夹砂褐陶。扁平状三角形，外侧较平直，内侧呈弧状、有削痕，足底较尖、微外撇。足外侧有按窝纹。残高8.9厘米（图七，3；图版二四，6）。H11：14，夹砂红褐陶。扁平状三角形，外侧较平直，内侧呈弧状，两侧有削痕，足底较尖、外撇。足两面均饰有绳纹。残高6.4厘米（图七，2；图版二四，7）。

纺轮　1件。H11：1，夹砂褐陶。平面圆形，中央有一穿孔，截面呈梯形。下底面饰12道刻划纹，呈放射状。顶径3、底径3.3、孔径0.3、厚1厘米（图七，5；图版二四，8）。

器耳　1件。H11：16，泥质褐胎黑皮陶。长横耳，三道凸棱将器身分为两个部分，耳上部两枚乳钉纹。长9.4、高6.9厘米，耳内径为长径2.5、短径1.6厘米（图七，1）。

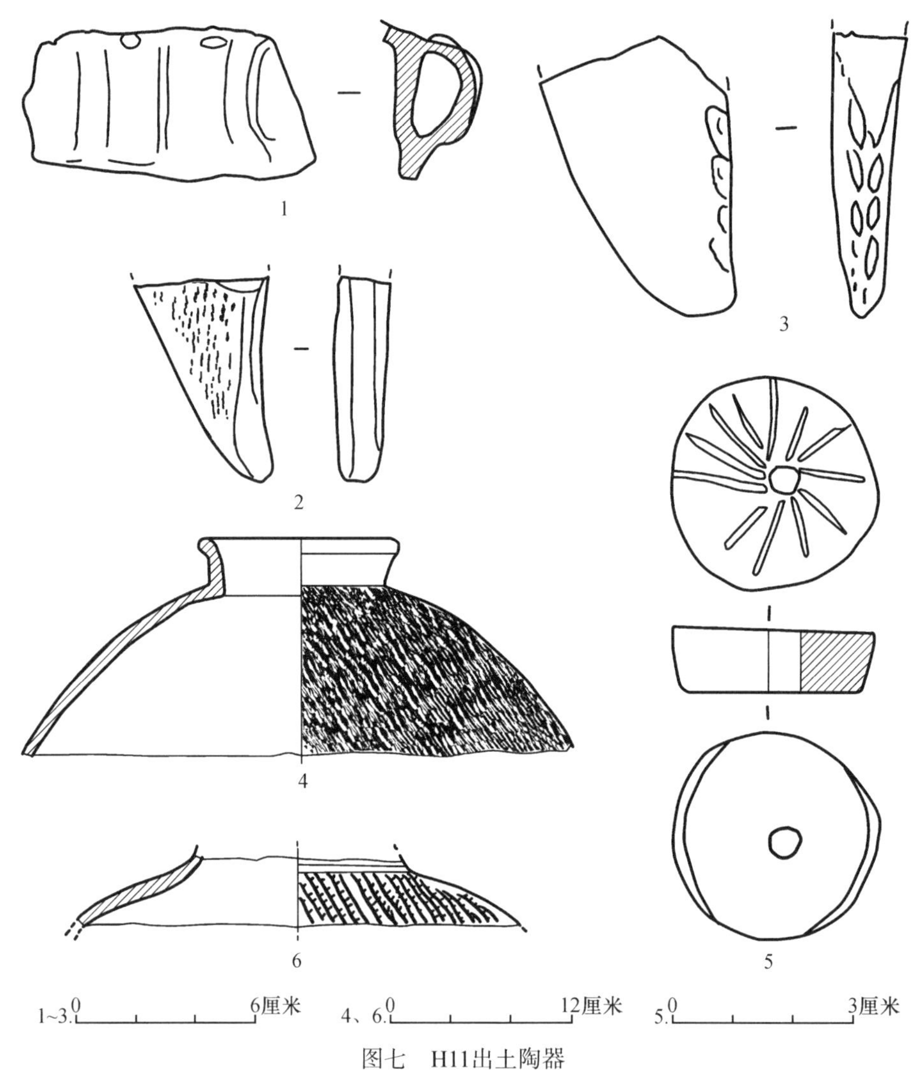

图七　H11出土陶器

1. 器耳（H11：16）　2、3. Ⅱ式鼎足（H11：14、H11：13）　4. 矮领罐（H11：2）　5. 纺轮（H11：1）　6. 瓮（H11：3）

（二）商代遗存

1. 遗迹

共发掘商代灰坑10个，按坑口平面形状可以分为圆形、椭圆形和不规则形三类，其中圆形灰坑1个，为H4；椭圆形灰坑4个，为H8、H12、H13、H15；不规则形灰坑5个，为H1、H2、H3、H5、H14。以H14为例介绍。

H14 位于T8西北角，部分进入T5东隔梁下。H14开口于第2层下，打破生土，坑口据地表深0.6米，南部被现代坑打破。坑口平面形状呈不规则形，直壁，平底。东西约4、南北约3.8、深0.66米（图八）。填土颜色较黑，土质松软，夹杂有红烧土颗粒和炭粒等，出土较多的陶片。

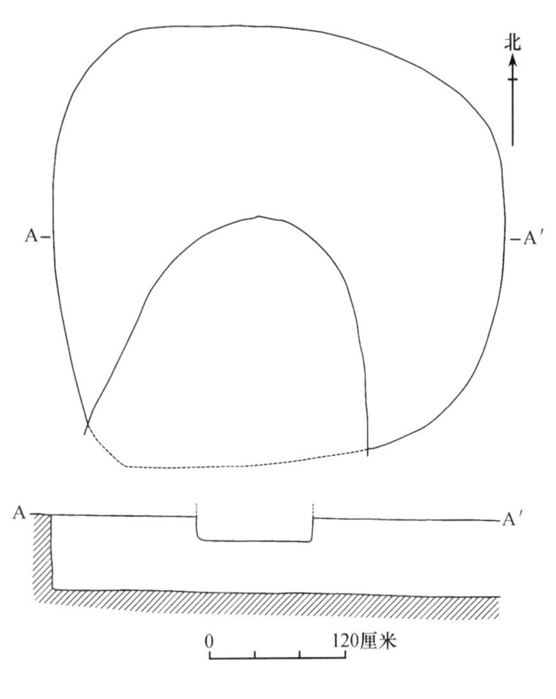

图八 H14平、剖面图

2. 遗物

H14出土陶器大部分为夹砂褐陶，所占比例超过半数，少量泥质灰陶、红陶、黑陶。纹饰多为细绳纹，少量素面、篮纹、凹弦纹、附加堆纹等，可辨器形有袋足鬲、高领罐、磨光黑陶豆等。出土鬲多夹砂褐陶，饰细绳纹，肩部多饰附加堆纹；高领罐为泥质灰陶，轮制，器壁薄，制作工艺高；豆多为黑陶，经磨光，柄细高。此外还出土有1件石斧。

（1）陶器

鬲 3件。可复原1件。根据口径与最大腹径的比例，分为二型。

A型 2件。口径小于最大腹径。根据沿面是否内凹，分为二式。

Ⅰ式 1件。沿面不内凹。H14：1，夹砂褐陶。侈口，沿面上仰，尖圆唇，束颈，矮领，溜肩，鼓腹，分裆，袋足，足尖稍内收。领部细绳纹经抹平，肩部饰一圈链状附加堆纹，肩部以下饰细绳纹，裆部绳纹交错。可复原。口径13、腹径16、高16.8厘米（图九，1；图版二五，1）。

Ⅱ式 1件。沿面内凹。H14：2，夹砂褐陶。侈口，沿面上仰、内凹，尖圆唇，束颈，矮领，溜肩，鼓腹，陶胎薄，腹部以下残。领部细绳纹经抹平，肩部饰一圈链状附加堆纹，肩部以下饰细绳纹。口径12.8、残高5厘米（图九，4；图版二五，2）。

B型 1件。口径大于最大腹径。H14：8，夹砂褐陶。侈口，沿面上仰，圆唇，束颈，腹微鼓，下部残缺。颈部有一圈凸棱，下饰细绳纹。外壁凹凸不平，工艺粗糙。口径20.6、残高5厘米（图九，2）。

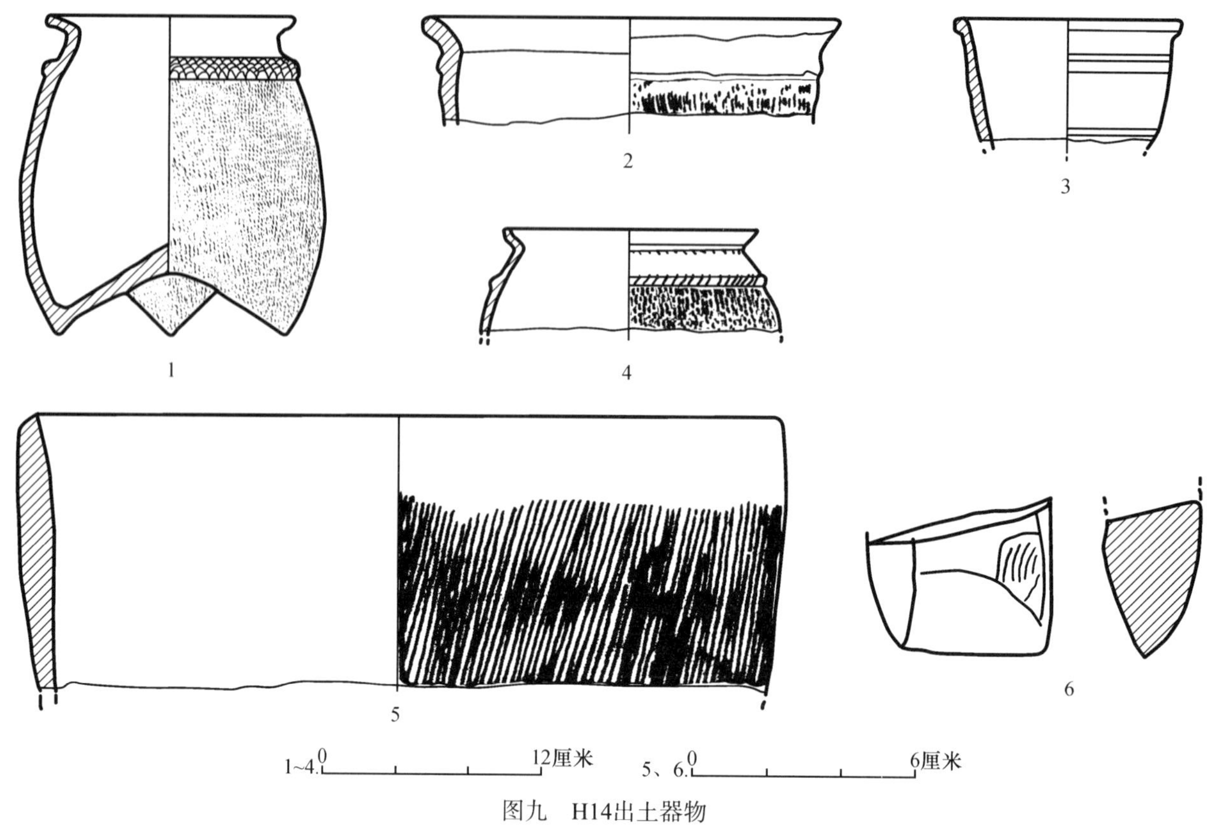

图九　H14出土器物

1. A型Ⅰ式陶鬲（H14：1）　2. B型陶鬲（H14：8）　3. 陶高领罐（H14：2）　4. A型Ⅱ式陶鬲（H14：2）　5. 陶筒形罐（H14：11）　6. 石锛（H14：6）

筒形罐　1件。H14：11，夹砂褐陶。尖圆唇，口微敞，直壁，斜收至底，腹下部残。饰细绳纹。手制。口径19.8、残高7厘米（图九，5）。

高领罐　1件。H14：12，泥质灰陶。圆唇，直口，高领，领部以下残。领部上下各饰两道凹弦纹。轮制。口径10.8、残高6厘米（图九，3）。

（2）石器

石锛　1件。H14：6，磨制。通体磨光，两面平整，青色，横截面呈楔形，纵截面略呈三角形，底部与另外一侧有刃，两刃部皆微弧，上部残。长4.8、宽2.4、高4厘米（图九，6）。

（三）周代遗存

1. 遗迹

共发掘周代灰坑5个，按坑口平面形状可以分为圆形和不规则形两类，其中圆形灰坑3个，为H6、H7、H16；不规则形灰坑2个，为H9、H10。以H6 和H9为例介绍。

H6　位于T6的中部偏西，开口于第1层下，打破生土，坑口距地表深0.2~0.56米，北部偏东被现代坑打破。H6坑口平面呈不规则圆形，坑底略向内收。最大直径1.8、深0.36米（图一〇）。灰坑内填土为灰色花土，夹杂少量圆形、椭圆形石块，土质松软，出土少量的陶片。

H9　位于T3东南部，开口于第1层下，打破H10，打破生土，北部为现代坑打破，坑口距地表深0.05~0.1米。H9平面形状呈不规则形，直壁，平底。最大直径2.2、深0.45米（图一二）。填土呈灰褐色，土质较松软，夹杂有炭粒、红烧土粒等杂物，出土较多的陶片。

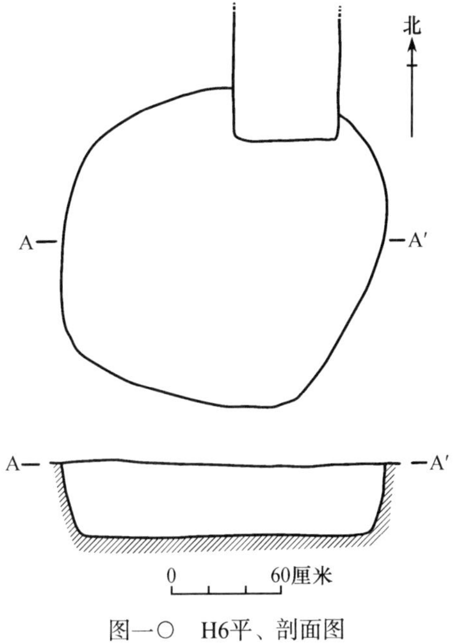

图一〇　H6平、剖面图

2. 遗物

H6出土遗物较少，陶片多饰绳纹，可辨器形有鬲、豆、拍，另出有1件石网坠。H9出土较多的陶片，陶质以夹砂陶为主，占83.10%，泥质陶很少，仅占16.90%，其中褐陶最多，占60.16%，另有少量的灰陶和褐胎黑皮陶。纹饰以绳纹为主，尤以粗绳纹为多，占64.59%，其次为素面，此外还有很少的弦纹、附加堆纹、暗纹等，其中附加堆纹多与绳纹组合，装饰于器物的肩部。可辨器形有鬲、豆、盆等。

（1）陶器

鬲　8件。根据肩部不同，分为二型。

A型　4件。鼓肩。根据沿的不同，分为二式。

Ⅰ式　2件。沿平折。H9：9，夹粗砂黄褐陶。侈口，平折沿，斜方唇，唇下缘内勾，束颈，鼓肩，肩部以下残。肩部饰粗绳纹，以粗凹弦纹间断。口径26、残高7.4厘米（图一三，1；图版二五，3）。H9：12，夹粗砂灰褐陶。侈口，平折沿，斜方唇，唇下缘内勾，束颈，鼓肩，肩部以下残。肩部饰粗绳纹，以粗凹弦纹间断。口径22、残高6.4厘米（图一三，8）。

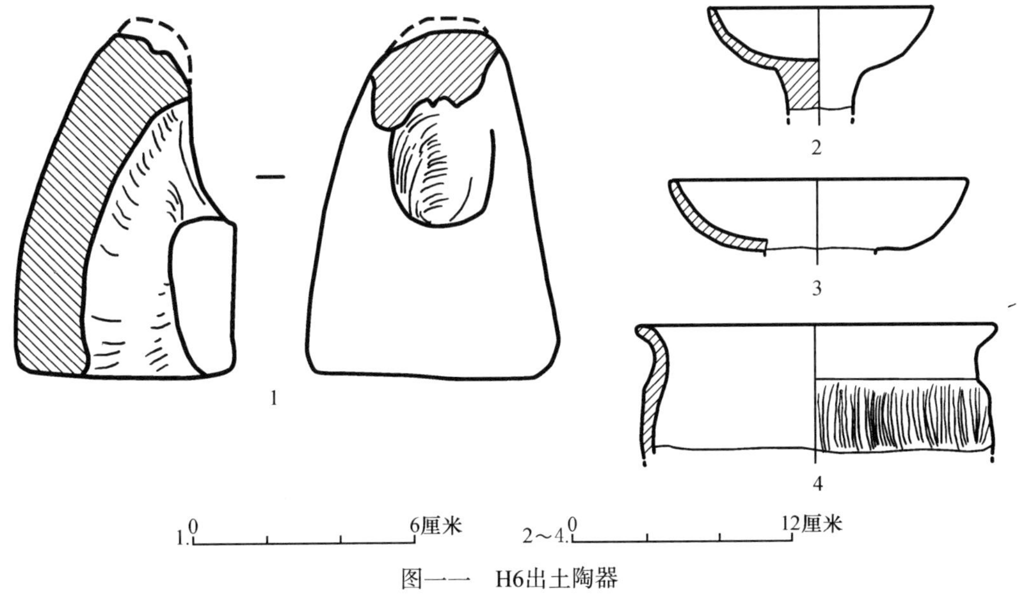

图一一　H6出土陶器

1. 拍（H6：10）　2. B型Ⅰ式豆盘（H6：1）　3. B型Ⅱ式豆盘（H6：2）　4. B型Ⅱ式鬲（H6：6）

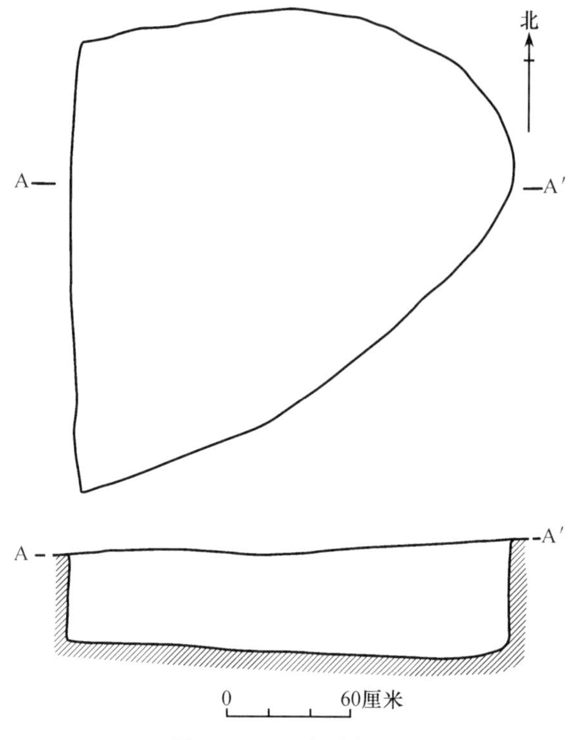

图一二　H9平、剖面图

Ⅱ式　2件。沿稍上仰。H9：6，夹砂黄褐陶。侈口，折沿，沿稍上仰，方唇，唇面内凹，束颈，鼓肩，肩部以下残。通体饰左斜向粗绳纹，颈部绳纹经抹平。口径29、残高8厘米（图一三，3；图版二五，4）。H9：10，夹砂灰褐陶。侈口，折沿，沿稍上仰，方唇，束颈，鼓肩，肩部以下残。通体饰粗绳纹，颈部绳纹经抹平，肩部绳纹以凹弦纹间断。口径34、残高8厘米（图一三，7）。

B型　4件。溜肩。根据沿的不同，分为二式。

Ⅰ式　2件。沿平折。H9：7，夹粗砂黄褐陶。侈口，平折沿，斜方唇，唇上缘圆滑，束颈，溜肩，肩下部残。腹部饰粗绳纹。口径38、残高9厘米（图一三，12）。H9：8，夹粗砂灰褐陶。侈口，平折沿，斜方唇，唇上缘圆滑，束颈，领部较高，溜肩，肩部以下残。肩部饰粗绳纹。口径36、残高8.2厘米（图一三，9；图版二五，5）。

Ⅱ式　2件。沿稍上仰。H6：6，夹砂灰褐陶。侈口，折沿，沿稍上仰，圆唇，束颈，溜肩，肩部以下残。颈部以下饰一周左斜向压印纹，压印纹下饰细绳纹。口径20、残高6.4厘米（图一一，4）。H9：5，夹粗砂黄褐陶。侈口，斜方唇，束颈，溜肩，肩部以下残。饰粗绳纹，颈部绳纹经抹平，肩部绳纹一周凹弦纹间断。口径34、残高8厘米（图一三，5；图版二五，6）。

鬲足　1件。H9：24，夹砂褐胎红陶。圆柱状，较短，足窝较深。裆部弧平，饰交错绳纹。残高14厘米（图一四，1）。

豆盘　6件。根据盘壁的变化，分为二型。

A型　2件。折壁。根据沿的不同，分为二式。

Ⅰ式　1件。平折沿。H9：3，泥质磨光黑陶。平折沿，口微敛，尖唇，壁微折，豆柄残。盘内、外壁均饰有暗纹。口径28、残高5.2厘米（图一三，6）。

Ⅱ式　1件。H9：15，泥质褐胎红陶。口微敛，圆唇，折壁，豆柄残。口径18、残高5.8厘米（图一四，2；图版二五，7）。

B型　4件。弧壁。根据唇的不同，分为二式。

Ⅰ式　2件。尖圆唇。H6：1，泥质灰褐陶。口微敛，尖圆唇，弧壁，豆柄残。素面。口径12、残高5.2厘米（图一一，2；图版二五，8）。H9：18，褐胎黑皮陶。敛口，尖圆唇，弧壁，豆柄残。素面。口径12、残高3.2厘米（图一三，11）。

Ⅱ式　2件。圆唇。H6：2，泥质褐胎灰陶。敛口，圆唇，弧壁，腹较浅。盘内壁饰有暗纹。口径16、残高3.4厘米（图一一，3）。H9：19，泥质灰褐陶。敛口，圆唇，弧壁，豆柄残。素面。口径16、残高3.8厘米（图一三，10）。

豆座 2件。根据豆座下缘的不同，分为二式。

Ⅰ式 1件。豆座下缘呈方形。H9：17，夹砂灰陶。细柄中空，喇叭形圈座，豆座下缘呈方形。素面。底径4、残高4.6厘米（图一三，13）。

Ⅱ式 1件。豆座下缘圆弧。H9：21，泥质灰陶。柄较粗，喇叭形圈座，豆座下缘圆弧。素面。轮制。底径12、残高5厘米（图一四，3）。

盆 1件。H9：4，泥质褐胎黑皮陶。敞口，沿斜上折，方圆唇，束颈，折腹，下部斜收。素面。轮制。口径30、残高11厘米（图一三，2）。

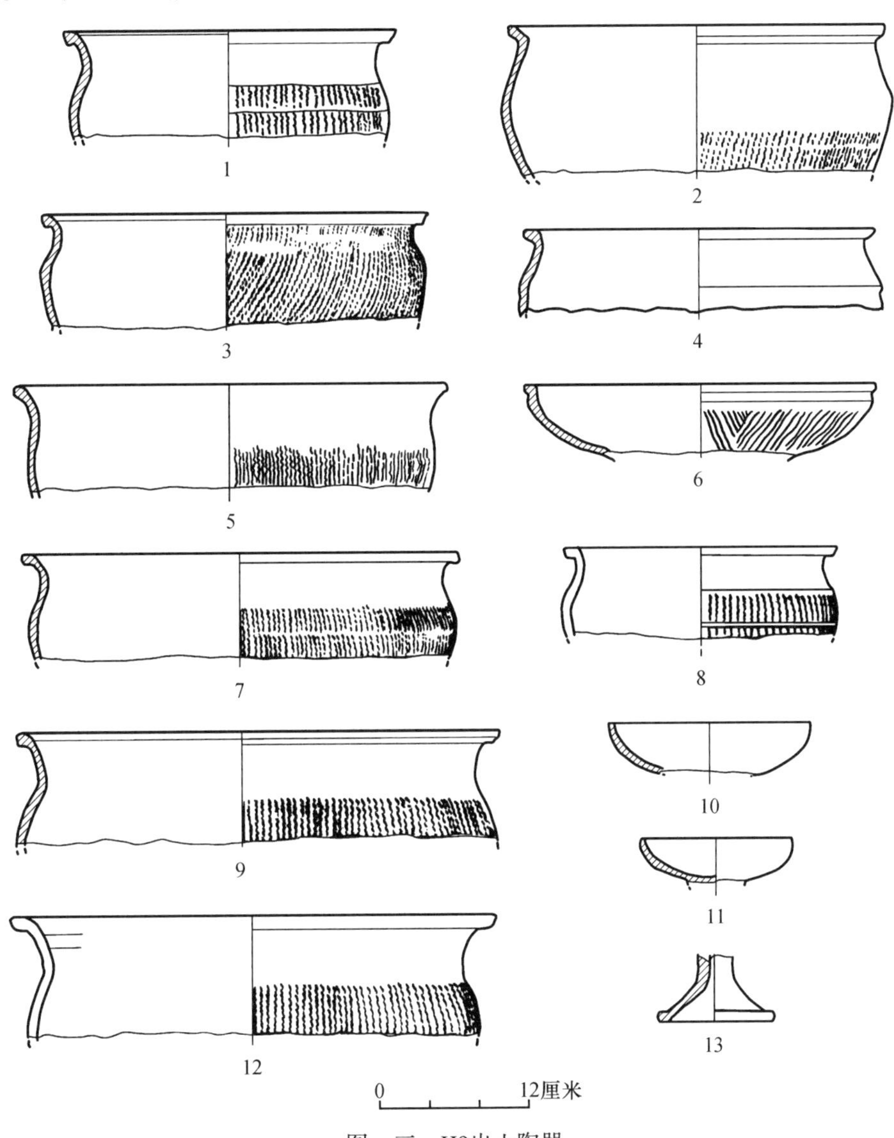

图一三 H9出土陶器

1、8. A型Ⅰ式鬲（H9：9、H9：12） 2. 盆（H9：4） 3、7. A型Ⅱ式鬲（H9：6、H9：10） 4. 盂（H9：13） 5. B型Ⅱ式鬲（H9：5） 6. A型Ⅰ式豆盘（H9：3） 9、12. B型Ⅰ式鬲（H9：8、H9：7） 10. B型Ⅱ式豆盘（H9：19） 11. B型Ⅰ式豆盘（H9：18） 13. Ⅰ式豆座（H9：17）

盂　1件。H9：13，泥质红陶。口部微侈，平折沿，尖唇，束颈，折腹，腹部以下残。素面。轮制。口径28、残高6.2厘米（图一三，4）。

拍　1件。H6：10，夹砂陶，短面呈黑色，长面呈红色。弧形，中空，两端粗细不同，细端略残，粗端面平。素面。残高8.7、粗端径6.5、孔径3厘米（图一一，1）。

（2）石器

镞　1件。H9：1，通体磨制，柳叶形，截面菱形，青色。无铤，中脊突出，两刃弧聚成尖，前锋较为圆钝。长3.2、宽1.5、脊厚0.8厘米（图一四，5）。

网坠　1件。H9：2，打制，灰色，系选用椭圆形砾石双面加工，亚腰形。长3.8、中部宽2.8、厚0.8厘米（图一四，4）。

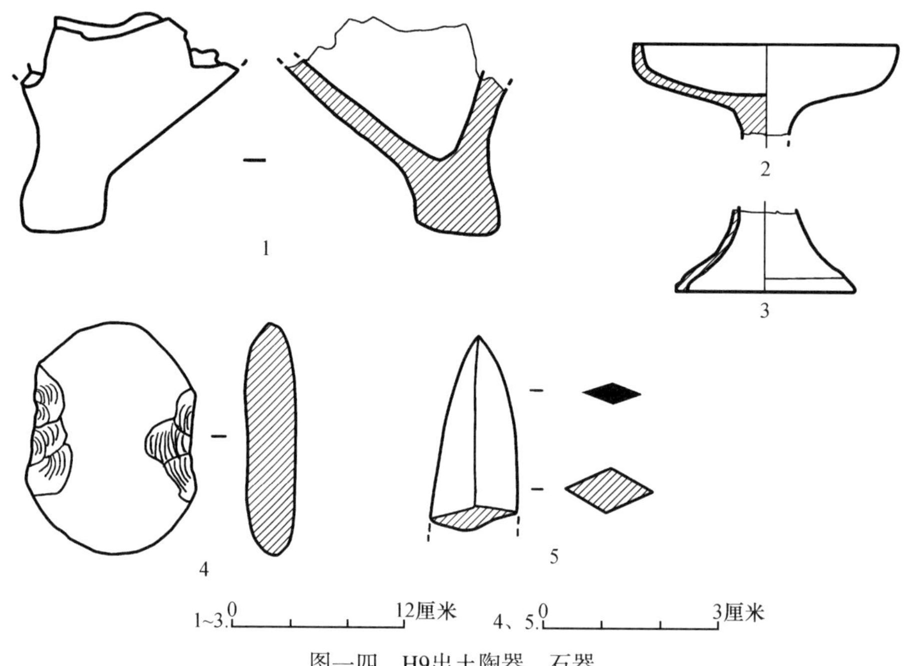

图一四　H9出土陶器、石器

1. 陶鬲足（H9：24）　2. A型Ⅱ式陶豆盘（H9：15）　3. Ⅱ式陶豆座（H9：21）　4. 石网坠（H9：2）　5. 石镞（H9：1）

（四）汉代墓葬

共发掘东汉墓葬7座，分别为M1、M2、M4、M11、M12、M13、M16。根据墓室的数量，可以分为A、B二型。

A型　1座。长方形双室券顶砖墓。为M1。

B型　6座。长方形单室券顶砖墓。根据有无耳室，可以分为二式。

Ⅰ式　1座。有一个右耳室。为M13。

Ⅱ式　5座。没有耳室。分别为M2、M4、M11、M12、M16，均遭严重破坏。

以M1和M13为例介绍。

1. 墓葬形制

M1 砖砌券顶双室墓。被破坏。位于T8中部偏东处，开口于第1层下，打破第2、3A、3B、3C层以至生土。方向为80°。填土为灰黑色花土。墓口距地表深25、墓底距地表深360厘米。墓口平面呈“十”字形，由墓道、双墓门、双甬道、主室、双墓室组成（图一五）。

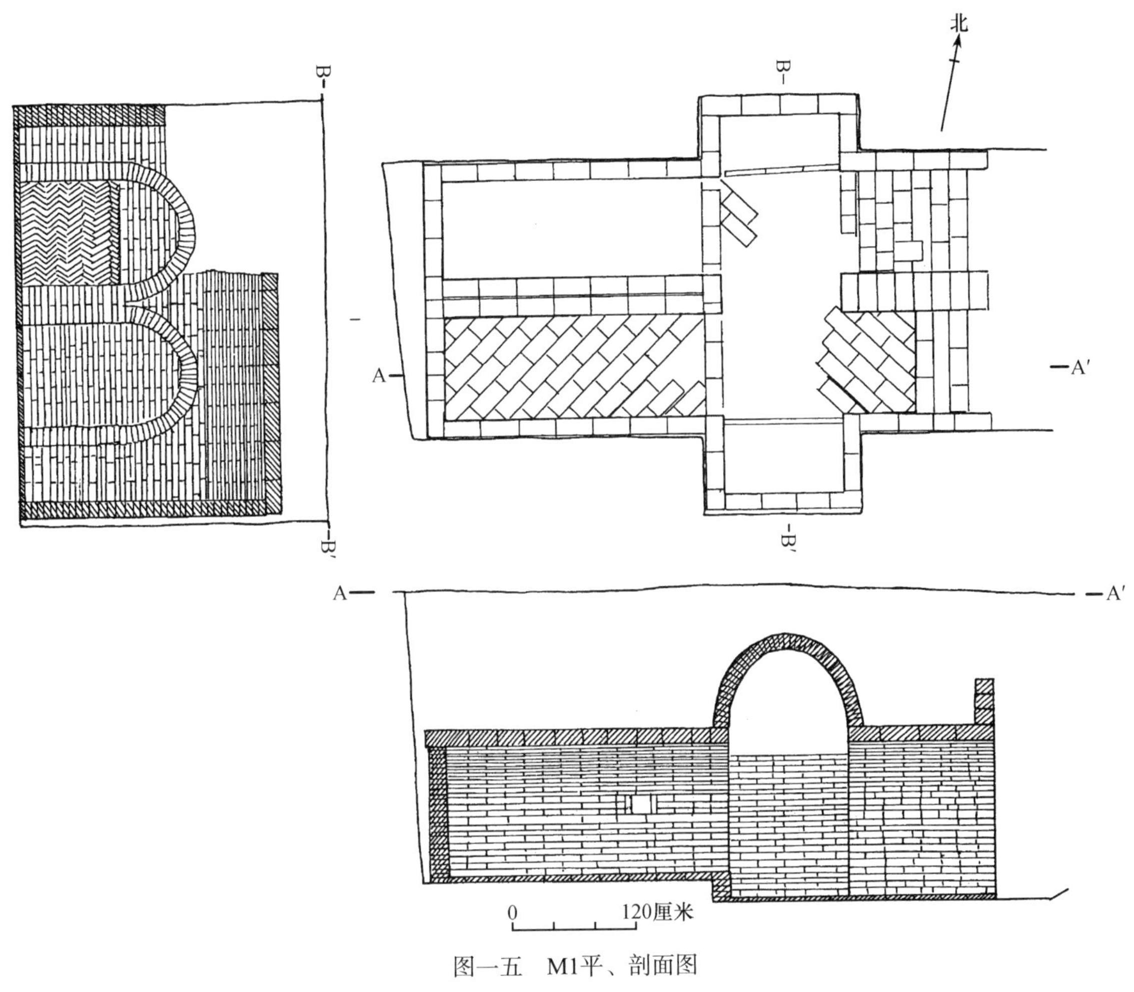

图一五 M1平、剖面图

墓道位于墓室东部，被现代民房所压无法清理，故长度不详。直壁，宽3、深3.34米。甬道位于墓道西端，南北并列，形制相同，中间以单墙相隔。平面呈长方形，券顶，于1.14米处起券。东西长1.6、南北宽1.1、高1.78米。墙体采用一横一纵平砌，墓砖花纹面均朝向墓内。北侧甬道铺地砖错缝横铺，墓门以“人”字形封堵；南侧甬道铺地砖斜向平铺，封门砖错缝平砌。两甬道中间墙体采用一横一纵平砌而成，厚0.4米。主室位于甬道西部，平面呈长方形，券顶，南北长4.02、东西宽1.3米，北侧残，南侧保存完整，于1.9米处起券，高2.66米。铺地砖斜向平铺，因被盗仅存数块。主室内，北侧甬道北壁及北侧墓室北壁之间，立砌3块青砖，高约0.18米，距主室北壁约0.57米，南侧对称位置同样立砌有青砖，将主室分为三个部分。墓室位于主室西侧，南北并列，平面均呈长方形，券顶，进深均为3米，于1.14米处起券。北侧墓室宽1.04、残高0.4~0.7米，南侧墓室宽1.1、高1.44米。中间以砖墙相隔，一横一纵平砌，厚0.4米。砖墙东侧高0.64米处砌一方孔，使南北墓室相通，长0.22、宽0.2米。墓室地面高出主室地面0.3米，南侧墓室存有铺地砖，斜向平铺。

M1券顶中部用楔形砖（厚4~6厘米）砌券，缝隙较大处，夹砾石嵌砌。M1外侧墙体砌筑方法均为平铺，厚度均为0.18米。砖与砖之间抹有厚约0.01米左右的红胶泥。M1 墓砖为花纹砖，长38~40、宽18、厚6厘米。

M1人骨不存。填土中出土棺钉，推测葬具为木棺。

M13　长方形券顶砖室墓。位于T9西南部，墓道的东北角被M8打破，距离M1约5米远。开口于第1层下，打破第2层以至生土。方向为90°。填土为黑色五花土。墓口距地表深0.4、墓底距地表深1.25米。由墓道、墓门、墓室、耳室组成（图一八）。

墓道位于墓室东侧，为梯形斜坡式，前窄后宽，上口长1.85、宽1米，底坡长2、宽1.3、深0.7米。墓门宽1、进深0.8米，底部斜立12块砖封堵。墓室长方形，开口长4.1、宽2.2米，墓底长3.8、宽1.8米。墓室内有铺地砖，斜向错缝平铺。耳室位于墓室东北角，平面长方形。宽0.6、进深1、残高约0.4米。地面与墓室地面平齐，铺地砖横向错缝平铺。墓室砖墙破坏严重，残高为0.78米（13层砖垒砌的厚度）。M13的券顶是从墓底往上垒砌13层砖后，用楔形砖砌成。M13墓壁错缝平砌，厚0.15米。M13只发现几块零散人骨，性别、年龄、头向均不可辨。

2. 随葬品

M1共出土11件随葬品，除盆和灶出土于南侧甬道内外，其余均出土于填土中。陶器为泥质红胎，多施铅釉，呈黄绿色。M13共出土9件随葬品，有双耳罐、带钩等。

（1）陶器

双耳罐　3件。出土于墓室东部。M13：7，泥质灰陶。盘口，方唇，口部有两道凹槽，唇部饰一道凹弦纹，矮直领，溜肩，鼓腹，平底略内凹。肩部两侧有附耳，系先捏成，后黏接于罐体，致耳部罐壁内凹。器身上部饰斜绳纹，被三道抹痕截断，下部饰横斜纹，底部饰横向绳纹。罐口烧制变形。口径13、腹径19.5、底径10、高22厘米（图一九，1；图版二七，1）。M13：8、M13：9与M13：7形制、工艺相同。M13：8，口径13、腹径20.1、底径10、高21.6厘米（图一九，2；图版二七，2）。M13：9，口径12.8、腹径20、底径10、高21厘米（图一九，6；图版二七，3）。

仓　1件。M1：6，泥质红陶。敛口，方唇，溜肩，斜直腹，腹下部残。素面无纹。口径7.4、腹径13.5、残高7厘米（图一六，4）。

（2）釉陶器

盆　1件。M1：1，敞口，折沿，沿面宽平，方唇，斜腹内收，小平底。腹部饰数道凸棱。器底中央有一小口。口径31.5、底径19.6、高15.8厘米（图一六，1；图版二六，3）。

灶　1件。M1：2，平面长方形。前方有一方形灶门，门上方有挡烟墙，灶上有双灶眼，各置有一釜，釜与灶连为一体，烟囱位于灶后方，呈鸡尾状。长20、宽11、高8.2厘米（图一七，3；图版二六，4）。

罐 4件。M1：3，直口，方唇，矮领，广肩，腹斜向下内收，小平底。口径12.7、腹径21.6、底径11.3、高15.3厘米（图一六，8；图版二六，2）。M1：7，直口，方唇，矮领，内侧一圈凹槽。口径12、残高4厘米（图一六，2）。M1：9，侈口，折沿，方唇，束颈。腹径12.2、口径11.2、残高4厘米（图一六，5）。M1：10，直口，尖唇，短颈，鼓腹。口部以下饰两道凹弦纹。口径8、残高2.8厘米（图一六，3）。

钵 1件。M1：4，敞口，方唇，腹部略弧，向下内收，平底略内凹。内壁底面饰一周凸棱，上腹部饰两周凹弦纹。口径19.5、底径12.6、高7.5厘米（图一六，7；图版二六，1）。

壶 1件。M1：5，盘口，圆唇，长颈，溜肩，圆鼓腹，腹下垂，喇叭状足，底部外侈，平底。器壁有细小冰裂纹。轮制。腹径22.6、底径14厘米（图一六，6）。

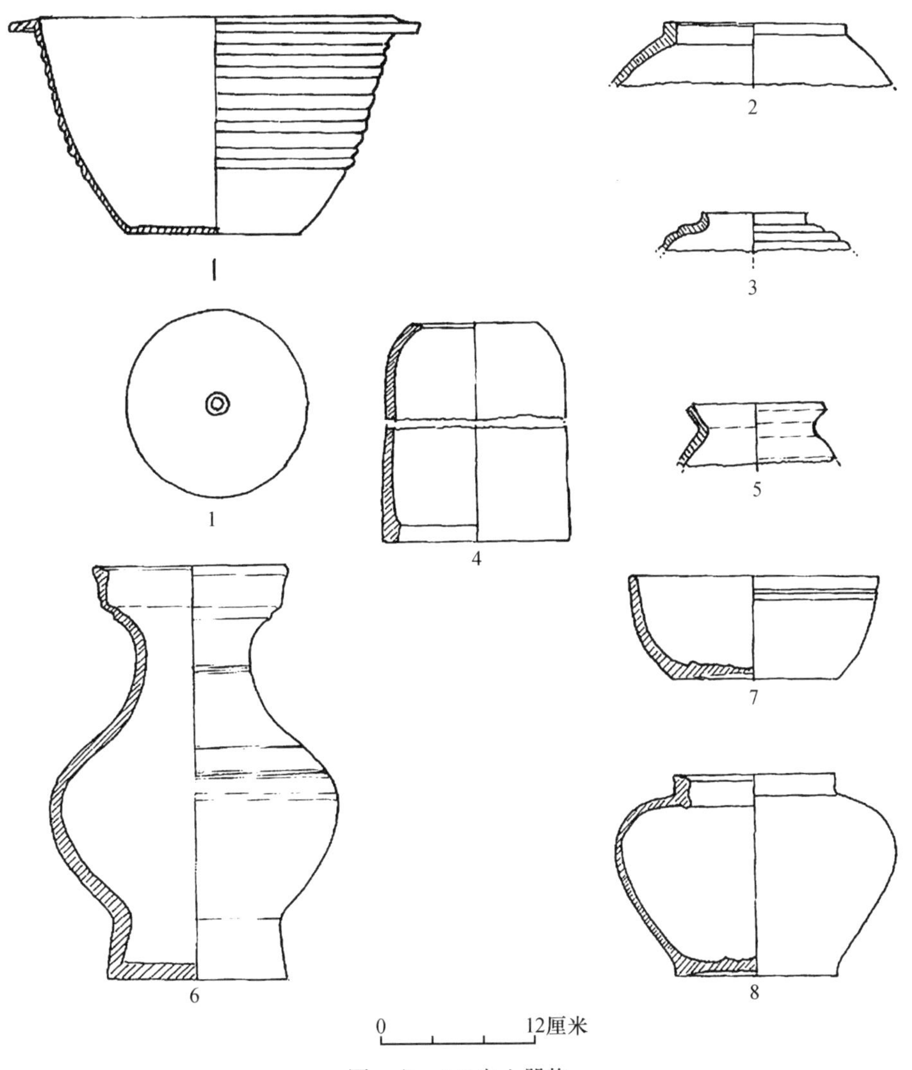

图一六 M1出土器物

1. 釉陶盆（M1：1） 2、3、5、8. 釉陶罐（M1：7、M1：10、M1：9、M1：3） 4. 陶仓（M1：6） 6. 釉陶壶（M1：5） 7. 釉陶钵（M1：4）

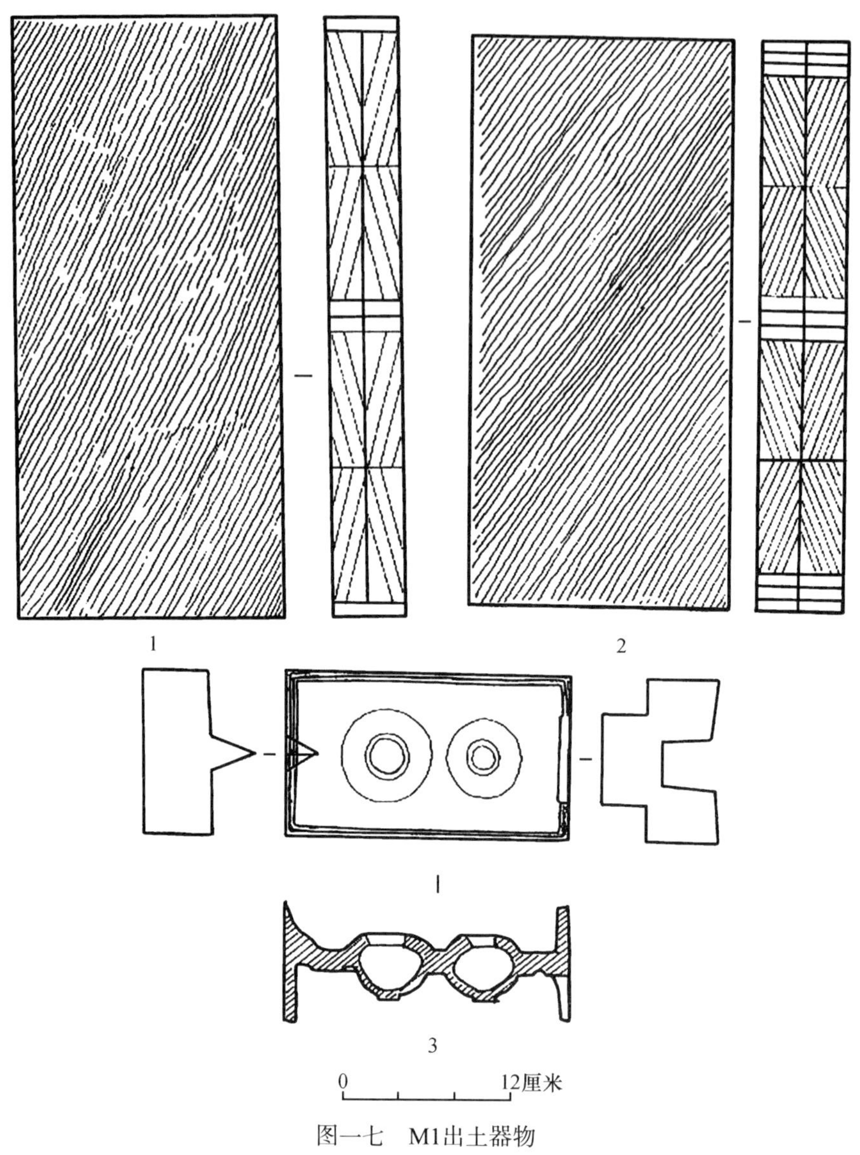

图一七　M1出土器物

1、2. 墓砖（M1：13、M1：12）　3. 釉陶灶（M1：2）

（3）铜器

带钩　1件。M13：1，器身扁圆，琵琶形。钩首略呈椭圆形，钩颈较细，钩体略呈弧状，钩尾圆弧形，较扁，钩柱细短，钩面呈椭圆形，弧面。钩面和钩背底部有布纹痕迹。带钩锈蚀严重，钩颈残。残长10.7、厚约0.6、宽1.3厘米（图一九，4；图版二七，5）。

（4）铁器

铁刀　1件。M13：4，刀身呈长条形，单面刃，锈蚀严重，断为两截。残长15.8、宽2.1、厚0.4厘米（图一九，7；图版二七，6）。

（5）石器

石锛　2件。M13：5，平面呈梯形，上端较弧，扁平状。灰褐色硅质灰岩，磨制。刃部残。上端宽4.5、下端宽6.3、长6.8、厚1.3厘米（图二〇，1；图版二七，8）。M13：6，平面呈梯形，刃部略弧。深灰色硅质灰岩，上端保留打制痕迹，下部磨光。上端宽3、刃宽5、长

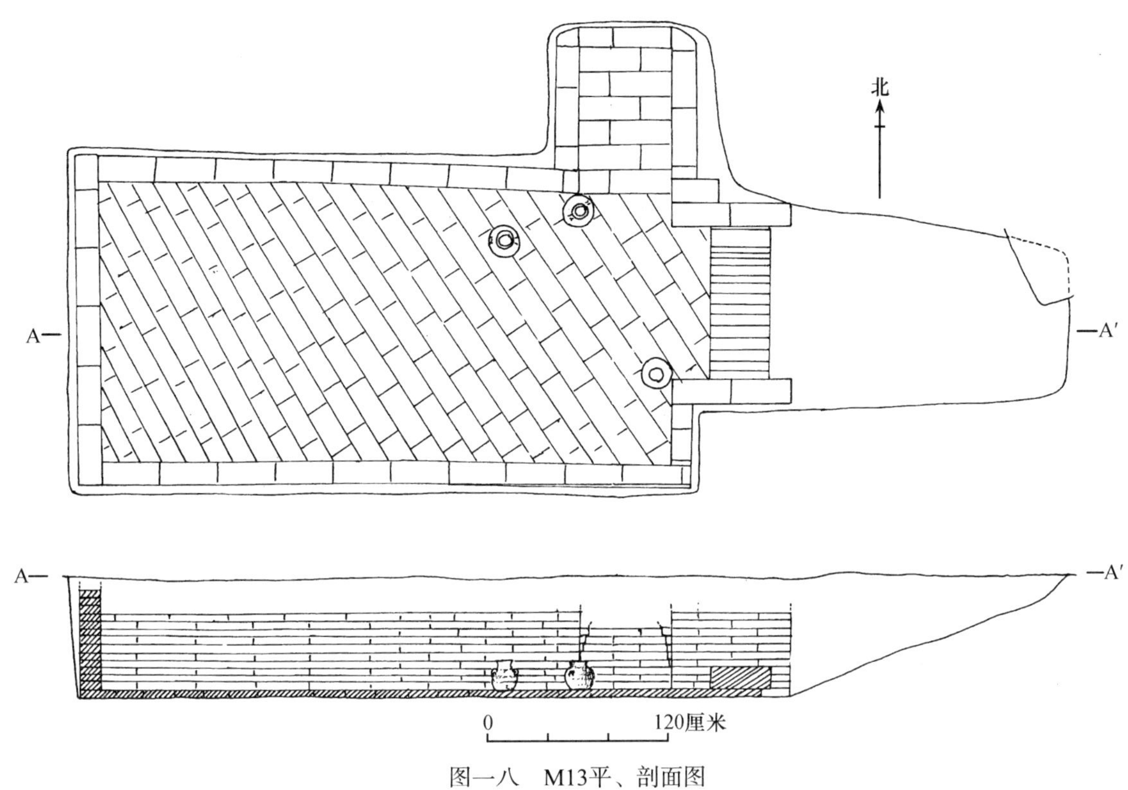

图一八　M13平、剖面图

6.9、厚1.2厘米（图二〇，2；图版二七，9）。

（6）料器

耳珰　1件。M13∶3，圆柱形，束腰，中穿一孔。蓝色，半透明玻璃质，表面有白色结晶。一侧直径1、另一侧直径2、高1.4、孔径0.1厘米（图一九，5；图版二七，7）。

（7）铜钱

五铢钱　3枚。圆形，方穿，正、背面有外郭，单背面有内郭。正面铸钱文“五銖”二字，篆书，光背。M13∶2，“五”字交股弯曲，“銖”字折笔较硬。钱径2.6、穿径1、郭宽0.1、厚0.1厘米（图一九，8）。M13∶11，“五”字交股弯曲，“銖”字整体细长、纤瘦。钱径2.6、穿径1.1、郭宽0.1、厚0.1厘米（图一九，9）。M13∶12，“五”字交股弯曲，上半部较下半部为大，“銖”字折笔圆润，金字头成等腰三角形，钱文整体粗壮、厚重，铸造精致。钱径2.6、穿径1、郭宽0.1、厚0.1厘米（图一九，10）。

3. 墓砖

采集墓砖3块。

M1∶12，夹细砂灰陶，扁长方体。一平面压印斜绳纹。一长侧面压印两组长方形格纹，内填上下、左右对向折线纹，线条较密，每组折线与相邻的一组衔接成重菱形纹。每组长方形格纹中间饰一道凸棱，两组长方形格纹之间饰两道凸棱。长38、宽18、厚6厘米（图一七，2；图版二六，5）。

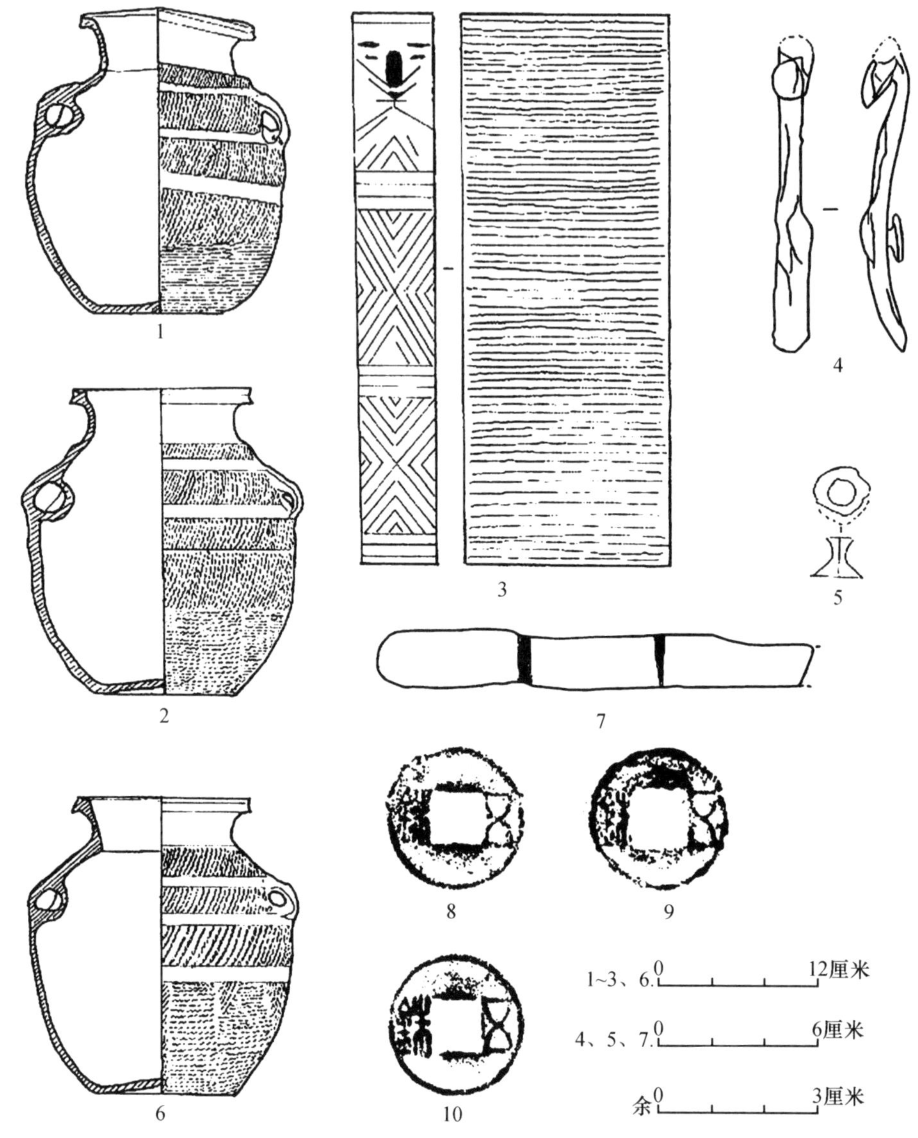

图一九　M13出土器物

1、2、6. 陶双耳罐（M13：7、M13：8、M13：9）　3. 墓砖（M13：10）　4. 铜带钩（M13：1）　5. 耳珰（M13：3）　7. 铁刀（M13：4）　8~10. 五铢（M13：2、M13：11、M13：12）

M1：13，夹细砂灰陶，扁长方体。一平面压印斜绳纹。一长侧面压印两组长方形格纹，内填上下、左右对向折线纹，线条较疏，每组折线与相邻的一组衔接成重菱形纹。每组长方形格纹中间饰一道凸棱，两组长方形格纹之间饰一道凸棱（图一七，1；图版二六，6）。

M13：10，夹细砂灰陶，扁长方体。一平面压印绳纹，一长侧面压印三组长方形格纹，内填上下、左右对向折线纹，每组折线与相邻的一组衔接成重菱形纹。每组长方格纹之间饰两道凸棱（图一九，3；图版二七，4）。

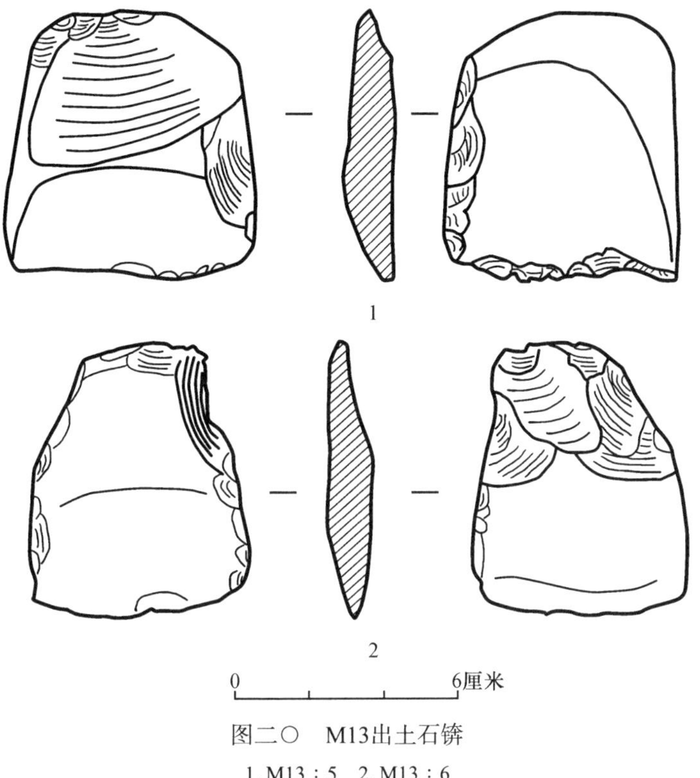

图二〇　M13出土石锛
1. M13∶5　2. M13∶6

（五）宋代墓葬

共发掘宋代墓葬16座，除1座（M7）因为墓圹与墓室破坏十分严重，难以推断其形制外，其余15座墓室平面均为船形。根据墓室中部的宽度，可以分为A、B、C三型。

A型　10座。墓较大，墓室中部宽度均大于1米，在1~1.44米，唯有M3比较特殊，墓室中部宽度为2.66米。分别为M3、M5、M8、M9、M14、M15、M17、M18、M19、M22。大部分均被破坏，其中M3、M5、M9、M14破坏十分严重，基本只剩墓底；M8、M15、M17、M18、M19、M22墓室内壁可见青砖砌嵌的装饰，尤以M18、M19保存最为完好，墓顶形状似张开的蚌覆于墓室之上。

B型　3座。墓小于A型，墓室中部宽度小于1米，在0.68~0.94米。分别为M6、M21、M23。均遭破坏，M6基本只剩墓底，M21、M23墓室内壁可见青砖砌嵌的装饰。

C型　2座。墓相对较小，墓室中部宽度在0.38~0.64米。分别为M10、M20。破坏严重，墓室内壁装饰情况不明。

以M17和M18为例介绍。

1. 墓葬形制

M17　船形券顶砖室墓，位于T10东南部，开口于第1层下，打破第2层，墓向96°，填土为褐色五花土。该墓由墓道和墓室构成（图二一）。

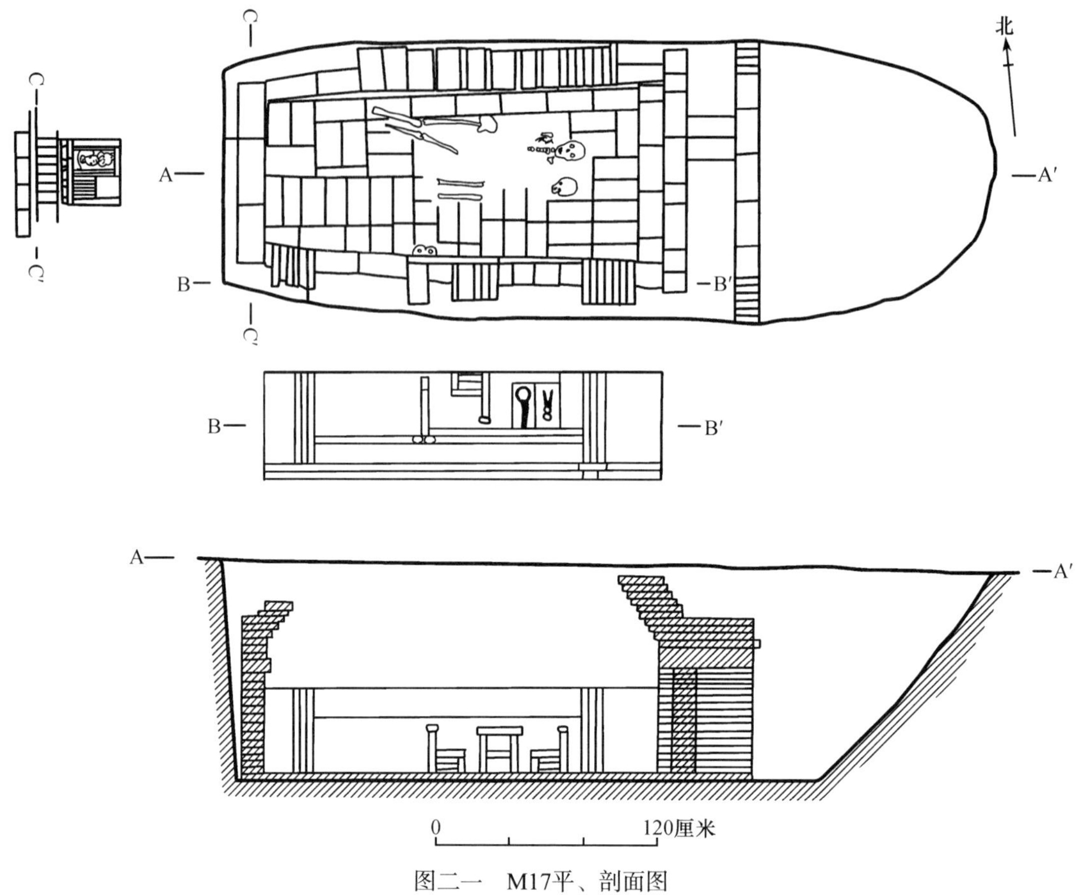

图二一　M17平、剖面图

斜坡墓道位于墓室东侧，为前部略圆的梯形，墓道上口宽0.76、下口宽1.36、坡长1.84、深1米。墓门为长方形墓砖起券，上方用墓砖错缝平砌。墓门用砖封堵，错缝平砌。墓室南北壁呈略弧，为船形，墓口距地表0.25~0.6、长3.02、宽1.27~1.29米；墓室内长2.8、宽1~1.24、残高1.37米。墓室南壁砌有剪刀纹砖、熨斗纹砖装饰，另有用青砖砌嵌的一把椅子和一个灯台，墓壁上侧及东西两侧有仿木结构；北壁有青砖砌嵌的两把椅子及一张桌子，两把椅子分置于桌子左右两侧，偏东位置和偏西位置有仿木结构的突出砖柱；西壁砌有人像纹砖、上部钱纹下部方格纹砖；墓壁其他部分为长方形墓砖平砌。墓室顶部券顶部分残缺。墓底除靠近墓门有一圈横向砌筑外，其他为长方形墓砖平铺竖向顺砌。

M17为合葬墓，发现两具人骨架，头向东南，面向上，仰身直肢，保存状况较差，无葬具。墓内未发现随葬品。

M18　船形券顶砖室墓，位于T10东南部，开口于第1层下，打破第2层，墓向129°，填土为褐色五花土。该墓由墓道、墓门和墓室组成（图二二）。

斜坡墓道位于墓室东南，呈半圆状，墓道上口长1.66、宽1.86、深1.4米。墓室为两长边略弧的船形，墓口距地表0.3~0.5、墓口长2.56、宽1.34~1.48米；墓室内长2.08、宽0.68~1.04米。墓室北壁用青砖砌嵌出两把椅子、一张桌子及一个灯台，椅子分别在桌子左右，灯台位置偏西。墓壁其他位置为长方形墓砖错缝平砌，靠近墓门处自0.99米处开始起券，另一端从0.88米

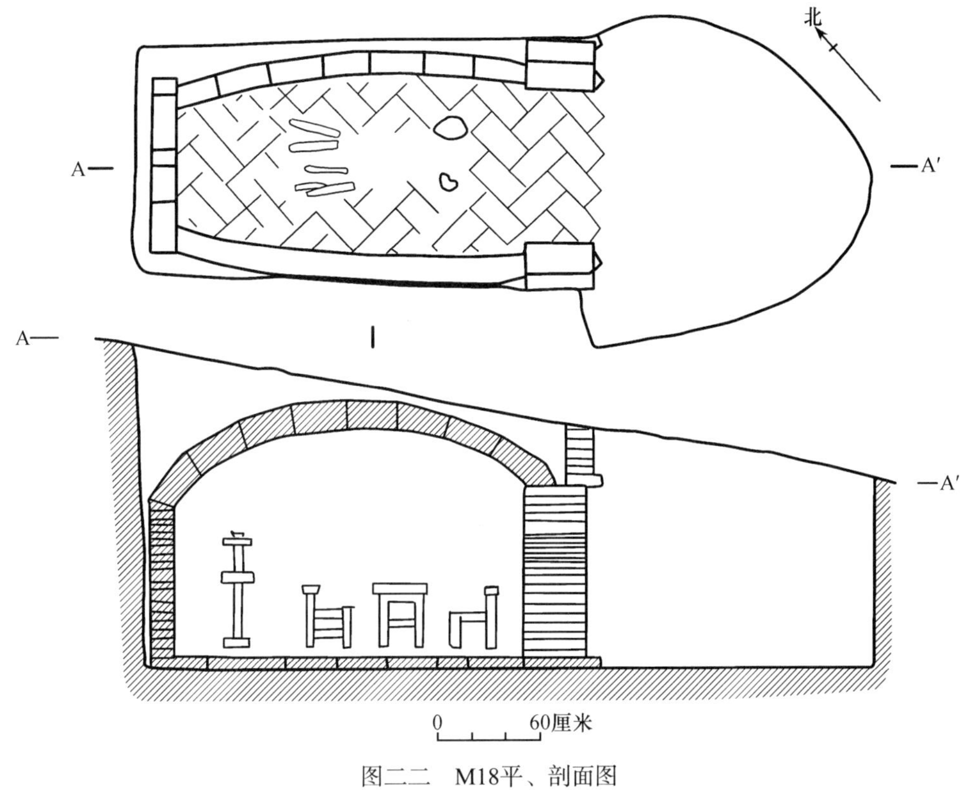

图二二　M18平、剖面图

处开始起券。券顶呈椭圆形，顺次内收垒砌，有碎砖填缝，共九层砖，其上部还有一排竖立的墓砖将顶部封起。墓底为斜向错缝平铺。墓门为长方形墓砖券筑，上部及两侧为长方形墓砖错缝平砌，中间还有一行墓砖突出一角的仿木结构。墓门用两层墓砖封堵，靠近墓道一侧的墓砖横向逐层塞砌，不规则，前后参差；靠近墓室一侧的封门砖为立砖纵向。

M18为合葬墓，共发现两具人骨，头向东南，面向不详，仰身直肢，保存状况较差，无葬具。随葬有1件陶灯盏。

2. 随葬品

灯盏　M18∶1，泥质褐陶。敞口，圆唇，仰折腹，平底。素面。内侧上部有手抹痕迹。口径9.5、高3、底径3.5厘米（图二四，2；图版二八，3）。

3. 墓砖

采集墓砖5块。

M17∶1，夹砂灰陶，扁长方体。平面刻划“井”字形方格，方格内刻划一人像。方格外侧上端，上端刻划竖线纹，下端刻划菱格纹。其他面无纹饰。砖长32.8、宽16.8、厚4.5厘米（图二三，1；图版二八，1）。

M17∶2，夹砂灰陶，扁长方体。平面阳刻有剪刀形状。剪刀刀柄处呈“8”字形，刃部

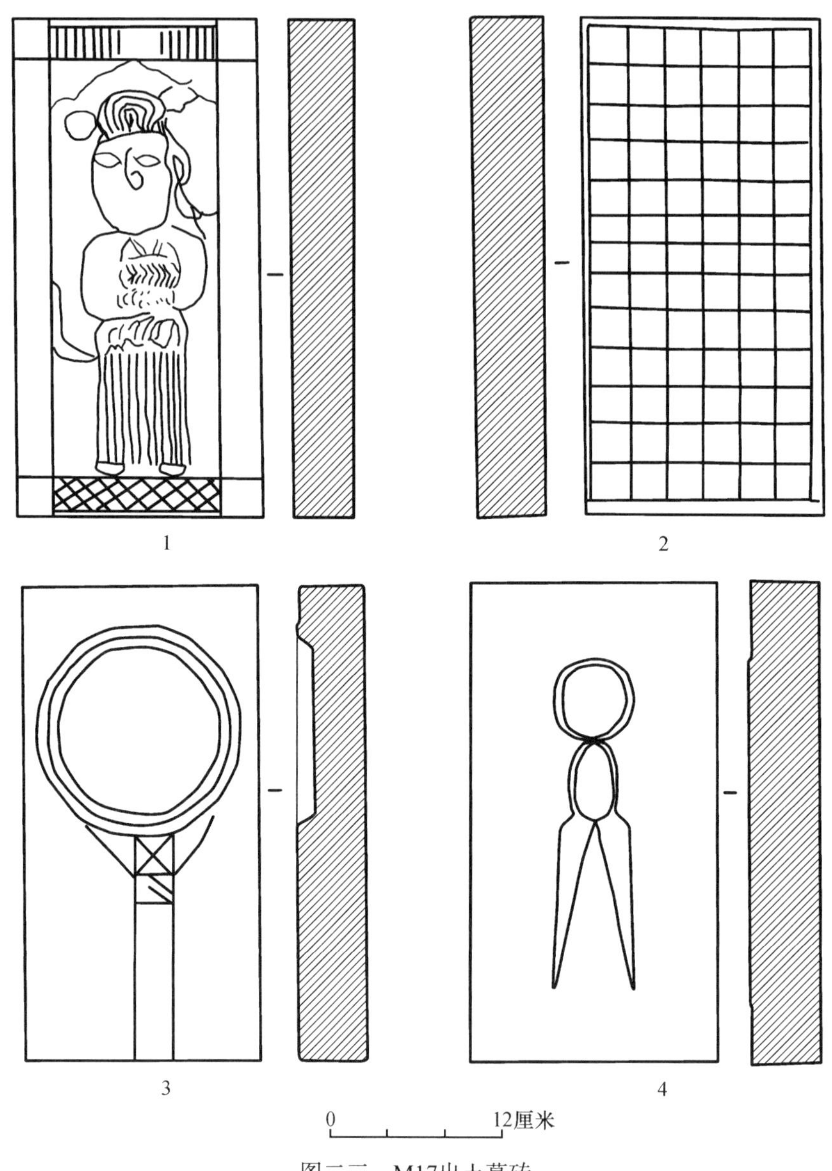

图二三　M17出土墓砖

1. 人像纹砖（M17：1）　2. 方格纹砖（M17：4）　3. 熨斗纹砖（M17：3）　4. 剪刀纹砖（M17：2）

呈燕尾形。通长22.2、刃部长12厘米。其他面无纹饰。砖长31.8、宽17、厚4.5厘米（图二三，4；图版二八，2）。

M17：3，夹砂灰陶，扁长方体。平面阳刻有熨斗形状。熨斗柄部为长方形，长约15、宽约2.6厘米。柄部靠近前端处刻划为两格，一格内刻划交叉线纹，一格内刻划斜向线纹。熨斗前端呈圆形，内部下凹，直径约14.2厘米。熨斗前端与柄部另有两条斜刻直线相连。其他面无纹饰。砖长31.4、宽16.6、厚4.8厘米（图二三，3；图版二八，4）。

M17：4，夹砂灰陶，扁长方体。平面刻划方格纹，其他面无纹饰。砖长33、宽16.6、厚5厘米（图二三，2；图版二八，5）。

M17：5，夹砂灰陶，扁长方体。平面刻划有花纹，一半为铜钱纹，一半为方格纹。其他面无纹饰。砖长32、宽16.5、厚5厘米（图二四，1；图版二八，6）。

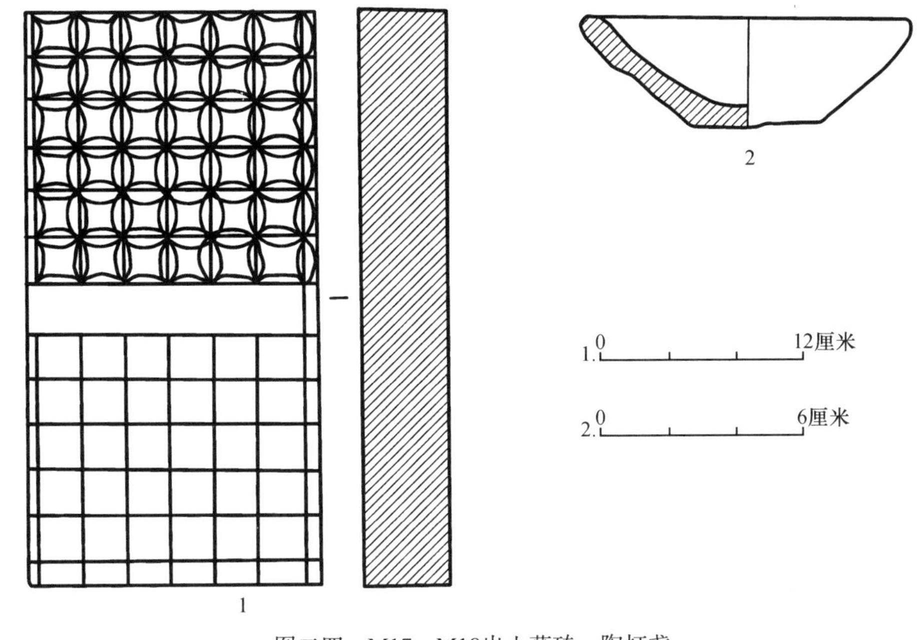

图二四 M17、M18出土墓砖、陶灯盏
1. 铜钱纹加方格纹砖（M17∶5） 2. 陶灯盏（M18∶1）

四、结 语

龚家村遗址新石器时代遗存发现较少，以H11为代表。H11所出陶片中多为夹砂褐陶，次为夹砂黑陶和泥质红陶。器物口沿经慢轮修整。纹饰多为细绳纹，腹部饰交错绳纹。出土器物器形比较单一，以圜底罐为主，少见平底、三足器。龚家村遗址该段出土矮领罐（H11∶2）与中台子遗址出土矮领罐（原报告称作高领瓮）[1]相似。H11B型Ⅱ式罐见于屈家岭文化和石家河文化中[2]，该型器延用时间长，在秭归大沙坝遗址[3]出土商周时期器物中亦有发现。综上所述，故将龚家村该段遗址的年代定在新石器时代晚期，或晚到商初。

龚家村遗址出土的一件新石器时代蛋壳黑陶高圈足杯（H3∶1），为当地少见。在秭归大沙坝遗址中有形制相似者（Y1∶6），但是原报告称作喇叭形器[4]，可能有误，究其原因当是该遗址出土的此种器形腹与底连接处均残，误以为其是“中空，两端相通”的。龚家村遗址出土的高圈足杯其形制不同于同期北方地区出土的黑陶高柄杯，亦不同于当地屈家岭文化和石家河文化的磨光黑陶杯，应当是在外来因素和本地文化因素共同影响下的产物，这为了解本地区与其他地区的文化交流与融合提供了重要的实物资料。

龚家村遗址发现的商代遗存也较少，以H14为代表。H14出土陶器以夹砂褐陶为主，少量泥质灰陶、红陶、黑陶。纹饰多为细绳纹，可辨器形有袋足鬲、高领罐、磨光黑陶豆等。出土夹砂褐陶鬲，饰细绳纹，肩部饰链状附加堆纹，器壁薄，制作精细，分裆，裆较矮。龚家村遗址中出土鬲（H14∶1）的形制与辽瓦店子遗址出土的陶鬲（H156）[5]，形制相似，为袋足，分裆，裆部较低，是商代晚期陶鬲的特征。故其年代应当在商代。

龚家村遗址出土的周代遗存比较丰富，以H6和H9为代表。该段出土鬲多夹粗砂，呈黄褐色，饰粗绳纹，口沿经慢轮修整。该段出土的豆盘（H6：1）、豆盘（H9：15）、陶拍（H6：10）与薄家湾遗址中发现的A型Ⅳ式豆（T2210⑤：7）、A型Ⅰ式豆（T2109⑥：5）、陶拍（T2510⑤：1，原报告中称作陶垫）[6]形制相似。龚家村遗址该段出土的鬲亦见于附近辽瓦店子遗址出土的东周鬲[7]中，因此龚家村遗址该段遗存的时代应当在东周时期。

通过把龚家村遗址发现的商周遗存与附近的辽瓦店子遗址作比较，可以看出二者之间应当有着紧密的联系，共同形成一处较大的遗址群。

龚家村遗址发现汉代墓葬主要位于龚家村遗址的北部，宋代墓葬主要位于遗址南部，尤以东南部最为密集。

龚家村遗址M1出土的釉陶灶（M1：2）与丹江口连沟墓群出土的釉陶灶（M12：16）[8]及其北面的韩家洲墓群出土的陶灶（M6：1）[9]形制完全相同。龚家村遗址M13出土的陶双耳罐（M13：7~M13：9）与秭归蟒蛇寨汉墓出土陶双耳罐（M4：11、M21：9）[10]形制相似，同类器亦见于丹江口玉皇庙遗址（M13：5）[11]和郧县李泰家族墓地（M56-Ⅱ：13）[12]。龚家村遗址M1中出土的陶灶、陶壶、陶盆、陶仓和M13出土的双耳罐、铜带钩均同时见于李泰家族墓地M56-Ⅱ[13]中，说明前二者属于同一时期。综上所述，故将其年代定在东汉，或能晚到东汉晚期。

东汉时期7座墓中，均遭严重破坏，除M1为双室墓、M13带有右耳室外，余皆为单墓道单室砖墓。根据残存部分推测，该期墓葬皆为长方形券顶墓，采用花纹砖砌筑，人骨都已腐朽，墓向主要朝东，有2座残墓向西。其中M1虽经盗掘，发现有盗洞，但是其仍是同期墓葬中保存最好、出土器物最多的一座。M1为券顶双室砖墓，有双墓道、双甬道及主室，墓内砌有铺地砖，出土的器物包括壶、灶、钵、盆、罐，均为釉陶器，是典型的东汉墓葬随葬品组合。墓中人骨和葬具都已腐朽，发现有铁质棺钉，推测应该有木棺。M1两墓室中间隔墙砌有方孔相通，这是因为，夫妇卒年有先后，合葬后丧者时，恐亲人看到先卒亲人的躯体腐败而难过，故中间砌留方孔以满足“瑴则异室，死则同穴”的要求[14]。M13存留有墓壁和铺地砖，带有右耳室，如前文所述，其出土的陶罐、铜带钩、耳珰都常见于鄂西地区东汉墓葬中，但是与其随葬的双耳罐器形完全相同者在鄂西北地区最多见，有别于同期其他地区出土的陶罐，应当是具有一定当地特色的器物。龚家村遗址发现的东汉遗存与其西北方的韩家洲东汉遗存共同丰富了当地同期遗存的认识。

龚家村遗址发掘宋代墓葬与巴东孔包河墓地M42[15]的形制相似，墓室平面均为船形，且铺有铺地砖。但是孔包河墓地M42有甬道并有砖砌的棺床，然其并未见有青砖砌嵌的图案，这是与龚家村遗址宋墓的不同之处。鄂西北地区发现的船形墓还见于武当山柳树沟墓地M6[16]、丹江口温坪墓群M1026[17]，均有青砖砌嵌的装饰。

发掘的16座宋代墓葬中，除M7破坏殊为严重，形制不清外，余15座墓葬均为单墓道券顶砖室墓。墓室平面呈船形，墓顶有的做张开的蚌形、蜈蚣形。墓室内砖砌仿木构建筑比较简单，有的在后壁砌嵌有假门及门簪，两侧壁以砌嵌一桌两椅与熨斗、剪刀、灯檠为主要的装饰特点，比较特殊的是在M17的后壁嵌有青砖雕刻的妇人像和钱纹砖，对墓室空间刻意营造日常居室氛围，反映了时人对安静祥和及富裕生活的向往。各墓随葬品极少，仅有M18、M19各随葬灯盏1件，正是宋代时以纸质明器及墓室内砖砌装饰代替用实物随葬的体现[18]。

经过解剖我们可以知道，龚家村宋代墓葬的构筑方法是先依形挖好竖穴土坑，再铺砌地砖，然后再顺次垒砌后壁、两侧壁、墓门，最后起券。

龚家村遗址宋代墓葬破坏较为严重，人骨多腐朽，墓葬（M7除外）中可见人骨的有11座，均为仰身直肢葬，其中合葬墓有4座，此4座墓中墓室中部宽者为1.4米，窄者仅为0.68米，墓室均窄，以如此窄的墓室合葬二人，则恐怕难以容下两具棺，并且在各墓中亦未曾发现有葬具的痕迹，尤其是在保存完好的M18、M19中亦未曾见到任何葬具的迹象，仅在被破坏的M8中发现有棺钉，不排除晚期遗物混入的可能，所以我们推测宋墓可能是无葬具的。

宋墓多东南向，分布较为密集，彼此之间无叠压打破关系，所以龚家村遗址宋墓可能是一处小型的家族墓地。

龚家村遗址宋代墓葬整体丧葬意识受到了北方的影响，但墓葬形制应当是北宋时期鄂西及其附近所特有的一种墓葬形制。这批宋代墓葬从保存情况和数量上来讲，为目前当地之少见，这对研究本地区宋代丧葬习俗提供了重要的材料。

龚家村遗址在各段遗存中均发现有石网坠，尤其是在商代的地层中，发现最为丰富，说明商代时，渔业对于当地居民而言是非常重要的一项生业。另后段中有陶网坠的出现，其形制和现今当地渔民所用的铁质网坠形制相似，可知当地渔业延续时间之久长。

龚家村遗址发现较丰富的早于东汉时期的生活遗存，而发现的墓葬则属于东汉和宋代，表明龚家村遗址从新石器时代开始，并历经商、周，均是一处较为重要的居住地点，到了东汉时期，遗址区已没人在此生活，而变为墓地了，并且墓地的时期跨越东汉、北宋两个时期。

龚家村遗址位于鄂西北地区，地处湖北、陕西、河南三省交界之地，属于南北交通要冲，同时受到南北文化因素的影响。该遗址各期遗存中均既含有本地文化因素，同时也含有北方文化因素，这为研究南北文化交流提供了很好的实物资料。龚家村遗址的年代跨度长，出土器物较为丰富，对认识鄂西北地区的考古学文化有着一定的参考价值。

附记：本次发掘的领队为中国人民大学北方民族考古研究所魏坚教授，参加发掘的人员有张林虎、毕德广、杨春文、吴景军、陈爱旺等。整理由张林虎、毕德广、杨春文、陈爱旺、苗轶飞等完成。器物由陈爱旺修复。线图由陈安宁绘制。器物照片由黄旭初拍摄。

执　笔：张林虎　毕德广

注　释

［1］　湖北省文物考古研究所：《湖北郧县中台子遗址发掘报告》，《江汉考古》2011年第1期，第17页。

［2］　十堰市博物馆：《鄂西北考古与研究》，长江出版社，2009年，第137~167页。

［3］　湖北省文物考古研究所：《秭归大沙坝遗址的发掘》，《湖北库区考古报告集》（第二卷），科学出版社，2005年，第505页。

［4］ 湖北省文物考古研究所：《秭归大沙坝遗址的发掘》，《湖北库区考古报告集》（第二卷），科学出版社，2005年，第518页。

［5］ 武汉大学考古与博物馆学系：《郧县辽瓦店子》，《湖北省南水北调工程重要考古发现Ⅰ》，文物出版社，2007年，第122页。

［6］ 湖北省文物考古研究所：《湖北丹江口市薄家湾遗址发掘简报》，《江汉考古》2011年第1期，第54页。

［7］ 武汉大学考古与博物馆学系、湖北省文物局南水北调办公室：《湖北郧县辽瓦店子遗址东周遗存的发掘》，《考古》2008年第4期，第14~27页。

［8］ 黑龙江文物考古研究所：《丹江口连沟墓群》，《湖北省南水北调工程重要考古发现Ⅱ》，文物出版社，2010年，第129页。

［9］ 湖北省文物考古研究所：《郧县韩家洲墓群》，《湖北省南水北调工程重要考古发现Ⅰ》，文物出版社，2007年，第146页。

［10］ 湖北省文物考古研究所：《秭归蟒蛇寨汉晋墓群发掘报告》，《湖北库区考古报告集》（第一卷），科学出版社，2003年，第642页。

［11］ 荆州博物馆：《丹江口玉皇庙遗址》，M13∶5，《湖北省南水北调工程重要考古发现Ⅱ》，文物出版社，2010年，第55页。

［12］ 湖北省文物考古研究所：《郧县李泰家族墓群2007~2008年的发掘》，M56-Ⅱ∶13，《湖北省南水北调工程重要考古发现Ⅱ》，文物出版社，2010年，第189、190页。

［13］ 湖北省文物考古研究所：《郧县李泰家族墓群2007~2008年的发掘》，《湖北省南水北调工程重要考古发现Ⅱ》，文物出版社，2010年，第189页。

［14］ 秦大树：《宋元明考古》，文物出版社，2004年，第152页。

［15］ 湖北省文物考古研究所：《巴东孔包河墓地2002年发掘简报》，《湖北库区考古报告集》（第三卷），科学出版社，2006年，第372页。

［16］ 山西省考古研究所：《武当山柳树沟墓群》，《湖北省南水北调工程重要考古发现Ⅱ》，文物出版社，2010年，第259页。

［17］ 陕西省考古研究院：《丹江口温坪墓群》，《湖北省南水北调工程重要考古发现Ⅱ》，文物出版社，2010年，第137页。

［18］ 秦大树：《宋元明考古》，文物出版社，2004年，第150、151页。

附表一 龚家村遗址灰坑登记表

灰坑	位置	开口层位	形状与结构	填土	包含物	时代
H1	T7北部偏西	①A—H1→生土	不规则形、直壁、平底	灰褐色	石块、炭粒、动物碎骨、陶罐口沿、器壁等	商
H2	T7	②—H2→生土	不规则形、弧壁、平底	灰褐色	石块、炭粒、红陶陶片、陶罐等	商
H3	T7	①A—H3→生土	不规则形、弧壁、平底	灰褐色	石块、炭粒、红陶陶片、陶罐等	商
H4	T4西北部	②—现代坑→H4→生土	圆形、弧壁、平底	黑褐色	多绳纹陶片，少量素面陶片，器形有鬲及罐等	商
H5	T7	①A—H5→生土	不规则形、直壁、平底	灰褐色	泥质灰陶片、瓷片，陶片多绳纹，可辨器形有陶罐	商
H6	T6中部偏西	①—现代坑→H6→生土	圆形、弧壁、平底	灰花土	少量石头、绳纹陶片，可辨器形有鬲、豆、拍	东周
H7	T5西南部	①—M4→②—H7→③	圆形、直壁、平底	黑灰色	红烧土颗粒、木炭	东周
H8	T8西北部	①A—①B—M4→②—H8→③	椭圆形、直壁、平底	褐色	红烧土颗粒、木炭	商
H9	T3东南部	①—H9→H10→生土	不规则形、直壁、平底	灰褐色	炭粒、红烧土粒等，泥质红陶、褐陶，多绳纹，可辨器形有鬲、豆、盆等	东周
H10	T3	①—H9→H10→生土	不规则形、直壁、平底	灰褐色	石块、炭粒、红烧土等，泥质红陶、褐陶，以绳纹为主，少量弦纹，可辨器形有罐、鬲等	东周
H11	T12中部	①A—①B—M14→②—H11→生土	不规则形、弧壁、底不平	浅黑色	红烧土块、木炭粒等，陶片多夹砂褐陶，少量泥质陶，纹饰多绳纹，可辨器形有罐、鼎、瓮、纺轮等	新石器
H12	T8西北角	②—H12→③A—③B—生土	椭圆形、直壁、平底	黑褐色	红烧土颗粒、河卵石等，少量陶片，纹饰有绳纹，部分素面，可辨器形有鬲、罐、盆等	商
H13	T14东南角	①A—②—H13→生土	椭圆形、弧壁、平底	黑褐色	红烧土颗粒、木炭等，灰色夹砂陶，纹饰为绳纹，可辨器形有罐等	商
H14	T8西北角	①—②—H14→生土	不规则形、直壁、平底	黑褐色	红烧土颗粒、炭粒等，少量陶片，多夹砂褐陶，少量泥质陶，多绳纹，少量附加堆纹、素面，可辨器形有鬲、罐等	商
H15	T4东南部	②—H15→生土	椭圆形、弧壁、平底	灰褐色	无	商
H16	T1东北部	①—H16→生土	圆形、弧壁、平底	灰褐色	炭粒、陶片，多为泥质红陶，少量褐陶，纹饰为绳纹，可辨器形有罐	东周

附表二　龚家村遗址墓葬登记表

时代	墓号	位置	方向	墓葬形制（长×宽–高）（单位：厘米）						墓室装饰	人骨	葬具	葬式	出土器物	备注
				形状结构	墓道	墓门	甬道	墓室	墓砖						
东汉	M1	T8中部偏东	80°	长方形券顶双室砖墓	长方形斜坡状，？×300–334	拱形券顶	双甬道南北并列，均为长方形单甬道：160×110–178	由主室和两后室组成。主室横长方形，402×130–335。两后室南北并列，均为长方形	侧面饰对向折线纹，平面饰细绳纹	无	无	见棺钉	不详	釉陶盆1、釉陶罐4、釉陶壶1、釉陶钵1、釉陶灶1、陶仓1	墓道位于现代房址底部，无法清理，长度不详
	M2	T7东南部	90°	长方形券顶砖室墓	无		无	长方形，270×153–65		无	无	无	不详	无	
	M4	T5西南部	125°	长方形砖室墓	圆角长形，斜坡状，46×34–（4~26）		无	圆角长方形，284×（138~140）–（16~40）		无	无	无	不详	无	
	M11	T13东南部	85°	长方形砖室墓	长形斜坡状，196×68–（5~46）		无	长方形		无	无	无	无	残石刀1、铜帽1	
	M12	T18西北部	85°	长方形砖室墓	圆角长形，斜坡状，46×34–（4~26）		无	长方形		无	无	无	不详	五铢钱3	
	M13	T9西南部	90°	长方形券顶砖室墓	梯形斜坡，前窄后宽，200×130–70		无	长方形，380×180–85。东北角有一长方形耳室，100×60–40（残）		无	无	无	不详	陶罐3、铜钱7、铁刀1、石铲1、铜带钩1、耳珰1	
	M16	T19西南部	106°	砖室墓	亚腰梯形，140×46–（5~30）		无	长方形斜角状，（460~500）×（180~188）–（30~35）		无	无	无	不详	五铢钱8	

续表

时代	墓号	位置	方向	墓葬形制（长×宽–高）（单位：厘米）						墓室装饰	人骨	葬具	葬式	出土器物	备注
				形状结构	墓道	墓门	甬道	墓室	墓砖						
宋代	M3	T4西北角	120°	船形券顶砖室墓	无		无	船形，320×（220~270）–80		无	无	无	不详	无	
	M5	T3东北角	124°	船形券顶砖室墓	无		无	船形，285×（66~104）–（33~38）		无	2	无	仰身直肢	无	
	M6	T3东部偏南	110°	船形券顶砖室墓	无		无	船形，263×（40~76）–（52~57）		无	1	无	仰身直肢	无	
	M7	T8西南角	120°	长方形砖室墓	无		无	长方形，（170~200）（残）×190–45		无	2	无	仰身直肢	无	
	M8	T9中部	112°	船形券顶砖室墓	长方形，斜坡状		无	船形，372×124–90	剪刀纹砖1，熨斗纹砖1	西、南壁砌嵌仿木构建筑门	无	见棺钉	不详	无	
	M9	T3西南部	94°	船形券顶砖室墓	无		无	船形，232×（88~116）–（24~29）		无	1	无	仰身直肢	无	
	M10	T9东南角	115°	梯形砖室墓	无		无	梯形，150×（64~70）–30		无	1	无	仰身直肢	无	
	M14	T12中东壁下	90°	船形砖室墓	无		无	船形，270×（90~132）–（25~30）		无	无	无	不详	无	
	M15	T11西北部	167°	船形券顶砖室墓	梯形	拱形券顶	无	船形，170×80	剪刀纹砖、熨斗形纹砖	北壁嵌砌仿木构建筑构件	无	无	不详	无	
	M17	T10东南部	96°	船形券顶砖室墓	半圆形，184×136–100	拱形券顶	无	船形，280×（100~124）–137	人像纹砖、剪刀纹砖、熨斗纹砖、方格纹砖剪刀纹砖	南北壁砌嵌桌椅	2	无	仰身直肢	无	

续表

时代	墓号	位置	方向	墓葬形制（长×宽–高）（单位：厘米）						墓室装饰	人骨	葬具	葬式	出土器物	备注
				形状结构	墓道	墓门	甬道	墓室	墓砖						
宋代	M18	T10东南部	129°	船形券顶砖室墓	半圆形，186×166–140	拱形券顶	无	船形，208×（68~104）–（145~165）		北壁砌嵌桌椅	2	无	仰身直肢	陶灯盏1	
	M19	T10西北部	117°	船形券顶砖室墓	半圆形，133×132–168	拱形券顶	无	船形，121×（68~145）–（145~155）		墓壁嵌砌桌椅	1	无	仰身直肢	陶灯盏1	
	M20	T16西北部	108°	船形券顶砖室墓	无		无	船形，246×（50~63）–（20~35）		无	1	无	仰身直肢	无	
	M21	T11西南部	155°	船形券顶砖室墓	梯形，130×（70~100）		无	船形		北壁砌嵌仿木构建筑构件	2	无	不详	无	
	M22	T16西南部	105°	船形券顶砖室墓	长条形，120×90–40		无	船形，306×（90~130）–（20~30）		北壁砌嵌桌椅，西壁砌嵌仿木构门窗	1	无	仰身直肢	无	
	M23	T10西南部	130°	船形券顶砖室墓	半圆形，160×120–120	拱形券顶	无	船形，152×（6~92）–160		无	1	无	仰身直肢	铜钱20	

附表三　龚家村遗址地层出土器物统计表

地层	出土器物																											
	陶器													石器												铜钱	其他	总计
	鬲（足）	罐	鼎（足）	盆	盂	钵	豆（柄）	盘	杯	纺轮	网坠	器足	器形不明	斧	锛	凿	铲	刀	网坠	环	磨石	钺	镞	钻	器形不明			
T1①																										1		1
T3①	2、足1						1																					4
T4②	9、足2	3		1	1		1		1	1				5	1					1	1							27
T5①B																										1		1
T5②	10、足3	2、高领4		4		3			1	1				2					6									36
T5③	9、足4	4	1				盘3、柄1												1			1						24
T7①				1																						2		3
T7②	4	3										1							1									9
T7③	2、足1	1			1		盘1												1				1					8
T8①																								1				1
T8②	3、足3	5、高领1		1				1					1		1				1						1	1		19
T8③A	6、足3	2、高领1	足1				盘1			1				1	1	2		2	20						3		骨器1	44
T8③B	1	1、高领1																	2									5
T9②	5、足1	高领1								1							1	2	1				1					14
T10①											5																铜勺1、铜簪1	7
T10②										1																		1
T11②											2																	3
T12②	1、足4						柄1			1																	铁镞1	7
T13②	8	高领1	足1				柄1						2	1					2									16
T14②	7	1、高领2					盘1			1								1										13
T16①															1													1

续表

地层	出土器物																											
	陶器													石器												铜钱	其他	总计
	鬲（足）	罐	鼎（足）	盆	盂	钵	豆（柄）	盘	杯	纺轮	网坠	器足	器形不明	斧	锛	凿	铲	刀	网坠	环	磨石	钺	镞	钻	器形不明			
T18②															1			1										2
总计	67、足22	22、高领11	1、足2	7	2	3	2、盘6、柄3	1	2	7	7	1	3	9	5	2	1	6	35	1	1	1	2	1	4	5	4	246

附表四　龚家村遗址灰坑出土器物统计表

灰坑	开口层位	出土器物												总计	时代
		陶器										石器			
		鬲（足）	罐（矮领、高领）	鼎（足）	盆	盂	豆（盘、柄）	杯	纺轮	拍	不明器形	镞	网坠		
H1	①	1	2		1									4	商
H2	②													0	商
H3	①	1、足2						1						4	商
H4	②	2											1	3	商
H5	①	3											3	6	商
H6	①	4		2	1		盘2			1			1	11	东周
H7	②													0	东周
H8	②													0	商
H9	①	9、足3			1	1	盘4、柄3				1	1	1	24	东周
H10	①				1						1			2	东周
H11	②	1	8、矮领1	足3					1		器耳1、1			16	新石器
H12	②	2、足2					盘1						2	7	商
H13	②	1												1	商
H14	②	9	2									1		12	商
H15	②													0	商
H16	①													0	东周
总计		33（足7）	12（矮领1）	2（足3）	4	1	盘7、柄3	1	1	1	4	2	8	90	

附表五 龚家村遗址墓葬出土器物统计表

墓葬	开口层位	出土器物																	总计	时代
		罐	壶	仓	盆	钵	瓷碗	灶	铜扣	灯盏	铜钱	铜带钩	耳珰	砖	瓦当	铁刀	石锛	石刀		
M1	①	4	1	1	1	1		1											9	东汉
M2	①																		0	东汉
M3	①																		0	宋代
M4	①																		0	东汉
M5	①																		0	宋
M6	①																		0	宋
M7	①																		0	东汉
M8	①													2					2	宋
M9	①																		0	宋
M10	①																		0	宋
M11	①				2				1						1			1	5	东汉
M12	①										1							1	2	东汉
M13	①	3										1	1	1		1	2		9	东汉
M14	①																		0	宋
M15	①																		0	宋
M16	①										6								6	东汉
M17	①													5					5	宋
M18	①									1									1	宋
M19	①									1				1					2	宋
M20	①																		0	宋
M21	①																		0	宋
M22	①						1												1	宋
M23	①										20								20	宋
总计		8	2	1	3	1	1	1	1	2	28	1	1	11	1	1	2	2	62	

附表六　龚家村遗址H9出土陶器陶质、陶色统计表

陶质／陶色／纹饰	夹砂陶						泥质陶			合计	百分比（%）
	夹粗砂			夹细砂							
	褐	灰	褐胎黑皮	褐	灰	褐胎黑皮	褐	灰	褐胎黑皮		
素面	16	7	1	26	12	29	13	22	20	146	29.38
粗绳纹	114	35	12	100	25	8	6	16	5	321	64.59
细绳纹	9			12	0	1		2		24	2.82
凹弦纹				3	1	2				6	1.21
合计	139	42	13	141	38	40	19	40	25	497	100
陶色比例（%）	27.97	8.45	2.62	28.37	7.65	8.05	3.82	8.05	5.03		100
陶质比例（%）	83.10						16.90				100

附表七　龚家村遗址H11出土陶器陶质、陶色统计表

陶质 / 陶色 / 纹饰	夹砂陶						泥质陶			合计	百分比（%）
	夹粗砂			夹细砂							
	褐	灰	褐胎黑皮	褐	灰	褐胎黑皮	褐	灰	褐胎黑皮		
素面	1		1	11	1	1	3	6	3	27	12.80
粗绳纹	2			40	10	5	5	3	1	66	31.28
细绳纹	12	1	5	57	6	13		4	1	99	46.92
篮纹				4			3	1		8	3.79
凹弦纹				2			2	7		11	5.21
合计	15	1	6	114	17	19	13	21	5	211	100
陶色比例（%）	7.11	4.74	2.84	54.03	8.06	9.00	6.16	9.95	2.37		100
陶质比例（%）	81.52						18.48				100

郧县郭家道子遗址2010年度发掘简报

湖北省文物考古研究所

郭家道子遗址位于郧县安阳镇槐树村2组和3组，西距县城22千米，南距汉江5千米。郧丹公路从遗址北部穿过。遗址地貌为河流宽谷类型，东、西、北三面均为山脉，中间有两条由北向南的河流，称东河、西河，两河汇流成汉河，与汉水相连（图一）。

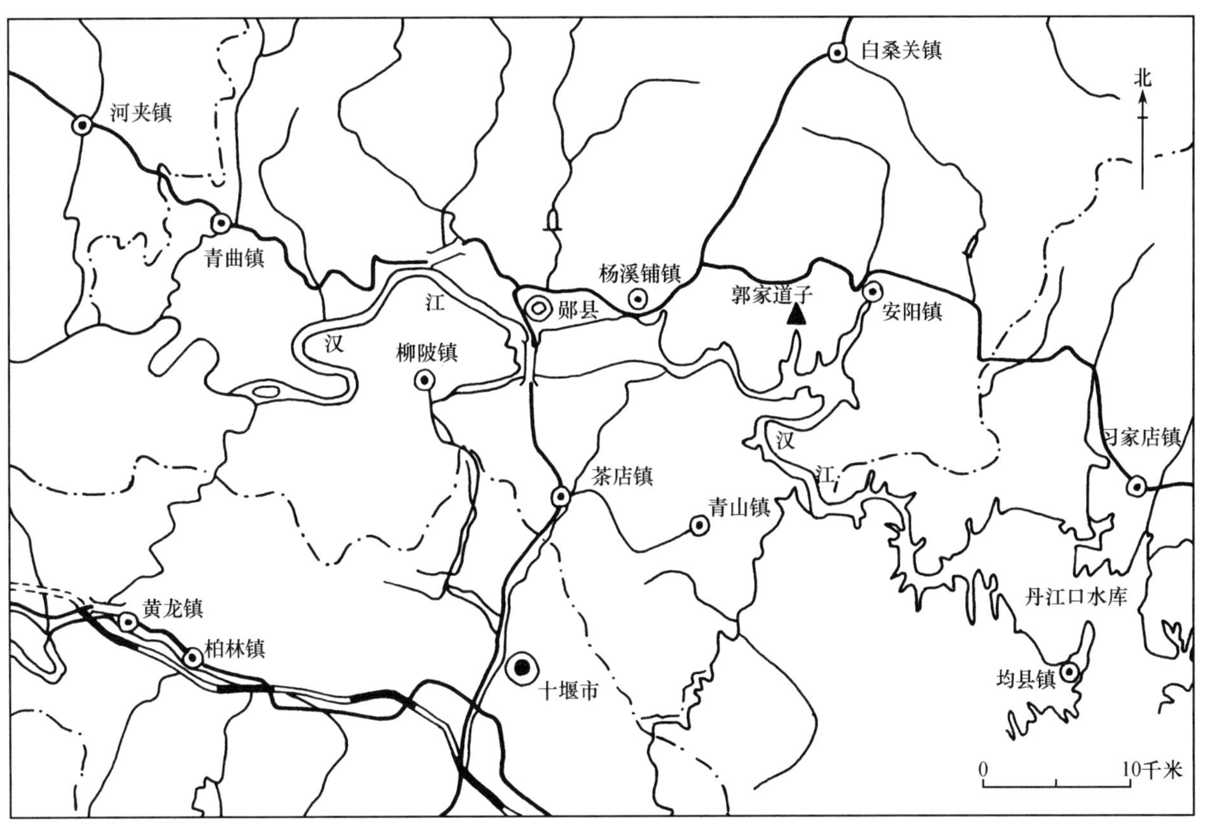

图一　遗址地理位置示意图

以西河为界，可将遗址分为东、西两大区。2006~2007年度发掘主要集中于东区台地及南侧。2010年7~12月，我所历时5个月对遗址的西区及东区进行了再次发掘，共发掘5米×5米探方79个，其中东区15个，西区64个，发掘面积1975平方米（图二）。主要遗迹有房基5座、路1条、井1座、窑1座、灰坑48个、灰沟14条、瓮棺葬4座。现将遗址发掘情况及重要遗迹择要简报如下：

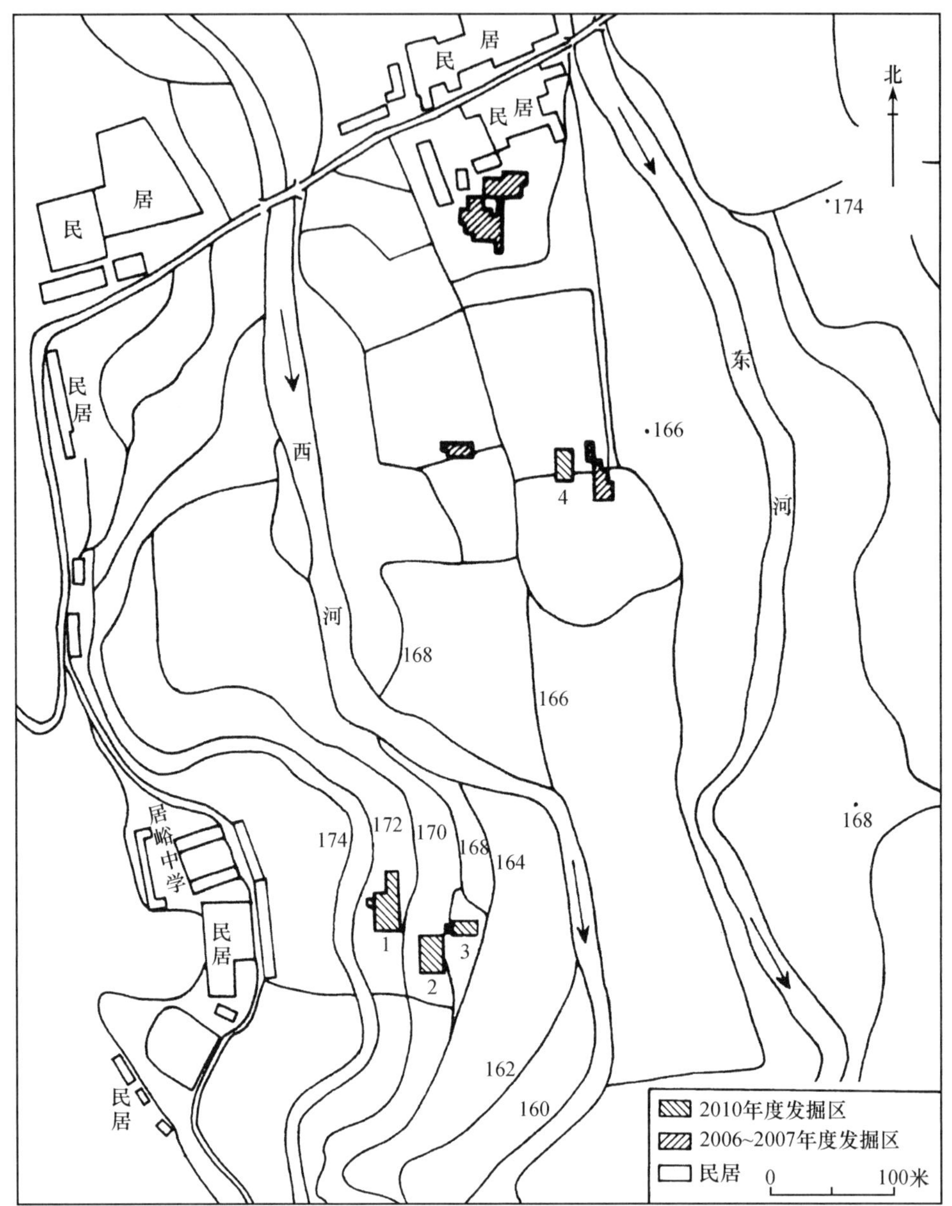

图二　遗址地势与探方分布图

1. 西Ⅰ区　2. 西Ⅱ区　3. 西Ⅲ区　4. 2010年发掘东区

一、地层堆积

东区地层较一致，可统一划分7层：第1层为耕土层。第2、3层为近现代扰乱层，其中第2层又可分为2A、2B两小层，2A层集中分布于北部，2B层则分布于整个区域。第3层普遍偏厚，厚约0.35~0.6米。第4~6层为东周文化层，第7层为东周文化层，夹杂大量新石器陶片。各层厚度多在0.15~0.4米，第7层以下为砾石层。第5层于南部缺失，且越是往南，第6、7层的厚度越薄，探方深度由北部的2.9米降至1.5米左右。遗迹主要是11个灰坑、1条灰沟，主要集中于偏南探方。

西区可分为Ⅰ、Ⅱ、Ⅲ三小区。地层可统一分为13层：第1层为耕土层，第2~4层为近现代层，第5层为唐代文化层，第6~9层为东周文化层，第10~12层为乱石滩文化层。此区范围较大，于各小区地层不尽一致。西Ⅰ区北部探方地层堆积完整。西Ⅱ区仅北部小范围堆积较完整，余部第8、10层有小范围分布，第9、11、12层缺失；西Ⅲ区仅第1~5层和第10层，其余地层缺失。总体来说，随地势西高东低，文化层呈坡状堆积，深度在西北最深度处可达2.6米，中部浅至1.5米，东部最浅处为0.85米。

下面以TN12E10、TN12E11、TN13E10、TN13E11为例，介绍如下（图三）：

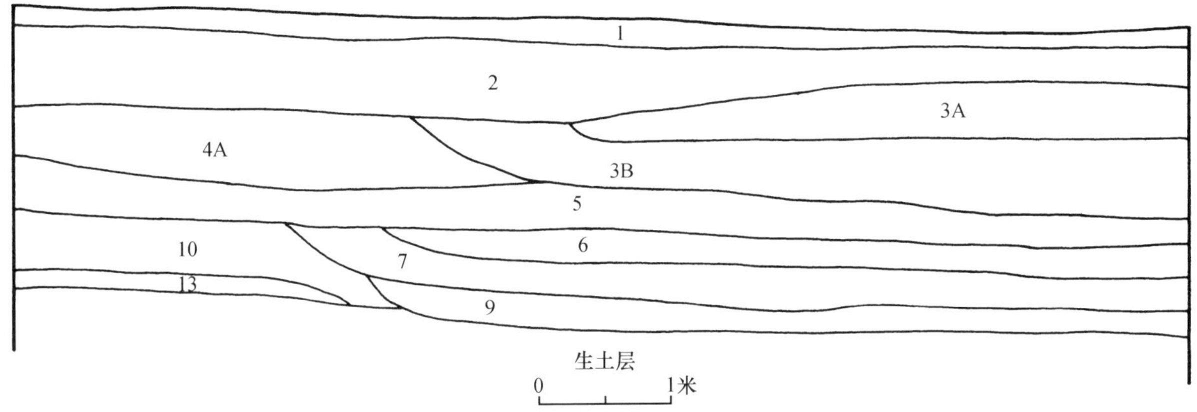

图三　TN12E11、TN13E11东壁剖面图

第1层：褐色沙质黏土，厚0.1~0.25米，土质疏松，包含有较多的植物根须和少量小石块，出土少量的近现代砖块、瓦片等生产生活废弃物。此层全方均有分布。

第2层：灰黑色黏土，距地表深0.1~0.25、厚0.25~0.6米，土质较致密，较纯净，未见包含物，出土物极少，仅出土极少现代砖块。此层全方均有分布。

第3A层：浅红褐色沙质黏土，距地表深0.35~0.8、厚0~0.6米，土质较致密，土质单纯，未见有包含物，出土物极少，偶见出土有见现代砖块、瓦片。仅在本方南部有分布。

第3B层：红褐色沙质黏土，距地表深0.75~1.2、厚0~0.65米，土质较致密，土质单纯，未见有包含物，无出土物。此层仅在本方南部有分布。

第4A层：黄褐色黏土，距地表深0.6~0.7、厚0~0.6米，土质较致密，包含有少量小石子，出土物较少，为少量近现代砖块、瓦片等。此层仅在本方北部有分布。

第4B层：浅黄色黏土，距地表深1.1~1.55、厚0~0.3米，土质较致密，包含有较多小石子，出土少量近现代砖块、瓦片及少量早期陶片，出土陶片主要为泥质褐陶，余为夹砂褐、灰陶。多素面，少量饰绳纹。此层仅在本方西北部有分布。

第5层：棕褐色沙质黏土，距地表深1.25~1.6、厚0~0.4米，土质较松散，其中夹杂有褐色锈斑及少量小石子，出土灰砖、板瓦、筒瓦，多数为泥质陶，少量夹砂陶，以灰陶居多，余为褐、红陶，多饰绳纹。除探方西北角外，本方其他地方均有分布。

第6A层：黑褐色黏土，距地表深1.55~2.2、厚0~0.3米，土质较松散，夹杂少量烧土颗粒及黑色炭粒，出土少量陶片，多为泥质陶，有少量夹砂陶，主要为褐陶，少量灰、黑陶，多为素面，少量饰绳纹，可辨器形有豆、鬲足等。此层仅在本方南部分布，开口此层下的遗迹有J2。

第7层：灰黄色黏土，距地表深1.6~2.25、厚0~0.35米，土质较致密，包含有少量草木灰及小石子。出土陶片较多，以泥质陶为主，夹砂陶次之。泥质陶以黑陶为主，灰、黑陶次之，另有少量红、灰黄、褐陶。夹砂陶以红陶为主，黄陶次之，另有少量的黑陶，灰陶极少。纹饰以篮纹为主，素面次之，另有少量的凹弦纹、按窝纹、绳纹等。可辨器形有鼎足、折沿罐、盘、豆等。此层仅在本方南部分布，开口此层下的遗迹有L1。

第8层于此处无分布，于西Ⅰ区小范围分布，深灰褐土，较致密，含有较多的草木灰、烧土颗粒。出土陶片以夹砂红、黑陶居多，泥质灰陶次之。可辨器形有鼎、瓮、折沿罐、盘等。

第9层：灰褐色黏土，距地表深1.95~2.3、厚0~0.25米，土质较紧密，包含少量小石粒。出土陶片较少，以泥质陶居多，夹砂陶次之。泥质陶以黑皮陶为主，另有少量的红、黄、灰陶。夹砂陶中，红陶稍多，另有少量的黄、灰、黑陶。纹饰方面，以篮纹为主，素面次之，另有少量的弦纹、按窝等。可辨器形有鼎足、瓮、折沿罐、盘等。此层仅在本方南部有分布。

第10层：黄色黏土，距地表深1.05~2、厚0~0.9米，土质较致密，包含少量烧土颗粒，出土少量陶片，以泥质陶居多，夹砂陶次之。泥质陶以黑皮陶为主，黄陶次之，另有少量的灰、红陶。夹砂陶以红陶为主，黑陶次之，另有少量的黄、灰陶。纹饰方面，以篮纹为主，素面次之，另有少量的弦纹、按窝等。可辨器形有鼎足、瓮、折沿罐、盘等。此层仅在本方北部有分布，开口此层下的遗迹有G19。

第11层：黑色黏土，距地表深1.5~2.05、厚0~0.25米，较松散，包含大量草木灰及少量烧土颗粒。出土陶片少量，以泥质陶居多，夹砂陶次之。泥质陶以黑皮陶居多，另有少量的灰陶。夹砂陶有灰、黄陶各数片。除素面外，均为篮纹。可辨器形有鼎足、瓮等。此层仅在本方西北部有分布。

第12层：砾石层，距地表深1.45~2.25、厚0~0.55米，较致密，包含有大量砾石。出土陶片极少，多为泥质陶，黑、红、灰陶各数片。夹砂陶仅灰、红陶各数片。可辨器形有鼎足、瓮等。此层仅在本方西北部有分布。

第13层：黑色黏土层，距地表深2~2.3、厚0~0.15米，较致密，包含少量烧土颗粒，较单纯，出土陶片极少，偶见夹砂红陶小片出土，纹饰及器形不可辨。仅在本方北部有分布。

第13层下为纯净的黄色沙性土，为生土层。

二、第一期遗存

此期遗存较丰富，遗迹有灰坑、灰沟、房基、道路、瓮棺葬等。

1. 灰坑

29个。均分布于西区。平面形状以不规则形、圆形、椭圆形居多，少量长方形和近方形。剖面多为斜壁浅坑，平底者居多，凹凸不平、锅底状次之，少量为桶状、袋状。举例如下：

H42　位于TN15E04中部。开口于第5B层下，被H40、G11打破，打破生土。平面形状近椭圆形，最长径东西向，口小底大，剖面为袋状。坑壁无明显的加工痕迹。开口最长径1.7、最短径1、底部最长径2、最短径1.4、深0.8米。填土可分两层：第1层：灰褐土，厚0.6米，致密。第2层：灰褐土，厚0.2米，致密，较单纯（图四）。

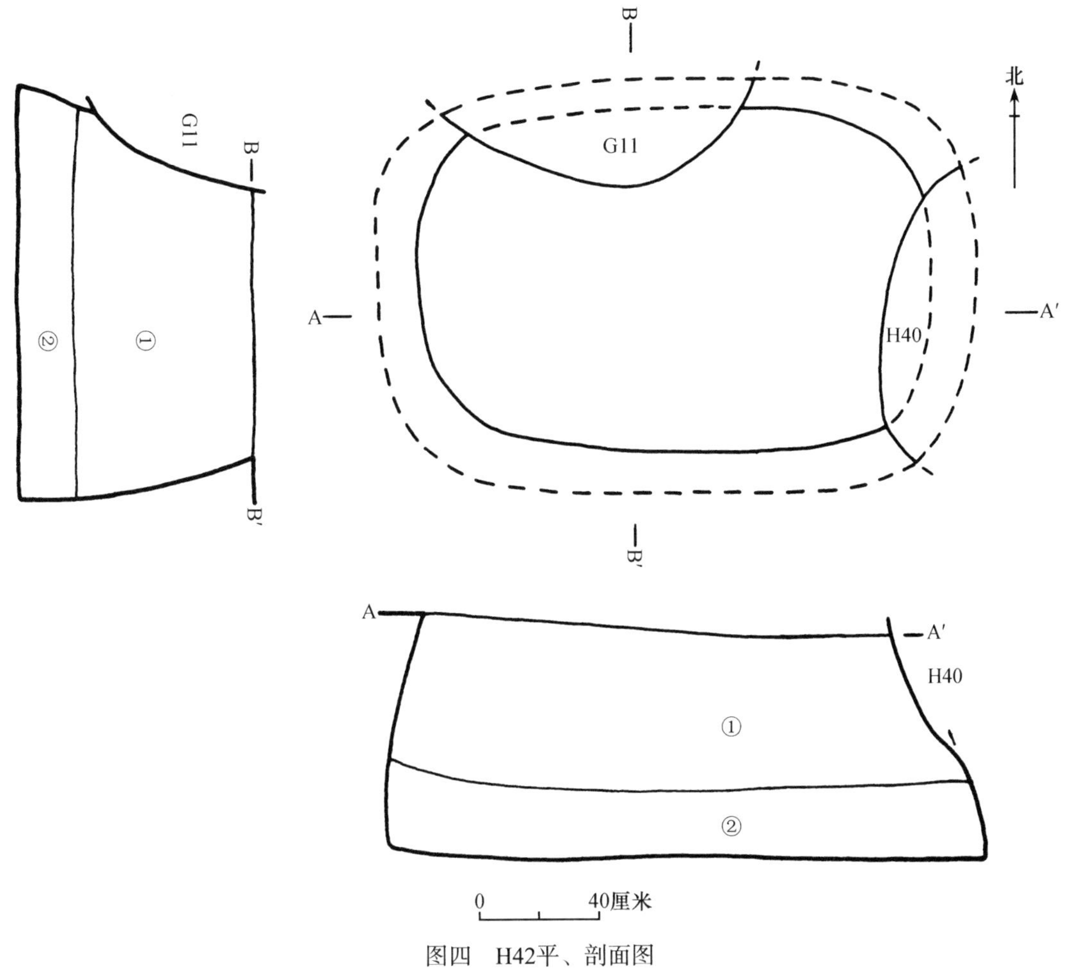

图四　H42平、剖面图

出土遗物以第1层的陶片居多。陶片以泥质陶居多，夹砂陶次之。陶色以灰陶为主，黄、黑皮陶次之，纹饰以篮纹为主，少有网格纹等。可辨器形有鼎、瓮、折沿罐、盆、盘、豆、杯等。

深腹盆　H42①：2，泥质黑皮灰内胎陶。敛口，尖唇，外贴宽沿中部起凸棱，鼓腹。器表饰凹弦纹间断斜篮纹。口径32、腹径38.4、残高14厘米（图五，1）。

折沿罐　H42①：3，夹粗砂红陶。仰折凹沿内侧圆凸上翘，圆唇，束颈。口径29.2、残高4.2厘米（图五，2）。

瓮　H42①：4，泥质黑皮红底灰内胎陶。侈口，三角形唇外贴，矮领。口径16.8、残高4.2厘米（图五，4）。

盆　H42①：5，夹粗砂褐陶。敛口，宽平沿内侧圆凸上翘，圆唇，鼓腹。口径28.4、残高4.6厘米（图五，3）。

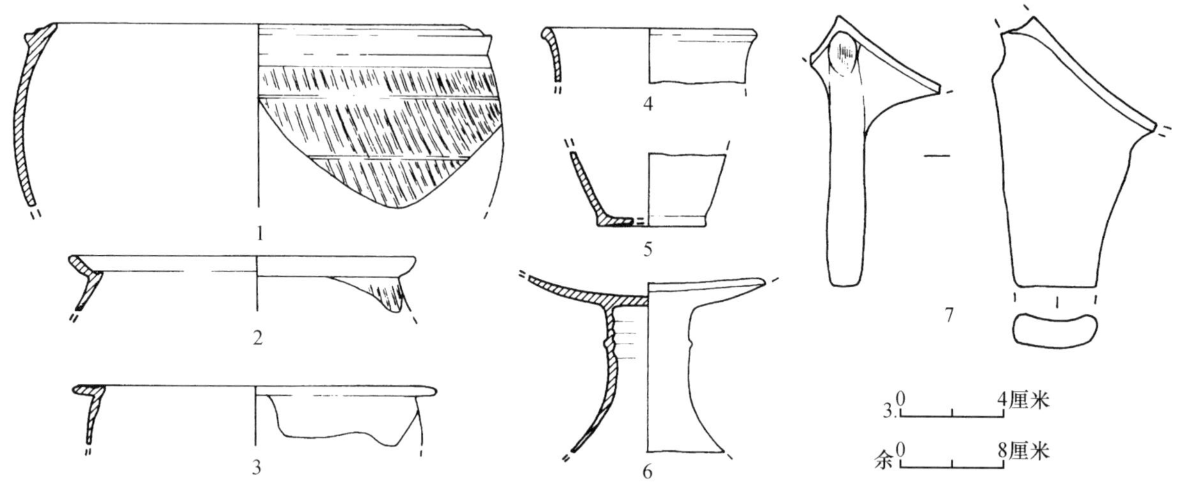

图五　H42①出土的部分陶器

1. 深腹盆（H42①：2）　2. 折沿罐（H42①：3）　3. 盆（H42①：5）　4. 瓮（H42①：4）　5. 杯（H42①：6）
6. 豆（H42②：7）　7. 鼎足（H42②：8）

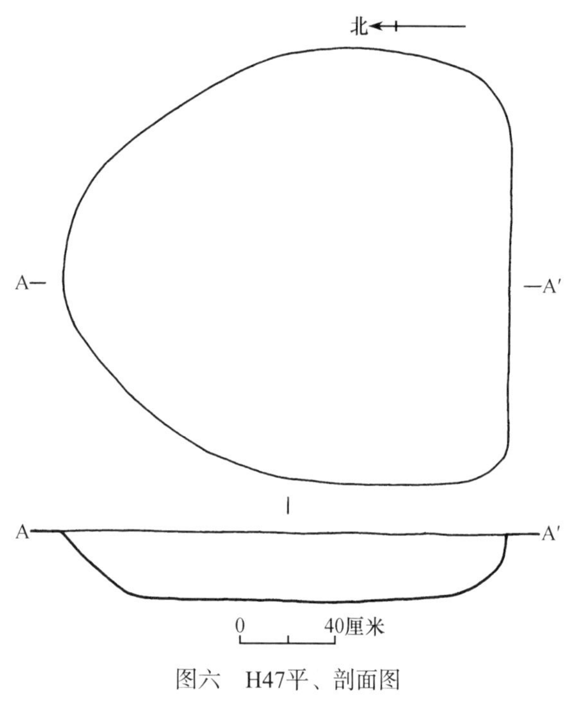

图六　H47平、剖面图

杯　H42①：6，泥质黑皮红底灰内胎陶。斜直壁，底部微外撇成假圈足，平底微内凹。底部有同心圆旋转拉坯痕。底径8、残高5.6厘米（图五，5）。

豆　H42②：7，夹细砂灰黄陶。盘部残，圜底，柄较细，座残。柄上部饰一道凸棱纹。残高13.4厘米（图五，6）。

鼎足　H42②：8，夹细砂红陶。近三角形，扁圆状，一面卷曲，侧装。足根外侧有一按窝。残高13.4厘米（图五，7）。

H47　位于TN19E04西南。开口于第5D层下，打破第9层直至生土。平面形状近半椭圆形，坑壁斜直，平底。坑壁无明显的加工痕迹。长1.9、宽1.75、深0.28米。填土为黑色沙质黏土，较疏松，包含有草木灰、烧土颗粒及少量石块（图六）。

出土陶片多，泥质陶占多数，次为夹砂陶。泥质陶中，黑皮、灰陶居多，次为黄陶，另有少量的红、黑、褐陶。夹砂陶中，灰、黄褐陶居多，红、褐陶次之，另有少量的黑陶。纹饰方面，素面为主，篮纹次之，另有少量的网格纹、附加堆纹、方格纹、弦纹等。可辨器形有鼎、瓮、折沿罐、盘、鬶、豆、杯等。另有少量石斧、石锛等。

瓮　H47：9，泥质黑皮陶。敛口，三角形唇外贴，矮领，广肩，腹部残。肩部饰斜向宽篮纹，中部另有一周附加堆纹加按窝纹。口径30、残高7.4厘米（图七，1）。H47：11，泥质红陶。敛口，斜圆方唇，矮领，广肩，腹部残。肩部饰细方格纹。口径20.8、残高4.8厘米（图七，2）。

深腹罐 H47：6，泥质黑皮陶。宽折沿内侧凸出，沿面微凹，方唇，深腹，斜腹壁下收，底部残。腹部自上而下有12道凹弦纹。口径28、残高18.2厘米（图七，3）。

盘 H47：3，泥质灰陶。口部残，浅弧腹，底较平，大矮圈足，底略外撇。圈足中部饰一道凸棱纹。底径24.4、残高8厘米（图七，9）。H47：4，泥质灰陶。敞口，斜方唇外凸，浅弧腹，底与圈足残。口径40、残高6.4厘米（图七，4）。

折沿罐 H47：7，夹粗砂灰陶。仰折凹沿内侧尖凸上翘，方唇，鼓腹，底部残。腹部饰斜向宽篮纹。口径16.8、残高6厘米（图七，5）。H47：8，夹粗砂褐陶。仰折凹沿内侧尖凸上翘，方唇上有浅凹槽，鼓腹，底部残。腹部饰斜向宽篮纹。口径16.8、残高6厘米（图七，6）。

杯 H47：5，泥质黄褐陶。口部残，腹壁下部内弧，足尖外撇成座。底径7、残高4.4厘米（图七，7）。

鼎足 H47：12，夹粗砂黄陶。近三角形，扁圆，侧装，足尖残。足根外侧有一按窝。残高12厘米（图七，8）。

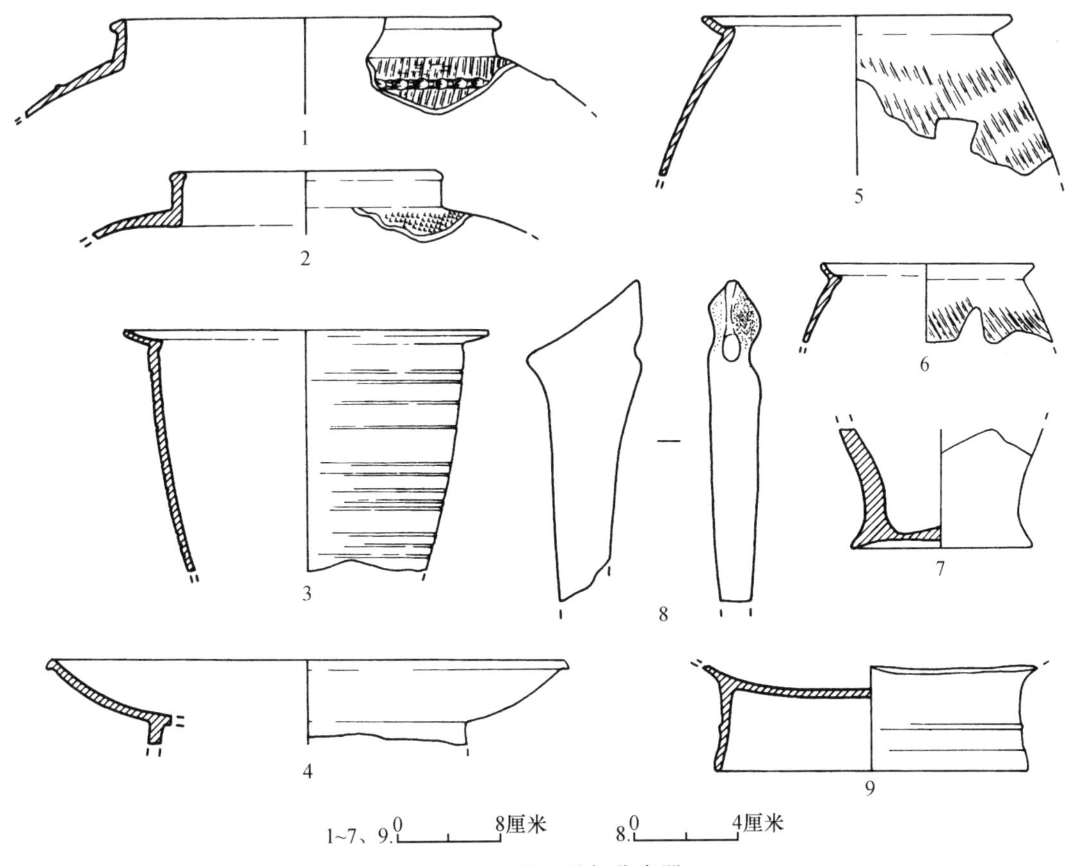

图七 H47出土的部分陶器

1、2. 瓮（H47：9、H47：11） 3. 深腹罐（H47：6） 4、9. 盘（H47：4、H47：3） 5、6. 折沿罐（H47：7、H47：8） 7. 杯（H47：5） 8. 鼎足（H47：12）

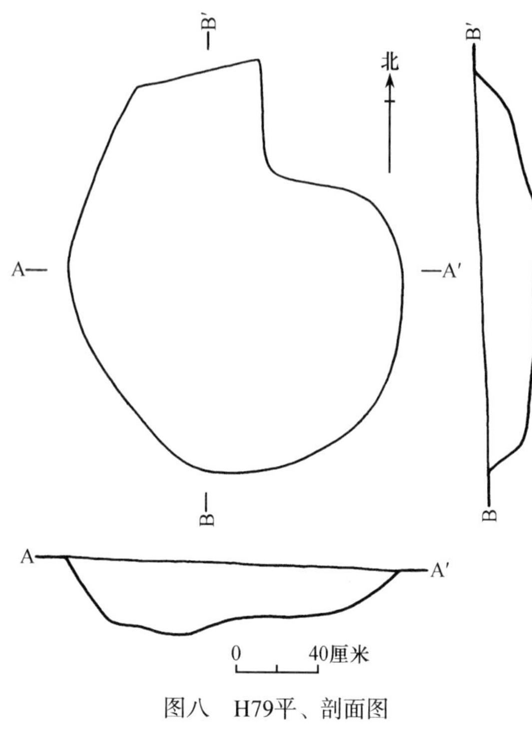

图八　H79平、剖面图

H79　位于TN15E15西北。开口于第5层下，打破生土。平面形状不规则，圆形北侧带尖凸，锅底状，坑壁斜直，西侧偏深，圜底。坑壁无明显的加工痕迹。长1.9、宽1.6、深0.34米。填土为灰色沙质黏土，较疏松，包含有草木灰、烧土颗粒及少量石块（图八）。

出土陶片较多，泥质陶占多数，次为夹砂陶。泥质陶以黑皮、灰陶居多，次为黄、灰陶，另有少量的红陶。夹砂陶以灰褐陶居多，红褐陶次之，另有少量的灰、灰褐陶。纹饰方面，以素面为主，篮纹次之，另有少量的网格纹、弦纹、绳纹等。可辨器形有鼎、瓮、折沿罐、盘、豆、器座。

瓮　H79：1，泥质黑皮黄底灰内胎陶，黑皮部分脱落。侈口，圆唇微外贴，斜矮领，广肩，腹部残。肩部饰斜向细绳纹。口径12、残高4.6厘米（图九，3）。

折沿罐　H79：2，夹粗砂黑陶。仰折凹沿内侧尖凸上翘，斜方唇，鼓腹。腹部饰宽篮纹。口径15.2、残高4.8厘米（图九，2）。

罐　H79：3，泥质黄陶。敛口，凹沿，方唇下垂，鼓腹。口径11.2、残高2.8厘米（图九，6）。

盘　H79：4，夹细砂泥质黄灰陶。敞口，方唇，束颈，鼓腹，下腹急收，底部残。口径40.8、残高6.4厘米（图九，1）。H79：5，泥质黑皮黄底灰内胎，黑皮大部分脱落。敞口，尖圆唇，浅弧腹，圜底，大圈足残。口径22.8、残高7.2厘米（图九，5）。

器座　H79：6，泥质黄陶。近亚字形，口大底小，近上部内弧，足尖内折成座。中部有三个等距孔。口径16、底径26、通高10.8厘米（图九，4）。

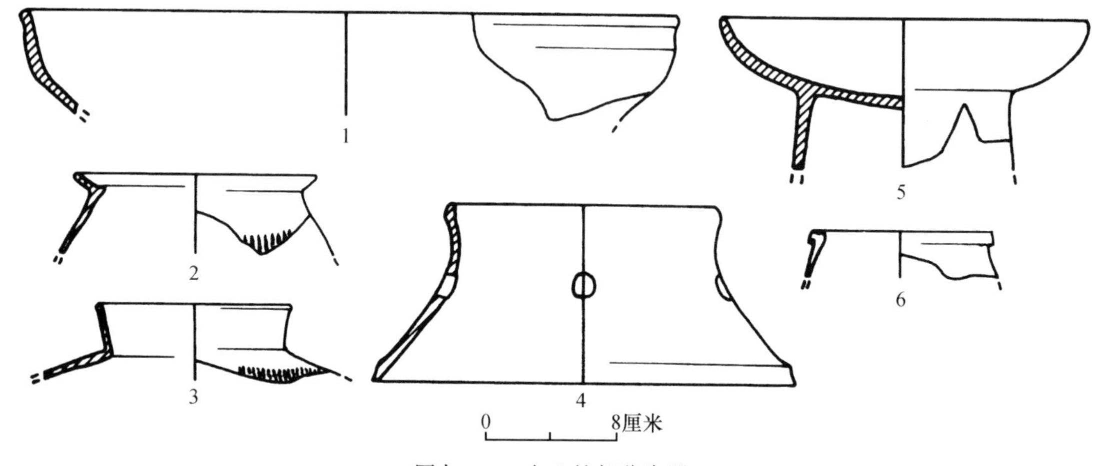

图九　H79出土的部分陶器

1、5. 盘（H79：4、H79：5）　2. 折沿罐（H79：2）　3. 瓮（H79：1）　4. 器座（H79：6）　6. 罐（H79：3）

2. 灰沟

6条。均位于西区。多为长条形，多数可分层。

G19　分布于TN12E08、TN12E09、TN12E10、TN13E08、TN13E09、TN13E10 六个探方中。开口于第10层下，被F13打破，打破G20直至生土。长条形有曲折，大致东北—西南向，西高东低，坑壁斜弧，无明显的人工加工痕迹。长约13、宽1.2~2.9、深0~0.75米。填土可分五层：第1层：褐色细沙黏土，厚0~0.5米，致密，夹杂草木灰及零星烧土颗粒。第2层：黄色细沙土，厚0~0.23米，较疏松，夹杂草木灰及烧土颗粒。第3层：灰黑色细沙黏土，厚0~0.3米，较疏松，含大量的草木灰和红烧土颗粒。第4层：黄色细沙土，厚约0.06~0.18米，疏松，包含物极少。第5层：灰黑色细沙黏土，厚约0~0.24米，较致密（图一〇）。

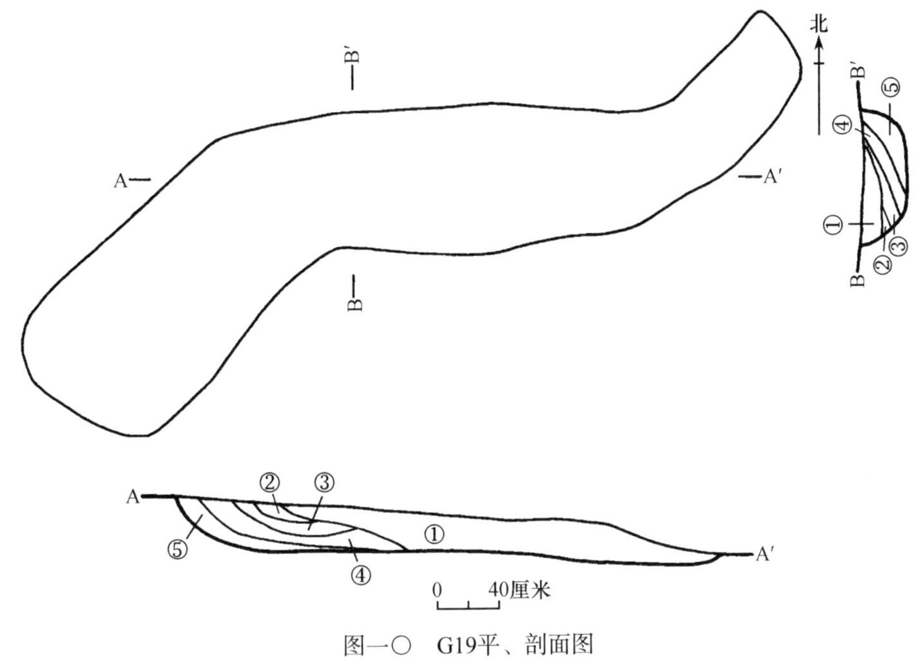

图一〇　G19平、剖面图

出土遗物以陶片居多。陶片以泥质陶居多，夹砂陶次之。黑、灰陶为大宗，另有少量的红、黄陶。纹饰方面，素面、篮纹为大宗，另有少量的凹弦纹、绳纹、按窝等。可辨器形有鼎、折沿罐、卷沿罐、瓮、盆、盘、豆、钵、器盖、纺轮等。

卷沿罐　G19①：6，夹粗砂褐陶。卷沿，束颈，鼓腹。口径24、残高6.8厘米（图一一，1）。

折沿罐　G19①：3，夹粗砂红陶。仰折凹沿，沿内侧圆凸上翘，圆唇，鼓腹。口径16、残高4厘米（图一一，3）。G19①：5，夹粗砂灰黄陶。仰折凹沿，沿内侧圆凸上翘，圆唇，鼓腹。口径20、残高3.6厘米（图一一，2）。G19⑤：6　夹粗砂灰褐陶。仰折凹沿，沿内侧圆凸上翘，圆唇，束颈。口径22、残高2.6厘米（图一二，3）。

瓮　G19①：7，泥质灰陶，局部泛黑。敛口，外贴三角形唇，矮领。口径20、残高3.8厘米（图一一，4）。G19①：8，泥质黑皮红底灰内胎陶。侈口，外贴三角形唇，矮领。口径

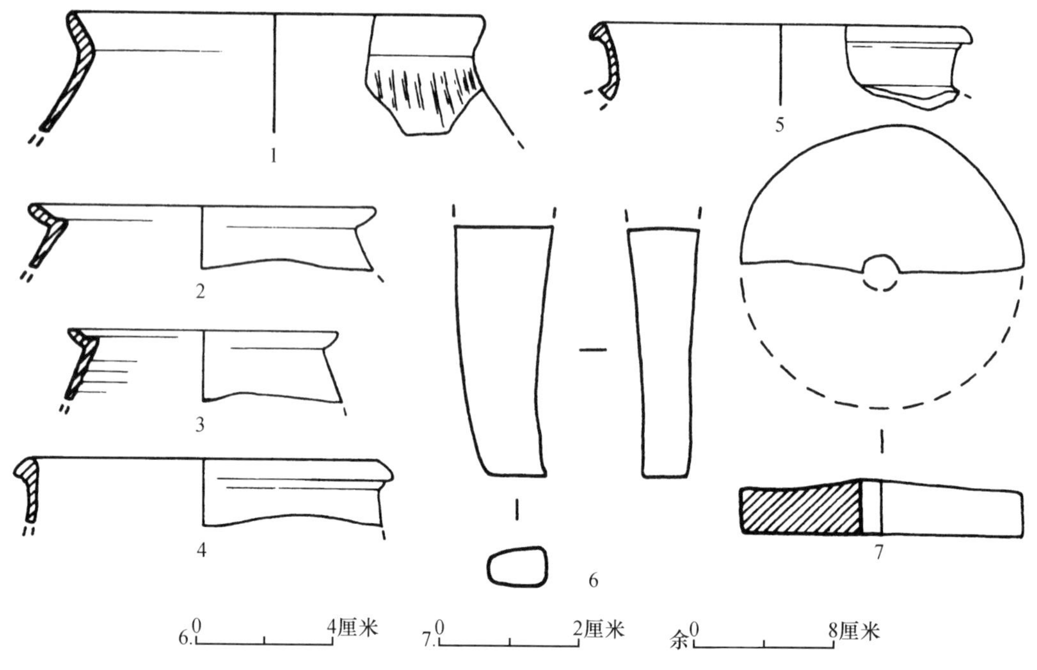

图一一　G19①出土的部分陶器

1. 卷沿罐（G19①：6）　2、3. 折沿罐（G19①：5、G19①：3）　4、5. 瓮（G19①：7、G19①：8）　6. 鼎足（G19①：4）　7. 纺轮（G19①：10）

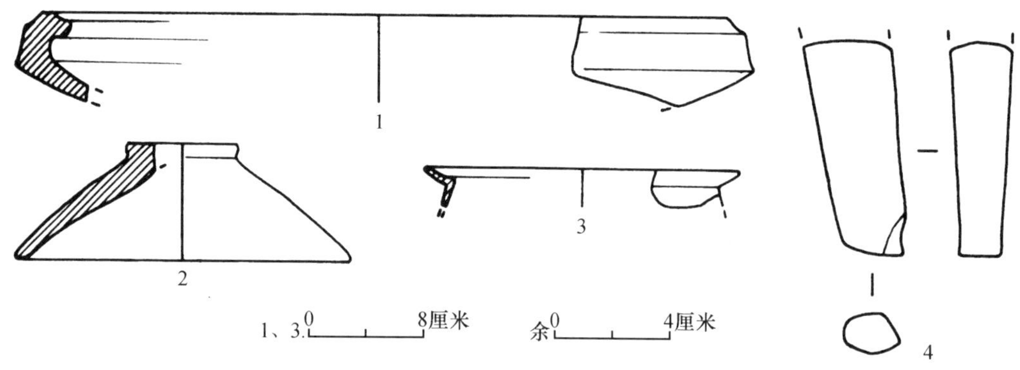

图一二　G19⑤出土的部分陶器

1. 盘（G19⑤：1）　2. 器盖（G19⑤：2）　3. 折沿罐（G19⑤：6）　4. 鼎足（G19⑤：3）

22、残高4.6厘米（图一一，5）。

鼎足　G19①：4　夹粗砂灰褐陶。扁圆，侧装，外撇，足尖外侧有一按窝。上宽2.8、残高7厘米（图一一，6）。G19⑤：3　夹粗砂红陶。上部残，扁圆，外撇，足尖外侧有按窝。上宽3、残高7.4厘米（图一二，4）。

纺轮　G19①：10　泥质黄陶。平边，两面较平，中间穿孔，一面孔外围凸出。直径4、孔径0.5、厚0.6~0.8厘米（图一一，7）。

盘　G19⑤：1　夹粗砂，口沿泛黄，腹壁黑皮红内胎。沿内折，上有一宽棱，宽棱上有凹槽，浅折腹，底部残。口径48、残高6厘米（图一二，1）。

器盖　G19⑤：2　夹砂黑皮红底灰内胎陶。实圈钮，弧拱壁，口部平。钮径4、口径12、高4厘米（图一二，2）。

G14　分布于TN14E13、TN14E14、TN14E15、TN14E16、TN15E13、TN15E14、TN15E15、TN15E16及西部扩方中。开口于第5层下，被H80、G13打破，打破G18、第10层直至生土。平面形状为长条形，东部较西部窄，开口西高东低，北高南低。残长24.4、宽1.75~5.25、深0.3~1.2米。壁斜缓，仅南壁中段较陡，底部两端较浅，中部深陷。壁面无明显的加工痕迹。填土可分6层：第1层：灰褐色沙质黏土，于全沟分布，中部偏厚，两端偏薄，厚约0~0.5米，较疏松，夹杂草木灰、石块。第2层：灰色沙质黏土，于沟东分布，厚约0~0.35米，较疏松，夹杂黄斑、烧土、草木灰及少量石块。第3层：黑色沙质黏土，于沟内中段局部分布，厚约0~0.5米，疏松，夹杂较多草木灰、烧土颗粒及少量石块。第4层：黄色沙质黏土，于沟西局部分布，厚约0~0.75米，较疏松。第5层：灰色沙质黏土，于沟中、西部分布，东薄西厚，厚约0~0.45米，较疏松，夹杂烧土颗粒、草木灰及少量石块。第6层：黄色沙质黏土，于沟内中部分布，夹锈斑，疏松（图一三）。

出土遗物以陶片居多，另有少量石器。陶片以泥质陶居多，夹砂陶次之。泥质以黑陶居多，灰陶次之，另有黄、红陶等。夹砂以黑陶居多，另有少量的灰、黄、红陶。纹饰方面，以素面居多，篮纹次之，另有少量的弦纹、绳纹、方格纹、按窝、戳印纹等。可辨器形有鼎、折沿罐、瓮、盆、豆、盘、鬶等。

折沿罐　G14③：7，夹粗砂黑陶。仰折凹沿，沿内侧圆凸上翘，圆唇，束颈，鼓腹。肩部饰一道凹弦纹，腹部饰篮纹。口径18、腹径20.4、残高11.8厘米（图一四，1）。G14⑥：3，夹粗砂灰陶。仰折凹沿，圆唇，束颈，鼓腹。口径16、残高4.8厘米（图一四，2）。

瓮底　G14⑥：5，夹粗砂黄陶。斜弧壁下收，带假圈足，平底微凹。器表饰宽篮纹。底径9.2、残高4厘米（图一四，3）。

鬶耳　G14⑤：3，泥质红陶。宽扁，桥形。宽3.6、厚0.5、残高9.4厘米（图一四，4）。

鼎足　G14⑤：2，夹粗砂红陶。扁圆，侧装，足尖残。残高5.8厘米（图一四，5）。G14⑤：6，夹粗砂红陶。扁圆，侧装，足尖残，足根外侧有按窝。残高11.8厘米（图一四，6）。

3. 墓葬

分布于西区。均为瓮棺葬，葬具为一件折沿罐、瓮、釜之上倒扣钵、豆。

W18　位于TN20E01东部隔梁下，部分延伸至TN20E02中。开口于第12层，打破生土。开口平面为圆形，直径0.4、深0.35米。填土为灰黄色，板结。葬具为釜（W18：2）上倒扣一钵（W18：1）（图一五）。

钵　W18：1，泥质灰陶。斜沿两侧尖凸，浅弧腹下收，平底微内凹。口径27.6、高9.4厘米（图一六，1）。

釜　W18：2，夹粗砂黄褐皮灰内胎陶。仰折沿，圆唇，束颈，鼓腹，圜底。口径27、腹径37.2、高30厘米（图一六，2）。

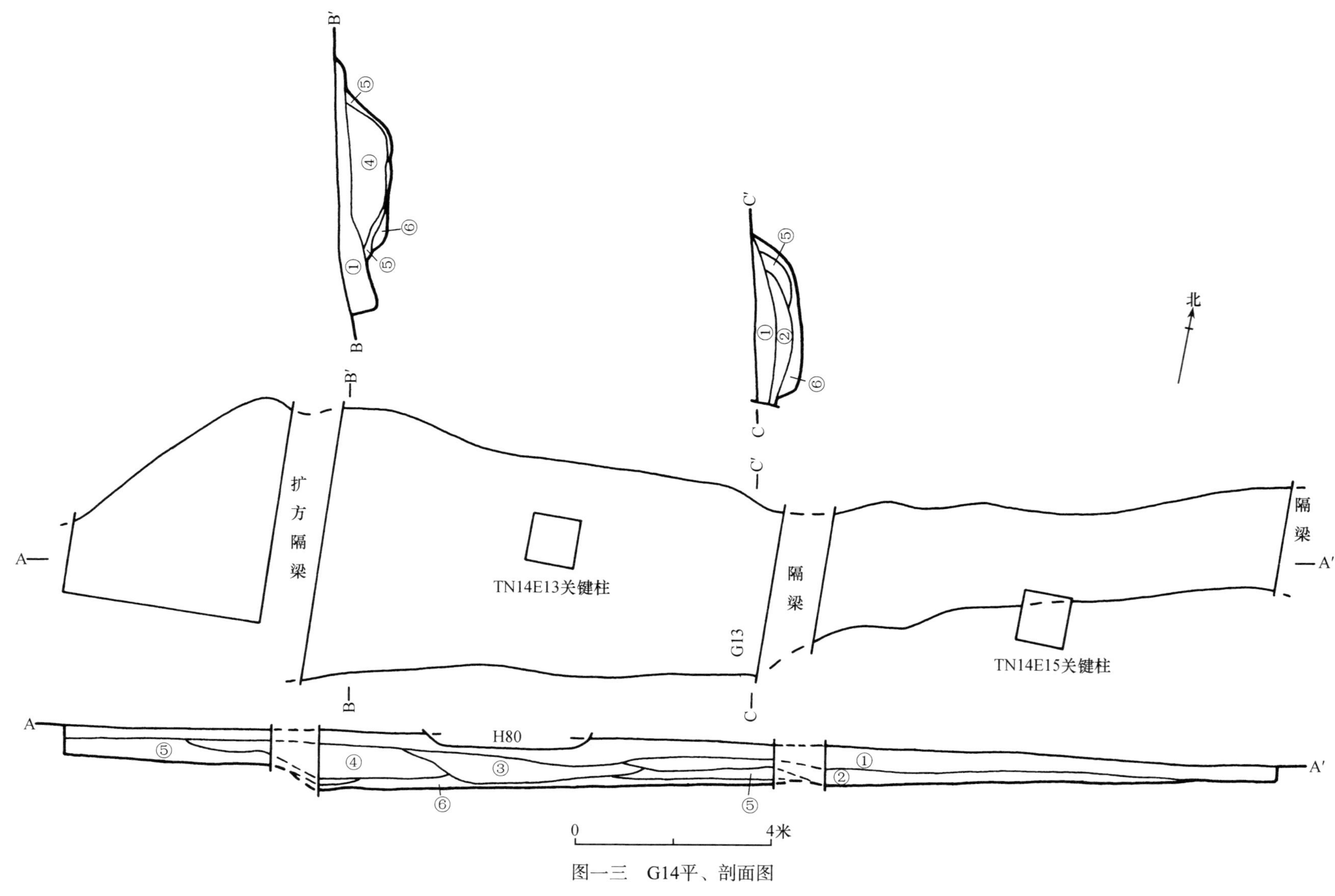
B′
⑤
④
⑥
①
⑤
B
C′
⑤
①
②
⑥
C
北
A
扩方隔梁
B′
TN14E13关键柱
B
C′
G13
C
隔梁
TN14E15关键柱
隔梁
A′
A
H80
⑤
④
③
⑥
⑤
①
②
A′
0
4米

图一三　G14平、剖面图

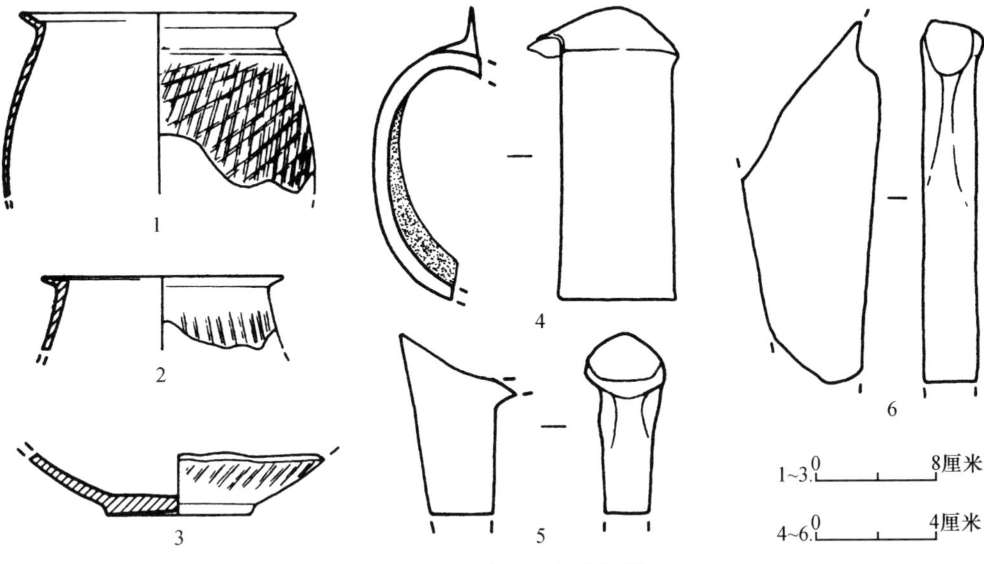

图一四　G14出土的部分陶器

1、2. 折沿罐（G14③：7、G14⑥：3）　3. 瓮底（G14⑥：5）　4. 鬶耳（G14⑤：3）　5、6. 鼎足（G14⑤：2、G14⑤：6）

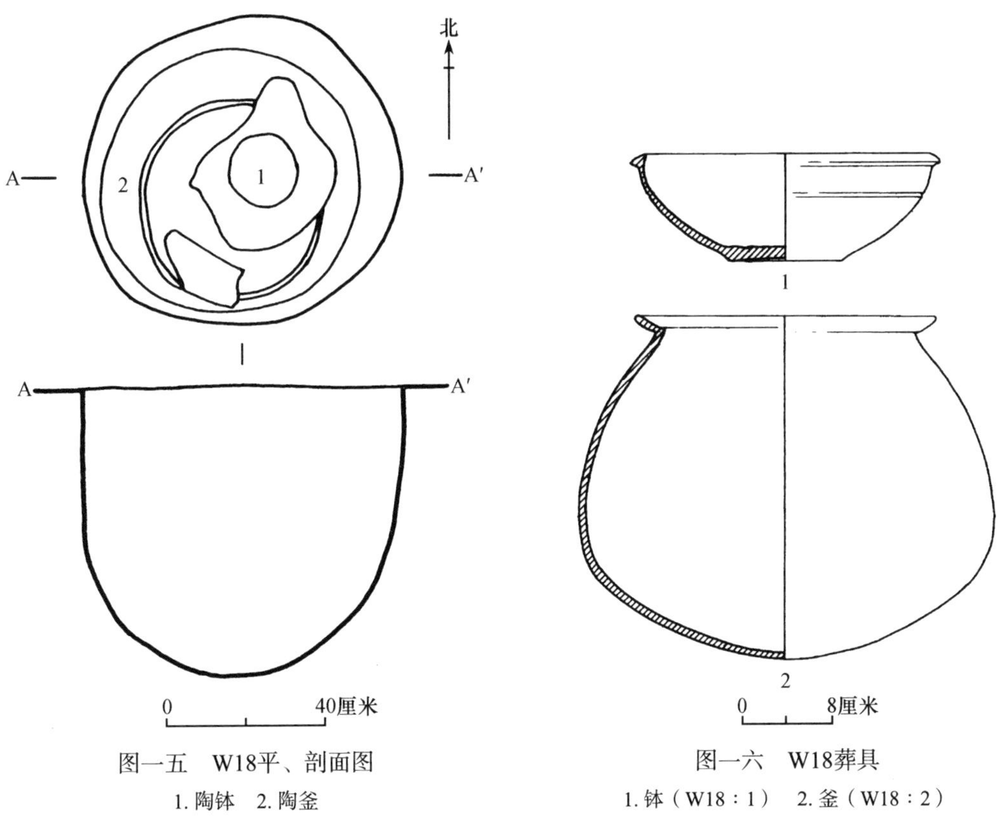

图一五　W18平、剖面图

1. 陶钵　2. 陶釜

图一六　W18葬具

1. 钵（W18：1）　2. 釜（W18：2）

三、第二期遗存

此期遗存较少，其中遗迹有灰坑、灰沟、房基、井等。

1. 灰坑

17个。东、西区均有分布，以西区居多。平面形状以圆形、椭圆形居多，少量为不规则形，长条形极少。剖面形状多为斜壁，平底，锅底状次之，少量为桶状。举例介绍如下：

H39　位于TN16E01东南、TN16E02西南。开口于第7层下，打破G9。平面形状为长条形，大致东西向，斜壁，平底。无明显的加工痕迹。长4.1、宽1.3~1.5、深0.18~0.3米。填土为灰色，较疏松，包含有草木灰（图一七）。

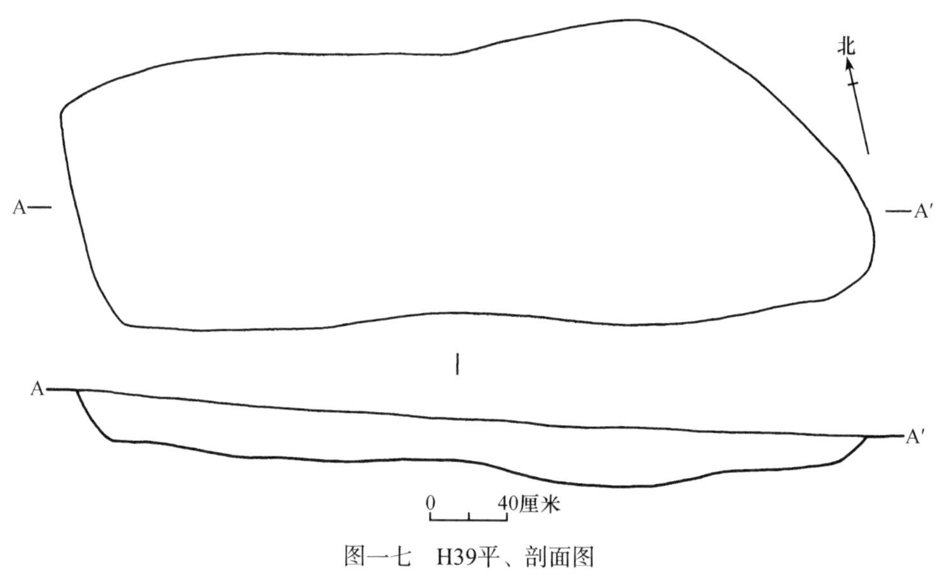

图一七　H39平、剖面图

出土陶片较多，以夹砂陶居多，泥质陶次之。陶色可分黄褐、红、灰陶等。纹饰以绳纹为主，素面次之。可辨器形有鬲、豆、罐、器盖等。

鬲　H39：3，夹细砂红陶。侈口，小平折沿外侧上翘，内侧有一道凹槽，圆唇，束颈，鼓肩。颈部留有轮制拉坯痕，肩部饰间断斜绳纹。口径40.8、残高6.4厘米（图一八，1）。H39：2，夹细砂黄陶。侈口，小平折沿近口部有一道凹槽，方唇微凹，束颈，鼓肩。颈部饰抹光绳纹，肩部饰间断斜绳纹。口径28、腹径27.2、残高6.4厘米（图一八，2）。

豆　H39：1，泥质灰陶。敞口，方唇，浅弧腹，平底，细柄中空，喇叭形座。口径10.6、底径5.6、通高8.2厘米（图一八，5）。H39：6　泥质灰陶。敞口，折腹，圜底。口径13.2、残高4厘米（图一八，4）。

罐　H39：4，夹细砂灰陶。直口，方唇两侧尖凸，束长颈。肩部饰抹光绳纹。口径18.4、残高4.8厘米（图一八，3）。

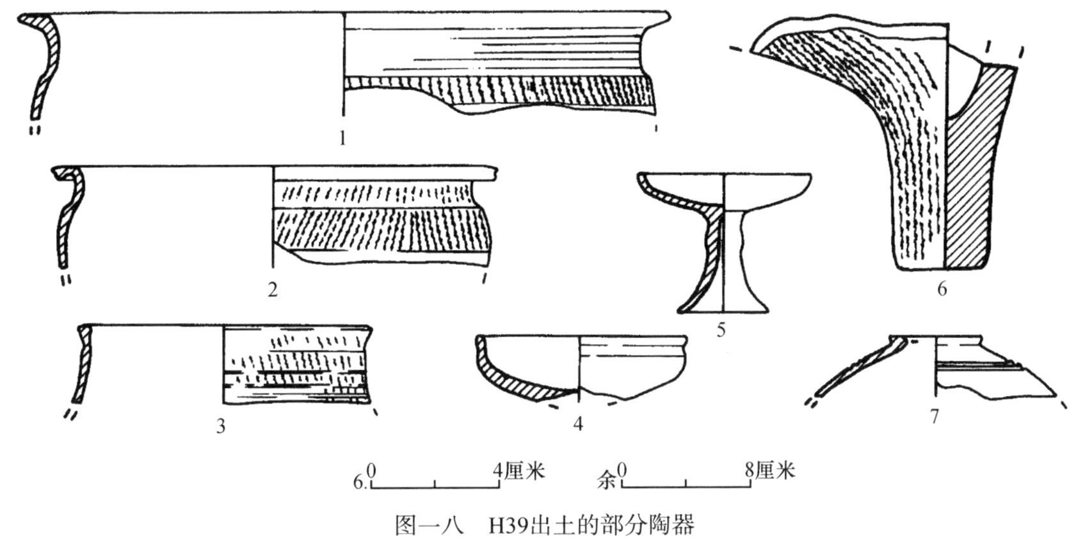

图一八 H39出土的部分陶器

1、2. 鬲（H39：3、H39：2） 3. 罐（H39：4） 4、5. 豆（H39：6、H39：1） 6. 鬲足（H39：7） 7. 器盖（H39：5）

器盖 H39：5，泥质黑皮红底灰内胎陶。倒覆碗状，圈钮，弧拱形壁。钮直径5.6、残高3.6厘米（图一八，7）。

鬲足 H39：7，夹粗砂红陶。柱状，按窝较浅，弧裆。器表饰粗绳纹，内外多孔。残高7.8厘米（图一八，6）。

H66 位于TN16E01东南、TN16E02西南。开口于第4层下，打破第6层。平面形状近椭圆形，东西向，斜壁，底倾斜。无明显的加工痕迹。长4.35、宽2.4、深0.42米。填土为黑色黏土，较疏松，包含有草木灰、石块、红烧土颗粒（图一九）。

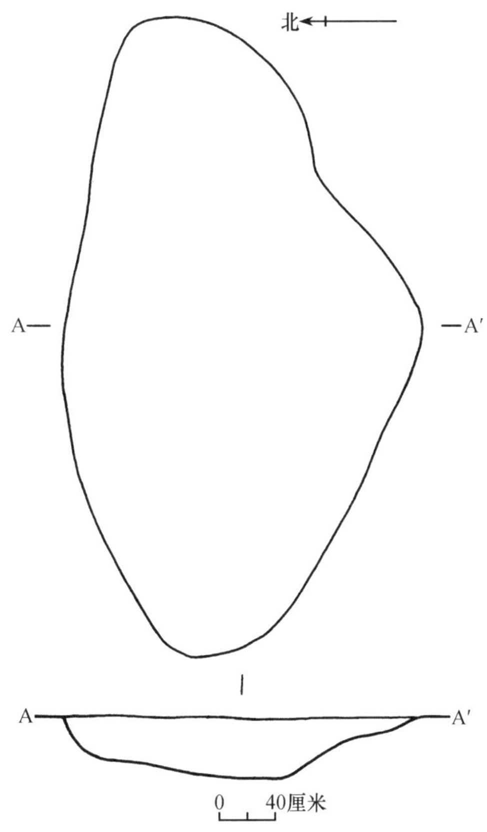

图一九 H66平、剖面图

出土陶片较多，以夹砂陶居多，泥质陶次之。夹砂陶以红褐陶为主，黑皮陶次之，另有少量的黄、红、褐、灰陶等。泥质陶中，灰陶为主，另有少量的黑（皮）、黄、红陶。纹饰以绳纹为主，素面次之，另有少量的凹弦纹、附加堆纹等。可辨器形有鬲、盂、豆、甗等。

鬲 H66：7，夹粗砂黑皮红内胎陶。侈口，卷沿，沿面上有一凹槽，三角形唇外贴，束颈，鼓肩。颈部饰抹光绳纹，腹部饰间断绳纹。器内壁有轮制拉坯痕。口径40、腹径33.6、残高8.4厘米（图二〇，1）。

盂 H66：3，夹细砂黑陶。侈口，卷沿，方唇，束颈，鼓肩。肩部有三道凹弦纹。口径26、残高7厘米（图二〇，2）。

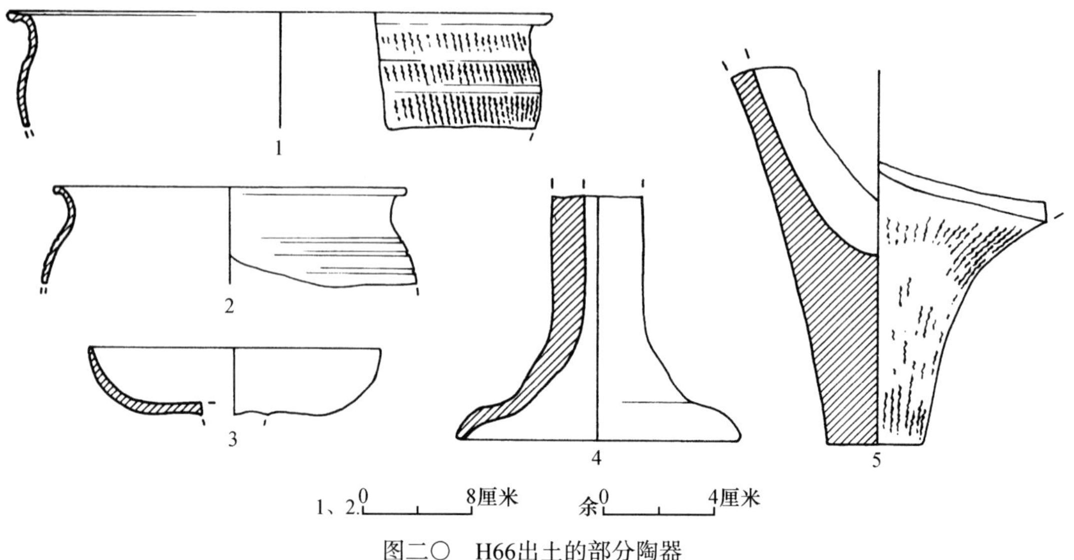

图二〇　H66出土的部分陶器

1. 鬲（H66：7）　2. 盂（H66：3）　3、4. 豆（H66：5、H66：4）　5. 鬲足（H66：6）

豆　H66：5，夹细砂黑皮红底灰内胎陶。侈口，尖圆唇，浅弧腹，平底。口径10.8、残高2.4厘米（图二〇，3）。H66：4，夹细砂红陶。盘部残，细柄中空，喇叭形座上鼓，足尖内折成台。底径10.2、残高8.6厘米（图二〇，4）。

鬲足　H66：6，夹砂黄陶。腹壁与足外侧呈一直线，柱足，按窝较深，弧裆。器表饰粗绳纹，内外多孔。残高13.5厘米（图二〇，5）。

H70　位于TS47E14东部及东隔梁下，部分延伸至TS48E14北隔梁下。开口于第4层下，打破第5~7层直至生土。已发掘部分平面形状近直角梯形，坑壁斜直，靠近南壁部分呈缓坡状直至坑底。坑壁无明显的人工加工痕迹。已发掘部分长4、宽0.3~1.86、深0~0.8米。填土可分三层：第1层：黑色沙质黏土，厚0~0.29米，较疏松，包含有草木灰及烧土颗粒。第2层：黄色沙质黏土，厚0~0.19米，较板结，较单纯。第3层：黄褐色沙质黏土，厚0~0.53米，较疏松，夹杂有较多的草木灰（图二一）。

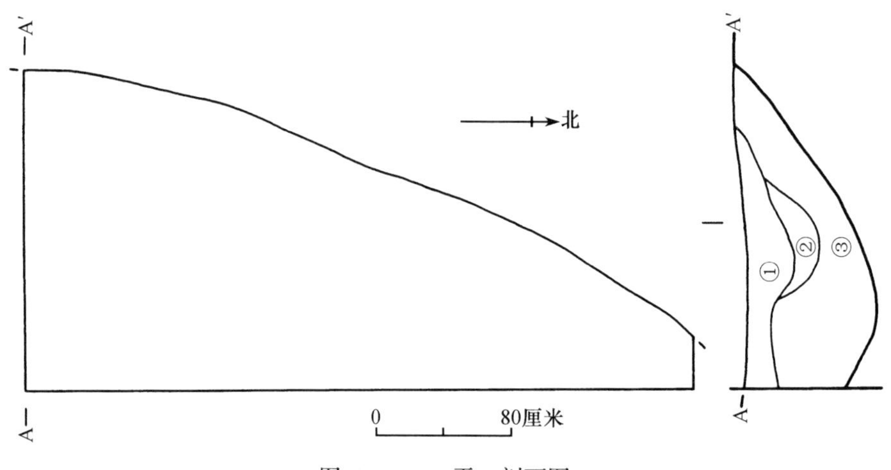

图二一　H70平、剖面图

出土以第1层和第3层的陶片居多。陶片以夹砂陶为主，泥质陶次之。夹砂陶以红褐陶为主，灰陶次之。泥质陶以灰陶为主。纹饰以绳纹为主，素面次之，另有少量凹弦纹等。可辨器形有鬲、盂、豆、罐等。

盂 H70①：3，泥质灰陶。侈口，折沿，方唇微凹，束颈，鼓肩。肩部有两道凹弦纹。口径19.2、残高6厘米（图二二，1）。H70①：4，泥质灰陶。侈口，折沿，方唇，束颈，鼓肩。肩部有两道凹弦纹。口径13.6、残高6.6厘米（图二二，2）。H70③：2，泥质红褐陶。侈口，小平折沿，圆唇，束颈，鼓肩，斜弧腹下收。颈部饰抹光绳纹，肩部饰一道凹弦纹。腹上部有多道轮制拉坯痕。口径28.8、腹径28.8、残高12.4厘米（图二三，1）。H70③：3，泥质灰黄陶。侈口，小平折沿，圆唇，束颈，鼓肩，斜弧腹下收。颈部饰抹光绳纹，颈肩结合处与腹上部饰多道凹弦纹。器内外有多道轮制拉坯痕。口径28.8、腹径28.8、残高12.4厘米（图二三，2）。H70③：10，泥质黑陶。侈口，卷沿，三角形唇外贴，束颈，鼓腹。颈部饰斜竖条暗纹，颈肩结合处有两道浅凹槽。口径48、残高7.2厘米（图二三，3）。

豆 H70①：2，泥质深灰陶。侈口，折沿，方唇，束颈，鼓肩。肩部有一道凹弦纹。口径18.4、残高6.2厘米（图二二，3）。H70①：6，夹细砂灰陶。盘部残，细柄中空，喇叭形座。

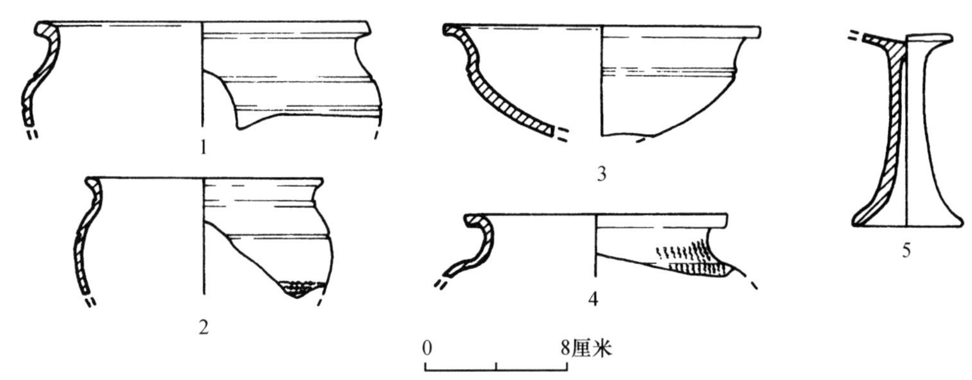

图二二 H70①出土的部分陶器

1、2. 盂（H70①：3、H70①：4） 3、5. 豆（H70①：2、H70①：6） 4. 罐（H70①：5）

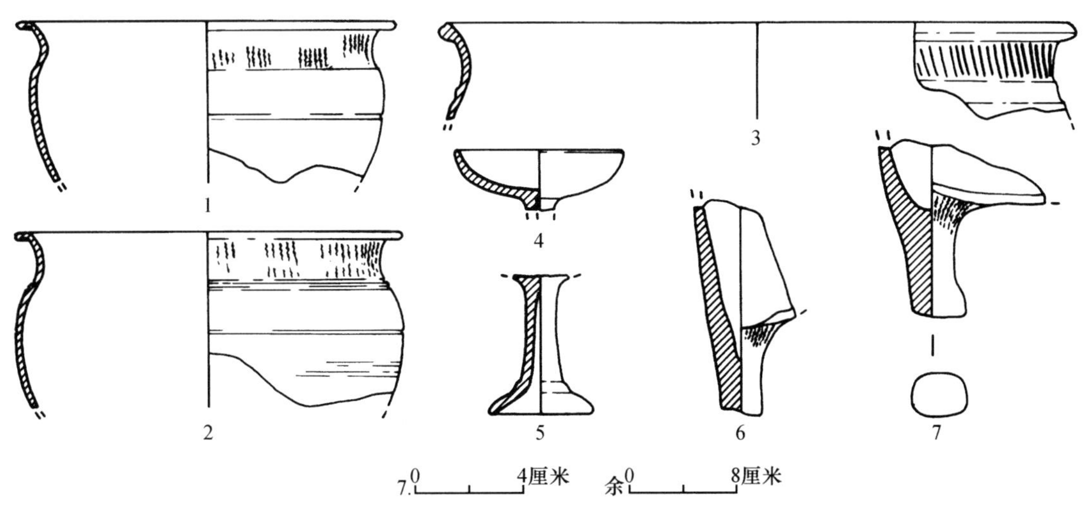

图二三 H70③出土的部分陶器

1~3. 盂（H70③：2、H70③：3、H70③：10） 4、5. 豆（H70③：7、H70③：6） 6、7. 鬲足（H70③：8、H70③：9）

底径7.6、残高10.8厘米（图二二，5）。H70③：6，泥质灰黑陶。盘部残，细柄中空，喇叭形座，座与柄结合处有一周凸棱。底径7.6、残高10厘米（图二三，5）。H70③：7，泥质灰黄陶。敞口，斜圆方唇，浅弧腹，底近平，细柄残。口径12.4、残高4.4厘米（图二三，4）。

罐　H70①：5，泥质红陶。侈口，折沿，方唇，束颈，广肩。颈部饰抹光绳纹，肩部饰绳纹。口径15.2、残高3.6厘米（图二二，4）。

鬲足　H70③：8，夹粗砂红陶，厚胎。腹壁与足外侧呈一直线，柱足，按窝深，弧裆。器表饰粗绳纹。残高16厘米（图二三，6）。H70③：9，夹粗砂红陶。腹壁与足外侧呈一直线，柱足，按窝较浅，裆近平。腹底与足内侧饰细绳纹。残高6.6厘米（图二三，7）。

2. 井

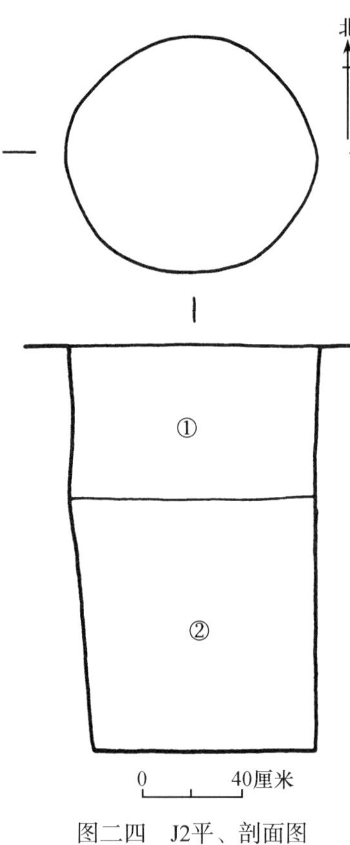

图二四　J2平、剖面图

1座（J2）。

J2　位于TN13E10东南。开口于第6层下，打破第10~13层直至生土。平面形状圆形，桶状，壁略下收，平底。壁面较光滑，隐约可见加工痕。直径1、深1.6米。填土可分两层：第1层：灰褐黏土，厚约0.6米，较致密，夹杂少量小石子及沙粒。出土陶片较少，仅见少量夹砂褐陶、泥质褐陶等，无可辨器形。第2层：黑褐黏土，厚约1米，致密，夹杂大量草木灰（图二四）。

出土陶片较多，夹砂陶为大宗，约占91%，泥质陶很少。夹砂陶中，以夹砂红陶为主，褐、灰陶次之，另有少量的黑、红陶。纹饰方面，以绳纹（间断绳纹）为大宗，约占84%，另有少量的素面、凹弦纹等。可辨器形有鬲、盂、豆、罐、甑、甗等。

鬲　J2②：2，夹细砂红褐陶。侈口，卷沿，圆唇外贴，束颈，鼓肩。颈部饰磨光绳纹，肩部饰间断斜向绳纹。口径34、腹径34.8、残高17.2厘米（图二五，1）。J2②：4，夹粗砂灰黄陶。侈口，方唇外贴，束颈，鼓肩。颈部饰抹光绳纹，肩部饰竖向绳纹。口径26、残高6厘米（图二五，3）。

盂　J2②：5，夹砂灰陶。侈口，外卷沿，方唇，束颈。肩部饰三道凹弦纹。口径39.2、残高7厘米（图二五，2）。

四、第三期遗存

此期遗迹不多，均位于西区，其中灰坑2个、灰沟4条、房基1座、窑1座，出土遗物有少量的瓮、盆，多为灰砖、筒瓦、板瓦等。

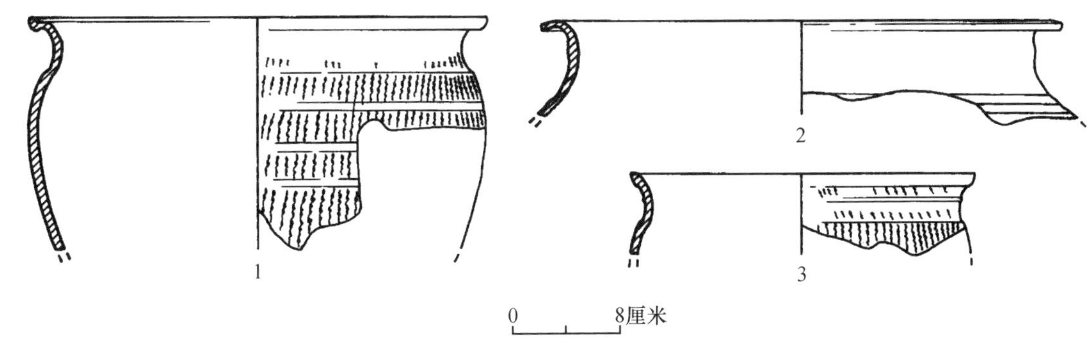

图二五 J2②层出土的部分器物

1、3. 鬲（J2②：2、J2②：4） 2. 盂（J2②：5）

H38 位于TN17E02东南角，部分延伸至本探方东隔梁及TN16E02北隔梁下。开口于第5A层下，被G7打破，打破第7层至生土。已发掘部分呈扇形，锅底状。东西长3.4、南北宽3.3、深0.3~0.7米。填土可分两层：第1层为灰黄色，厚0~0.4米，较疏松，含少量的绳纹砖及小石块。第2层为黑色，厚0~0.35米，疏松，含少量的草木灰、小石块及烧土颗粒（图二六）。

出土有少量陶片，多为灰陶，纹饰以绳纹为主，可辨器形有盆、双耳罐等。另有石斧3件、“开元通宝”铜钱1枚。

盆 H38②：5，泥质灰黑陶。敛口，宽外卷沿，圆唇，弧腹下收。口径50、残高11.4厘米（图二七，1）。

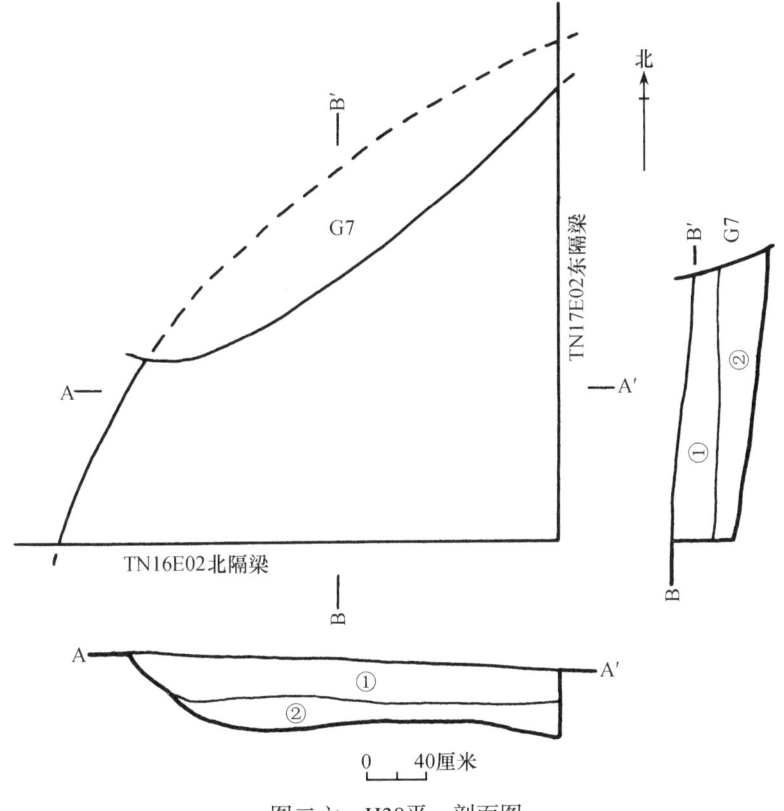

图二六 H38平、剖面图

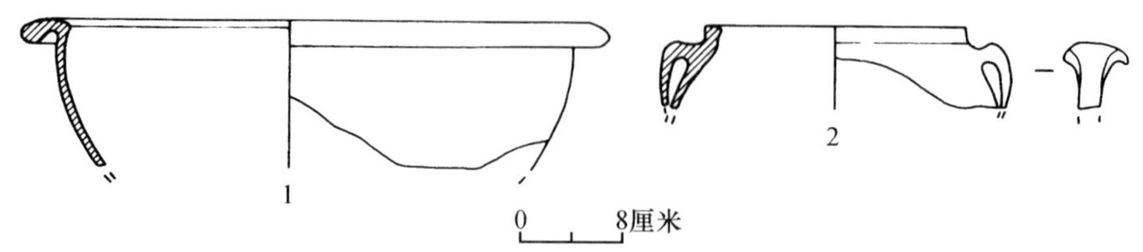

图二七　H38出土的部分陶器

1. 盆（H38②：5）　2. 双耳罐（H38②：6）

双耳罐　H38②：6，泥质灰陶。敛口，方唇，矮颈，鼓腹。肩部附桥形耳。口径20、残高6.2厘米（图二七，2）。

五、结　　语

本次发掘的遗存时间跨度大，根据发掘的遗存判断，大致可以分为三个大的时期。

第一期，以H42、H47、H79、G14、G19、W18为代表。该阶段遗迹分布于遗址西区，特别在西Ⅰ区北部分布密集。三座房基分布于西区的偏南、偏中、偏北，仅存柱洞，形制不明。其他遗迹（包括瓮棺）多分布于房屋周围，与房屋密切相关，说明在当时应是一重要的居住区。出土的遗物以陶器和石器居多。陶器以泥质陶为主，夹砂陶次之。泥质陶以黑陶为主，灰陶次之，二者所占比例在八成以上，另有少量的黄、红陶。夹砂陶中，红陶居多，黄陶次之，另有少量的灰、褐陶。纹饰方面，素面为主，篮纹次之，二者所占比例在九成以上，另有少量的绳纹、方格纹、凹弦纹、戳印纹、按窝纹等。以鼎、瓮、折沿罐、卷沿罐、盘、豆、盆、钵、鬶等为基本器物组合。同类遗存见于郧县大寺[1]、辽瓦店子[2]、均县乱石滩[3]、淅川下王冈[4]等。这批遗存在鄂西北豫西南地区有广泛分布，有其自身特色，属乱石滩文化范畴。

第二期，以H39、H66、H70、J2为代表。该阶段遗迹以东区偏南最为集中，西区零散分布于遗址西Ⅰ区南部、西Ⅱ区南部、西Ⅲ区南部。出土遗物以陶器和石器为主。陶器以夹砂陶为主，泥质陶次之。夹砂陶以红（褐）陶为主，灰、黑陶次之，另有少量的黄陶。泥质陶以黑陶为主，灰陶次之，另有少量的红、黄、褐陶等。鬲、盂、豆、罐、瓮、甗为基本器物组合。同类遗存广泛分布于鄂西北地区，如郧县辽瓦店子[5]、襄樊真武山[6]、宜城郭家岗[7]等。其中，J2②：4鬲与郭家岗B型Ⅲa式鬲、J2②：2鬲口沿与真武山Ⅲ式甗口沿相似，时间可早至春秋中期。H70①：3盂与真武山B型Ⅱ式、辽瓦店子Ba型Ⅰ式盂相似，H70①：4盂与郭家岗A型Ⅱ式、辽瓦店子A型Ⅰ式盂相似，时间大致处于春秋晚期。H39：3鬲与辽瓦店子Aa型Ⅲ式鬲、H39：4罐与郭家岗B型Ⅱ式罐相似，年代已进入战国时代。文化面貌的高度一致，是楚文化在鄂西北区强有力控制的实证。

第三期，以H38为代表。该阶段遗迹集中分布于西Ⅰ区中部、南部，表明此阶段是人们活动较为频繁的区域。遗物方面，除H38出土有“开元通宝”，少有纪年资料，其他遗迹出土遗物多为灰砖碎块，另有少量残碎泥质灰陶片，可辨器形者不多。H38②：5宽卷沿盆与襄樊檀溪M38：10、M38：12盆[8]相似，H38②：6罐与襄阳陈坡M5：1四系罐[9]、新郑摩托城M20：3

罐[10]相似，年代约在中唐及后。

郭家道子遗址2010年度的发掘是继2006~2007年度的一次扩展。这批乱石滩文化遗存是该遗址的新收获，规模仅次于同时期的辽瓦店子遗址，这无疑丰富了鄂西北地区新石器时代晚期的文化内涵。东周、唐代遗存又为我们认识鄂西北地区楚文化、唐文化面貌提供了重要材料。

附记：此次发掘由刘辉领队，张君负责发掘，向其芳负责室内整理。线图由陈秋红、孟军涛绘描，器物修复由谭娇娥、朱奎完成，陈代玉负责统计。

执　笔：向其芳　刘　辉　陈代玉

注　　释

[1] 中国社会科学院考古研究所：《青龙泉与大寺》，科学出版社，1991年。

[2] 湖北省文物考古研究所：《郧县辽瓦店子遗址2007年度发掘简报》，见本书。

[3] 中国社会科学院考古研究所长江工作队：《湖北均县乱石滩遗址发掘报告》，《考古》1986年第7期。

[4] 河南省文物研究所等：《淅川下王冈》，文物出版社，1989年。

[5] 武汉大学考古与博物馆学系等：《湖北郧县辽瓦店子遗址东周遗存的发掘》，《考古》2008年第4期。

[6] 湖北省文物考古研究所等：《湖北襄樊真武山周代遗址》，《考古学集刊》第9集，科学出版社，1995年。

[7] 武汉大学历史系考古研究室等：《湖北宜城郭家岗遗址发掘》，《考古学报》1997年第4期。

[8] 襄阳市考古队：《襄樊檀溪隋唐宋墓清理简报》，《江汉考古》2000年第2期。

[9] 襄阳市考古队等：《襄阳县东津陈坡六朝隋唐墓葬发掘简报》，《江汉考古》1999年第4期。

[10] 河南省文物考古研究所：《河南新郑市摩托城唐墓发掘简报》，《华夏考古》2005年第4期。

郧县杨溪铺遗址发掘简报

南京大学历史系考古学及博物馆学专业

杨溪铺遗址位于湖北省郧县杨溪铺镇杨溪村二组，汉江北岸的二级台地上，西为卜家河，东为夹沟（图一、图二）。遗址高程146~149米，中心地理坐标为东经110°52′23″，北纬32°49′42″。

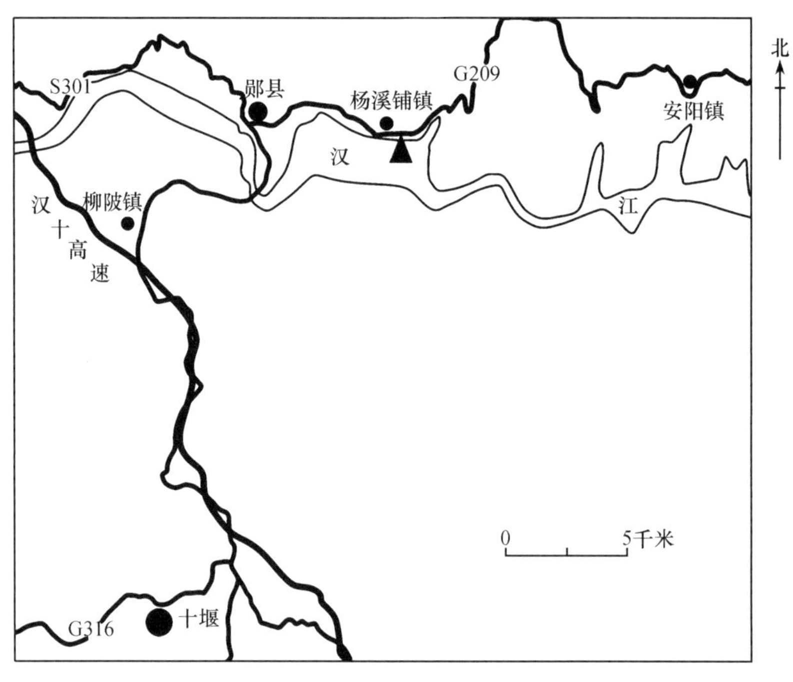

图一　杨溪铺遗址位置示意图

1958年长江流域规划办公室考古队调查时发现该遗址，1986年、1990年原郧阳地区文物普查时两次复查。1994年湖北省文物考古研究所组织地、县进行了专项调查，2004年南水北调中线工程丹江口水库淹没区湖北省文物保护规划组复查。调查结果为旧石器时代、新石器时代、六朝、汉时期的遗存。现地表显见汉、六朝花纹砖和东周时期的陶片、宋元时期的青瓷片和明清时期的青花瓷片。

2010年11月~2011年1月，为配合南水北调中线工程的建设，南京大学历史系考古学及博物馆学专业对该遗址进行了全面的勘探和发掘，发现了东周、两汉、六朝、唐宋和明清时期的遗迹共83处，现将此次发掘的成果简报于下：

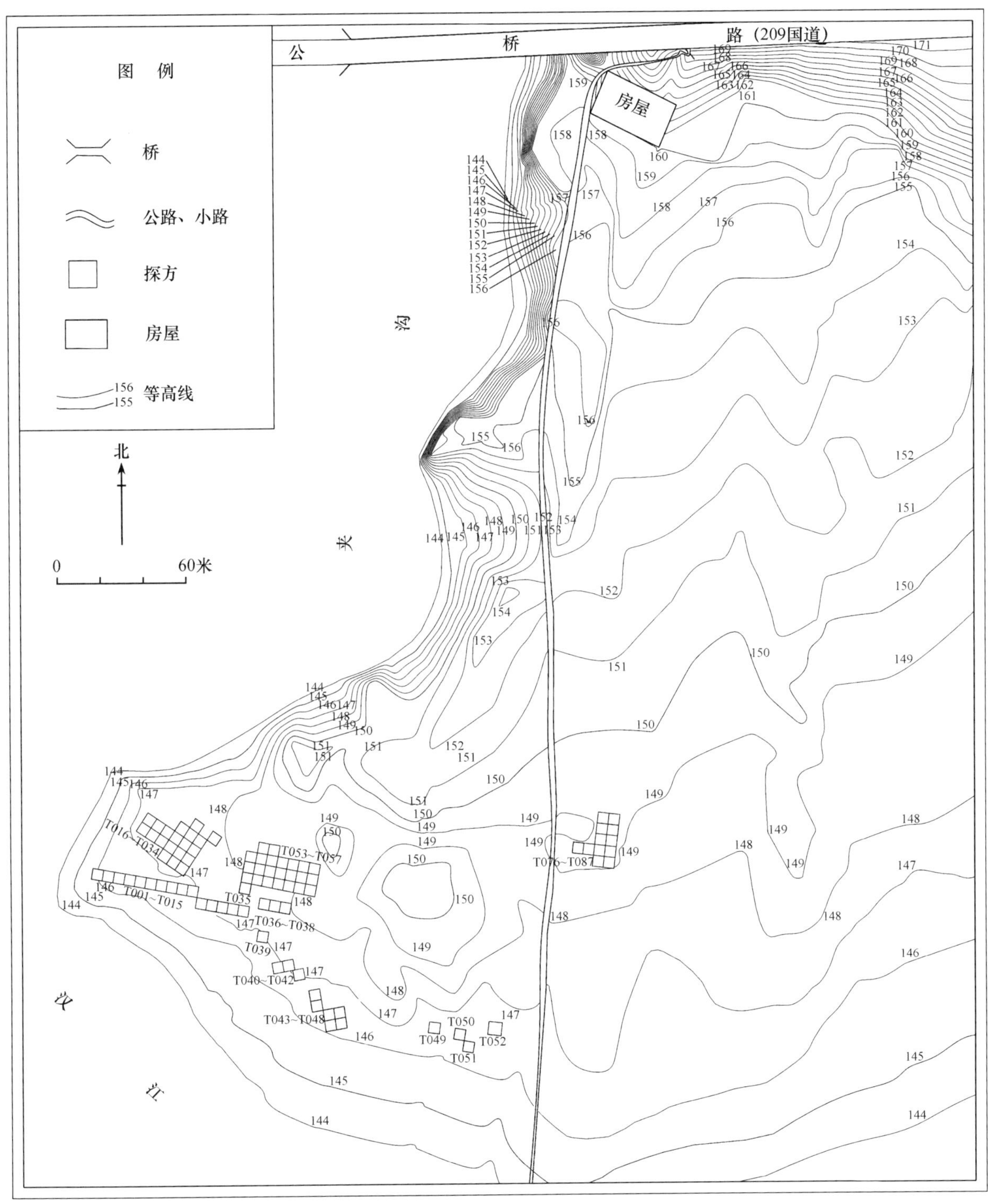

图二 杨溪铺遗址地形及布方位置图

一、地层堆积及发现概况

根据发掘前的踏查和钻探，没有发现文化层堆积，只发现了较多的墓葬，故依钻探结果，以墓葬为导向，分两批共布方87个，其中86个为5米×5米，1个为7米×7米。以南北向小路为界，西侧为Ⅰ区，布方75个，东侧为Ⅱ区，布方12个，去除Ⅰ区5个未发掘探方，实际发掘面积2074平方米。探方自西向东，自南向北依次编号。根据地形及遗迹的位置设置方向，共有3个方向，分别为T1~T15、T35~T39、T49~T75、T76~T87为10°，T40~T48为350°，T16~T34为35°（图二~图四）。

发掘区处于汉江之滨，山坡之下，自古以来受到泥石流和洪水淤积的影响，因此地层堆积中淤积层较厚，文化层较少。经统一后，大致可分为四层。

第1层：现代耕土层。厚5~15厘米。

第2层：现代扰乱层。深5~15、厚5~20厘米。夹杂有现代瓷片和铁器。

第3层：明清时期文化层，土色灰黄，土质疏松。深15~30、厚10~30厘米。包含有青花瓷片、釉陶片及砖瓦等。西汉中晚期墓葬M2，东汉晚期—六朝早期墓葬M14、M15、M19，六朝中期墓葬M1、M7~M9、M11、M12、M17、M18、M21、M24~M28、M31，六朝晚期墓葬M5、M6、M10、M16、M20、M41，隋唐墓葬M3、M4，宋代墓葬M22、M23，清代墓葬M13、M29、M30、M32~M40、M42~M50；汉代灰坑H6、H14，六朝灰坑H1、H3~H5、H13、H15，宋代灰坑H9、H11，明清灰坑H2、H10、H12、H16~H19；六朝灶址Z1~Z4；六朝沟G3，明清沟G1、G2、G4；明清临时场所P1、P2；明清房址F2均分布于此层下。

第4层：战国—汉代文化层，土色红褐，土质较黏、硬。深40~60、厚20~120厘米。包含物极少，仅有少量红烧土粒和木炭痕迹。东周房址F1、F1J1战国—汉代特殊遗迹TJ1分布于此层下。

除以上所列遗迹外，还有未出土遗物的遗迹H7、H8。

现择要将各时期的遗存分别介绍如下：

二、东周时期遗存

初步判断为东周时期的遗存有F1。

F1　带基槽、柱洞、窖穴的三间形制，曲尺形，基槽转角处设置柱洞并加宽，东部被东汉晚期—六朝时期的墓葬M14、M16打破。北部一间较大，面阔10、进深4米，南部两间偏东，面积较小，面阔4米余。西南角分布有窖穴一座，直径1、深0.8米（图五）。从窖穴打破基槽的情况分析，窖穴应是在房子使用一段时间后才建造的。北部的大间应为主要的居住和生活空间，东南两个较小房间可能作为厨房和储藏间使用。F1结构完整，堆积层次分明，可分为倒塌堆积和居住面。出土物较为丰富，有陶鬲、陶甗、陶盆、陶罐、板瓦、筒瓦、铁器等（图六），窖穴内则包含有较多的动物骨骼和鱼骨。由于从出土物分析，时代应为东周时期。

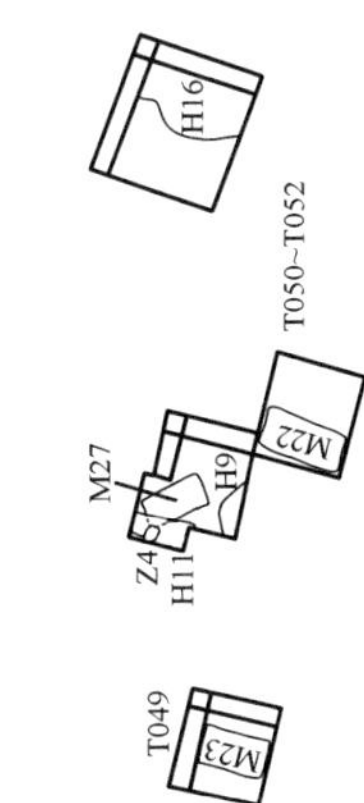

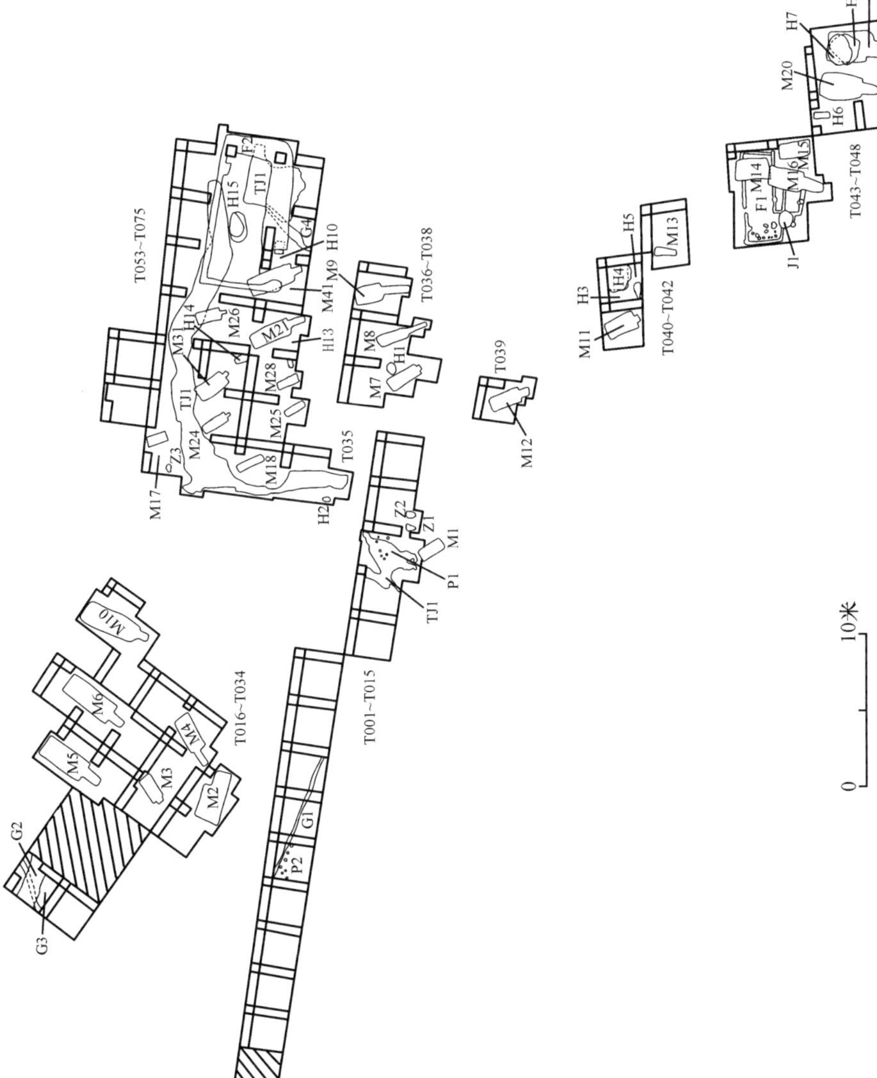

图三 杨溪铺遗址Ⅰ区总平面图

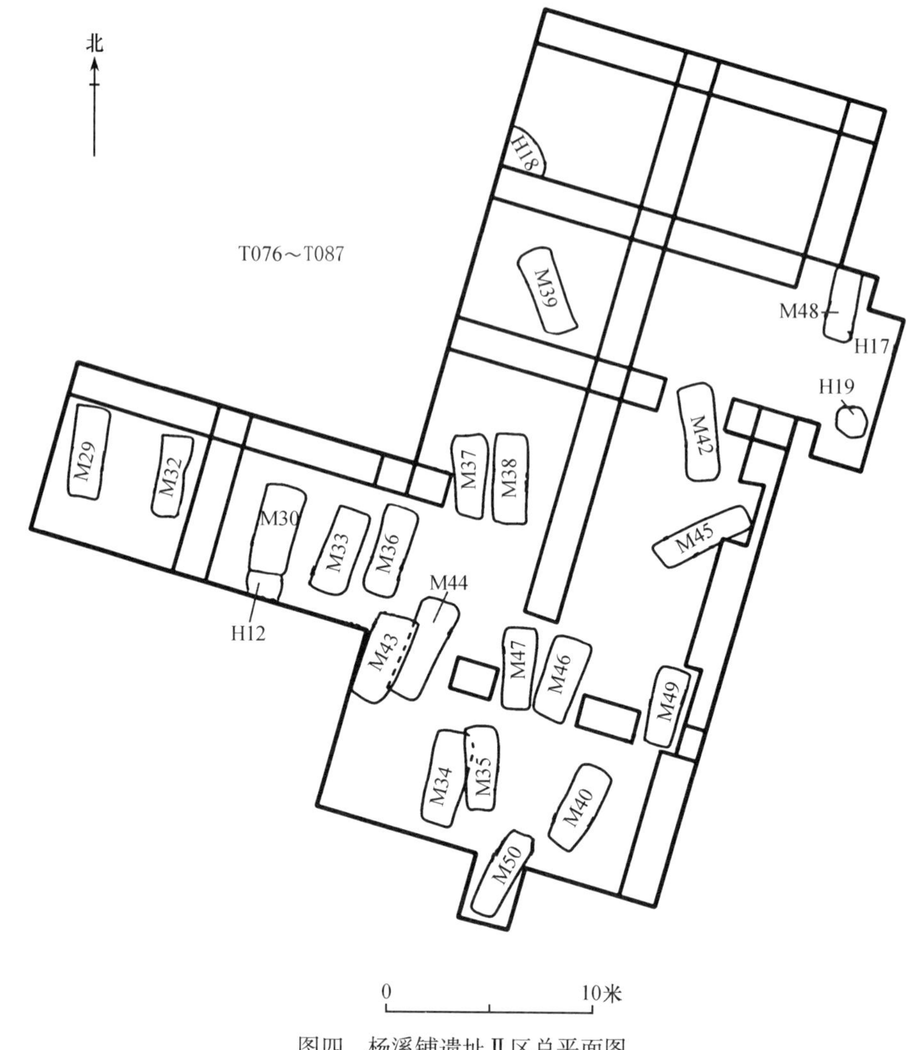

图四　杨溪铺遗址Ⅱ区总平面图

三、汉代遗存

初步判断为汉代的遗存包括TJ1、M2、H6和H14。

TJ1　特殊遗迹的简称，由大小不等的白色石子平铺而成，总体形状为半环形条带状，石子直径小者不足1厘米，大者超过20厘米。石层厚度5~100厘米。总周长65米，宽度最窄40厘米，最宽600厘米。石子平面深浅不一，深者距现在地表180厘米，浅者50厘米，依当时地表情况而铺设，并没有刻意铺平地表。条带的边缘也有若干分叉向外延伸，从整体形状看，形似某种长身动物（图七）。TJ1性质不明。发掘初期曾经推断第4层为生土，但从墓葬剖面看第4层土中仍然包含有少量的红烧土颗粒和木炭痕迹，清理第4层的过程中即发现条带状分布的石头层堆积，初期判断可能为路面，或者为河湾边缘水流冲击而成的石头沉积，也可能与分布在第3层下的六朝时期墓葬有关，可能属于祭祀遗迹。但石头层的厚度最深有1米，与路面特征不符，水流冲击而成的石头应该是大石头在下，小石头在上，也不可能是完全有选择性的白色石头，第4层土的厚度决定其与第3层下的墓葬也无关系，属于单独存在的遗迹现象。另从整体形

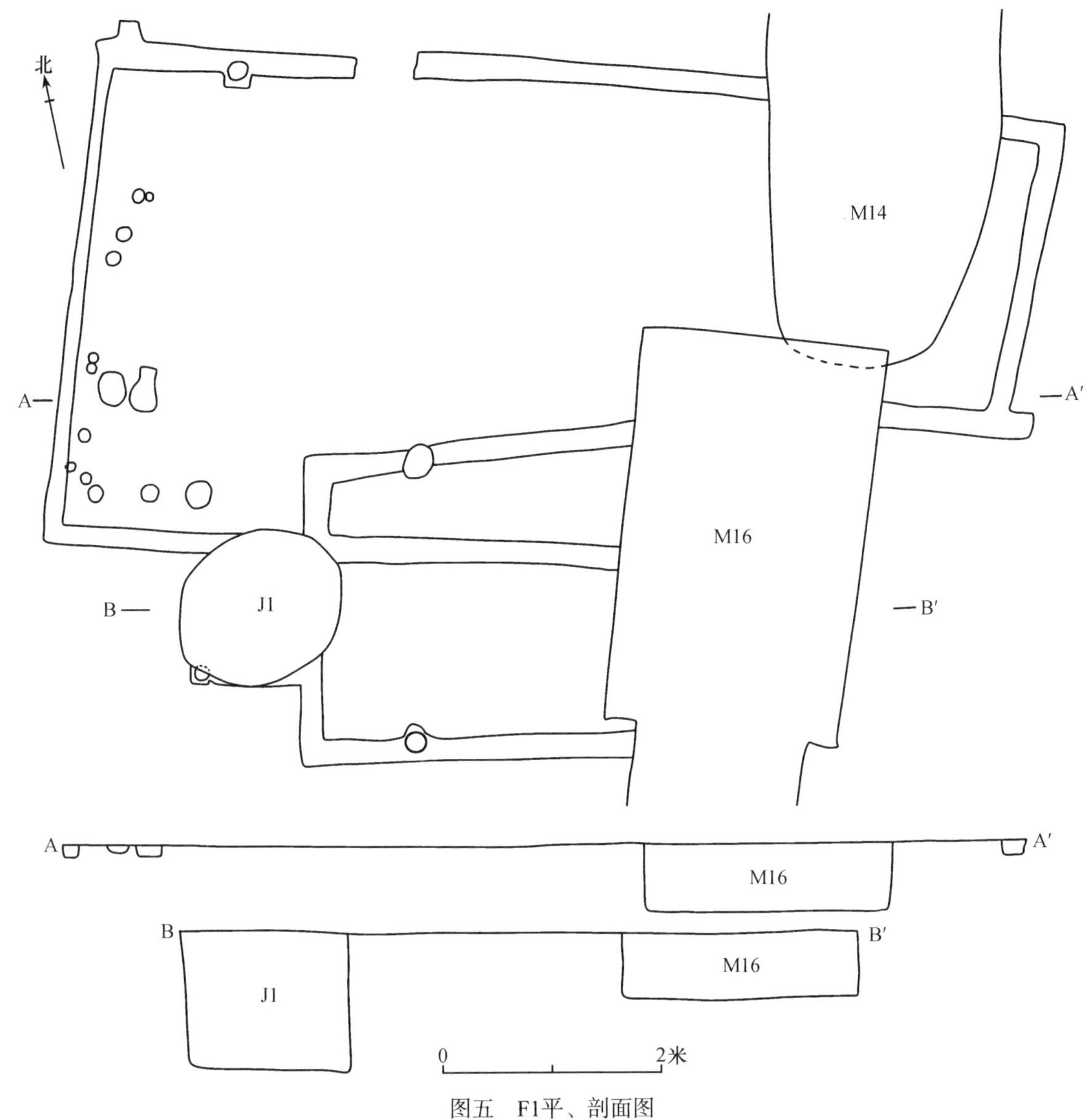

图五 F1平、剖面图

状上看，也有可能为特意铺设的象征性设施。以上均属于初步判断，具体性质还有待进一步的证据和研究。第3层下分布有大量的六朝时期墓葬，也有汉代的灰坑，因此第4层的年代不会晚于汉代，故TJ1的年代大致应为战国—汉代。

M2 带斜坡墓道和甬道的砖室券顶形制，墓葬包括墓道总长6.1米，墓室长3.3、宽2.1、深1米，方向105° 。墓室中除西北角留有较完整的丁砖及中间的一片铺地砖外，壁砖均已被破坏，散乱分布在填土中。砖侧面大多有绳纹和菱形纹，随葬品除发现30余枚西汉中晚期的五铢钱外，无其他发现（图八）。

H14 长方形竖穴土坑，长1.8、宽0.8、深0.6米。填土中包含有较多的草木灰。包含物较丰富，有石锛、陶饼、陶罐等器形，也有筒瓦、板瓦等建筑材料（图九）。

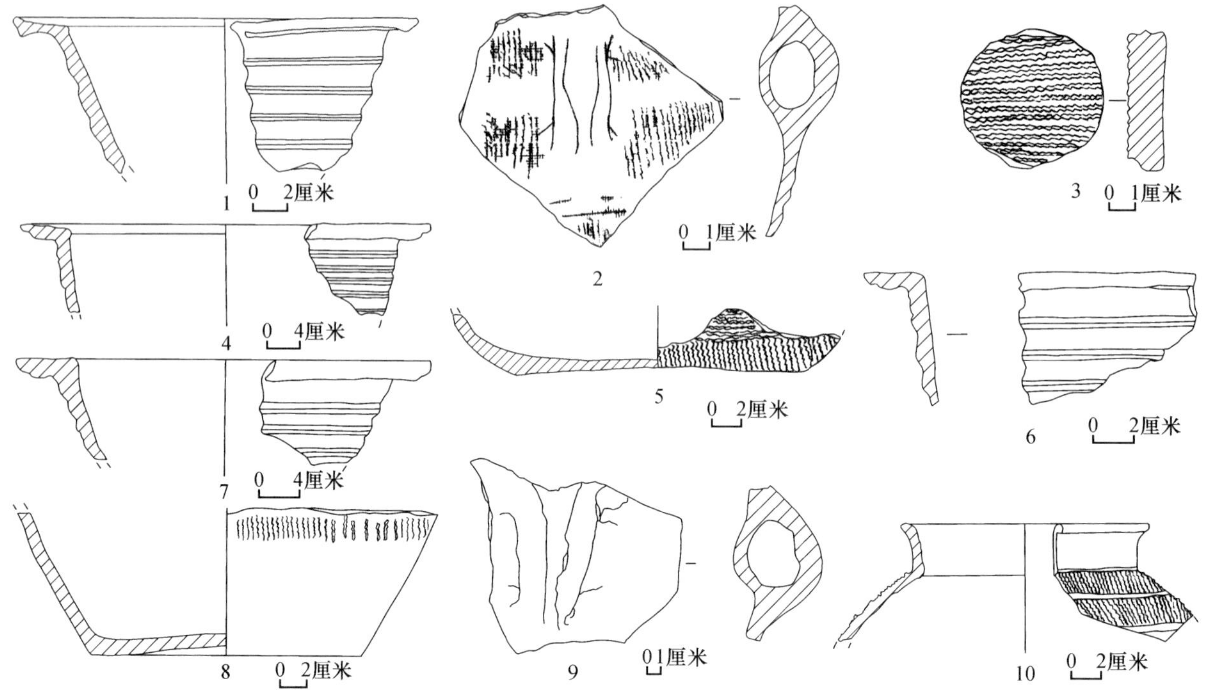

图六　F1出土器物

1、4、6~8. 陶盆　2、9. 陶牛鼻耳　3. 陶饼　5、10. 陶罐

图七　TJ1平面图（照片为自西北向东南摄）

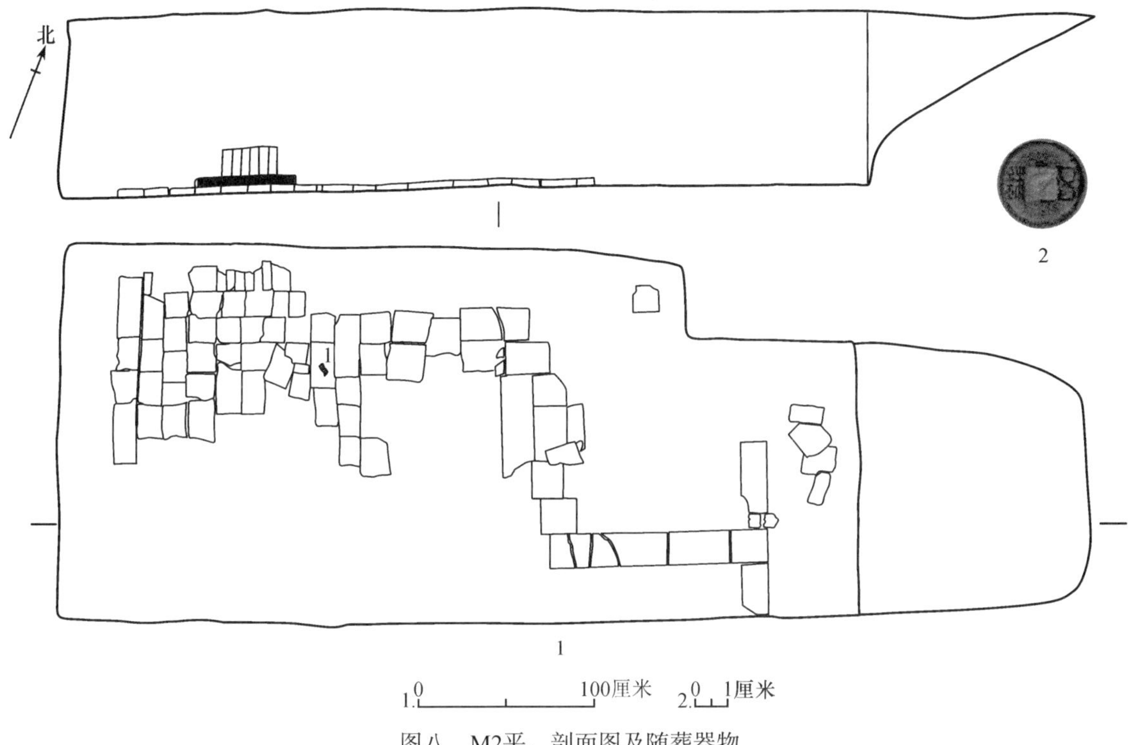

图八 M2平、剖面图及随葬器物
1. 平、剖面图（1. 五铢） 2. 五铢（M2：1）

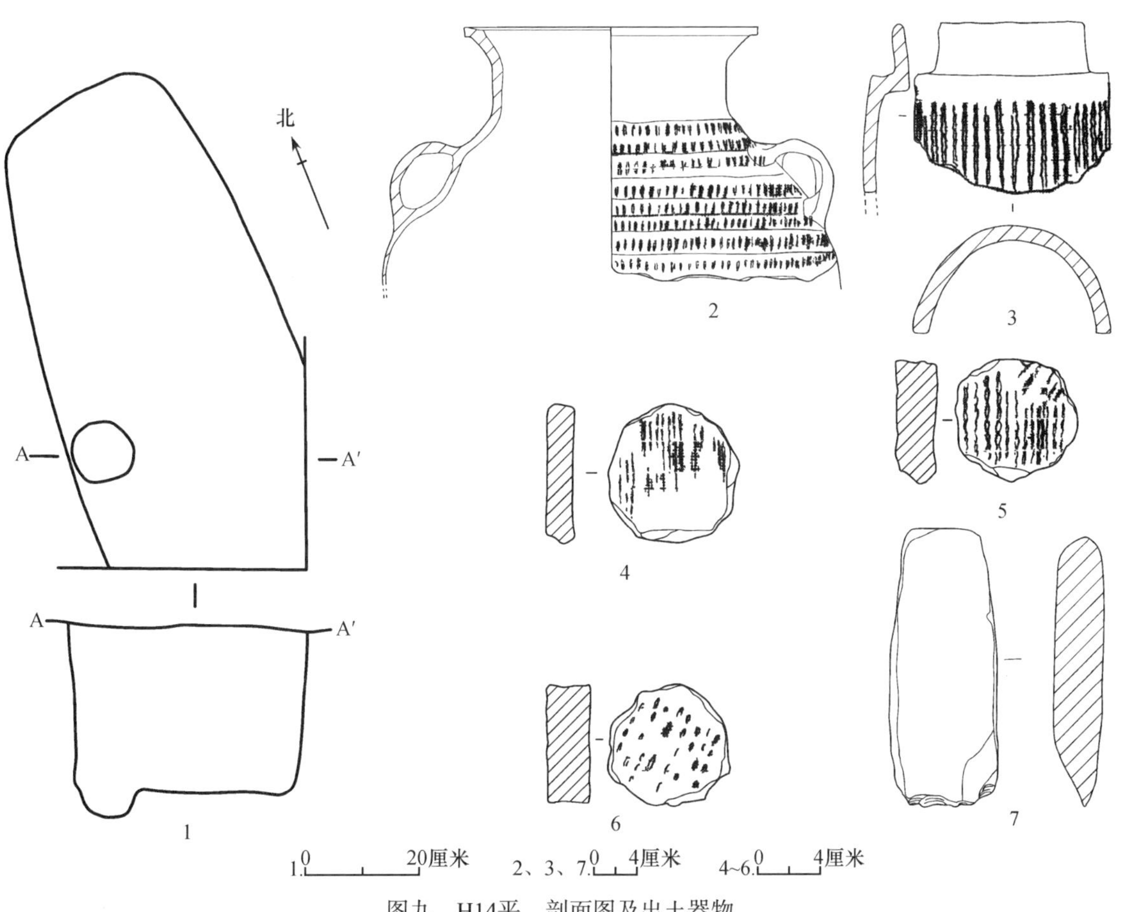

图九 H14平、剖面图及出土器物
1. 平、剖面图 2. 陶罐 3. 陶筒瓦 4~6. 陶饼 7. 石锛

四、六朝时期遗存

初步判断为东汉晚期—六朝早期墓葬的有M14、M15、M19；六朝中期的墓葬M1、M7~M9、M11、M12、M17、M18、M21、M24~M28、M31；六朝晚期的墓葬M5、M6、M10、M16、M20、M41。六朝时期具体年代不明的H1、H3~H5、H13、H15、Z1~Z4、G3。

M19　“凸”字形带墓道的砖室券顶墓，甬道和封门都保存完好，墓室顶部被毁，砖已大部不见，墓室的建筑方法为四隅券进式，三壁的中部墓砖砌成倒“人”字形，墓室四壁略呈弧形。墓道呈“八”字形外撇，墓道长3.3、宽2.4米，甬道长1.1、宽1.1米，墓室长3、宽3、深2.5米，墓向为10°（图一〇）。墓砖大多为短侧面带铭文的铭文砖，铭文为“大平”，顺面为素面，墓室内出有五铢钱1枚，破碎的陶仓、陶罐各1件，甬道内出有陶灶和陶钵各1件（图一一）。如果认为大平为纪年铭文，则可能为东吴孙权之子孙亮的年号（256～258年）；如为吉祥语，则有太平之意。结合墓葬形制和出土品分析，应该更接近前者的推断。

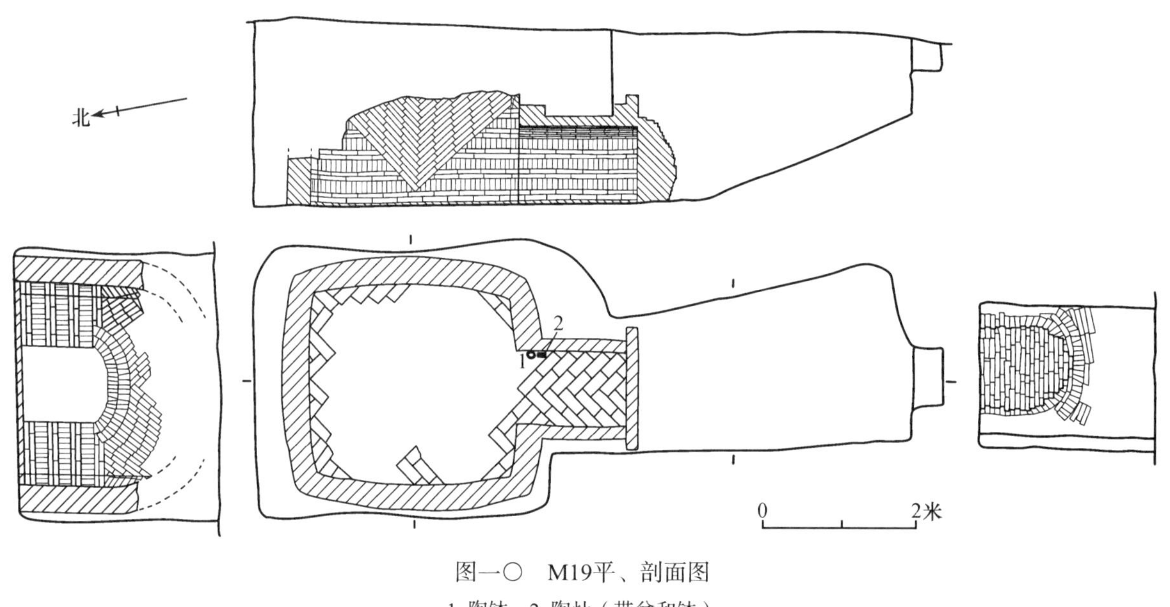

图一〇　M19平、剖面图

1. 陶钵　2. 陶灶（带盆和钵）

M21　长方形带斜坡墓道的砖室券顶墓，墓室长4.8、宽2、深1.2米，方向350°。墓道长1.9、宽1、深0.75米。墓底残留少量铺地砖，均为素面，砖长35、宽16、厚5厘米（图一二）。与此墓的墓葬形制、方向和砖的装饰手法类似的墓葬发现有15座，其中M27破坏严重，但出土物中有1件带有“□建三□”铭文的纪年砖（图一三），汉至六朝时期符合这一纪年的年号有三个，即东汉永建（126~132年）、南朝刘宋孝建（454~456年）和陈太建（569~582年），本发掘区中不见东汉遗存，墓葬形制也与东汉时期不符，而由于陈朝实力的减弱，此地区当时已不属于南朝的统辖区域，故推断此墓的年代应为南朝刘宋孝建时期，故判断这一批墓葬均为六朝中期。

M5、M6、M10　“凸”字形带台阶墓道的砖室券顶墓，方向为35°，长约8、宽约3、深

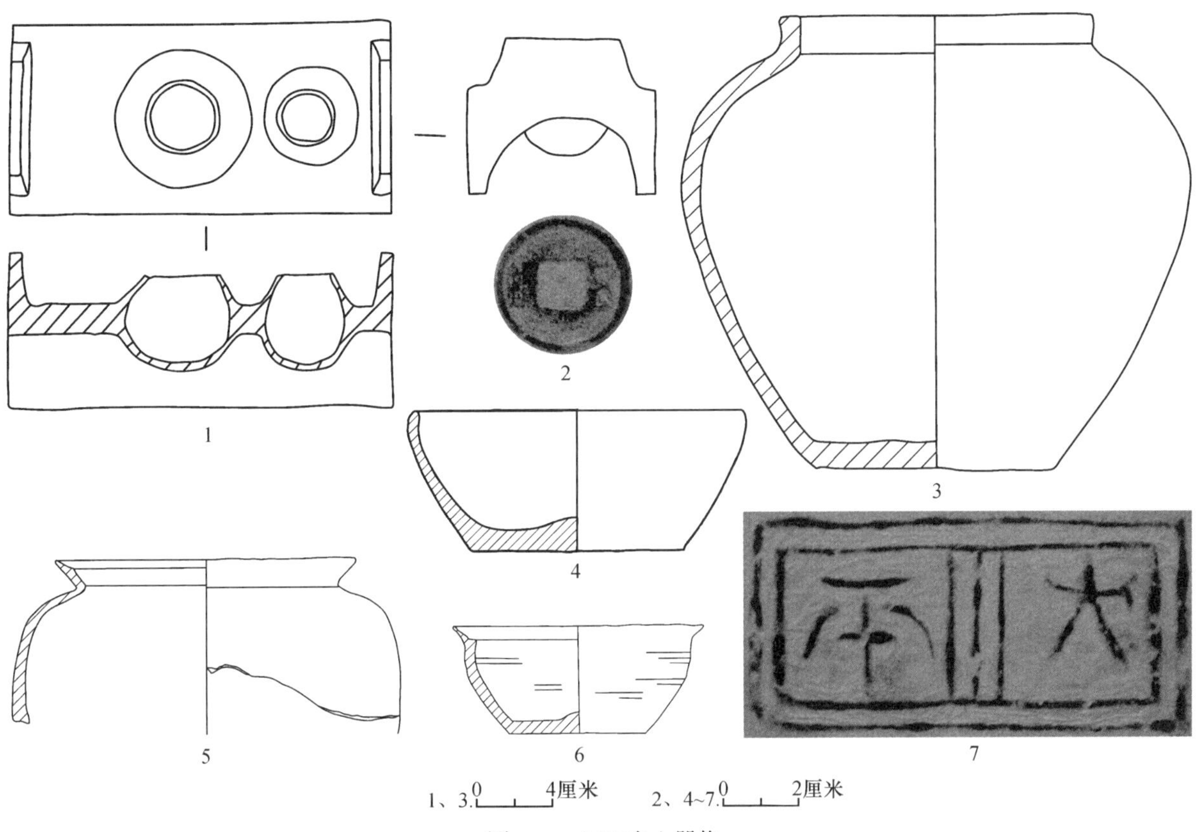

图一一　M19出土器物

1. 陶灶　2. 五铢钱　3. 陶罐　4. 陶钵　5. 陶仓　6. 陶盆　7. “大平”砖铭

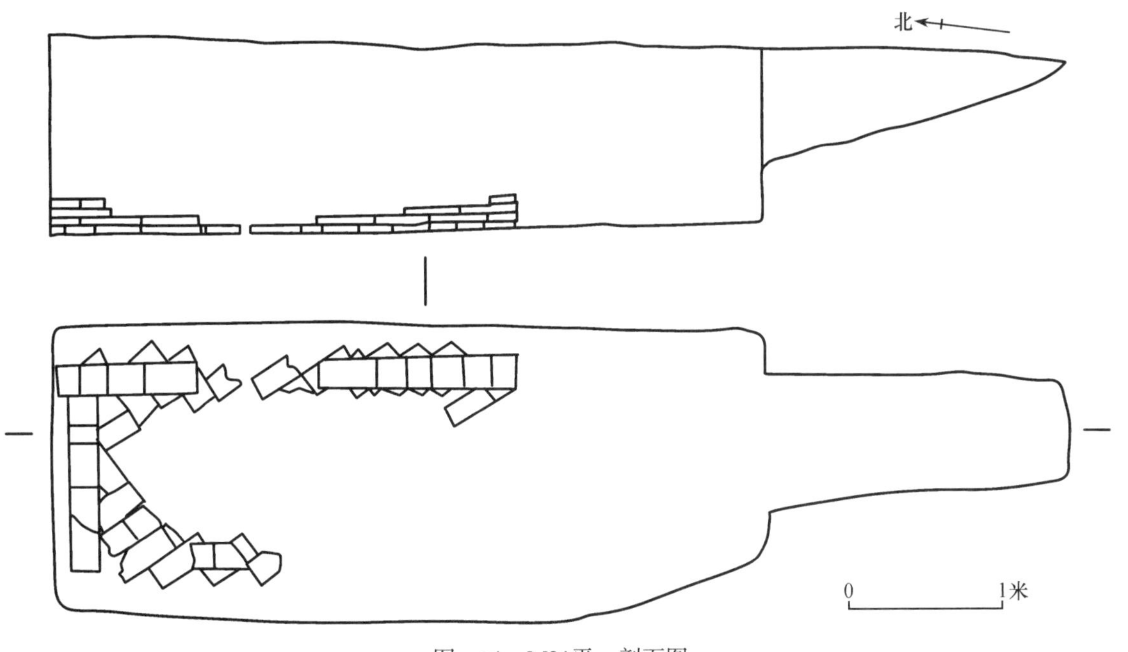

图一二　M21平、剖面图

约1.5米，三墓的后壁中部均设有壁龛，M10还在东壁外紧靠墓壁处设柱洞，可能为立柱用以吊土的遗迹，三墓内均或多或少出有骨渣和棺钉，说明均有木质葬具。三墓均破坏严重，M5出有青瓷碟1件（图一四）。墓砖分为纪年铭文砖、官职名砖、吉祥语砖和花纹砖四种，四种铭文在三座墓葬中均或多或少地存在。纪年铭有“□监十六年”；官职铭有“长史秦”；纪年加官职铭有“丁酉□长史秦”；吉祥语铭有“安乐大吉”等，其中前三种还可以组合在一起成为一句话（图一三）。三座墓葬的大小、位置相近，方向一致，形制相同，应处于同一时期，联系以上铭文可知，丁酉年为南朝梁天监十六年（517年），故三墓大致都与南朝晚期的长史秦某人有关。

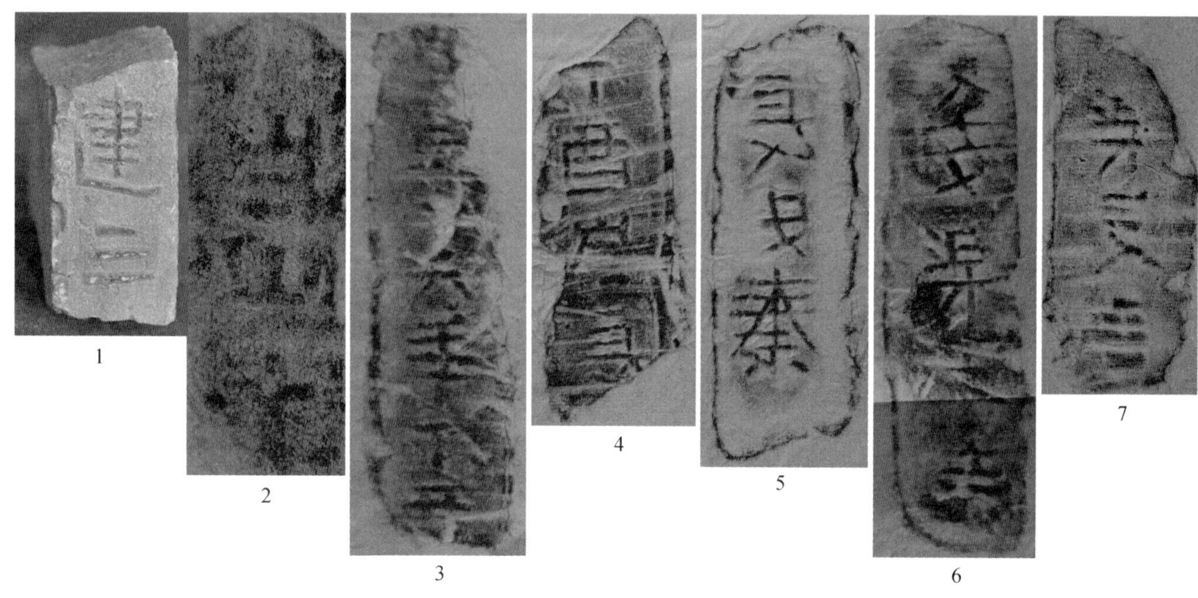

图一三　六朝中期和晚期的铭文砖

1. “□建三□”　2. “监十”　3. “监十六年丁酉”　4. “丁酉□长史秦”　5. “长史秦”　6. “安乐大吉”　7. “长史秦”

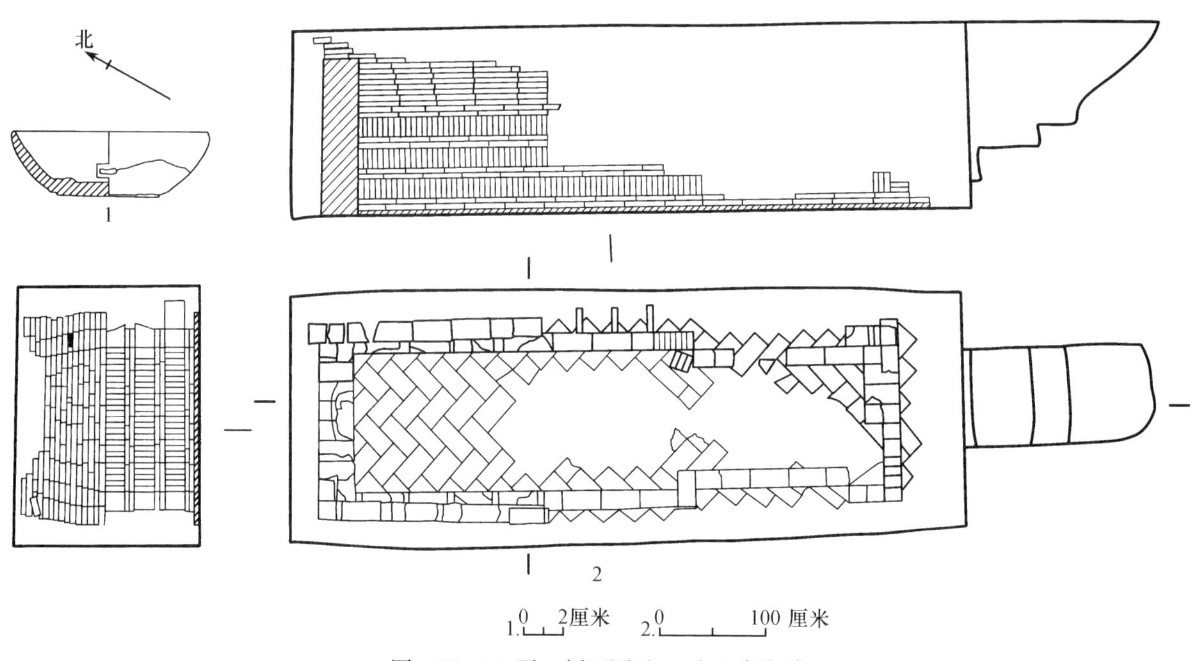

图一四　M6平、剖面图及M5出土青瓷碟

1. M5出土青瓷碟　2. M6平、剖面图

M20　“凸”字形带墓道的砖室墓，砖已被破坏殆尽。与M19位置相邻，但深度仅有60厘米，显然与M19的关系不大。墓总长6.7、宽3米，方向为25°。墓壁呈弧形，弧度较甚，接近圆弧，随葬品不存，葬式、葬具不明。从形制上看，可能与北朝地区的墓葬形制有一定的关系，结合此地域所处南北朝交界地区的特殊性，可能与六朝晚期北朝势力的扩张有关。

Z1　“凸”字形，带烟道。包括烟道长0.7、深0.3米，四壁已烧结而成烧土面，底部残留有大量的草木灰。填土中含有六朝时期的花纹砖一块。时代应为六朝时期（图一五）。

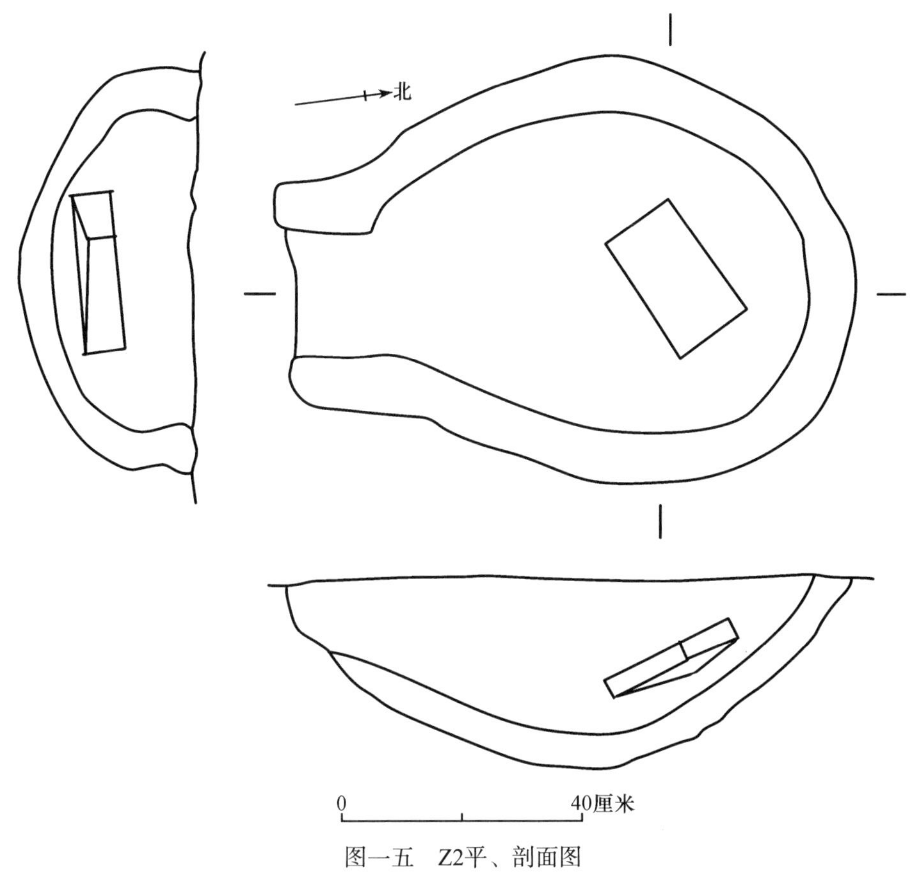

图一五　Z2平、剖面图

五、隋唐—宋代遗存

初步判断为此时段的遗存有M3、M4、M22、M23、H9和H11。

M23　长方形土坑墓，其上有厚达2米的淤土层，墓坑长3.77、宽1.7、深0.85米，方向10°。东壁中部设佛龛形壁龛（图一六）。随葬品有耀州窑系刻花青瓷碗、青瓷盏、黑陶盆、铁削刀、铁刀、货泉等破碎的随葬品（图一七）。以上信息反映该墓的时代应为北宋时期。

六、明清时期遗存

明清时期遗存包括M13、M29、M30、M32~M40、M42~M50、H2、H10、H12、

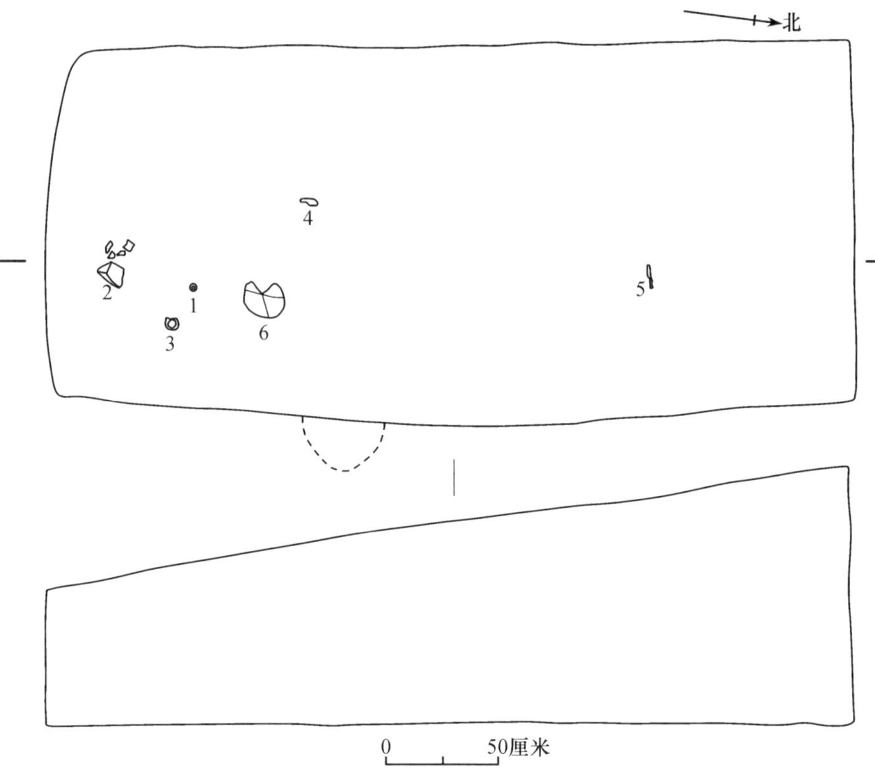

图一六　M23平、剖面图

1. 货泉　2. 黑陶盆　3. 青瓷盏　4. 铁刀　5. 铁削刀　6. 青瓷碗

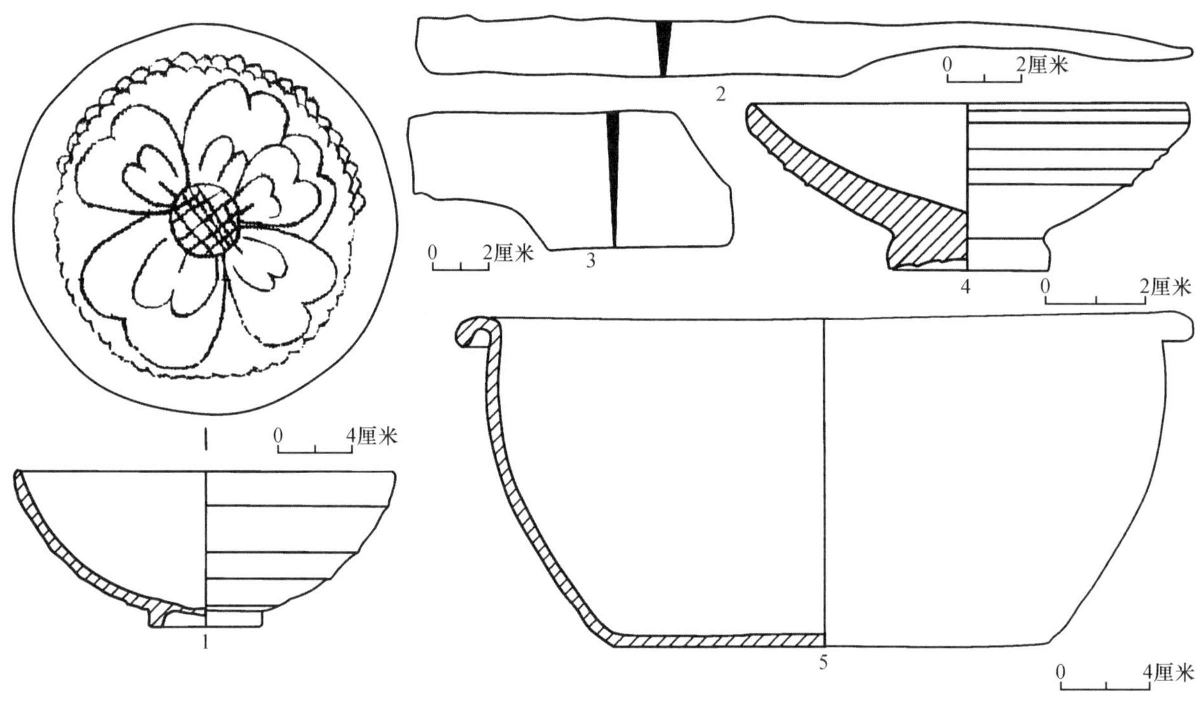

图一七　M23出土器物

1. 青瓷碗（M23：6）　2. 铁削刀（M23：5）　3. 铁刀（M23：4）　4. 青瓷盏（M23：3）　5. 黑陶盆（M23：2）

H16~H19、G1、G2、G4、P1、P2、F2。房址和灰坑的分布较为分散，不具有组合意义。灰沟应是利用自然形成的浅沟，包含物也较少。墓葬均分布在Ⅱ区，分布集中，并有一定的布局，除边缘的打破关系之外，基本互不干扰，具有大致相同的方向、规模、葬俗和葬具（图四），说明它们应该是家族墓地。

七、结　语

本次发掘所发现的墓葬和其他遗迹是有一定规律可循的，单从墓向上大致可以分为7个时代，形制上又兼具南北交流的特征，因此对于本地区历史问题的认识具有较重要的意义。大致可以形成以下认识：

（1）有的探方淤积层较厚，大部分探方地层堆积较简单，在明清地层下即为六朝和汉代墓葬、六朝地层下为战国—汉代石头层堆积、东周房址等。

（2）墓葬包括汉代墓葬、六朝时期家族墓地、唐宋时期家族墓葬等，各时期墓葬均有不同的墓向相区别。比如西汉中晚期墓葬为105°，东汉晚期至六朝早期墓葬为10°，六朝中期墓葬为340°左右，六朝晚期墓葬为35°左右，隋唐时期墓葬为60°左右，宋代墓葬为15°左右，清代墓葬大多数均为正北略偏东或偏西的方向。墓葬形制的变化反映了时代的变迁和文化内涵的变迁。墓葬被破坏的情况较为严重，但几乎所有的墓葬中都能找到可以判断年代的遗物，比如随葬品、铭文砖、花纹砖等，即使无包含物的墓葬，也能通过与其他墓葬的对比推断出大致的年代。

（3）与此遗址相邻的青龙泉遗址发现有西汉和唐宋时期的墓葬，但唯独六朝时期墓葬少见，本遗址大量六朝时期家族墓葬的发现似乎可以说明当地人口受自然环境的影响而发生的迁徙现象，对于认识这一地区的自然环境的变迁及原因以及对人类生存的影响有着重要意义。

（4）从与两侧遗址的对比和本遗址地层堆积情况可以推测，此遗址的原始海拔可能低于两侧的青龙泉遗址和刘湾遗址，从而造成早期人类并不以此地作为主要活动区域，而东周时期的房址和汉—六朝时期的墓葬的发现又说明此时期的水位可能较低。

（5）本地区在六朝时期处于南北朝的交界地区，根据以往的研究，无论在墓葬形制还是随葬品方面均有南北方交融的情况，而由于六朝墓葬发现较少的原因，一直未能清晰地认识，大批此时期墓葬的发现对于认识这一段时期的社会历史背景无疑具有重要的意义。

附记：本次发掘领队水涛，参加发掘的有南京大学2010级博士研究生李溯源，2009级硕士研究生李彦峰，2008级本科生刘聪、栗媛秋、莫嘉靖、张潇、刘柳、李志丹、翟光浩、张爽、赵耿飞、黄督军。

执　笔：赵东升

郧县曾家窝墓地发掘简报

湖北省文物考古研究所

一、地理位置与工作概况

曾家窝墓地隶属郧县茶店镇长岭沟村十二组和十四组，西距县城8千米，西南距十堰市21千米（图一）。墓地处于一东西向尖角的二级与三级阶地之上，北面与东面为汉水，南为汉水支流永定河（图二）。

为配合南水北调中线工程文物保护工作，2010年4~6月，湖北省文物考古研究所对墓地进行了发掘。发掘区域分南、北两区。北区位于长岭村十二组南部一高岗之上，地理坐标：东经110°49′56.5″，北纬32°48′23.8″，海拔201米。此区布5米×5米探方4个，发掘东汉墓葬1座（编号M1）。南区位于村十四组南临神定河半山冈上，地理坐标：东经110°50′21.2″，北纬32°48′13.4″，海拔180米。此区布5米×5米探方12个（图三），发掘宋明时期墓葬7座

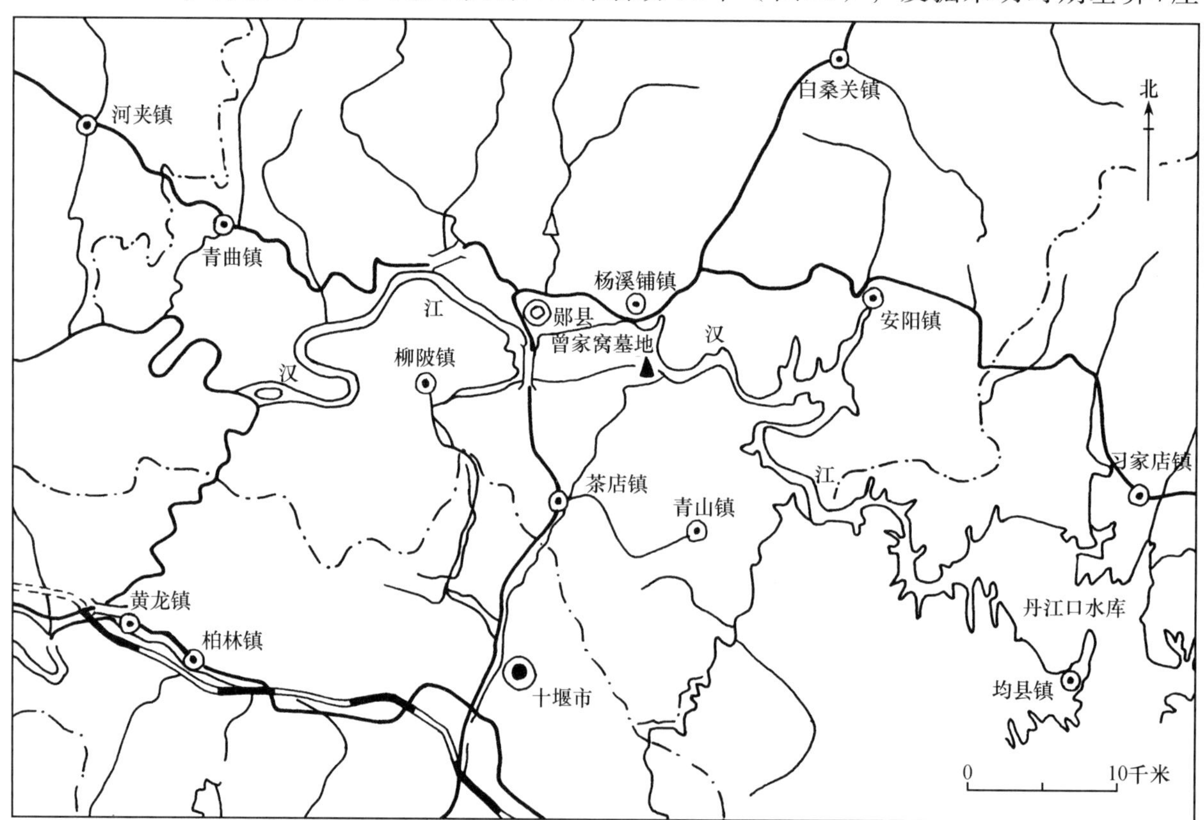

图一　墓地地理位置示意图

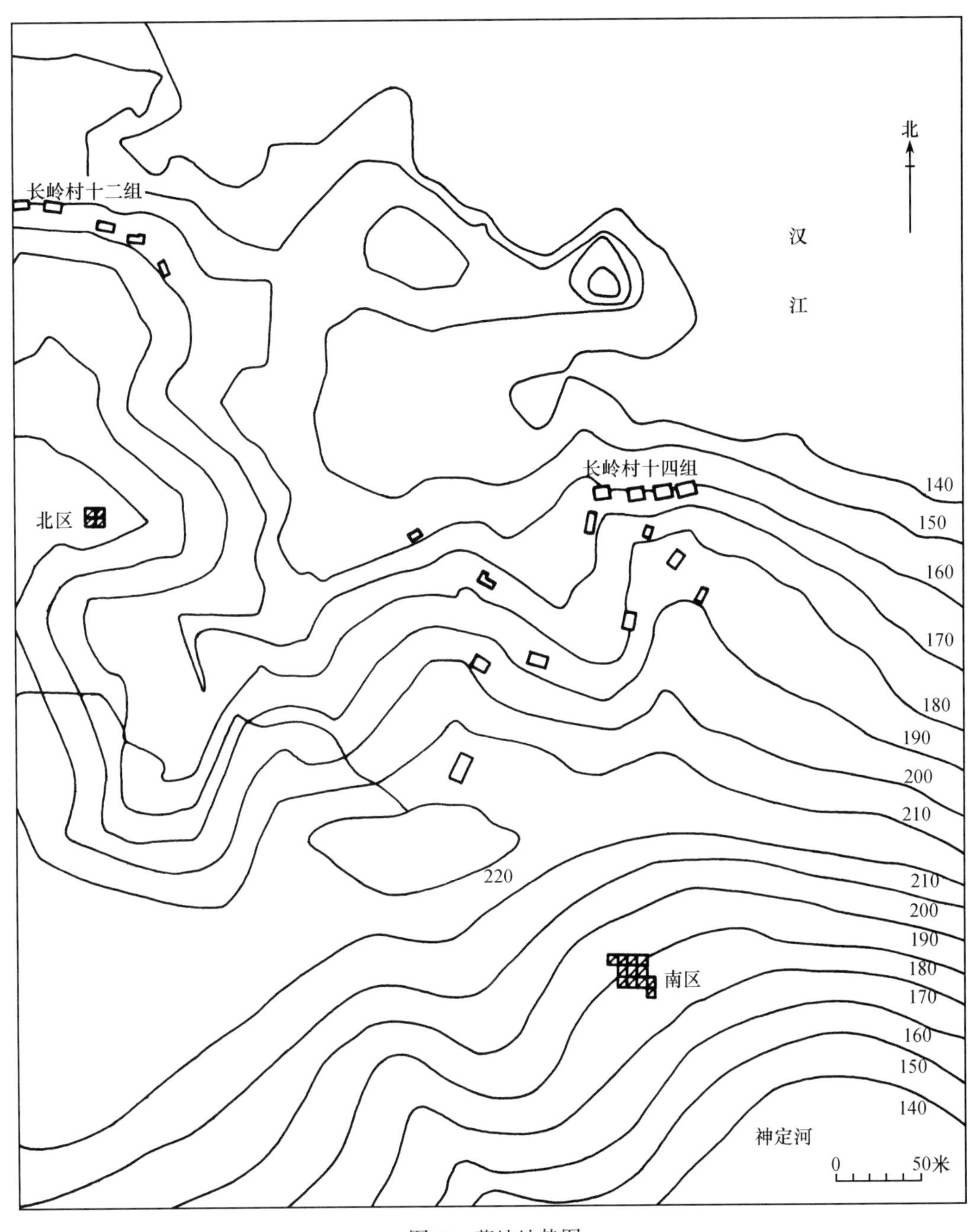

图二　墓地地势图

（编号M2~M8）。现将这批墓葬简报如下：

二、东汉墓葬

1座（M1）。

M1　位于北区TN1E1、TN1E2、TN2E1、TN2E2四个探方及南部扩方内。系竖穴长方形土坑砖室墓，由封土、墓坑、墓道、墓室组成。墓道连接墓坑，墓坑内砖砌墓室。平面形状为

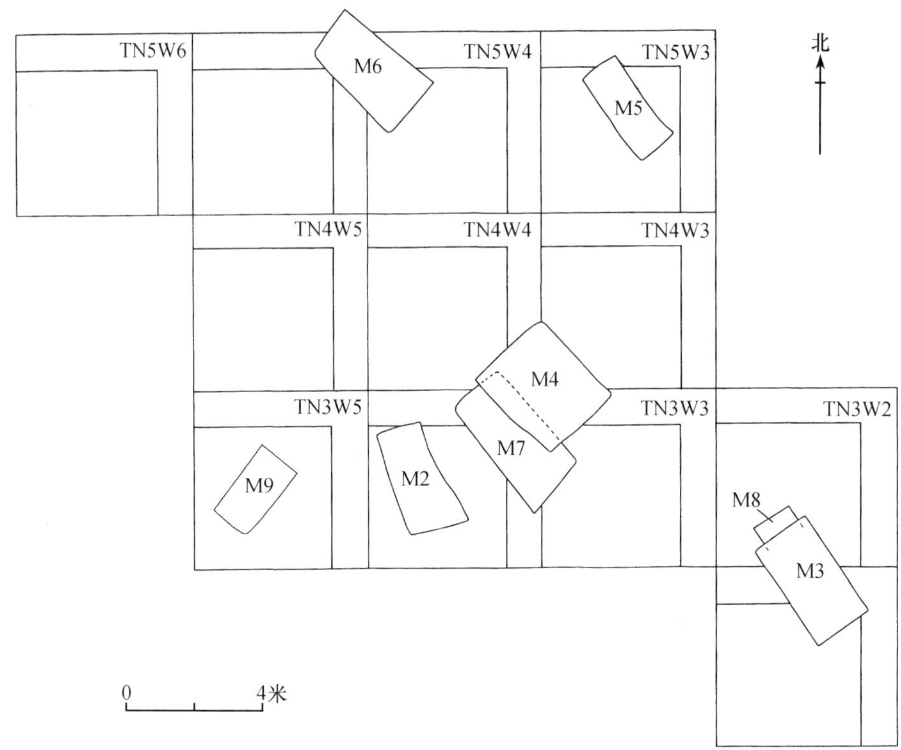

图三　南区墓葬分布图

“甲”字形，方向143°。封土呈椭圆形、梯形台状，顶端南北向最长径160、东西向最短径120厘米，底部南北向最长径340、东西向最短径320、台高110厘米。由黄色纯净土与红色粗质黏土组成的“五花土”堆筑，质地致密。墓道设于墓坑东南端，平面近长方形，口底基本同大，斜坡墓道，长374、宽120~140、深0~180厘米，坡度30°。墓坑为竖穴土坑，口大底小，前窄后宽，坑口长480、宽280~296、深180厘米，坑底长450、宽256~260厘米。墓室砖砌，单室券顶，东南置甬道，甬道与墓道连接处有墓门。墓室砌筑是先铺地后砌砖（墙基压于铺地砖层上），铺地砖为错缝平铺，四壁平砖错缝顺砌，拐角处交错叠砌，封门墙丁砌。砖的规格不一，可分三型，其一为“米”字纹砖，长34、宽17、厚6厘米，一平面饰粗绳纹，一长侧面为“米”字纹，此类砖较少；其二为楔形砖，长35、宽17、厚4.3~6厘米，一平面饰粗绳纹，薄长侧面饰“回”字纹，此类砖也较少；其三为圆卷条纹组合纹饰砖，长37、宽17、厚6.5厘米，一平面饰粗绳纹，一面为圆卷条纹组合纹饰，此类砖大量使用（图四）。主室平砖“人”字铺，墙砖15层近100厘米高处开始起券，四角内收，内部长355~360、宽200~210、残高210厘米。甬道小部分置于墓坑内，大部分于墓道中。平面形状为长方形，长200、宽140、深180厘米，内部长184、南宽100、北宽90、内高约135厘米。封门券顶，其下为铺地砖，自券顶以下有大量的板瓦、筒瓦、砖块填充。墓室铺地砖底部有五块圆形或椭圆形砾石，颜色可分黑、红、白，大小不等（直径多在12~15厘米，两块椭圆形者长径达30厘米），分布于东西两侧，东二西三，应属有意为之。人骨散乱，肢骨残段、头骨、盆骨置于西南墙旁。铁质棺钉数枚。随葬器物有陶、铜之分，陶质类有罐、灶、仓、镇墓兽、鸟、鸡、碓等，铜质类为“五

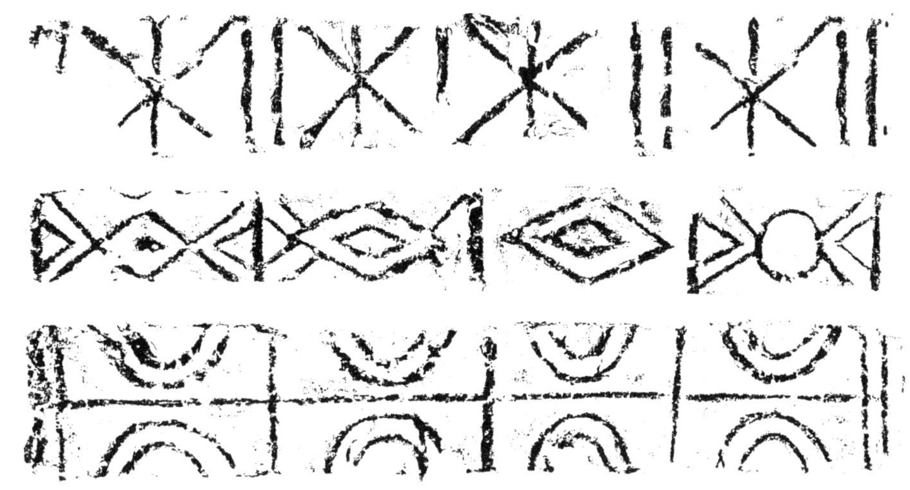

0 2厘米

图四 M1墓砖纹饰

铢”、“货泉”（图五）。

壶 M1：6，泥质灰陶。盘口，沿内尖凸上翘，束长颈，鼓腹，圜底，外撇圈足。肩部与圈足中部各饰三道宽凹弦纹。口径12.4、腹径23.2、底径18、高约36厘米（图六，1）。

罐 M1：11，泥质灰陶。直口，方唇，矮颈，鼓腹，腹近底部微内凹，底微凹。肩部与肩腹结合处各饰两道凹弦纹，腹下部饰一道凹弦纹。器表有轮制痕。口径14.8、腹径24.8、底径12.8、高21.6厘米（图六，6）。M1：14，泥质深灰陶。残剩宽扁桥形耳。器表饰间断斜绳纹。残高约9.6厘米（图六，3）。

仓 M1：4，泥质半灰半黑陶。敛口，圆唇，唇外紧贴一周宽凸棱，折肩，直腹壁下收，平底残。口径10.8、腹径22、底径13.2、高28厘米（图六，9）。M1：13，泥质灰陶。肩、腹结合处残。敛口，方唇微凹，肩部为内凹，直腹壁下收，平底。器内外有轮制痕。口径10.4、底径12.4、高约32厘米（图六，10）。

灶 M1：8，泥质灰陶，局部泛黑。仅存后壁及两残侧，前壁与灶面不存。残部长方形，后壁有挡墙。残长16.4、宽14.2、残高15厘米（图六，7）。

甑 M1：7，泥质黑皮红内胎陶。平沿两侧尖凸，深直腹下收，平底，底部有五个小孔。下腹有修削痕。口径12.8、底径4、高8厘米（图六，8）。

井 M1：5，泥质灰陶，厚胎。口部残，直壁外撇，平底。底部有两道轮制痕。底径13.2、残高14.4厘米（图六，5）。

镇墓兽 M1：1，泥质深灰陶。坐姿，身体前驱，凸嘴，圆凸眼，竖耳，半身截平成座。周身有条状戳印纹。底径13.6、高10.6厘米（图六，12）。

鸡 M1：2，泥质黑陶。保存完好。尖喙，圆凸眼，扁圆冠，垂翅，竖向宽扁尾，无足，腹下接小喇叭形座，腹及座中空。鸡身长12.8、宽4.8、座底径4.6、通高10厘米（图六，13）。M1：3，泥质黑皮红内胎陶。尖喙，圆凸眼，扁圆冠，平翅作飞翔状，竖向扁尾，无足，腹下接喇叭形座，腹及座中空。鸡身长10、宽6.4、座底径9.1、通高10.5厘米（图六，11）。

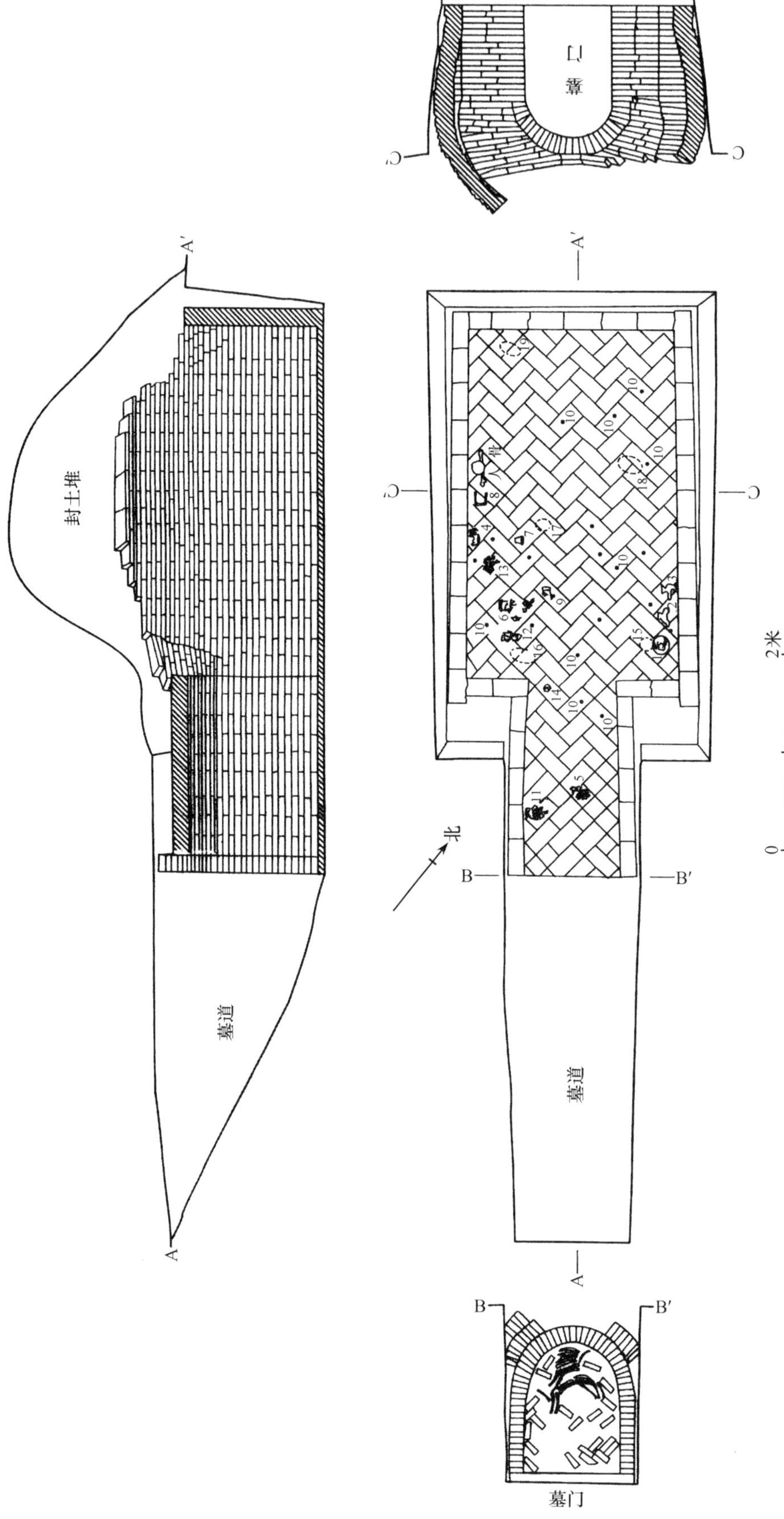

图五　M1平、剖面图

1. 陶镇墓兽　2、3. 陶鸡　4、13. 陶仓　5. 陶井　6. 陶壶　7. 陶甑　8. 陶灶　9. 陶圈足　10. 铜钱　11、14. 陶罐　12. 陶碓　15~19. 砾石

图六 M1随葬陶器

1. 壶（M1：6） 2. 圈足（M1：9） 3、6. 罐（M1：14、M1：11） 4. 碓（M1：12） 5. 井（M1：5） 7. 灶（M1：8） 8. 甑（M1：7） 9、10. 仓（M1：4、M1：13） 11、13. 鸡（M1：3、M1：2） 12. 镇墓兽（M1：1）

碓　M1：12，泥质黑皮红内胎陶。平面长梯形，较窄一端为置碓区，碓已不存。较宽一端为脚踏区（操作区），两长侧及面向置碓区的三面为支架，支架的两长侧有长方形穿孔，面向置碓区有一方形凹槽用以支撑、稳固杠杆。在支架四角上方各有一方凸。长20.8、宽4.4~10、高8.4厘米（图六，4）。

圈足　M1：9，泥质灰陶。上部残，弧拱，足尖两侧尖凸。底径18.8、残高7.6厘米。

五铢　170余枚，其中40余枚为剪轮“五铢”。M1：10-1，直径2.5、厚0.1厘米，重3克（图七，1）。M1：10-2，直径2.5、厚0.1厘米，重4克（图七，2）。M1：10-3　直径1.7、厚0.05厘米，重不足2克（图七，3）。

货泉　能辨明者仅1枚，锈蚀严重。直径2.2、孔径0.8、厚0.1厘米，重2克。

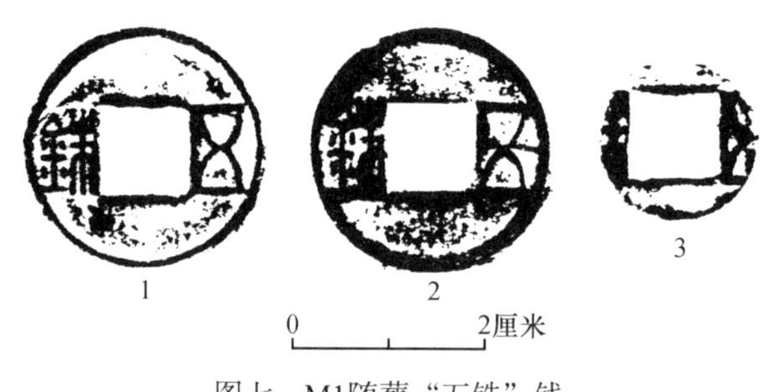

图七　M1随葬“五铢”钱

1. M1：10-1　2. M1：10-2　3. M1：10-3

三、宋明墓葬

发掘墓葬7座（编号M2~M8）。这批墓葬均分布于南区，开口于厚约25~30厘米的耕土层下。均为土坑竖穴砖室墓（其中M4为双室合葬），方向为西北—东南向，有两组打破关系，其一为M3打破M8；其二为M4打破M7。大部分仅存底部，上部破坏严重（附表）。

M2　位于TN3W4西北，部分延伸至北隔梁内。系竖穴土坑砖砌单室墓，由墓坑、墓室组成。墓坑与墓室平面均为直角梯形，方向156°，近南北向。坑口南宽北窄，南北长292、东西宽142~180、残深114厘米。墓室砖砌是先铺地后砌砖（墙基压于铺地砖层上），铺地砖呈“人”字形，四壁多为竖砖平砌，两端多有横砖平砌，拐角处交错叠砌。砖为青灰及红褐色，长32、宽16、厚4~5厘米，均为素面。砖之间用“三合土”勾缝。东西两侧及底部受挤压而严重变形，内部长190、宽62~100厘米。坑内填土为黄褐色，粉沙状。人骨保存较差，头骨位于墓室南侧，肢骨位于墓室北侧，头南脚北。随葬釉陶罐1件，置于墓室东侧墙靠北（图八，1）。

釉陶罐　M2：1，褐釉黄底红内胎，器内外均施釉。侈口，圆唇外贴，束颈，鼓腹，平底微凹。肩、下腹部各饰两道凹弦纹。口径14、底径9.6、高17.6厘米（图八，2）。

M3　位于TN2W2东北及TN3W2南部。由墓坑和墓室组成，系竖穴土坑砖砌单墓室。平面为长方形，方向326°。坑口长320、宽184、残深56~58厘米。墓圹与墓室砖墙之间有空隙，东宽32~44、西宽24厘米，以碎砖填充。墓室无铺地砖，墙体横砖平砌，拐角处交错叠砌，残存12层。砖与砖之间用石灰勾缝。砖为青灰色，长30~32、宽15~16、厚4~5厘米，均为素面。墓室内部长240、宽64~76厘米，北宽南窄。坑内填土为灰褐色，粉沙状。人骨保存较好，仰身直肢，头北脚南。头骨下有9块枕瓦，饰布纹，中间3块凹面朝上，两侧各有3块凸面朝上，瓦长20、宽17、厚2厘米。人骨下有一层厚约4厘米的石灰，石灰层下为厚约8厘米的夹杂草木灰的沙层。在脊椎及腿骨附近发现棺钉数枚（图九）。

M4　位于TN3W3西北、TN3W4东北、TN4W3西南及TN4W4东南。由墓坑和两墓室组

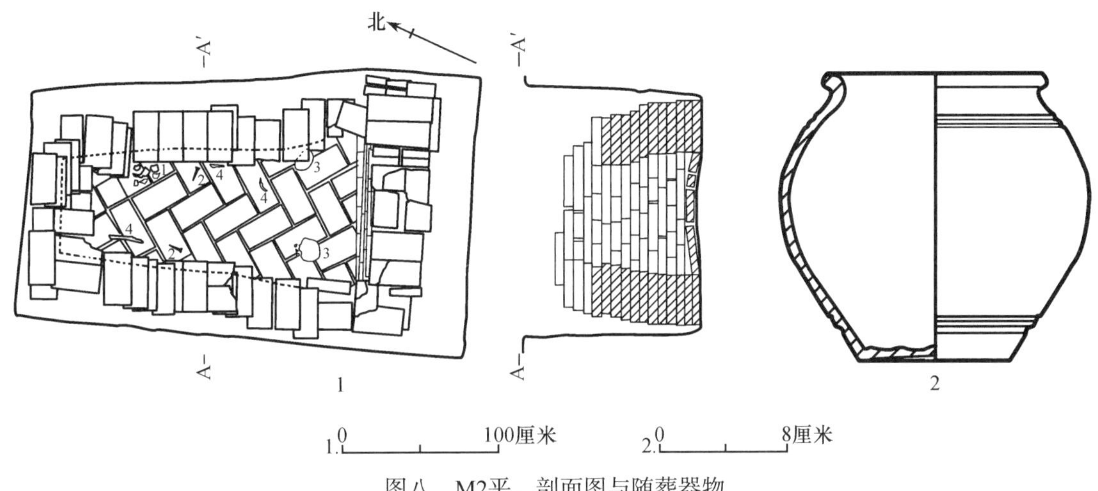

图八　M2平、剖面图与随葬器物

1. 平、剖面图（1. 釉陶罐　2. 棺钉　3. 头骨　4. 肢骨）　2. 釉陶罐（M2：1）

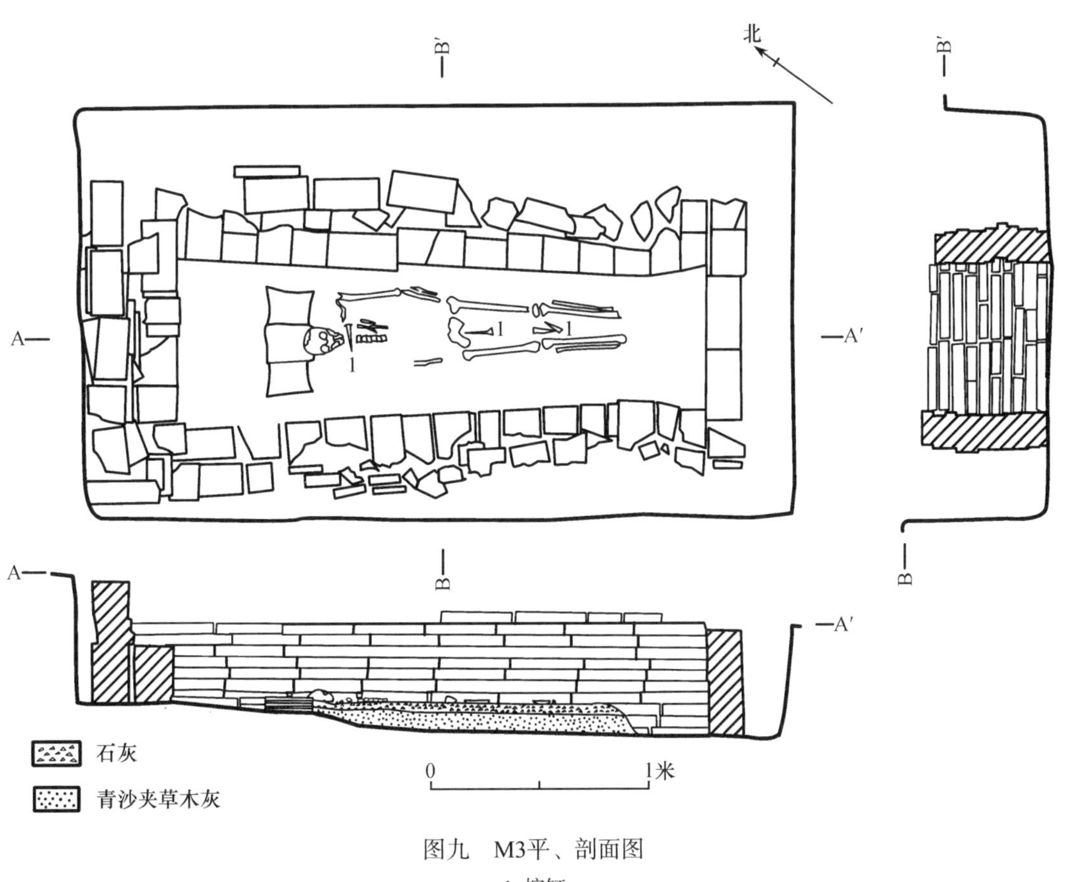

图九　M3平、剖面图

1. 棺钉

成，系竖穴土坑异室合葬墓。平面近方形，方向320°。坑口长310、东西宽250、残深76~80厘米。墓室分东、西两室，均无铺地砖，墙体直接砌于墓底，紧贴坑壁，受外力挤压均有变形（图一〇）。墓砖横、竖无规律，横、竖之间有错缝，转角处有叠压，砖之间用“三合土”填缝。砖为青灰色，素面，长28.5、宽14~16、厚4.5~5厘米；少量红褐色，长30、宽14~16、厚4.5~5厘米。墓室内填土为黄褐色黏土，夹杂石灰，较板结，包含有墓砖，另有少量的草木灰等。

东墓室：券顶保存较完好，两端较差，南北向七排，每排用砖13块起券，受挤压而下陷。内部长240、宽86~98、深65厘米。人骨保存较好，仰身直肢。在距离坑口35~43厘米处，残存有炭化的葬具痕迹，长173、宽46~60、厚6厘米。另发现铁质棺钉4枚，分别长11、18、20、38厘米。头骨下有9块枕瓦，中间3块凹面朝上，两侧各有3块，凸面朝上，瓦长23.5、宽17~20、

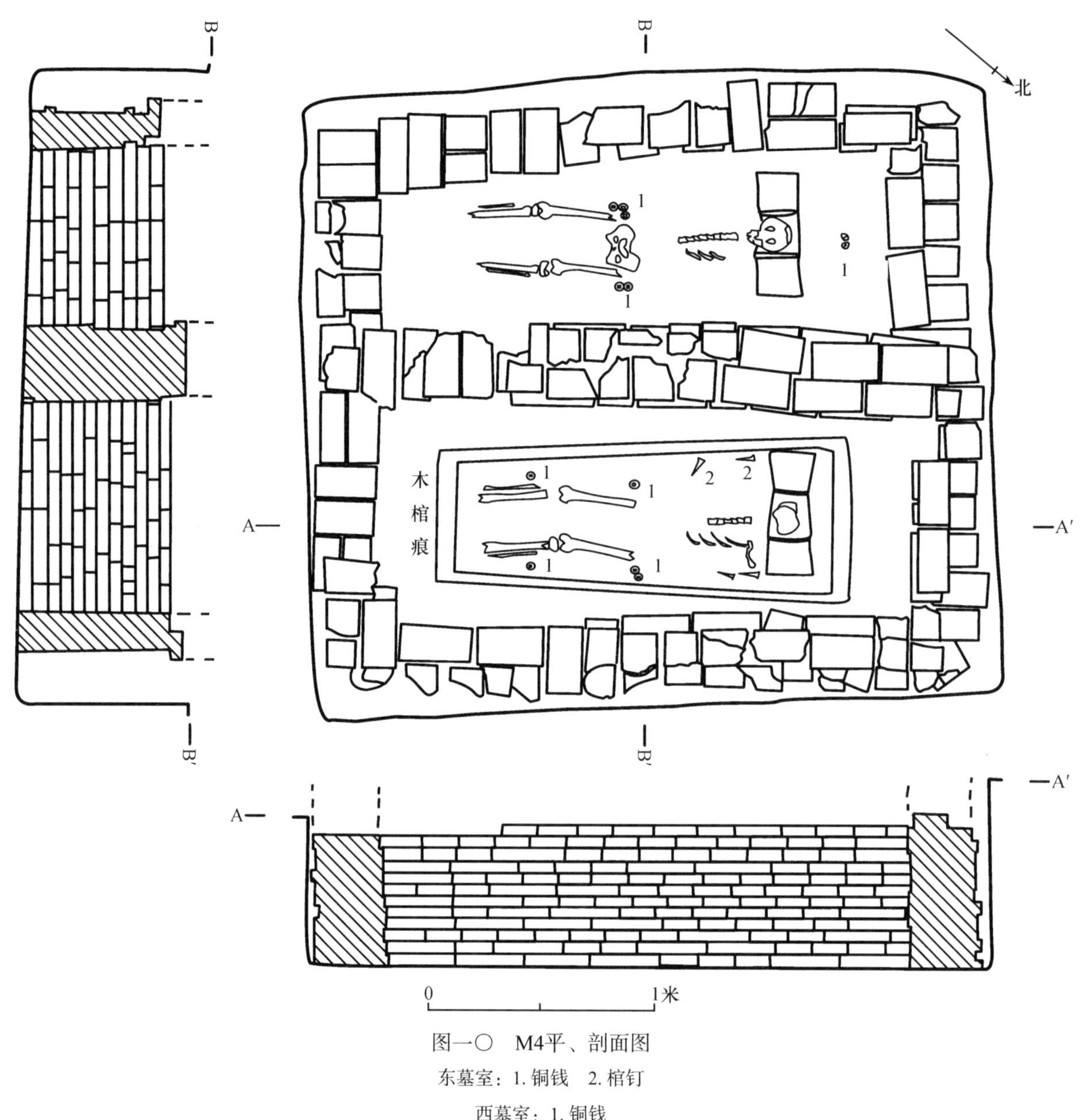

图一〇　M4平、剖面图

东墓室：1. 铜钱　2. 棺钉

西墓室：1. 铜钱

厚0.5~1厘米。出土铜钱6枚，其中“开元通宝”1枚、“天禧通宝”2枚、“元丰通宝”2枚、“至元通宝”1枚（图一一）。

天禧通宝　M4东：1-2，圆郭方穿。正面外郭较宽，孔郭窄，“天禧通宝”四字楷书，顺时针方向；背面双郭模糊。外径2.35、孔径0.7、厚0.1厘米，重3克（图一一，2）。

元丰通宝　M4东：1-1，圆郭方穿。正面外郭宽，孔郭窄，“元丰通宝”四字行书，顺时针方向；背面双郭模糊。外径2.4、孔径0.65、厚0.1厘米，重3克（图一一，1）。M4东：1-3，圆郭方穿。正面外郭较宽，孔郭窄，“元丰通宝”四字篆体，顺时针方向，字体已模糊不清；背面双郭磨平。外径2.3、孔径0.75、厚0.1厘米，重3克（图一一，3）

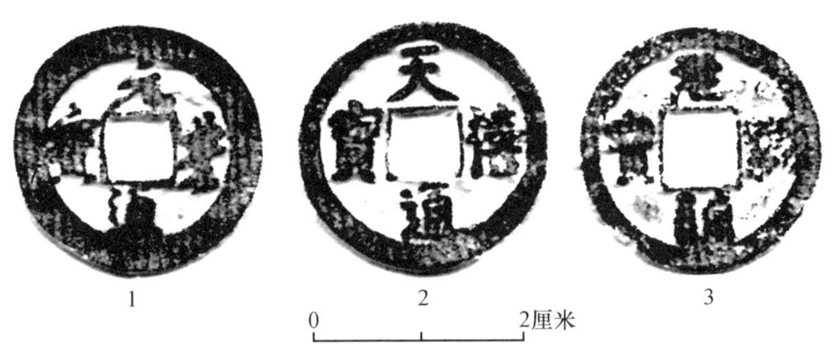

图一一　M4东室随葬部分铜钱

1、3. 元丰通宝（M4东：1-1、M4东：1-3）　2. 天禧通宝（M4东：1-2）

西墓室：券顶遭破坏，砌筑方式应与东墓室同。内部长220、宽60~80、深65厘米。人骨保存较差，仰身直肢。木棺锈蚀严重。头骨下枕瓦与东室同。出土铜钱8枚，其中“开元通宝”2枚、“治平元宝”1枚、“元丰通宝”1枚、“大观通宝”1枚、“政和通宝”1枚、“至元通宝”2枚（图一二）。

开元通宝　M4西：1-1，圆郭方穿。正面外郭较宽，孔郭窄，“开元通宝”四字隶体对书；背面双郭明显。外径2.4、孔径0.7、厚0.1厘米，重3克（图一二，1）。

治平元宝　M4西：1-2，圆郭方穿。正面外郭较宽，孔郭窄，“治平元宝”四字篆体，顺时针方向；背面外郭宽，孔郭模糊。外径2.35、孔径0.7、厚0.1厘米，重4克（图一二，2）。

元丰通宝　M4西：1-3，圆郭方穿。正面外郭较宽，孔郭窄，“元丰通宝”四字篆体，顺时针方向；背面外郭宽，孔郭模糊。外径2.35、孔径0.7、厚0.1厘米，重3克（图一二，3）。

大观通宝　M4西：1-4，圆郭方穿。正面外郭较窄，孔郭窄，“大观通宝”四字楷体，顺时针方向；背面外郭宽，孔郭模糊。外径2.3、孔径0.7、厚0.1厘米，重3克（图一二，4）。

政和通宝　M4西：1-5，圆郭方穿。正面外郭宽，孔郭窄，“政和通宝”四字隶体，顺时针方向；背面外郭宽，孔郭窄。外径2.4、孔径0.65、厚0.1厘米，重2克（图一二，5）。

至元通宝　M4西：1-6，圆郭方穿。正面外郭宽，孔郭窄，“至元通宝”四字楷体，顺时针方向；背面外郭宽，孔郭模糊。外径2.4、孔径0.6、厚0.1厘米，重3克（图一二，6）。

M6　位于TN5W4西北、TN5W5东北，部分延伸至两探方外。系竖穴土坑砖室墓，由墓坑和墓室组成。平面近长梯形，南宽北窄，方向314°。坑口南北长330、东西宽150~180、残深

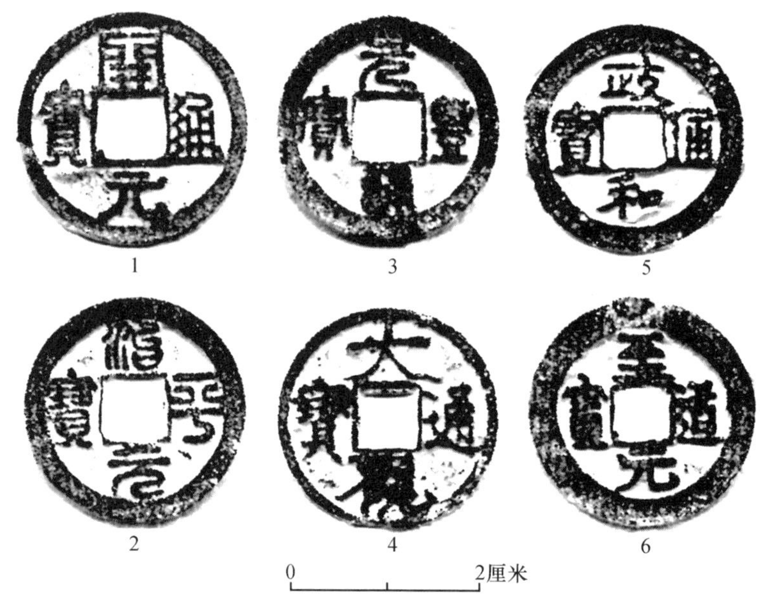

图一二　M4西室随葬部分铜钱

1. 开元通宝（M4西：1-1）　2. 治平元宝（M4西：1-2）　3. 元丰通宝（M4西：1-3）　4. 大观通宝（M4西：1-4）　5. 政和通宝（M4西：1-5）　6. 至元通宝（M4西：1-6）

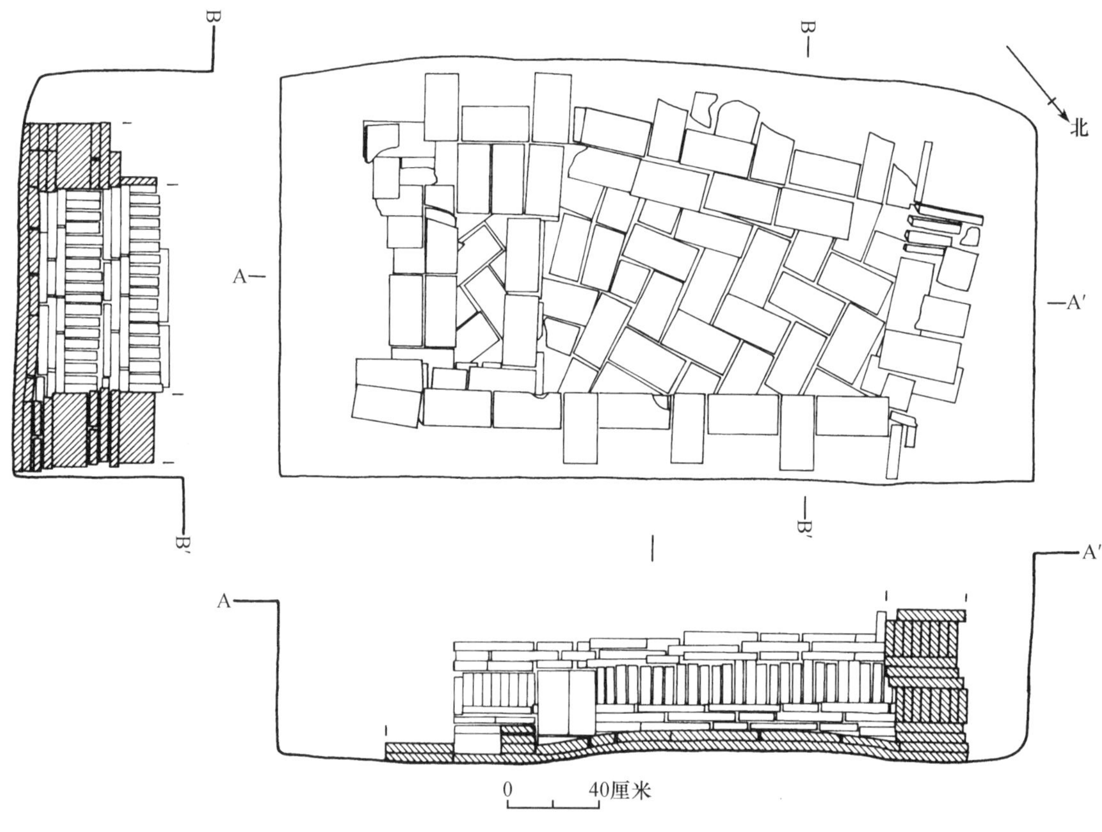

图一三　M6平、剖面图

64~88厘米。墓底有“人”字形铺地砖，墙体砌于铺地砖上，墓砖丁砌，横砖平砌三层再竖砖（短侧面朝内）一周，南壁损毁殆尽，东、西壁靠南各用两块竖砖（平面朝内，与墓室内壁平齐）构建成壁龛。墓室内紧贴西壁平铺四块砖（长侧面朝内）构成一长条形矮台，在南部紧贴南墙隔出一小厢室，小厢室四周用砖，其中靠西墙的砖短侧面朝内。砖为青灰色，素面，长30、宽15、厚4厘米。砖与砖之间用泥土勾缝。东、南、西墙与墓圹之间有20~30厘米的空隙，墙体受外力挤压均有变形。墓室内长193、宽88~110、深40~56厘米（图一三）。墓室内填土为黄褐色黏土，夹杂少量墓砖。人骨不存，葬式不明。无随葬品。

四、结　　语

M1在清理填土时，未发现盗洞，但随葬品多遭破坏，可能在早期券顶尚存的时候就已盗扰。就年代而言，M1：6壶与巴东西瀼口M4：1壶[1]，M1：11罐与房县松嘴东汉墓A型Ⅱ式罐[2]、老河口北岗M1：7罐[3]，M1：4与M1：13两件仓与郧县老幸福院Ⅲ式仓[4]、老河口北岗M2：3仓相似[5]。大量的剪轮五铢钱也见于老幸福院M1、M13中[6]，相对年代约为东汉晚期。

值得一提的是，M1出土的镇墓兽（M1：1）似熊非熊，外形抽象，造型在汉墓中少见，具有神秘色彩。墓底有五块砾石，置于五个方位，其中，东为青，南为赤，西为白，中为黄，这是五行学说运用于墓葬的实例。早至先秦，五行学说就备受阴阳家推崇。《尚书·洪范》中记载：“五行，一曰水，二曰火，三曰木，四曰金，五曰土。”至秦汉，更是得到了极大的发扬，终始五德说更是成为当朝者建国定制的法统，如秦尚水德，汉尊上黄。五行与颜色、方位相联系则是五行学说的一大发展。东汉许慎《说文解字》有解：“赤，南方色也”，“白，西方色也”[7]。五数及其相关联的颜色、方位，都象征着祥瑞。“青，生也，象物生时色也”，“黄，晃也，犹晃晃象日光色也”[8]。将五种不同颜色及其代表五个方位的砾石置于墓底，有一定的比附意义，也是汉代五行学说融入民间的实证。

南区墓葬7座，均为小型砖室墓，盗扰严重，但大多数的形制结构尚有保存。这批墓葬虽形制结构普遍简单，但复杂程度仍有一定差别，据此可将这批墓葬分为三组：第一组以M6、M7为代表；第二组以M2为代表；第三组以M3、M4为代表。第一组形制最为复杂，如M6四壁丁砌，两长侧的南部各有一壁龛，墓室南部隔出小厢室；M7有墓门，带短甬道，墓室北部砌棺床。第二组略显简单，仅有铺地砖，如M2。M8形制残存，仅有铺地砖一项或可归为第一组，或可归为第二组。第三组更为简单，M3、M4无铺地砖。

这三组墓葬有早晚关系。第三组中的M3与M4分别打破M8与第一组中的M7。这两组打破关系都表明，第三组墓葬在这批墓葬中年代最晚。第二组与第三组的差别，除铺地砖外并无多大区别，时间上与第三组相当或略微偏早。第一组的形制复杂程度与第二、三组差别较大，从打破关系也可以推断出，年代最早。由此可以看出，南区墓地在形制方面，经历了一个由复杂到简单的演变过程。

在葬制葬俗方面，不同时代有一定差异。第三组人骨头北脚南，墓室多南窄北宽；第一组与第二组则多为头南脚北，墓室南宽北窄。人骨方向与墓室宽窄的变化相一致，说明墓室宽窄多依据棺的大小而定，先下棺而后再紧贴棺砌砖墙，因此，多数墓葬（如M3、M6、M7、M8）的墓圹显得较大，而墓室较小，墓圹与墓室四壁之间有宽20~30厘米（最宽者达54厘米）的空隙（多用碎砖填充）。另外，在用料上也有早晚之别，早期的墓葬（如M6、M7、M8）砖与砖之间以泥土（或许是 “渗土”）勾缝，到晚期，以“三合土”（如M2、M4）和石灰勾缝（如M3）。

年代方面，这批墓葬少有随葬品及纪年资料，M4 出土有“开元通宝”、“治平元宝”、“元丰通宝”、“政和通宝”和“至元通宝”等钱币，多为北宋时期铸造。“至元通宝”始铸时间最晚，“至元”为元顺帝年号（1335~1340年），由此可推测M4的年代上限为元代晚期。M2：1釉陶罐与老河口王冲宋墓M5：2罐[9]、沙市M1：1罐[10]相似，年代或可早至北宋。M3、M4头枕板瓦多见于明代墓葬，如宜城詹营村[11]、巴东东瀼口[12]等，年代或可晚至明代。南区墓葬方向一致，形制演变有规律可循，应有一定的规划，墓葬年代也大致相当，大致为宋明时期。且均为小型砖石墓，墓主身份应为平民。

附记：此次发掘由刘辉领队，张君负责发掘，向其芳负责整理。线图由孟军涛、刘斌，器物修复由谭娇娥，拓片由朱奎完成。

执　笔：向其芳　陈代玉

注　释

［1］广西壮族自治区文物工作队：《巴东西瀼口古墓葬2002年发掘简报》，《湖北库区考古报告集》（第一卷），科学出版社，2003年。

［2］湖北省文物考古研究所等：《1986—1987年湖北房县松嘴战国两汉墓地发掘报告》，《考古学报》1992年第2期。

［3］老河口市博物馆：《湖北省老河口市北岗东汉墓发掘简报》，《江汉考古》2004年第2期。

［4］南水北调中线水源有限责任公司等：《郧县老幸福院墓地》，科学出版社，2007年。

［5］老河口市博物馆：《湖北省老河口市北岗东汉墓发掘简报》，《江汉考古》2004年第2期。

［6］南水北调中线水源有限责任公司等：《郧县老幸福院墓地》，科学出版社，2007年。

［7］（汉）许慎撰，（宋）徐铉校定：《说文解字》，中华书局，2004年。

［8］（汉）刘熙撰，（清）毕沅疏证，王先谦补，祝敏彻、孙玉文点校：《释名疏证补》，中华书局，2008年。

［9］老河口市博物馆：《湖北老河口王冲宋墓清理简报》，《江汉考古》1995年第3期。

［10］沙市市博物馆：《沙市西郊荆沙村一座宋墓的清理》，《江汉考古》1992年第3期。

［11］武汉大学历史系等：《宜城詹营村明墓清理简报》，《江汉考古》1988年第1期。

［12］武汉大学考古系：《巴东东瀼口墓地发掘简报》，《湖北库区考古报告集》（第六卷），科学出版社，2010年。

附表　墓葬登记表

墓号	形制	方向	墓圹、墓室尺寸（厘米）	葬具	葬式	随葬器物	年代	备注
1	“甲”字形竖穴土坑砖室墓	143°	480×（280~296）-180（墓圹） （355~360）×（200~210）-210（墓室内） 374×（120~140）-（0~180）（墓道）	有棺钉	不详	井1、壶1、甑1、圈足1、罐2、灶1、仓2、镇墓兽1、鸡2、碓1、五铢170余、货泉1	东汉晚期	有封土堆
2	长方形竖穴土坑砖室墓	156°	292×（142~180）-114（墓圹） 190×（62~100）（墓室内）	有棺钉	不详	釉陶罐1	明	
3	长方形竖穴土坑砖室墓	326°	320×184-（56~68）（墓圹） 240×（64~76）（墓室内）	有棺钉数枚	仰身直肢	无	明	有枕瓦，无铺地砖，墓底铺有石灰层、沙层
4	方形竖穴土坑双室砖室合葬墓	320°	310×250-（76~80）（墓圹） 240×（86~98）-65（东墓室内） 220×（60~80）-65（西墓室内）	东墓室有木棺痕、棺钉	仰身直肢	东室：铜钱6 西室：铜钱8	明	两室均有枕瓦
5	长方形竖穴土坑砖室墓	312°	290×120-（78~84）（墓圹）	不详	不详	无	宋—明	扰乱极严重，坑内有很多碎砖
6	长方形竖穴土坑砖室墓	314°	330×（150~180）-（64~88）（墓圹） 193×（88~110）（墓室内）	不详	不详	无	宋	“人”字形铺地砖，四壁三横再竖呈“丁”砌。南部隔出一小箱室。东、西壁靠南各有一壁龛
7	长方形竖穴土坑砖室墓	313°	375×（170~190）-（82~100）（墓圹） 270×（68~110）（墓室内）	不详	头南脚北，仰身直肢	无	宋	有起券墓门，带短甬道。“人”字形铺地砖，北有棺床
8	长方形竖穴土坑砖室墓（残）	326°	（112~118）（残）×130-50（墓圹） 66（残）×44（墓室内）	不详	仅存扰动的肢骨1块	无	明	破坏严重，有“人”字形铺地砖

郧县三门店子遗址发掘简报

中国人民大学历史学院考古文博系

一、地理位置与工作概况

三门店子遗址位于湖北省十堰市郧县柳陂镇朋儒村汉江南岸的一块台地之上，西南距郧县约16千米，西北约5千米处为柳陂镇政府所在地。北距小西关遗址约1750米，距李泰家族墓群约3000米，西距白鹤观遗址约5000米。遗址南面依山，汉江从遗址北面流过，隔河亦为低山所环绕。其内部地势较为平整，略呈南高北低，现为耕地，种植有蔬菜、玉米等农作物。中心地理坐标为东经110°48′15″，北纬32°48′25″，高程150.1米（图一）。

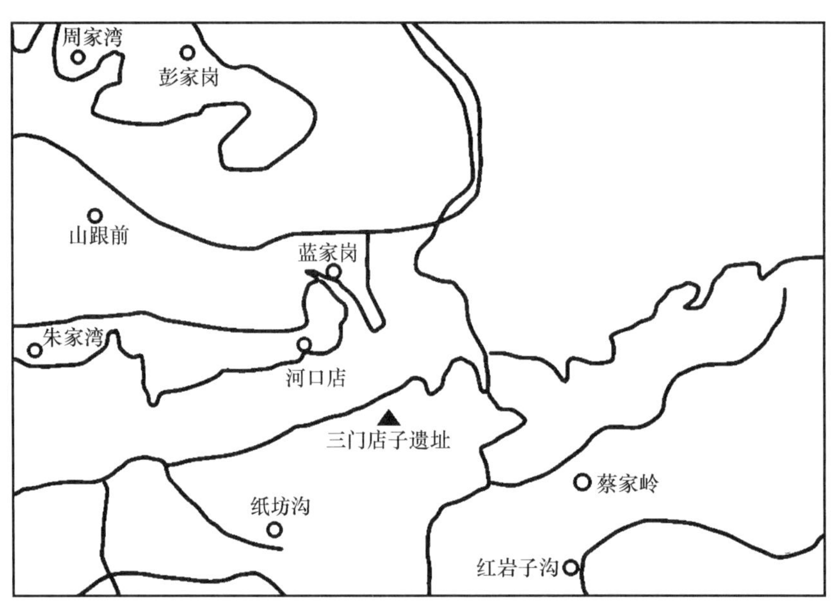

图一　三门店遗址位置示意图

三门店子遗址于1958年长江流域规划办公室考古队调查时发现，1994年经湖北省文物考古研究所与郧县博物馆共同复查，2004年2月南水北调中线工程丹江口水库淹没区湖北省文物保护规划组再次复查。

2010年5月，为配合南水北调工程文物保护工作的开展，受湖北省文物局南水北调办公室的委派，中国人民大学考古及博物馆学专业承担了该遗址的发掘任务（遗址编号为：2010YS）。根据遗迹分布情况，发掘区可以分为两个区，其中Ⅰ区共布10米×10米探方8个，编号：ⅠT1~ⅠT8；Ⅱ区位于台地上，共布10米×10米探方2个，编号：ⅡT1、ⅡT2，实际发掘面积为1000平方米（图二）。

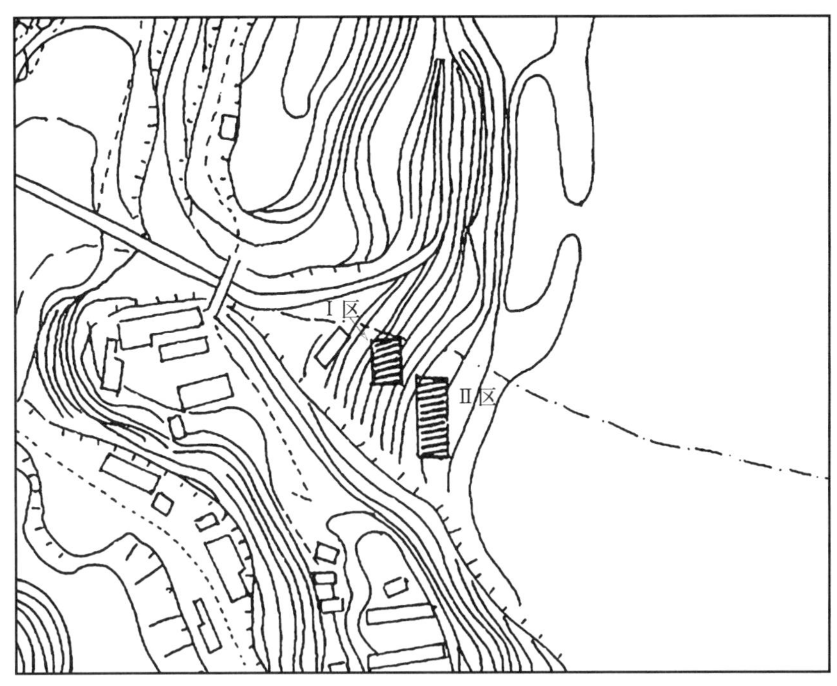

图二　三门店子遗址地形图

三门店子遗址共发掘6个遗迹单位，其中清理院落1座、灰坑4个、灰沟1条（图三）。出土遗物较少，文化内涵较为简单，主要包括明清时期的文化遗存。本简报将对此次的发现作简要介绍。

二、地层堆积

三门店子遗址紧靠汉江南岸，不断受到江水的侵蚀，又遭多次淹没，并且遗址区土地经村民平整，因此对遗址造成很大的破坏。地层整体堆积较薄，Ⅰ区地层平均堆积在50~60厘米；Ⅱ区耕土层下有一层近现代堆土，地层相对较厚，平均堆积130厘米。

1. Ⅰ区地层堆积

Ⅰ区地层堆积较薄，除北部两个探方（ⅠT7、ⅠT8）有三层堆积外，其余探方均只有二层堆积。下面以ⅠT4的西壁为例介绍（图四）。

第1层：耕土层。灰黑色土，土质疏松，厚10~20厘米，遍布全方。包含有大量植物根系和炭粒等。出土少量陶片、瓷片、砖块、铁钉等。

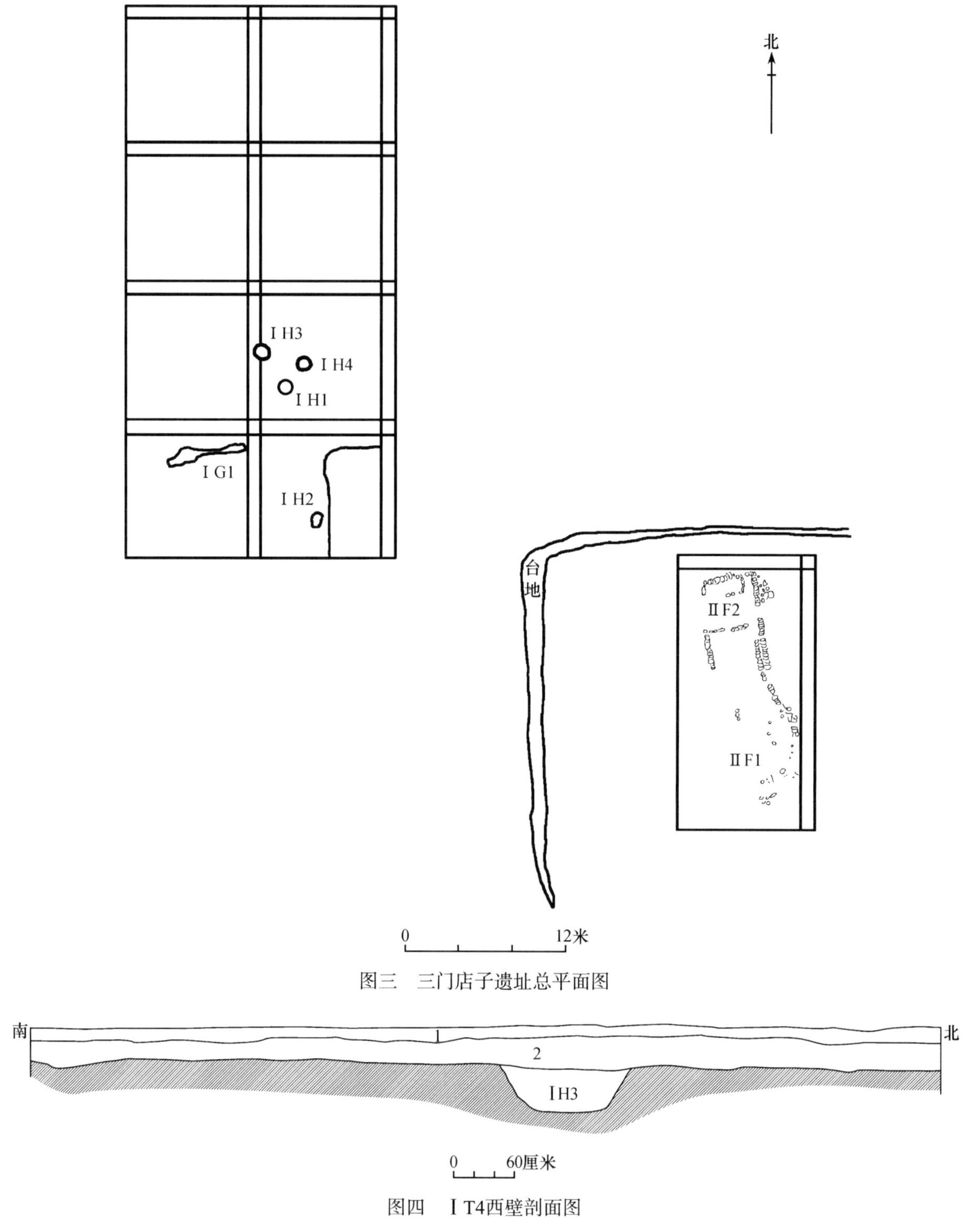

图三　三门店子遗址总平面图

图四　ⅠT4西壁剖面图

第2层：文化层。灰褐色土，土质较致密，距地表10~20、厚10~30厘米，遍布全方。夹杂有炭粒。出土较多陶片、少量瓷片。ⅠH3开口于此层下。

第2层以下为生土层。

2. Ⅱ区地层堆积

Ⅱ区耕土层下有一层近现代堆土，地层相对较厚，共分为四层。下面以ⅡT1的西壁为例介绍（图五）。

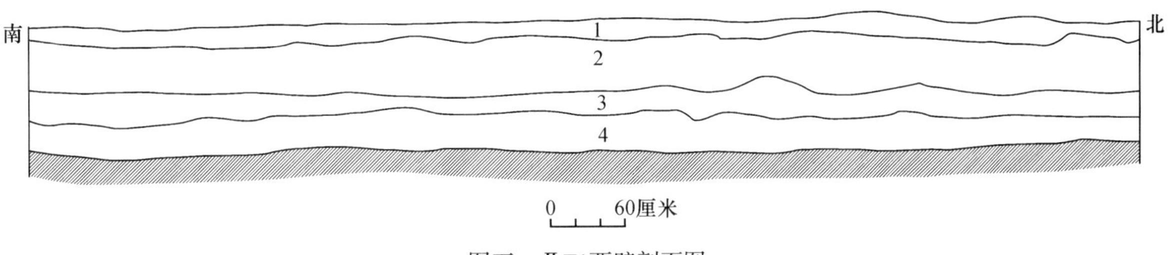

图五 ⅡT1西壁剖面图

第1层：耕土层。灰褐色土，土质疏松，厚度10~25厘米，遍布全方。包含有大量植物根系、黑色炭粒和少量石块。出土少量泥质灰陶片、瓷片、铁钉等。

第2层：扰乱层。土呈红褐色夹杂有黑灰色土，土质较硬，厚10~50厘米，遍布全方。夹杂有植物根系、少量炭粒和石块等。包含有陶片、青砖、瓦块、石斧、石刀及少量釉陶、青花残片和青瓷残片，另出土有铁器残件及民国时期钱币等近代遗物。

第3层：灰黑色土，土质较硬，厚0~35厘米。土中包含有炭粒和少量石块。出土较多泥质灰陶，少量泥质红陶、釉陶及青花残片。院落遗址开口于此层下。

第4层：红褐色土，土质较硬，厚15~50厘米，土中包含有较多炭粒和石块。出土少量陶片及青花残片。

第4层以下为生土层。

三、文化遗存

1. 遗迹

Ⅰ区共清理4个灰坑和1条灰沟，均开口于第2层下，主要分布于ⅠT1、ⅠT2、ⅠT4中。根据坑口平面形状，灰坑大体可分为圆形和椭圆形两种，其中圆形灰坑2个，为ⅠH1、ⅠH3；椭圆形灰坑2个，为ⅠH2、ⅠH4。除ⅠH1为弧壁，平底，其余3个灰坑皆为弧壁，圜底。

ⅠH1 位于ⅠT4西南部，开口于第2层下，打破生土层。坑口围绕一圈石块，平面近圆形，壁略弧，平底。灰坑内填灰褐色土，土质较松软。坑内包含有炭粒、石块等，出土有泥质灰陶片、瓷片。直径 75、深45 厘米（图六）。

ⅠH2 位于ⅠT2南部，开口于第2层下，打破生土层。坑口平面呈椭圆形，弧壁，圜底。灰坑内填灰褐色土，土质较松软。出土少量泥质灰陶片、残砖及瓷片。南北长110、东西宽80、深56厘米（图七）。

ⅠH3 位于ⅠT4西部，部分被压在西壁下，开口于第2层下，打破生土层。坑口平面近圆

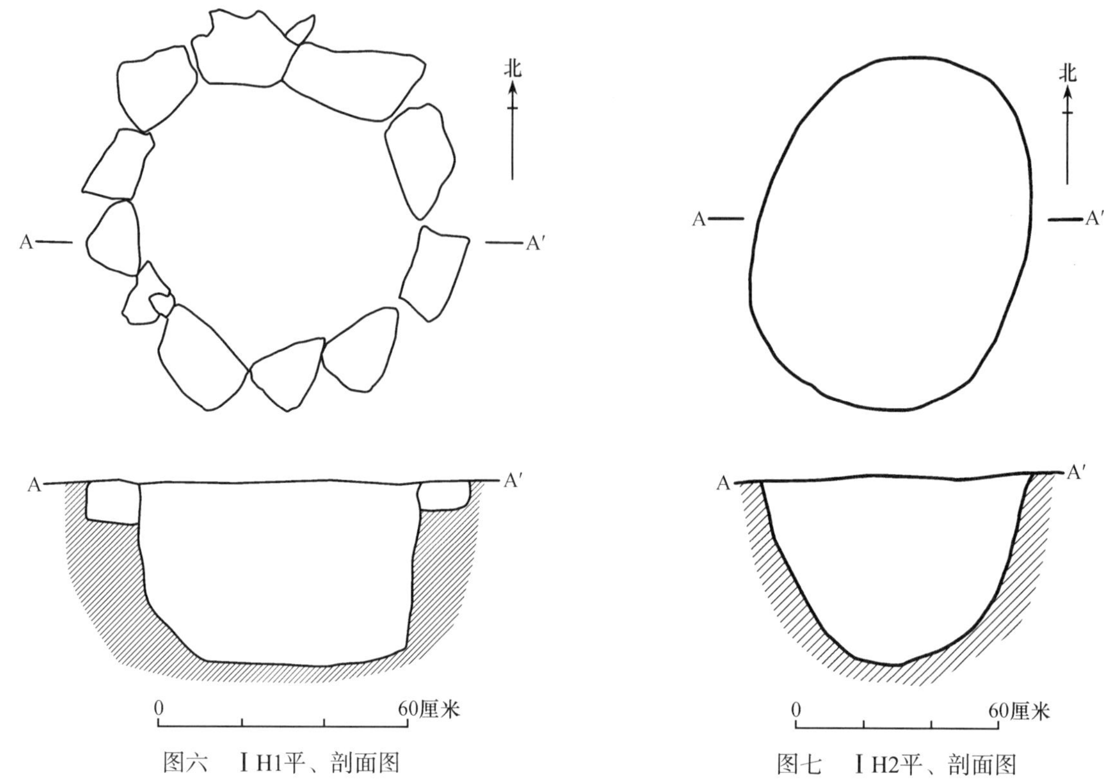

图六　Ⅰ H1平、剖面图　　图七　Ⅰ H2平、剖面图

形，弧壁，圜底。灰坑内包含较多炭粒、石块、砖块、泥质灰陶残片及瓷片等。陶片多素面，可辨器形有陶盆器底、陶罐口沿；另见青白瓷片。直径 120、深40厘米（图八）。

Ⅰ H4　位于Ⅰ T4西部，开口于第2层下，打破生土层。坑口平面呈椭圆形，弧壁，圜底。灰坑内填灰黑色土，土质较松软。包含有石块、碎砖（部分饰绳纹）、泥质灰陶陶片、瓷片等。陶片多素面，可辨器形有陶罐口沿等。东西长103、南北长86、深35厘米（图九）。

Ⅰ G1　位于Ⅰ T1东北部，开口于第2层下，打破生土层。沟内填灰褐色土，土质较硬。西部沟壁略弧，东部沟壁较直。沟西高东低，西面较浅，东面较深。沟内出土陶片不多，均为泥质灰陶，素面。有两块陶罐口沿，卷沿，敞口。东西长 580、宽 45~115、深10~15 厘米（图一〇）。

Ⅱ区发现较大房址1座，跨Ⅱ T1、Ⅱ T2两个探方，东南部被压在Ⅱ T1东壁下，开口于第3层下，平面呈长方形，南北约长1490、宽约400厘米，方向340° 。根据墙体情况推测该房当坐东北朝西南。房址以砖墙分割为两个房间，即Ⅱ F1、Ⅱ F2（图一一）。

Ⅱ F1　位于Ⅱ T1和Ⅱ T2内，开口于第3层下。平面呈长方形，东墙与北墙保存较好，西墙与南墙破坏严重。Ⅱ F1的东墙为单体石墙，残长800、宽约40厘米，南段无存，部分被压在隔梁下，北段石墙砌筑齐整。东墙北段外另有一道石墙，为Ⅱ F2东墙的延伸，对该段墙体起到了加固的作用，最宽处约100厘米。南墙残存西段，为石块垒砌，残长约80厘米。西墙南段破坏无存，北段以大石块垒砌，残长约470、宽约50厘米。北墙为青砖砌筑，采用错缝横砌，与Ⅱ F2的南墙共用一墙，长约300、宽约30厘米，砖长约25~35、宽约15~25厘米。房内东南角发现一圆形石臼，Ⅱ F1东部偏中处清理时发现较多炭粒。

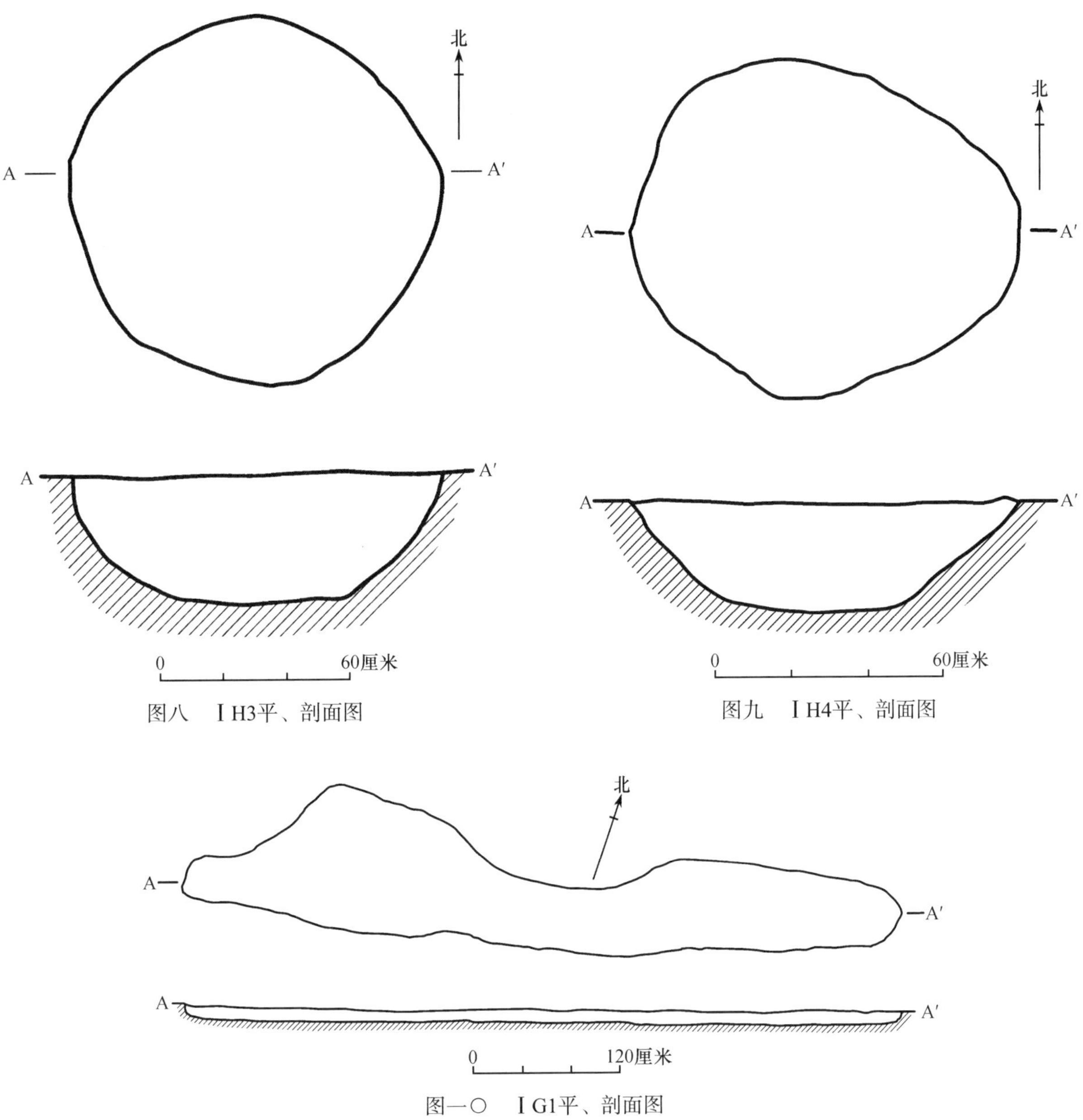

图八 ⅠH3平、剖面图

图九 ⅠH4平、剖面图

图一〇 ⅠG1平、剖面图

ⅡF1填土分两层：第1层为瓦片堆积，厚约5~15厘米，主要分布于ⅡF1的东部和北部，可能为房内倒塌堆积。第2层瓦砾、炭粒堆积，房址可能毁于火灾。但清理过程中未发现居住面。

ⅡF2 位于ⅡT2北部，开口于第3层下。平面呈方形，东、南、北墙保存较好，西墙无存。ⅡF2的东墙为单体石墙，由大石块垒砌，砌筑整齐，长约380、宽约50厘米。ⅡF2东墙南段一直延伸到ⅡF1的东墙外，使该段形成双层石墙。东墙北段外有大量散落的石块，可能为墙体坍塌形成的堆积。北墙部分由青砖残块砌筑、部分用石块砌筑，保存较好，长约440、宽约50厘米。南墙与ⅡF1北墙共用一面墙体。ⅡF2内北墙中段，用青砖围砌一方台，砖长约30、宽约15厘米。

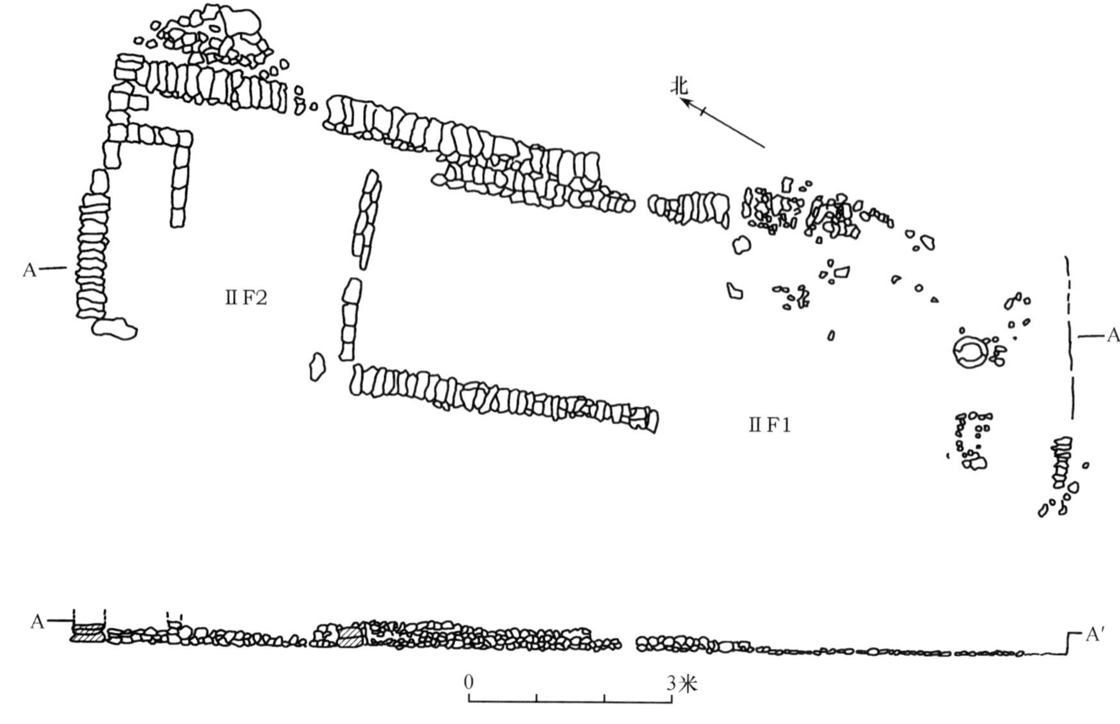

图一一　ⅡF1、ⅡF2平、剖面图

ⅡF2填土分三层：第1层为瓦片堆积，主要分布于ⅡF2的东部和北部，厚约5~15厘米，可能为房内倒塌堆积。第2层为黄褐色土，土质坚硬，厚约6~10厘米，可能为房屋内的活动面。第3层土呈灰黑色，土质较硬，厚约5厘米。土中夹杂有较多绿色石块颗粒，可能为人为铺垫，用于防潮、防滑。

2. 遗物

遗址中出土遗物较少，有陶器、铜器、铁器、瓷器、石器等。

（1）陶器

以泥质灰陶为主，也见有少量泥质红陶和黑陶，夹砂陶极少发现。纹饰基本为素面，也见有少量弦纹、刻划纹、压印纹、附加堆纹、布纹、波浪纹等。陶器火候较高，质地坚硬，大多为轮制。可辨器形有盆、罐、碗、圈足盘、豆、饼、球、棋子等。

球　1件。ⅠT1②：1，泥质灰砖磨制，外表呈核桃形。直径3.3厘米（图一二，7）。

饼　1件。ⅠT3②：4，泥质灰陶。平面圆形，扁平。有磨制痕迹。直径3.3、厚0.4~0.6厘米（图一二，3）。ⅠT7③：1，泥质黄陶。平面圆形，较薄。残。素面无纹。直径4、厚0.8厘米（图一二，2）。

盆　5件。ⅠT4②：1，泥质灰陶。敞口，平折沿，尖唇，弧腹斜收。腹下部残。素面。口径38、残高6.6厘米（图一二，1）。ⅠT4②：2，泥质灰陶。敞口，圆唇。腹部残。素面。口径33、残高3厘米（图一二，4）。ⅡT1②：2，泥质灰陶。轮制。口部微侈，尖唇，沿部微

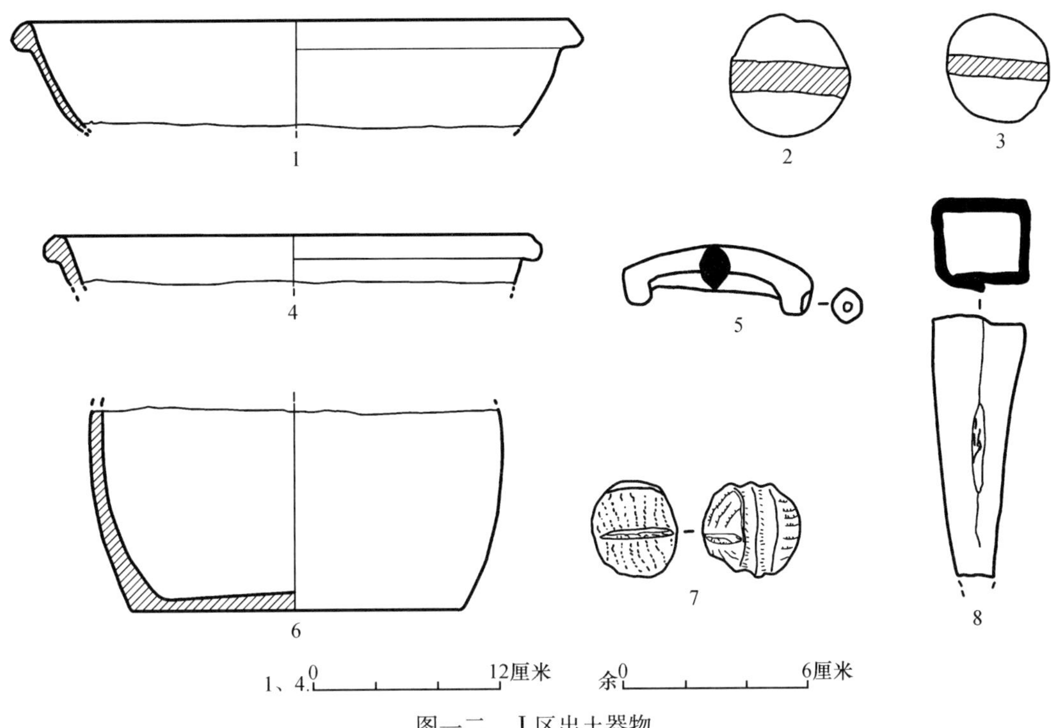

图一二 Ⅰ区出土器物

1、4. 陶盆（ⅠT4②：1、ⅠT4②：2） 2、3. 陶饼（ⅠT7③：1、ⅠT3②：4） 5. 铜提梁（ⅠT8③：1） 6. 陶盆底（ⅠT4②：3） 7. 陶球（ⅠT1②：1） 8. 铁凿（ⅠT2②：5）

折，略束颈，肩部略弧。肩部以下残。口径24、残高3.8厘米（图一三，7）。ⅡT2②：2，泥质灰陶。敞口，卷沿，尖唇，弧腹内收。腹下部残。腹部饰有数道凸棱。口径30、残高4.2厘米（图一三，2）。ⅡF2：2，泥质灰陶。敞口，平折沿，圆唇，腹部微折内收。腹下部残。素面。口径20、残高3.4厘米（图一三，10）。

盆底 1件。ⅠT4②：3，泥质灰陶。弧腹，平底，微向内凹。腹上部残。素面。底径11、残高12.8、胎厚0.8~2.4厘米（图一二，6）。

罐 2件。ⅡT1②：3，夹砂褐胎灰皮陶。轮制。敛口，尖圆唇，束颈，弧肩。肩部以下残。口径12.8、残高3.4厘米（图一三，1）。ⅡT1②：4，泥质灰陶。敞口，折沿，圆唇，弧肩。肩部以下残。口径20、残高3.2厘米（图一三，3）。

盘 1件。ⅡT1②：1，夹砂褐胎灰皮陶，表面磨光。敛口，方唇，弧肩，斜弧腹。腹部以下残。唇部外侧有一圈凹槽，唇部以下有一圈凸棱。口径20、残高3.8厘米（图一三，5）。

器纽 1件。ⅡT1②：5，泥质灰陶。轮制。纽面平面呈圆形，略鼓，沿部略尖且不平。纽柱为圆柱形，略亚腰，底部平整。器纽整体残。纽面直径4.3、高2.3厘米（图一三，4）。

器盖 1件。ⅡT2③：4，泥质褐胎灰皮陶。轮制。内壁弧形略鼓，底部平折沿，沿部有凹槽，圆唇。上部残。器盖底部直径23、残高5.4厘米（图一三，6）。

板瓦 1件。ⅡF2：1，泥质灰陶。外侧素面，内侧饰布纹。长21.6、残宽15.4、厚1.2厘米（图一三，9）。

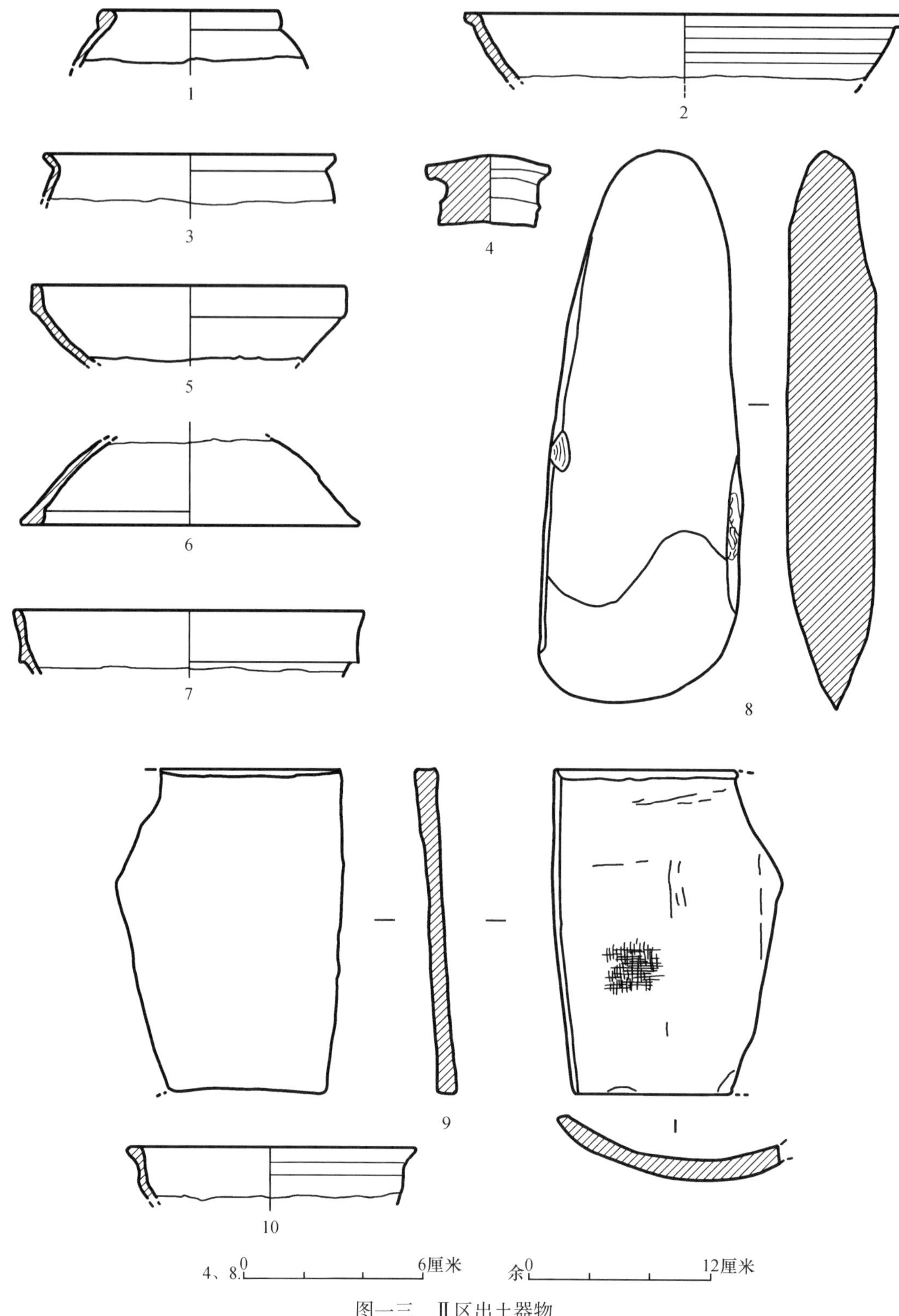

图一三　Ⅱ区出土器物

1、3. 陶罐（ⅡT1②：3、ⅡT1②：4）　2、7、10. 陶盆（ⅡT2②：2、ⅡT1②：2、ⅡF2：2）　4. 陶器纽（ⅡT1②：5）　5. 陶盘（ⅡT1②：1）　6. 陶器盖（ⅡT2③：4）　8. 石斧（ⅡT2③：3）　9. 陶板瓦（ⅡF2：1）

（2）铁器

出土有凿、钩、环、钉等完整器物，但由于土质较黏、湿，皆锈蚀严重。

凿　1件。ⅠT2②：5，呈四棱锥状，横截面略呈梯形。整体用铁片卷制，底部实心，中部以上空心。锈蚀严重，底部残。残长8.5厘米（图一二，8）。

（3）铜器

出土有铜钱、铜扣和铜提梁。铜钱有汉五铢钱、宋至道元宝、清代康熙通宝、雍正通宝、乾隆通宝、嘉庆通宝等，其他锈蚀严重，字迹不清。

提梁　1件。ⅠT8③：1，平面呈弓形，截面呈鱼脊形。两端突出，有穿孔。其余部分不见。长6.3、宽1.4、最厚处1厘米（图一二，5）。

（4）石器

石器出土有石斧和刮削器等。

石斧　1件。ⅡT2③：3，条纹状硅质灰岩。平面呈梯形，上部、刃部略弧。下部磨光。刃部及斧身有残缺。长18.3、顶部宽3、刃部宽6.5、厚3厘米（图一三，8）。

（5）瓷器

出土瓷片大多为青花瓷，也有少量青釉瓷、素面白瓷和酱釉瓷片等。青花瓷纹饰有花草纹、人物故事纹等。

四、结　　语

三门店子遗址发掘工作很不理想，是一个极不典型的遗址，遗址文化堆积薄，遗迹发现少，出土遗物贫乏，当系由于人类在此活动极少的原因，加之村民平整土地以及江水冲蚀等原因，都对遗址造成严重的破坏。

三门店子遗址发现有新石器时代、明清时期的遗存，其中早期遗存极少，主要以明清时期的遗存为主，包括铜钱、陶器和瓷片等。根据房址内堆积以及砖的规格，我们可以推断房址的年代当在明清时期。

通过对三门店子遗址的发掘，获得了一些实物资料，对明清时期生产、生活方式以及房屋构筑方法等方面的研究具有一定的价值。

附记：本次发掘的领队为中国人民大学北方民族考古研究所魏坚教授，参加发掘的人员有张林虎、杨春文以及中国人民大学历史学院考古学专业研究生等。整理由张林虎、毕德广、杨春文、苗轶飞等完成。线图由陈安宁绘制。器物照片由黄旭初拍摄。

执笔：张林虎　毕德广

武当山遇真宫村遗址2008年度发掘报告

厦门大学历史系

一、背　　景

2008年7~9月，为配合南水北调中线工程丹江口库区的文物保护工作，厦门大学考古队对湖北省十堰市武当山旅游经济特区遇真宫村遗址进行了大规模的发掘（编号：08WYC）。遗址位于武当山旅游经济特区东约3千米的遇真宫村所处的盆地之内，该盆地北、西、南三面环山，北面为凤凰山，西面为仙关，南面为九龙山，东面地势平坦，水磨河在盆地中央自西向东蜿蜒流过，注入丹江口水库。1994年11月，中国社会科学院考古研究所在水磨河北岸的河流阶地上调查发现了丰富的新石器和汉代遗物。2004年2月，南水北调中线工程丹江口水库淹没区湖北省文物保护规划组复查确认。当时测定的遗址中心点地理坐标为东经111°07′15″，北纬32°30′00″，海拔159~162米（图一）。

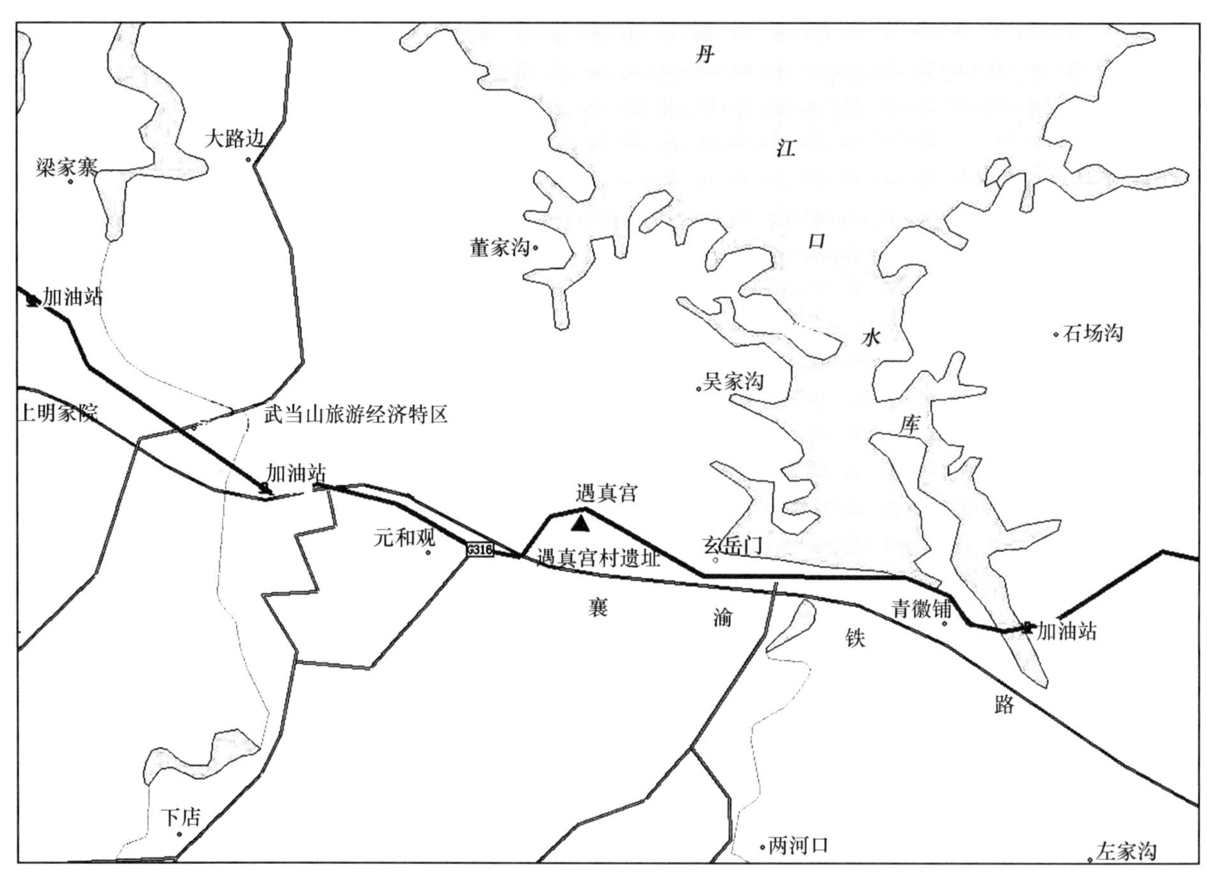

图一　遗址位置示意图

2008年7月，厦门大学考古队进驻工地后对于以上测定的遗址中心点坐标进行了踏查，发现其位于盆地中央六个相连鱼塘的西北角。但是在这里我们并没有发现新石器和汉代的遗物，地表散落的仅是一些明清时期的青花瓷片和近现代的生活垃圾。在失去这一重要线索后，我们随即在盆地内自西向东开展了大规模的地面踏查和考古勘探工作。在盆地西侧即遇真宫村四组的地域范围内，我们发现了明清时期的仙关遗迹以及“康熙二十五年十月河南南阳府邓州新野县修醮碑记”等众多碑铭，没有发现新石器和汉代等早期遗物。在盆地中部，遇真宫西宫南墙外侧、水磨河北岸的河边阶地之上，我们地表采集到磨光石斧、汉五铢和汉代灰陶片，于是我们将这里定为此次发掘的第Ⅰ发掘区，共布正南北向5米×5米探方52个，分别为T1012、T1112、T1113、T1207、T1209~T1213、T1306~T1313、T1403~T1413、T1502~T1513、T1602~T1612、T1705，其中T1607、T1608分别向南扩方2米，实际发掘面积为5米×7米。Ⅱ区位于Ⅰ区东南，属水磨河北岸的一级河边阶地，现在地表多被遇真宫村二、三组的民居所叠压，在阶地边缘的一口明代水井西侧，我们发现了一件磨光石斧被砌在一堵石墙之中。又据武当山文物宗教局赵本新副局长介绍，此处是1994年中国社会科学院考古研究所发现新石器和汉代遗物的主要地点，因此我们将这里定为第Ⅱ发掘区。由于四周皆为现代民居，我们仅在一片空间局促的菜地上布正南北向5米×5米探方6个，分别为T2107、T2202、T2205、T2206、T2303、T2304。Ⅲ区位于Ⅰ区西南，该地点亦属于水磨河北岸的一级阶地，与Ⅱ区所处的阶地隔着一片低洼的水稻田相望，在其南侧不远处我们发现了明清武当山古建筑会仙桥遗址。由于该地点距离1994年和2004年所测定的遗址中心点坐标不远，所以我们在这里布正南北向5米×5米探方19个，分别为T3202、T3203、T3206~T3209、T3301~T3303、T3306~T3309、T3401~T3403、T3503、T3504、T3604。

随着勘探工作的深入，我们对于整个盆地的地层文化堆积逐渐有了一个较清楚的认识，盆地西部的文化层堆积总体稍厚，而东部的文化层堆积更薄，于是我们不得不将勘探范围扩大到了水磨河南岸。由于在水磨河南岸的一个河边阶地上发现了周汉时期的陶器，所以我们将第Ⅳ发掘区定在这里，并布正南北向5米×5米探方6个，分别为T4103、T4202、T4203、T4302、T4303、T4402（图二）。

二、地层、分期和年代

本年度发掘分四个发掘区，Ⅰ、Ⅱ、Ⅲ区均位于水磨河北岸、遇真宫南侧，三个发掘区距离较近，且平面略呈“品”字形。其地层堆积性质和土质土色大致相同，因此可将此三区地层统一为4层，其中第1、2层遍布于Ⅰ、Ⅱ、Ⅲ区，第3层仅见于Ⅰ区，第4层见于Ⅰ、Ⅱ两区。现以T1605北壁剖面为例，并结合发掘区实际情况加以说明（图三）。

第1层：可细分为1A、1B、1C、1D四层。

第1A层：厚约0.1~0.25米，黄褐色，土质疏松，颗粒较大，含有大量植物根茎、少量近现代杂物和一些青花瓷片、瓦片、砖块等。为耕土层。

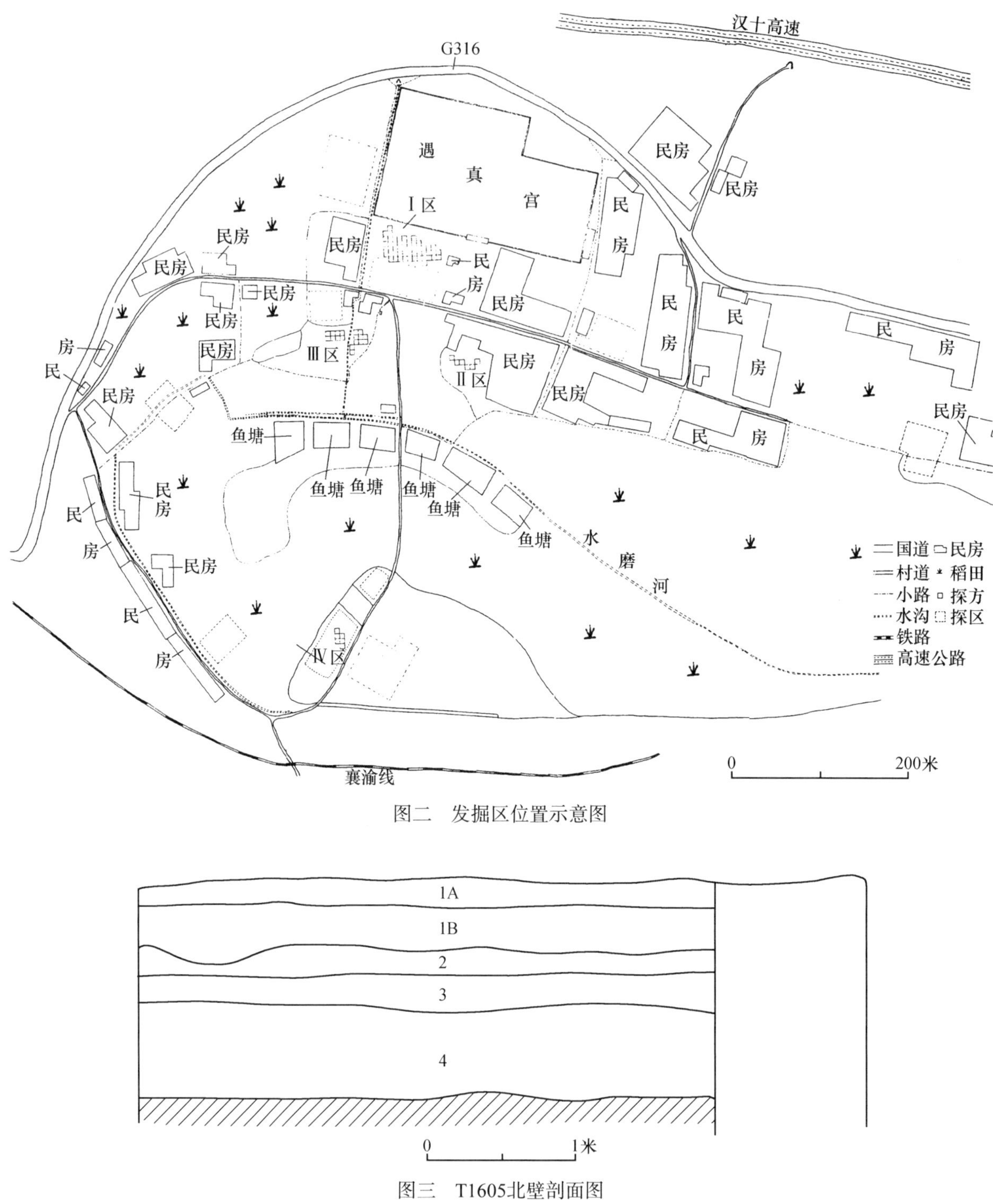

图二　发掘区位置示意图

图三　T1605北壁剖面图

第1B层：深约0.1~0.25、厚约0.2~0.35米，黄褐色，土质较第1A层紧密，黏性较大。出土物基本与第1A层相同。为现代扰乱层。

第1C层：本方内未见此地层。厚约0.14~0.26米，为含沙量很高的带红锈色斑点的黄色黏土，包含物较少，仅出少量青花瓷残片及釉陶残片。为现代洪积层。

第1D层：本方内未见此地层。厚0.15~0.36米，为带红锈色颗粒的褐色黏土，含沙量很高，包含物较少，仅出少量青花瓷残片及陶片。为近代洪积层。

第1A、1B两层在Ⅰ、Ⅱ、Ⅲ区均有分布。第1C、1D层主要分布于Ⅱ、Ⅲ两区地势低洼且临近水磨河的沿岸地区。Ⅲ区第1C层下发现有现代废弃的石砌墙基。

第2层：深约0.35~0.65、厚约0.1~0.2米，土色灰黑，土质较疏松，包含有较多瓦砾和砖块、石块。出土遗物以清代民窑青花瓷残片居多，以圈足的器底数量最多，纹饰以花卉纹为主，还有弦纹及文字装饰，夹杂一些明末民窑青花及釉陶片、青瓷、黑瓷和白瓷残片。为清代地层。

本层下出露遗迹有F1、F3~F6、F8~F11和H1等。

第3层：深约0.45~0.75、厚0.15~0.3米，土色为灰褐色，土质疏松，颗粒较大，含有大量白色石灰颗粒和一些砖瓦碎片。出土了一些陶片、缸瓦器、青花瓷等，青花瓷器纹饰主要有草叶纹、花卉纹、弦纹等。该地层主要分布于遇真宫西宫南墙外侧的第Ⅰ发掘区，其成因应当与明代中晚期遇真宫不断修缮所形成的建筑废弃堆积有关。

本层下出露遗迹有F2、F7等。

第4层：深约0.75~0.9、厚约0.5~0.7米。该层土质细腻，黏性较大，呈黄褐色，较纯净，第4层中约0.3米深度有一层厚约0.02~0.05米的青色石屑层，并出土一些杂乱而厚重的大砖块、大片筒瓦以及石头等。砖块尺寸与遇真宫宫墙砖尺寸相同。出土少量青花瓷、青瓷和白瓷。该地层的形成年代应当与遇真宫初建大致相当。

本层下为生土层，深1.4~1.55米，纯净黄色沙土，含小河卵石。

第Ⅳ发掘区位于水磨河南岸的河边一级台地之上，距离Ⅰ、Ⅱ、Ⅲ区稍远。但该区地层较为简单，耕土层下是黄褐色泥沙洪积层，其下是黑色清代地层，再下就是褐色周汉地层。通过与Ⅰ、Ⅱ、Ⅲ区地层的比较，我们发现其耕土层可定为第1A层，黄褐色泥沙洪积层可定为第1B层，黑色清代地层可定为第2层，褐色周汉地层在前三区均未发现，暂定为本年度发掘的第5层。现以T4103东壁剖面为例，并结合发掘区实际情况加以说明（图四）。

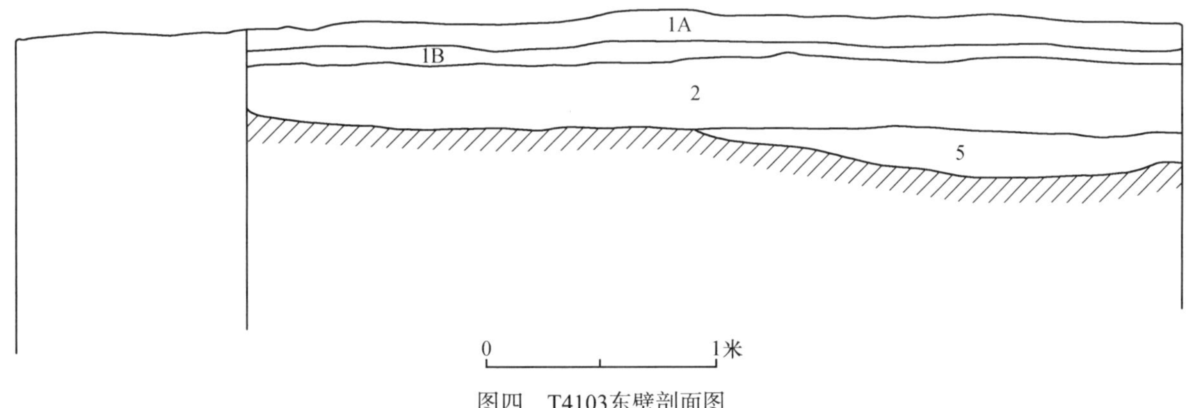

图四　T4103东壁剖面图

第1A层：厚0.05~0.2米，黄褐色，土质疏松，含有植物根茎、小石块。为现代耕土层。

第1B层：深0.05~0.2、厚0~0.1米，黄褐色泥沙，黏度较高，无杂物。近现代洪水淤积层。

第2层：深0.18~0.26、厚0.19~0.35米，黑色，土质较硬，内含碎石，出土青花瓷片、釉陶片、绳纹陶鬲、钵、盂等残片。

第5层：深0.48~0.53、厚0~0.43米，黑褐色，土质较硬，黏度较高，包含物很纯。泥质陶与夹砂陶比例相当，均为不可复原的残片，可辨识出鬲、豆、罐、盂等器形。纹饰以绳纹最多，素面和弦纹次之，少量篮纹。

三、遗　　迹

本年度共发现房屋和灰坑两类遗迹共12处，其中房址11座，灰坑1个。遗迹编号原则是将四个发掘区统一编号。F1~F9及H1位于第Ⅰ发掘区，F10位于第Ⅱ发掘区，F11位于第Ⅲ发掘区，第Ⅳ发掘区无遗迹现象。因本年度所发现的遗迹均属明清时期，下面将按编号顺序依次介绍。

F1　应为一长方形院落，四周以宫墙环砌排水沟，只是南面几乎无存，北面残长约7.7、西面残长7、东面残长8.6米。方向为北偏东25°，与其北部的遇真宫方向大致相同。院落四周排水沟用破碎宫墙砖堆砌，同时夹杂有瓦片和石块，上窄下宽，残高约0.3米。西面排水沟偏南部分有一凸出小水沟，将院落雨水排往外侧。院落中央用形状不同的扁石铺砌，大部分已遭破坏，仅在院落中部东西两侧略有残余，扁石之间错合较密，空隙处用薄石片或者碎瓦片填充。从残缺的断面可见，扁石仅铺有一层，扁石之下是含有大量石灰颗粒和碎砖块的第3层灰褐土。院落内基本上无遗物出土，只有少量青花瓷片散落于石砌地面之上，并出土一枚铜钱，但由于铜锈严重，铜钱的年代不详。从地层关系上看，F1位于第2层下而叠压于第3层上。此外，F1的东壁在T1603内压在H1之上，所以F1年代应晚于H1（图五）。

F2　平面呈长方形，方向与其北面的遇真宫南墙方向近似，约为北偏东25°。从残存的墙基来看，F2长约15、宽约7米。墙基是用大石块叠压堆砌而成的，宽约0.5、深约0.3、地表残存高约0.15米，一般是两块石头并排、前后两块石头之间相互叠压而成的。在F2中部偏西位置有一段曲尺形的墙基，应为隔墙墙基。东西长约3.5、南北长约3、宽约0.5米。居住面由于被F3叠压，故不明。没有发现柱础和柱洞，亦无灶。墙壁全然无存。门及门道亦由于破坏严重，不明。屋内堆积及包含物中除了零星散落的青花瓷片外，别无其他遗物。F2东墙位于第3层下，局部为F3所叠压，部分又被F3继续沿用，故F2应较F3要早（图六）。

F3　平面呈长方形，方向与其北的遇真宫方向近似，约为北偏东25°。从残存的墙基来看，F3长约17.5、宽约7米。F3中残存三段用小鹅卵石拼成的散水，一小片用圆形片状石块拼成的院落和一小段排水沟，可见F3是一座较豪华的房子。房基形状为长条形，宽约0.5米，一般是两块石头并排，前后石块间相互叠压，房基深约0.25、地表残存0.13米，有部分房基利用

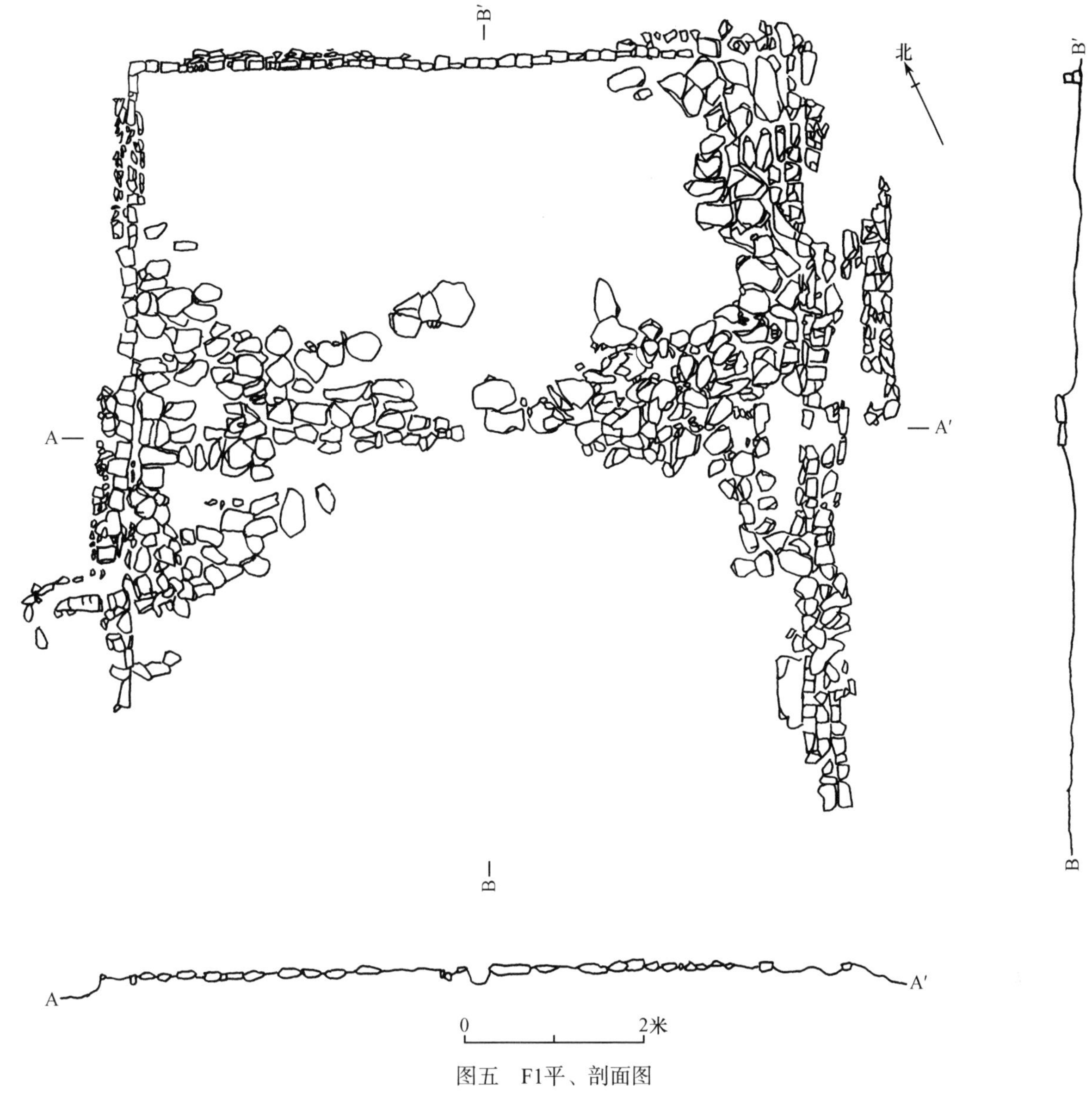

图五　F1平、剖面图

了其下F2原有的房基。F3居住面已被破坏，未发现柱础和柱洞。在F3中部，大片散水的东侧发现了灶的痕迹，在这一区域出土了大量炭屑和红烧土，并出土了很多青瓷碗、碟片，以及兽骨、烛台、瓦罐、陶瓶、铁锅残片，可能是厨房之所在。北部散水处有门及门道痕迹。F3房基位于第2层下，但叠压于F2之上，故F3晚于F2（图七）。

F4　位于第2层下，方向约北偏东25°。由纵横各3条石墙基垂直构成4间长方形房间，但南部墙基全部和北部墙基的西部残缺。在最西边的墙基外有一块石铺地面，应为房屋外院落。最东边墙基外有一条排水沟。石铺地面残存大致呈长方形，南北长5.1、东西宽6.8、厚0.02~0.07米。最西的纵向石墙基宽0.75~0.8、残长9.7米，为两到三层石块垒成，厚0.1~0.15米。中间的纵向石墙基宽0.5~0.75、残长10.6米，为两到三层石块垒成，厚0.09~0.18米。最西端纵向石墙基宽0.15~0.25、残长7米，为一到两层石块垒成，厚0.07~0.1米。横向的石墙基分别

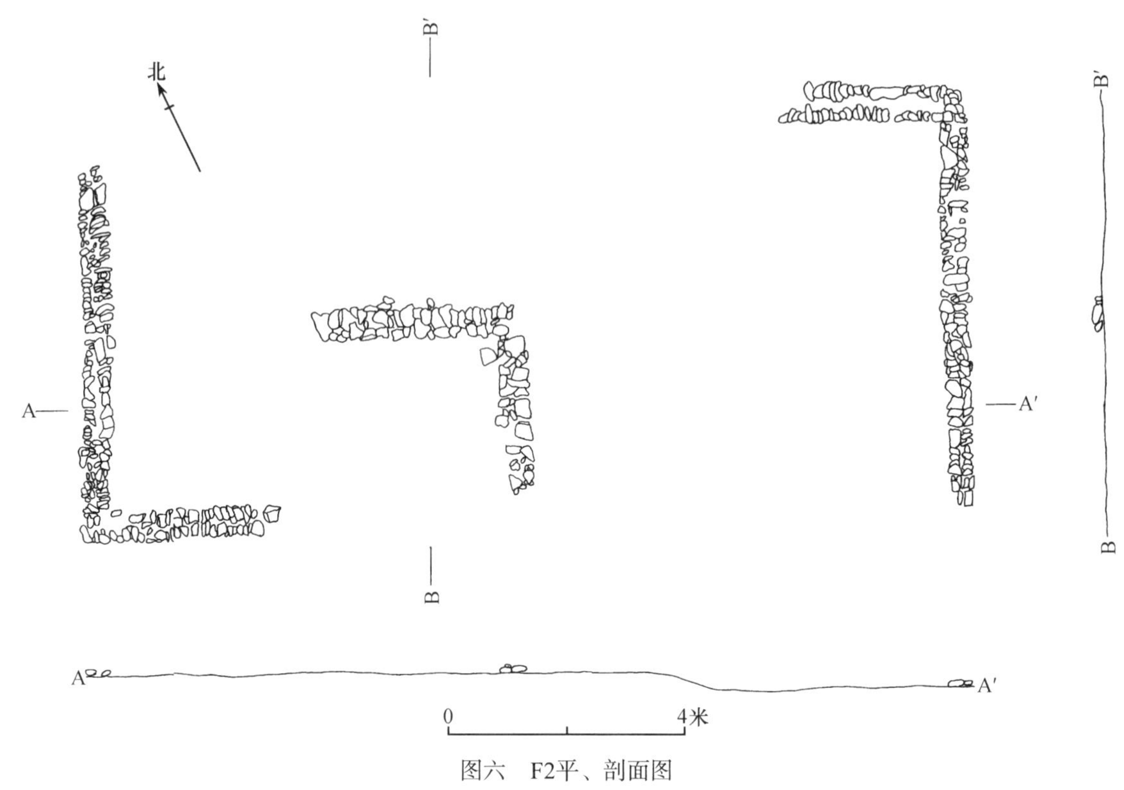

图六　F2平、剖面图

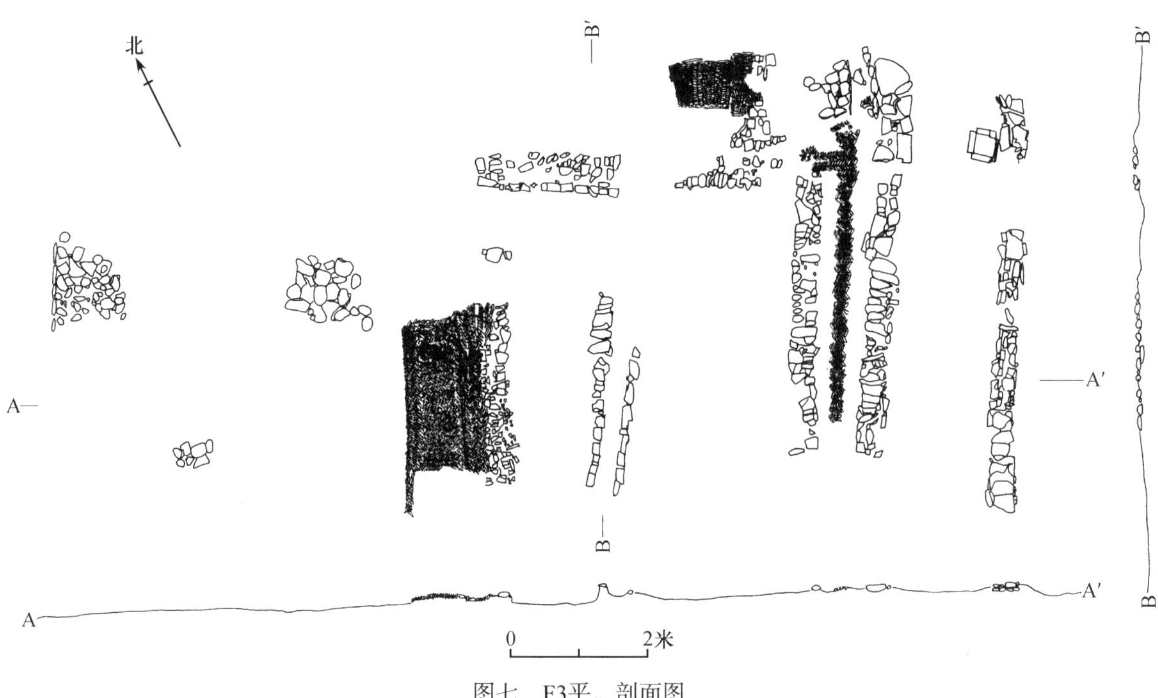

图七　F3平、剖面图

长4米和7.5米，宽0.5~0.95米，为两到三层石块垒成，厚0.1~0.17米。排水沟位于F4的东南角，呈直角垂直分布，外宽0.4~0.65、内宽0.15~0.2、深0.15~0.2米，沟壁为两到三层石块垒成，沟底垫有一层砖块，沟上覆盖一层扁平石板。从整体看，石墙基高出地面仅0.05米左右，以上残缺。F4未发现门道、灶、柱洞、柱础等其他建筑单位。房内仅见少量散落房内的青花瓷片，无其他遗物。房外未发现四周路面和其他相关遗迹。F5叠压在F4西北角之上，F4南部的排水沟叠压于F7之上。故F4晚于F7而早于F5（图八）。

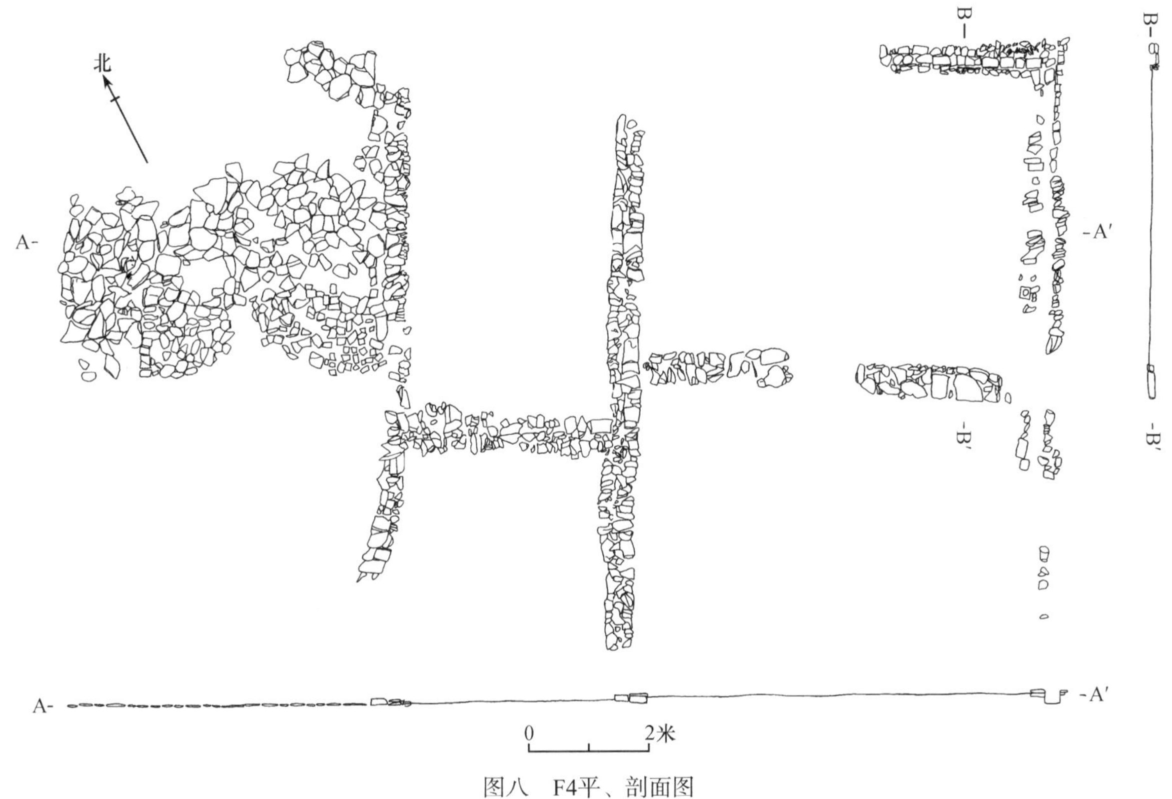

图八　F4平、剖面图

F5　位于第2层下，因为被破坏严重，只剩一条残墙基和排水沟，故房屋形状不明。从遗迹平面看，F5方向与其北的遇真宫方向差不多，约为北偏东25°。位于西部的墙基残长约1.8米，墙基上残存一个青石柱础，可见当时此道墙规模应该不小。位于南部的应该是条残存的排水沟，两边为用大青石板铺着的路面，中间下凹铺青砖成排水沟。排水沟残长约4、残内宽约0.25、残外宽约1.5、深约0.1米。房基的形状为长条形，残宽约0.5、残高约0.15米，为砖石结构。F5的居住面已被破坏，未发现其他柱础和柱洞，亦不见灶。墙壁荡然无存，门及门道亦不明。F5中除出土一些青花碎片和青瓷片外，基本不出土其他遗物。除青石板铺成的可能为路面外，其他地方未发现路面和其他人类活动遗迹。F5排水沟南侧下压着一小片小鹅卵石铺成的“人”字形遗迹和一些石头。这些应为F4的一部分，故F5叠压在F4之上，所以F5年代应比F4还要晚（图九）。

F6　位于第2层下，由于发掘面积有限，东南部及南部大多未揭露。根据已出露部分判断，F6在平面上应当呈长方形，方向北偏东25°。全长25.5、宽12米，南墙残缺，仅余西南

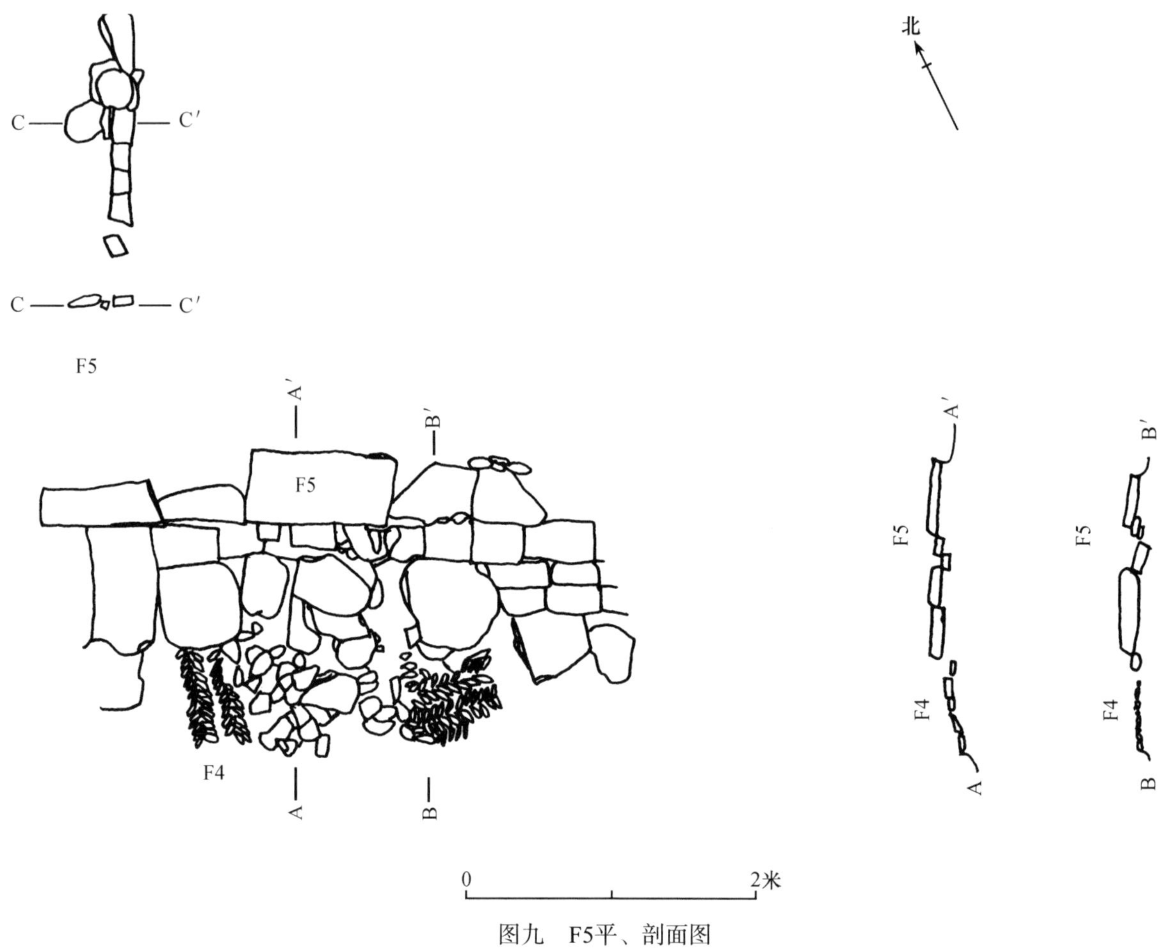

图九　F5平、剖面图

角一段，长约3.5米。房子平地起建，目前仅残留墙基，残高0.2~0.4米，北墙墙基最宽，约1.2米，东西墙基宽约0.7米。墙基由石块夹杂灰色方砖、鹅卵石砌成。房子地面大部分已被破坏，仅在房子西北和中部几处残存的地面可以看出原本铺着扁平状大块鹅卵石，光滑平整。

从整体上看，F6规模很大，结构复杂，不是一般的民居。三条横向的墙基将F6分成南北两个部分，北面宽3.5、南面宽5米。三条纵向的墙基将F6的北半部划分为5个面积不等的房间，其中东边的房间最为狭长，约6.5米，剩余四间自东向西依次为5、4.5、3和2.5米。其中西面的两个房间内各有一个砖块砌成的四方形台面，长0.5、宽0.4、残高0.25米，用途不明。南半部可分为两个大房间，靠西边的那间长约10米，在房屋墙基内侧出土三个柱础，北面两个，南面一个，南北对称，直径0.4、高出地面0.2米。北部的两个柱础间相距4米；东边的房间由于发掘面积有限，未全部揭露，其中南墙残断一部分。

在F6东南端发现一个砖灶，已残，现存的部分由砖块砌成弧形，残高0.3、外径0.9、内径0.75米，有使用痕迹，周围泥土呈炭黑色，出土物包括青花碗、碟碎片。

在F6西南的大房间里虽然没有发现灶，但出土了大量动物骨骼，有烧烤的痕迹，发现大量炭粒、铜勺、铜块以及青花碗残片等，推测这里也有一个厨房。

在墙基石块下或石头缝中普遍发现动物骨骼，原因不明。

F6西墙外有一个排水沟，残缺不全，仅余6米长，水沟东、西和底部三面由石块和灰砖砌成，宽0.25、高0.17米。

F6西邻F9，两座房子距离很近，F6的西墙距F9东墙仅半米之隔。北邻F3和F4，F6叠压在F4向南延伸的排水沟之上，所以F6的年代晚于F4（图一〇）。

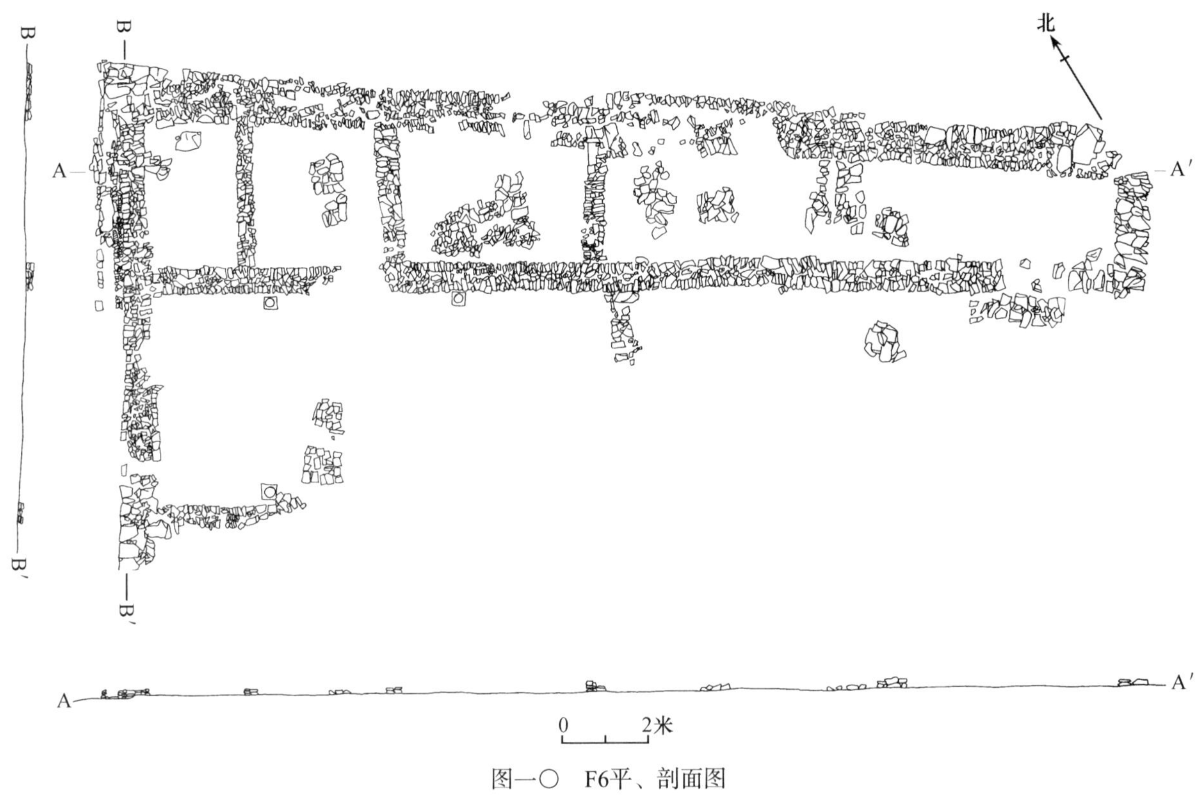

图一〇 F6平、剖面图

F7 因为被破坏严重，只剩两条残墙基，故房屋形状不明。从遗迹平面看，F7方向与其北的遇真宫方向差不多，约为北偏东25°。位于南部的墙基残长约8.5米，位于西部的墙基残长约1.5米。两条墙基相连成90°，可见此处应为一个墙角。房基的形状为长条形，残宽约0.5、残高约0.2米，为砖石结构。墙基由两排石头叠压组成，偶尔杂有少量青砖，两排石头中间填塞小石头或碎瓦片。本来墙基应该有两层以上的石头叠压，但现在只有一部分有两层石头叠压，其余部分应是被破坏掉了。房基深约0.07、地表残存0.13米。F7中除出土一些青花碎片外，基本没有其他遗物。F7与F6距离很近，在F6北部的墙基上压着一条排水沟，排水沟似与F4从北往南走向的排水沟连接起来，但该排水沟叠压于F7之上。这样来看，F7应该比F4要早（图一一）。

F8 位于第2层下，被F9所叠压，部分结构被破坏，仅剩一条并列的墙基和散水。房屋形状不明，其方向与遇真宫方向差不多，为北偏东25°。墙基残长8.5米，其西部散水残长6.5米，二者平行且散水嵌入东部墙基之下。墙基形状为长条形，残宽约0.5、残高约0.15~0.2米，由鹅卵石和青砖所构成。墙基由两排石块构成，有两层，部分区域仅残留一层，两排石头间填塞小石子，墙基深约0.15、地面残存0.1米。F8内除发现大量青花瓷外，别无他物。F8与F6相邻，距离非常近，中间隔一条排水沟。北邻F4。F8叠压于F9之下，故年代早于F9（图一二）。

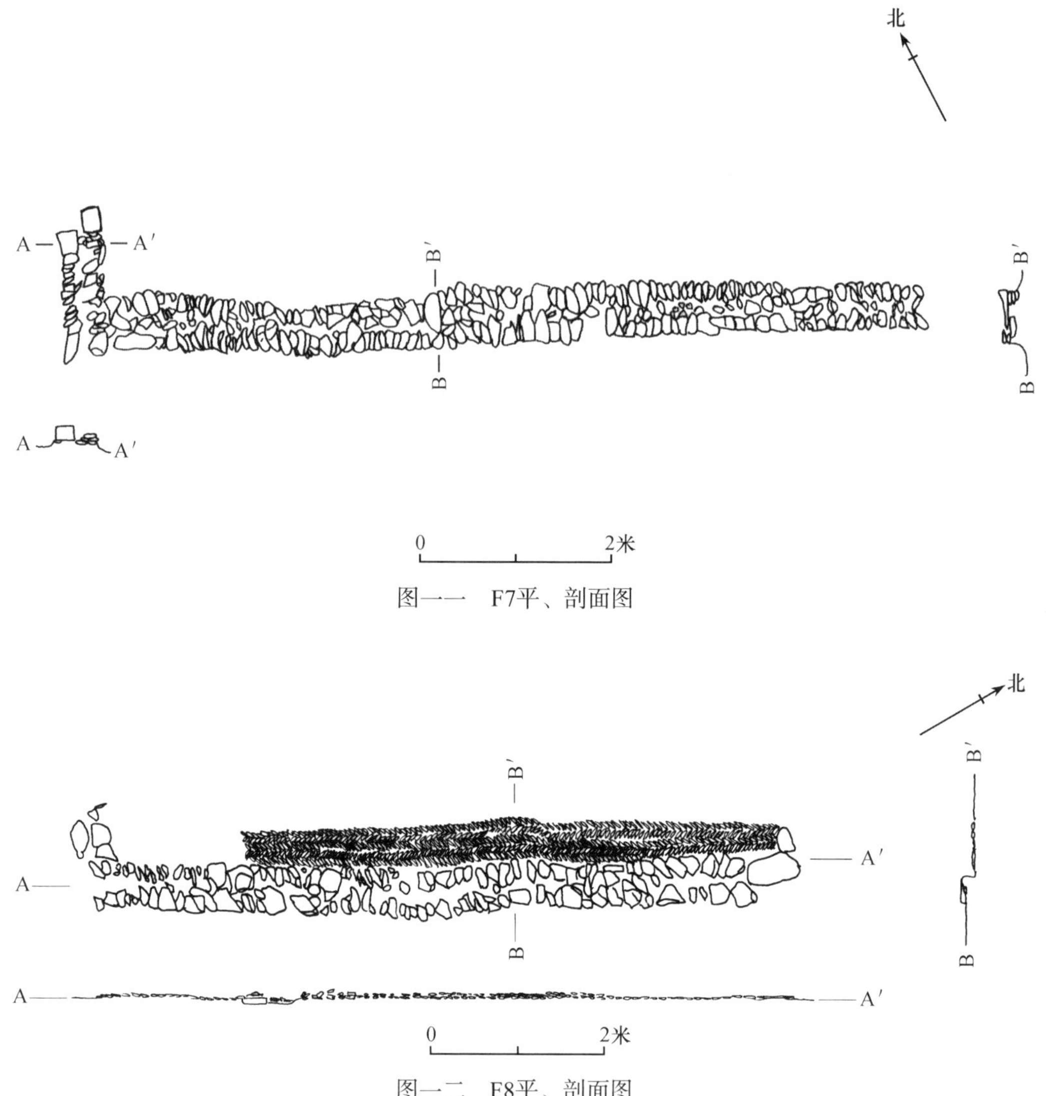

图一一　F7平、剖面图

图一二　F8平、剖面图

F9　破坏严重，已无法看出房屋的形状，仅残留部分地面、砖灶和一条排水沟。从遗迹平面来看，F9与遇真宫方向差不多，约为北偏东25°　。残存的地面长约4、宽1米，是由扁平状鹅卵石铺成，光滑平整。在残存地面的西侧有一个长方形砖灶，北、东、西三面砌砖，残高0.3米，灶附近出土了青花瓷片、木炭等物，并有一层明显的灰烬层。在灶的西北边有一个石磨，直径0.4、残高0.25米。排水沟位于残存地面的西北处，残长1.2米，沟壁和沟底均由灰砖砌成。在残存地面南端出土一个柱础，长、宽均为0.25、高出地面约0.2米。F9位于F6西侧，中间仅隔一条排水沟。F9位于第2层下，且叠压在F8之上，其年代应晚于F8（图一三）。

F10　仅存三道较明显的墙基和一道院墙。平面形状应为长方形，房屋走向大致同于遇真宫门前石板路的角度，为北偏东20°　。房屋长约17米，宽度不能确定。房基形状为长条形，宽约0.8米，一般是用三块石头或砖并排拼砌而成，三道房基基本都只残存一层，高出地表约0.1米。F10的院墙保存状况较好。由于未扩方，从现有的发掘情况来看，该墙长约4.5、宽约0.9、高约0.6米，墙底部和两侧多用大砖或大石块垒砌，中间填有一些较小的石块和砖块。在F10中除了一些残碎的青花瓷片外，别无其他遗物。F10院墙外不远即为遇真宫门前的石板路，可以确定F10即为遇真宫门前石板路旁的一户人家。F10位于第2层下，在T2303中的一道房基被该方内一道后期的土墙基础所打破，从地层关系来看，F10应为清代的房屋遗迹（图一四）。

F11　被破坏得十分严重，仅留下北部和东部的两条墙基，且残缺不全。但从它们的走向可见，两道墙基之间呈90°夹角，因此推测F11的平面可能是长方形或正方形。从遗迹的平面分布来看，F11方向为北偏东25°。北部的墙基残长2.5、东墙基残长3.5、宽0.5、高出地面0.1~0.2米。墙基是由大小不一、形状各异的鹅卵石铺成。在东面墙基西边垂直距离约0.75米处，发现一个柱础，直径0.3米，由青石块建造而成，表面光滑。由于房屋遗迹被破坏太严

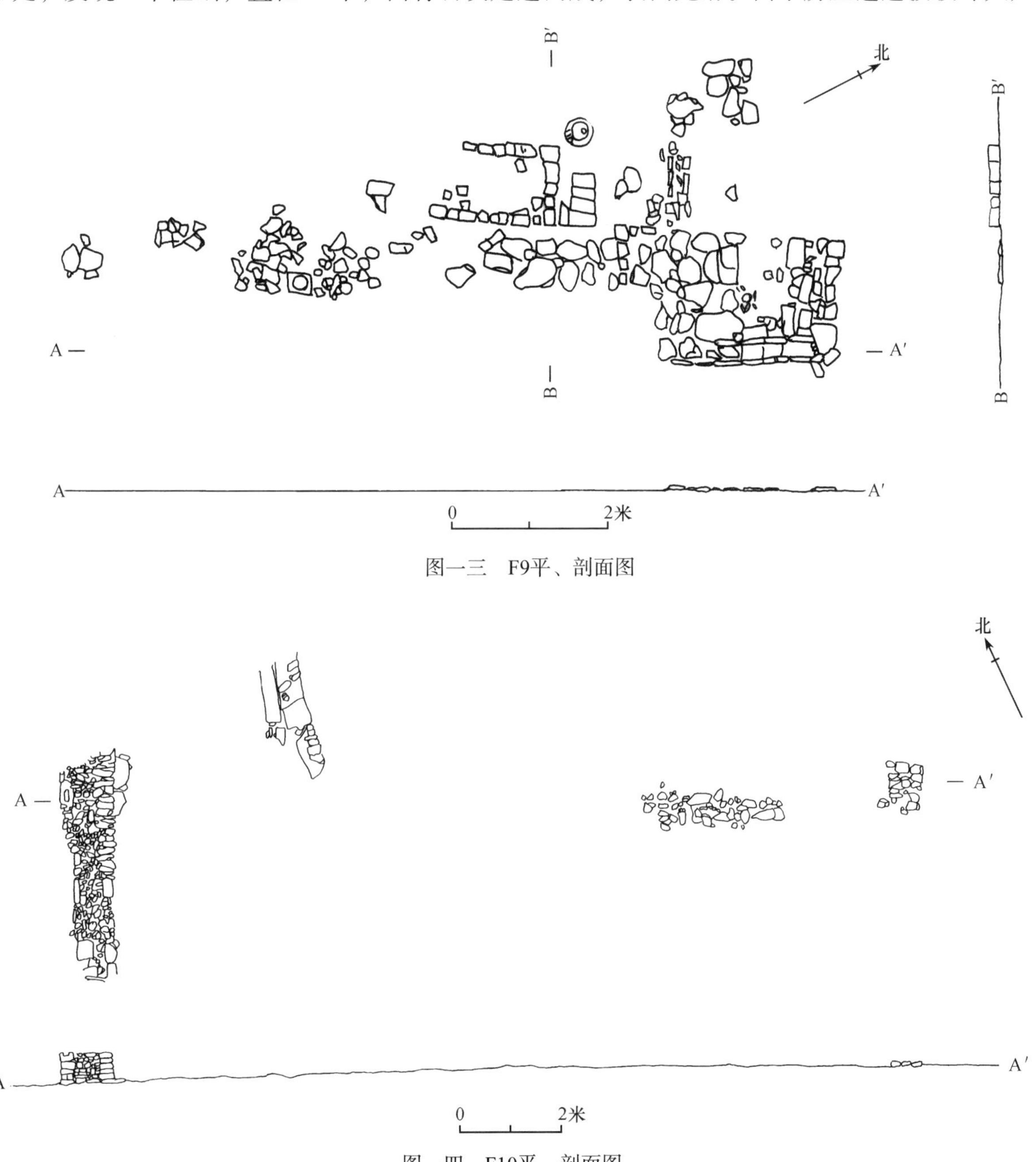

图一三　F9平、剖面图

图一四　F10平、剖面图

重，故房子的居住面、墙壁、门及门道的建筑材料及结构不明。在F11墙基附近出土一些明清时期的青花瓷片，除此之外未出土其他遗物。周围未发现房屋或其他遗迹现象。由于无明显判断年代的标尺，加上房屋破坏太严重，只能从出土的青花瓷片和墙基所处的层位判断年代约在清代（图一五）。

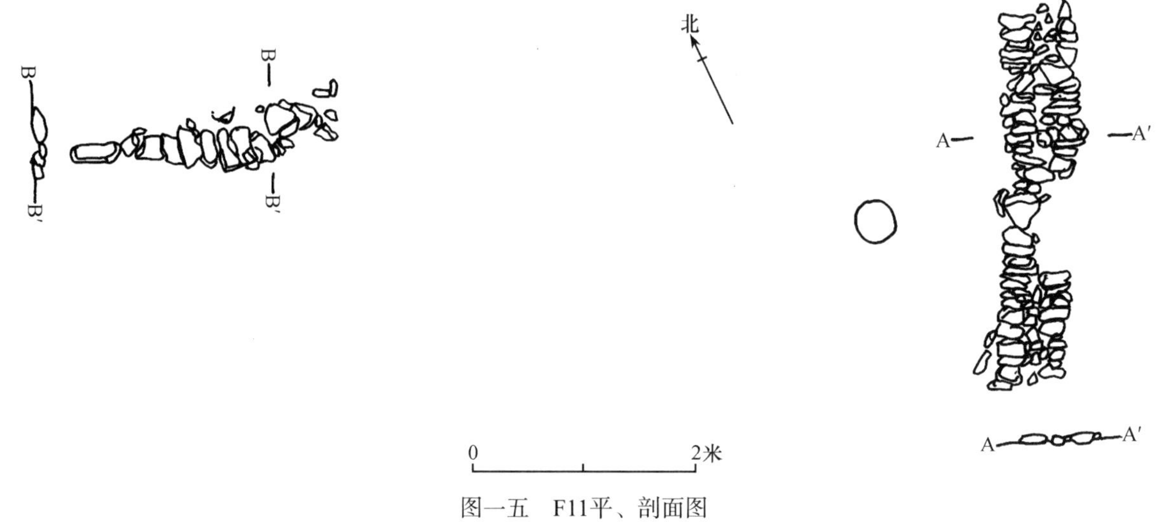

图一五　F11平、剖面图

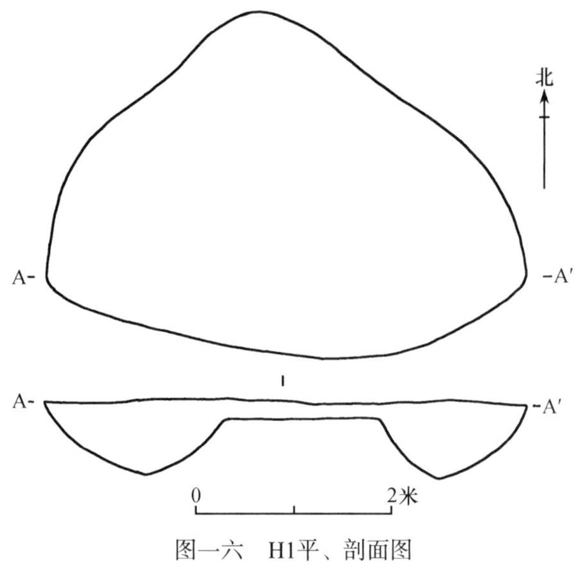

图一六　H1平、剖面图

H1　平面呈不规则形，弧壁，剖面为中间相连的两个深坑，底略尖。长4.9、宽3.3、深0.76米。坑壁、底均未见明显加工痕迹。坑内填土呈灰褐色，土质较松软，包含石块和砖瓦。出土物有青花瓷片6件，其中3件圈足残片、1件敞口口沿残片、2件腹片，纹饰多为缠枝花卉；白瓷碗1件（H1∶1），敞口、弧腹、圈足；黑硬陶片4件，其中1件平底残片、3件敞口口沿残片，均为素面；釉陶片4件，其中1件灰釉腹片、1件红釉直口口沿残片、1件红釉敛口口沿残片、1件灰釉敞口口沿残片；另有灰砖块3块、灰板瓦块2块，均素面。H1被F1打破，但属同一时期遗迹。由于坑内包含物不多，性质、用途不明。从其坑内出土物来看其绝对年代应为明末清初（图一六）。

四、遗　　物

遗址出土器物分为周汉与明清两个时期。周汉时期遗物出自第Ⅳ发掘区，有陶器、石器两类。陶器以夹砂和泥质红陶为主，表面多饰绳纹、弦纹或素面，器形主要有鬲、罐、盂、豆等。石器有磨光石斧和石锛。明清时期遗物出自第Ⅰ、Ⅱ、Ⅲ发掘区，尤以第Ⅰ区种类最多、最全。明清时期遗物以陶器、瓷器为主，另有铜器、银器、铁器、玉石器等。瓷器以青花瓷为主，少量青瓷、黑瓷、白瓷、五彩瓷和色釉瓷。器形主要有碗、碟、杯、盘、盏等。陶器多为瓦当、筒瓦等建筑构件，也有碗、烛台、柱形器等。铜器有铜像、铜勺、铜鱼、铜构件、铜钱等。

（一）周汉遗物

本时期出土器物以陶器为主，器形有鬲、罐、盂、豆等。石器主要有石斧和石锛等。

1. 陶器

陶器器形主要有鬲、罐、盂、豆等。陶质以夹砂红陶为主，泥质红陶次之，极少量泥质灰陶，纹饰则以绳纹为主，约占一半以上，弦纹和素面次之，少量篮纹、方格纹和附加堆纹（图一七，10~12）。

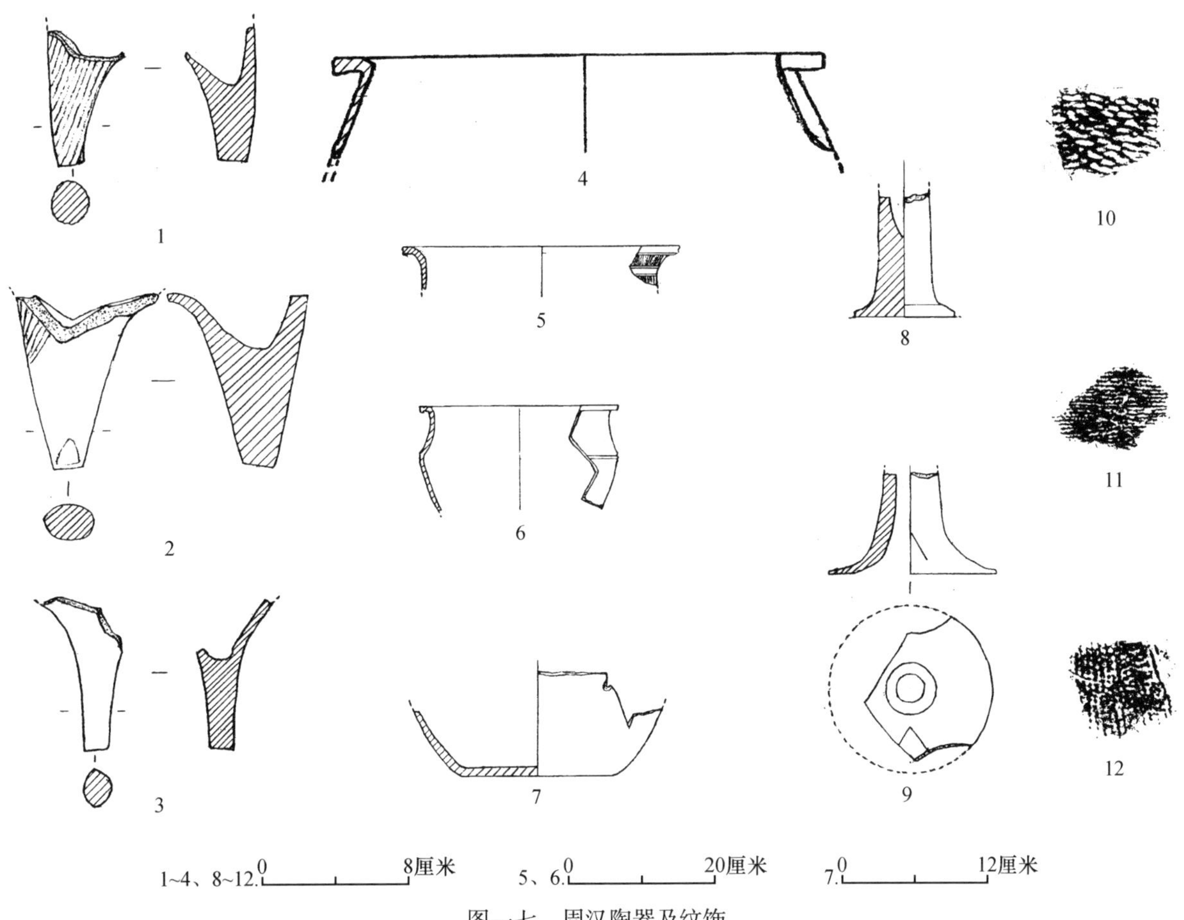

图一七　周汉陶器及纹饰

1~3. 鬲足（T4202⑤：2、T4103⑤：2、T4103⑤：3）　4、5. 罐（T4103⑤：1、T4202⑤：1）　6、7. 盂（T4402⑤：1、T4402⑤：2）　8、9. 豆（T4302⑤：1、T4302⑤：2）　10. 篮纹（T4302⑤：3）　11. 细绳纹（T4303②：1）　12. 方格纹（T4203②：1）

鬲　3件。T4202⑤：2，夹砂红陶鬲足。器体较厚重，柱状足。饰粗绳纹。残高5.6厘米（图一七，1）。T4103⑤：2，夹砂红陶鬲足。器体厚重，锥状足。足上半部饰粗绳纹。残高8.5厘米（图一七，2）。T4103⑤：3，夹砂红陶鬲足。器体较厚重，柱状足。素面。残高7.5厘米（图一七，3）。

罐　2件。T4103⑤：1，泥质灰陶器皿口沿。器体较轻薄，折沿，方唇。素面。口径12.5厘米（图一七，4）。T4202⑤：1，泥质灰陶器皿口沿。器体较轻薄，撇口，方唇。饰重弦纹、绳纹。口径18厘米（图一七，5）。

盂　2件。T4402⑤：1，泥质红陶器皿口沿。器体较轻薄，折沿，方唇，折肩。肩部饰重弦纹。口径13厘米（图一七，6）。T4402⑤：2，泥质红陶器皿底部。器体较轻薄，弧腹，平底。素面。底径6、残高7.8厘米（图一七，7）。

豆　2件。T4302⑤：1，泥质灰陶豆柄。器体较厚重，足微外撇，平底，柄部中空。素面。底残径2.6、残高6.3厘米（图一七，8）。T4302⑤：2，泥质灰陶豆柄。器体较轻薄，足外撇，呈喇叭状，中空。素面，带一刻划符号。足外径4.6、残高5.2厘米（图一七，9）。

2. 石器

均为磨光石器，器形有锛、斧两种。

石锛　2件。T1406③：3，单面刃，刃部平滑，通体磨光，背部平缓，平面呈弧梯形，剖面呈弧三角形。长9.6、最宽1.8厘米（图一八，1）。T1307①：1，平面呈长方形，剖面呈长方形，三面磨光，刃处残。长9、宽4、厚2.2厘米（图一八，2）。

石斧　1件。采：2，平面呈梯形，剖面呈椭圆形，双面刃，通体磨光，刃部有使用痕迹。长11.3、宽5.9、厚2.1厘米（图一八，3）。

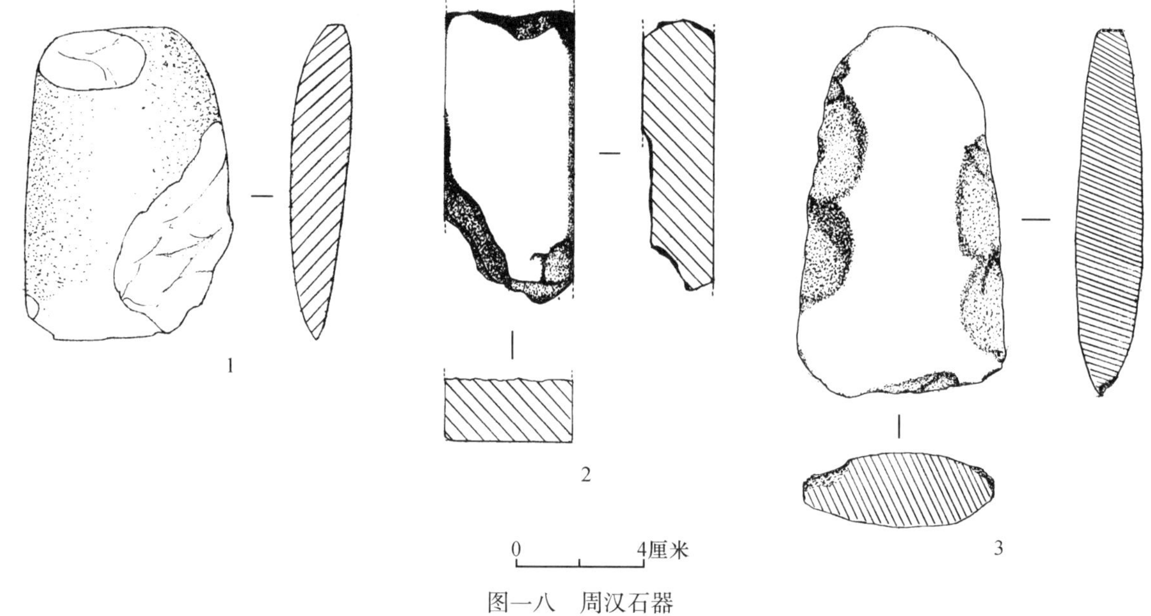

图一八　周汉石器

1、2. 石锛（T1406③：3、T1307①：1）　3. 石斧（采：2）

（二）明清遗物

本时期出土器物以陶器、瓷器为主，器形主要有碗、碟、杯、盘、盏、烛台、瓦当等。另有铜器、银器、铁器、玉石器等。

1. 瓷器

本时期出土瓷器以青花瓷为主，少量青瓷、黑瓷、白瓷、五彩瓷和色釉瓷。

（1）青花瓷

器形有杯、盏、盆、盘、碟、碗等，其中碗、碟、杯数量最多。

杯　可分三型。

A型　1件。敞口。T1308②：2，敞口，弧腹，矮圈足。胎体轻巧，胎质致密，釉色青白，釉面有光泽。内底绘弦纹，中央绘蝌蚪状图案。口径7.2、底径2.8、高4厘米（图一九，1）。

B型　2件。撇口。T1507③：1，撇口，尖唇，深折腹，矮圈足。外壁饰排列整齐的“爪”纹。口径8.8、底径3、高4厘米（图一九，2）。

C型　2件。高足杯。T1502③：6，高足杯底，足部以上无存，足呈柱状，上小下大，有弦纹。釉层较厚，有裂釉现象，胎较厚，足内部未施釉。底径4、残高6.7厘米（图一九，3）。

盏　可分二型。

A型　2件。撇口。T1502③：8，直腹，外腹靠近足底处弧度较大。圈足底部未施釉，纹饰以草叶纹为主，胎质较差，施釉不良，器物底部留有支烧痕迹。口径9.2、底径3.6、高4.4厘米（图一九，4）。

B型　1件。撇口，折腹。T1403③：3，已修复。圈足较矮，口沿较宽，唇部较尖。盏底部有十道由点组成的纹路向四周散开，外腹为点组成的斜绳纹绕腹一周。烧造技术较差，釉色不够纯正，有流釉现象。口径12、底径3.6、高4.8厘米（图一九，5）。

盆　1件。T1212②：2，蓝釉白花小盆，造型较特殊。花瓣口，卷沿，弧腹，圈足，底部中空，具体用途不明确，可能是种花的小花盆。口径12、底径4.4、高5.7厘米（图一九，6）。

盘　1件。T1502③：9，已修复。敞口，尖唇，弧腹，圈足，足内壁凹进。盘底为龙纹，外腹部为动物纹，似麒麟。釉色纯正鲜明，透光度强，似官窑制品。口径18、底径10、高3.8厘米（图一九，7）。

碟　可分四型。

A型　13件。敞口。T1510②：6，敞口，圆唇，腹微弧下收，矮圈足。胎细白，釉面光亮，釉色青白，口沿内外饰重弦纹，圈足内不施釉，砂足。口径12、底径6.4、高2.6厘米（图一九，8）。

B型　1件。敞口，内弧腹。T1312②：2，敞口，口沿外翻，圆唇，内弧腹，浅圈足，底内凹。口沿内壁及近底处饰弦纹，内底有花草纹，色暗，无光泽感，碟外壁无纹饰。胎质细密，釉色青中泛白。口径15.6、底径8、高2.6厘米（图一九，9）。

图一九　明清青花瓷器

1. A型杯（T1308②：2）　2. B型杯（T1507③：1）　3. C型杯（T1502③：6）　4. A型盏（T1502③：8）　5. B型盏（T1403③：3）　6. 盆（T1212②：2）　7. 盘（T1502③：9）　8. A型碟（T1510②：6）　9. B型碟（T1312②：2）　10. C型碟（T1113②：1）　11、12. D型碟（T1608②：1、T1609①：2）　13. A型碗（T1407②：9）　14. B型碗（T1610②：1）　15. C型碗（T1407②：12）　16. D型碗（T1610②：5）　17. E型碗（T1407②：5）

C型　7件。撇口。T1113②：1，撇口，尖唇，圆弧腹，矮圈足。釉色青中泛白，轻巧，青花纹饰暗无光泽，口沿及圈足饰弦纹，口沿内壁及底部亦饰弦纹。通体施釉，腹外部及内底均饰有缠枝花卉纹。口径13.2、底径6.8、高3厘米（图一九，10）。

D型　5件。敞口。T1608②：1，敞口，弧腹，矮圈足，内底饰一繁体字“寿”。口沿饰一圈弦纹。口径11.6、底径4.8、高3.2厘米（图一九，11）。T1609①：2，侈口，方唇，器身较矮，器壁斜弧下收，矮圈足，整体较轻薄，底平。胎细白致密，釉色光亮，青花成色较好。

主体纹饰为婴孩戏珠，分布于碟内底中央，环以重弦纹，口沿内壁饰条带状底纹。口径13.6、底径8、高2.6厘米（图一九，12）。

碗　可分五型。

A型　5件。敞口，斜直腹，大海碗。T1407②：9，敞口，圆唇，口沿外壁略内束，斜直腹，矮圈足。胎灰白而较致密，釉面不甚光滑，青花呈色较暗，聚积处发黑。口沿内饰交叉带点纹，近内底处饰重弦纹，内底主体纹饰为蝴蝶状草叶纹，外壁通体卷草纹。口径16、底径6、高6.8厘米（图一九，13）。

B型　16件。敞口，弧腹。T1610②：1，敞口，方唇，深弧腹，矮圈足。胎质细白，釉色光亮。腹部饰夔龙纹，内底饰蟠龙纹。口径16、底径6、高6.8厘米（图一九，14）。

C型　3件。侈口，玉璧底。T1407②：12，侈口，浅弧腹，玉璧底。内底饰一束兰花纹，旁有落款，应为“佳器”二字。其胎体较厚重，胎色灰白，胎质紧密，釉面光滑，釉色青白，青花呈色深蓝，鲜亮。口径13.6、底径5.4、高4.2厘米（图一九，15）。此类碗制作工艺、胎釉色泽等方面都优于其他类型的碗。T1407②：12与《景德镇青花图案瓷片集》第74页右下角瓷片相似（江西美术出版社，2005年）。

D型　8件。侈口，弧腹，浅圈足。T1610②：5，侈口，弧腹，底近平，矮圈足。胎质细白，胎体较厚，釉面光亮，青花呈色暗淡无光。口沿内外、圈足外壁各饰弦纹一圈，内壁口沿之下饰条带状草叶纹，内底饰花草及螃蟹纹，外环绕重弦纹，外壁饰飞鸟云气纹。口径12.8、底径6.4、高3.4厘米（图一九，16）。

E型　10件。侈口，弧腹，高圈足。T1407②：5，侈口，尖唇，深弧腹，高圈足。胎体轻薄，胎质紧密，胎色较白，釉色纯净洁白，青花钴料呈色均匀，色彩鲜艳。口沿内饰一圈花草纹，内底饰一朵五瓣花图案，外壁饰狮子纹。口径11.6、底径5.2、高6厘米（图一九，17）。

（2）青瓷

器形主要有碗、碟、盏、洗等。有少量瓷器内饰青花，外饰青瓷。

碟　3件。T1602③：5，碟残片。敞口，口沿为花瓣形，矮圈足。釉色纯正，器底外部未施釉，其他部位满釉，釉层较厚，有裂釉现象，釉下饰刻划纹。口径14.4、底径7.2、高3.4厘米（图二〇，1）。

盏　2件。T1502③：7，已修复。直口，斜腹。釉下有刻划纹，釉色浓重，呈翠绿色，釉面开裂，圈足底部未施釉，器物整体质量较好。口径8.8、底径3.4、高5.3厘米（图二〇，2）。

碗　5件。T1511②：1，已修复。敞口，圆唇，微折腹，矮圈足，圈足内有一圈无釉，底部正中有一施釉圆点。胎质厚重，胎灰白而细密，釉光泽度不强。素面。口径14.6、底径7.8、高3.6厘米（图二〇，3）。

洗　1件。T1611②：2，已修复。抹角方形，四角直线微弧转角，口沿内收，圆唇，斜腹，四方足且低矮。乳浊釉，釉色青中泛白，甚有光泽。口径9.3、底径6、高2.6厘米（图二〇，4）。

（3）黑瓷

盏　1件。T1113②：3，敞口，圆唇，微束颈，弧腹，底部残缺。胎质轻薄粗松，黑釉光

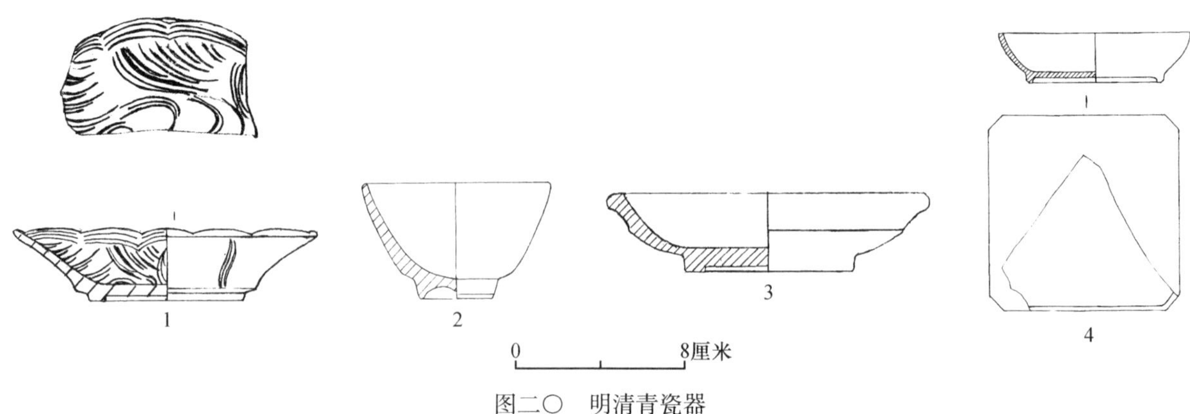

图二〇　明清青瓷器

1. 碟（T1602③：5）　2. 盏（T1502③：7）　3. 碗（T1511②：1）　4. 洗（T1611②：2）

滑而有光泽。口径11.2厘米（图二一，1）。

（4）白瓷

碗　1件。T1705③：1，折腹，圈足。素面。圈足内及足底未施釉，胎质细腻，釉色白中泛灰。底径4、高2.5厘米（图二一，2）。

（5）五彩瓷

碟　1件。T1602③：3，敞口，尖唇，圈足，足底有刮釉。器底与腹部施红绿釉，为釉上彩，器物外腹为一条鱼纹，器身透光度强，胎质细腻。底径8.8、高2.6厘米（图二一，3）。

盘　1件。T1605③：3，敞口，圆唇，口沿外撇，弧腹，圈足，足底刮釉。胎质细腻，釉上施红彩弦纹。口径14.6、底径7.5、高3厘米（图二一，4）。

（6）色釉瓷

酱釉瓷　仅见杯底残片1件。T1407②：28，高圈足。胎体轻薄，胎质紧密，胎色较白，外施酱釉，内施青白釉。素面。底径4.4、残高2厘米（图二一，5）。

蓝釉瓷　3件。均为碟。T1503②：2，已修复。敞口，口沿较宽，折腹，圈足。胎呈灰色，施孔雀蓝釉，釉有脱落，釉色暗淡，但器身制作规整，圈足内及足底未施釉。口径13.4、底径7、高2.6厘米（图二一，6）。T1505②：1，撇口，微折沿，矮圈足。釉大部分已脱落，内壁为类似孔雀蓝的釉色，外壁施紫釉。口径15、底径7.6、高2.5厘米（图二一，7）。

绿釉瓷　2件。T1504②：1，腹片。泥胎，致密轻薄，腹外部饰草叶纹，外表有细小冰裂纹（图二一，8）。

2. 陶器

器形有碗、烛台、柱形器、瓦当、筒瓦等。

碗　可分二型。

A型　1件。敞口，圆唇，斜直腹。T1409②：1，敞口，圆唇，斜直腹，矮圈足，底稍凹。胎质较细，胎色为粉红色，外施一层白色陶衣，陶衣多有脱落，器内外壁有凹凸形成的弦纹。口径15.2、底径6.4、高6.4厘米（图二二，1）。

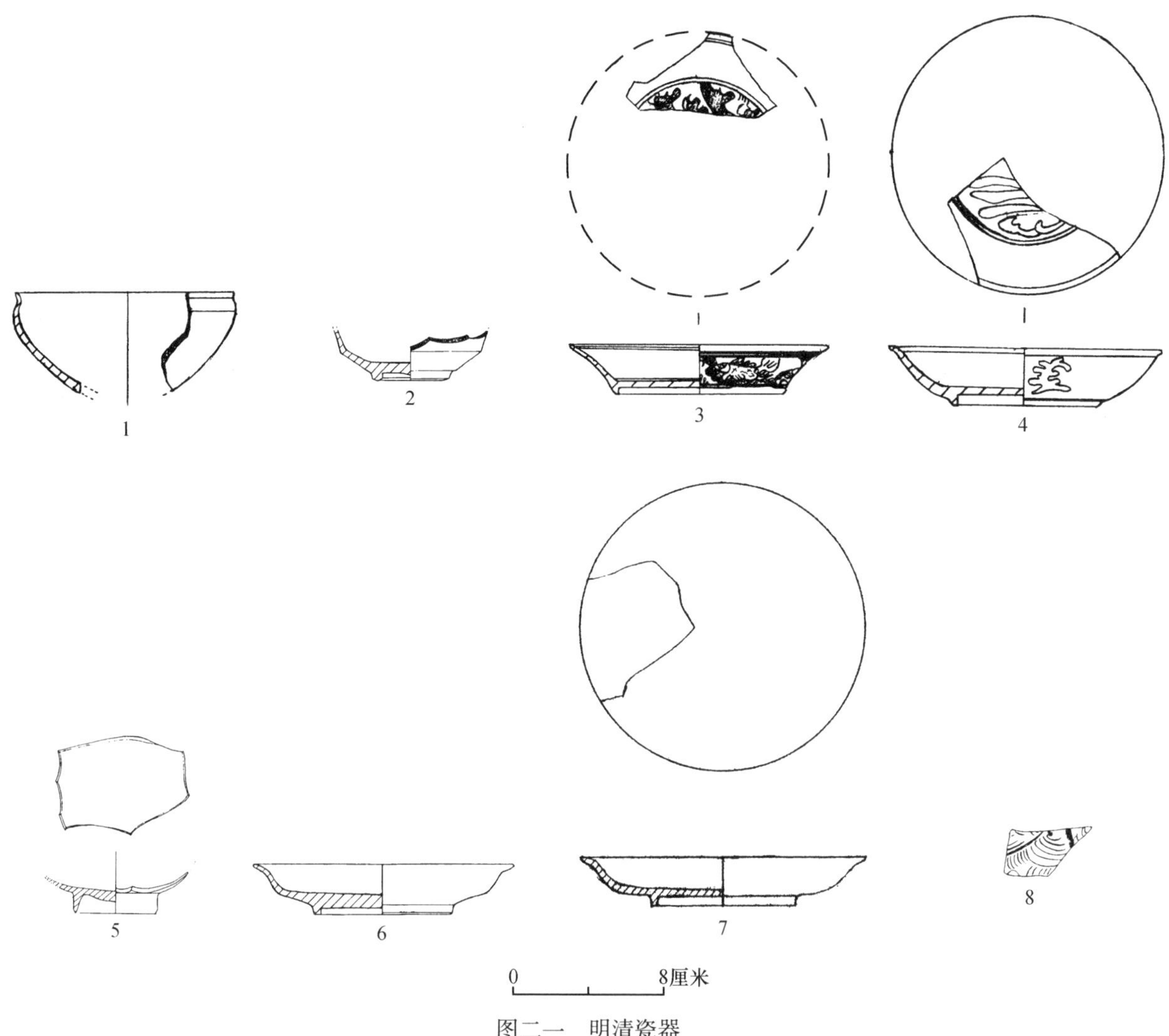

图二一 明清瓷器

1. 黑瓷盏（T1113②：3） 2. 白瓷碗（T1705③：1） 3. 五彩碟（T1602③：3） 4. 五彩盘（T1605③：3）
5. 酱釉杯（T1407②：28） 6、7. 蓝釉碟（T1503②：2、T1505②：1） 8. 绿釉瓷残片（T1504②：1）

B型 1件。敞口，圆唇，弧腹。T1403③：4，已修复。敞口，圆唇，弧腹，圈足，器体厚重，碗底和足底均有制陶时的切割痕迹，陶质良好，呈红褐色。口径15.6、底径5.8、高7厘米（图二二，2）。

烛台 2件。T1407②：4，泥质灰陶。烛盘圆唇，浅腹，柄中空。上径1.6、底径8、高14.6、灯盘直径9.4厘米（图二二，3）。

柱形器 2件。T1606②：4，泥质灰陶。圆柱形，上面似有红漆痕迹，已残断，用途不明。残高10.2、直径7.2厘米（图二二，4）。

瓦当 1件。T1510②：8，体厚，质地较细，色青灰。周边有宽缘，中间为花卉浮雕。与遇真宫内瓦当基本一致。残长15.6、残宽9、厚2.5厘米（图二二，5）。

筒瓦 1件。T1211②：2，泥灰筒瓦，厚重。外表素面，内饰布纹。长37.2、残宽19、厚2.6 厘米（图二二，6）。

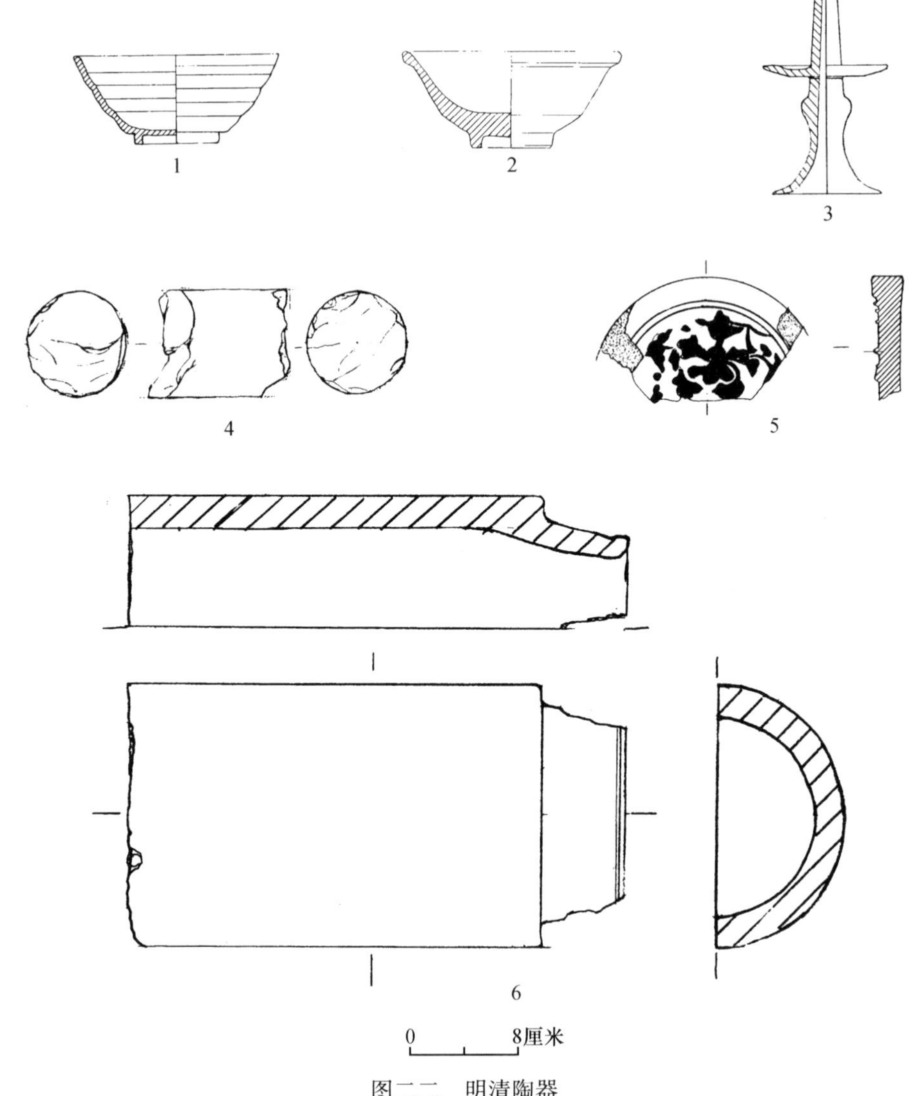

图二二　明清陶器

1. A型碗（T1409②：1）　2. B型碗（T1403③：4）　3. 烛台（T1407②：4）　4. 柱形器（T1606②：4）　5. 瓦当（T1510②：8）　6. 筒瓦（T1211②：2）

3. 玉石器

器形有烟嘴、玉箸、骰子等。

烟嘴　1件。T1310②：2，青色玉石质地，其上有些许鸡骨白沁色，呈麻点状。玉身粗糙，抛光较差。器身呈上窄下圆柱形，两端均残破。残长4厘米（图二三，1）。

骰子　2件。T1413①：1，浅灰色，正六面体，各面戳印圆点1~6个。边长0.9 厘米（图二三，2）。

玉箸　可分为二型。

A型　1件。上宽下窄，上方下圆。T1310②：1，玉质较软。器身不全，上宽下窄，上方下圆，中空心，顶部有四条凸棱交于一点。箸身为骨黄色，部分表面有灰黑色沁色，器身光滑，抛光较好。残长11、上宽0.6、下宽0.5厘米（图二三，3）。

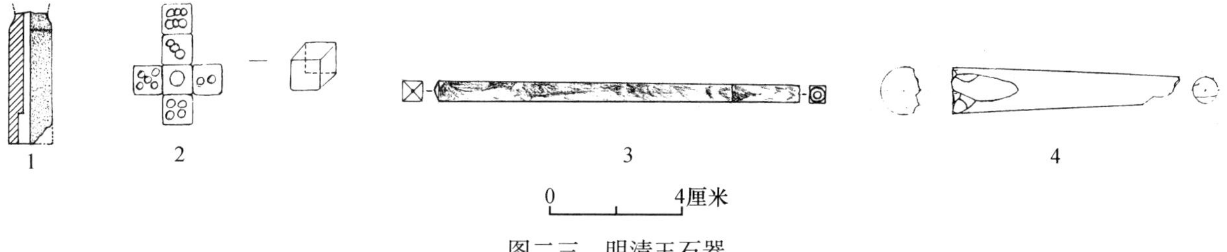

图二三　明清玉石器

1. 烟嘴（T1310②：2）　2. 骰子（T1413①：1）　3. A型箸（T1310②：1）　4. B型箸（T1505②：2）

B型　2件。柱状，上大下小。T1505②：2，为一件柱状器，可能为玉石质地。表面光洁，青白色，实心，两头已残。残长6.9厘米（图二三，4）。

4. 银器

簪　1件。T1513②：1，前窄后宽，簪头如意状，柄扁平，末端卷曲成钩状。长约10.4、最宽处宽约0.4厘米（图二四，1）。

5. 铁器

鼎足　1件。T1407②：3，上已结一层厚铁锈，呈扁弧形，内凹。

6. 铜器

器形有铜像、铜勺、铜鱼、铜构件、铜钱等。

铜勺　4件。T1213②：1，勺柄扁长，弯曲，勺身椭圆形，略残。长约14.4厘米（图二四，2）。T1611②：6，较完整。手把处弯曲，勺子口部略残。长约13.5厘米（图二四，3）。

铜构件　1件。T1406③：2，器身细长，约2/3处弯曲，末端较宽，两边分别凸起，中间下凹近平，用途不明。残长约5.1厘米（图二四，4）。

铜鱼　1件。T1610②：2，鱼身部分被挤压破碎，上有青铜锈斑，鱼身纹饰细致清晰。长7.2厘米（图二四，5）。

铜饼（？）　1件。T1411②：2，圆形饼状，中间略凹。直径10.6厘米（图二四，6）。

铜像　3件。T1406②：1，小佛像，为观音盘腿坐于莲花座上，观音面部线条柔和，神态安详，服饰文理清晰，手持净瓶。观音头上为圆形光圈，于最上部有一小孔，似为挂饰。高2.7、最宽1.6、最厚0.6厘米（图二四，7）。T1412②：3，铜像残片，平面呈不规则状，刻条形图案，线条密集，似为铜像裙摆造型。残长27.2、宽18.8、厚0.3厘米（图二四，8）。T1313②：5，圣母像，即真武之母，坐姿，柳眉凤眼，身披道袍，内着圆领长衫，腰系蝴蝶结，清新雅致，让人有祥和之感。铜像破损严重，中空。残高24、最宽10、最厚5厘米（图二四，9）。

铜钱　以唐和北宋铜钱最多，清代铜钱次之，明代铜钱最少。

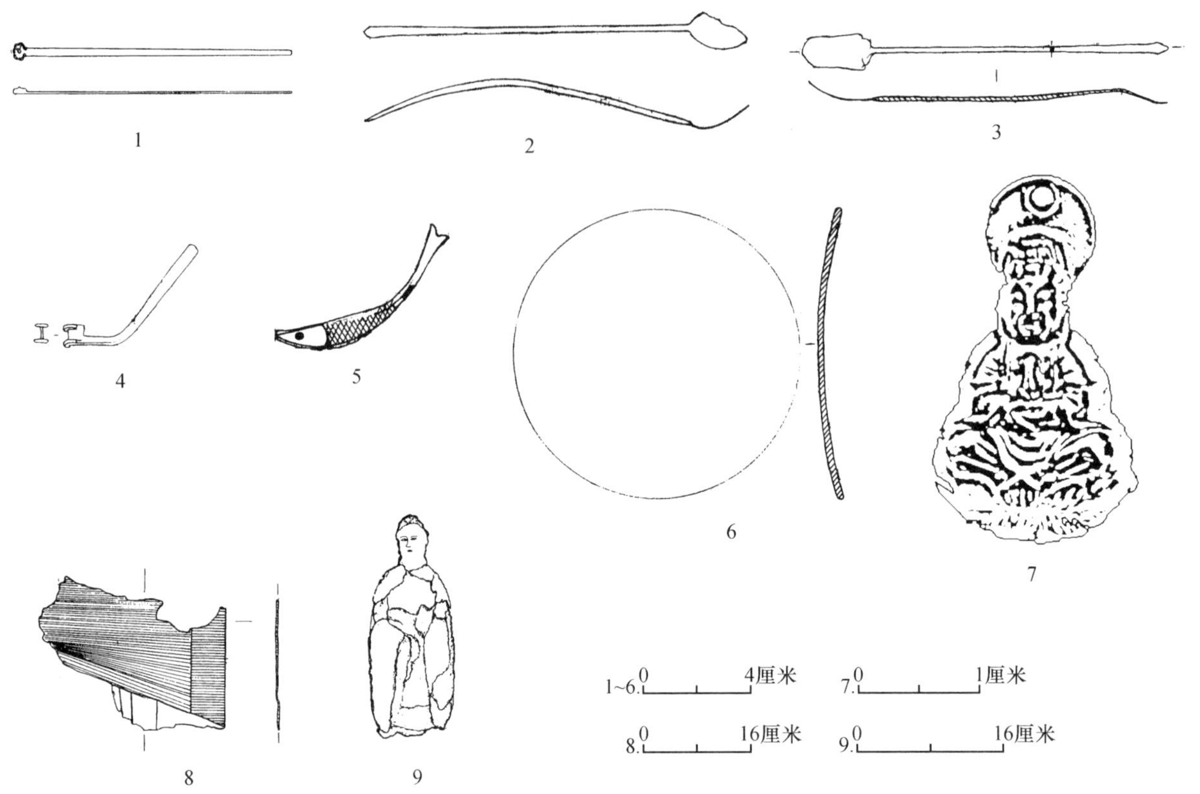

图二四　铜器和银器

1. 银簪（T1513②：1）　2、3. 铜勺（T1213②：1、T1611②：6）　4. 铜构件（T1406③：2）　5. 铜鱼（T1610②：2）　6. 铜饼（？）（T1411②：2）　7~9. 铜像（T1406②：1、T1412②：3、T1313②：5）

开元通宝　1枚。T1406③：1，圆形方孔，一面刻有“开元通宝”，另一面无字。外径2.4厘米（图二五，1）。

至道元宝　1枚。T1407②：2，圆形方孔，一面刻有草书“至道元宝”。外径2.5厘米（图二五，2）。

咸平元宝　1枚。T1308②：1，圆形方孔，钱穿规整，钱廓较宽，阳刻“咸平元宝”四字。外径2.4厘米（图二五，3）。

元丰通宝　2枚。T1306②：2，圆形方孔，钱穿规整，钱廓较厚，阳刻行书“元丰通宝”四字。外径2.5厘米（图二五，4）。

元祐通宝　1枚。T1409②：2，圆形方孔，钱穿规整，钱廓较厚，阳刻行书“元祐通宝”四字。外径2.3厘米（图二五，5）。

崇祯通宝　1枚。T1207②：1，圆形方孔，钱穿规整，钱廓较厚，阳刻行书“崇祯通宝”四字。外径2.5厘米（图二五，6）。

康熙通宝　2枚。T1407②：1，圆形方孔，正面刻有隶书“康熙通宝”，背面为满文，都是阳刻。外径2.2厘米（图二五，7）。

乾隆通宝　1枚。T1212②：1，圆形方孔，正面刻有隶书“乾隆通宝”，背面为满文，锈蚀严重。外径2.2厘米。

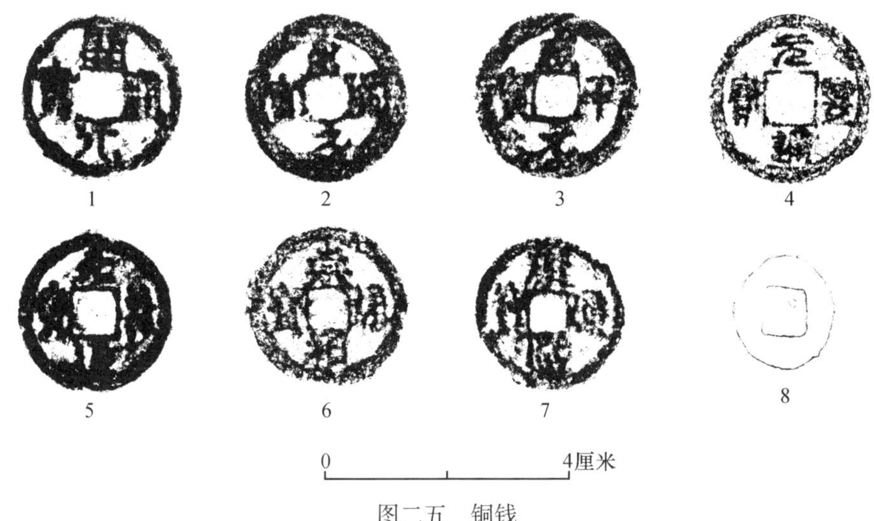

图二五　铜钱

1. 开元通宝（T1406③：1） 2. 至道元宝（T1407②：2） 3. 咸平元宝（T1308②：1） 4. 元丰通宝（T1306②：2） 5. 元祐通宝（T1409②：2） 6. 崇祯通宝（T1207②：1） 7. 康熙通宝（T1407②：1） 8. 剪轮钱（T1612②：4）

剪轮钱　1枚。T1612②：4，圆形方孔，钱廓残损，全身锈蚀，年代不详。外径1.5厘米（图二五，8）。

五、初步认识

（1）在Ⅰ区共发现9座明清房屋和院落基址，大致可分为三期。其中F2、F7年代稍早，F1、F3 、F4、F8年代稍晚，F5、 F6、 F9 年代最晚。

F2位于第3层下，年代最早， 墙基多以大块河卵石砌成，较少使用宫墙砖（图二六）。

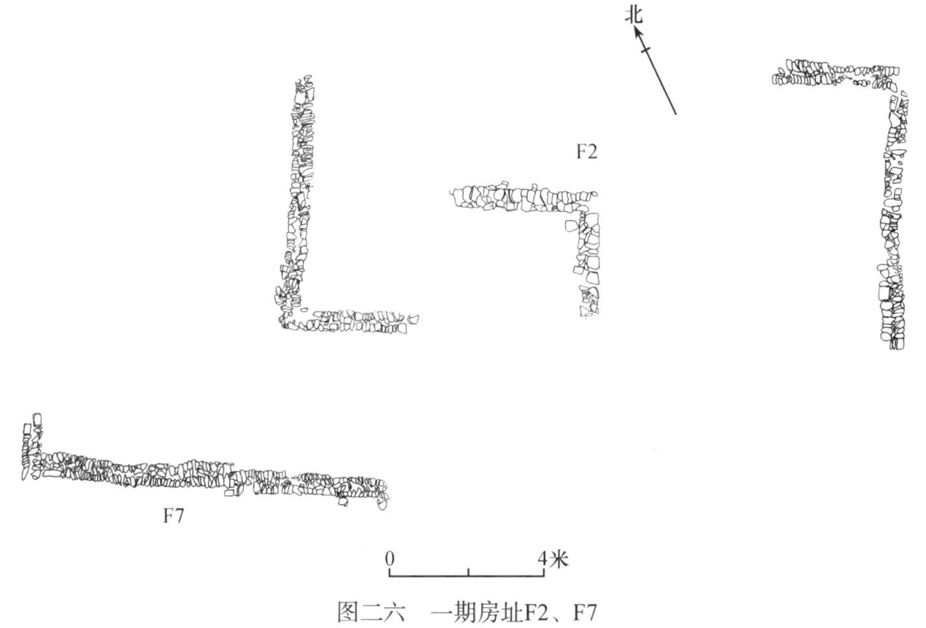

图二六　一期房址F2、F7

F1、F3 、F4、F8年代较F2稍晚。F1为一铺石庭院，四周以宫墙砖环砌排水沟。F3叠压于F2之上，局部利用了F2原有墙基，开始将宫墙砖砌入墙基中使用，以小鹅卵石和碎瓦片砌成“人”字形散水和石子路连接房屋和院落。F4、F8在建筑风格上与F1、F3颇为相似，F4亦附带一铺石庭院，F8则以小鹅卵石砌“人”字形散水。F7 叠压于F4排水沟之下，墙基以河卵石砌成，未见使用宫墙砖，其年代或与F2相当（图二七）。

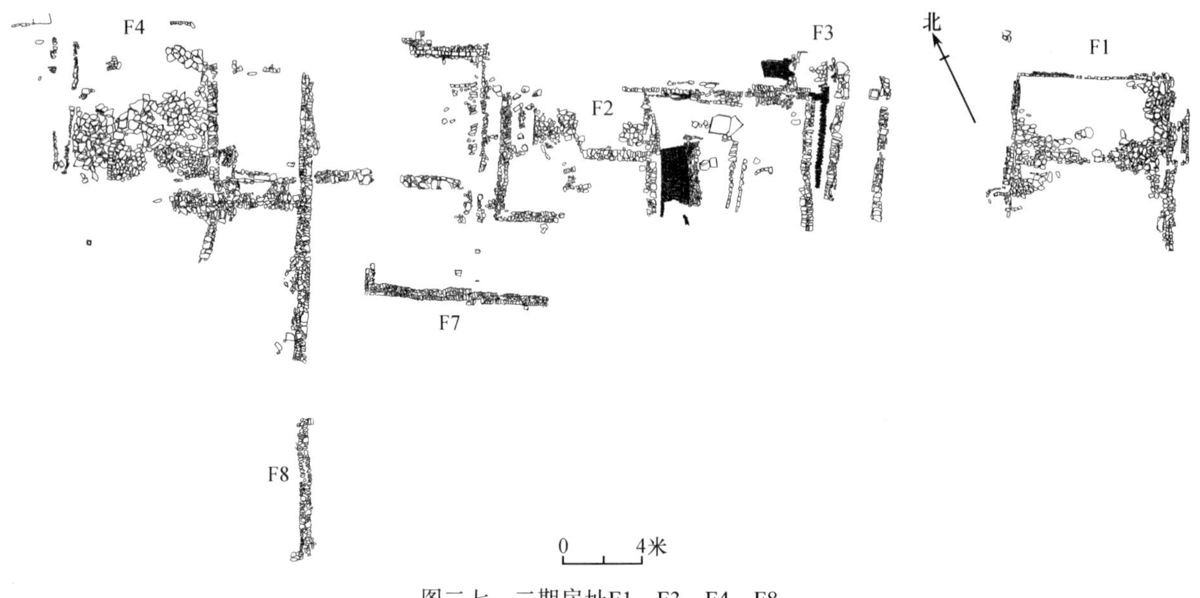

图二七　二期房址F1、F3、F4、F8

F5、 F6、 F9 年代最晚，F5叠压于F4之上，F6、 F9叠压于F8之上。其中F6规模最大，北面有五个相连的房间，各房间进深和宽度都较小，但墙基宽大，各房间中还多有石砌方形柱础，使得房内可利用空间更为局促，似非普通民居（图二八）。

Ⅰ区发现的这9座明清房屋和院落基址对于我们研究明清遇真宫乃至整个武当山建筑群的布局规划，探讨遇真宫由明代皇家道观沦落至清代主要由府县及乡绅修葺的兴衰历史都具有重要的研究意义。

（2）在Ⅰ区第2层中发现了佛像与道教真武、圣母等像共存的现象。

T1412②：3铜像残片似为真武像裙摆造型。真武，是北方之神，又名玄武，是武当道教供奉的最高尊神。北宋大中祥符五年，宋真宗为避圣祖赵玄朗之名讳，改玄武为真武。元代，真武被作为皇室的保护神而加以崇奉，成为仅次于三清、玉帝的天神。明初，燕王朱棣为宣扬篡位的合理性，称有真武大帝保佑而逐夺帝位，其继位后，除在北京城建真武庙外，又于永乐十年，命隆平侯张喜率三十万军民夫匠大建武当山，使崇奉真武的香火臻于极盛。

真武像大多依据道书记载的真武形象而塑，一般身材魁梧，容貌慈祥，披发跣足、或披甲、或戴冕冠，着十二章纹帝服，威严端坐，龟蛇置其旁；或仗剑、履龟蛇，作视察三界状等。T1412②：3铜像残片似为其裙摆造型。

圣父、圣母是武当道教对真武大帝父母的尊称。其父为净乐国国王，母亲为善胜皇后。元代统治者对圣父、圣母倍加推崇。元仁宗于延祐元年（1314年）封净乐国王为“启地隆庆天君

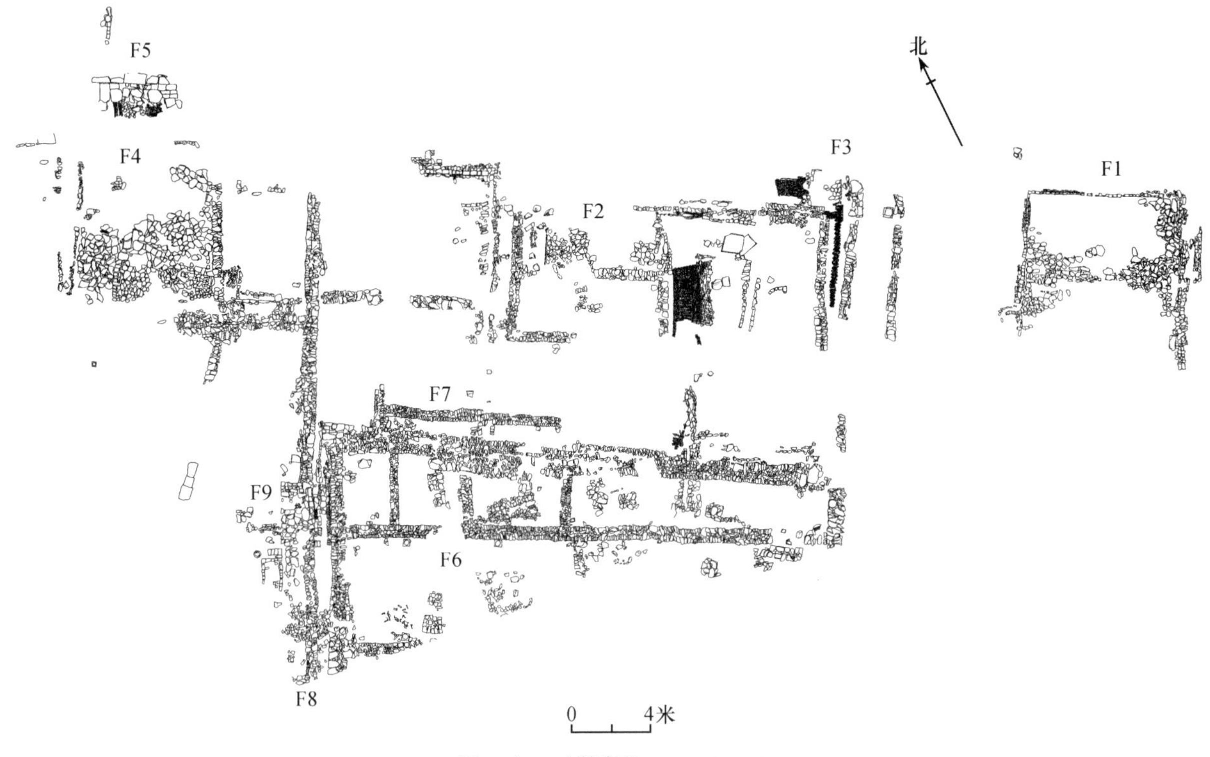

图二八 三期房址F5、F6、F9

明真大帝”，加封善胜皇后为“慈宁毓德天君琼真上仙”。圣母像大多坐姿，高近1米，柳眉凤眼，身披道袍，神态慈祥和蔼。T1313②：5圣母像残高0.24 米，尺寸之小，折射出清代武当山香火的衰落。

Ⅰ区第2层中同时出土佛像与道教真武、圣母等像，反映出清代民间信仰多神崇拜的趋势。

六、问题和建议

由于此次实际发掘早已超过计划面积，加之工作时间的限制未能继续向南扩方。但明嘉靖十五年（1536年），湖广布政司右参议、武当山提调官方升辑成的《大岳志略》卷三“遇真宫等三图”明确记载“（遇真）宫之先，曰会仙馆，真仙张三丰所筑也。真仙去今百四十年。追寻遗迹于山水间无复存者。”若能等移民搬迁后大规模向南扩方，发掘出明嘉靖年间就已湮没于地下由张三丰所建之会仙馆，则无疑会大大增加遇真宫及武当山古建群的文物、历史及旅游经济价值。

明清时代遇真宫宫外建筑遗存的发现，为复原遇真宫建筑体系，乃至整个武当山道教建筑聚落形态的原貌，提供了新的重要线索。具体说，现存的遇真宫古建筑遗存不是孤立的单体建筑，而是一个宗教聚落体系。按照明代史志和本年度的初步调查，该遗址尚有宫外神道、武当山进山大道、会仙桥、泰山庙、仙关等重要史迹，需要做进一步的发掘、揭露，以厘清明代遇真宫周遭宗教聚落形态的整体面貌，并根据新发现的遇真宫建筑体系重新思考遇真宫的保护工作。该遗址中仍有大量被破坏的明清宫观建筑的碑铭、石雕石刻等文物散落于村寨中，成为现代民居、屋舍的建筑构件，不是一般的探方发掘所能抢救的，建议在进一步的工作中予以征集。

领队：吴春明

参加发掘人员：吴春明　王新天　刘　森　赵培立
何国俊　刘贺彬　周　芳　佟　珊
逯　鹏　程　玲　危长福　陈丽君
付　琳　温成浩　温少杰　刘晨宇

绘图：赵培立　佟　珊　陈丽君

照相：王新天　危长福

执笔：王新天　何国俊　危长福

武当山遇真宫西宫建筑基址发掘简报

湖北省文物考古研究所

一、概　　况

遇真宫位于湖北省十堰市武当山旅游经济特区遇真宫村，坐北朝南，背依凤凰山，面对九龙山，西为望仙台，东为黑龙洞，山水环绕如护城，故有“黄土城”之称。中心地理坐标为东经111°02′15″，北纬32°30′11″，海拔160米[1]（图一）。

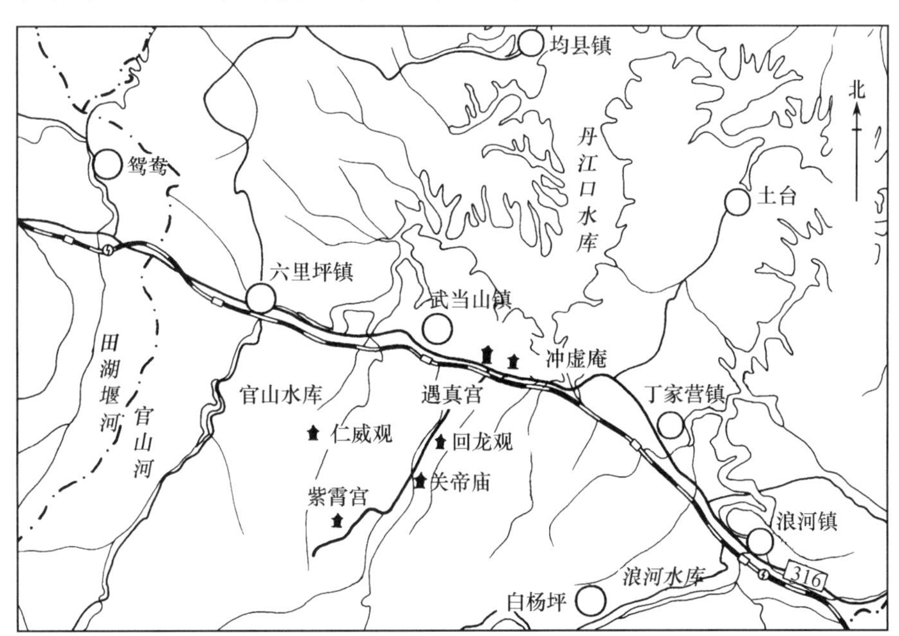

图一　武当山遇真宫地理位置示意图

遇真宫始建于明永乐十年至十五年（1412~1417年），为明成祖敕建，共建殿堂、斋房、方丈房、楼阁等97间。嘉靖年间，曾扩大到396间。明末逐步衰败，至清末、民国年间荒废。遇真宫占地面积约24000平方米，平面布局呈长方形，由中宫、西宫、东宫三部分组成。现存建筑主要在中宫内，包括山门、龙虎殿、大殿基址、东西配殿和廊庑等，东西两宫地面建筑已毁（图二）。

为全面掌握遇真宫整体布局及历史信息，提供遇真宫文物保护方案的科学依据，2005年12月~2006年3月，湖北省文物考古研究所对遇真宫西宫建筑基址进行考古发掘，整体揭露面积约9600平方米，共发现各类建筑遗迹单位35处。包括院址8处、房址13座、门6处、影壁4处、灶1座、排水系统2组、青石甬路1条。

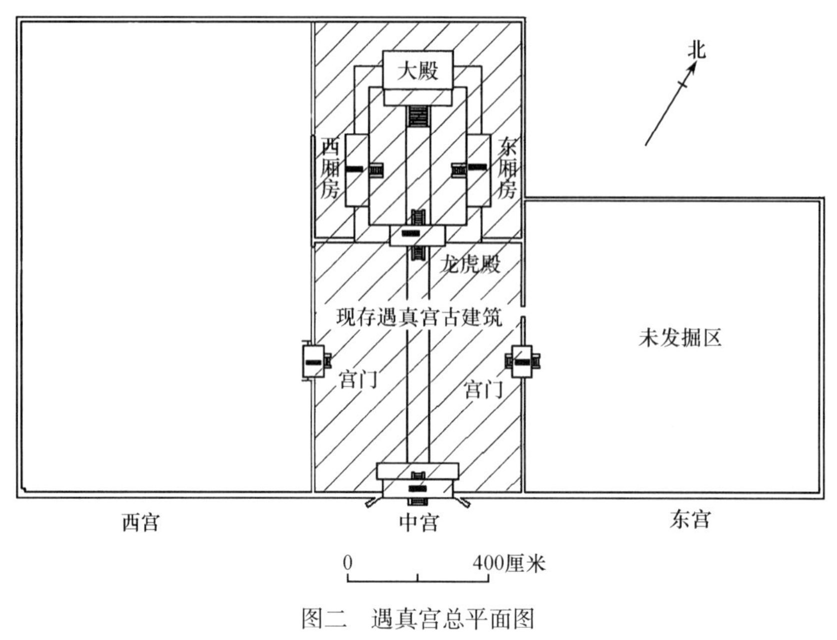

图二　遇真宫总平面图

二、地层堆积

发掘表明，遇真宫西宫原建筑基址之上的地层堆积共分3层，厚20~155厘米。

第1层：现代堆积层，厚0~96厘米。含大量近现代生活垃圾、建筑材料。

第2层：近代淤积层，厚0~102厘米。分布在西宫大部。黄褐色黏土，较细，含沙量多。夹杂少量砖块、瓦块和白灰渣。为清末至民国时期的地层堆积。

第3层：建筑废弃堆积层，厚0~75厘米。土质较疏松，夹杂石构件、瓦当、青花瓷片等遗物，系西宫废弃后形成的堆积。建筑基址多开口于此层下。

三、西宫建筑基址的整体平面布局与建筑构造

西宫位于遇真宫西部，经中宫前院宫门处进入，平面布局呈长方形，南北长约134、东西宽约83米。北、西、南三面有宫墙环绕，东面宫墙已毁，仅存宫门。

宫内主体建筑以两条中轴线对称布局。第一条为东西向中轴线：以西宫门、院1前殿F1、正殿F3及影壁4为中轴线。前殿与正殿之间南北两侧置对称的配殿F2、F4，四隅两房交接处设抄手廊，连接成一个近似正方形的四合院院1。第二条为南北向中轴线：以院1内配殿F2、F4、连接院1与院2的廊房F5、后院院2前殿F6、正殿F9、廊房F12及J1为中轴线，其中院2前殿F6、正殿F9之间东西两侧置对称的配殿F7、F8，四隅两房交接处设抄手廊，连接成一个近似正方形的四合院院2。

宫内西北角分别设有F10、F11、F14、院5和院8，其中院5和院8分别由F11、F14与三面院墙围合而成（图三）。

现将遇真宫内主要院落、房屋及其部分建筑单位描述如下：

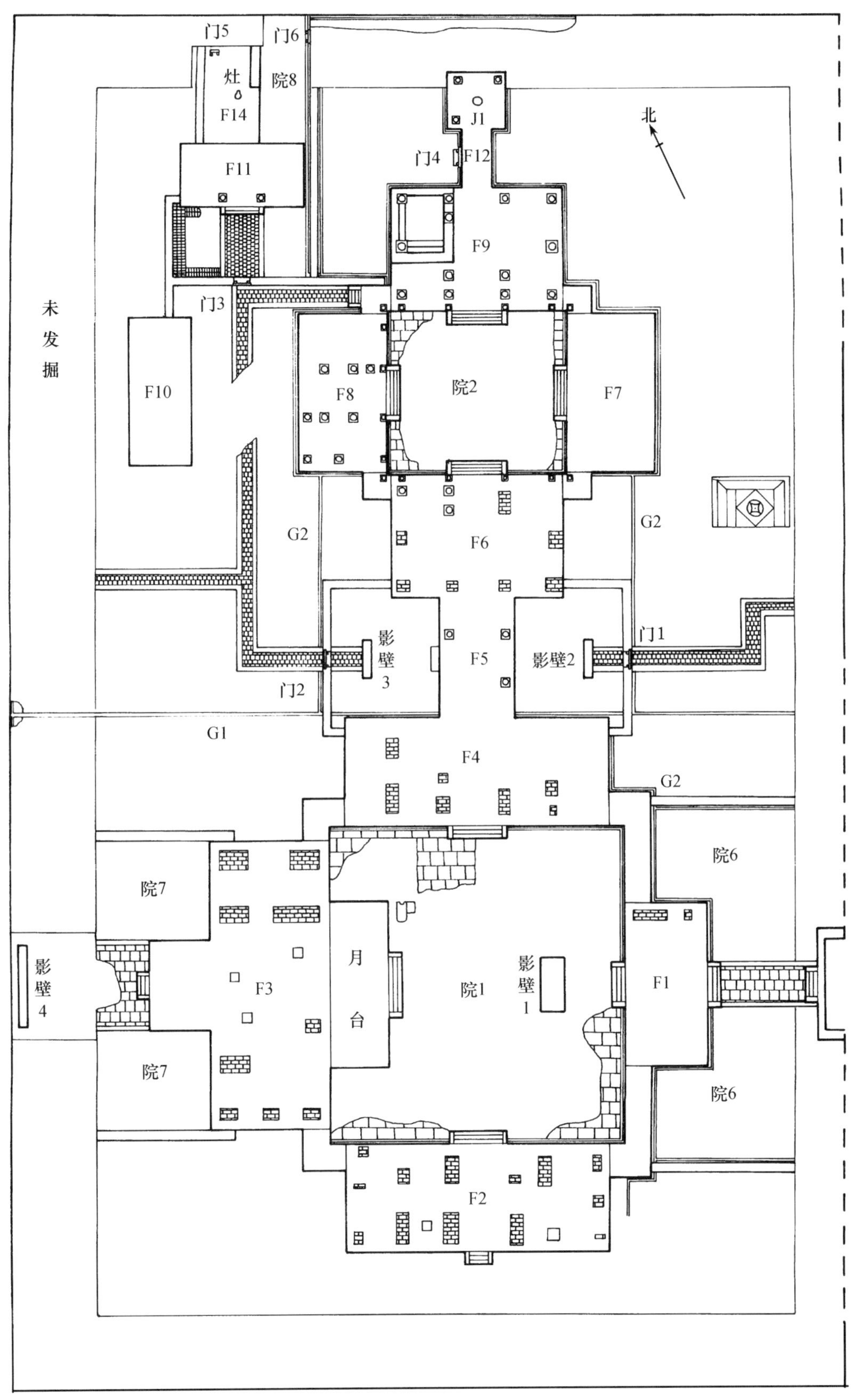

图三 西宫建筑基址平面图

1. 院址

西宫内院址共存8处，编号为院1~院8。平面布局分为两种类型：类型一为四座房屋围合形成的四合院，院落由房屋、排水沟、地墁和影壁等基础设施构成；类型二为房屋及灰砖院墙围合而成的院落，院落由房屋、院墙、门、排水沟、地墁和影壁等基础设施构成。分别以院1、院3为例进行说明。

院1　位于遇真宫西宫的南部，与西宫宫门东西向相对。为F1、F2、F3、F4及四隅两房交接处的抄手廊连接而成的近似正方形的院落。南北长31.75、东西宽29.9米，总面积约950平方米（含主殿F3前月台），为西宫内最大的院落。开口于第3层下，距地表均深约120厘米。院内可见影壁、青石板地墁和排水沟等遗迹单位（图四）。

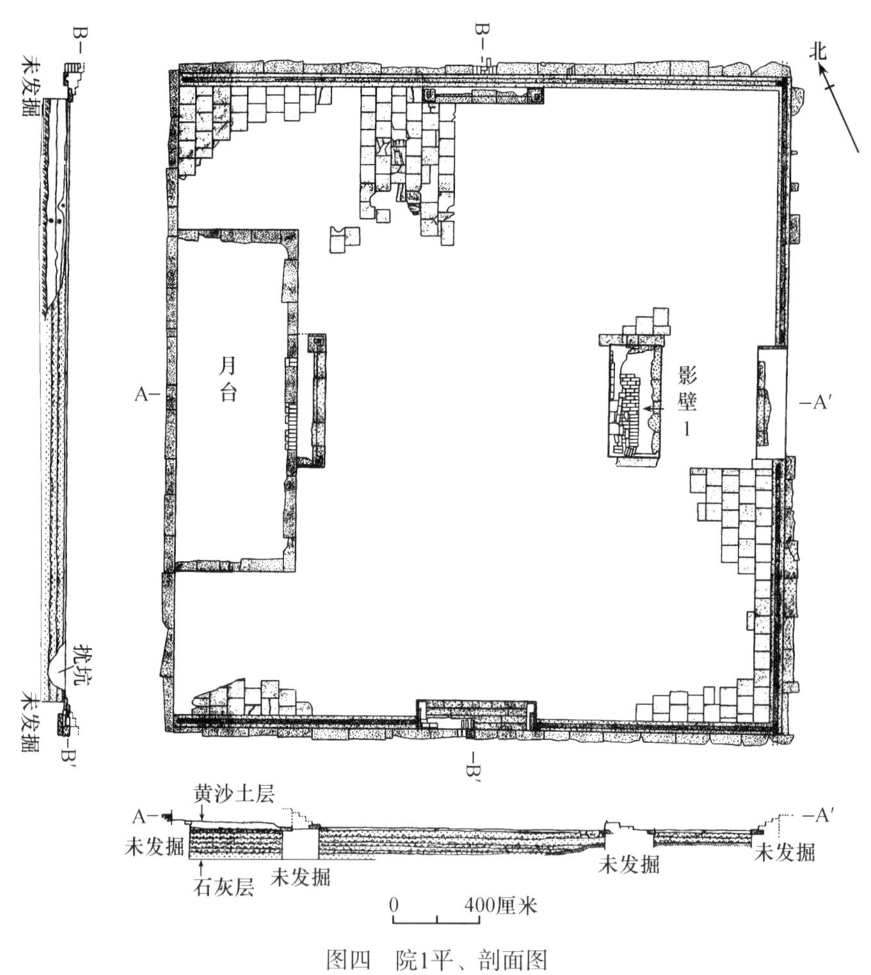

图四　院1平、剖面图

影壁1　开口于第3层下，距地表深110厘米。砖石结构，仅存底座部分，目前可见下枭、直檐、圭角等部位。长556、宽256、残高35厘米。根据其残余部分来看，该影壁为“一字形”影壁。

影壁下枭、直檐损毁严重，仅有部分残存。下枭砖平砌在直檐砖上，形成肩涩，砖长56、厚7厘米。直檐用38×20×7厘米的素面长方砖平砌。圭角用两层砖直向平砌叠加（不叠涩）

而成，整体高22~23厘米，上层外砖用长41、厚7厘米的长条砖平铺。长条砖外侧上叠砌有雕花砖，砖饰如意卷云纹，雕花砖外侧顶部微弧。下层外砖为直壁素面砖，砖长38、宽15~16厘米。影壁内部用残砖、整砖平砌混以石灰直向平砌于土衬上。土衬为青石板铺制，整长556、整宽255厘米，金边宽3~4厘米，同院1内青石板地墁的材料、形制相同，上皮与院1内青石板地面平齐。土衬石下压有一层厚10厘米的黄灰色较松散的沙黏土，土间有薄石片，下为黄褐色垫土。该垫土与院1内垫土为一整体（图五）。

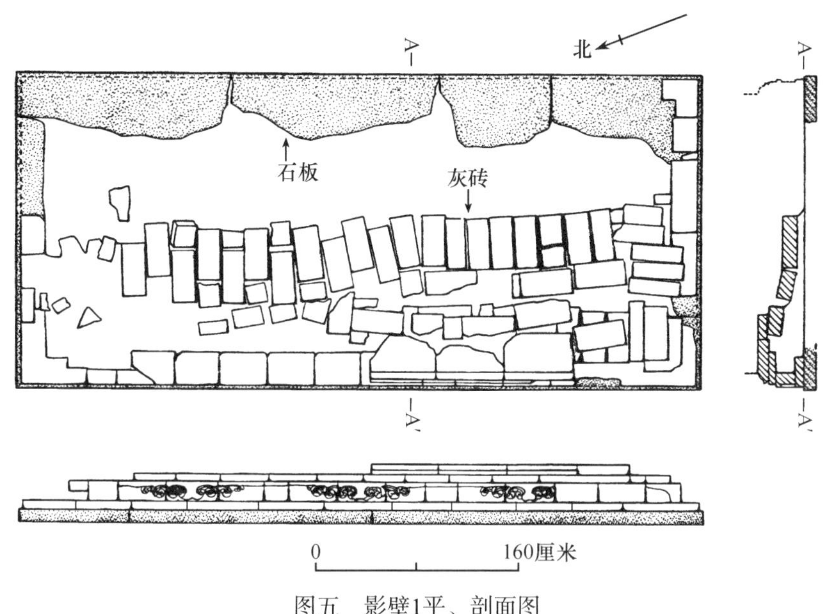

图五　影壁1平、剖面图

院1内铺设有地墁，大部分已遭破坏，仅四角尚存局部。由青石板南北向直铺，东西向错缝顺铺而成。青石板表面打有防滑的“糙道”，尺寸分别为85×54、87×84、92×81、90×38厘米，厚6~8厘米。

院1内F1、F2、F4的房屋台明及抄手廊檐前19~21厘米处设置有排水沟。排水沟为青石条凿刻而成，青石条长110~140、宽58~61厘米。沟横断面呈凹形，两侧台面水平等宽，槽口宽19~21厘米。槽深按流向由浅至深凿成。其中F1排水沟位于台阶两侧，分别流向院1的东南角和东北角。F2与F4的排水沟流向皆为由西向东，并在院1的东南角和东北角处与F1排水沟交汇后，经暗沟从抄手廊下出院1。

解剖显示，院1青石板地墁下为人工垫土。地墁和垫土之间有一层厚2~5厘米用白灰、河沙、植物根茎拌和而成的黏合层。垫土为一层夯土一层骨料交替平铺夯筑而成，夯土为黄褐色，骨料为大小不一的鹅卵石与少量碎砖块。由于修建前地势高低不一，院1北部、东部原地势较高处垫土层数较少，仅有2~3层（为表述方便，将夯土层和卵石、碎砖层统一合并为一层，下同）。每层的垫土较厚，厚25~35厘米。而院1南部、西部地势低处垫土层数较多，多达8层以上（因地下水位较高未完全发掘），但每层的垫土厚度较薄，厚10~20厘米。院内的垫土做法为满铺，而后在此基础上砌筑建筑基址，垫土做法为《中国古建筑瓦石营法》中介绍的“满堂红”做法[2]。

院3　位于遇真宫西宫的东部。由F4、F5、F6及院墙围合而成，与院4以第二轴线东西向对称。院3南北长12、东西宽10.9米，总面积约130.8平方米。开口于第3层下，距地表深40~110厘米。现存院墙、院门、影壁、地墁和排水沟等遗迹单位（图六）。

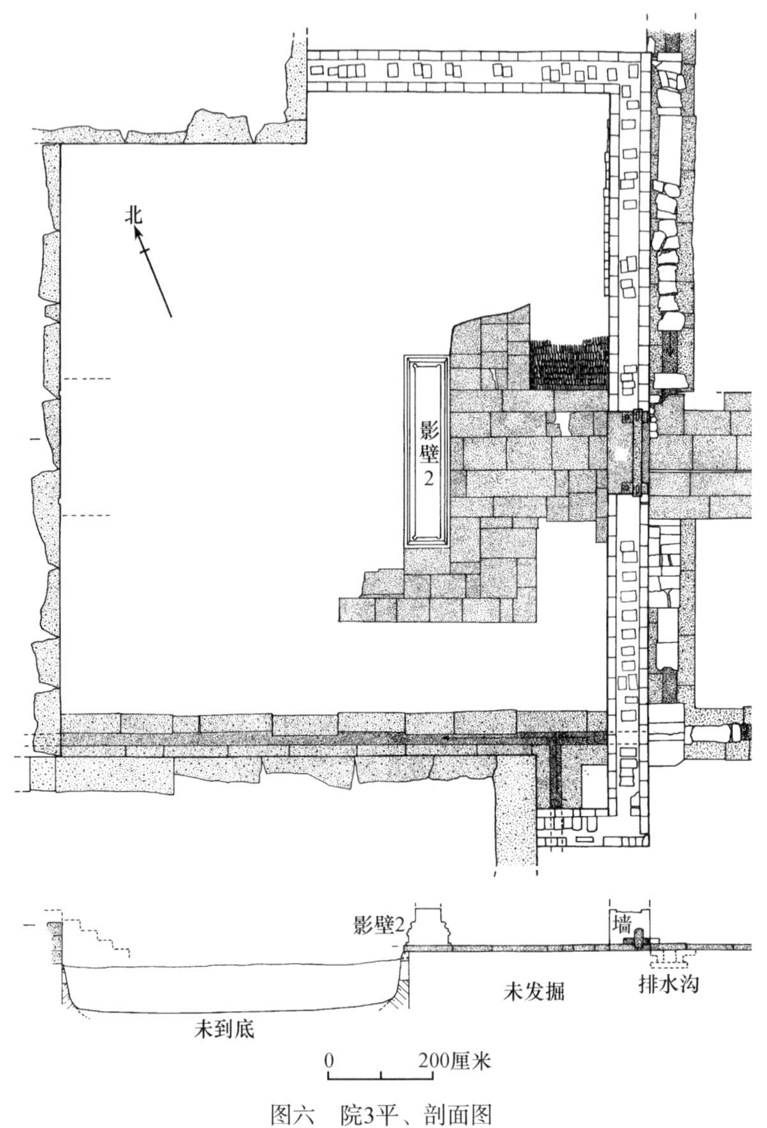

图六　院3平、剖面图

院墙仅存下碱部分，墙面未见抹灰。下碱部分距院内青石地墁高50~60厘米，墙宽82~83厘米，外用灰砖包面，内部用残砖、整砖加石灰填合而成。为卧砖错缝叠砌而成，砖缝形式为十字缝，外表灰缝缝隙较大，不露白灰。灰砖表面经过打磨加工，表面较光滑，尺寸不一，形制有别。尺寸为38×18.5×10厘米的墙面砖为“五扒皮”楔形砖；尺寸为42×20×11.5厘米及尺寸为36×11×8.5厘米的灰砖外侧经过打磨，表面较光滑，内侧没有削切。

院门编号为门1，位于东院墙中部，破坏严重，仅存门槛石和门枕石以下部分。门槛石镶建于院墙内，尺寸为196×18×27厘米，门槛上头两端正中各有一凹槽，尺寸规格为22×5×4厘米，两侧各有两个28×2×3厘米的卯口。门槛两侧靠墙处有大小、形制相同的门枕石两块，尺寸为49×29×14厘米。门枕石内侧凿有圆形海窝，直径9、深1厘米。门槛石和门枕石下有槛垫石一块，槛垫石长183、宽65厘米，其做法为“通槛垫”[3]（图七）。

影壁2　开口于第3层下，距地表深70厘米。砖石结构，现存影壁座下部，可见束腰、下枭、下肩涩、下檐、圭角和土衬等部位，长383、宽98、残高68厘米。根据其残余部分来看，该影壁形制为“一字形”影壁（图八）。

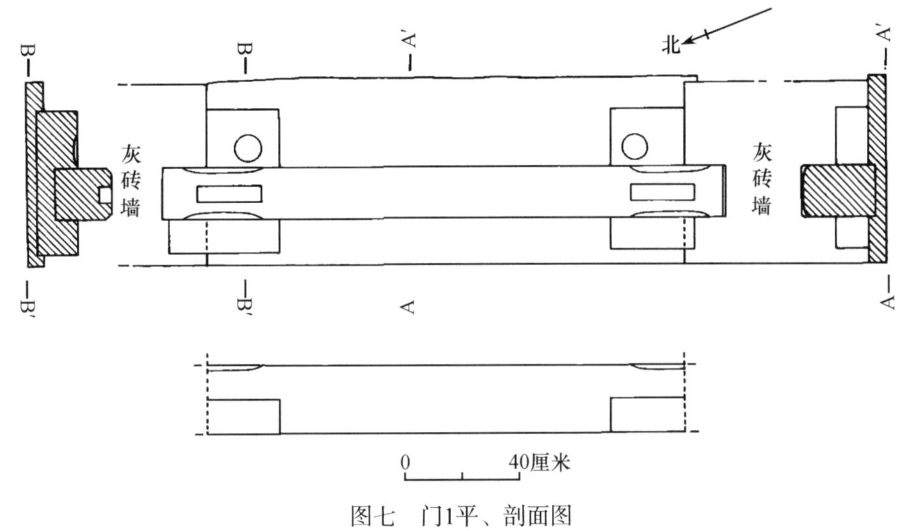

图七　门1平、剖面图

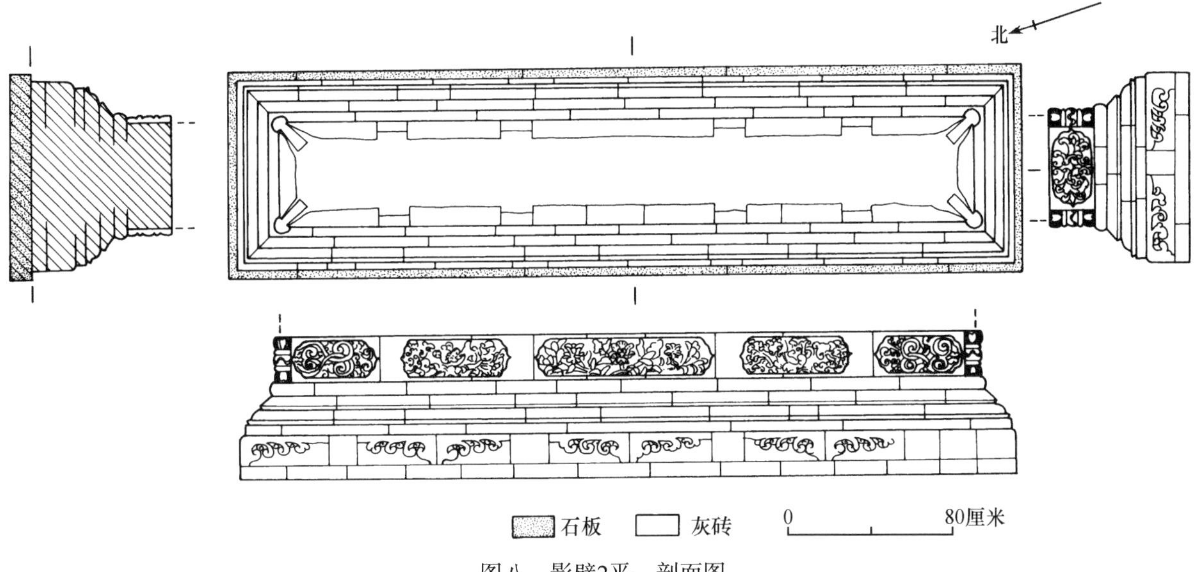

图八　影壁2平、剖面图

影壁座为须弥座式，束腰以下部分基本保存完整。束腰长330、宽50、高22厘米。外砖用不同尺寸的雕花砖拼接组合而成，雕花纹饰主要为椀花结带纹和牡丹纹等。四角上残存有玛瑙柱。束腰与圭角间有四层，从上至下依次为下枭、双层下肩涩、下檐。

下枭中间用长条形素面砖砌成，砖长为31、33、38厘米，厚5厘米。四边及转角处用圆菱砖围砌而成，砖长45、厚6厘米。

下肩涩用枭砖围成。上层枭砖分别长36、39.5、54厘米，厚5~6厘米。下层枭砖长44、厚8厘米。

下檐为直檐，长条形素面砖砌成，分别长31、33、38厘米，厚5厘米。较圭角略内缩。

圭角厚19厘米，用两层砖直向平砌叠加（不叠涩）而成。上层用厚12、长分别为14、42厘米的长条形灰砖直砌平铺，其中长42厘米的灰砖外侧上叠砌有雕花砖，砖饰如意卷云纹。下层用长22~28、厚6厘米的长条形素面砖直向平砌于土衬上。

土衬呈长方形，用长条石板制成。整长383、宽98、金边宽3~4厘米。其上皮与院3内青石板甬路地面平齐。土衬下垫有一层灰黄色沙黏土，内夹杂薄石片，其下为自然堆积层。

院3地面破坏严重，仅在影壁2东部残存部分地墁和一条从院外延伸进来的青石板甬路。甬路为东西向顺铺，表面上打有防滑“糙道”，甬路残长315、宽220厘米。铺设的青石板规格不一，主要尺寸分别为40 × 50、190 × 38、65 × 26、90 × 63厘米，厚8~10厘米。甬路两侧现存不规则石板铺设的地墁，石板表面上也多打有“糙道”，残破程度较严重。另在靠近门1处尚残存一块柳叶人形纹地墁，用未经过打磨的卵石铺设而成，地墁残长170、宽70厘米。

院3内外各有一条排水沟，其中院内南部有一条东西向排水沟。用长80~140、宽35~45、厚23~28厘米的长条形石块一下两上砌筑而成，横截断面呈“凵”形。排水沟宽100~105厘米，槽不规整，宽15~25厘米，槽口与底部等宽，由东向西渐深。水沟沟面内侧依F4基址顺砌，较规整，外侧凸凹不齐。

院墙外侧有一条南北向排水沟，用长120~150、宽35~40、厚23~28厘米的长条形石块修建，横截断面呈“凵”形。排水沟宽82厘米，槽不规整，宽17~22厘米，槽口与底部等宽，由北向南渐深，并与东西向水沟交汇于院3东南角外墙处。沟面上用大小不等的石板或长方形砖覆盖，部分叠压于院外青石甬路面下。

解剖显示，院墙地下埋头为两排灰砖，灰砖做法上层为卧砖顺铺，下层为一顺一丁。上层比墙面下碱部分要凸出3厘米，下层比上层凸出5厘米。砖下垫有一层厚5厘米的细黄沙，其下为自然堆积地层。

2. 房址

西宫内发现房址13处，编号为F1~F12、F14。因修建时间、功能、用途不同，房屋大小、形制也有所区别。以F8、F14为例。

F8位于遇真宫西宫的北部，院2的西偏殿，东北角、东南角分别通过抄手廊与院2前殿F6、主殿F9相连接，并与东侧配殿F7对称（图九）。

F8基址坐西朝东，方向为25°。开口于第1层下，距地表深20~35厘米。台基平面呈长方形，用青石条错缝顺铺砌筑而成，四角未制作埋头石。基长15、宽9、高0.84~0.86米，面积135平方米。台明露明部分采用“打糙道”的手法打磨。石料之间缝隙极细，非常平整，不见白灰，似用油灰锁口，台明内用生石灰灌浆。

F8房基内明间和北次间内保存有地墁砖。地墁砖为正方形，铺设方式为方砖十字缝，东西向直铺，南北向错缝顺铺，砖之间缝隙较细。方砖经过打磨，素面。表面平整光洁，尺寸统一，为50 × 50 × 12厘米。方砖下为一层厚5~7厘米的黏合层，黏合层下为自然堆积地层经人工

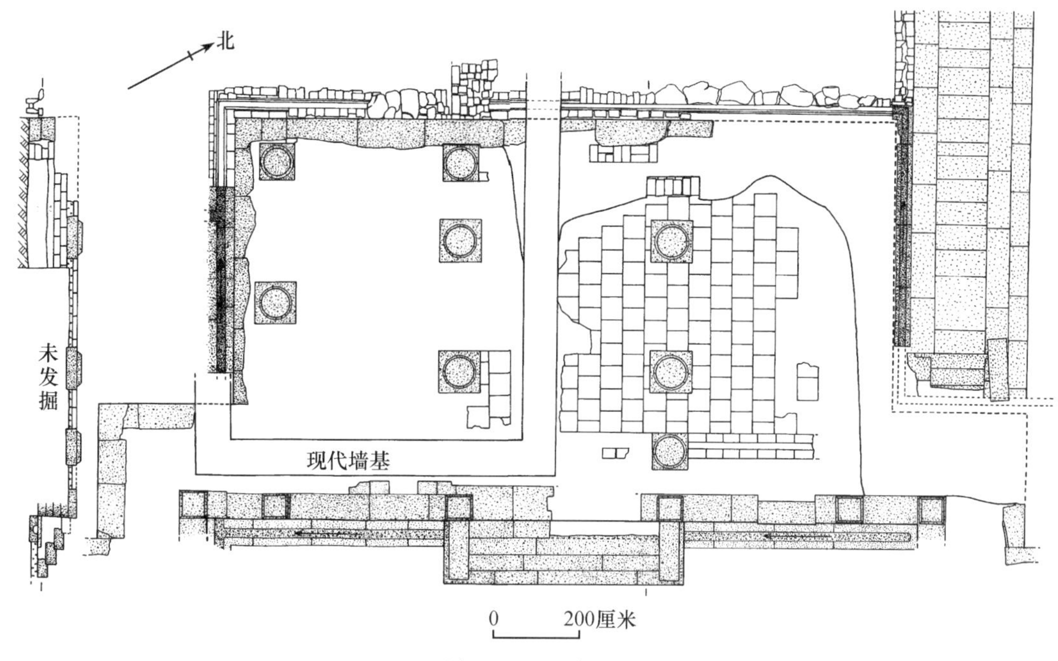

图九 F8平、剖面图

平整后形成的房基垫土。

F8房基内现存有柱础12个，其中廊柱础4个、檐柱础3个、金柱础4个、山柱础1个。廊柱础在阶条石上琢成，其形制为方鼓镜柱础，柱础盘60×62、68×62厘米，柱础鼓镜面50×52厘米，其上皮比房基高10厘米。檐柱础、金柱础和山柱础皆为正方形青石制成的圆鼓镜柱础。其中，檐柱础底盘为80×80×35厘米，镜面直径60、鼓径64厘米，上皮比柱础底盘高8厘米；金柱础、山柱础底盘皆为96×96×35厘米，镜面直径60、鼓径65厘米，上皮比柱础底盘高10厘米。解剖显示，柱础下为厚10~15厘米的黏合层，黏合层下为磉墩。磉墩为金磉墩和檐磉墩构成的连二磉墩（山柱磉墩未解剖）。磉墩由两层灰砖错缝铺成，长210、厚40厘米，灰砖尺寸为40×18×12厘米。内用砖渣、石块混以白灰相衔接，垫土内挖基槽铺设而成。

根据柱础的分布，可推断F8面阔三间，进深两间，其中明间面阔487厘米，东西两次间面阔各417厘米。通进深约650厘米，明间进深约295厘米，两次间进深各约180厘米。前廊约130厘米，后下出檐约95厘米。

前檐坎墙墙基宽52厘米，两排灰砖顺砌而成，中间夹有一些白灰和碎砖渣。灰砖长40~45、宽18~20、厚12厘米。

F8南北各有一呈曲尺形的抄手廊台基，用来连接F6和F9。其中连接F6的抄手廊尚存廊内垫土和包边的青石条，连接F9的抄手廊廊内垫土已破坏殆尽至生土，仅残存部分包边青石条。抄手廊的青石条砌建方法同F8。在连接F6、F9抄手廊台基转角处各存有一廊柱，形制、尺寸同F8前檐廊柱；连接F6的抄手廊靠近F8处廊内现存高度与F8平均高度相同，前后檐分别长105、305厘米，宽260厘米。连接F9的抄手廊毁坏严重，推测尺寸与连接F6处抄手廊相同，抄手廊后檐沿F8北山面设有一条青石甬路通往院5。

F8前檐设有石制台阶通往院2，含阶条石为五踩，除阶条石和第四阶部分受损外，余保存基本完整。台阶南北长554、东西宽142、通高84厘米。垂带长130、宽46、厚17 5厘米。象眼石近似直角三角形状，镶嵌于平头土衬石与垂带石之间，底边长120、高56厘米。踏跺由青条石错缝铺成，长446厘米。二、三、四阶宽34厘米，燕窝石宽30厘米。燕窝石金边与平头土衬石金边各为8厘米，平头土衬露明高度为18厘米。

F8前檐和院2共用一条青条石凿成的水沟，沿F8台明及抄手廊前19~21厘米处设置。铺制的青石条长100~140、宽56~62厘米，沟横截断面呈凹形，两侧台面水平等宽。槽口宽19~20厘米，槽深按流向由浅至深凿成。水沟由北向南延伸，以暗沟形式从F8台阶下穿过，同F6的水沟在连接F6与F8的抄手廊之间交汇，并从廊下暗沟流出院2。

F8后檐和两山也存有一条同前檐质地、形制相同的水沟，但部分被毁，损毁青条石上用残砖修葺和加高。沟面上覆盖有一些残砖和建筑构件。在F8南侧山面外与从院2内延伸出的排水沟相交汇，并向南汇入东西向主排水沟。

解剖显示，F8地下土衬石埋头厚4~8厘米，外表较粗糙，未经打磨。F8黏合层下未发现“满堂红”垫土做法。基址内为自然堆积地层经人工平整后形成的房基垫土。

F14　位于遇真宫西宫的西北角，院8的西部，南部与F11共用青石台基，西北角设有一门通往房外北宫墙处（图一〇）。

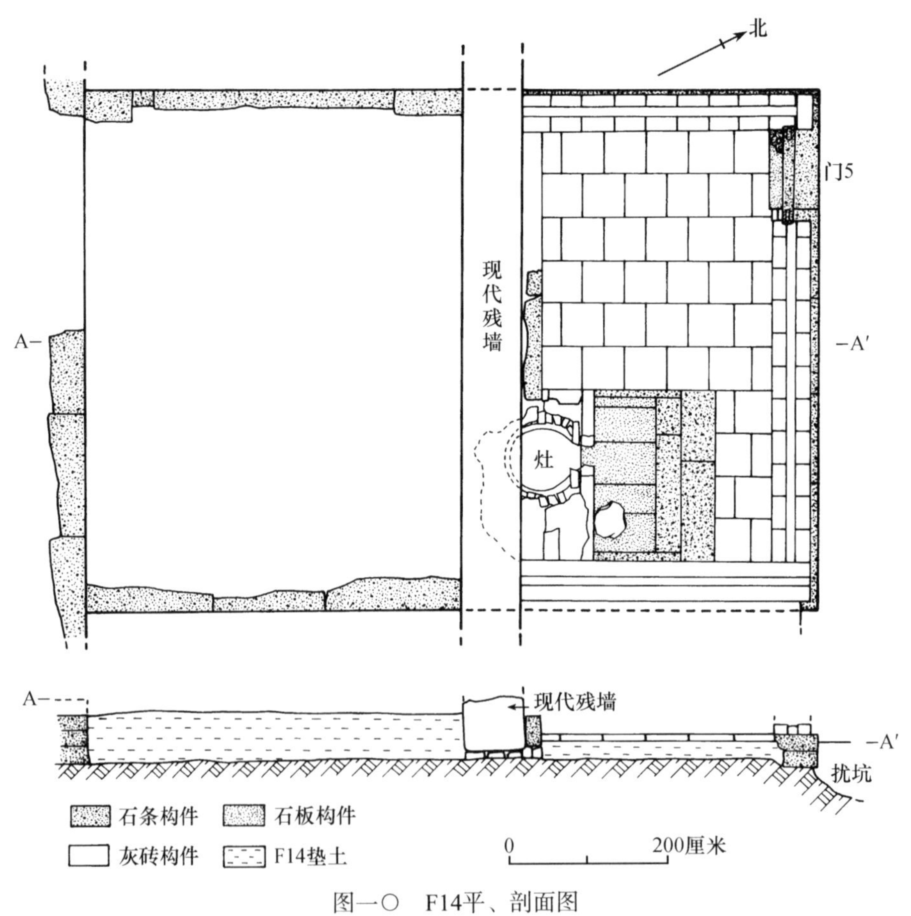

图一〇　F14平、剖面图

F14坐南朝北，方向22° 。开口于第3层下，距地表深150~350厘米。台基平面呈长方形，南北通长9.15、东西通宽6.35米，面积58.1平方米。房基内现存部分地墁砖、灶、门等，但未发现柱础和磉墩，台基外亦未发现排水沟。

F14被Z1及相连的墙体隔为南北两间，隔墙又被宽80厘米的东西向现代墙基打破，隔断南北两间的墙体具体尺寸和形制不详。其中南间保存较差，仅存室内垫土。北间保存较好，现保存有部分山墙墙体、门、地墁砖和灶。

F14南间南北通长4.5、东西宽6.35米，基址破坏十分严重。台明后檐与F11的台明后檐共用，现残高40~60厘米。室内垫土高度与F11青石台明高度相同，经解剖发现垫土层为黄褐色灰土[4]。土质结构紧密、干硬，内掺有大量白灰渣、沙粒、碎石渣，灰土下为生土。

F14北间南北通长5、东西通宽6.35米，现存高度20~30厘米，较南间室内垫土低25~30厘米。室内铺满地墁砖，东南部为Z1，西北角设门，编号为门5。山墙残高11~37、厚51厘米，修建在阶条石上。墙砖规格38×20×11厘米，摆置方式为卧砖顺铺，砖缝形式为十字缝，外表灰缝缝隙较大，表面较光滑，不露白灰，内为楔形。夹墙之间填以白石灰与碎砖。

地墁砖为正方形，铺设方式为方砖十字缝，南北向直铺，东西向错缝顺铺，地墁砖形制、样式与F8地墁砖相同，尺寸略大，为52×52×10厘米。方砖保存较好，未解剖。

门5　破坏严重，仅存门槛石、门枕石及以下部分。其中，门槛石砌于F14坎墙内，尺寸为116×15×17厘米，门槛上头两端正中各凿有一长方形凹槽，槽尺寸为10×3×3厘米。房屋内侧有石制门枕石一块，如意状，东西长17、南北长15、高6厘米。门枕石正中凿有圆形海窝，海窝直径7、深2厘米。门槛石和门枕石下有槛垫石一块，槛垫石同F14内地墁砖处于同一水平高度。槛垫石南北宽64厘米，因叠压在山墙下，其东西向长度不明（已知长度为93厘米）。该门槛做法为“通槛垫”（图一一）。

Z1　仅存灰膛和火膛，灶台已毁。灶体尺寸为318×210×56厘米。灰膛位于灶体北部，尺寸为210×150×46厘米。内有青石制成的两阶台阶，由F14地墁砖处通入灰膛内。每阶长186、宽34、厚23厘米。两侧用青石板包边，青石板长76、厚12厘米。底部为南北向5块青石板铺地，长

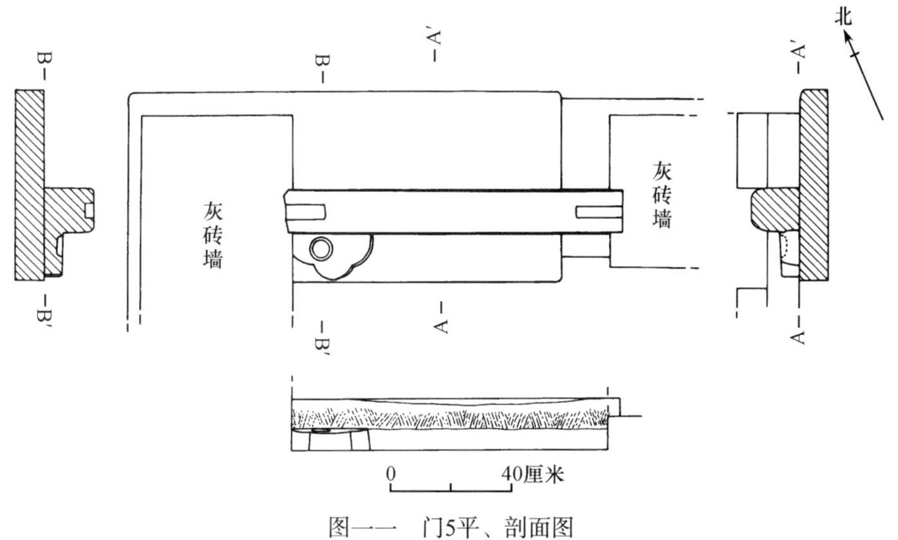

图一一　门5平、剖面图

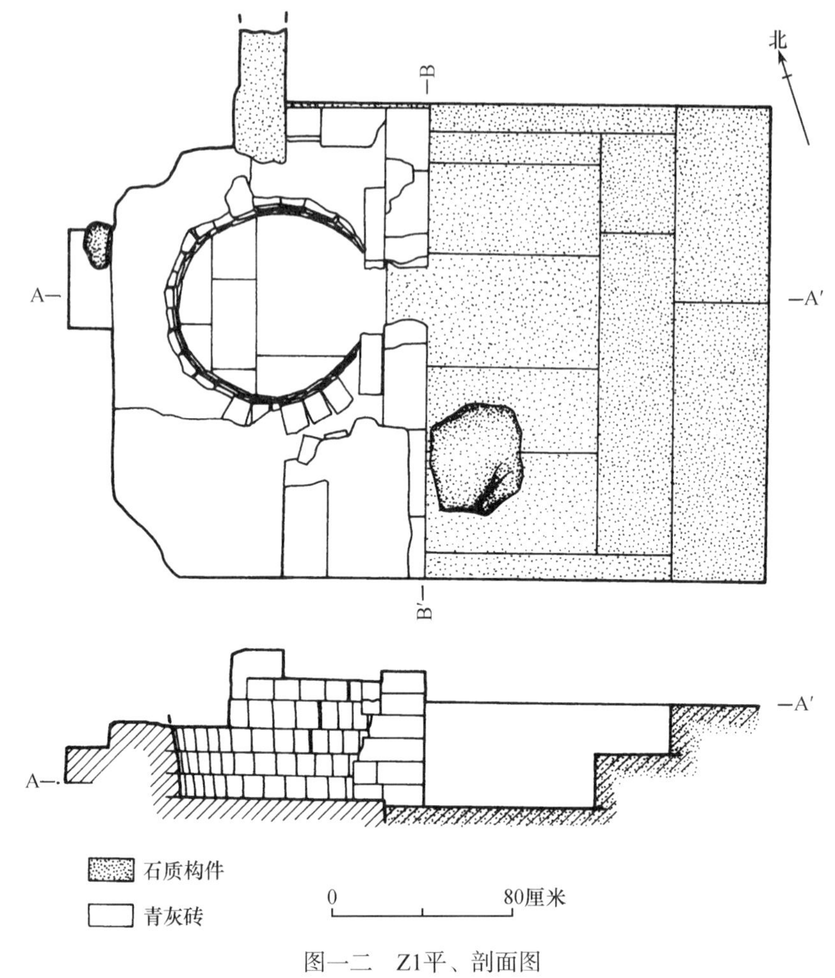

图一二　Z1平、剖面图

96、宽14~50厘米。灰膛内东部青石地墁上存有一不规则石块，用途不明。火膛位于灶体南部，灰砖砌成。平面近圆形，上部残，壁斜直内收，平底，南北口径89、底径85、残高56厘米，略高于灰膛。火门用灰砖砌成，呈梯形，上部残，残高50、宽35厘米，火道深30厘米（图一二）。

四、遗　　物

遇真宫西宫内出土遗物非常丰富，除大量的建筑构件及生活用器外，还有少量的宗教器物。根据发掘出土遗物分析，西宫遗物的年代多属明清时期。遗物按质地可分为陶、瓷、铜、石四大类；按功能可分为生活用器、生产工具、建筑构件、宗教器物等；按器类可分为香炉、瓦当、滴水、砖、脊兽、垂兽、碗、盘、杯、板状器、真武像、灵官像、铜镜、铜剑、铜钱、砚台、烛台、石雕、石碑等。现选择部分保存较好、具有典型特征的陶、铜类标本介绍如下：

1. 陶器

器类有瓦当、滴水、砖、小兽、垂兽、兽首等。

瓦当 模制，夹砂灰陶。标本T1③：26，完整。大头联宽平缘的圆形当面，小头有舌。当缘素面，当面饰缠枝牡丹图案，花朵丰硕，花叶肥大，一花多叶。外饰有两周凸弦纹。瓦身素面，中间帽丁孔破损，内壁饰较细的麻布纹。当径18.8、当缘宽1.4、通长41.8、宽18.8~20.4、厚1.6、舌长5.2厘米（图一三，1）。标本T8③：7，无瓦身，圆形当面残。当缘上饰有一周凸弦纹，当面饰浮雕兽面图案，兽面阔口龇牙，双目圆瞪，阔鼻竖耳，两鬓须毛飘起，双角高挑，双爪伸张置于颌两侧。当径15.2、当缘宽2.4、厚2.8厘米（图一三，2）。标本T7⑧：20，无瓦身，当面略残，如意云头形状。上边沿为凸弧形，两侧缘三曲后汇成尖头，当面饰折枝牡丹花图案，圆形花心，一花多叶，花叶瘦小， 两两对称，围绕在花的四周。周围饰有两圈如意形细棱条。当面高16.4、宽26.4、厚 3.6厘米（图一三，3）。

滴水 模制，夹砂灰陶。标本T8③：5，保存完整。滴水平面呈如意云头状，上边沿为凹弧形，两侧缘三曲后汇成尖头，表面饰折枝牡丹花图案，花瓣丰硕，花叶瘦长，一花二叶，周围饰有如意形细棱条。瓦身平面呈梯形。表面较光整，内壁饰细密布纹，残存制瓦套筒留下的竖条形印痕。 滴水高19.2、宽28.8、厚3.6、瓦身长38、宽27.2、厚2.4厘米（图一三，4）。标本T11③：3，瓦身残，滴水平面呈如意云头状，上边沿为凹弧形，两侧缘五曲后汇成尖头，当面饰折枝太阳花纹，圆形的花心四周紧密围绕一圈花瓣，花叶瘦长，一花二叶，二叶对称，花朵下方有花茎。周围饰一圈如意形细棱条。滴水高15.2、宽22、厚1.6、瓦身残长 7.2、宽22、厚4厘米（图一三，5）。

砖 模制，夹砂灰陶。标本T1③：27，完整，长方形。正面饰类似“∽”形莲花番草纹，

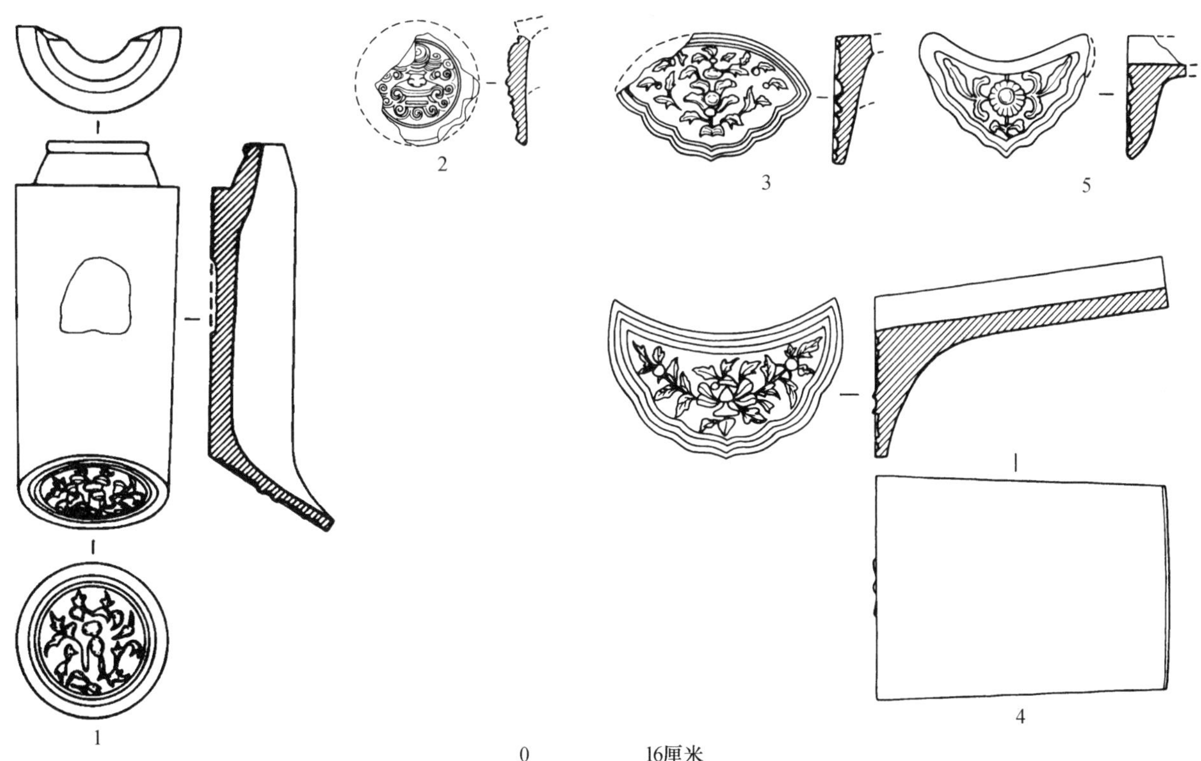

图一三 遇真宫西宫内出土陶器

1~3. 瓦当（T1③：26、T8③：7、T7③：20） 4、5. 滴水（T8③：5、T11③：3）

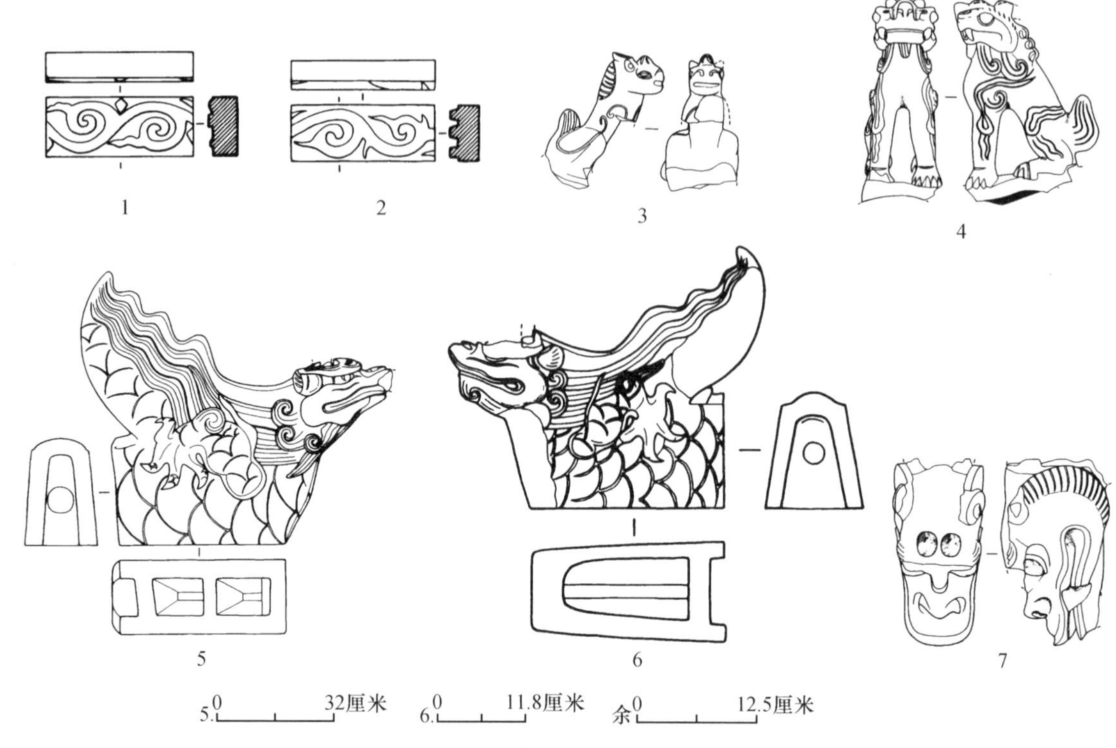

图一四　遇真宫西宫内出土陶器

1、2. 砖（T1③：27、T7③：18）　3、4. 小兽（T5③：9、T11③：1）　5、6. 垂兽（T4③：13、T4③：14）
7. 龙形兽首（T9③：3）

背面为素面。长20、宽8、厚4厘米（图一四，1）。标本T7③：18，完整，长方形。正面类似“∽”形莲花番草纹，背面为素面。长20、宽7.6、厚4厘米（图一四，2）。

小兽　手制，泥质。标本T5③：9，残。残存部分呈天马形，昂首立状。嘴、鼻朝上，眼睛凸出，鬃毛清晰可见，尾巴向上翘立。残高15.8厘米（图一四，3）。标本T11③：1，残。残存部分呈狮子形，昂首蹲立状。眼睛凸圆，鼻孔朝天，嘴部闭合，两侧露獠牙，毛发卷曲，尾巴向上翘立。残高26.8厘米（图一四，4）。

垂兽　手制，泥质。标本T4③：13，残。长眉，眼圆睁，鼻朝天，嘴部闭合，颌下一缕长须。头部两侧三缕鬃毛向后翻卷，颈后浮雕的兽毛向尾部后上方呈波浪形舒展，通体施鱼鳞纹。腿部紧贴身体两侧，浮雕四爪从肋下伸出，兽爪清晰。尾部下端有一处中空制胎，底座下有三处中空制胎。垂兽整长86.4、宽20、高74厘米。底部中空制胎尺寸为14×10×8厘米（图一四，5）。标本T4③：14，残。兽角向后残断，双眼紧闭，嘴部闭合，颌下一缕卷须。头部两侧三缕鬃毛向后翻卷，颈后浮雕兽毛向尾部后上方呈波浪形舒展，腹、身施鱼鳞纹，尾部素面。腿部紧贴身体两侧，浮雕四爪从肋下伸出，兽爪清晰。尾部下端和底座下各有一处中空制胎。垂兽整长38.8、宽13、高33厘米。中空制胎尺寸为18×10×9厘米（图一四，6）。

龙形兽首　手制，泥质。标本T9③：3，残。兽首顶部前有一对衔接兽角的圆洞，兽角遗失。双眼圆鼓，鼻部前凸，阔嘴微张，左右露出两颗獠牙，向两侧张出。双耳残，耳后突出有鬃毛。残长21.5、宽10.4、残高12.8厘米（图一四，7）。

2. 铜器

器类有真武像、灵官像等。

真武像　黄铜浇铸。标本T9②：1，座微残，坐像。面部圆润，长耳垂，慈目微睁，目视前方，披发跣足，左手掐诀，右手自然下垂抚膝端坐于器座上。身着宽袖长袍，披帛，肩部分饰阴文“日”、“月”二字。胸部袒露处饰蛇形图案及星点地纹。龟蛇盘于器座两足之间。通高62.8、宽36.2厘米（图一五，1）。

灵官像　黄铜浇铸。标本T4③：2，完整，立像。头部戴冠，冠背飘带从腋下缠绕垂至底座，面部丰润，长眉，圆眼，嘴微闭，长耳垂，短须，上身着对襟紧袖长袍，腰系带，下身着甲，脚蹬靴。右手向上掐诀，左手自然垂下前伸，双腿分开站立在马蹄形座上。通高24.3、像高21.7、座宽8.8厘米（图一五，2）。标本T4③：4，完整，立像。头部戴冠，冠背飘带从腋下缠绕垂至底座，面部丰润，长眉，眼狭长，嘴微闭，长耳垂，短须，上身着对襟紧袖长袍，

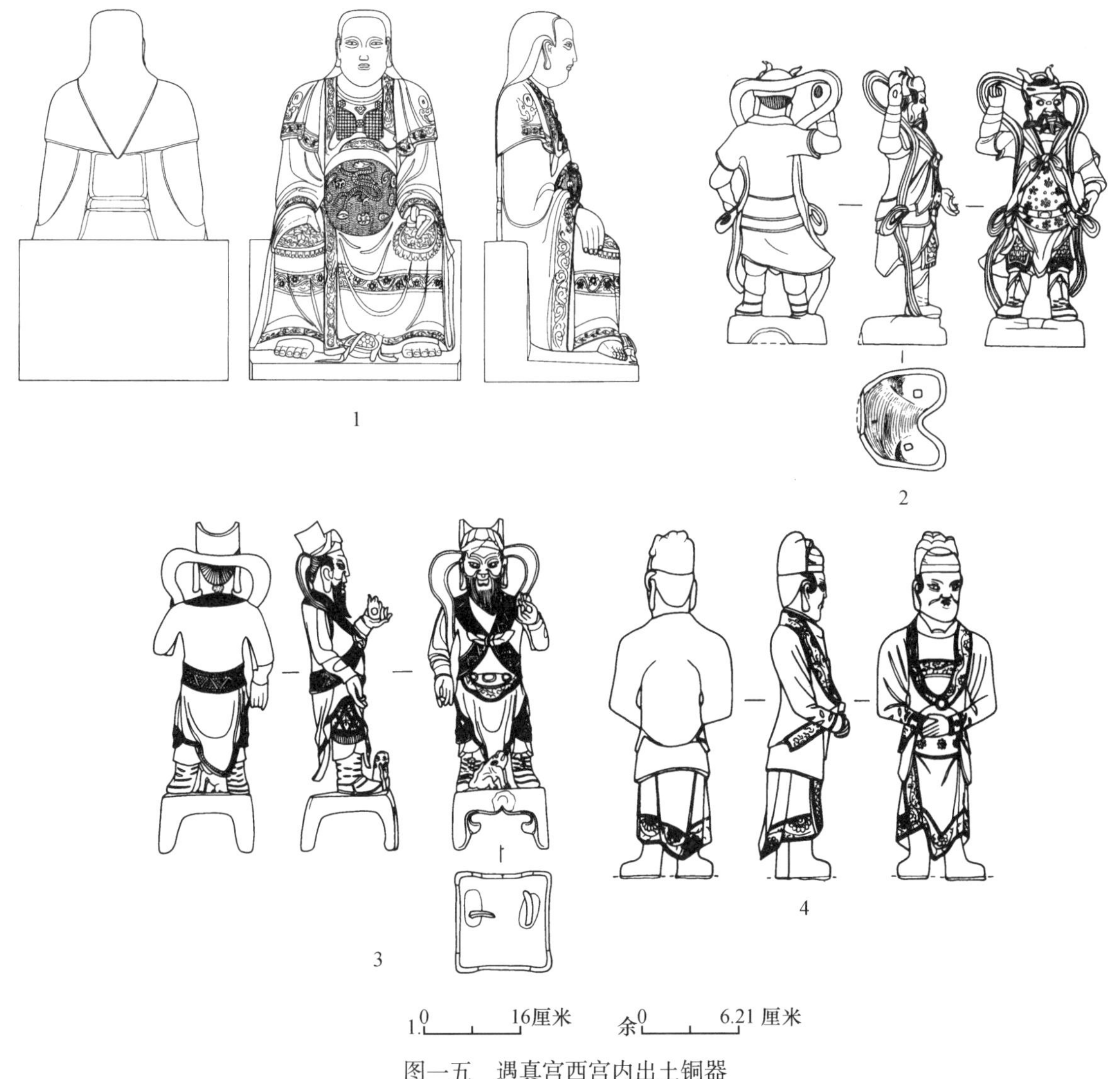

图一五　遇真宫西宫内出土铜器

1. 真武像（T9②：1）　2~4. 灵官像（T4③：2、T4③：4、T4③：5）

腰系带，下身着裤，脚蹬靴。右手向上持有一法器，左手掐诀，双腿分开呈外八字形站立在方形卷云纹四足基座上，脚下正中蹲有一虎。通高29.5、座宽8.4~9.8、虎高3.4厘米（图一五，3）。标本T4③：5，完整，立像。头戴冠，面部较瘦，细眉，眼狭长，目视前方，嘴微闭，长耳垂，八字须，身形较瘦，双手相合于腹部，两手相扣。身着彩衣，脚蹬靴。冠后、胸部的彩绘颜色大部脱落。通高23.3、宽6.3厘米（图一五，4）。

五、结　语

遇真宫西宫发掘所揭示的建筑基址布局完整，变化脉络清晰，弥补了文献记载的不足，提供了全面认识遇真宫布局结构及其变化的科学资料，为世界文化遗产——遇真宫的整体抬高保护方案奠定了坚实的基础。

考古发掘显示，西宫的建筑基址存在多次修补和扩建的迹象，这与文献中有关遇真宫自明永乐年间修建后在明宣德、正统、景泰、成化、嘉靖及清康熙、乾隆年间不断进行维修与扩建的记载大体吻合。但建筑基址存在的修补和扩建迹象并不能明确建筑基址之间的早晚关系。而根据建筑基址修补和扩建的层位学线索、建筑布局、基址的形制、建筑材料以及基址内的垫土等，我们将西宫的建筑基址大体分为早晚两期。

早期建筑基址以院1与F8为代表，包括院2、F1~F7、F9、F12等。其建筑规模宏伟，占据西宫内中心位置，整体布局工整、形制统一，所用建筑材料规格相等，且基址内部垫土成分和做法大体相同，宫内建筑基址南部以“满堂红”形式满铺一层夯土、一层鹅卵石骨料的垫土，北部以自然台地经人工修整作为基址垫土。属于明永乐年间统一修建而成（图一六）。

晚期建筑以院3与F14为代表，包括院4~院8等。多依附于早期建筑修建，或在宫内的边角区域修建，其建筑布局比较凌乱。晚期建筑基址的形制、规格较早期基址有所区别，建筑材料不统一，出现不同时期建材混搭使用的现象。同时，晚期建筑基址内部的垫土成分与做法也不尽相同，出现明中晚期才出现的“灰土”做法及以废弃建筑材料堆积形成的垫土。值得注意的是，部分晚期建筑基址之间虽可分辨其修建的相对早晚年代，但难以从整体上进行具体区分，在此仅笼统地称为晚期，属于明永乐年间以后改扩建而成。晚期建筑基址的具体分期还有待更多的新材料以及系统的深入研究。

以往有关明清时期建筑基址的考古工作在湖北开展得较少，基础研究较薄弱，而相关文献记载又语焉不详，对建筑基址的建筑材料、分期以及年代断定尚有待完善。本次西宫建筑基址的考古发掘对于了解武当山地区明清建筑基址的基本情况具有重要意义，填补了武当山地区明代古建筑研究和保护的空白。

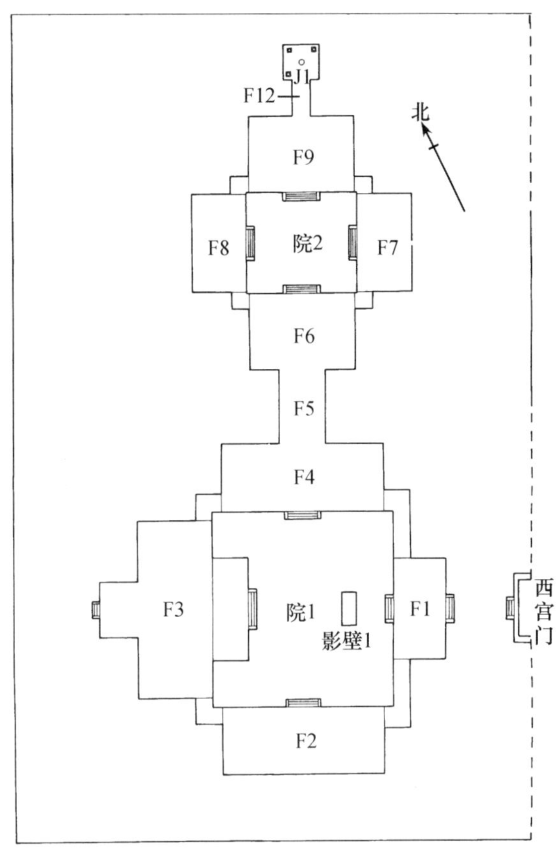

图一六　西宫早期主体建筑平面示意图

附记：遇真宫西宫建筑基址考古发掘，得到十堰市以及武当山旅游经济特区文物局及博物馆的大力支持，特此致谢!发掘工作由湖北省文物考古研究所孟华平领队，执行领队康予虎，前后参加发掘、整理工作的有朱俊英、冯少龙、余乐、刘跃、吴晓、谢辉、祝恒富、赵本新、韩继斌、汪文政、熊宏伟、王齐玉、王传海、刘峰，龚红欣、项章、王新柱、陈秋红、后加升、丁家元、周士本、胡平乐、易泽林、周伟、汪艳明、陈明芳、肖友红。

绘图：陈秋红　曾令斌　肖友红

摄影：余　乐

执笔：康予虎　谢　辉　唐　宁

注　释

［1］ 武当山志编纂委员会：《武当山志》，新华出版社，1994年。

［2］ 刘大可：《中国古建筑瓦石营法》，北京建筑出版社，1993年。

［3］ 刘大可：《中国古建筑瓦石营法》，北京建筑出版社，1993年。

［4］ 刘大可：《中国古建筑瓦石营法》，北京建筑出版社，1993年。

华中地区近代人群上、下颌第一臼齿齿冠及齿尖面积[①]

周　蜜[1]　邢　松[2, 3]
（1. 湖北省文物考古研究所　2. 中国科学院古脊椎动物与古人类研究所
3. 中国科学院研究生院）

研究证实，人类牙齿大小、形态和组织结构具有明显的演化变化和人群间差异[1~3]。牙齿坚硬，易于保存且在形成后不易受环境影响而发生形态和结构改变。所以牙齿蕴藏的各种信息在古人类学和体质人类学研究中具有重要的价值。长期以来，人类牙齿齿冠绝对面积和各齿尖相对面积在相关研究中一直受到重视[4~10]。前者代表了牙齿的绝对大小，而后者反映了牙齿不同组成部分的比例关系大小。由于测量技术的限制，一直难以对齿冠和齿尖面积准确测量。近年来，数字图像技术和软件的发展使得齿冠和齿尖等不规则形状面积的精确测量成为可能。由于人类上、下颌第一臼齿（M^1和M_1）形态特征相对稳定，齿冠咬合面轮廓和齿尖界线比较清晰，国外学者已开展相关研究[11, 12]。但此类研究在国内尚不多见[13]，尤其缺乏不同时代和区域中国人群牙齿齿冠和齿尖面积的数据。因此，本研究将采用数字图像技术与形态测量方法，对河南及湖北新石器时代到明清时期人类M^1和M_1齿冠和齿尖面积进行精确测量，取得华中地区近代人群牙齿尺寸的准确数据。同时，通过对数据的分析，探讨中国人群M^1和M_1齿冠及齿尖面积的变异情况，为解剖学和人类学研究提供基础数据。

一、材料与方法

1. 材料

本研究使用的标本包括单颗及附在上、下颌骨上的第一臼齿（M^1和M_1）共计282枚，均为恒齿。这些标本分别采自河南淅川下王岗、湖北丹江口库区青龙泉、梅子园、龙门堂、乔家院墓地、马檀山墓地、潘家岭墓地、红庙岭墓地及龙口墓群9处考古遗址，时代跨度从新石器时代到明清时期。按照这些遗址的年代，将标本分为新石器时代（距今大约5000年，M^1和M_1各50枚）、东周—汉（距今大约2700~1800年，M^1和M_1各50枚）和宋—清（距今约1100~200年，M^1和M_1分别为34枚和48枚）3个样本组。由于人类左、右侧M^1和M_1齿冠形态基本对称，因此当

①　［基金项目］湖北省文物局南水北调工程丹江口库区文物保护科研课题（NK13）、科技部国际合作重点项目（2009DFB20580）和国家自然科学基金项目（批准号：40772016）资助。

两侧臼齿同时保存时，仅取保存较好的一侧。对于齿冠断裂、邻接面磨耗异常、咬合面齿沟磨损难以分辨以及患有较严重的牙齿疾病和钙质结合的牙齿都予以剔除。

2. 齿冠咬合面摄片

使用配有AF-S 60mm f/2.8G ED微距镜头的Nikon D700专业数码相机对每一颗第一臼齿咬合面进行高分辨率摄片。摄片前，先将相机固定在翻拍架上，用水平尺对镜头和翻拍架的底板进行水平校正，使两者都处于水平位置。为了统一标准，摄片时移动牙齿标本使牙齿的齿颈线（cervical line）围成的平面尽量处于水平，令所拍牙齿基本保持在解剖位置上[14, 15]，同时每张照片附以标准的毫米比例尺。

3. 形态测量方法

运用图像处理软件AutoCAD沿齿沟对每枚M^1与M_1齿尖轮廓进行描绘，通过计算得出齿尖绝对面积，将所测臼齿的所有齿尖绝对面积相加得到该臼齿齿冠的绝对面积，再将单个齿尖绝对面积与齿冠绝对面积相除得到单个齿尖的相对面积。本研究对以下面积指标的定义及测量方法参照文献[13]。

齿冠基底面积：垂直于齿冠纵轴的齿冠平面的最大面积，也被称为齿冠总面积，或齿冠绝对面积。

齿尖基底面积：齿尖基部位于与齿冠纵轴垂直的咬合面底部的面积。对于那些因邻接面磨耗而在齿冠近中面或远中面造成的缺损，参照未磨耗牙齿的形态以及磨耗面颊舌方向上的延伸程度和整个齿冠的形状，使用AutoCAD对其进行了复原和校正（图一）。

齿尖相对基底面积：齿尖基底面积占齿冠基底面积或齿冠总面积的百分比。相对齿尖基底面积=（齿尖基底面积／齿冠基底面积）×100%。

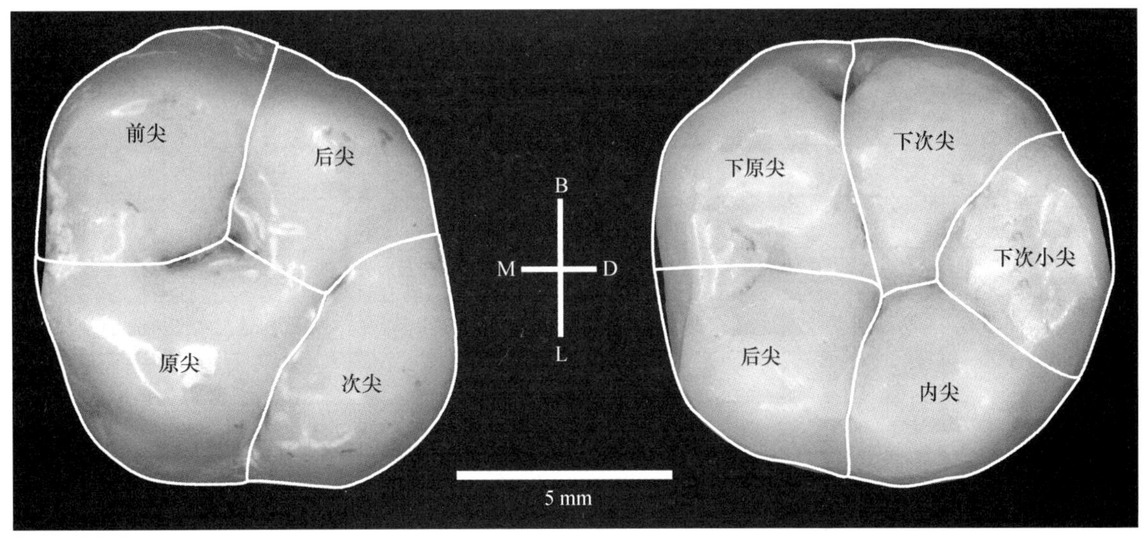

图一 M^1（左）、M_1（右）各齿尖划分（B：颊侧；L：舌侧；M：近中侧；D：远中侧）

4. 统计学分析

用SPSS 13.0对所得参数进行描述性统计分析，得出均值和标准差并通过单项方差分析比较3个时间段第一臼齿齿冠绝对面积和各个齿尖相对面积差异。为进一步比较各参数变异大小，本研究除了在标准差的基础上计算变异系数外，还通过散点图反映出各齿尖测量结果的分布情况。

二、结　果

1. 齿冠基底面积

根据表一所列的3个样本组M^1和M_1齿冠基底面积的相关数据，M_1齿冠绝对面积比M^1稍大。M^1和M_1齿冠基底面积数据在3个样本组的分布和数据变异大致接近，仅宋—清组在M^1变异系数略大。此外，表一和图二、图三显示，M^1和M_1齿冠面积从新石器到宋—清都呈缩小趋势。新石器和东周—汉代标本M^1齿冠面积均在102mm^2以上，而到了宋—明清时期，该数据下降到不足100mm^2；新石器和东周—汉代标本的M_1齿冠绝对面积均高于104mm^2，而宋—明清时期则不足100mm^2；在新石器与东周—汉代两个时段，无论是M^1还是M_1，齿冠绝对面积都没有明显的差异。单因素方差分析显示，新石器和东周—汉代两个时段间M^1齿冠绝对面积差异水平为0.893，明显大于0.05；而两者与宋—明清时期的M^1齿冠绝对面积差异水平分别为0.002、0.001，明显低于0.01。M^1齿冠绝对面积在新石器时代和东周—汉代之间的差异水平为0.54，大于0.05。两者与宋—明清时期的差异水平分别为0.000和0.003，远小于0.01。以上分析说明，M^1和M_1齿冠缩小主要发生在距今2000~300年的东周到明清时期。本研究对齿冠面积数据的计算显示，华中地区近代人类M^1和M_1齿冠总面积在过去的5000年里分别缩小了6.57%和6.15%。

表一　齿冠基底面积

样本组	例数	平均值	范围	标准差	变异系数
上颌M^1					
新石器	50	102.17	85.5~126.1	8.68	8.50
东周—汉	50	102.43	80.8~125.1	9.62	9.39
宋—清	34	95.46	75.3~123.1	9.94	10.41
下颌M_1					
新石器	50	105.92	85.1~130.0	9.65	9.11
东周—汉	50	104.81	88.6~132.1	9.28	8.85
宋—清	48	99.41	84.3~115.9	7.93	7.98

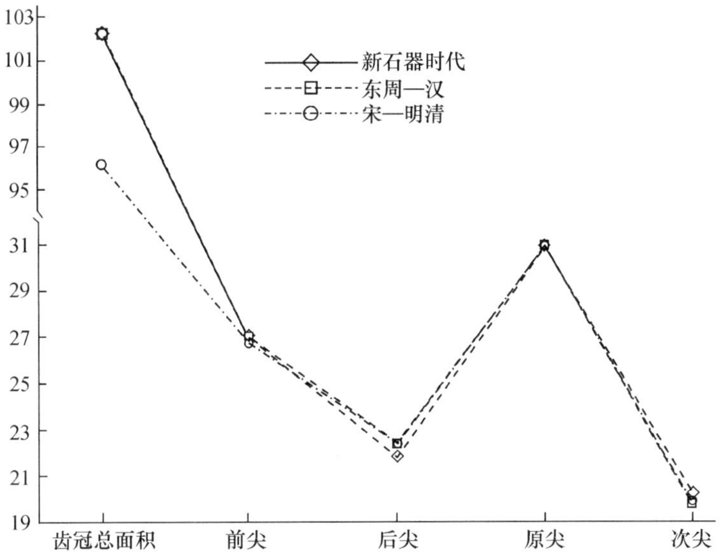

图二　不同时代M^1齿冠绝对面积和齿尖相对面积时代变化

（纵轴19~31代表百分数，95~103代表绝对面积mm^2）

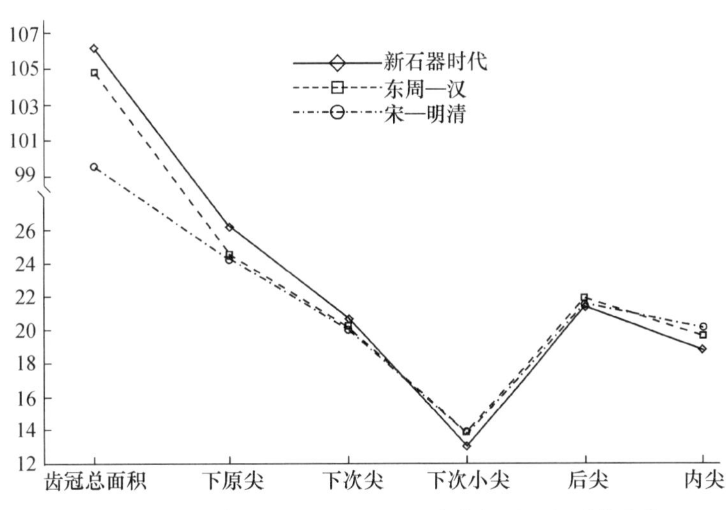

图三　不同时代M_1齿冠绝对面积和齿尖相对面积时代变化

（纵轴12~26代表百分数，99~107代表绝对面积mm^2）

2. 齿尖相对面积

表二所列的M^1和M_1各个齿尖相对面积数据显示，本研究研究的3个样本组M^1各个齿尖的大小顺序均为原尖>前尖>后尖>内尖；新石器时代和东周—汉代M_1的齿尖大小顺序为下原尖>后尖>下次尖>内尖>下次小尖，而宋、明清时期M_1各齿尖顺序为下原尖>后尖>内尖> 下次尖>下次小尖，内尖稍大于下原尖，分别为20.2%和20.02%，总起来讲，M_1符合下原尖>后尖>下次尖>内尖>下次小尖的顺序。根据图二和图三展示的M^1和M_1各齿尖相对面积随时代变化的情况并结合表二数据，M^1各个齿尖相对面积在各样本组间没有明显的变化，仅东周—汉代和宋—明清时期 M^1后尖较新石器时代略大。差异性检验显示，新石器时代与东周—汉代和宋—明清M^1的后

表二　齿尖相对面积

时代	例数	上颌第一臼齿（M^1）															
		前尖				后尖				原尖				次尖			
		Mean（%）	Range（%）	SD	CV	Mean（%）	Range（%）	SD	CV	Mean（%）	Range（%）	SD	CV	Mean（%）	Range（%）	SD	CV
新石器	50	27.0	24.2~30.1	1.39	5.14	21.8	16.9~24.6	1.46	6.70	30.9	27.9~33.7	1.14	3.69	20.3	16.6~23.7	1.63	8.05
东周—汉	50	27.0	23.5~29.9	1.47	5.44	22.4	19.8~26.1	1.23	5.49	30.8	28.0~35.0	1.42	4.60	19.8	13.1~23.4	1.82	9.22
宋—清	34	26.8	22.1~33.6	2.13	7.96	22.4	19.3~25.5	1.56	6.95	30.9	26.2~33.9	1.66	5.36	19.9	15.0~23.0	1.99	10.02

时代	例数（N）	下颌第一臼齿（M_1）																			
		下原尖				下次尖				下次小尖				后尖				内尖			
		Mean（%）	Range（%）	SD	CV	Mean（%）	Range（%）	SD	CV	Mean（%）	Range（%）	SD	CV	Mean（%）	Range（%）	SD	CV	Mean（%）	Range（%）	SD	CV
新石器	50	26.1	21.9~30.0	1.56	5.97	20.6	17.8~24.4	1.56	7.57	13.0	8.8~19.5	2.06	15.85	21.4	17.4~24.6	1.5	6.95	18.8	15.7~21.9	1.49	7.93
东周—汉	50	24.5	21.6~28.7	1.48	6.03	20.2	16.0~26.4	2.06	10.22	13.8	8.6~19.7	2.41	17.49	21.9	18.1~26.6	1.8	8.08	19.6	15.8~24.6	1.89	9.63
宋—清	48	24.3	20.2~27.4	1.55	6.37	20.0	17.5~23.1	1.31	6.54	13.8	9.1~17.7	1.79	12.93	21.6	18.2~26.2	1.8	8.42	20.2	16.5~23.8	1.64	8.11

尖相对面积差异水平分别为0.037和0.045，稍小于0.05。新石器时代M_1的下原尖较东周—汉代和宋—明清时期大，而下次小尖和内尖则小于东周—汉代和宋—明清时期，其他齿尖大小未表现出明显的时代差异。差异性检验显示，新石器时代与其他两个时段下原尖的差异水平皆为0.000，远小于0.01，内尖差异水平为0.015和0.000。其他齿尖时代差异水平均在0.05之上。总体上看，M^1和M_1各齿尖相对面积在过去的5000年里基本保持稳定。

3. 齿冠与齿尖大小的变异

根据表一和表二所列的M^1和M_1齿冠绝对面积和各齿尖相对面积的分布范围、标准差和变异系数，可以对各样本组齿冠绝对面积和齿尖相对面积数据的变异情况进行分析。可以看出，M^1齿冠绝对面积变异系数较高，分布在8.5~10.41，且随着时代的进步有增加的趋势。与齿冠绝对面积的变异系数相似，各个齿尖相对面积变异系数随着时代也有增大的趋势。3个样本组中，原尖的变异系数均为最小，次尖的变异系数均为最大，而前尖和后尖的变异系数在各个时段有所不同。为进一步比较各个齿尖相对面积的变异系数，本研究利用各个齿尖相对面积和对应的齿冠绝对面积作了散点图，并对进入±1（M±1）和±2（M±2）范围内标本个体占对应标本个体总数的百分比进行了计算，结果见图四和表三。从图四中可以看出，原尖分布最为集中，前尖和后尖接近，而次尖分布最为分散。对应的表三显示，进入M±1的例数最多的是原尖，最少的是次尖，前尖和后尖居中，与图四所观察结果一致；进入M±2范围内例数最多的是后尖，原尖与其接近，次尖最少。

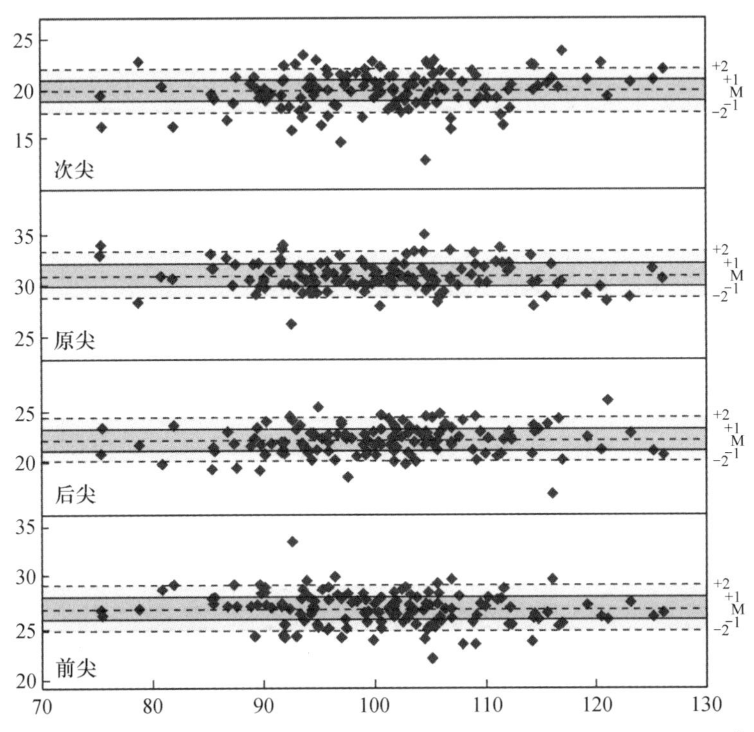

图四　M^1各齿尖相对面积变异（M：平均数；纵坐标：%；横坐标：mm^2）

表三　M^1各个齿尖进入M±1和M±2的例数和百分数

	前尖	后尖	原尖	次尖
M±1例数	66	70	76	61
M±1百分数	49.25	52.24	56.72	45.52
M±2例数	111	114	113	101
M±2百分数	82.84	85.07	84.33	75.37

从表二可以看出，M_1齿冠变异系数在3个样本组接近。相应的各个齿尖相对面积变异系数也未表现出明显的随时代进步而增大或者缩小的趋势。3组中下次小尖相对面积变异系数最大，维持在12.93~17.49，下原尖最小，分布在5.93~6.37。将3个时段各对应齿尖相对面积变异系数平均后显示，下次小尖变异系数最大，下原尖最小，下次尖、后尖和内尖位于中间且大小基本一致。

为进一步展示各个齿尖的变异大小，我们对M^1也作了散点图，并对进入均值±1（M±1）和均值±2（M±2）范围内标本个体占对应标本个体总数的百分比进行了计算，结果见图五和表四。从图五中可以看出，下次小尖分布最为散乱，其他各齿尖较下次小尖分布相对集中，且相互之间没有表现出明显的差异。表四显示，无论是进入M±1、还是M±2范围内的，下次小尖例数和百分数明显小于其他各个齿尖，而其他各齿尖的这些指标没有表现出明显的差异。

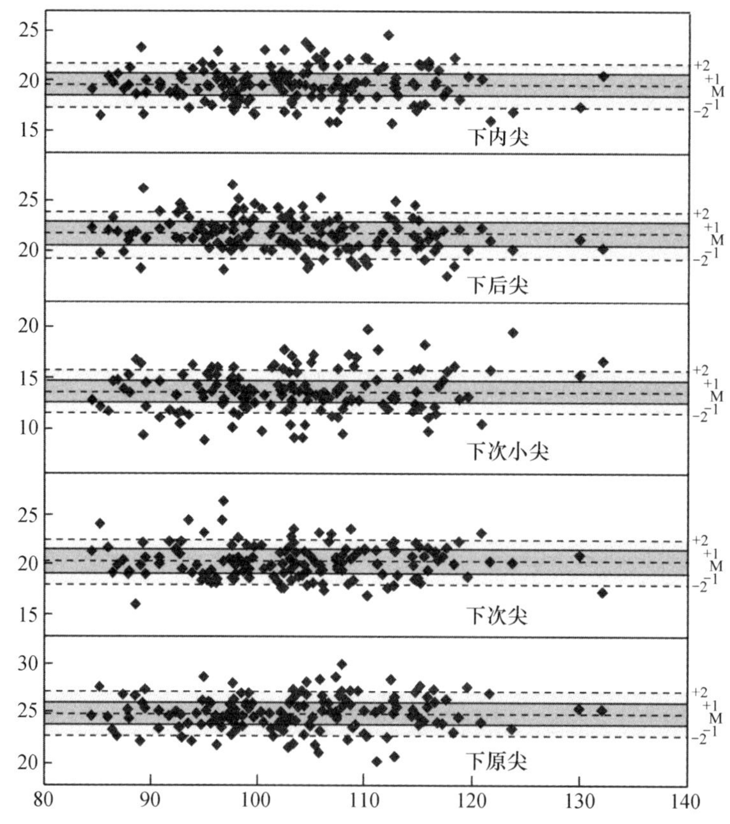

图五　M_1各齿尖相对面积变异（M：平均数；纵坐标：%；横坐标：mm^2）

表四　M_1各个齿尖进入M±1和M±2的例数和百分数

	下原尖	下次尖	下次小尖	后尖	内尖
M±1例数	66	64	57	67	65
M±1百分数	44.59	43.24	38.51	45.27	43.92
M±2例数	111	116	97	115	108
M±2百分数	75.00	78.38	65.54	77.70	72.97

三、讨　论

1. 齿冠绝对面积

根据Brace[16, 17]对中国9个地区距今7000年以来人类牙齿大小的测量统计（表五），无论是古代，还是现代中国人M^1和M_1齿冠绝对面积均超过110mm^2，其中多数接近或超过120mm^2。而本研究测量的3组牙齿标本，无论M^1还是M_1，其齿冠绝对面积均在110mm^{2}以下。造成这种差别的原因主要是由于齿冠面积测量方法的不同。Brace采用的传统齿冠面积测量方法将齿冠咬合面看作一个规则方形，以齿冠近-远中径和颊-舌径乘积作为齿冠面积。然而，由于齿冠是一个不规则体，这种方法会造成很大的误差。邢松等[13]的研究表明，M^1和M_1齿冠面积传统测量方法与数字精确测量的误差分别在24.28%和23.98%。因此，以往学者提供的中国人臼齿齿冠面积数据很可能都比实际数据为大。与此相比，本研究首次对中国人群臼齿齿冠面积进行了精确测量，为解剖学和人类学研究提供了可靠的数据。

表五　不同作者提供的中国人M^1和M_1齿冠绝对面积数据

	例数（N=M^1+M_1）	时代	齿冠绝对面积（mm^2）	
			M^1	M_1
Brace				
仰韶-甘肃、河南	19+24	新石器（公元前5000年）	118.97	123.21
江苏柳林	29+39	新石器（公元前4000年）	121.68	124.88
河南淅川下王岗	21+71	新石器（公元前4000～3000年）	117.99	125.44
上海	130+29	现代（清）	116.39	122.04
云南	98+50	现代	117.99	119.86
南京	78+132	现代	116.34	120.96
北京	29+23	现代	116.34	121.52
哈尔滨	134+82	现代（清）	119.13	123.17
香港	31+29	现代	115.52	113.6
邢松等（Xing Song et al.）				
河南淅川下王岗	63+72	新石器（公元前4000~3000年）	106.87	108.40
本研究数据				
河南淅川、湖北郧县和丹江口地区	134+148	新石器—明清	100.02	103.38

2. 齿尖相对面积

根据表六，本研究的3个样本组，以及世界其他地区现代人的M^1和M_1齿尖相对面积数据，近代和现代人群M^1各齿尖大小顺序为原尖>前尖>后尖>次尖；M_1齿尖大小顺序为下原尖>后尖>下次尖>内尖>下次小尖，其中下次尖和内尖相对面积接近。Kanazawa[6]所测得的荷兰数据与本数据基本一致。Matsumura[7]提供的日本人数据显示，下颌第一臼齿各齿尖相对面积大小顺序为下原尖>内尖>后尖>下次尖>下次小尖，其中下次尖和后尖相对面积接近，造成与本研究差别的原因有待进一步验证。邢松等[13]提供的河南淅川下王岗数据与本研究的差别主要集中在下次小尖和后尖，该差别可能由拍照时齿冠位置摆放标准不同所致。Kanazawa[6]将下颌第6尖与下次小尖相加作为一个综合齿尖面积，除提供第6尖出现例数外，未提供各标本在将第6尖和下次小尖综合前的数值，而本研究以及其他用到的数值都遵循Wood[9]提供的原则，将第6尖平均划分到相邻两个齿尖，且Kanazawa所用到的标本除荷兰人只有1例标本出现第6尖外，其他标本第6尖出现率较高，因此，本研究在对比Kanazawa数据时未列出日本人和澳大利亚土著人下颌第一臼齿的下次小尖和内尖，并主要对比荷兰人的全部齿尖数据和其他地区标本M^1的下原尖和下次尖以及后尖。表六显示，M^1各个齿尖相对面积在中国华北和华中两个地区差别并不显著，产生这种差别的主要原因可能是由拍照时标本摆放位置不同所致。与Bailey[11]的数据相比，本研究在前尖和原尖上与其差别较为明显，经分析判断，这种差别的产生很可能是由前尖与原尖之间齿沟划分的差别所导致[13]。总起来看，人类M^1各齿尖相对面积较为稳定，在世界各个地区之间似乎不存在显著差别[11, 13]。

表六　本研究以及世界其他地区所测全新世人类上、下颌第一臼齿齿尖相对面积对比（%）

标本	例数	上颌第一臼齿（M^1）			标本来源
		前尖	后尖	次尖	
北非、西非、欧洲、东北亚、印度、澳大利亚	62	25.8			Bailey（2004）
中国华北	63	26.3			邢松（Xing Song, 2009）
华中地区	134	27.0			本研究

标本	例数	下颌第一臼齿（M_1）					标本来源
		下原尖	下次尖	下次小尖	后尖	内尖	
日本		25.3	20.3	12.5	20.5	21.3	Matsumura（1992）
日本	77	25.3	19.9		20.9		Kanazawa（1985）
荷兰	43	25.3	20.1	12.9	21.4	20.3	Kanazawa（1985）
澳大利亚土著	40	24.7	20.7		20.4		Kanazawa（1985）
中国华北	72	24.9	20.7	14.5	19.8	20.0	邢松等（Xing Song, 2009）
华中地区	148	25.0	20.3	13.5	21.7	19.5	本研究

相比之下，表六数据显示人类M_1各个齿尖相对面积则有不同程度的一致性或差异性。首先，日本、荷兰、澳大利亚土著、中国华北以及华中地区现代人M_1下原尖和下次尖只有微小的差别。其次，其他齿尖存在不同程度的差异，本研究认为，这些差异在很大程度上是由测量时摆放位置及齿沟的划分所造成，当然也不排除后尖、内尖，尤其是下次小尖存在人群之间的差异。关于这些解释的真实性，只能通过同一个测量者按照统一标准来得到解释。此外，将表六提供的下原尖和下次尖相对面积相加所得三角座大小在表六的样本组中差异只在0.4%以内，相应的跟座的大小比例在本研究提供的人群中间差异也不大。

3. 齿冠绝对面积和齿尖相对面积的微观演化趋势

许多研究都证实，人类解剖特征在过去的数千年里仍呈现有不同程度的变化，这种微观演化趋势提示人类体质特征向着更加简单有效的方向发展[18]。本研究结果显示，华中近代人群齿冠大小在过去的5000年里呈缩小趋势，M^1和M_1齿冠绝对面积分别缩小了6.57%和6.15%。其中从新石器时代到东周—汉代，齿冠绝对面积没有明显的变化；从东周—汉代到宋—明清时期，齿冠绝对面积明显缩小。因而牙齿的缩小主要发生在过去的2000年里。

Brace[16]在对采自中国9个地区各考古遗址中的全新世时期牙齿标本进行测量后发现，长江以北地区人类牙齿齿冠面积从新石器时代到现代没有明显的变化，而长江以南地区则显示有较为明显的缩小。Brace认为[16]，长江以南地区牙齿缩小的主要原因可能是由食物加工技术的提高，在自然选择的作用下，对粗壮齿冠的需求越来越小，随之，齿冠便逐渐缩小。而在长江以北，由于西北地区拥有粗壮齿冠人群的迁入，基因的改变使得食物加工技术提高和自然选择的影响未能发挥较大作用。因此，整体上看，长江以北地区居民齿冠绝对面积没有表现出明显的缩小趋势。本研究所用标本主要采自鄂西北地区，靠近长江，从新石器时代到现代齿冠绝对面积明显缩小，这种现象的成因可能如Brace解释的，是由食物加工技术的变化所导致，或者由于食物结构的变化所引起，这将通过食谱分析可以对此进行验证。同时也不能排除该变化是由齿冠较小人群的迁入所致，但这种解释能否成立，还要建立在对更多相同时代居民牙齿进行观测的基础上加以确认。

研究发现[11, 12]，人类牙齿不同组成部分大小比例关系和排列方式上具有明显的演化变化和种群间差异。如距今200万年前的南方古猿M^1前尖较小，后尖较大。后期人类则呈现前尖增大，后尖缩小的趋势。本研究发现在过去的5000年里，中国人M^1和M_1各齿尖相对面积基本稳定，提示现代人类牙齿大小比例至少在距今5000年前的新石器时代之前就已经形成。

4. 上、下颌臼齿齿冠绝对面积和齿尖相对基底面积变异

本研究结果显示，人类M^1齿冠绝对面积和齿尖相对面积的变异有随着时代的进步而增大的趋势，这似乎与人口增加和人群之间不断的基因交流有关。上颌4个齿尖当中，次尖最不稳定。Yamada[19]曾通过测量中央沟到齿冠外边缘的距离来研究澳大利亚土著人的齿冠外轮廓特

征，研究发现，齿冠的远中舌侧是变异最大的地方，这可以用来解释本研究发现的次尖相对面积变异最大这一现象。M_1各齿尖相对面积中下原尖、下次尖、后尖和内尖相对面积变异大小接近，而下次小尖最为不稳定，这或许是由第6尖的出现所致（第6尖面积被平均分配到内尖和下次小尖中）。邢松等[13]的测量结果显示，在未分割第6尖前，下次小尖相对面积变异也明显大于下原尖、下次尖、后尖和内尖，因此下次小尖变异最大也是其客观真实的反映。至于某个齿尖相对面积变异大的原因，可能是其他齿尖在进化中早已固定而该齿尖还在持续演化变化，或者是该齿尖在进化过程中突然变得活跃而造成变异增加的缘故。这需要结合古人类的研究成果对以上猜测进行验证。无论如何，相对面积变异大的齿尖在指导古人类和现代人群关系的研究上具有特殊意义。

在以往研究中，M^1一直被用于确定古人类的分类地位以及探讨不同人群之间的关系，这在很大程度上是由于其形态特征比较稳定，本研究结果也证实了这一点。此外，从各齿尖相对面积上来看，M_1相对于M^1而言是不稳定的，这对以后采用M_1研究古人类和现代人群具有指导意义。

致谢：本研究在写作过程中得到了中国科学院古脊椎动物与古人类研究所刘武研究员的悉心指导；本研究所测人类牙齿标本在材料收集过程中得到湖北省文物考古研究所朱俊英研究员、黄凤春研究员、周国平研究员、晏行文副研究员和田桂萍副研究员，武汉市文物考古研究所邓辉研究员，黑龙江省文物考古研究所赵永军研究员，成都文物考古研究所颜劲松研究员以及宁波市文物考古研究所李永宁研究员的大力协助；本研究所测牙齿的基础拍摄工作由十堰市博物馆黄玉洪同志完成，在此一一表示感谢。

参考文献

［1］ 张银运. 周口店第一地点人类牙齿化石的时序性变异［J］. 人类学学报，1991, 10（1）: 85~89.

［2］ 刘武. 中国第四纪人类牙齿大小的演化及其意义［J］. 第四纪研究, 1999, 2:125~138.

［3］ Turner C G. Major features of Sundadonty and Sinodonty, including suggestions about east Asian microevolution, population history, and late Pleistocene relationships with Australian aboriginals［J］. American Journal of Physical Anthropology, 1990, 82:295~317.

［4］ Biggerstaff R H. Cusp size, sexual dimorphism, and heritability of maximum molar cusp size in twins［J］. Journal of dental research, 1976, 55:189~195.

［5］ Hanihara K, Tamada M, Tanaka T. Quantitative analysis of the hypocone in the human upper molars［J］. Journal of Anthropology Society Nippon, 1970, 78（3）:200~207.

［6］ Kanazawa E, Sekikawa M, Akai J, Ozaki T. Allometric variation on cuspal areas of the lower first molar in three racial populations［J］. J. Anthrop. Soc. Nippon, 1985, 93（4）:425~438.

［7］ Matsumura H, Nakatsukasa M, Ishida H. Comparative study of crown cusp areas in the upper and lower molars of African apes［J］. Bulletin of the National Science Museum, 1992, Tokyo Series D 18:1~15.

[8] Wood B A, Abbott S A. Analysis of the dental morphology of Plio-Pleistocene hominids: I. Mandibular molars: crown area measurements and morphological traits [J] . Journal of Anatomy, 1983, 136:197~219.

[9] Wood B A, Abbott S A, Graham S H. Analysis of the dental morphology of Plio-Pleistocene hominids: II. Mandibular molars-study of cusp areas, fissure pattern and cross sectional shape of the crown [J] . Journal of Anatomy, 1983, 137: 287~314.

[10] Wood B A, Engleman C A. Analysis of the dental morphology of Plio-Pleistocene hominids: V. Maxillary postcanine tooth morphology [J] . Journal of Anatomy, 1988, 161:1~35.

[11] Bailey S E. A morphometric analysis of maxillary molar crowns of Middle-Late Pleistocene hominins [J] . Journal of Human Evolution, 2004, 47:183~198.

[12] Quam R, Bailey S and Wood B. Evolution of M^1 size and cusp proportions in the genus *Homo* [J] . Journal of Anatomy, 2009, 214:655~670.

[13] 邢松，刘武. 中国人牙齿形态测量分析 华北近代人群臼齿齿冠及齿尖面积 [J] . 人类学学报，2009, 28:179 ~ 191.

[14] Gómez-Robles A, Martinón-Torres M, Bermúdez de Castro J M, et al. Geometric morphometric analysis of the crown morphology of the lower first premolar of hominins, with special attention to Pleistocene Homo [J] . Journal of Human Evolution, 2008, 55: 627~638.

[15] Martinón-Torres M, Bastir M, Bermúdez de Castro J M et al. Hominin lower second Premolar morphology: evolutionary inferences through geometric morphometric analysis [J] . Journal of Human Evolution, 2006, 50:523~533.

[16] Brace C L, Shao Xiang-qing, Zhang Zhen-biao. Prehistoric and modern tooth size in China [J] . The origins of modern humans: a world survey of the fossil evidence, Alan R. Liss, Inc., New York, 1984: 485~516.

[17] Brace C L. Tooth reduction in the Orient [J] . Asian Perspect 1978, 19 (2) :203~219.

[18] Wu Xiu-Jie, Liu Wu, Zhang Quan-Chao, et al. Craniofacial morphological microevolution of Holocene populations in northern China [J] , Chinese Science Bulletin, 2007, 52: 1661~1668.

[19] Yamada H, Brown T. Contours of Maxillary Molars Studied in Australian Aboriginals [J] . American Journal of Physical Anthropology, 1988, 76: 399~407.

图　版

1. 玉皇庙遗址全景（东—西）

2. 西北区部分遗迹分布图（南—北）

玉皇庙遗址

图版二

1. 西南区探方全景（北—南）

2. M37（西—东）

玉皇庙遗址

1. M19（东—西）

2. F1发掘现场（北—南）

3. H9发掘现场（西南—东北）

图版四

1. 陶托盘（TS27W10③：17）

2. 陶罍（H4①：2）

3. 陶鼎（M5：4）

4. 铜马（M14：7）

5. 陶盒（M3：1）

玉皇庙遗址出土器物

1. 陶壶（M5：2）

2. 陶瓮（M5：9）

3. 陶双耳罐（M13：5）

4. 铜带钩（M3：3）

玉皇庙遗址出土器物

1. 金陂墓群2010年度发掘探方航拍

2. 金陂墓群2010年度发掘墓葬分布情况（西南—东北）

金陂墓群

1. M135（北—南）

2. M142（南—北）

3. M145（北—南）

4. M249（南—北）

金陂墓群东周墓葬

1. M242（西—东）

2. M242 甬道券顶

3. M242 封门砖

4. 墓室砖墙“倒人字”形装饰

金陵墓群西汉墓葬 M242

1. 陶壶（M135：1）

2. 陶壶（M135：2）

3. 陶壶（M136：3）

4. 陶壶（M137：1）

5. 陶壶（M139：2）

6. 陶壶（M142：3）

金陂墓群东周墓葬出土器物

1. 陶壶（M148：2）

2. 陶敦（M135：3）

3. 陶敦（M136：6）

4. 陶敦（M137：5）

5. 陶敦（M139：3）

6. 陶敦（M142：8）

金陂墓群东周墓葬出土器物

1. 陶敦（M145：5）

2. 陶敦（M250：11）

3. 陶鼎（M135：5）

4. 陶鼎（M136：4）

5. 陶鼎（M137：7）

6. 陶鼎（M139：6）

金陂墓群东周墓葬出土器物

图版一二

1. 陶鼎（M142：9）

2. 陶鼎（M250：2）

3. 陶豆（M135：7）

4. 陶豆（M136：2）

5. 陶豆（M138：3）

6. 陶豆（M139：7）

金陵墓群东周墓葬出土器物

1. 陶豆（M145：12）

2. 陶豆（M249：3）

3. 陶罐（M140：1）

4. 陶罐（M140：2）

5. 陶罐（M145：8）

6. 陶罐（M250：8）

金陂墓群东周墓葬出土器物

1. 陶鬲（M140：3）

2. 陶盘（M135：10）

3. 陶盘（M137：9）

4. 陶盘（M142：2）

5. 陶盘（M148：10）

6. 陶盘（M250：4）

金陂墓群东周墓葬出土器物

1. 陶匜（M135：9）

2. 陶匜（M137：8）

3. 陶匜（M142：1）

4. 铜剑（M249：1）

5. 铜戈（M145：9）

6. 铁剑（M145：10）

金陂墓群东周墓葬出土器物

1. 发掘区全景

2. M1026（东南—西北）

1. M1037 砖室外形与封门

2. M1037 墓室内壁的仿木菱角牙子

3. M1034 墓室上层平面

4. M1034 墓室底层平面

温坪墓群

1. B型Ⅱ式瓷碗（H1002：2）

2. 陶碗（T1087：1）

3. B型Ⅱ式瓷罐（M1006：2）

4. A型Ⅰ式瓷罐（M1037：1）

5. B型Ⅰ式瓷碗（M1037：2）

6. B型釉陶罐（M1001：3）

温坪墓群出土器物

1. 铜钱表面的织物（M1024：9）

2. 铁钱（M1013：1）

3. 铜发簪（M1003：1）

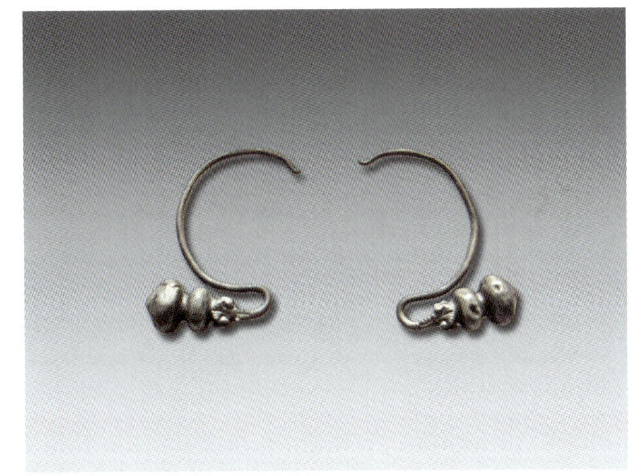

4. 银耳环（M1034：1）

温坪墓群出土器物

1. 发掘现场

2. Y1（北—南）

辽瓦店子遗址

1. M12（东北—西南）

2. 陶折沿罐（M12：1）

3. 陶圈足盘（M12：2）

辽瓦店子遗址 M12 及出土器物

图版二二

1. 陶瓮（H183：4）

2. 陶盆（H183：7）

3. 陶斝（H187②：2）

4. 陶豆（H187②：7）

辽瓦店子遗址出土器物

1. 陶矮领罐（G21：1）

2. 陶双耳罐（G21：49）

3. 陶壶（G21：50）

辽瓦店子遗址出土器物

图版二四

1. A型陶罐（H11：5）

2. B型Ⅰ式陶罐（H11：4）

3. B型Ⅱ式陶罐（H11：6）

4. 陶矮领罐（H11：2）

5. Ⅰ式陶鼎足（H11：12）

6. Ⅱ式陶鼎足（H11：13）

7. Ⅱ式陶鼎足（H11：14）

8. 陶纺轮（H11：1）

龚家村遗址出土新石器时代器物

1. A型Ⅰ式陶鬲（H14：1）（商代）

2. A型Ⅱ式陶鬲（H14：2）（商代）

3. A型Ⅰ式陶鬲（H9：9）（周代）

4. A型Ⅱ式陶鬲（H9：6）（周代）

5. B型Ⅰ式陶鬲（H9：8）（周代）

6. B型Ⅱ式陶鬲（H9：5）（周代）

7. A型Ⅱ式陶豆盘（H9：15）（周代）

8. B型Ⅰ式陶豆盘（H6：1）（周代）

龚家村遗址出土商代、周代器物

图版二六

1. 釉陶钵（M1：4）

2. 釉陶罐（M1：3）

3. 釉陶盆（M1：1）

4. 釉陶灶（M1：2）

5. 墓砖（M1：12）

6. 墓砖（M1：13）

龚家村遗址东汉墓葬 M1 出土器物

1. 陶双耳罐（M13：7）

2. 陶双耳罐（M13：8）

3. 陶双耳罐（M13：9）

4. 墓砖（M13：10）

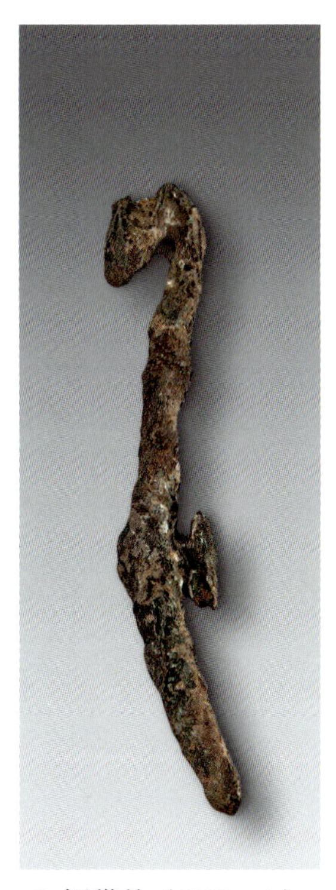

5. 铜带钩（M13：1）

6. 铁刀（M13：4）

7. 耳珰（M13：3）

8. 石锛（M13：5）

9. 石锛（M13：6）

龚家村遗址东汉墓葬 M13 出土器物

图版二八

1. 人像纹墓砖（M17：1）

2. 剪刀纹墓砖（M17：2）

3. 陶灯盏（M18：1）

4. 熨斗纹墓砖（M17：3）

5. 方格纹墓砖（M17：4）

6. 铜钱纹加方格纹墓砖（M17：5）

龚家村遗址宋代墓葬出土器物